침례교회의 성서적 기초

새로운 시대를 위한 교회론

개정증보 2판

ⓒ 2005, 2019 by John S. Hammett

Originally published in English as *Biblical Foundation for Baptist Churches: A Contemporary Ecclesiology*

by Kregel Academic, Grand Rapids, MI., U.S.A.

All right reserved.

This Korean translation edition ⓒ 2018, 2023 by Bible Baptist Theological Seminary Press, Icheon-si, Republic of Korea.

This Korean edition is published by arrangement of Moody Publishers through rMaeng2, Seoul, Republic of Korea.

이 한국어판 저작권은 알맹2 에이전시를 통해 Kregel Publication과 독점 계약한 성서침례대학원대학교출판부에 있습니다. 「신저작권법」에 따라 한국에서 보호받는 저작물이므로 무단 전재, 무단 복제, 무단 전환, 무단 전송을 금합니다. 저작권자와 성서침례대학원대학교출판부 동의를 얻어야만 내용 전부 또는 일부를 이용할 수 있습니다.

침례교회의 성서적 기초
새로운 시대를 위한 교회론

개정증보 2판

존 S. 해밋 지음

김석근 · 김광모 옮김

성서침례대학원대학교출판부

침례교회의 성서적 기초: 새로운 시대를 위한 교회론

개정증보 2판 2023년 5월 5일
지 은 이   존 S. 해밋
옮 긴 이   김석근 · 김광모

펴 낸 이   김택수
엮 은 이   김광모
펴 낸 곳   성서침례대학원대학교출판부
등록번호   제2015-4호
등 록 지   경기도 이천시 대월면 대평로 548-123
전화번호   031) 634-1258
누 리 집   bbts.ac.kr

ISBN   979-11-89118-20-4
판 권 성서침례대학원대학교출판부 2018, 2023

※ 파본은 교환해 드립니다.

목차

추천하는 말—개정증보 2판, 초판　　　　　　　　　　11

옮긴이 말—개정증보 2판, 초판　　　　　　　　　　23

여는 말—한국어 개정증보 2판, 개정증보 2판, 초판　　27

서론—왜 이 책인가?　　　　　　　　　　　　　　　37

1부 교회란 무엇인가?　　　　　　　　　　　　　53

1장 교회 특성—성서적 기초　　　　　　　　　　　55

2장 교회 표지—역사적 관점　　　　　　　　　　　99

3장 교회 본질—신학적 결론과 실제적 적용　　　　123

2부 누가 교회인가?　　　　　　　　　　　　　141

4장 거듭난 사람, 교회 회원자격—침례교회 회원 표지　143

5장 어디서 잘못 들어섰고, 어떻게 올바로 갈 수 있는가?　179
　　—신실함으로 돌이키기

3부 교회는 어떻게 다스려지는가? — 215

6장 침례교회 교회 정치—회중제 옹호 — 217

7장 뜻깊은 교회 회원자격 — 255

8장 침례교인 삶에서 장로—통치자가 아니라 지도자 — 273

9장 집사 직분—교회 섬김이 — 319

4부 교회는 무엇을 하는가? — 357

10장 교회 사역—다섯 가지 주요 관심사 — 359

11장 단순한 상징 너머—침례와 주의 만찬 — 417

5부 교회는 어디로 가는가? — 483

12장 흐름에 맞서서—바뀐 풍경에 새로운 반응 — 485

13장 온 세상으로—세계 교회 미래 — 519

결론—신실한 교회 — 543

성구 색인	547
주제 색인	559
인명 색인	571

보기 목록

I.1.	신학 공부 방법	44
1.1.	에클레시아(ἐκκλησία) 용례	68
1.2.	가족으로서 교회 의미 요약	75
1.3.	하나님의 백성으로서 교회 의미 요약	78
1.4.	그리스도의 몸으로서 교회 의미 요약	90
1.5.	성령의 전으로서 교회 의미 요약	98
4.1.	침례교 교회론 핵심인 거듭난 사람 교회 회원자격	177
5.1.	거듭난 사람 교회 회원자격을 회복 방법	205
5.2.	J. 뉴턴 브라운의 교회 서약	207
5.3.	새들백교회 서약	208
5.4.	캐피털힐침례교회 서약	210
6.1.	감독제 교회 정치	223
6.2.	장로제 교회 정치	227
6.3.	회중제 교회 정치	233
7.1.	교리 등급 매기기	261
10.1.	사도행전 2:42~47에서 교회 사역	362
10.2.	삶의 발전 과정	376
10.3.	"삶 개발 강좌" 개관	376

10.4. 참 예배 정의	391
10.5. 예배 개선안 네 가지	394
10.6. 예배에서 기조 두 가지	401

엮은이 말

- 지은이가 영어 성서 NIV를 주로 인용하고 ESV도 인용하기에, 특정 한글 성서를 인용하지 않고 인용한 영어 성서를 우리말로 옮깁니다.
- 성서 원어, 곧 히브리어와 헬라어 음역을 원어로 바꿔쓰고 대괄호에 한글 소릿값도 적습니다.
- 각주는 장마다 완전각주에 이어, 약식각주로 표기합니다.
- 지은이가 참고한 자료가 우리말로 옮겨졌으면 기호 '‖'로 나타내고 쪽수까지도 달아, 독자가 더 쉽게 살펴보게 길잡이 합니다.
- 영서 260~61쪽에 각주 20~25는 위치가 잘못돼 있어 바꿨습니다.
- 색인은 주제 색인과 인명 색인으로 나눴습니다.
- 한글과 영어는 나눔체를 쓰고, 성서 원어는 BibleWorks 폰트를 씁니다.

추천하는 말—개정증보 2판

"『침례교회의 성서적 기초』, 개정증보 2판을 출판하신 존 S. 해밋 교수님과 크레겔출판사에 감사드립니다. 초판에 기릴 바가 많았으며, 개정증보 2판에는 다음 세대 신학도와 목회자에게 침례교 교회론을 숙고하게 하는 주요 자료를 제공하기에 본질적 가치가 매우 큽니다. 해밋 교수님은 성서에 충실하며 역사에서 침례교 사상의 최고 국면에 정통한 연구로 교회 회원, 지도력, 교회 정치, 침례, 주의 만찬 등 교회론 모든 국면에 새롭고 매력적이며 사려 깊은 통찰력을 제공하십니다. 이 탁월한 책을 추천할 수 있어 매우 기쁩니다."

데이비드 S. 도커리 David S. Dockery
임시 총장·명예교수, Southwestern Baptist Theological Seminary

"한 분야에 표준으로 자리 잡은 내용을 개정·증보하는 일은 쉽지 않습니다. 그런데 『침례교회의 성서적 기초』, 개정증보 2판은 그 일을 잘 해냈습니다. 탁월한 책이 훨씬 더 좋아졌습니다. 중요한 교회론을 더 잘 이해하려는 모든 분께 추천할 수 있어 매우 기쁩니다."

대니얼 L. 애킨 Daniel L. Akin
총장, Southeastern Baptist Theological Seminary

"존 해밋 교수님께서 침례교 교회론을 철저히 연구하셔서 출판하신 개정증보 2판을 기쁘게 환영합니다. 초판이 이 분야 고전인데, 개정증보 2판은 새로운 세대에게 침례교회 생활 원리를 계속 소개합니다. 강력히 추천합니다."

티머시 조지 Timothy George
설립 총장, Beeson Divinity School of Samford University

"존 해밋 교수님께서 『침례교회의 성서적 기초』를 2005년에 처음 출판하셨을 때, 가장 탁월한 자유교회 교회론으로 널리 알려졌습니다. 불과 열두 해가 지나는 동안 교회 문화가 바뀌었고, 해밋 교수님께서는 문화 흐름을 고려해 성서를 진지하게 계속 연구하셨습니다. 이 개정증보 2판은 해밋 교수님께서 성서와 새로운 시대를 연결함으로 가장 본질적인 교회론을 계속 제공하심을 또다시 입증하십니다."

말콤 B. 야넬 3세 Malcolm B. Yarnell III
조직신학 연구교수, Southwestern Baptist Theological Seminary

"제가 존 해밋 교수님께서 쓰신 『침례교회의 성서적 기초』를 아주 좋아하는 이유는, 교회 특성에 관한 깊은 신학적 통찰과 목양 사역에서 실제적 핵심 질문을 잘 결합하기 때문입니다. 이 책에는 학계가 연구할 자료가 있으며, 게다가 목회자와 건강한 교회를 돕고자 합니다. 여러분이 모든 결론에 동의하시지 않을 수 있으나, 존 해밋 교수님께서 제시하시는 교회론은 성서에 기초하며, 사려 깊으며, 역사적으로 분명하며, 회중제 침례교회를 주장하셔도 다른 전통도 존중하십니다."

조나단 리만 Jonathan Leeman
총괄 편집인, IX 9Marks

"존 해밋 교수님께서는 오랫동안 교회론을 힘써 연구하셨고, 그 노력으로 이 책을 결실하셨습니다. 성서에 충실하며, 교회 역사와 문화 상황에 정통하고, 철저하게 구성한 체계이며, 명쾌한 산문이라서, 이 책은 신학생, 목회자, 교수가 읽을 가치가 있습니다. 강력히 추천합니다."

브루스 라일리 애쉬포드 Bruce Riley Ashford
신학·문화 학과장 겸 교수, Southeastern Baptist Theological Seminary

종교개혁 시대에 제3의 길을 걷던 아나뱁티스트 그리고 영국 비국교도의 한 날개였던 침례교회가 역사에서 발전한 자리는 지금 어디이어야 할까요? 이 책은 개신교의 또 하나 교파로서 침례교회가 아니라, 성서적 기독교의 본질을 찾아 고민하는 순례자에게 침례교회다운 침례교회 교회론을 당당하게 제시합니다.

존 S. 해밋 교수님은 제 모교인 사우스이스턴침례신학대학원을 졸업하고 선교사로서 사역하시다가, 지금은 모교에서 후학을 가르치시는 명망 있는 학자입니다. 이 책이 기독교 신앙의 순수함을 지향하는 성서침례대학원대학교에서 가르치는 두 분 교수님의 수고로 번역해 출판은 참으로 기뻐하고 경축할 일입니다.

이 책으로 이 땅에서 교회들이 교회 본질을 회복하고 참된 성서적 교회의 원색을 드러내는 일에 일조하기를 기대합니다. 침례교회 동역자들뿐 아니라 신약성서 가르침에 따라 초대교회 본질을 탐구하는 모든 동역자에게 이 책을 우리 시대 또 하나의 교회론 교과서로 추천합니다. 이 책으로 더욱 밝아질 한국교회 내일을 함께 전망하고 사모하면서, 이 소중한 사역을 감당할 목회자에게 필독서로 추천합니다.

"우리가 포기하지 않고 구하고 찾고 문을 두드릴 때, 새 시대는 밝아옵니다!"

동역자 **이동원** 목사, 지구촌교회 창립·원로 목사
DMiss, Trinity Evangelical Divinity School

추천하는 말—개정증보 2판

존 S. 해밋 교수의 『침례교회의 성서적 기초』는 침례교회 정체성과 역사를 영광 받아 마땅하다고 믿는 모든 침례교인에게 필독서입니다. 침례교회 교회론 기본원리가 "하나님께서 당신 아들의 피로 사신 교회"(행 20:28)라는 그리스도와 교회의 관계에서 출발하기 때문입니다. 예수 그리스도께서는 교회의 기초이자 주님이십니다. 교회는 예수 그리스도께서 세우셨고, 그분 몸이며, 그분께서만 유일한 머리이시며, 성령으로 함께하시면서 역사에서 하나님의 목적을 이루려고 선택된 도구입니다.

침례교인이 항상 꿈꿔온 바는 성서적 기초 위에 세워진 교회에서 예배자와 복음 사역자로서 그리스도 앞에 서는 날까지 헌신하는 삶입니다. 신명기와 여호수아 23장은 가나안을 "하나님이 주신 이 아름다운 땅(this good land, which the LORD your God has given you)"이라고 10차례 이상 강조하며 '이 좋은 땅'을 잃어버리지 말라고 경고합니다. 침례교 교회론은 우리가 반드시 지켜야 할, 하나님이 주신 아름다운 땅이자 빛나는 유산입니다. 침례교회 정체성 확립은 지금 북미, 아시아, 특히 한국 성서침례교회 상황에서도 매우 필요합니다.

포스트모던 시대에 현대교회는 '성장하는 교회가 참된 교회의 표지'라는 그릇된 교회 성장 패러다임의 영향을 받아, 영원한 진리 지향에서 상관성을 가진 시장반응교회로 이탈하고 있습니다. 어느 교회에 사람이 많이 모이면 그 교회가 추구하는 방식이 성서적이라 여기면서, 하나님을 영화롭게 하는지는 따져 보지도 않고 무조건 모방하는 교회가 늘어나고 있습니다. 일부 교회는 '미국식 독립침례교회만 교회'라고 강조하거나 그리스도의 몸인 교회, 곧 우주적 교회를 무시하고 '땅에 있는 지역교회만 교회'라고 가르치는 지계석주의(Landmarkism) 영향을 받기도 합니다. 또한 그리스도의 주님 되심과 성령의 조명 아래서 그리스도인이 자유롭게 성서를 연구하고 복종할 책임이 침례교인에게 있다는 '성서의 자유'를 억압하는 교회도 있어서, '성서 원본'이 아닌 특정 영어 성경 번역본을 성서 원본과 같이 대등하게 다루거나 다른 번역본을 사용하는 교회를 정죄하기도 합니다. 어떤 목회자는 지역 목회자들의 친교를 위해 '신조에 사인'하도록 강요하거나 간섭함으로써, '영혼의 자유'라는 침례교 교회론을 따라 목회하지 않고 오히려 교단화를 부추깁니다. '회중제를 옹호'하고 '섬기는 목회자' 상을 강조하면서도, 독단적이거나 권위주의와 같은 자기모순에 빠져서 성서적 침례교회의 방향성을 잃어가는 교회도 증가하고 있습니다.

  이런 현상을 빚은 일부 책임은 우리 목회자에게 있습니다. 역사적 침례교회의 견해와 유산에 관한 성서적 근거와 역사를 깊이 연구하는 일에 그동안 소홀했거나 교회에서도 회중에게 철저히 가르치지 않았습니다. 그 결과, 침례교인조차도 침례교회만이 갖는 교회론의 아름다운 역사적 유산을 잘 모릅니다. 이런 시기에, 해밋 교수님의 책은 성서적 기초 위에 세워진 침례교회의 정체성을 회복하도록 돕는 최고 교회론 교과서입니다. 모든 성도가 성서적 침례교회에 자부심을 품도록 이 책으로 연구하고, 이 책을 읽게 하고, 이 책으로 힘써 가르치십시오! 새로운 시대를 열어갈 성서적 침례교회를 세우시기를 바라며 추천합니다.

김택수 총장, 성서침례대학원대학교
DMin, Liberty Baptist Theological Seminary

누군가 교회를 다니는 성도에게 "교회가 무엇인가?"라고 묻는다면, 과연 몇 명이나 그 물음에 자신 있게 대답할 수 있을까요? 오늘날 교회에서 일어나는 많은 문제는 교회론 부재에 기인한다고 해도 과언이 아닙니다.

이러한 때에 목회자 한 사람으로서 이 책 개정증보 2판 출판을 매우 기쁘게 여깁니다. 이 책은 교회가 무엇인가를 신학적으로 그리고 실제적으로 매우 잘 설명합니다. 존 S. 해밋 교수님이 이 책을 침례교인 입장으로 저술했지만, 교단주의에 매이지 않고 오히려 성경 해석의 한 방편으로 침례교인 교회론을 설명함으로써 독자를 성경에 더 집중하게 합니다.

교회가 무엇인가를 알려는 모든 독자에게 이 책을 추천한다. 이 책을 읽으면서 성경이 말하는 교회에 눈을 뜨겠고, 그래서 교회 생활을 어떻게 해야 하는가를 자세히 배움으로 신앙생활에 활기와 기쁨을 얻으리라 확신합니다.

박정근 담임목사, 영안침례교회
PhD과정 수료, Dallas Theological Seminary

『침례교회의 성서적 기초』 초판에 이어 개정증보 2판에도 추천사를 쓸 수 있어 기쁩니다. 이 개정증보 2판은 의례적인 일을 넘어 저자가 의도를 가지고 심혈을 기울인 결과물이라는 점에서 그 의미가 아주 큽니다. 초판을 개정 및 증보한 작업으로 책 완성도가 높아졌고, 새로운 문화변화 상황에 따른 진지하고 시의적절한 '업데이트'가 이루어져서 "새로운 시대를 위한 교회론"이라는 부제에 여전히 무색하지 않습니다. 특히 3부 "교회는 어떻게 다스려지는가?"에서, 7장 「뜻깊은 교회 회원자격」을 새로운 장으로 추가해 오늘날 침례교회조차 망각한 듯 제대로 관심을 두지 않는 중요한 주제를 심도 있게 다룹니다. 저자는 최신 자료를 사용해 교회 회원자격과 아울러 책임을 소신 있게 설명하면서 오늘날 침례교회가 "시급히" 회복해야 할 문제로 지적합니다. 또한 5부 "교회는 어디로 가는가?"에서 12장 「흐름에 맞서서」는, 초판 11장 「모든 방향으로」를 대체하면서 그 접근과 내용을 완전히 바꿨습니다. 이 책 초판으로 지식적 도움과 통찰력을 얻은 많은 독자가 개정증보 2판으로도 저자와 함께 시대를 호흡하기를 기대합니다.

남병두 교수_역사신학, 한국침례신학대학교
PhD, Southwestern Baptist Theological Seminary

추천하는 말_초판

이 책은 침례교 신학자 존 S. 해밋(John S. Hammett) 교수가 하나님께서 열정적으로 세우신 교회가 무엇이며, 또 그 교회가 어떤 모습이어야 하는지를 침례교인 관점으로 제시합니다.

우리에게 성경을 주심은 우리 모습을 기록된 말씀에 비추어 우리가 하나님께서 원하시는 모습대로 살고 있는지 살펴보게 하고, 하나님께서 원하시는 모습으로 변화하게 하려 함입니다. 성경에서 교회를 말씀하심은 교회가 어떤 모습이 되어야 하는지 알고 그런 교회를 이 땅에 세워나가게 하려 함입니다.

우리에게 역사 기록이 있음은 또한 그것을 통해 우리 모습을 바르게 하려 함입니다. 우리 신앙 선배가 특별히 교회를 세우는 일에 성경을 해석하고 적용함, 그리하여 성공과 실패를 살펴봄으로써 하나님의 뜻을 알 수 있습니다. 역사는 우리 성경 해석이 잘못되지 않도록, 우리가 바르게 선택하게 돕습니다.

지금 이곳에서 우리에게 주어진 사명은 하나님께서 원하시는 교회를 함께 세워가는 일입니다. 이 일에는 하나님께서 주시는 힘과 지혜가 필요합니다. 말씀을 통해, 역사를 통해 우리 자신을 살펴보고 우리가 바르게 행하는지 살피고 선배들이 물려준 소중한 침례교회 유산을 발전시키는 데 이 책이 큰 도움이 되겠다고 생각합니다.

김우생 명예총장, 성서침례대학원대학교
담임목사, 불광동성서침례교회

모든 사람에게 가정이 중요하고, 특히 그리스도인에게는 교회가 중요합니다. 하나님은 교회를 통해 성도를 보호하고 양육하며 하나님의 나라를 확장하십니다. 교회를 떠나 혼자 신앙 생활하는 사람도 있지만, 하나님은 그리스도인이 교회 회원으로서 교회를 중심으로 신앙 생활하기를 바라십니다.

교회에서는 교리가 중요한데, 교리는 반드시 성경에 기초해야 합니다. 예전에 비해 교리나 교파를 중요하게 여기지 않는 시대이지만, 분별력이 있는 그리스도인은 교회를 선택할 때 최우선으로 교리를 살핍니다. 교리는 사람 몸으로 하면 척추와 같고, 집으로 하면 기초와 같습니다. 찬양이 좋고 설교가 좋고 프로그램이 좋아도, 교리가 성경적이지 않으면 성경적 교회라 할 수 없습니다.

이 땅에 여러 교파가 있고, 수많은 교회가 있습니다. 중요한 점은 어떤 교파, 어떤 교회가 더 성경적이냐입니다.

하나님께서 보실 때 어떤 교파, 어떤 교회가 더 성경적일까요? 이 책이 그 대답을 밀합니다. 성경을 근거로 잘 쓴 이 책은 성경적 교회를 추구하는 독자, 그리고 침례교회를 잘 알려는 독자에게 매우 유익합니다.

강효민 회장, 한국성서침례친교회
담임목사, 새삶침례교회
DMin, Talbot School of Theology

작년에 500주년을 맞은 16세기 개신교 종교개혁을 돌아보면, 당시 주류 종교개혁 진영은 대체로 윤리적, 제도적, 신학적 문제 등을 개혁 골자로 삼았음을 알 수 있습니다. 그들 개혁 결과를 놓고 보면, 교회론 문제는 그다지 관심 대상도 아니었고, 관심이 있었어도 그 변화는 미미했습니다. 같은 시대에 중세 국가교회 체제 청산을 개혁할 가장 근본 목표로 삼은 이들이 있었고, 그들은 이른바 '자유교회 전통(Free Church Tradition)'을 세웠습니다. 이후 이 전통을 따르는 개신교회 교단들은 역사적으로 신약성서 교회론을 회복하는 일에 주력했고, 이와 관련한 학문적 결과물은 꾸준하게 있었습니다. 그러나 한국 기독교 상황에서는 자유교회 전통을 따르는 신학 활동이 그다지 활발하지 못했고, 시선을 끄는 데 미흡했음을 인정하지 않을 수 없습니다. 이런 상황에서, 존 S. 해밋(John S. Hammett) 교수가 쓴 『침례교회의 성서적 기초—새로운 시대를 위한 교회론』이 번역·출판은 참으로 환영할 일입니다.

이 책은 그동안 자유교회 전통에서 주장하고 발전한 다양한, 신약성서 교회론 이슈들을 차근차근하게 그리고 체계를 갖춰 언급하면서도, 특히 성서 근거를 광범위하게 제시함으로써 논리 정당성과 설득력을 한층 더합니다. 1부에서 교회의 기초와 본질에 관한 논의에서 시작해 마지막 5부에서는 새로운 시대적 환경에서 교회 방향을 제시하는 데 이르기까지 교회에 관해 상당히 포괄적으로 접근함은 강점입니다. 또한 이 책은 단순히 교회론적 이론에만 치우친 게 아니라, 이론에 맞닿아 있는 교회의 실제적·실천적 방법론에도 관심을 두고 있다는 점에서도 주목할 만합니다. 이 책은 자유교회 전통을 따르는 기독교인은 물론이고 모든 기독교인이 신약성서 교회가 무엇인지를 다시 한번 되새기는 데 크게 공헌합니다.

남병두 교수_역사신학, 한국침례신학대학교
PhD, Southwestern Baptist Theological Seminary

옮긴이 말—개정증보 2판

　존 S. 해밋 교수는 이 책 초판을 2005년에 집필했는데, '**북아메리카문화 변화**'와 '**세계기독교국 변화**'에 발맞춰 십여 년 만에, 곧 2019년에 개정증보 2판을 출판했습니다. 우리말 책을 기준으로 100쪽쯤을 빼고 다시 70쪽쯤을 더했으니, **170쪽쯤 내용이 새롭습니다**. 북아메리카에서 새로운 문화 상황에 시의성이 떨어진 그리고 주제 관련성이 떨어진 참고 자료는 거침없이 뺍니다. 어떤 주제는 아주 간략히 요약하기도 합니다. 그 자리는 새로운 문화 상황에 들어맞는 최신 자료 그리고 건실한 석의에 기반한 최근 주석 자료로 갈아 채웁니다. 또한 새로운 논거 구성, 자료 재해석, 종교사회학 설명 등으로 설득력을 높입니다.

　북아메리카문화가 실용주의와 개인주의 혼합에 휩쓸려 **탈-기독교**(post-Christian) 문화로 바뀌는 새로운 상황에서, 교회가 **선교하는 교회**(missional church)로 자리매김하며 복음 메시지를 **상황화**해야 한다는 외침은 새로운 큰 울림입니다. 단순한 교회 성장이 아니라, 하나님께서 바라시는 바를 **신실하게 이루는 교회**로 성숙과 역할을 강조합니다. 또한 북아메리카에서 교회 회원이 줄어도 지구촌 남반구에서는 오히려 기독교가 활성화한다는 통찰력에 기초해, 서구 문화에 기반한 교회론보다는 성서에 기반해 남반구 문화에도 적합한 교회론 실제를 제시하며 **침례교회 지구촌화**를 바랍니다.

해밋 교수님께서 친절하게도 한국어 독자에게 아주 딱 들어맞는 여는 말을 새로 써주셔서 감사합니다. 이동원 목사님, 김택수 총장님, 박정근 목사님, 남병두 교수님께서 개정증보 2판을 기쁘게 추천해 주셔서 감사합니다. 김석근 교수님께서는 초판을 우리말로 옮기셔서 독자에게 좋은 영향력을 끼치셨는데, 지금은 주님 품에서 쉬고 계십니다.

이 책 개정증보 2판은 박영년 목사님(대구 새소망성서침례교회 담임, 한국침례신학대학교 신학대학원 7기 회장)께서 문서선교 사역을 후원하신 덕분에 출판했습니다. 귀한 섬김에 감사드립니다. 또한 출판 사역을 후원하시는 교회, 기관, 후원자 여러분께도 감사드립니다.

딸 효경은 신혼 생활과 직장 생활에 바쁜데도 표지를 새롭게 다듬어줘서, 아들 경원은 성실히 군대 생활하며 여물기에, 아내 혜경은 신실하게 가정을 두루두루 보살피기에, "모두, 고마워요. 사랑해!"

2023년 봄날,
옮긴이 김광모

옮긴이 말—초판

　이 책의 장점은 균형 잡힌 신학 방법론입니다. 저자가 서론에서 이 책이 필요한 이유를 말하는 부분에서 드러나듯이, 그는 교회를 바르게 세우는 문제를 하나님의 말씀과 교회 역사에 기초하여 그 길을 찾으려 합니다. 목사, 선교사, 신학대학원 교수 경험이 이 중요한 일에 직임자로 준비하게 했습니다.

　저자는 신약성경에 근거해서 교회론을 정립하고 실천하려고 합니다. 이것이 너무도 당연하지만, 역설적으로 들림은 우리가 그렇게 하지 않기 쉽기 때문입니다. 우리는 하나님의 영광을 위하여 교회를 세우려는 열망이 있으나, 우리가 속한 문화에 사는 사람을 설득하려는 노력으로 문화가 우리 생각과 방법을 결정하고 왜곡하도록 허용할 위험이 있습니다. 하나님께서는 이러한 성향이 있는 우리를 신약성경 가르침으로 좌나로 우로 치우치지 않게 하십니다. 하나님의 말씀은 풍랑에서 배를 고정하는 닻과 같습니다.

　또한 저자는 교회 역사를 살핌으로 교회론을 정립하려고 합니다. 역사적 관점은 우리 자신의 역사적 배경과 문화 이해로, 우리가 성경을 왜곡해 이해하는 잘못을 저지르지 않게 합니다. 주님께서 더디 오시는 이유를 잘 알 수 없지만, 역사의 가르침을 통해 우리가 하나님께 맡은 사명을 좀 더 잘 수행할 수 있게 하시는 하나님의 뜻이라 생각합니다. 선조의 노력을 밑거름으로 문명이 발달함을, 우리가 거인의 어깨 위에 있음에 비유하기도 합니다. 신학도 예외가 아닙니다.

우리가 이 책에 드러난 견해에 세부 내용까지 다 동의할 수도, 동의할 필요도 없지만, 신약성서에 충실한 교회가 어떤 교회인지를 생각하며 이 책을 읽으면, 많은 도전과 유익을 얻을 수 있습니다.

연구하고 경험한 바를 글로 남기고, 그 글로 다른 사람이 혜택을 얻게 하는 일이 참으로 귀하다고 생각합니다. 좋은 책을 번역함도 그러한 일입니다. 누군가가 이 책을 읽고 하나님을 위해 선한 열매를 맺는다면, 그보다 더 기쁜 일이 어디 있겠습니까? 책을 만드는 일은 참으로 가치 있는 일입니다. 이 가치 있는 일에는 많은 기여와 수고가 필요합니다. 추천사 써주신 김우생 명예총장님, 강효민 목사님, 남병두 교수님께 감사드립니다. 그리고 재정으로 이바지하신 김경석 목사님(강서침례교회)과 김승수 목사님(주사랑침례교회), 출판사역에 신실하게 이바지하시는 조성택 대표님(원주백두산약국)께 감사드립니다. 기도와 후원으로 신실하게 힘이 되어주시는 모든 후원회원님께도 감사드립니다. 정성으로 편집하신 김광모 교수님과 표지를 창의적으로 만드신 김효경 자매님께도 감사드립니다.

이 책이 번역되어 책으로 나오기까지 보이지 않게 많은 분이 수고했습니다. 드러내놓고 다 감사할 수 없으나, 찬물 한 잔으로 섬김도 가벼이 여기지 않으시는 주님께서 칭찬과 상급으로 보상하시리라 믿습니다.

2018년 3월

옮긴이 김석근

여는 말—한국어 개정증보 2판
Preface to Korean 2nd Edition

한국에서 하나님을 섬기는 형제자매들이 이 책 초판을 읽고서 크게 도움을 받았으며 개정증보 2판도 번역한다는 소식을 들으니 매우 기쁩니다. 세나가 코로나바이러스감염증-19 팬데믹을 겪은 상황에서 목양 사역에 관한 여는 말을 써 달라는 부탁에, 참으로 영광스럽습니다. 누구나 자기가 사는 문화 상황에 영향받기 마련인데, 서는 특별히 서구, 북아메리카문화 상황에서 이 책을 썼습니다. 그래도 문화 영향력이 아니라 성서 가르침에 따라 이 책을 쓰려는 게 목적이기에, 많은 내용이 한국 문화 상황에 있는 침례교회에도 잘 어울린다고 생각합니다. 그러나 특별히 강조할 점이 몇 가지 있습니다.

제가 한국 문화 전문가는 아니지만, 제가 가르치는 사우스이스턴 침례신학대학원에서 한국인 여러 학생과 대화했으며 세계 여러 문화에 관한 책을 읽었습니다. 혹여나 제가 한국 문화를 제대로 이해하지 못하고 말한다면 미리 사과 말씀을 드리면서, 이 책 독자에게 중요한 문화 차이점을 두 가지 말씀드리려 합니다.

첫째, 북아메리카문화가 지나치게 개인주의라고 널리 알려졌습니다. 개인주의는 북아메리카 침례교회에서 건강한 교제와 의미 있는 교인 관계가 발전하는 데 심각한 장벽입니다. 저는 한국 문화가 역사적으로 개인주의와는 거리가 있다고 생각하지만, 근대성 영향력이 한국인을 개인주의로 몰아간다고 생각합니다. 저는 한국 형제자매들이 이러한 영향력에 저항하고, 적어도 개인만큼이나 공동체를 소중히 여기면서 동료 교인과 깊이 교제하며 진정으로 가족처럼 대하는 유산을 이어가기를 촉구합니다. 북아메리카문화보다는 아시아 문화가 성서 문화에 더 가깝기에, 아시아 사람이 북아메리카 사람보다 성서 가르침을 더 온전히 이해할 수 있는 많은 영역 중 하나입니다.

두 번째 문화 차이는 대인 관계에 있습니다. 북아메리카 사람은 다른 사람 의견에 공개적으로 동의하지 않음에 주저하지 않으며, 동의하지 않는다고 큰 목소리로 표현합니다. 그러나 아시아 사람은 상대방을 더 배려하며 상대방이 수치심을 느끼거나 체면을 잃기를 바라지 않기에, 훨씬 덜 대립하는 방식으로 의견 차이를 표현합니다. 이러한 태도는 더 친절하며 더 은혜로워 보이지만, 교회 권징이나 교회 정치와 같은 문제에서 문제를 일으킬 수 있습니다. 이는 한국 목회자와 교회 지도자가 현명하면서도 단호하게 대처해야 할 부분입니다.

형제자매가 죄에 빠져 방황하도록 내버려 둠은 친절하지도 사랑하지도 않은 태도입니다. 오히려 사랑으로 훈계하거나 권징해야 할 때는 겸손하고 친절하게 훈계하고, 단호하게 대처하고, 심지어 징계할 용기를 길러야 합니다. 한국 목회자는 이 원칙을 가르치는 성경 본문을 회중에게 소개하고 교회 징계가 궁극적으로 형제자매가 하나님 앞에서 설 때 체면을 잃지 않게 하려는 친절하고 사랑스러운 행동임을 설명함으로써, 그런 조처를 주저하는 문화에 대응해야 합니다.

특별히 지도자와 동의하지 않는다고 공개하는 데 주저주저함이, 한국교회에서 회중제 교회 정치를 어렵게 한다고 생각합니다. 회중제 교회 정치는 지도자도 실수할 수 있다고 인정하며, 회중은 지도자가 현명하게 제안하는 바를 지지함으로 그리고 현명하지 않은 제안에는 의문을 제기함으로 교회와 교회 지도자를 잘 섬길 수 있습니다.

    이렇게 하려면, 교회 회원은 참으로 믿는 사람, 곧 하나님을 알고 하나님 음성을 들을 수 있는 사람이어야 합니다. 그들은 교회가 맞닥뜨린 결정을 두고 기도하고, 교회 지도자가 제안하는 바를 지지하지 않더라도 기도할 때 들은 바를 기꺼이 나눠야 합니다. 참으로 믿는 사람들로 구성한 몸이 더불어 하나님께서 이끄시기를 기도할 때, 하나님께서 의견 일치를 이루게 이끄신다고 생각합니다. 대부분 경우, 회중은 그들 지도자 제안을 지지하고 연합해 앞으로 나아가야 합니다. 그러나 교회 지도자가 실수한다면, 회중은 자기 역할을 기꺼이 할 수 있어야 하는데, 곧 주님에게서 들은 바를 친절하면서도 겸손하게 표현해야 하고 교회가 바른 방향으로 나아가게 해야 합니다.

    마지막으로, 코로나바이러스감염증-19를 겪은 상황에서 침례교회 사역에 관해 말씀드리겠습니다. 이 격동 시기가 빚은 모든 결과가 아직 명확히 드러나지는 않았지만, 한 가지 결과는 아주 뚜렷합니다. 곧 공동체에서 고립한 사람은 전혀 건강하지 않다! 팬데믹이 아주 심각했던 몇 달 동안, 교회는 모이지 않아야 했는데 이웃에게 그런 심각한 질병 전염을 막아야 했기 때문입니다. 그러나 모이기를 그치면 정서적, 심리적, 영적 건강에 장기적으로 부정적 결과를 초래합니다. "사람이 홀로 사는 건 좋지 않다"(창 2:18)라는 말씀은 결혼에만 적용되지 않습니다. 교회는 함께 모이기를 그치지 말라는 명령(히 10:24~25)에 순종할 수 있는 모든 일을 해야 합니다. 특히, 회중은 팬데믹 기간에 온라인 예배에 익숙해졌고 이제는 그렇게 해야 할 이유가 없는데도 계속 그렇게 하려는 몇몇 회원에게 이 명령을 강조해야 합니다. 우리는 성경이 말하는 모든 서로 명령, 곧 서로 사랑하라, 서로 격려하라, 서로 세워주라, 서로를 위해 기도하라, 서로 존중하라 등을 생각해야 합니다. 함께 모이라는 명령에 순종하지 않는다면, 어떻게 이 서로-명령에 순종할 수 있을까요? 우리는 서로가 필요한데, 이 점은 코로나바이러스감염증-19 기간에 고립 결과가 실감하게 했습니다.

이 책을 한국어로 번역하는 일에 애쓰신 모든 분께 감사 인사드리며 한국어 개정증보 2판의 여는 말을 마치려 합니다. 교회 건축자께서 이 책을 한국에서 교회를 세우시는 도구로 쓰셔서 하나님을 영화롭게 하시기를 기도합니다.

여는 말 —개정증보 2판
Preface to 2nd Edition

이 책 초판을 출판한 지 열두 해도 더 지났다. 그동안 많은 격려에 감사하고, 많은 교회, 목회자, 교회 지도자, 학생에게 도움을 줬다고 확신한다. 그러나 기독교계에 많은 중요한 변화가 일었기에, 부제 '새로운 시대를 위한 교회론'이 적절하지 않았다. 그러던 차에 데니스 힐만(Dennis Hillman)과 크레겔출판사(Kregel Publications) 멋진 직원들이 개정증보 2판을 출판할 기회를 줘서 감사드린다.

지난 10여 년 넘게, 특별히 침례교인 관점으로 교회론(ecclesiology)을 집필하는 일을 반갑게 맞이하는 르네상스였다. 많은 새로운 자료를 자세히 살펴서 배운 내용과 더 깊이 생각한 내용을 통합해서 여러 장에서 논의를 개정하려고 했는데, 바라는 대로 개정했다. 주의 깊은 독자는 이 책 전체에서 조금씩 바뀜을, 1, 6, 9장에서는 꽤 많이 바뀜을 눈치챈다.

지난 10여 년 동안, 특별히 교회 회원자격 그리고 침례와 주의 만찬 의식을 추가 연구해 집필할 기회가 있었다.[1] 그 내용은 완전히 새로운 장, 곧 7장 「뜻깊은 교회 회원자격」 그리고 증보한 11장 「단순한 상징 너머: 침례와 주의 만찬」에 있다.

마지막으로, 교회가 살아야 하며 사역해야 할 문화 상황이 지난 10여 년에 아주 많이 바뀌었다. 10여 년 전에 포스트모던 문화 발전에 보이며 나타난 이머징 교회(emerging church) 같은 일부 반응은 이제 거의 완전히 사라졌지만, 선교하는 교회(missional church)와 멀티사이트 교회(multisite church) 같은 새로운 반응이 지배하고 있다. 게다가, 북아메리카에서 늘어나는 탈-기독교(post-Christian) 문화는 자기가 소속한 종교 없다고 말하는 점점 늘어나는 사람들 수에서 그리고 필자가 속한 교단인 미국 남침례교총회를 포함해 전체 교단에 속한 교인 숫자 감소에서 아주 분명하다. 이 상황으로 목양 사역에 새롭게 접근했는데, 의도적 재활성화 전략(intentional development of revitalization), 북아메리카에서 교회가 점점 선교하는 모습을 보여야 한다는 인식, 복음 메시지를 탈-기독교 문화에 토착화 노력 등이다. 문화에서 이 여러 변화로, 12장은 완전히 다시 집필해서 장 제목도 「흐름에 맞서서—바뀐 풍경에 새로운 반응」이라고 새롭게 달았다.

개정증보 2판에서 이 많은 변화에도, 많은 분이 초판을 높이 평가한 특징을 저버리지 않은 채, '새로운 시대를 위한 교회론'이라는 부제를 계속 붙일 가치가 있게 하길 바란다.

사우스이스턴침례신학대학원(Southeastern Baptist Theological Seminary) 동료 교수들과 행정 직원들에게서 받은 지원과 격려에, 다른 여러 신학대학원과 9Marks 같은 여러 사역 기관에서 격려와 학자들과 연이은 대화에, 지은이 책을 읽고 권장한 몇 가지 조치를 구현하려고

---

1 John S. Hammett and Benjamin L. Merkle, eds., *Those Who Must Give an Account: A Study of Church Membership and Church Discipline* (Nashville: B & H Academic, 2012); John S. Hammett, *40 Questions about Baptism and the Lord's Supper* (Grand Rapids: Kregel Academic, 2015)을 보라.

힘쓴 목회자들에게, 또한 지은이 책을 읽고 피드백한(일부 피드백은 수업 과제였어도) 학생들에게 특별히 감사드린다.

비서 존 메이(John May)는 이 개정증보 2판에 포함한 모든 변화, 추가, 개정, 재개정을 통합하는 힘든 일을 참아내며 잘 해냈다. 그가 성실하게 그리고 섬기는 마음으로 힘을 보탰기에 감사드린다.

무엇보다도 교회의 머리·주님·건축가이신 주 예수 그리스도께 가장 감사드린다. 그분께서는 제 삶을 헤아릴 수도 없는 방식으로 풍요롭게 한 많은 교회를 경험하게 하셨다. 그분께서 이 책을 당신 교회를 위한 당신 계획, 곧 "교회가 얼룩이나 주름 또는 어떤 흠도 없이 거룩하며 흠 없이 아름답게 당신 앞에 서게 하시는"(엡 5:27) 계획에 조금이라도 사용하시길 바라며 출판한다. 아멘.

여는 말—초판
Preface

이 책을 쓰려고 20년 가까이 생각하며 준비했다. 많은 사람이 이 책을 쓰는 데 이런저런 식으로 이바지했다. 두 개 대륙과 다섯 개 주에 있는 열 개 교회, 곧 내 영적 집이며 살아 있는 실험실인 교회들이 가장 중요한데, 이 책에서 말하는 많은 원리가 그곳에서 실행됐기 때문이다. 그 교회 모두에게 이 책을 바친다.

내 신학 스승들은 이 책 각주와 많은 부분에서 분명히 드러난다. 나는 침례교 교회론 유산을 고맙게 생각하며 의식적으로 그것에 의존하려 했다. 불행하게도 20세기에 그 유산의 많은 부분이 무시되고 잊혔다. 그것을 회복하려고 애쓰는 분들께 감사드린다. 내가 그들에게 빚지고 있음은 그분들 연구를 활용하는 데서 볼 수 있다.

그동안 내가 섬긴 여러 교회 성도와 사우스이스턴침례신학대학원(Southeastern Baptist Theological Seminary) 동료 그리고 학생은 이러한 생각의 많은 부분을 들은 바 있다. 신학대학원과 강의실에서 논의는 여러 요점에 관한 내 생각을 더 분명하게 만들어 주었다. 내 생각을 책으로 나타내도록 도와준 많은 동료와 학생의 관심과 격려에 감사드린다. 하지만 그러한 격려도 2004학년도에 사우스이스턴침례신학대학원 행정부와 이사회가 제공한 안식년이 없었다면 학교에서 바쁜 업무로 사라졌을 것이다. 나는 그들이 안식년을 너그럽게 선물해줘서 감사드린다. 그 덕분에 연구를 완성하고 생각을 글로 옮겼다. 필리스 잭슨(Phyllis Jackson), 도나 쿠퍼(Donna Cooper), 로라 화이트(Laura White)의 전문 지식이 없었다면 그러한 생각은 흩어진 종잇조각에 머무르고 책으로는 나오지 못했다. 그들이 원고가 책으로 출판되게 도운 일에 감사드린다.

   크레겔출판사(Kregel Publications) 직원들, 특별히 편집자 짐 위버(Jim Weaver)는 내게 더 많은 도움을 주었다. 일반적으로 초교파시대(postdenominational age)로 간주하는 이 시대인데도 그들이 교단 관점을 드러내는 책을 기꺼이 출판함에 감사드린다.

   내 아내 린다(Linda)는 남편이 바라는, 이 프로젝트를 지원하는 가장 신실하며 열정적인 기도 후원자였으며, 내 자녀 수잔(Suzanne)과 마이클(Michael) 덕분에, 나는 이 책이 제 역할을 다하며 그들과 그들 세대를 위해 그들이 섬기고 섬김을 받을 수많은 건강하고 신실한 교회를 일으키는 데 이바지하도록 기도할 수 있었다.

   무엇보다도 내가 섬기는 교회의 주인이신 주님께서 나를 자기 신부의 한 부분으로 불러주셔서 감사드린다. 이 책이 그 신부가 신실하게 섬기는 데 이바지하길 기도한다.

서론
왜 이 책인가?

Introduction: Why This Book?

출판사들이 책을 쏟아 내며 정보가 인터넷에서 끝없이 흘러나오며 다양한 형태 매체가 우리 관심을 끌려고 경쟁하는 현대 정보 시대에, 책을 쓰는 사람으로서 예비 독자가 할 질문, 곧 "내가 왜 이 책을 읽어야 하는가?"에 대답해야 한다. 이 장에서는 그 질문에 대답하겠다. 독자는 그 대답에서 이 책에서 다룰 주요 개념을 이해한다.

첫째, 나는 교회가 하나님의 창조, 그리스도의 몸, 오늘날 세상에서 성령께서 쓰시는 특별한 도구임을 보여주겠다. 교회가 하나님께 그토록 중요하기에, 교회는 모든 그리스도인에게 중요한 관심사임이 분명하다.

둘째, 나는 교회론 이해가 특별히 지금 북아메리카 상황에 중요하다고 주장하는데, 그 이유는 교회 생활에 관한 실용적 접근, 문화와 연관 지으려는 관심, 교회 성장을 보려는 열망 등으로 교회가 교회 주인이신 분의 계획보다는 사람들 관심에 따라 형성될 위험에 처할 수 있기 때문이다. 참으로, 사람들이 하나님께서 그들에게 바라시는 바를 모르면, 어떻게 교회가 하나님께서 바라시는 모습이 되겠는가? 따라서 이 책은 하나님의 백성이 성경에 계시된 대로 교회에 관한, 하나님의 이상에 신실하게 머물게 돕는 기본 신학적 질문을 하겠다.

셋째, 나는 우리가 사는 포스트모던 시대에도 침례교회 관점에 따르는 교회론 책이 필요함을 제시하겠다. 북미에서 가장 큰 개신교 교단(침례교)에 관해 더 잘 알려는 단순한 호기심 때문이든, 침례교가 내세우는 교회론이 성경 가르침을 충실하게 대표한다는 주장을 기꺼이 살펴보려는 생각 때문이든, 그런 책이 침례교인이 아닌 사람들에게도 어느 정도 흥미를 자아내길 바란다. 하지만 나는 특별히 침례교인에게 이 책을 권하고 싶다. 내가 보기에 그들은 어떻게 해서 자기가 침례교인인 이유를 거의 모르고, 침례교인이 무슨 뜻인지 깨닫지도 못하며, 많은 침례교회가 역사적 의미에서 침례교회로 거의 인식하지 못하기 때문이다. 역사적으로 침례교인이 침례교인 됨은 교단에 맹목적으로 충성했기 때문이 아니라, 그들이 성경이 가르치는 교회론이라고 믿었던 바에 헌신했기 때문이다. 이 교리는 침례교 독특성의 핵심이었으며 우리 기원 배후에서 역사한 원동력이었다. 이 교리가 지난 세기 동안 상당히 퇴색했으나, 이제 회복해야 한다. 이것이 오늘날 교회에 절실히 필요함을 말하기 때문이다.

왜 교회에 관한 책을 읽어야 하는가?

교회는 하나님을 알려는 사람이나 그리스도를 따르는 모든 사람에게 매우 중요하다. 3세기 중반 북아프리카에서 위대한 교부 키프리아누스(Cyprian)는 "교회를 어머니로 소유하지 않은 사람은 하나님을 아버지로 소유할 수 없다."라고 말했다.[1] 위대한 종교개혁가 장

칼뱅은 교회를 "모든 경건한 사람의 어머니"라고 불렀다.2 최근 팀 스태포드(Tim Stafford)도 「왜 교회인가?」라는 소논문에서 똑같은 취지를 확증했다. "살아 있는, 숨 쉬는 회중이 하나님과 건강한 관계로 살아갈 수 있는 유일한 장소이다. 이유는 그것이 땅에서 예수님께서 머물기로 선택하신 유일한 장소이기 때문이다."3 이 여러 논평은 기독교가 개인 참여가 아니라 공동체 헌신이라는, 신약성서의 지속적 가르침을 반영한다. 그리스도인과 교회는 소속을 같이하는데, 교회는 그리스도인 생명이 태어나고 양육되는 곳이기 때문이다. 지난 20세기 동안, 참되고 살아계신 하나님을 안 사람 대부분은 여러 형태의 교회 사역에서 하나님을 알았다. 거의 모든 그리스도인이 교회의 여러 형태와 연결돼 그리스도인으로서 살았다. 그것이 히브리서 10:25에서 함께 모이기를 중단하지 말라고 권고하는 이유이다. 그들에게 교회가 필요하다. 교회는 그들에게 절대로 중요하다.

하지만 교회가 그리스도인에게 중요한 만큼 그리스도인이 교회에 열정을 가져야 하는 가장 중요한 이유는, 교회가 하나님의 열망이기 때문이다. 교회는 하나님께서 당신 소유가 될, 하나님께서 그들 하나님이 되시고 그들은 그분 백성이 되게 하시는 백성을 창조하시는 가운데 역사를 통해 행하시는 일의 중심이다. 성경 이야기 시작에서, 우리는 하나님께서 아브라함을 부르시고 그를 통해 땅에 사는 모든 가족에게 복을 주시겠다고 약속하심을 안다(창 12:1~3). 구

---

1 Cyprian, "On the Unity of the Church," in *Early Latin Theology*, trans. and ed. S. L. Greenslade, The Library of Christian Classics (Philadelphia: Westminster Press, 1956), 5:127~28. ‖ 「보편 교회의 일치」, 『초기 라틴 신학—테르툴리아누스, 키프리아누스, 암브로시우스, 히에로니무스의 저작으로부터』, 이상훈·이은혜 옮김 (서울: 두란노아카데미, 2011), 159.

2 John Calvin, *The Institutes of the Christian Religion*, ed. John T. McNeill, trans. Ford Lewis Battles, The Library of Christian Classics (Philadelphia: Westminster Press, 1960), 21:1011 (4.1).

3 Tim Stafford, "The Church: Why Bother?," *Christianity Today* 49, no. 1 (January 2005): 42~49.

약성서를 통틀어 하나님께서는 이스라엘을 당신 백성으로 삼으시고, 그들을 통해 메시아가 세상에 오게 하셨다. 복음서에서 예수님은 제자들 무리를 모으셨지만, 아직 그들을 교회로 부르지 않으셨다. 이야기는 사도행전 2장에서 오순절에 성령 강림으로 교회가 탄생하는 사건에서 절정과 전환에 이른다. 신약성서 편지는 교회의 삶과 성장을 묘사하며, 요한계시록 21:3에서 하나님의 위대한 목적이 성취되기까지 계속된다. "보라 하나님의 장막이 사람들과 함께 있으매 하나님이 그들과 함께 계시리니, 그들은 하나님의 백성이 되고 하나님은 친히 그들과 함께 계셔서 그들 하나님이 되신다." 거의 성경 전체가 하나님께서 교회를 준비하시고 그 안에서 그것을 통해서 하시는 일을 추적한다. 교회는 하나님께 가장 중요한 존재이다.

바울은 하나님의 의도가 "교회로 말미암아 하늘에 있는 통치자들과 권세들에게 하나님의 각종 지혜를 알게 하려 하심"이라고 말한다(엡 3:10). 계속해서 하나님께서 교회를 통하여 영원히 영화롭게 되신다고 말한다. "교회를 통해서 그리고 그리스도 예수를 통해서 영광이 대대로 영원무궁하기를 바란다"(21절; 옮긴이 덧붙임. 헬라어 신약성서에 쓴 전치사 ἐν[엔]을 도구 용법으로 석의해 '통하여'로 옮긴다). 따라서 교회에 관한 성경 가르침을 제시하는 모든 책은 하나님의 지혜나 영광에 관심을 가진 모든 사람의 관심사이어야 한다.

또한 교회는 그리스도께서 오신 가장 중요한 이유이다. 그는 잃어버린 사람을 찾아 구원하시고 그들을 한 몸으로 모으려고 오셨다. 그는 말씀하신다. "내가 … 내 교회를 세우리니 음부의 권세가 이기지 못한다"(마 16:18). 바울은 말한다. "그리스도께서 교회를 사랑하시고 그 교회를 위하여 당신 자신을 주심같이 하라. 이는 곧 물로 씻어 말씀으로 깨끗하게 하사 거룩하게 하시고 자기 앞에 영광스러운 교회로 세우사 티나 주름 잡힌 것이나 이런 것들이 없이 거룩하고 흠이 없게 하려 하심이라"(엡 5:25~27). 그는 그리스도를 사랑하는 모든 사람은 그분 교회를 사랑하시고 교회를 세우시는 위대한 계획에 그분과 함께해야 한다고 말한다. 하지만 교회가 어떤 모습이 되기를 그분이 원하시는지 이해하지 못하면, 어떻게 교회를 세우시는 일에 그리스도와 함께할 수 있겠는가? 이 책은 그리스도께서 교회가 어떤 모습이게 부르시는지 제시한다.

게다가 오늘날 세상에서 교회는 성령의 임재로 중요하다. 누가복음과 사도행전 저자는 성령께서 오시기까지는 예수님께서 불러 모으신 무리에게 교회(ἐκκλησία[에클레시아])라는 용어를 사용하지 않는다. 성령의 임재가 교회에 생명을 주시기 때문이다. 교회는 "성전 … 하나님이 성령을 통하여 거하실 처소"로 불린다(엡 2:21~22). 교회가 성령께서 세상에 계시는 유일한 방식은 아니어도, 그분께서는 교회를 통해 독특한 방식으로 존재하신다.

이처럼 교회는 세상에서 섬기려고 독특하게 하나님에게서 힘을 얻는다. 최근 조사에 따르면, 남침례교회 회중이 한 달에 약 3백만 명에게 음식과 옷을 나누어 주는 일 등에 봉사했다.4 교회 성도는 자기 교회에서 여러 사역의 재정을 담당하고 자원해서 일하고, 또한 비종교적 봉사 활동에 주어진 기부금의 2/3를 기부한다.5 그들은 그렇게 하면서 자기 삶과 교회에서 성령의 역사를 나타낸다. 게다가 필립 젠킨스(Philip Jenkins)가 예상한 바에 따르면, 전 세계에서 교회 중요성은 감소하지 않고 증가하며 남반구에서는 극적으로 증가한다.6 동유럽에서 교회는 수십 년 동안 공산주의 통치자의 압

---

4 이것은 *Southern Baptist Congregations Today: A Survey at the Turn of a New Millennium*으로 불리는 2000년에 행해진 700개 이상의 남침례교회 회중의 대표 표본 조사에서 인용한 자료다. 조사 결과는 Philip B. Jones, "Research Report: Executive Summary of *Southern Baptist Congregations Today*" (Alpharetta, Ga.: North American Mission Board, SBC, n.d.), 3~4에 있으며, www.namb.net에서 참고할 수 있다.

5 Tim Stafford, "Anatomy of a Giver," *Christianity Today* 41, no. 6 (May 19, 1997): 19~24.

6 Philip Jenkins, *The Next Christendom: The Growth of Global*

제에도 살아남았으며, 자주 인식되지는 못하지만, 철의 장막 붕괴에 중요한 요소였다. 오늘날, 교회는 세계 여러 곳에서 계속해서 박해에 직면하며, 그것은 부분적으로 그것의 능력, 곧 내재하시는 성령의 능력이 정치적 통제를 따르지 않기 때문에 일어난다.

이 모든 일로, 하나님과 그분께서 오늘날 세상에서 하시는 일에 관심이 있는 모든 사람은 교회를 중요한 관심사로 삼아야 한다.

왜 교회론에 관한 책을 읽어야 하는가?

미국 문화는 실용주의가 그 특징이며, 교회에 관한 책 대부분은 그러한 성향을 반영한다. 교회를 성장시키는 방법, 교회 프로그램을 조직하고 관리하는 방법, 교회 예배에 생기를 회복하는 방법, 교회 성도를 선교 사역에 참여하게 하는 방법, 교회가 하는 거의 모든 일을 하는 방법 등을 다루는 수많은 책이 있다. 내가 이 책에서 이러한 실용적이며 실제적인 관심사를 공유하지만, 교회의 장기적 건강에 더 근본적으로 다른 질문, 곧 교회론을 다루는 질문에 초점을 맞춘다. 이는 교회론이라 불리는 신학 분야다.

많은 사람에게 신학은 치아 뿌리만큼이나 관심사다. 이런 이해는 유감스럽고 부정확하다. 교회 건강과 관련된 대부분 문제는 프로그램의 기술 부분을 임시로 고쳤다고 해서 해결되지 않는다. 그렇기에 우리는 신학을 중요하게 다뤄야 한다.

교회는 하나님께서 창조하셨기에, 하나님의 가르침에 따라 지시받고 운영해야 한다. 그 가르침을 이해하는 일은 신학이 해야 할 일이다. 그 임무는 학자들로 구성한 엘리트 집단에게만 맡기지 않았다. 모든 그리스도인은 마음을 다해 하나님을 사랑하라고 명령받았다. 신학은 하나님을 알고 사랑하도록 우리 마음을 단순히 사용

Christianity (Oxford, U.K.; New York: Oxford University Press, 2002).

한다. 어느 신학자가 말했듯이, "신학은 너무도 중요하기에, 신학자에게만 맡겨둘 수 없다."7

신학이 할 이 임무는 성경에서 발견하는, 하나님의 가르침을 연구함으로 시작한다. 이 책은 무엇보다 교회론을 이해하고 제시하는 일이 성경 가르침에 일치하게 하려고 노력한다. 하지만 우리는 성경 메시지를 이해하는 일에, 우리보다 먼저 살았던 20세기 동안 그리스도인에게서 큰 도움을 얻을 수 있다. 그들 많은 사람은 우리가 연구하는 것과 똑같은 성경을 이해하려고 했다. 이전 세대가 말하는 조언을 무시함은 어리석고 교만한 일이다. 성경을 이해하는 일에, 역사는 우리에게 많은 내용을 가르친다. 적어도 역사적 관점은 우리 자신의 역사적 배경과 문화로 성경을 왜곡해 이해하는 잘못이 반복하지 않게 막아주는 안전장치이다. 탈-기독교(post-Christian) 시대에 성경을 잘 알지 못하는 문화에 사는 사람에게 복음을 전하려고 애쓰는 중요한 임무를 맡은 사람은, 당면한 문제를 다루고 이들이 잘 이해할 수 있도록 전하려는 바람직한 열망 때문에, 오히려 그러한 문화가 자기 메시지의 형태를 결정하고 심지어 왜곡하게 허용하는 위험에 빠질 수 있다. 역사는 우리가 문화의 흐름과 함께 떠내려가지 않게 방지하는 닻일 수 있다.

오늘날, 우리는 성경을 이해하는 일에 추가 도움을 지구촌 신자 공동체(global community of believers)에서 받는다. 그들은 똑같은 성경을 읽었지만, 비-서구 관점으로 읽었다. 많은 경우, 그들은 서구 신학자와 해석자보다는 성서 문화에 더 가깝고, 서구 신학자가 놓치는 바를 제시할 통찰력을 가졌다.8

---

7 W. Ward Gasque가 Robert Banks, *Redeeming the Routines: Bringing Theology to Life* (Wheaton, Ill.: Bridgepoint Books, 1993)의 뒤표지에 한 말이다.

8 우리가 지구촌 기독교에게서 받는 통찰력 형태에 관한 몇 가지 예는 Timothy Tennent, *Theology in the Context of World Christianity* (Grand Rapids: Zondervan, 2007); E. Randolph Richards and Brandon

따라서 역사 관점으로 성서 이해가 신학에 기초를 이룬다. 신학은 성경 자료를 취하고, 역사와 지구촌 통찰력에서 얻은 도움을 활용하고, 새로운 상황으로 펼쳐지는 하나님의 세계에서 하나님을 위해 살려고 할 때 삶이 제기하는 문제에 관해 말하려고 교리를 개발한다. 교리는 구체적·현실적 삶의 상황에서 실제로 적용할 기초이다. 따라서 신학 공부 과정은 아래 〈보기 I.1. 신학 공부 방법〉처럼 피라미드 형태로 그릴 수 있는데, 신학은 성경에 기초해 세워지며, 역사와 지구촌 통찰력으로 정보를 얻고, 사역에 기반 역할을 한다.

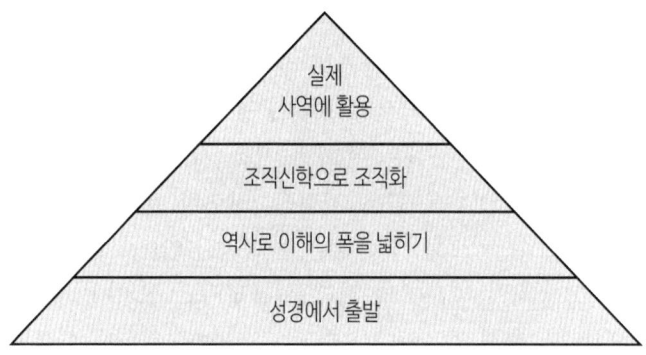

〈보기 I.1.〉 **신학 공부 방법**

아쉽게도, 복음주의 그리스도인 대부분은 꼭 필요한 중간 단계를 거치지 않고, 성경에서 곧장 사역으로 나아가는 경향이 있다. 이 책은 신학 공부 전체 과정을 따르며, 성경에서 시작하고 성경이 신학에 유일한 규범적 근원으로 강조한다. 이차적으로, 이 책은 새로운 시대에 우리가 가정하는 바에 도전하고 때로 그것을 수정하는 데 역사 자료, 특별히 침례교회 역사 자료와 지구촌 통찰력을 활용한

J. O'Brien, *Misreading Scripture with Western Eyes* (Downers Grove, IL: IVP Books, 2012) ‖『성경과 편견』, 홍병룡 옮김 (서울: 성서유니온, 2016)에 있다.

다. 이 책은 교회에 관한 교리의 주요 측면들을 발전하게 하고, 어떻게 그 교리가 지역교회 상황에서 실제 사역으로 실현될 수 있으며 실현되어야 하는지 보여주는 예를 제시하고 또한 제안한다.

이 책의 다섯 개 부는 교회론에 포함된 주요 신학적 문제를 살피며, 각 부는 핵심 질문을 중심으로 구성한다. 서론에서 핵심 질문은 "왜 이 책인가?"이다. 구체적으로 세 가지 질문을 던진다. "왜 교회에 관한 책을 읽어야 하는가?" "나아가, 왜 교회에 관한 교리 책을 읽어야 하는가?" "마지막으로, 왜 침례교회 관점으로 쓴 교회에 관한 교리 책을 읽어야 하는가?"

1부는 **"교회는 무엇인가?"**라는 질문을 다룬다. 1~3장에서 그 질문에 대답하겠다. **1장**은 교회를 뜻하는 신약성서 헬라어 ἐκκλησία [에클레시아]를 조사하고, 교회를 가리키는 주요 이미지를 고려하며, 성경적이라고 생각하는 교회 특성을 묘사한다. **2장**은 교회를 특징짓는 두 가지 주된 표현을 숙고할 때, 역사 자료를 활용한다. 전통적 표현은 교회를 "한, 거룩한, 우주적, 사도적" 통일체로 묘사하며, 종교개혁에서는 진정한 교회 특징이 말씀 전파와 성례전을 바르게 시행함이라고 강조했다. 나는 이러한 표현들이 교회에 관한 우리 이해에 어떤 도움을 주는지 검토한다. **3장**은 성경적·역사적 자료를 바탕으로 교회 본질에 관한 다섯 가지 결론을 제시한다. 각 결론은 교회의 삶과 사역에서 실제로 적용하는 제안으로 이어진다.

2부는 **"누가 교회인가?"**라는 질문에 대답한다. 여기서 나는 침례교회 표지인 '거듭난 사람, 교회 회원자격'을 살핀다. **4장**은 교회를 거듭나서 침례받은 신자 모임으로 보는 성경적 증거를 제시하며, 어떻게 그 이해가 주후 312년에 콘스탄티누스가 회심 이후에 사라졌는지 추적하고, 침례교회가 그것을 회복해 침례교 교회론의 중심으로 삼았는지 보여준다. **5장**은 20세기에 미국 침례교회에서 거듭난 사람만 교회 회원자격이라는 특색이 퇴색했음을 자세히 이야기하고, 왜 그것을 회복해야 하는지, 그리고 침례, 교회 회원자격, 교회 권징 실행에서 변화를 포함해 어떻게 그것을 다시 이룰 수 있는지 자세히 고찰한다.

3부에서 다루는 질문은 "**교회는 어떻게 다스려지는가?**"이다. **6장**은 회중제 교회 정치가 신약 가르침과 가장 잘 일치함을 보여준다. **7장**은 어떻게 거듭난 사람 교회 회원이 그들 회원 지위를 뜻깊은 방식으로 살아가는지를 살핌으로, 특별히 교회 회원으로서 책임 그리고 회중제에 매우 특별히 중요한 의무를 살피면서 거듭난 사람 교회 회원자격에 관해 4장과 5장이 강조하는 바를 기반으로 전개한다. **8장**과 **9장**은 교회 지도자의 두 직분, 곧 장로 또는 감독자 또는 목사로 불리는 직분과 집사로 불리는 직분에 관한 침례교회 가르침을 제시한다. 이 두 지도자의 역할, 의무, 자격, 수, 선택 등 중요한 문제를 주의 깊고 면밀하게 설명하겠다.

4부는 "**교회는 어떤 일을 하는가?**"라는 질문을 다루면서 교회 사역을 살핀다. 10장에서는 사도행전 2:42~47의 중요하고도 실용적인 묘사를 토대로 가르침, 교제, 예배, 봉사, 전도 등이 교회가 할 다섯 가지 본질 사역임을 확정한다. 예배 주제를 다루는 부분에서, 예배 형식과 관련해 지금 논란, 특별히 구도자 교회에서 현대 음악을 사용함을 논한다. 11장은 침례와 주의 만찬 의식에 관한 침례교회 견해를 제시하고, 침례교회가 이 중요한 의식을 실행하는 방법을 개선하도록 구체적이며 실용적인 제안도 덧붙인다.

마지막 질문은 "**교회는 어디로 가는가?**"로, 5부에서 다룬다. 12장은 이 질문에 "흐름에 맞서서"라는 표현으로 대답한다. 그 대답은 교회가 변화하는 문화적 환경이 제시하는 도전에 보이는 다양한 반응을 나타낸다. 내가 보기에, 교회가 제시하는 여섯 가지 가장 중요한 반응에 특별히 주목한다. 마지막 13장은 교회가 온 세상으로 나아감을 주시함으로 우리 비전을 넓히고, 교회가 여러 다른 문화에 세워질 때 일어나는 몇 가지 질문을 살핀다.

이 책에서 각 부는 각 장에서 제기한 문제를 독자가 되돌아보도록 돕는 연구 질문, 그리고 특정 문제에 관해 더 깊이 알려는 독자에게 더 많은 연구를 도우려고, 설명을 곁들인 참고 자료 목록으로 맺는다.

이 책은 질문이 아니라 도전으로 끝맺는데, 그리스도께서 당신을 희생하신 큰 목적, 곧 교회가 발전해 빛을 냄으로 하나님을 온전히 기쁘시게 하는 일에 헌신하라는 도전이다. 그것은 우리가 먼저 하나님께서 교회가 어떤 모습이 되기를 원하시는지 이해하고, 이어서 그러한 계획이 우리 교회에서 실현됨을 보려고 인내하며 사랑으로 실천하기를 요구한다. 그러한 도전에 반응할 마음이 있는 이는 교회론에 관한 책을 읽을 충분한 이유가 있다.

왜 침례교인 관점으로 쓴 교회에 관한 교리 책을 읽는가?

나는 교리를 성경에서 가장 먼저 추출하지만, 이 책은 교회론에 관해 분명한 침례교인 관점을 나타낸다. 그렇게 함으로, 우리 문화에 만연한 초교파주의(postdenominationalism)에 반대한다. 점점 더, 사람들은 자기가 가입한 교파로 자기를 나타내기를 삼가며, 단순히 그리스도인으로 알려지기를 더 좋아한다. 하지만 실제로, 어느 정도 교파를 결정하기는 피하기 어렵다. 초교파교회 회원들도 자기 교회가 유아 세례를 하는지 안 하는지, 장로회가 교회를 운영하는지 아니면 회중이 교회를 다스리는지 안다. 교회에 참석하거나 등록한 사람이 그 교회가 실행하는 일들의 근거를 이해하려 한다는 기대는 바람직하다. 내가 침례교인이면 자연스럽게 교회론에 관한 자기 교파 관점을 이해하려 한다. 하지만 그러한 대답은 단순히 더 깊은 질문을 일으킨다. "왜 침례교인이어야 한가?"라는 질문이다. 때때로 나는 사우스이스턴침례신학대학원에서 신학생이나 내가 말씀을 전하는 교회에서 성도에게, 왜 그들이 침례교인인지 말해달라고 요청했다. 나는 여러 가지 대답을 들었다.

아마도 가장 흔한 대답은 "제가 침례교인인데, 그렇게 자랐기 때문입니다. 부모님께서 침례교인이셨고, 그것이 제가 아는 전부입니다."이다. 이런 사람은 친숙한 침례교회 책, 선교 매체, 전통적 프로그램을 좋아한다. 하지만 가족 배경만이 교단을 결정하는 강력한 이유는 아니다. 그 증거는 많은 침례교인이 교단을 쉽게 옮기는 모습에서 볼 수 있다. 교회를 생각할 때 그들은 교회가 속한 교단 이름보다 음악과 예배 형태, 설교 질, 프로그램 다양성을 더 중요하게 생각하는 것 같다.

다른 사람들은 자기가 침례교인이 됨은 복음을 처음으로 듣고 그리스도와 인격적 관계를 맺어야 함을 안 곳이 침례교회였거나, 처음으로 성경을 배운 곳이 침례교회였거나, 사랑으로 다가와 준 교회가 침례교회였기 때문이라고 말한다. 이러한 여러 경험은 교단 충성심을 어느 정도 만들지만, 그것이 그리 중요하지 않은데 다른 교단의 많은 교회가 성경에서 말하는 복음을 전파하고, 성경을 가르치고, 사랑으로 사람들에게 다가가지만, 애석하게도 일부 침례교회가 이러한 일을 하지 않기 때문이다.

어떤 사람은 자기에게 교파적 정체성이 거의 없다는 사실을 잘 알고 있으며 그것이 좋은 일이라고 생각한다. "왜 당신은 침례교인입니까?"라는 질문에, 그들은 "저는 제가 침례교인이라기보다, 단순히 그리스도인이라고 생각합니다."라고 대답한다. 앞에서 말했듯이, 그러한 대답은 우리가 사는 초교파주의 시대와 전체 복음주의 교회 특성이다. 이러한 특성은 초교파주의 기독교 선교단체(parachurch)에서 확인할 수 있다. 그러한 단체의 하나인 프라미스 키퍼스(Promise Keepers)는 교파주의를 인종차별 같은 죄로 여긴다.

나는 이러한 대답에 조금은 공감한다. 확실히, 그리스도인이 됨이 특정 교단에 헌신보다 훨씬 더 중요하다. 그리고 교단주의에는 너무도 많은 잘못된, 오만하고 분리하려는 표현이 있다. 하지만 앞에서 말했듯이 궁극적으로 어떤 형태의 교파적 정체성을 피할 수는 없다. 실제로 모든 교회는 특정 질문에 대답해야 한다. 우리는 유아 세례를 해야 하는가, 아니면 신자에게만 침례를 주는가? 우리 교회는 감독이 다스리는가, 아니면 위원회 또는 회중이 다스리는가? 우리는 어떤 형태로 드리는 예배 절차가 적절하다고 믿는가? 각 교회는 서로 연결되는가, 아니면 각 교회가 어느 정도 자치권을 가지는가? 이러한 질문, 그리고 이와 같은 다른 질문에 대답은 어느 정도 개인과 교회가 교단과 같은 태도를 보이게 하거나, 적어도 그들이 교단 전통에 머물게 한다. 따라서 구원과 관련이 있는 가장 중요한 문제도 아니고 필수적이지 않아도, 교단에 속한 교회 생활은 관련성이 없지 않으며 중요하다.

"왜 당신은 침례교인인가?"라는 질문에, 정보에 밝은 침례교인은 다음 말로 대답한다. "성경이 교회론에 관한 전통적 질문에 침례교회 입장을 가르치고 있다고 해석하기 때문입니다."9 그러한 대답은 오만하지도 않으며, 침례교회만이 진리를 소유하고 있다고 생각하지도 않으며, 침례교인만이 진정한 그리스도인이라는 뜻도 전혀 아

---

9 침례교 역사에서, "왜 침례교인인가?"라는 실문에 대답한 책이 여러 권 있었다. 가장 오래되고 유명한 것의 하나는 J. M. Pendleton, *Three Reasons Why I Am a Baptist with a Fourth Reason Added on Communion* (St. Louis, Mo.: National Baptist Publishing, 1856)이다. 그의 모든 이유는 침례교 교회론을 다뤘다. Louis Devotie Newton, *Why I Am a Baptist* (New York: Nelson, 1957); Joe T. Odle, ed., *Why I Am a Baptist* (Nashville: Broadman, 1972); Cecil P. Staton, ed., *Why I Am a Baptist: Reflections on Being Baptist in the 21st Century* (Macon, Ga.: Smyth & Helwys, 1999); Tom Nettles and Russell Moore, *Why I Am a Baptist* (Nashville: Broadman & Holman, 2001)와 같은 책들은 어느 정도 교회론 이유를 포함하지만, 다른 일부는 가정의 영향과 침례교인 삶의 다른 요소를 존중함을 다룬다. 침례교 교회론과 침례교 정체성 사이에 어느 정도 관계성을 살피는 다른 책은 R. Stanton Norman, *More Than Just a Name: Preserving Our Baptist Identity* (Nashville: Broadman & Holman, 2001)이다. 노먼은 이 책 다음에 같은 두 주제를 연결하는 책, 곧 *The Baptist Way: Distinctives of a Baptist Church* (Nashville: Broadman & Holman, 2005)를 썼다.

니다. 오히려 그러한 대답은 종교개혁 이후로 그리스도인 – 경건하며 진정으로 그리스도를 사랑하고 그분 말씀에 헌신한 그리스도인도 마찬가지로 – 이, 교회가 무엇이며 그것이 어떤 역할을 해야 하는지에 관한 특정 문제에서, 성경을 해석하는 일이 일치할 수 없었음을 인정한다. 이러한 불일치로 서로 다른 교단 전통이 형성되는 결과를 낳았다. 해석 차이는 오늘날까지 지속하며 모든 사려 깊은 그리스도인이 직면해야 하는 선택을 제시한다. 따라서 교회론에 관한 모든 책은 관점, 곧 어느 정도 교단 특징을 제시해야 한다. 이 책은 침례교인 관점을 제시하는데, 내가 역사적으로 침례교인이 중요한 교회론 문제를 해석한 방식에 동의하기 때문이다.

이 부분을 시작하면서 제기한 "왜 침례교인의 관점으로 쓴 교회론 책을 읽는가?"라는 질문에 여러 가지 대답을 제시할 수 있다. 침례교인이 아닌 사람에게 이 책은 침례교 교회론에 중심을 둔 침례교인 정체성에 관한 근거를 설명한다. 현대 침례교인의 시작을 16세기 초에 재침례교인으로 보든, 17세기 초에 영국 분리주의자로 보든, 두 그룹 모두에게 핵심 문제는 같았다. 곧, 교회는 오직 믿는 사람으로 구성한 순수한 모임이라는 믿음이다. 침례교회의 다른 독특성 대부분은 교회론에서 시작한다. 침례교인이 아니어도 이 책을 읽다가 교회에 관한 성경 가르침에 관한 자기 해석을 다시 생각하고 자기 일부 견해를 바꿀 수도 있다.

침례교인은 이 책을 단지 호기심으로 읽을 수 있다. 많은 침례교인, 그리고 많은 침례교회 목사까지도 역사적 침례교회의 견해와 의식들에 관한 성경 근거를 깊이 생각해 본 적이 없다. 참으로, 이 책을 쓴 주된 동기의 하나는 침례교인 대부분이 자기 교회론 유산을 모른다는 사실을 알았기 때문인데, 부분적으로 그 이유는 지난 25년 동안 침례교인 관점에서 교회론을 다룬 책이 거의 없었기 때문이다.[10] 이 책은 침례교인 정체성에 관한 강력한 근거를 보여줌으로써,

---

10 이 책 초판이 2005년에 출판된 이래, 그 간격을 채우는 데 유익한

침례교인이 자기 정체성을 확인하고 강화하도록 도울 수 있다.

다른 침례교인, 특별히 침례교회 목사는 많은 교회가 그저 지나가는 유행에 따라 흔들리고, 개인적이며 개별적인 행위를 넘어서서 거짓된 교리적 기초를 형성하기까지 하는 문제로 고통을 당하면서 방황하고 있다고 느끼기에, 이 책을 읽을 수 있다. 지난 세기에, 침례교인 전체는 깨닫지 못한 채 자기들이 가진 역사적 입장의 많은 것을 저버렸다. 이 책에서 제시하는 교리는 성경이 가르치는 바를 반영하며, 침례교인 역사에 깊이 뿌리를 두고 있고, 오늘날 침례교회에서 실제로 적용할 수 있으며, 침례교회가 그리스도의 빛나는 신부가 되려면 긴급히 요구되는 교리이다. 교회가 잘되어야 한다는 이러한 관심이 이 책을 쓰도록 재촉했다. 많은 사람이 그러한 관심으로 이 책을 읽기를 간절히 바란다.

책이 여러 권 출판됐다. Mark Dever and Jonathan Leeman, ed., *Baptist Foundations: Church Government for an Anti-Institutional Age* (Nashville: B & H Academic, 2015). 두 사람은 따로따로 교회론을 주제로 다음 책을 썼다. Mark Dever, *The Church: The Gospel Made Visible* (Nashville: B & H Academic, 2012); Jonathan Leeman, *Don't Fire Your Church Members: The Case for Congregationalism* (Nashville: B&H Academic, 2016). Thomas White, Jason G. Duesing, and Malcolm B. Yarnell III, eds., *Restoring Integrity in Baptist Church* (Grand Rapids: Kregel, 2008)도 출판됐다. Gregg Allison, *Sojourners and Strangers: The Doctrine of the Church*, Foundations of Evangelical Theology (Wheaton, IL: Crossway, 2012)은 침례교 교회론을 반영한다.

연구 질문

1. 교회가 중요한 이유 설명에서, 어느 것이 가장 의미가 있다고 생각하는가? 교회는 얼마나 중요한가? 그리스도인이면서도 어느 교회에도 속하지 않는 게 가능한가?

2. 교회론에 관해 여러분이 던지는 질문 중 이 책에서 대답해 주기를 바라는 바는 무엇인가? 그 질문들을 기록한 다음, 이 책을 읽고서 그러한 질문이 다루어졌는지 다시 검토하라.

3. 여러분은 어느 교단에 속하는가? 왜 그 교단을 선택했는가? 그것은 여러분에게 얼마나 중요한 일인가? 여러분은 다른 교단 교회의 회원이 될 수 있다고 생각하는가? 왜 그런가, 왜 그렇지 않은가?

교회란 무엇인가? 1부
WHAT IS THE CHURCH?

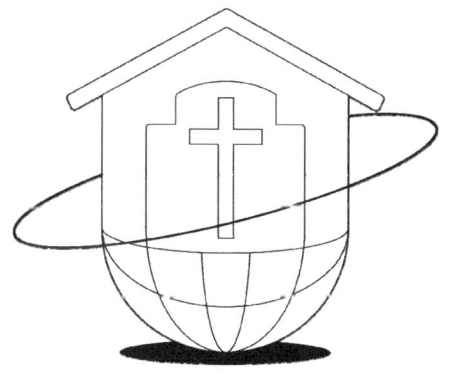

교회 특성—성서적 기초 1장
THE NATURE OF THE CHURCH
Biblical Foundations

이 장과 이어지는 두 장에서, 우리는 교회론 이해에 출발점인 "교회란 무엇인가?"라는 질문에 대답한다. 일상 언어에서, 우리는 '교회'라는 단어를 다양하게 사용한다. 우리는 우리가 만나는 장소로서 건물을 교회라 자주 부른다("우리는 교회에 간다"). 어떤 사람은 '교회'라는 용어를 자기 교단에 적용한다(연합감리교회). 더 지식 있는 그리스도인은 교회가 건물이나 교단 이상이라는 사실, 곧 사람들임을 안다. 하지만 단순히 교회가 사람들이라고 하거나 하나님의 백성이라고 말하더라도, 아주 정확하지는 않다. 그렇다면 교회는 무엇인가?

지난 이천 년 동안, 수백 개 문화와 언어로 그리고 교단으로 나뉘어 수백만은 아니더라도 수천 개 그리스도인 단체가 '교회'라는 이름으로 모였다. 어떤 모임은 분명히 다른 모임보다 훨씬 더 건강했다.

어떤 모임은 다른 모임보다 침례교인이 신약 패턴으로 여기는 모습에 더 가깝다. 단순한 모임, 성경 공부 모임, 교제 그룹, 또는 선교단체 그룹과 구별돼, 무엇이 사람들 모임을 교회가 되게 하는가? 교회 특성은 무엇인가? 세상에서 어떤 표지가 교회 정체를 나타내는가? 진정한 교회의 신학적 핵심은 무엇인가? 처음 세 장에서, 이 근본적이며 기초적인 문제들을 논하는 데 관심을 두겠다. 교회의 존재나 특성보다 복지나 건강 또는 바른 질서와 연관된 또 다른 중요한 문제들은 이어지는 장들에서 다루겠다.

침례교인은 성경에 따라 사는 사람이므로, 교회 특성에 관한 침례교회 접근은 성경으로 시작한다. 1장에서, 교회 특성에 관한 성경 가르침을 먼저 살핀다. 2장에서, 역사 증거를 존중하며 교회 표지의 주요 역사적 표현을 조사한다. 3장에서, 교리는 사역하는 데 기초이므로 우리는 성경과 역사에서 발견한 내용을 활용해 교회 본질에 관한 신학적 결론과 실제 적용을 제시한다.

교회와 구약성서

교회 특성을 이해하려고 성경을 살피면, 교회와 구약성서 그리고 구약성서에서 하나님 백성, 곧 이스라엘과 관계라는 어려운 질문에 맞닥뜨린다. 몇몇 그리스도인, 특히 언약신학(covenant theology)을 따르는 그리스도인은 교회와 이스라엘 관계에 연속성이 있다고 강조하고, 구약성서에서 많은 내용을 찾아 교회 특성에 관한 우리 생각에 영향을 끼치려 한다. 개혁주의 신학자 에드먼드 클라우니(Edmund Clowney)는 "하나님의 구약성서 백성은 메시아의 백성이 되고, 성령의 교제로 형성됐다. 성서는 화물칸에 교리를 선적해 전달하지 않는다. 오히려 꽃이 싹에서 피듯이, 새로운 것은 옛것에서 자란다."[1]

---

[1] Edmund Clowney, *The Church* (Downers Grove, IL: InterVarsity, 1995), 29 ‖ 『교회』, 황영철 옮김 (서울: 한국기독학생회출판부, 1998), 29.

라고 썼다. 침례교인으로서 저술가이자 목사인 마크 데버(Mark Dever)는 "하나님께서 계시하신 진리의 풍성함으로 교회를 이해하려면, 구약성서와 신약성서 둘 다를 살펴야 한다."2라고 썼다.

구약성서는 우리가 아브라함, 곧 이스라엘의 아버지이자 그의 믿음을 공유한 모든 사람의 아버지를 부르신 사건으로 가서 교회의 역사적 뿌리를 보게 한다. 바울은 아브라함 후손을 "율법에 속한 사람들"(이스라엘)이며 또한 "아브라함의 믿음을 가진 사람들"(교회)라고 서술하고서, "그는 우리 모두의 아버지이다"라고 결론짓는다(롬 4:16). 또한 교회는 하나님께서 당신을 위해 한 백성을 부르신 위대한 계획에 포함됐는데, 구약성서와 신약성서 둘 다에서 '하나님의 백성'으로 확인할 수 있다. 이 점은 베드로전서 2:9에서 아마 가장 분명한데, 여기서 구약성서에 이스라엘을 서술하는 데 쓰인 네 개 어구("택한 백성, 왕적 제사장직, 거룩한 나라, 하나님의 특별한 소유")를 이제 교회에 적용한다.

따라서, 언약신학 견해를 지지하는 사람은 하나님의 구약성서 백성과 하나님의 신약성서 백성 사이에 연속성을 강조한다. 클라우니는 "교회 이야기는 이스라엘, 곧 하나님의 구약성서 백성으로 시작한다"라고 딱 잘라 말한다. 교회가 하나님의 여러 목적에서 이스리엘을 완전히 대체하는지 그렇지 않은지 질문은, 한 언약신학자 말로는, 교회와 이스라엘 관계성에 관한 더 좋은 서술로 확장, 지속, 성장 표현 등으로 여기며 "여러 가지로 대답했다."3 예를 들어, 밀

---

2 Mark Dever, *The Church: The Gospel Made Visible* (Nashville: B & H Academic, 2012), 3.

3 Marten H. Woudstra, "Israel and the Church: A Case for Continuity," in *Continuity and Discontinuity: Perspectives on the Relationship Between the Old and New Testaments*, ed. John S. Feinberg (Wheaton, IL: Crossway, 1988), 237 ‖ 「이스라엘과 교회—연속성에 관한 논증」, 『연속성과 불연속성』, 번역위원회 옮김 (이천: 성서침례대학원대학교 출판부, 2016), 471. 이른바 '대체 신학' 또는 대체주의(supersessionism)에 관한

라드 에릭슨(Millard Erickson)은 교회를 "새로운 이스라엘"이라고 말하는데, 이는 "이스라엘에 옛 언약에서 차지한 자리를 새 언약에서 차지한다." 그러나 그도 "민족 이스라엘(national Israel)에 다가올 특별한 미래"를 딱 잘라 말한다.4

다른 이들은 이 질문에 세대신학 견해(dispensational view)를 더 많이 받아들이면서 우리가 불연속성을 아주 많이 인정해야 한다고 생각한다. 고전적 세대신학(classical dispensational theology)은 교회와 이스라엘 사이에 급진적 또는 완전한 불연속성을 주장했지만, 진보적 세대신학(progressive dispensationalism)에서처럼 더 최근 체계 진술은 '하나님의 백성'이라는 어구를 이스라엘과 교회 둘 다에 쓰기에 연속성을 어느 정도는 허용하지만, 이스라엘과 교회를 구분함이 여전히 중요하다고 주장한다. 로버트 소시(Robert Saucy)에 따르면, '비슷한 용어'가 이스라엘과 교회에 쓰일 수 있다고 해서 "교회를 '새로운 이스라엘'로 여기는, 하나님 백성의 연속성을"5 정당화하지 않는다. 그레그 앨리슨(Gregg Allison)은 "교회를 구성하는 특정 요소

자세한 내용은 Michael Vlach, *Has the Church Replaced Israel? A Theological Evaluation* (Nashville: B & H Academic, 2010)을 보라.

4 Millard Erickson, *Christian Theology*, 3rd ed. (Grand Rapids: Baker Academic, 2013), 966‖ 참고. 『복음주의 조직신학 (하)—구원론·교회론·종말론』, 신경수 옮김 (서울: 크리스챤다이제스트, 1995), 235.

5 Robert Saucy, "Israel and the Church: A Case for Discontinuity," in *Continuity and Discontinuity: Perspectives on the Relationship between the Old and New Testaments*, ed. John S. Feinberg (Wheaton, IL: Crossway, 1988), 249‖ 『이스라엘과 교회—불연속성에 관한 논증』, 『연속성과 불연속성』, 번역위원회 옮김 (이천: 성서침례대학원대학교출판부, 2016), 496. Gregg Allison, *Sojourners and Strangers: The Doctrine of the Church*, Foundations of Evangelical Theology (Wheaton, IL: Crossway, 2012), 88~89에서는 이스라엘과 교회 사이 구분을 제거하지 않게 하는 "중요한 다른 요소"를 보고, 또한 "교회가 이스라엘을 대체하지 않았으며 이스라엘에게 한 약속을 모두 성취하지도 않았다"라고 주장하면서 비슷한 "온건한 불연속성 견해"를 주장한다.

들", 특히 성령 침례(the baptism of the Holy Spirit)가 그리스도 승천과 성령 강림 다음에 있었기에, 우리는 교회가 오순절에 시작한 걸로 봐야 한다고 주장한다. 그는 "하나님의 백성이 존재했으며 번성했어도, 교회는 오순절에 시작했으며 그 사건 이전에는 존재하지 않았다."라고 말한다. 그러나 옛 언약 아래서 하나님의 백성은 새로운 언약 아래서 하나님의 백성과 구분되어야 하며, 새로운 언약은 옛 언약이 사라지기까지는 존재할 수 없었다.6

불연속성 인정은 세대신학자에게만 국한하지 않는다. 역사가이자 신학자인 제럴드 브레이(Gerald Bray)는 영국 국교회 배경에서 "이스라엘을 '교회'라는 포괄 용어 아래에 아마 포함할 수 없는 …"7 몇 가지 이유를 제시한다. "유대교와 기독교의 최종적이며 가장 신학적 차이"는 그리스도인이 하나님과 가졌던 더 깊은 관계성이다. 곧, "그들은 아들 하나님을 통해 성령으로 아버지 하나님께 나아갔다. 그들은 다시 태어났다."8 연속성 요소들보다는 불연속성 요소들을 훨씬 더 중요하게 여기기에, 브레이는 "그러므로 우리는 이스라엘이 구약성서 교회로 여겨질 수 없게 해야 한다고 결론짓는다. 구약성서와 신약성서 사이에 연속성 요소들은 그리스도 프리즘을 통해 굴절됐는데, 그분께서 모든 것을 바꾸셨기 때문이다."9

세대신학 사상이 침례교 교회론에 끼친 영향력은 『침례교 신앙과 메시지(*The Baptist Faith and Message*)』에서 교회 항목 표현에서 볼 수 있을 텐데, "신약성서 교회"로 시작해, 교회와 하나님의 구약성

---

6 Allison, *Sojourners and Strangers*, 82.

7 Gerald Bray, *The Church: A Theological and Historical Account* (Grand Rapids: Baker, 2016), 17.

8 Bray, *The Church*, 23.

9 Bray, *The Church*, 24. 브레이는 사도 바울이 빌립보서 3:4~7에서 한 간증을 그리스도께서 바꾸신 극적 특성의 한 사례로 인용한다. Bray, *The Church*, 3에서는 "이스라엘과 교회가 더 분명한 모습으로 똑같지 않은 더 분명한 진술을 찾기가 어렵다"라고 덧붙인다.

서 백성 사이에 중요한 불연속성을 전제하는 듯하다.10 그러나 역사에서, 침례교인은 연속성/불연속성 또는 언약신학/세대신학 논쟁이라는 두 진영 모두에 있었으며, 침례교 교회론은 어느 한쪽에 얽매이지 않는다.

이 책에서 채택한 견해는 연속성과 불연속성 둘 다를 꽤 많이 인정한다. 교회가 아무것도 없는데 솟아나지 않았으며, 어떤 식으로든 하나님의 구약성서 백성에 뿌리를 뒀으며 연결됐다. 그러나 나는 그레그 앨리슨이 오순절에 독특한 일이 있었으며 그것이 예수님 사역 동안에 형태를 갖추던 바에 어떤 식으로든 절정이었다고 확신함에 동의하는데, 예수님 임재는 불연속에 또 다른 요소를 만든다. 나는 교회 잉태가 아브라함을 부르심으로 발생했다고 유추한다. 아브라함을 부르심에 이어진 구약성서 전체 기간은 배태 기간이다. 예수님 지상 사역 기간은 수고 시간이며, 오순절 날에 교회가 태어났다.

에클레시아(ἐκκλησία) 용어

이제 우리는 신약성경에서 교회를 가리키는 단어인 에클레시아(ἐκκλησία)를 살펴보겠다. 이 단어와 관련된 무엇이 초대 그리스도인이 이 단어를 자기들에게 적용하게 했으며, 그것으로 무엇을 의미했는가?

오늘날 학자 대부분은 단어 의미를 이해하는 제일 나은 방법이 그 어원이나 근원을 조사하기보다, 어떻게 사용되는지 살피는 것이

---

10 『침례교 신앙과 메시지』에 신중하게 쓴 이 표현은 그 형태를 뒤따른 「뉴햄프셔 신앙고백서(The New Hampshire Confession)」가 교회 항목을 "신약성서 교회"가 아니라 "그리스도의 가시적 교회"라는 표현으로 시작하는 사실에서 볼 수 있다. William Lumpkin, *Baptist Confessions of Faith*, rev. ed. (Valley Forge, PA: Judson Press, 1969), 365, 396 ‖ 『침례교 신앙고백서』, 김용복 · 김용국 · 남병두 옮김 (대전: 침례교신학연구소, 2008), 429, 467을 보라.

라는 데 동의한다. 하지만 단어 에클레시아 파생은 흥미롭다. 그것은 '밖으로'를 뜻하는 ἐκ[에크]와 '부르다'를 뜻하는 καλέω[칼레오]라는 헬라어 단어 두 개로 구성된다. 따라서 에클레시아는 '밖으로 불러낸 사람들'이다. 고대 그리스에서, 에클레시아는 불러낸 시민 모임이었는데, 그들은 도시 사업을 수행하려고 모였다. 하지만 시간이 지남에 따라 에클레시아는 밖으로 불러낸다는 의미가 약해졌고, 사람들 조직으로만 여겨졌다.11 하지만 교회를 뜻하는 성경 단어 배경에 밖으로 불러낸다는 의미가 있음에 주목해야 한다. 페이지 패터슨(Paige Patterson)은 밖으로 불러냈다는 개념이 적어도 초대 그리스도인이 이 단어를 자기들 모임에 선택한 이유의 한 부분이 아니었다고 생각하기가 어렵다고 지적한다.12 이제 살펴보겠지만 교회에 관한 신약성경 가르침은 밖으로 불러냈다는 개념을 강조하며, 그 개념은 이 단어의 기원과 고대 용법에 내포됐다.

하지만 신약성서에서 교회 개념에 가장 중요한 배경은 어원이나 고대 헬라어 용법이 아니라, 구약성서 자체이다. 여기서 우리는 구약성서 헬라어 번역본인 칠십인역(LXX)에서 에클레시아 용례를 살피겠다. 구약성서에서 하나님의 백성을 가리키는 데 사용되는 주요 히브리 단어 두 개는 예다(עֵדָה)와 카할(קָהָל)이다.

칠십인역 번역자들은 카할(קָהָל)을 거의 백 번에 걸쳐 에클레시아(ἐκκλησία)로 번역하지만, 예다(עֵדָה)는 그렇게 번역하지 않는다.13

---

11 이 용법은 사도행전 19:32에 있다. 거기서는 폭동에 가담하는 군중이 함께 모여 에클레시아, 곧 무리로 불린다. 그리고 39절에서 그 무리는 합법적 무리(ἐννόμῳ ἐκκλησίᾳ[엔노모 에클레시아])와 대조된다. 후자는 도시 업무를 수행하려고 공식적으로 모인 무리이다.

12 Paige Patterson, "The Church in the 21st Century" (privately published paper, n.d.), 5.

13 I. Howard Marshall, "New Wine in Old Wine-Skins: V. The Biblical Use of the Word 'ekklēsia,'" *Expository Times* 84 (1972~73): 359.

예다(עֵדָה)를 대체로 쉬나고게(συναγωγή)로 번역하는데, 신약성서에서 συναγωγή(쉬나고게)는 단 한 차례만 교회를 가리키는 데 쓰인다(약 2:2).14 예다(עֵדָה)가 아니라 카할(קָהָל)과 관계는 에클레시아 의미에 관해 무엇을 말하는가?

히브리어 예다(עֵדָה)와 카할(קָהָל) 모두 다양한 의미로 쓰일 수 있지만(종교적으로뿐 아니라 세속적으로도), 가장 중요한 구분은 카할(קָהָל)이 "부르심을 듣고 따르는 사람들만을 포함한다. 그러나 예다(עֵדָה)는 사람이 태어나서 영원히 속하는 공동체"를 뜻하는 듯하다.15 초대 그리스도인은 자기를 에클레시아(ἐκκλησία)로 부름으로써 헬라어를 사용하는 유대인이 이미 구약성서에서 하나님의 백성을 가리키는 데 사용한 단어를 선택했으며, 그리하여 어느 정도 자신들이 이전 백성과 역사적으로 연관이 있다고 주장했다. 또한 그들은 교회가 하나님께서 소집하시거나 부르신 사람들로 구성한다는 개념을 강화한 단어를 사용하고 있었다. 그들이 카할(קָהָל)을 번역하려고 때때로 사용한 쉬나고게(συναγωγή)라는 단어를 사용하지 않음은 아마도 신약 시대에 이르러 그 단어가 강력하게 유대 율법과 성전과 관련됐으며, 그리하여 그것은 신약성서 교회를 가리키는 데 사용에는 문제가 있는 용어가 됐을 것이다.

우리가 에클레시아(ἐκκλησία) 의미를 구약성서 선례에서 지나치게 많이 가져오려고 하지 않아야 한다. I. H. 마샬(I. H. Marshall)은 "신약성서에서 에클레시아(ἐκκλησία) 교리는 구약성서에서 일치하는 단어의 신학적 용례에 빚지지 않으나, 새로운 연합과 사상의 결과로 바뀌었다"16라고 주장한다. 동시에, 우리가 신약성서에서 에클레시아

---

14 L. Coenen, "Church," in *New International Dictionary of New Testament Theology*, ed. Colin Brown (Grand Rapids: Zondervan, 1975), 1:292~96의 논의를 보라.

15 Coenen, "Church," 295.

(ἐκκλησία) 용례를 살피면, 어원론적이며 구약 배경 요소로 확정한, 적어도 한 개 요소는 확인할 수 있다. K. L. 슈미트(K. L. Schmidt)는 불러냈다는 개념이 교회에 관한 신약성서 가르침에서 중심임을 발견한다. 용어 어원을 말하면서, "에크(ἐκ)에 관해 특별히 설명하는 주석을 받아들이지 않더라도, 에클레시아(ἐκκλησία)는 실제로 하나님께서 세상에서 불러내신 사람들이다"라고 말한다.17 '부름을 받은(κλητός, 클레토스)'이라는 단어는 에클레시아(ἐκκλησία)와 여러 차례 실제로 유사어이다. 바울은 로마에 있는 교회를 "예수 그리스도에게 속하도록 부르심을 받은," "성도로 부르심을 받은" 사람들로 묘사한다(롬 1:6~7). 고린도에 있는 교회는 "거룩해지도록 부르심을 받은" 사람들로 불린다(고전 1:2). 오순절 날, 성령이라는 선물이 하나님께서 당신에게로 부르신 모든 사람에게 약속되었다. 교회는 인간 주도가 아니라 하나님의 부르심에 반응으로 존재하기 시작했다. 에클레시아(ἐκκλησία)는 신약성서에서 이러한 중심적 사상 말고도 어느 정도 다양하게 쓰인다.

에클레시아(ἐκκλησία)는 신약성서에서 114번 쓰인다. 3번은 세속 조직을 가리키며, 2번은 구약성서의 하나님 백성을 뜻한다. 109구절에서는 나머지는 신약성서 교회를 가리킨다. 절반 이상(62번)이 바울서신에 있다. 요한계시록에서 20번, 사도행전에서 19번, 히브리서, 야고보서, 요한3서에서 몇 차례는 교회를 언급한다. 주목할 만한 점은 놀랍게도 복음서에 에클레시아(ἐκκλησία)를 거의 쓰지 않는다는 점이다. 마태복음 두 구절(마 16:18; 18:17)에 단지 3번만 있다. 이 구절들은 역사적으로, 신학적으로 중요하지만,18 두 구절에

---

16 Marshall, "New Wine in Old Wine-Skins," 359.

17 K. L. Schmidt, "ekklēsia," in *Theological Dictionary of the New Testament*, ed. Gerhard Kittel, trans. and ed. G. W. Bromiley (Grand Rapids: Eerdmans, 1965), 3:531.

18 마태복음 16:18에서 예수님은 베드로를 Πέτρος[페트로스]라 부르시

지나지 않으며, 둘 다 미래 상황을 말한다. 이것은 그리스도의 지상 사역이 끝나기까지는 교회가 시작하지 않았음을 암시한다.

에클레시아(ἐκκλησία)를 109번 사용은 통상적으로 두 가지 의미로 교회, 곧 '지역교회'와 '우주적 교회'를 가리킬 수 있다. 놀랍게도 대부분 경우, 지역교회, 곧 모여서 활동하는 실제 조직을 가리킨다. 우리는 지도력이 세워지고(행 14:23), 회원이 인지되면서―누가가 교회 성도 수가 3천 명에서(행 2:41) 5천 명으로(행 4:4), 그리고 그 이상으로(행 9:31; 16:5) 증가했다고 보고할 수 있는 것처럼, 교회가 체제와 조직을 이루는 방향으로 신속히 나아감을 발견한다.

교회 지도자를 부르는 말은 조금씩 다르다. **장로**(πρεσβύτερος[프레스뷔테로스])가 가장 자주 쓰이지만(행 14:23; 15:4, 22), **주교나 감독**(ἐπίσκοπος[에피코포스])도 쓰이며(행 20:28; 빌 1:1), **집사**(διάκονος[디아코노스])도 있다(딤전 3:8). 오늘날 침례교회에서 가장 일반적으로 사용하는 용어인 **목사**(ποιμήν[포이멘])는 한 번만 쓰인다(엡 4:11). 이런 지도자들의 역할, 기능, 의미, 그와 관련한 교회 관리 문제는 이 장에서 다루는 범위를 벗어나기에 3부에서 자세히 다루겠다. 하지만 성경이 묘사하는 대로, 교회는 단순히 사람들 모임, 나아가 그리스도인들 모임에 머무르지 않는다. 오히려 교회는 '체제를 잘 갖춘 조직'이다.

며, 바위(πέτρᾳ[페트라]) 위에 당신 교회를 세우시겠다고 말씀하셨다. '베드로'와 교회가 세워질 '페트라' 관계는 논의 주제였다. 전통적 로마 가톨릭 해석은 베드로가 그 바위이며, 그리하여 교황권의 중요성을 확립한다고 여겼다. 하지만 그러한 해석은 예수님께서 베드로에게 그의 후계자 계열이 있으며, 그러한 후계자들이 로마의 대주교이며, 베드로의 기본 역할이 그들에게도 주어진다고 말씀하셨음을 요구한다. 좀 더 가능성이 있는 해석은 베드로가 예수님이 그리스도이시라고 말한 고백이 바로 그 반석이며 그 위에 교회가 세워진다는 이해, 또는 베드로 자신이 바위이지만 그는 로마 대주교가 아니라 사도들의 선도자이며, 제자들의 가르침이 종합적으로 교회의 기초였다는 이해이다(엡 2:20을 보라). 마태복음 18:17은 가장 자주 인용되는, 교회 권징을 실행하는 근거로써 교회론에 중요했다.

이 교회는 여러 가지 방식으로 활동하려고 모인다. 예배하려고 모이며(행 13:2~3; 고전 14:23 이하), 예배는 기도(행 12:5; 13:3; 14:23), 성경 읽기(골 4:16; 딤전 4:13), 지도자들의 가르침(행 20:28~31; 엡 4:11; 딤전 3:2), 주의 만찬(고전 11:18 이하)을 포함한다. 교회는 지역 모임에서 교제하며, 다른 지역에 있는 교회와도 교제한다(롬 16:16). 교회는 홀어미 그리고 필요가 있는 사람을 섬긴다(딤전 5:16; 고전 16:1). 신자는 개인적으로(행 8:2~4), 그리고 교회가 파송한 사람들과 함께(행 13:2~3) 복음을 전파하는 일에 참여한다. 이러한 사역은 허세, 권고, 명령이 없이 진행한다. 이러한 사역들은 교회의 참된 특성이다. 교회는 수동적이지도 정적이지도 않다. 역동적이며 목적이 있는 조직이다.

지역교회를 가리키는 구절 외에도 적어도 13번(에베소서에서 9번)이나 모든 시대에 모든 구속받은 사람들과 같은 우주적 의미의 교회를 가리킴이 분명해 보이는 구절이 있다. 이러한 구절은 미래 교회의 온전한 모습을 보듯이(엡 5:23~27) 또는 지금 하나님의 마음에 있는 교회의 모습과 같이(엡 3:10, 21), 교회를 가장 존귀하게 묘사하는 일부 표현도 포함한다. 이러한 구절들의 어떤 것은 그리스도가 교회의 머리가 되신다는 가르침을 포함한다.

지역교회와 우주적 교회는 신약성서에서 발견되는 에클레시아(ἐκκλησία)의 이중 의미를 가리키는 데 가장 널리 사용하는 용어이다. 어떤 사람은 **가시적 교회**와 **비가시적 교회**와 같은 이분법을 말한다. 어떤 사람은 **교회**라는 용어(대문자로 시작하는 Church)를 우주적 교회에 사용하며 지역 모임을 회중으로 부르기도 한다. 하지만 신약성서 용법에서 지역교회가 압도적이라는 사실을 생각하면, 에클레시아(ἐκκλησία)를 교회(소문자로 시작하는 church)로 번역하며, 그것이 지역교회를 가리킨다고 가정하고, 그것이 우주적 교회의 의미를 나타낼 때 그러한 예외에 주목함이 더 적절하다.

게다가, 지역교회와 우주적 교회 말고도, 세 번째 의미가 있어야 한다. 예를 들어, 바울 자신이 하나님의 교회를 박해했다고 말할 때(고전

15:9; 갈 1:13; 빌 3:6), 그는 예루살렘에 있는 교회를 박해하기 시작했지만(행 8:3), 한 교회만 목표로 삼지 않았다. 또한, 개인이 우주적 교회를 박해할 수는 없다. 바울이 박해한 대상은 일반 어느 교회였다.

마지막으로, 지역교회 개념은 어느 정도 융통성을 발휘해 이해해야 한다. 한 집에서 모일 수 있을 만큼 작은 모임이 교회로 불리지만(롬 16:5; 골 4:15), 바울은 지속해서 **도시**에 있는 교회를 단수로 나타내며(겐그레아, 빌립보, 또는 고린도에 있는 교회, 데살로니가 교회; 롬 16:1; 고전 1:2; 빌 4:15; 살전 1:1을 보라), **지역**(region)에 있는 교회는 복수로 나타낸다(갈라디아, 아시아, 또는 마게도니아에 있는 교회; 고전 16:1, 19; 고후 8:1을 보라). 오늘날 우리는 크든 작든 거의 모든 도시에서 수많은 교회를 본다. 예를 들어, 롤리(Raleigh, 옮긴이 덧붙임. 미국 노스캐롤라이나주에 있는 주요 도시)에 있는 교회에 관해 말함은 약간 이상하게 들리며 단지 우리에게 다소 애매한 뜻을 전할 수 있을 뿐이다. 우리는 이 점에 관해 신약성서 패턴에서부터 무엇을 말해야 하는가?

첫째로 우리는 역사 상황을 기억해야 한다. 어느 도시에서도 그리스도인은 아주 적은 수였다. 이교인 이웃들과 대조적으로, 그들은 모든 동료 그리스도인과 함께 하나라고 느꼈다. 해석 차이가 분열로 이어지고 교회들이 다른 교회들과 분리하고 많은 경우에 대립하며 존재할 때는, 수 세기 후에 그리스도인이 사회에서 훨씬 더 강한 지위를 가진 때부터였다. 오늘날 아마도 많은 그리스도인은 현대 북아메리카문화에서 느끼는 적대감에 대응으로 교단이라는 경계선을 넘어, 어떤 하나 된 느낌을 회복하고 있을 수 있다. 어쨌든 도시에서 교회의 하나 됨이 조직적이거나 제도적이었다거나 어떤 지역 조직을 더 큰 조직체의 권위 아래에 두었음을 암시하는 신약성서 용법을 찾아보기는 어렵다.

도시에 있는 모든 그리스도인을 가리키는 교회(단수) 용법에 포함된 두 번째 요소는, 이 그리스도인들이 실제로 함께 모였다는 점이다(고전 11:18; 골 4:16을 보라). 사도행전 2장 이후로 수천 명이나 됐던 예루살렘 교회도 함께 모이고 함께 행동했다고 보고된다(행 11:22; 12:5). 어떤 도시에서 **전체** 교회(whole church))로 불리는 것에 관한 네 가지 흥미로운 언급도 있다(행 5:11; 15:22; 롬 16:23; 고전 14:23). 아마도 이 도시의 일부 장소에서 모였던 가정교회, 또한 때때로 도시에 있는 모든 그리스도인이 모인 더 큰 모임이 있었을 것이다. 어쨌든 지리적 간격으로 함께 모이기가 어려웠던 아주 분명한 곳에서, 바울은 복수를 사용하여 이런 식으로 21번에 걸쳐 교회를 언급하였다. 한 도시에 있는 모든 그리스도인을 가리켜 '교회'를 단수로 사용하는 형태는, 그들이 더 작은 가정 모임들 연결망으로 모였을지라도, 다음 장에서 더 자세히 살펴보게 하는데, 거기서 이른바 멀티사이트 교회(multisite church)라 불리는 요즘 운동을 살피겠다. 그런 몇몇 교회는 한 도시 여러 곳에 펴져 여러 곳에서 모이며, 때로는 도시 밖에서도 그렇게 모여도, "여러 곳에 있는 한 교회"19라고 주장한다.

기억해야 할 세 번째 요소는 에크레시아(ἐκκλησία) 용법의 이러한 패턴에서 시억에 보이는 부리를 회중으로 부르고, 회중들로 구성한 더 큰 모임에만 '**교회**'라는 용어를 사용했다고 정당화할 수 없나는 사실이다. 잠으로, 바울이 지리적으로 분리된 회중을 교회로 부르며 가장 작은 가정 회중을 교회로 불렀기에, 침례교회가 전통적으로 '지역교회 자치권(local church autonomy)'이라고 불렀던 것, 곧 지역 회중은 교회라 불리는 더 큰 조직체에게 통치받아서는 안 된다고 생각한 강력한 근거이다. 각각 지역 회중은 자체적으로 온

---

19 Geoff Surratt, Greg Ligon, and Warren Bird, *The Multi-Site Church Revolution: Being One Church in Many Locations* (Grand Rapids: Zondervan, 2006)‖『멀티사이트 교회—여러 곳에서 모이는 교회 이야기』, 박주성 옮김 (서울: 베이스캠프미디어, 2009)에 따르면, "여러 곳에 있는 한 교회"는 멀티사이트 교회를 말하는 표현이다. 이 운동은 12장에서 더 자세히 살피겠다.

전한 에클레시아(ἐκκλησία)이다. 단어 에클레시아(ἐκκλησία)의 이러한 다양한 용법은 다음 내용으로 요약할 수 있다.

- 2번은 에클레시아가 구약성서의 회중을 언급하는 데 쓰인다.
- 3번은 세속 모임을 말한다.
- 6번은 일반적이며 구체적이지 않은 의미이다.
- 13번은 우주적 교회를 말한다.
- 90번은 모임들의 어느 정도 체제와 목적을 가진 지역교회나 교회들, 조직들과 관련해 사용한다.
    - 40번은 단수로서 지역교회를 언급한다.
    - 14번은 도시에 사는 모든 그리스도인, 분명히 함께 모여 행동한 사람들을 말한다.
    - 36번은 복수형으로 지역교회들을 언급한다.

〈보기 1.1.〉 에클레시아(ἐκκλησία) 용례

드물게, 이 단어가 어떤 방식으로 사용되는지 곧바로 드러나지 않은 경우가 있는데, 이들 대부분은 일반적이거나 구체적이지 않은 의미의 범주에 어울린다. 몇몇 경우, 특정 구절이 지역교회의 의미인지, 우주적 교회의 의미인지 견해의 차이가 있을 수 있다. 하지만 전체적인 패턴은 분명하며 의심할 여지가 없다. 신약성서 용례에서 초점은 지역교회에 있다.

교회 이미지

성경이 교회에 관해 가르침은 에클레시아(ἐκκλησία)라는 단어가 쓰인 구절에만 제한하지 않는다. 참으로, 성경이 교회에 관해 우리에게 가르치는 주요 방식은 신약성서 전체에서 발견되는, 교회에 관한 수많은 이미지나 은유 활용이라고 주장할 수 있다.[20] 교회는 그리스도의 신부, 하나님의 가족, 새로운 피조물, 그리고 다른 몇 가지 방식으로 묘사된다. 성경이 교회에 관해 가르침은 특히 네 개 이미지를 중심으로 이루어지는데, 그것은 '가족', '하나님의 백성', '그리스도의 몸', '성령의 전' 등이다. 따라서 우리는 교회 특성에 관해 다양한 통찰력을 전달하는 이 세 개 이미지를 조금 자세히 살피겠다.

가족

언뜻 보기에, 가족은 교회 이미지로서 많은 관심사가 아닐 수 있다. 명사 '가족(family)'은 신약성서에서 교회를 가리키는 데 거의 쓰이지 않지만,[21] '가정(household, οἶκος[오이코스] οἰκεῖος[오이케이오

---

[20] 이것에 관한 가장 좋은 강해는 Paul S. Minear, *Images of the Church in the New Testament* (Philadelphia: Westminster Press, 1960)이다. 그는 신약성서에서 교회를 가리킬 가능성이 있는 96개 이미지를 열거하지만, 많은 것은 성경적 근거가 희박하며, 어떤 것은 이미지인 것처럼 보이지 않고 다른 것들은 전혀 교회를 가리키지 않는다. 그는 96개의 네 개만을 '뛰어난 이미지'로 인정한다. 그것은 '하나님의 백성, 새로운 피조물, 믿음으로 교제, 그리스도의 몸'이다(259쪽). 나는 첫째 이미지와 마지막 이미지를 주된 이미지로 여기고, 두 번째와 세 번째 이미지를 다른 방식으로 묶는다.

[21] NIV 1984년 판은 베드로전서 4:17에 있는 οἶκος(오이코스)를 '가족(family)'으로 옮겼지만, 2011년 판은 '가정(household)'으로 옮겼으며 현대 주요 번역판(ESV, HCSB, NRSV, NASB, NKJV)도 그렇다. NIV 2011판과 NRSV 1999년 판은 갈라디아서 6:10에 쓰인 οἰκεῖος[오이케이오스]를 '가족'으로 옮기나, 다른 여러 번역본은 '가정'으로 옮긴다.

스])'과 관련이 있는 여러 용어는 교회 이미지로 몇 차례가 있다.22 그러나 살펴야 할 다른 단어들도 있다. 워낙 흔해서 쉽게 간과 아무렇지도 않게 넘겨버리는 표현은 '아버지 하나님(God the Father)'이다.

하나님은 신약성서에서 250번 이상이나 아버지로 불리며, 예수님은 당신 제자들에게 하나님을 "하늘에 계신 우리 아버지"라고 부르라고 가르치신다(마 6:9). 참으로, J. I. 패커(J. I. Packer)는 하나님을 아버지라고 가르침을 신약성서 가르침과 신약성서 신앙에서 독특하며 핵심으로 여긴다. 곧, "어떤 사람이 기독교를 얼마나 잘 이해하는지를 알아보려면, 하나님의 자녀라고 얼마나 많이 생각하는지를 알아내라."23 그러나 하나님의 자녀가 됨은 모든 사람이 태어나면서 받는 지위가 아니고, 예수님을 받아들이는 사람에게만 주어진다(요 1:12). 그들은 양자 입양(adaption)으로 하나님의 자녀가 된다. 아버지 하나님의 백성으로서, 교회는 그분 가족이다.

예수께서는 이 점을 복음서에 암시하셨는데, 하나님의 뜻을 실천하는 사람을 "형제와 자매와 어머니"(막 3:35)로 여기신다. 이는 교회가 가족이기를 기대하심이라 할 수 있다. 비슷한 표현은 사도행전에서 교회에 조금씩 더 많이 쓰인다. '형제(들)'이라는 용어가 같은 가문에 속한 사람을(행 1:14) 그리고 동료 이스라엘 사람을(행 2:29) 말하는 데 쓰일 수 있지만, 특히 사도행전 전체에서 믿는 사람 그룹이 늘어날 때, 믿는 사람이나 믿는 사람들 그룹에 주로 쓰였다.24 그러나 가족이라는 용어는 서신서에 특별히 지배적이며 널

---

22 디모데전서 3:15이 가장 분명하지만, 갈라디아서 6:10, 에베소서 2:19, 베드로전서 2:5, 베드로전서 4:17 등은 교회를 가리키는데, 지역교회나 일반 또는 우주적 의미로 교회이다.

23 J. I. Packer, *Knowing God*, 20th anniversary ed. (Downers Grove, IL: InterVarsity Press, 1993), 201 ‖ 『하나님을 아는 지식』, 정옥배 옮김 (서울: IVP, 2008), 315.

24 사도행전에서 ἀδελφός[아델포스]/ἀδελφοί[아델포이]가 57번 쓰이는데, 33번은 믿는 사람이나 믿는 사람들 그룹을 말한다.

리 쓰인다. 바울은 ἀδελφός[아델포스](형제)/ἀδελφοί[아델포이](형제들)를 134번, ἀδελφή[아델페](자매)를 5번 쓴다. 바울은 이 용어를 동료 유대인(롬 9:3)이나 육체적, 혈연 형제(갈 1:19)를 말하는 데는 몇 차례만 쓰지만, 동료 그리스도인을 말하는 데는 아주 많이 쓴다. ἀδελφοί[아델포이](형제들)가 남성형이지만, 남성과 여성 그룹에 집합적으로 쓰이며, 몇 번역본은 "형제들과 자매들"로 옮기며, 몇 번역본은 "형제들"로 옮기고서는 각주에 "형제들과 자매들"을 뜻한다고 표시한다.25 나머지 서신서와 계시록에 ἀδελφός[아델포스](형제)/ἀδελφοί[아델포이](형제들) 58번 사용과 ἀδελφή[아델페](자매) 2번 사용이 더해짐으로, 신약성서가 동료 그리스도인을 형제들과 자매들로 200번 넘게 말한다.

교회를 가정으로 언급, 하나님을 믿는 이들의 아버지로 언급, 그리고 믿는 사람을 형제들과 자매들로 언급 등을 합하면, 그 언급이 널리 퍼져 있어서 "그리스도인 공동체와 '가족' 비교는 가장 중요한 은유 용례로 여겨야 한다."26 동료 그리스도인을 나타내는 형제자매 용어는 1세기 지중해 정황을 이해하면 특히 중요하다. 그 상황의 두 가지 국면은 신약성서 교회 이해에 아주 중요하다. 조셉 헬러만(Joseph Hellerman)은 그 중요함을 "신약성서 세계에서 집단이 개인보다 우선했다." 그리고 "신약성서 세계에서 가장 친밀한 가족 유대 관계는 결혼 유대 관계가 아니라 형제자매 유대 관계였다."라고 표현한다.27 헬러만은 형제자매 유대 관계가 결혼 유대 관계보다 더

---

25 NIV 2011년 판은 전자 사례이며, ESV는 후자 사례이다.

26 Robert Banks, *Paul's Idea of Community: The Early House Churches in Their Historical Setting* (Grand Rapids: Eerdmans, 1980), 53 ‖ 『바울의 공동체 사상』, 장동수 옮김 (서울: 한국기독학생회 출판부, 2007), 97.

27 Joseph Hellerman, *When the Church Was a Family: Recapturing Jesus' Vision for Authentic Christian Community* (Nashville: B & H Academic, 2009), 50. 같은 요점이 S. Scott Bartchy, "Divine Power, Community Formation, and Leadership in the Acts of the Apostles," in

친밀해야 한다고 말하지 않는다. 결혼에 관한 신약성서 가르침을 살피면, 나는 헬러만이 그렇게 말한다고 생각하지 않는다. 그가 말하는 요점은, 바울과 신약성서 기록자들이 동료 그리스도인과 관계성을 말하는 단어를 선택할 때 그들이 주로 선택한 단어는 그들 문화에 존재한 가장 강한 유대 관계를 나타내는 단어를 선택했다는 점이다. 헬러만 표현으로는, "고대 지중해 문화 감성 견지에서" 형제자매 용어 사용은 "예수님께서 당신 제자들이 강한 집단, 곧 모든 면에서 집단주의 연대와 헌신을 특징으로 한 대리 가족(surrogate family)의 구성원처럼 서로 교제하기를 바라셨음"을 뜻한다.28

가족으로서 교회 이미지는 우리가 교회 특성을 이해하는 데 무엇을 뜻하는가? 무엇보다 먼저, 교회 구성원이 하나님과 맺는 관계의 깊이를 말한다. 그들은 그분 가족으로 양자 입양됐다. J. I. 패커는 칭의가 복음의 기본 축복이어도 양자 입양이 최고 축복이라고 주장한다. 그는 "칭의는 **법정**(forensic) 사상으로, **법**(law) 견지에서 생각했고, 하나님을 **판사**(judge)로 여긴다"라고 말한다. 이와는 달리, "양자 입양은 **가족** 사상으로, **사랑** 견지에서 생각했고, 하나님을 **아버지**로 여긴다." 그는 "판사 하나님과 바른 관계 유지가 중요하지만, 아버지 하나님께 사랑받으며 돌보심을 받는 일이 훨씬 더 중요하다"라고 결론짓는다.29 패커는 양자 입양을 전체 그리스도인 삶을 위한 "규범 범주"로, "하나님 사랑의 위대함"(요일 3:1)을 우리에게 보여주는 바로, "그리스도인 희망의 영광을 …, 성령의 사역을 …, 청교도가 '복음 거룩함(gospel holiness)'이라 한 의미와 동기, [그리고] "그리스도인 확신 문제"를 우리에게 보여주는 바를 이어서 설

Community Formation in the Early Church and the Church Today, ed. Richard Longenecker (Peabody, MA: Hendrickson, 2002), 93에도 있다. 헬러만과 바취는 Bruce Malina, *Christian Origins and Cultural Anthropology* (Atlanta: John Knox, 1986)를 인용한다.

28 Hellerman, *When the Church Was a Family*, 75.

29 Packer, *Knowing God*, 207 ∥ 『하나님을 아는 지식』. 326~27.

명한다.30 사실, 양자 입양 교리가 얼마나 풍부한지를 자세히 설명하려면 책 한 권을 써야 할 테니, 더 자세한 내용에 관심이 있는 독자는 관련 책을 참고하기를 바란다.31

그러나 둘째이자 개인주의 북아메리카에 아마 훨씬 더 중요하게, 신약성서 의미로 교회 회원을 형제자매로 여김이 교회 회원이 서로 맺는 관계에 크게 영향을 준다. 헬러만은 바울이 편지에서 가족 이미지를 어떻게 사용하는지 살피고서, 네 가지 의미를 끌어낸다. 그는 첫째를 "감정 연대(Affective Solidarity) … 바울이 하나님의 가족에서 형제들과 자매들 가운데서 경험한 유대감(emotional bond)"이라고 부른다. 단순하게는 "우리는 서로 우리 마음을 나눈다"라는 뜻이다.32 둘째는 "가족 연합(Family Unity) … 바울이 하나님의 가족에서 형제들과 자매들 사이에 기대한 서로 어울림과 서로 사이좋게 지냄"이다.33 스캇 바취(Scott Bartchy)는 대리 친족 집단을 특징짓는 관행에 "진실 말하기"와 "확대 친족 집단에서 모두에게 가정 개방"을 포함하는데, 가족 연합을 유지하게 돕는 관행이다.34 셋째 의미는 "재산 연대(Material Solidarity) … 바울이 생각하기에 하나님의 가족에서 형제들과 지매들 사이에 관계성을 특징짓는 재산 공유"35

---

30 Packer, *Knowing God*, 209, 214 ∥ 『하나님을 아는 지식』. 330~31, 338.

31 Trevor Burke, *Adopted into God's Family: Exploring a Pauline Metaphor*, NSBT 22 (Downers Grove, IL: InterVarsity Press, 2006); Robert A. Peterson, *Adopted by God: From Wayward Sinners to Cherished Children* (Phillipsburg, NJ: P & R, 2001); David B. Garner, *Sons in the Son: The Riches and Reach of Adoption in Christ* (Phillipsburg, NJ: P & R, 2016)를 보라.

32 Hellerman, *When the Church Was a Family*, 78, 145.

33 Hellerman, *When the Church Was a Family*, 78.

34 Bartchy, "Divine Power, Community Formation, and Leadership in Acts," 94.

35 Hellerman, *When the Church Was a Family*, 79.

이다. 이는 사도행전 2장과 4장에서, 특별히 바나바 사례에서 특히 분명한데, 그가 땅을 팔아 사도들을 통해 가족에게 전달은 이 자원 연대를 나타내는데, 헬러만은 이를 "우리는 우리 조그마한 물건이라고 서로 나눕니다"36라고 분명하게 말한다. 헬러만이 끌어낸 마지막 의미는 "가족 충성(Family Loyalty) … 하나님의 가족에서 형제자매 시스템 가치를 표시한, 하나님의 그룹에 골똘한 헌신"37이다. 자유로운 대리자로서 이 교회 저 교회로 뛰어다니기보다는, 자기를 가족의 한 식구로 여김은, "우리가 머물러, 고통을 얼싸안고, 서로 자란다"38는 뜻이다. 공유한 운명 의식이 이 가족 충성을 든든하게 지지하는데, 우리가 이생에서 잠시 가족이며 또한 참으로 영원한 가족이라는 인식이다.39

가족으로서 교회에서 우리가 끌어내는 셋째 뜻은 구원과 교회 회원자격의 불가분성이다. 우리가 거듭날 때, 우리는 가족에 태어난다. 한 동료는 우리가 죄에서 구원되어, 하나님을 위하며, 가족에 속하고, 선교에 참여한다고 했다.40 헬러만은 우리가 회심은 칭의와 이른바 "가족화(familification)"를 포함한다는 점을 알기를 바라고, 우리가 개인 구원을 "공동체 만들기 사건(community-creating event)"으로 여겨야 한다고 주장한다.41 우리가 교회를 가족으로 여길 때, 우리는 교회에 소속하지 않겠다고 선택할 수 없음을 안다.

---

36 Hellerman, *When the Church Was a Family*, 145.

37 Hellerman, *When the Church Was a Family*, 79.

38 Hellerman, *When the Church Was a Family*, 145.

39 Bartchy, "Divine Power, Community Formation, and Leadership in Acts"는 "사도행전 내러티브 전체에서, 예수 공동체는 공동 목적과 공유한 운명 의식으로 활력이 계속 넘쳤다"라고 말한다.

40 나는 동료 교수 조지 로빈슨 박사(Dr. George Robinson)에게서 이 말을 들었다.

41 Hellerman, *When the Church Was a Family*, 143.

> 1. 가족으로서 교회는 우리가 하나님과 더 깊은 관계를 맺고 있다는 뜻이다. 곧, 용서받은 죄인이며 또한 양자 되어 사랑받는 자녀이다.
>
> 2. 가족으로서 교회는 감정 연대, 가족 연합, 재산 연대, 가족 충성 등을 나타내면서 동료 그리스도인을 형제자매로 여기게 한다.
>
> 3. 가족으로서 교회는 회심과 교회 회원자격을 저대로 나누지 않는다. 회심은 공동체 만들기 사건이다.

〈보기 1.2.〉 가족으로서 교회 의미 요약

하나님의 백성

베드로전서 2:9~10에서는 구약성서에서 가져온 용어를 사용해 교회를 말한다. 교회는 "택한 백성 … 하나님의 특별한 소유물 … 하나님의 백성"인데, 이것은 출애굽기 19:5~6; 신명기 4:20; 7:6; 호세아 1:10; 2:23에서 이스라엘을 부르는 표현이고, 구약성서 전체에서 수백 곳은 아니더라도 수십 곳에서는 하나님께서 이스라엘을 '내 백성'이라고 부르신다.

이 이미지는 우리가 교회 특성을 이해하는 데 무엇을 더하는가? 교회와 하나님의 구약성서 백성을 연결하며, 교회를 하나님께서 한 백성을 당신께로 부르신 위대한 목적에 참여함으로 여기지만, 민족 이스라엘에게 미래 목적이 있는지 없는지 문제는 그대로 열어 둔다. 하나님의 백성 이미지는 불러내진 사람으로서 교회 사상과 일치하는데, 하나님의 백성은 그분께서 부르신 결과로 그분 백성이 되기 때문이다. 또한 이 이미지는 아메리카 사회에서 강한 개인주의를 바로잡는데, 교회가 한 백성이지 고립된 개인들의 집합체가 아님을 되새기게 한다. 가장 중요하게는, 하나님의 백성 이미지가 교회가 인간 제도 그 이상임을 되새기게 한다. 교회는 11번이나 "하나님의 교회"42로 불린다. 하나님께서 교회를 부르셨고 교회와 관계하신다. 교회는 모든 면에서 하나님과 관계로 형성된다.

예를 들어, 성경에서 하나님은 거룩한 하나님이시며, 따라서 그분 백성은 거룩한 백성이어야 한다. 또한 하나님께서 불러내신 백성은 '당신의 거룩한 백성으로 불린다'(롬 1:7). 하나님의 백성은 60번 이상 성도나 거룩한 사람들(ἅγιοι[하기오이])로 불린다. 이것은 그들이 죄가 없는 완전한 지위를 얻었다는 뜻이 아니다. 무엇보다 '거룩한'은 하나님의 목적을 이루도록 특별히 떼어놓았다는 뜻이다. 하나님께서는 당신 백성을 세상에서 불러내셔서 당신께 헌신하게 하신다. 하지만 헌신에서 거룩하도록 부르심은 행동에서 거룩하도록 부르심을 포함한다.

복음서에서, 예수님께서 교회를 논하시는 두 곳의 하나에서 교회가 회개하지 않는 죄인을 내쫓는 조치를 하는 절차를 포함함은 중요하다(마 18:15~18). 이와 비슷하게, 바울은 고린도에 있는 교회가 악한 사람을 교회에서 내쫓아야 한다고 주장한다(고전 5:13). 하나님께서 거룩하시므로, 하나님의 백성도 거룩해야 한다.

하지만 성경에서 하나님의 거룩하심은 그분 사랑과 일치한다. 요한일서 4:8은 "하나님은 사랑이시다"라고 아주 알기 쉽게 말한다. 참으로 하나님의 특성을 간략하게 요약하면, 거룩한 사랑 또는 사랑이 깃든 거룩함이다. 예수님은 하나님과 이웃 사랑이 가장 중요한 계명이라고 말씀하시지만(마 22:37~39), 사랑은 특별히 하나님의 백성으로서 교회 표지이다. 초기에, 예수님은 제자들에게 서로 사랑하

---

42 사도행전 20:28; 고린도전서 1:2; 10:32; 11:16; 11:22; 15:9; 고린도후서 1:1; 갈라디아서 1:13; 데살로니가전서 2:14; 데살로니가후서 1:4; 디모데전서 3:5를 보라. 비교하면, "그리스도의 교회"는 한 차례뿐이다(롬 16:16).

라고 명령하셨으며, 이 일로 그들이 누구인지 세상에 알린다고 약속하셨다(요 13:34~35). 요한일서에서, 사람이 교회의 일원임을 믿는 근거의 하나는 형제 사랑이다(요일 2:9~10; 3:10, 14; 4:7~8, 19~20). 신약성경은 그리스도인들에게 서로 사랑하라고 17번이나 명령하며, 역사 기록은 일찍이 광범위하게 사람들이 그 명령에 순종했음을 나타낸다. 2세기 후반에 이르러, 테르툴리아누스(Tertullian)는 심지어 그리스도인을 대적하는 사람들도 "그들은 말한다. 보라, 그들이 어떻게 서로 사랑하는가"라는 말로 인정했다고 주장할 수 있었다.[43] 마이클 그린(Michael Green)은 자기 고전적 연구, 곧 『초대 교회의 전도』에서 그리스도인의 서로 사랑은 "이교도들을 놀라게 했으며" 그들을 전도하는 데 성공한 중요한 한 요소였다고 분명히 말한다.[44] 교회는 사랑이신 하나님의 백성이므로, 그 구성원은 서로 사랑이 그 특징이어야 한다.

하나님의 백성으로서, 교회는 삼위일체 하나님의 백성이다. 우리는 앞에서 가족으로서 교회 이미지와 연결하면서 교회를 아버지 하나님의 백성으로 여기는 중요성을 말했다. 이제 우리는 삼위일체 하나님의 다른 두 위격의 백성으로서 교회를 살피겠다.

성자 그리스도도 하나님이시며, 교회 또한 그분 백성이다. 교회는 그리스도를 신뢰함으로 하나님의 부르심에 반응한 사람들이다. 에베소에서, 하나님의 백성은 "그리스도 예수께 신실한 사람"으로 불리며(엡 1:1), 골로새서에서는 "하나님의 거룩한 백성 … 그리스도 안에서 신실한 형제자매들"로 불린다(골 1:2). 사도행전에서 교회는 그리스도를 "믿는 사람들", 그리스도의 "제자들", 그리고 궁극적으

---

[43] Tertullian, "Apology," 39, in *The Ante-Nicene Fathers*, eds. Alexander Roberts and James Donaldson (Edinburgh: T & T Clark, 1868~72; reprint, Grand Rapids: Eerdmans, 1951), 3:46~47.

[44] Michael Green, *Evangelism in the Early Church* (Grand Rapids: Eerdmans, 1970), 120 ‖ 『초대교회의 복음전도』, 홍병룡 옮김 (서울: 복있는사람, 2010), 214.

로 '그리스도인들'로 불린다(행 2:44; 11:26). 그들은 분명히 성자 하나님의 백성이다.

또한 하나님의 백성은 성령 하나님의 백성이다. 참으로, 예수님의 제자들은 성령께서 오심으로 교회로 변화됐다. 아마도 교회가 성령의 백성이라는 가장 분명한 생각은 성령께서 주시는 교제라는 은사이다. 신약성서에서 교제를 뜻하는 단어 κοινωνία[코이노니아]는 마태복음, 마가복음, 누가복음, 요한복음, 사도행전 1장에 없다. 하지만 사도행전 2장에서, 성령께서 오신 다음에 초대 교회 삶에 관한 첫 번째 묘사에 바로 이 단어가 있다(행 2:42). 고린도후서 13:14에 있는 사도 축복에서 은혜는 그리스도와 관련 있으며 사랑은 성부 하나님과 관련 있지만, 교제는 '성령'과 관련이 있다.

---

1. 하나님의 백성은 교회를 구약성서와 연결하고, 한 백성을 당신께로 부르시는 하나님의 위대한 목적과도 연결한다.
2. 하나님의 백성은 부르심을 받은—하나님의 백성으로 부르심을 받은—존재로서 교회 특성을 강조한다.
3. 교회는 한 백성이며, 분리된 개인 집단이 아니다.
4. 교회는 하나님의 백성이며, 인간적 기관이 아니다.
   - 하나님의 백성으로서 교회는 거룩하며 사랑하도록 부르심을 받는다.
   - 성부 하나님의 백성으로서 교회는 한 가족이다.
   - 성자 하나님의 백성으로서 교회는 그리스도를 믿는 사람들이다.
   - 성령 하나님의 백성으로서 교회는 교제를 경험하는 사람들이다.

〈보기 1.3.〉 하나님의 백성으로서 교회의 의미 요약 단어 κοινωνία[코이노니아]는 다른 사람들과 공통으로 무엇에 참여하기 또는 나누기 개념을 포함한다. 그것은 신자가 하나님과 맺는 관계를 묘사하는 데 쓰일 수 있지만(요일 1:3), 또한 성령께서 믿는 사람들 사이에서 빚으시는 관계에도 쓰인다. 성령께서는 신자들이 그리스도 안에서 새로운 생명을 나누어 가졌음을 깨닫게 하시는데, 그것은 서로 관계를 근본적으로 변하게 하심이 분명하다. κοινωνία[코이노니아]는 초대 교회에서 처음에는 '믿는 사람이 다 함께 있어 모든 물건을 서로 통용'하는, 실질적으로 기부로 운영하는 공동체로 나타났다(행 2:44). 또한 교제는 신자들이 '서로서로' 삶이라 불리는 삶으로 표현했다. 서로 용서하기, 서로 격려하기, 서로 용납하기, 그리고 무엇보다 서로 사랑하기(17번 나타남)를 포함해 신자들이 서로에게 어떻게 행해야 하는지에 관한 구체적인 명령이 서른 개 이상이나 있다. 10장에서 교회 필수 사역으로써 교제가 지니는 중요성에 관해 더 많이 말할 텐데, 교회 특성의 본질적 부분으로써 교제는 교회를 성령 하나님의 백성으로 보는 데서 분명히 드러난다.

그리스도의 몸

아마도 성경적 교회 이미지 가운데 그리스도의 몸 이미지가 머릿속에 가장 쉽게 떠오른다. 하지만 실제로 이 이미지는 바울이 쓴 편지에만 있고, 그것도 네 개 편지에만 있다(로마서, 고린도전서, 에베소서, 골로새서). 이 네 편지에서 몸 이미지는 교회의 몇 가지 측면을 선명하고도 기억하기 쉬운 방식으로 예시하려는 데 쓰인다. 흥미롭게도, 로마서와 고린도전서에서 몸 이미지 용도는 에베소서와 골로새서에서 용도와 눈에 띄게 다르므로 별도로 조사해야 한다.

로마서와 고린도전서에서 그리스도의 몸은 지역교회 은유이며, 몸 지체들 사이에 상호 관계를 강조한다. 이것은 고린도전서 12:27에서 가장 분명하다. "이제 너희는 그리스도의 몸이요, 너희 각 사람은 그 몸의 일부이다." 여기서 지역교회는 단순히 그리스도의 더 큰 몸 일부가 아니라, 그곳에 있는 그리스도의 '**몸**'으로 여겨진다. 이것은 지역교회 자치권에 관한 바른 이해를 지지하는 또 한 경우다. 어떤 지역교회도 고립되어서는 안 되지만, 어떤 지역교회도 그것을 완성하거나 그것이 역할을 하게 하는 더 큰 몸이 필요하지 않다.

여기서 그리스도는 몸의 머리로 언급되지 않는다. 눈과 귀가 언급되지만(고전 12:16~17), 단지 몸에 있는 지체로 언급될 뿐이다. 로마서와 고린도전서에서 몸 이미지는 몸의 지체가 다른 지체와 누리는 관계의 세 가지 측면을 강조한다.

첫 번째 측면은 '**하나 됨**(unity)'이다. 흥미롭게도 바울은 몸의 하나 됨을 우리가 의식 또는 성례전이라 부르는 두 가지 활동과 연결한다.[45] 고린도전서 10:16~17에서, 바울은 고린도 지역 그리스도인들이 주의 만찬에 참석하거나 그 모임에서 교제함을 그들이 그리스도의 몸에서 누리는 하나 됨을 창조하고 표현한다고 생각한다. "떡이 하나이기에, 많은 우리가 한 몸이니, 우리가 다 한 떡에 참여하기 때문이다"(17절). 이런 식사에서 그들은 그리스도 안에서 가지는 공통적 삶을 축하하고 나타낸다. 고든 피(Gordon Fee)는 이 구절을 다음 내용으로 아주 잘 설명한다. "바울이 그 식사가 나타내는, 예배하는 사람들이 서로 가지는 것과 같은 긴밀한 유대를 강조하려 함은 의심의 여지가 없다." 그리고 "신자들이 교제로 이룬 결속은

---

[45] 대부분 교단이 침례와 주의 만찬을 '성례전(sacrament)'이라 부르는데, 그 단어 사용 자체를 반대할 이유는 없다. 라틴어 사크라멘툼(*sacramentum*)은 처음에 병사가 자기 지휘관에게 한 충성 맹세를 가리켰다. 하지만 성례전이라는 단어는 시간이 지나면서 은혜가 이 활동으로 자동으로 전수되며 그러한 행위가 구원에 필수라는 견해와 연관됐으므로, 침례교인은 이러한 함축 의미를 피하려고 일반적으로 '의식(ordinance)'이라는 용어를 사용했다. 일부 침례교인은 '성례전'이라는 용어를 사용하지만, 다른 의미로 사용했다. Stanley Fowler, *More Than a Symbol: The British Baptist Recovery of Baptismal Sacramentalism*, Studies in Baptist History and Thought, vol. 2 (Milton Keynes, Great Britain: Paternoster, 2002)을 보라.

그들 모두 '한 떡'을 나눔으로써 만들어진다."[46] 그들 하나 됨의 근거는 이전에 가진 그리스도와 연합(union)이지만, 여기서 바울은 그들이 하나 된 상태에 초점을 두며, 바울은 자연스럽게 그 하나 됨을 표현하려고 몸 이미지에 눈길을 돌린다.

마찬가지로 고린도전서 12:13에서, 그들이 그리스도의 몸에서 가지는 하나 됨은 그들이 공통으로 경험하는, 한 성령에 의한 침례와 관련이 있다. "우리가 … 모두 한 성령에 의해 한 몸 안으로 침례를 받았고, 또 다 한 성령을 마시게 하셨느니라." 이 구절에는 주목해야 할 여러 중요한 요점이 있다. 첫째, 일부 사람이 주장하는 바와 달리, 성령 침례는 모든 신자가 공통으로 경험하는 일이다. '**모두**'라는 단어는 이 구절에서 두 번 나타나며 앞 사실을 강조한다. 둘째, 몸의 하나 됨은 성령께서 하나이심에서 유래한다. 여기서 행하시는 분은 한 분 성령이므로, 그분께서는 한 몸만 이 만드신다. 셋째, 성령께서 활동하심은 한 몸을 창조하는 데로 나아간다. 전치사 '**~ 안으로**(εἰς[에이스])'는 "공간 의미로 모두가 침례를 받아 들어가는 곳을 가리키거나, 활동하는 목표로서 침례 활동의 목적이나 목표('한 몸이 되게 하려고')를 나타낼" 수 있다.[47] 여기서는 목적이나 목표의 의미일 가능성이 훨씬 더 크다. 성령 침례는 비가시적 사건으로, 믿는 사람을 그리스도의 우주적 몸에 속하게 하지만, 물 침례는 믿는 사람을 그리스도의 지역 몸에 위치하게 하는 공간 의미의 가시적 활동이다. 어떤 사람은 에베소서 4:5가 한 침례만 존재한다고 말함에 반대할 수 있지만, 한 침례는 두 형태일 수 있다. 한 교회가 지역교회와 우주적 교회라는 두 가지 형태 모두를 가진 것과 같다. 성령

---

[46] Gordon Fee, *The First Epistle to the Corinthians*, The New International Commentary on the New Testament, ed. F. F. Bruce (Grand Rapids: Eerdmans, 1987), 466 ∥ 『고린도전서』, 개정판, NICNT, 최병필 옮김 (서울: 부흥과개혁사, 2019), 601.

[47] Fee, *The First Epistle to the Corinthians*, 603의 각주 20 ∥ 『고린도전서』, 763의 각주 183.

침례는 우리를 우주적 교회와 동일시하며, 물 침례는 우리를 지역교회와 동일시한다. 어떤 경우든, 결과는 '한 몸'이다.

바울서신 모든 곳에서 몸 이미지는 하나 됨과 연관이 있다. 그것은 그리스도 안에 있는 공통된 삶에 기초하며 주의 만찬에서 시행한다. 그러한 하나 됨은 성령의 활동으로 만들어지며, 성령께서는 신자들을 한 몸 속으로 담그신다.

또한 바울은 **다양성에서 하나 됨**을 예시하려고 몸 이미지를 사용한다. 로마서 12:4~5와 고린도전서 12:14~20은 같은 메시지를 반영한다. 곧, 많은 지체를 가졌어도 한 몸이며, 다양한 은사를 가졌어도 한 몸이다. 몸은 바울의 요점을 명백하게, 분명히 볼 수 있고 쉽게 이해할 수 있도록 예시하며, 아마도 그것은 이러한 이미지가 널리 알려진 이유이다. 그렇긴 해도, 몸의 하나 됨을 이해하기는 쉬워도 경험하기 어렵다. 바울은 로마에 있는 그리스도인들에게 "우리 많은 사람이 한 몸이 되는 것"은 오직 "그리스도 안에서" 된다는 사실을 상기하게 한다(롬 12:5). 고대 세계에서 헬라인과 유대인, 종과 자유자, 남자와 여자 사이에 자연적 분열을 극복하는 데는 그리스도 안에서 공통된 삶을 살고 공통으로 성령을 받아들이는 초자연적인 능력이 필요했다. 다양한 인종과 성별과 지위 그리고 다양한 기능과 은사가 있을 수 있지만, 한 몸, 한 주, 한 성령, 한 믿음이 존재한다.

특별히 침례교인은 다양성이 허용되며 존중되는 영역은 물론이고 하나 됨이 요구되는 또 다른 영역도 기억해야 함은 중요하다. 침례교회에는 긴 분열 역사가 있다. 내 친구 한 명은, 당신이 교회가 갈라지는 모습을 경험하기 전까지는 진정한 침례교인이 아니며 불행하게도 그러한 슬픈 일을 경험하지 않은 오래된 침례교인은 거의 없다고 말하기까지 한다. 하지만 그러한 분열 대부분은 몸의 하나 됨을 위협하도록 허용되지 않았어야 했을 문제들을 둘러싸고 일어났다. 많은 경우, 다양성을 포용해야 했다.

하지만 최근 우리는 침례교회 삶에서 포용을 주장하는 사람이 늘어나는 모습을 봤는데, 그들은 인종, 성별, 지위의 다양성뿐 아니라 믿음이나 교리의 다양성을 받아들여야 한다고 주장한다. 이들 침례교인에 따르면, 교리는 사람을 나누고, 사역은 사람을 연합하게 하며, 침례교인이 됨은 교리적 제약에서 자유를 의미한다고 주장한다. 하지만 그것은 역사적으로 침례교인이 연합 문제에 접근한 방식이 아니며, 성경에서 '한 몸'은 '한 믿음'을 가져야 한다는 명령과도 일치하지도 않는다(엡 4:4~5).

침례교인은 자기들이 '한 믿음'(엡 4:5)을 이해하는 대로, 그것을 분명히 말하려고 많은 신앙고백을 공표했다. 그리스도 안에서 삶과 성령의 임재를 공유하는 모든 사람과 함께 그리스도의 우주적 몸에서 하나 됨을 기꺼이 확언하며, 많은 침례교인은 여러 공동체 조직이나 복음주의 선교단체 사역에서 다른 신자들과 하나 됨을 개인적으로 표현하지만, 그들은 그러한 하나 됨이 교리 면에서 공통으로 이해하는 영역에 한정된다고 생각한다. 역사적으로 대부분 침례교회는 신앙고백을 자기들 설립 문서 일부에 포함했으며, 그것은 교회의 하나 됨의 합법적인 측면인 공통적인 믿음을 구체적으로 표현한다. 많은 것에서 다양성이 분명히 있지만, 교리에서 하나 됨, 특별히 교회에 관한 교리의 하나 됨은 지역교회가 진정으로 하나 된 모습을 운영하는 데 필요하다.

그리스도의 몸 이미지가 강조하는 세 번째 주제는 몸의 지체들 가운데 **서로**(mutuality) 사랑하고 돌보는 일이다. 로마서 12:5는 그리스도의 몸에서 각 지체가 다른 모든 사람에게 속한다고 말한다. 고린도전서 12장은 어떻게 몸의 각 지체에게 다른 모든 지체가 필요한지 자세하게 설명하며, 하나님께서 몸의 모든 지체가 '서로 같이 돌보기' 바라시며, "만일 한 지체가 고통을 받으면 모든 지체가 함께 고통을 받고, 한 지체가 영광을 얻으면 모든 지체가 함께 즐거워한다"라고 말한다(25~26절). 이러한 상호성은 신약성서에 30번 이상 있는 '서로서로' 구절("서로 사랑하라", "서로 용서하라" 등)에서 알 수 있다. 교회 지체들이 서로에게 베푸는 돌봄은 몸 이미지로 적절하게 묘사된다. 몸의 지체들은 함께 조화롭게 일하기 때문이다.

또한 이 성경적 주제는 이전에 침례교인이 신앙고백서에 그리고 교회로서 함께 연결됨이 무엇을 의미하는지 묘사하려고 사용한 교회 서약(church covenant)에 자주 사용됐다. 1677년에 작성돼 널리 영향을 미치는 「2차 런던 신앙고백서(*Second London Confession*)」는 교회 지체들이 "그리스도께서 정하신 대로 함께 걸으며, 하나님의 뜻에 따라, 복음을 나타내는 의식들을 따르겠다고 고백하면서 자기를 주님과 다른 이들에게 내어주겠다고 기꺼이 동의한다."48라고 말한다. 이러한 표현은 교회 서약에서 좀 더 자주 발견되었다. 신앙고백이 주로 교리를 다뤘고, 교회 서약은 교회 지체가 서로에게 헌신을 강조했다.49 가장 널리 사용한 서약은 1833년에 뉴햄프셔침례교총회(New Hampshire Baptist Convention)에서 채택한 서약이었다. 그것은 지체가 서로에게 주기로 약속했던 돌봄을 묘사했다. "따라서 우리는 그분 능력으로 전체 몸이 성장하도록 지체로서 서로 돌아보기로 맹세한다."50 총회는 그러한 서약을 교회 본질로 여겼다. 그것은 몸 이미지에서 온 것이며, 몸의 지체는 본성의 일부로서 서로를 돌본다.

'교회 회원'이나 '교회 회원자격'과 같은 용어 사용이 타당한지를 묻는 사람은, 몸 이미지가 우리에게 그렇게 표현하게 하는 우선권

---

48 William L. Lumpkin, *Baptist Confessions of Faith*, rev. ed. (Valley Forge, Pa.: Judson Press, 1969), 286 ‖ 『침례교 신앙고백서』, 김용복 · 김용국 · 남병두 옮김 (대전: 침례교신학연구소, 2008), 335. 이 고백서는 영국에서 백 년 이상 거듭 발행됐으며, 미국으로 와서 거의 글자 그대로 「필라델피아 신앙고백서」에 사용되었고, 「필라델피아 신앙고백서」는 19세기에 이르기까지 미국에서 가장 크게 영향력을 발휘하는 침례교인 고백서였다.

49 Charles W. Deweese, *Baptist Church Covenants* (Nashville: Broadman, 1990), 115~99에서 침례교회 서약 모음 79개를 볼 수 있다.

50 Deweese, *Baptist Church Covenants*, 157.

을 주고 그 표현을 적절히 이해하게 한다는 사실을 꼭 알아야 한다. 교회 회원 됨은 초대형쇼핑몰 회원이나 어느 팀 회원이 됨과는 아주 다르다. 몸의 지체가 신체에 밀접하게 연결됐듯이, 교회 회원들은 몸의 다른 구성원들과 밀접히 연결된 사람들이다. 극심한 고통을 전혀 느끼지 않은 채 그들 교회를 떠날 수 있는 이른바 '교회 회원'은 성서 의미에서 전혀 회원이 아니다. 성서가 말하는 교회 회원자격은 진지한 헌신이다.

요약하면, 바울은 로마서와 고린도전서에서 그리스도의 몸 이미지를 사용해 지역교회의 지체들이 서로 관계됨을 예시한다. 현저한 주제는 몸의 하나 됨, 몸에서 하나 됨과 다양성, 지체들의 서로 돌봄이다. 에베소서와 골로새서에서도 그리스도의 몸 이미지가 사용되지만, 전혀 다른 맥락에서 다른 점을 강조한다.

먼저, 에베소서와 골로새서에서 몸은 우주적 교회와 관련이 있다. 바울은 몸과 교회를 5번이나 함께 쓴다. '교회 … 그분 몸'(엡 1:22~23; 5:23, 29~30; 골 1:18, 24). 각 경우, 교회에 관한 묘사는 우주적 의미이고, 거의 그러한 의미를 요구한다. 하지만 이 두 편지에서 우주적 교회는 에클레시아(ἐκκλησία) 용법과 일치하는 듯하지만, 바울이 묘사하는 행위(목사와 교사가 하나님의 백성을 가르치는 것, 각 지체가 맡은 일을 함으로 몸이 자라는 것과 같은 행위, 엡 4:12, 16; 골 2:19)는 지역교회에서 일어나며, 따라서 지역 회중이 완전히 사라져 보이지 않는 게 아니다.

둘째, 에베소서와 골로새서에서는 몸 이미지의 용법에 새로운 요소가 있다. 그것은 머리와 몸의 관계이다. 두 편지는 그리스도의 역할과 중요성을 강조한다. 그리스도는 다섯 차례나 몸의 머리로 확인된다(엡 1:22; 4:15; 5:23; 골 1:18; 2:19).

이 두 편지에서, 바울은 그리스도의 몸에 관해 말하면서 무슨 주제를 도드라지게 하려는가? 그리스도께서 몸의 머리라는 가르침은 그분이 몸을 다스리는 **권위**(authority)를 가지셨으며, 그분이 몸에 필요한 영양분을 **공급**(provision)하신다는 생각을 강조한다. 몸에 필요한 영양분 공급은 그것의 **성장**(growth)으로 이어진다. 이것은 여기서 만나는 세 번째 주제다. 각 주제는 좀 더 면밀하게 고려해야 한다.

최근에 머리를 뜻하는 헬라어 단어(κεφαλή[케팔레])에서 권위 개념을 제거하려고 하지만,51 머리가 몸을 다스리는 권위는 바울이 그리스도께서 교회의 머리가 되신다고 가르침에서 주된 강조점의 하나이다. 바울이 그리스도께서 몸의 머리가 되신다고 가르침은 신약성서 전체에서 그리스도를 높이는 일부 구절에 있다. 에베소서 1:20~23에서 그리스도는 모든 대적하는 세력 위에 뛰어나신, 모든 것을 발아래에 두신 분으로 항상 묘사된다. 그리하여 이러한 주권적 인물은 "교회를 위해 만물 위에 머리로" 지명되셨으며, 교회는 "그분 몸, 만물을 충만하게 하시는 분의 충만함"이다(22~23절). 주권적 권위를 더 장엄하게 묘사하기란 쉽지 않지만, 골로새서 1장은 잘 묘사한다. 거기서 그리스도는 하나님의 형상, 먼저 나신 분, 만물의 창조자, 모든 것이 그분 안에 존재하는 분이시다(15~17절). 또한 이분께서 교회의 머리, 만물 가운데 가장 뛰어나신 분이시다(18절). 그분은 '모든 통치자와 권세의 머리'로 불린다(2:10). 하지만 이러한 권위가 권위주의적이며 가혹하게 보이지 않게 하려고, 그리스도와 교회 관계가 남편과 아내의 관계에 아름답게 비교되면서 사랑스러우며 자기를 희생하는 권위로 묘사된다(엡 5:23~33). 그리스

---

51 Catherine Kroeger, "Head," in *Dictionary of Paul and His Letters*, ed. Gerald F. Hawthorne, Ralph P. Martin, and Daniel G. Reid (Downers Grove, Ill.; Leicester, U.K.: InterVarsity, 1993), 375~77의 논설을 보라. 불행하게도 그녀 글은 언어학과 성경의 증거보다 남편과 아내의 역할에 관한 그녀의 인류 평등주의의 관점과 남편의 머리 됨이 권위를 포함하지 않는다고 보려는 열망에 따르는 듯하다. Wayne Grudem, "The Meaning of *kephalē* ("Head"): An Evaluation of New Evidence, Real and Alleged," *Journal of the Evangelical Theological Society* 44, no. 1 (March 2001): 25~65은 그녀 입장을 설득력 있게 비판한다.

도가 머리이심은 분명히 권위를 포함한다. 교회는 그리스도께 복종하도록 요청받기 때문이다. 하지만 머리는 교회를 사랑하시고, 교회를 위해 자기를 주시며, 공급하시고, 돌보시면서 교회를 위해 자기 권위를 행사하신다.

그리스도께서 교회의 권위 있는 머리가 되신다는 이 주제에는 지역교회, 특별히 교회 정치(church polity)에 관한 하나의 직접적이며 실제적 의미가 있다. 교회 행정의 모든 형태를 평가하는 하나의 기준은 그것이 얼마나 교회의 머리이신 그리스도의 유일한 권위를 잘 보존하는가이다. 교회의 정치와 행정에 관한 문제를 다루면서 이 요점을 다시 살피겠다.

권위 개념은 아마도 그리스도께서 교회의 머리이시다는 사상에 중심이겠지만, 그러한 개념만 있는 게 아니다. 클린턴 아널드(Clinton Arnold)는 고대 세계에서, 특별히 1세기 의학에 관한 저술에 머리는 몸에서 다스리는 지체인 동시에 자양분을 주고 생명을 유지하는 근원으로 간주한 사실을 설명한다.52 이 공급 개념은 바울의 용법에도 있다. 그는 에베소서 4:16과 골로새서 2:19에서 거의 같은 표현을 사용해 그리스도께서 머리가 되시며 몸이 그것이 자라는 데 필요한 것을 머리이신 그리스도에게서 얻는다고 묘사한다. 참으로 골로새 사람들 문제는 그들이 "머리와 연결이 끊겼다"라는 점이다(골 2:19). 이것은 요한복음 15장에서 예수님께서 포도나무와 가지에 관해 가르치심이 분명하게 묘사하는 개념과 같은 개념이다. 가지는 포도나무와 연결되어 있어서 모든 자양분을 얻으며, 몸은 머리를 통하여 모든 자양분을 얻는다. 머리는 몸에 필요한 자양분을 공급한다.

---

52 Clinton E. Arnold, "Jesus Christ: 'Head' of the Church (Colossians and Ephesians)," in *Jesus of Nazareth: Lord and Christ*, eds. Joel B. Green and Max Turner (Grand Rapids: Eerdmans; Carlisle, U.K.: Paternoster, 1994), 346~66. Gregory W. Dawes, *The Body in Question: Meaning and Metaphor in the Interpretation of Ephesians 5:21~33* (Leiden: Brill, 1998), 122~49는 같은 생각을 밝힌다.

그러한 공급은 교회가 성장하게 돕는다. 에베소서에서 구상하는 성장은 수적 성장이 아니라 영적 성장이다. 성장 목표는 "하나님의 아들을 믿기와 알기에 하나 됨", 또는 성숙, 곧 "그리스도의 장성한 분량이 충만한 데까지 이르기", 또는 "머리, 곧 그리스도이신 그분에게까지" 자라감이다(엡 4:13~16). 머리이신 그리스도를 알고 그분과 같이 됨이 교회 성장 목표다. 하지만 바울은 몸의 지체들의 역할을 간과하거나 빠뜨리지 않으려고 주의를 기울인다. 그리스도께서 몸을 위해 공급하시는 일의 일부는 은사를 가진 지도자들이다. "그가 어떤 사람은 사도로, 어떤 사람은 선지자로, 어떤 사람은 복음 전하는 이로, 어떤 사람은 목사와 교사로 삼으셨다"(11절). 그리하여 이 은사를 가진 지도자들은 몸의 지체들을 구비시켜 사역을 수행하게 한다. 결과는 몸이 "각 마디를 통하여 도움을 받으므로 연결되고 결합해 각 지체의 분량대로 역사하여" 자란다(16절). 골로새서 2:19 표현은 놀랍게 비슷하다. 몸은 "마디와 힘줄로 공급함을 받고 연합"할 때 자란다(19절). 바울은 교회를 이해하는 일을 도우려고 다시 사람의 몸에 있는 다양한 지체에서 의미를 끌어낸다. 로마서와 고린도전서에서 요점은 지체들이 가진 다양한 은사와 지체의 다양성이 몸의 하나 됨을 몰아내지 않는다는 점이었다. 에베소서와 골로새서에서 바울은 이러한 요점을 더욱 발전시킨다. 하나 됨은 몸이 가진 다양성과 차이로 제거되지 않을 뿐 아니라, 몸에 주어진 다양한 은사들은 하나 됨(몸을 한곳에 모으기)과 성숙(그리스도를 닮은 온전한 모습으로 자라기)에 꼭 필요하다.

그리스도의 몸으로서 교회에 관한 논의에 마지막 주의 사항을 덧붙여야겠다. 특히 가톨릭 사상에서 그리스도의 몸을 교회에 관한 단순한 은유 그 이상으로 생각하려는 유혹이 있었다. 『가톨릭 교리문답(The Catholic Catechism)』은 몸 표현이 "그리스도와 그분 교회가 함께 '전체 그리스도(Christus totus)'를 이룬다"[53]라는 주장을 정

---

[53] *Catechism of the Catholic Church* (New Hope, KY: Urbi et

당하게 한다고 여긴다. 가톨릭 신학자 리처드 맥브라이언(Richard McBrien)은 교회에 쓰인 그리스도의 몸 표현 뒤에 있는 "그리스도와 교회 사이에 연합의 물리적 사실주의"를 말한다.54 그러나 이는 교회 이미지 하나만을 부당하게 절대시하며, 다른 이미지들보다 더 실재적이거나 문자적으로 다루며, 그래서 신학적 위험에 다다른다. 가톨릭 주교 에이버리 덜리스(Avery Dulles)가 말하듯이, 교회를 어떤 실재 방식으로 그리스도의 실재 몸으로 여김은, 그래서 그리스도 안에서 땅에서 그리스도 성육신이 확장하거나 연장하면, 그리스도와 교회의 연합을 "생물학적 그리고 본질적 하나"로 만듦으로 "교회를 신성하게 여겨 마침내 해친다."55 그렇다면 교회에서 저지른 죄와 실수는 돌릴 수 있는가, 또는 교회는 절대 실수할 수 없다고 생각해야 하는가? 아니다, 그리스도의 몸을 교회 이미지로 인정이 석의적으로나 신학적으로 훨씬 더 바람직하다. 분명히 풍부하고 의미 깊은 이미지이지만, 그런데도 이미지일 뿐이다.

Orbi, 1994), 210. 옮긴이 덧붙임. Michael J. Walsh 엮음, 『가톨릭교회 교리서 해설』, 김웅태 옮김 (서울: 가톨릭출판사, 2004)을 참고하라.

54 Richard McBrien, *Catholicism*, new ed. (New York: Harper SanFrancisco, 1994), 600.

55 Avery Dulles, *Models of the Church*, expanded ed. (New York: Doubleday, 1987), 55.

> 1. 몸 이미지는 교회의 하나 됨을 가리키며, 하나 됨은 특별히 주의 만찬과 침례에서 나타난다.
>
> 2. 몸 이미지는 교회 지체가 다양해도 어떻게 그것이 하나가 될 수 있는지 적절하게 예시한다.
>
> 3. 몸 이미지는 교회의 구성원이 서로 사랑과 돌봄을 어떻게 나타내야 하는지 보여준다.
>
> 4. 몸의 머리이신 그리스도는 교회의 궁극적 권위이다.
>
> 5. 또한 그리스도는 머리로서 또한 교회의 필요를 공급하신다.
>
> 6. 그리스도처럼 됨이 교회 성장 목표이다. 교회 모든 구성원이 자기 특별한 사역을 수행하면서 교회 성장과 하나 됨에 이바지한다.

〈보기 1.4.〉 그리스도의 몸으로서 교회 의미 요약

성령의 전

신약성서에서 교회를 가리키는 세 번째 주요 이미지는 성령의 전이다. 교회가 건물이라는 첫 번째 개념은 마태복음 16:18에서 예수님 말씀에 암시됐다. "너는 베드로이다. 내가 이 반석 위에 내 교회를 **세우겠다**(강조는 지은이가 함)." 역사적으로 이 구절에 관한 논의 대부분은 베드로(πέτρος[페트로스])와 교회가 세워지는 기초인 반석(πέτρα[페트라])의 관계에 초점을 맞췄는데, 많은 가톨릭교도가 이 구절을 교회에 대한 교황권의 중요성을 지지하려고 주로 사용했기 때문이다. 하지만 그러한 논의가 중요하지만, 본문이 말하는 또 다른 중요한 개념, 곧 교회가 건물이라는 생각에서 우리 관심을 돌려서는 안 된다. 그것은 신약성서 다른 곳에서 자세하게 설명한다.

이 개념을 발전시키는 주요 인물은 바울이다. 고린도전서 3:9에서, 그는 처음에 교회를 밭 그리고 건물과 비교하지만, 그의 관심은 건물에 있다. 그는 건물의 기초가 예수 그리스도이시며, 각 그리스도인의 사역이 그 기초 위에 세우는데, 어떤 이는 지속하는 방식으로, 다른 이는 지속하지 않은 방식으로 그렇게 한다고 말한다(11~15절). 하지만 16절에서, 바울은 우리가 세우는 기초에서 눈을 돌려 건물로서 교회, 그리고 아주 특별한 건물인 하나님의 성전을 마음에 그린다. 다른 곳에서 바울은 각 그리스도인의 몸이 성령의 전이라고 말한다(고전 6:19). 하지만 여기서 그는 집합적으로 하나님의 성전으로서 교회에 관해 말한다.

바울은 "너희가 하나님의 성전"이라고 말한다. 하지만 어떻게 해서 이 성전은 특별히 성령 하나님과 관련이 있는가? 그 대답은 고린도전서 3:16의 마지막 부분에 있다. 교회는 그 구성원에게 원래부터 존재하는 어떤 것으로 하나님의 성전인 게 아니라, 내재하시는 성령으로 하나님의 성전이다. 여기서 성전을 가리키는 단어는 고린도후서 6:16과 에베소서 2:21에서 말하는 교회에도 사용되는데, 그것은 ναός[나오스]로서 "성소뿐 아니라 성전 경내를 가리키는 ἱερόν[히에론]이라는 단어와 달리, 실제 성소, 곧 하나님께서 거하시는 장소를 가리킨다."[56] 이것은 바울이 하나님의 성전으로서 교회를 언급할 때 그의 핵심이 하나님께서 교회에 내재하시거나 거주하신다고 말한다. 하지만 하나님께서 당신 백성 안에 거하시는 수단은 성령이다. 그것은 에베소서 2:21~22에서 구체적으로 언급되는데, 거기서 교회는 거룩한 성전, "하나님께서 성령에 의해 거하실 처소"로 불린다. 따라서 하나님의 성전은 성령의 전이다.

---

56 Fee, *The First Epistle to the Corinthians*, 146 ∥ 『고린도전서』, 개정판, 210. 피는 그러한 구분이 1세기 헬라어에서는 보편적인 것이 아니었지만, 바울의 용법에 크게 영향을 끼쳤을 것으로 보이는 칠십인역 용법의 지지를 받는다고 말한다.

이것은 이 이미지에서 교회 특성을 말할 수 있는 처음 두 가지 의미로 이어진다. 첫째는 성전이 하나님께서 거하시는 장소로 인식되었으므로, 우선 실제 성전이 하나님을 예배하는 장소였던 것처럼, 성령의 전으로서 교회는 우선 예배하는 백성이어야 한다는 것이다.

어떤 의미에서 구약성서는 하나님께서 창조하신 모든 것이 하나님을 찬양하고 경배하게 의도되었다고 가르친다. 시편 19:1은 하늘 자체가 하나님의 영광을 선포한다고 말한다. 시편 96편은 하늘과 땅과 바다와 들과 나무를 불러 주 앞에서 기뻐하고, 노래하고, 경배하며 떨게 한다(9~12절). 시편 148편 전체가 천사들, 해, 달, 별, 동물, 심지어 날씨를 구성하는 요소들을 하나님을 찬양하는 일에 참여시키고 있으며, 시편 마지막 구절은 이렇게 요약한다. "호흡이 있는 자마다 여호와를 찬양하라"(시 150:6). 하지만 특별한 방식으로 하나님의 백성은 예배하려고 그분 성전으로서 함께 모인다.

베드로전서 2:5는 믿는 이를 "신령한 집으로" 함께 세워지는 "살아있는 돌(living stones)"과 비교한다. 집이라는 단어는 구약성서와 예수님에 의해 성전과 유사어로 쓰였다. 예수님께서 성전을 정화하셨을 때, 그것을 "기도하는 집"으로 부르셨다(마태복음 21:13에서 예수님이 인용하시는 이사야 56:7; 예레미야 7:11을 보라). 믿는 이로 구성되는 교회는 예루살렘에 있는 것과 같은 실제 성전이 아니라, 영적 성전이다. 하지만 그것은 유사한 목적으로 쓰이는데, 이 성전을 구성하는 "살아있는 돌"은 또한 "신령한 제사"를 드리는 "거룩한 제사장"이기 때문이다. '**신령한**'이라는 형용사는 이러한 제사장들이 드리는 예배가 성령의 능력으로 드리는 예배, 그들에게 거하시며 그들을 자기 성전이 되게 하시는 성령의 원동력으로 드리는 예배임을 나타낸다. 또한 그것은 그들이 드리는 제사가 더는 구약 율법이 지정한 동물을 드리는 제사가 아니고, 신약성서 예배를 반영하는 제사임을 나타낸다. 선을 행하고 다른 사람들과 물건을 나누는 일이 하나님을 기쁘시게 하는 제사라고 말한다(빌 4:18; 히 13:16). 하나님의 이름을 고백하는 일에 우리 입술을 사용함도 마찬가지이다(히 13:15). 하지만 바울은 구체적으로 우리 몸, 또는 우리 전부를 산 제물로 드림이 우리가 드릴 "신령한" 또는 "온당한" 예배라고 말한다(롬 12:1).

이러한 이미지가 발전되는 과정에서 주목할 또 다른 요점은 성령의 전에서 제사하는 사람이 "거룩한 제사장", "왕 같은 제사장", "나라와 제사장"으로 불리는 점이다(벧전 2:5, 9; 계 1:6; 5:10). 이 구절들은 모든 신자 제사장 교리의 근거이다.57 신약성서는 교회를 이끄는 사람을 교회 장로, 감독, 목사로 부르지만, 제사장으로는 부르지 않는다. 하지만 2세기 말까지, 장로를 가리키는 또 다른 용어인 πρεσβύτερος[프레스뷔테로스]가 **제사장**에게 제한됐고, 성직자에게 적용됐다. 중세 시대에, 제사장 직분과 제사장 기능이 성직자에게 점점 더 제한되었다. 마르틴 루터가 모든 신자 제사장직을 회복한 인물로 바르게 인식되지만,58 침례교 교회론에서 그것은 특히 중요했으며, 거기서 회중제 정치의 일부 근거가 형성됐다. 모든 신자가 제사장이며 신자만이 교회 회원이므로, 침례교인은 이러한 모든 신자-제사장 회원이 교회가 그들 삶을 위해 하나님께서 인도하시는 방향을 발견하도록 도울 수 있으며 그렇게 할 책임이 있다고 주장했다.

더 최근에, 침례교인 삶에서 모든 신자 제사장 교리는 때때로 신자(단수) 제사장직 교리가 됐으며, 개인 권리로 잘못 해석되고 영혼 능력(soul competence)과 혼동됐다. 영혼 능력은 침례교인이 믿는 대로, 각 개인이 하나님 앞에서 하나님과 관계에 능력과 책임이 있으며 하나님께 나아가는 데 어떤 인간 제사장의 중재가 요구되지 않는다는 확신이다. 이것은 모든 사람에게 적용되며 우리가 하나님의 형

---

57 Uche Anizor and Hank Vess, *Representing Christ: A Vision for the Priesthood of All Believers* (Downers Grove, IL: IVP Academic, 2016).

58 Timothy George, *The Theology of the Reformers* (Nashville: Broadman, 1988), 95에 따르면, "루터가 개신교 교회론에 끼친 가장 큰 공헌은 모든 신자 제사장직 교리였다."

상으로 창조됨과 관련이 있다. 모든 신자 제사장직은 신자에게만 적용되며 우리가 서로를 섬기고 세상을 섬겨야 하는 공동 의무와 관련이 있다. 그것이 어떻게든지 개인적인 오만함의 태도를 정당화한다고 여김은 그 교리를 오해하고 교회에 대한 우리 필요와 각 구성원의 사역을 위한 교회의 필요를 잊어버리는 태도이다.

예배 국면에서, 모든 신자 제사장직은 예배가 설교자와 음악가의 의무이며 교회 구성원들은 관객이라는 생각이 잘못된 생각임을 되새기게 한다. 모든 신자는 영적 예배라는 제사하는 사람이 되도록 부름을 받는다. 따라서 교회는 모든 지체가 예배에 참여할 길을 적극적으로 찾아야 하며, 이러한 도전은 교회가 커질수록 더 커진다. 성령의 전으로서 교회는 예배하는 공동체가 되어야 한다. 그것은 교회의 핵심, 본질적인 사역의 하나다.

교회가 성령의 전이라는 생각이 의미하는 바에서, 가장 중요하며 근본적 의미는 아마도 관계 개념이다. 구약성서에서 성막 그리고 그 다음에 성전의 목적은 하나님께서 단지 그들 예배를 받으실 뿐 아니라 그들에게 복을 주고 그들과 관계 유지 바람을 보여주시려고 당신 백성 가운데 계심을 묘사하는 것이었다. 성막은 수십 차례나 회막으로 불렸다. 하나님의 영광이 성막을 채우고 거기서 하나님께서 자기 백성을 만나셨기 때문이다. 또한 솔로몬 성전은 하나님께서 거하시는 장소, 당신 백성이 돌아와 그분 임재를 발견할 수 있는 곳으로 간주됐다(대하 7:15~16). 그 목적은 예수님의 오심에서 더 발전되었으며, 그는 얼마 동안 "천막을 치시고" 우리 가운데 거하셨으나 결국 하늘로 오르셨다. 예수님께서 교회에 관해 가르치셨던 두 구절의 한 곳에서 그는 두세 사람이 그의 이름으로 모인 곳에서 함께 하시겠다고 약속하셨다(마 18:15~20). 바울은 교회가 모일 때 "우리 주 예수의 능력이 함께 한다."라고 말했다(고전 5:4). 하지만 주의 만찬을 행할 때마다 우리는 그리스도의 부재를 인식하는데, 우리는 "그분께서 오실 때까지"만 만찬을 행하기 때문이다(고전 11:26). 어떻게 해서 우리는 그리스도께서 하늘로 가시고 우리가 그분 오심을 기다릴 때 그분의 함께하심과 능력을 경험할 수 있는가? 내재하시는 성령을 통하여 그렇게 한다. 성령은 그리스도의 영이시며(롬 8:9), 그가 하시는 특별한 일은 지금 그리스도의 함께하심이 실제가 되게 하는 것이다. 그리고 그는 교회가 성전, 특별한 방식으로 하나님께서 우리를 만나시는 곳이게 하신다. 성령만이 우리가 하나님과 관계를 유지하게 인도할 수 있다. 우리를 거룩하게 하시고 하나님과의 관계에 들어가기에 합당하게 만드시는 이는 성령이시기 때문이다(고전 6:11). 그는 우리를 단순히 신전이 아니라, 성전(엡 2:21), 곧 거룩하신 하나님께서 거하시기에 합당한 장소로 만드신다.

G. K. 비일(G. K. Beale)은 성서 전체에서 교회의 성전 이미지를 살펴서, 교회 사명과 연결했다. 그 논지는 구약성서 성전 상징주의를 온 누리에 확장한 하나님 임재의 종말적 실재와 연결하는 데 초점을 맞췄다.[59] 교회 사명은 확장하는 성전으로서 사람들을 열방에서 모아 그리스도께로 인도함으로 하나님의 임재를 온 세상에 확장하는 일이다.[60]

신약성시가 가르치는 대로 성령의 전으로서 교회 이미지는 또한 교회에서 사람들의 상호 관계를 뜻한다. 에베소서 2:21은 교회가 "함께 연결되는"(συναρμολογουμένη[시니르모로그메네]) 방식을 말한다. 이 헬라어 단어의 어근 ἁρμόζω[하르모조]에서 '어우러지게 한다'를 뜻하는 영어 단어 harmonize가 유래했다. 여기에 쓰인 대로 이

---

[59] G. K. Beale, *The Temple and the Church's Mission: A Biblical Theology of the Dwelling Place of God*, New Studies in Biblical Theology 17 (Downers Grove, IL: InterVarsity/Leicester, UK: Apollos, 2004), 25 ‖ 『성전 신학: 하나님의 임재와 교회의 선교적 사명』, 강성열 옮김 (서울: 새물결플러스, 2014), 34~35에는 그의 논지가 아주 분명히 기록됐다. 곧, "내 논지는 구약성서 성막과 성전이 이전에 지성소에 국한한 하나님의 장막 임재가 온 땅으로 확장된 우주 종말적 실재를 지시하려고 상징적으로 고안됐다는 내용이다."

[60] Beale, *The Temple and the Church's Mission*, 262~63 ‖ 『성전 신학』, 352~53.

단어는 건물에서 석수가 돌들을 끼워서 맞출 때 주의 집중을 말한다.61 같은 단어가 에베소서 4:16에서 몸의 지체들이 조심스럽게 함께 연결되는 방식을 묘사하는 데 쓰인다. 하나님께서 몸의 지체들을 그것들에 대해 그가 원하시는 대로 정돈하시는 것과 같은 방식으로(고전 12:18) 건축자 하나님께서는 조심스럽게 자기 성전을 세우시며, 원하시는 대로 그 돌들을 정돈하신다. 우리는 교회를 세우는 사람이 목사나 지도자가 아니라, 하나님이심을 기억해야 한다. 예수님은 말씀하신다. "내가 내 교회를 세우겠다"(마 16:18). 바울과 베드로는 성전에 관해 말할 때, 둘 다 수동태를 사용한다. 그것은 '서로 연결되며', '세워진다'(엡 2:21; 벧전 2:5). 세우는 이를 자세히 말하지 않지만, 하나님이 분명하다.

하지만 이것이 그런 경우라면, 조심스럽게 돌들을 서로 맞추고 당신 백성을 성전으로 세우는 분이 하나님이시라면, 어떻게 해서 돌들이 그토록 자주 마찰하며, 어떤 이들은 다른 이들과 서로 연결되기를 거부하는가? 어떻게 해서 교회들은 자주 무너지는 신전처럼 보이는가? 물론 한 가지 위험은 잘못된 기초다. 그리스도를 위해 견고히 세워지지 않은 교회는 무너질 위험이 있다(고전 3:10~11). 돌들이 함께 세워지는 일은 오직 '그분으로' 가능하다(엡 2:21~22). 그에게로 올 때만 우리는 적합한 건축 자재가 된다(벧전 2:4).

많은 교회가 살아있는 돌들이 서로 결합하는 일에 어려움을 겪는 또 다른 이유가 있다. 우리가 교회를 성령의 전으로 부름은, 성령께서 돌들을 서로 고정하는 회반죽 역할을 하시기 때문이다. 교회는 인종, 계급, 수입이 같은 것과 같은 사회적 유대보다 공통으로 성령의 소유가 되는 영적 유대로 서로 고정해야 한다. 교회 성장 전략가들은 교회는 이미 교회에 있는 사람과 가장 비슷한 사람을 전도 목표로 삼을 때 가장 빨리 성장한다고 말한다. 그들 생각은 의심할 바

---

61 J. A. Motyer, "Body," in Brown, ed., *New International Dictionary of New Testament Theology*, 1:241.

없이 옳다. 사람들은 보통 비슷한 배경과 생활방식을 가진 사람에게 끌린다. 하지만 신약성서는 교회가 한 유형의 사람들로 이뤄진 클럽이기보다, 사회에서 사람들을 나누는 그러한 것들을 초월하는 공동체이어야 한다고 분명히 말한다. 바울 당시 그러한 요청은 유대인과 헬라인, 종과 자유인, 남자와 여자 사이에 있는 장벽을 초월하고 그리스도 안에서 하나 됨을 발견하는 일이었다(갈 3:28). 오늘날 장벽은 인종(백인, 흑인, 히스패닉), 사회적 계급(부자, 중산층, 가난한 자), 심지어 나이(젊은 가족, 노인)를 포함한다. 다행히도, 점점 더 많은 교회가 바울이 말한 모델을 따르려 하고 다문화교회(multicultural churches)를 세우려 한다.62 그러나 현대 교회가 서로 잘 연결된 돌이 되려면 성령을 더욱 의지하고 그분께서 주시는 교제 은사를 더 깊이 경험해야 한다.

하나님께서는 돌들을 교제라는 회반죽으로 당신 성전에서 알맞게 서로 연결하신다. 은유를 바꾸어 말하자면, 성령은 마찰을 줄이는 윤활유 역할을 하신다. 회반죽으로 보든지 윤활유로 보든지, 진정한 교제는 성령께서 만드신 일이며 교회 핵심 사역이다. 교회가 더 크게 성장하면서 이것 또한 관심사이어야 하는데, 교제는 개인적, 소그룹 수준에서만 일어날 수 있기 때문이다. 신자-제사장은 서로 섬기고 성령께서 그들을 사랑으로 교제의 묶는 것으로 함께 연결하시게 자기를 드릴 수 있는 소그룹을 증가시켜야 한다. 목사들은 교회에 가입하지만 그러한 유대를 발전시키지 않는 사람들은 쉽게 떨어져 나가는 경향이 있음을 경험으로 잘 아는데, 그들이 서로 견고하게 연결되지 않았기 때문이다. 그러한 일은 성령으로 이뤄지는데, 성령께서는 개인적인 수준에서 사람들을 서로 연결하신다. 성령께서는 돌무더기를 성전으로 변화시키신다.

---

62 다문화교회에 관한 책이 많이 출판되는데, 최근 책으로 두 권은 Malcolm Patten, *Leading a Multicultural Church* (London; SPCK, 2016); Douglas Brouwer, *How to Become a Multicultural Church* (Grand Rapids: Eerdmans, 2017)이다.

> 1. 교회는 하나님의 전이므로, 예배하는 공동체이어야 한다.
>
> 2. 하나님의 전에서, 모든 신자는 제사장이므로, 모두가 교회 사역에 참여한다.
>
> 3. 또한 성전은 관계를 연결하는 장소이다.
>
>   - 성령께서는 우리가 하나님과 가지는 관계를 중재하시며 그분 임재와 능력을 전달하시고 우리를 거룩하게 하신다.
>
>   - 성령께서는 교제하게 하심으로, 하나님의 전에 있는 돌들로서 신자들을 서로 연결하신다.

〈보기 1.5.〉 **성령의 전으로서 교회 의미 요약**

이 장에서 교회 특성에 관한 성경 가르침을 남김없이 논하지 않았어도, 중요한 개요는 적절하게 언급했다. 이어지는 장은 역사에서 어떻게 교회가 두 가지 주된 방식으로 교회를 구분하는 표지를 표현함으로써 그러한 개요를 채웠는지 보여주겠다.

교회 표지—역사적 관점 2장

THE MARKS OF THE CHURCH
Historical Perspective

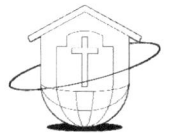

 이제 관심을 교회 특성에 관한 성경 가르침에서 교회 표지에 관한 역사적 표현으로 옮겨서 살피겠다. 과거에 그러한 표지가 표현된 두 가지 주요 방식을 검토하겠다. 그 역사에 오류가 없지 않다. 오직 성경만 오류가 없다. 하지만 우리가 성경을 해석하는 일에 오류가 있을 수 있으며, 다른 시기에 성경을 본 사람은 우리가 놓친 면을 볼 수 있다. 따라서 우리는 열린 마음으로 그들에게 배우겠고, 또한 자유롭게 비평하며 그들 견해를 검토하겠다.

교부 표현: "하나인, 거룩한, 보편적, 사도적 교회를 믿는다"

역사적으로 교회에 관한 가장 영향력 있는 진술은 니케아 신조(Nicene Creed)에서[1] 인용하는 행이며, 교회의 네 가지 고전적 **표지**(*notae*)—연합 또는 하나 됨, 거룩함, 보편성, 사도성—를 제시한다. 이 네 개 표지는 교회에 관한 수많은 논의 시작점이며, 개신교와 가톨릭 모두 널리 받아들인다.[2] 우리는 이러한 고백 형식이 교회가 다양한 도전자들에 맞서 자기를 규정하려는 맥락에서 등장함에 주목한다.[3] 이 네 개 표지는 신조에 도드라지듯, 성경에서도 그러한가? 다른 말로 하면, 역사적 환경은 초대교회가 이 네 가지 형용사(하나인, 거룩한, 보편적, 사도적)의 중요성을 성경에서 그것들이 차지하는 비중

---

[1] 이 행은 일반적으로 니케아 신조로 불리는 자료에서 가져왔다. 하지만 이 행은 325년 니케아에서 제정한 신조에 있지 않고, 381년 콘스탄티노플 공회에서 이 신조에 추가한 부분에 있었다. 따라서 어떤 사람은 이 신조 표현을 니케아-콘스탄티노플 신조라고 부르려 하지만, 짧은 제목이 널리 알려졌다.

[2] 예를 들어, Richard D. Phillips, Philip G. Ryken, and Mark E. Dever, *The Church: One, Holy, Catholic, and Apostolic* (Phillipsburg, N.J.: P & R Publishing, 2004)에서 침례교인 한 명을 포함해서 복음주의자 세 명이 최근에 확증, 그리고 Craig Van Gelder, *The Essence of the Church: A Community Created by the Spirit* (Grand Rapids: Baker, 2000), 114~26∥『교회의 본질』, 최동규 옮김 (서울: 기독교문서선교회, 2015), 157~95에서 표지 네 개를 활용함을 보라. 흥미롭게도 가톨릭교인 리처드 맥브라이언은 오직 2차 바티칸회의 이전 가톨릭 교회론과 관련하여 네 개 표지를 말하며, 현대 가톨릭 교회론에서 이 표지를 강조하지 않음을 암시한다. Richard McBrien, *Catholicism*, new ed. (New York: HarperSanFrancisco, 1994), 659를 보라.

[3] E. 글렌 힌슨은 "이 표현이 주로 교회가 몬타누스주의파(Montanist), 노바시아누스파(Novatianist), 도나투스파(Donatist)와 관계에서 자기들을 정의하려는 노력으로 형성되었다."라고 말한다. E. Glenn Hinson, "Introduction" to *Understandings of the Church*, trans. and ed. E. Glenn Hinson (Philadelphia: Fortress Press, 1986), 4.

이상으로 강조하도록 이끌지는 않았는가? 이 표지는 교회의 본질적 **특성**과 좀 더 연관이 있는가, 아니면 그것들이 단순히 중요해도, 교회의 부수적 **국면**(aspect)을 반영하는가? 그리고 그것들은 교회가 가진 어떤 의미를 가리키는가? 우리는 에클레시아(ἐκκλησία)라는 단어가 성경에서 신자들로 이뤄진 지역 모임과 신자들의 우주적 집단을 모두 가리킨다고 말했다. 지역교회는 한 거룩한 보편적 사도적 교회인가, 아니면 우주적 교회만 그런가? 마지막으로, 이러한 표지는 참되고 가치 있는 교회를 밝히는 일에 있어서 얼마나 충분하고 포괄적인가? 추가해야 할 다른 표지는 없는가?

교회의 하나 됨

이 신조에서 교회 묘사는 교회의 하나 됨에 관한 논란과 위협 상황에서 시작했다. 콘스탄티누스 황제는 자기 제국의 하나 됨을 위협하는 문제를 다루려고 니케아 종교회의를 소집했다. 그것은 그리스도가 높임을 받은 존재이지만 온전히 하나님은 아니라는 아리우스파(Arian) 수상과 관련해 교회에서 일어난 분열이 원인이있다. 하지만 하나 됨에 관한 관심은 훨씬 이전으로 거슬러 올라간다. 논쟁은 교회가 시작할 때부터 문제가 됐으며 하나 됨은 계속해서 진행하는 관심사였다.

3세기 중반에 카르타고의 키프리아누스(Cyprian of Carthage)는 「교회의 하나 됨에 관하여(*On the Unity of the Church*)」라는 중요한 글을 썼다. 거기서 하나 됨을 감독과 친교 면에서 찾았다. 따라서, 하나 됨은 눈에 보이는 문제로, 사람이 감독이 이끄는 교회와 연결되어 있는지로 쉽게 입증되었다. 처음에는 큰 도시에 있는 여러 인정된 감독의 누구에게라도 충성스러우면 충분했지만, 시간이 지나면서 로마 주교가 점점 더 중심적인 역할을 차지했다. 그는 교회 연합의 상징과 근원이 됐다. 하나의 교회 일부가 되려고 그와 교제해야 했다. 1302년에 교황 보니파티우스 8세(Boniface VIII)는 구원되려면 로마 교황에게 복종해야 한다고 주장했다.

1054년에 콘스탄티노플의 주교 지상권을 인정했던 동방 그리스도인과 로마 교황이 교회가 세워지는 반석이라고 계속해서 여긴 서방의 그리스도인 사이에 분열은, 가시적 교회의 하나 됨에 의문을 제기했다. 그리하여 교회는 동방 정교회와 로마 가톨릭으로 나뉘었다.

그 분열로 하나 됨이 문제가 됐지만, 종교개혁은 하나 됨의 표지를 어느 정도 다시 표현하게 했다. 개신교 개혁가들은 계속해서 한 거룩한 우주적 사도적 교회에 관한 자기들 믿음을 확증했지만, 네 가지 표지를 가톨릭교회가 했던 것과 아주 다르게 해석했다.[4] 그들은 로마 주교와 교제하지 않지만, 진정으로 구원된 모든 사람으로 구성한 비가시적 교회의 일부였던 모든 사람과 영적으로 하나 됨을 주장했다.

침례교인은 종교개혁가들에 동의하며 교회의 하나 됨이 영적이지, 조직적이지 않으며 제도적이지도 않다고 했다. 그것은 아버지와 아들의 하나 됨을 따라 만들어졌는데, 아버지와 아들의 하나 됨은 제도나 조직으로 하나 됨이 아니라, 공통 특성에 근거해서 영적 하나 됨이다(요 17:20~21). 이것은 에베소서 4:4가 "한 몸이 있다"라고 딱 잘라 말하는 이유이다. 그리스도께 속한 모든 사람은 그와 공통된 관계에 뿌리를 둔 하나 됨을 공유한다. 그러나 이 하나 됨이 우주적 교회에는 부인할 수 없는 사실이어도, 어떤 의미에서 지역교회 표지인가?

조나단 리만(Jonathan Leeman)은 그 질문에 이중으로 대답한다. 곧, "사도적 교리가 모든 그리스도인과 모든 교회를 연합하지만, 지

---

[4] Paul Avis, *The Church in the Theology of the Reformers* (Eugene, OR: Wipf and Stock, 2002)‖『종교개혁자들의 교회관』, 이기문 옮김 (서울: 컨콜디아사, 1987)에 따르면, "종교개혁자들이 무엇이 교회 주요 표지—하나 됨, 거룩함, 보편성, 사도성—인지에 질문받으면, 그들은 전체 기독교 전통에 따라 이것들이 교회 본질적 표지이다"라고 대답한다. 그러나 Avis, *The Church in the Theology of the Reformers*, 8‖『종교개혁자들의 교회관』, 18에서는 그들은 이 표지들을 "교회의 종말 국면들"을 더 다룬다고 여기며, 어디서 참된 교회를 찾을 수 있냐는 그들이 맞닥뜨린 질문에 대답한 표지들, 곧 "복음 구현"으로서 "말씀과 성례전"이라는 표지에 더 관심을 기울인다고 말한다.

억교회는 사도직 교리와 사도적 직무로 연합된다." 그는 사도적 직무를 지역교회 모든 회원이 의식을 통해 서로를 거룩하다고 주장하며 행사한 어떤 것으로 여긴다. 따라서 그는 교회 하나 됨을 사도성과 거룩함 둘 다에 연결하는데, 이는 믿는 이에게 침례를 베풀고 그들이 주의 만찬에 참여하게 허락함으로써 거룩하다고 단언하는 지역교회 권위에 반영된다.5 리만은 지역교회 (또는 '회중') 상황에서 네 개 표지 모두에 도움을 주는 논의를 제공하고,6 확실히 지역교회 하나 됨은 단지 교리적 그 이상이다. 마크 드리스콜(Mark Driscoll)은 지역교회 하나 됨에 관한 다섯 가지 중요 국면, 곧 신학적, 관계적, 철학적, 선교적, 조직적 국면 등을 제안하는데,7 관계적 하나 됨이 초기 교회 묘사에서 가장 도드라진다고 여긴다.8 그러나 우주적 교회 표지로서 신학적 하나 됨은 특별히 강조해야 한다.

지역교회는 그것이 그 한 교회의 한 주님과 한 믿음을 붙드는 정도에 따라 우주적 교회의 하나 됨에 동참한다. 다른 말로 표현하면, 복음을 고백하고 붙드는 교회는 우주적 교회와 하나이며 하나 됨의 표

---

5 Jonathan Leeman, "A Congregational Approach to Unity, Holiness, and Apostolicity," in *Baptist Foundations: Church Government for an Anti-Institutional Age*, eds. Mark Dever and Jonathan Leeman (Nashville: B & H Academic, 2015), 335.

6 Jonathan Leeman, "A Congregational Approach to Catholicity: Independence and Interdependence," in *Baptist Foundations: Church Government for an Anti-Institutional Age*, eds. Mark Dever and Jonathan Leeman (Nashville: B & H Academic, 2015), 367~80을 보라.

7 Mark Driscoll and Gerry Breshears, *Vintage Church: Timeless Truths and Timely Methods* (Wheaton, IL: Crossway, 2008), 137~40 ‖『빈티지 교회』, 이용중 옮김 (서울: 부흥과개혁사, 2011), 209~14.

8 사도행전 2:44~47; 4:32 그리고 빌립보서 2:1~2을 보라. 멀티사이트 교회와 관계에서 하나 됨 국면의 중요함에 관해서는 John S. Hammett, "What Makes a Multi-Site Church One Church?" in *Marking the Church: Essays in Ecclesiology*, eds. Greg Peters and Matt Jenson (Eugene, OR: Pickwick, 2016), 3~16을 보라.

지를 바르게 주장할 수 있다.9 그러한 하나 됨은 지역교회가 다른 지역교회들, 곧 복음을 믿는다고 똑같이 고백하며 그리하여 그들과 하나가 되는 교회들과 상호작용하는 방식으로 표현되어야 한다. 한 지역교회가 복음을 믿는 다른 교회들과 하나 됨을 표현할 수 있는 한 가지 단순한 방법은 하나님께서 그 지역에 있는 다른 지역교회를 축복하시기를 교회 이름을 부르며 기도하는 일이다.10 하나 됨을 표현하는 또 다른 수단은 복음에 충실한 선교단체―청년사역 전문이든(그리스도인 체육인 친교회[Fellowship of Christian Athletes]와 캠퍼스 라이프[Campus Life]와 같은 단체들), 교도소 친교회(Prison Fellowship), 또는 특별한 필요를 가진 사람들을 대상으로 한 사역이든(식료품 지원, 의류 지원, 임신부 지원센터 등)―를 지지하려고 교단 경계를 넘어 함께 모인 교회들을 포함한다. 실제로 지난 50년 동안 선교단체가 급성장하면서 그리스도인은 교파 경계를 넘어 이 선교단체들에 함께 모였으며 자기들이 복음으로 하나 됨을 나눈다는 사실을 알았다. 크레이그 밴 겔더(Craig Van Gelder)는 하나 됨의 표현이 교회의 특성에 중요하다고 생각한다. 그는 하나 됨을 이루는 데 제도적 하나 됨이 필요하지는 않다고 동의하지만, 하나님께서 교회에 주신 하나 됨은 "역사적 교회 안에서" 함께하는 구체적인 형식으로 표현해야 한다고 믿는다. 그는 그렇게 하지 않으면, "하나님의 특성과 교회의 특성 모두를 저버리는 행위"라고 덧붙인다.11

---

9 리처드 필립스는 기독교 연합의 경계로서 복음 개념을 개발했다. Richard D. Phillips, "One Church," in Phillips, Ryken, and Dever, *The Church*, 28~33을 보라.

10 워싱턴 D.C.에 있는 캐피털힐침례교회(Capitol Hill Baptist Church)를 방문했을 때, 그들이 오전 예배에서 다른 지역교회 이름을 말하며 기도하는 모습에 감동했다. 그런데 안타깝게도, 지역교회들은 다른 지역교회들을 복음으로 연합한 교회로 여기지 않고, 지나치게 자주 경쟁자로 여긴다.

11 Craig Van Gelder, *Essence of the Church: A Community Created by the Spirit* (Grand Rapids, MI: Baker Books, 2000), 122 ∥ 『교회의 본질』, 최동규 옮김 (서울: 기독교문서선교회, 2015), 190.

또한 하나 됨은, 적어도 제한된 방식으로, 교단에서 표현될 수 있다. 어떤 사람들은 교단을 교회 분열이라는 잘못된 표현이며, 분열이라는 사고를 퍼뜨린 잘못이 분명히 교단에 있다고 생각한다. 하지만 교단은 겸손한 정신으로 존재하면서 지역교회보다 더 큰 수준에서 하나 됨을 가시적으로 표현하는 어떤 것을 제공하는 일을 할 수 있다. 침례교인은 연합해 함께 모이는 일이 타당함을 확인했는데, 그렇게 한 가지 이유는 가시적 하나 됨의 어떤 것을 보이려는 열망이었다. 1644년 「런던 신앙고백서(London Confession)」에서 회중은 "그들의 유일한 머리이신 그리스도 아래에서 공통된 믿음으로 한 몸에 속한 구성원들로" 언급된다.12 여기서는 한 몸인 교회가 아니라, 교회들이 이 한 몸의 구성원들이다. 그들은 함께 모여 지역교회보다 더 큰 한 형태의 몸을 강조하며, 그리하여 지역교회의 수준을 넘어서는 범위에서 그리스도의 몸의 하나 됨을 믿는 믿음을 가시적으로 표현한다. 리처드 필립스(Richard Phillips)는 교단이 교회의 하나 됨을 손상하는 게 아니라, 하나 되게 하려고 힘쓴다고 주장한다. 교단은 우리가 제한된 조직적 하나 됨을 가지게 하며 교단의 영적 하나 됨을 장려하는데, "우리는 완전히 일치하라고 강요받지 않으며, 오히려 부수적 문제들에 관한 견해 차이를 받아들일 수 있기 때문이다."13

어떻게 우리는 이러한 하나 됨의 표지를 평가해야 하는가? 성경 관점에서, 그것은 얼마나 중요한가? 분명히 교회의 하나 됨은 성경 주제이다. 하나님의 **백성**, 그리스도의 **몸**, 성령의 **전**이라는 은유는 모두 교회의 하나 됨을 가리킨다. 삼위일체에 하나 됨이 있듯이, 그분 교회에도 하나 됨이 있다. 밴 겔더는 말한다. "교회의 근본적인 하나 됨은 … 삼위일체 하나님의 하나 됨에서 그 근원을 찾는다."14

---

12 William Lumpkin, *Baptist Confessions of Faith*, rev. ed. (Valley Forge, PA: Judson Press, 1969), 169 ‖ 『침례교 신앙고백서』, 김용복 · 김용국 · 남병두 옮김 (대전: 침례교신학연구소, 2008), 208.

13 Phillips, "One Church," 27.

바울이 문제가 많은 고린도에 있는 교회에게 말했듯이, "그리스도께서 나뉘셨는가?"(고전 1:13). 교회 구성원이 다양해도, 교회의 하나 됨을 주장하려는 데 특별히 몸 이미지를 사용한다.

게다가, 하나 됨은 단순히 실현성 없는 소망이 아니라, 현재 실체이다. 하나님 당신 특성으로 그리고 그분 계획으로 그리스도를 중심으로 모인, 그분 모든 백성으로 구성된 단체는 **하나**이다. 에베소서 4:4는 "한 몸이 **있다**"라고 말한다. 그것은 사실이지, 소망이 아니다. 지역 수준에서 복음을 붙잡는 모든 지역교회는 우주적 교회와 하나이다. 영원히 지속하는 유일한 수준에서 그것은 다른 모든 신자와 하나이다. 지금 여기서 그런 하나 됨을 구체적인 방식으로 표현하는 것과 관련하여, 교회는 그러한 하나 됨을 충분히 표현하는 방식에서 서로 다르며, 그 과정에서 개선해야 할 점이 많다. 하나 됨은 복음으로 모든 교회에 주신, 하나님의 선물이며, 그것을 나타내는 일은 모든 교회가 계속해 행할 임무다.

하지만 결국 하나 됨은 그 자체가 목적이 아니며, 가장 중요한 교회의 특성도 아니고, 교회의 결정적 표지도 아니다. 복음에 기초해 하나 되어 복음을 섬겨야 한다. 따라서 복음을 희생하면서까지 하나 됨을 요구함은 성경적 하나 됨을 이루려는 요청이 아니다. 나아가 역사적으로 교단을 나누었던 부차적인 문제들에 관해서도 하나 됨은 우리가 솔직하게 의견을 달리하는 문제에 양심을 희생하라고 요구하지 않는다. 하나 됨은 획일화를 요구하지 않는다. 이 책에서 침례교회 관점으로 교회론을 제시하는 데 초점을 맞추지만, 침례교회가 복음을 붙들고 그리스도의 한 몸을 형성하는 모든 사람과 공유하는 하나 됨을 인정하고 그것을 기뻐한다.

---

14 Van Gelder, *Essence of the Church*, 122 ‖ 『교회의 본질』, 189.

교회의 거룩함

하나님 속성의 중심으로서 거룩함은 초대교회에서 중요 관심사였다. 그리스도인은 하나님께서 거룩하시듯이 거룩해지라고 명령받았다. 하나님께서 불러내신 백성으로서 그리스도인은 거룩함으로 부르심을 받았다. 교회로서 그들은 성령께서 거하시는 곳이었다. 하지만 거룩함이 교회 특성과 어떻게 연결되어야 하는지에 관해서는 생각이 달랐다.

거룩함에 관한 문제를 두고 교회에서 이탈한 두 집단이 있었는데, 3세기에 노바티아누스파(Novatians)와 4세기에 도나투스파(Donatists)였다. 그들은 교회가 박해받을 때 변절했던 사람을 너무도 쉽게 다시 받아들이는 일에 반대했는데, 그러한 사람들이 교회의 거룩함을 더럽힌다고 생각했기 때문이다. 아우구스티누스(Augustine)는 도나투스파에 반대했다. 그들 종파 분리 정신이 교회의 거룩함을 해치는 변절자들의 죄보다 교회의 하나 됨을 해치는 더 큰 죄라고 여겼기 때문이다. 실제로 아우구스티누스는 교회의 거룩함이 그 머리이신 예수 그리스도의 거룩함이라고 주장했다. 그분과 연합해 그분의 거룩하게 하는 성령이 내재하시는 사람은 그분 거룩하심에 동참하지만, 그러한 거룩함은 오늘날 가시적 교회이 구성원 삶에서 보이지 않을 수 있다. 언젠가는 교회는 온전히 거룩하겠지만, 오늘날 세상에서 교회는 **혼합된 몸**(*corpus permixtum*), 곧 구원받을 사람과 잃어버려질 사람이 섞여 있는 몸이다. 아우구스티누스에 따르면, 누가 구원받고 누가 잃어버려질지는 확실히 알 수 없다. 따라서 우리는 곡식과 가라지 비유 가르침에 따라야 한다. 하나님께서 추수 때 곡식과 가라지를 분리하실 때까지 함께 자라게 허용해야 한다(마 13:24~30을 보라). 따라서 현시점에서 거룩함은 비가시적 교회와는 본질로 관련이 있으며, 가시적 교회와는 부분적으로만 관계있다.[15]

---

15 더 많은 논의는 G. G. Willis, *Saint Augustine and the Donatist Controversy* (London: SPCK, 1950), 117~18을 보라.

종교개혁 여러 지도자는 개인 구원의 확신 문제에 관해서는 아우구스티누스와는 의견을 달리했지만, 교회가 혼합된 몸(*corpus permixtum*), 곧 그 거룩함이 그 구성원의 개인 삶에 있지 않고 그 머리에 있는 혼합된 몸이라는 생각을 받아들이는 데는 일반적으로 그의 생각을 따랐다. 재침례교인과 초기 침례교인은 이 문제에 관해서는 '관료 후원 개혁가들(magisterial Reformers)'과 현저하게 달랐다. 그들은 마태복음 13장에 있는 알곡과 가라지 비유에서 그것들이 함께 자라는 밭이 교회가 아니라, 세상을 지시한다고 지적했다. 그들은 교회 권징을 실행하고, 진정으로 구원받았음을 공언할 수 있으며 삶이 그러한 공언을 증명하는 자들로 교회 회원자격을 제한하는, 가시적 성도로 구성된 순수한 교회가 되기를 추구했다. 하지만 가장 잘 훈련되고 경건한 회중 가운데서도 온전한 거룩함은 이 땅의 삶에서 성취되지 않는다. 거룩함은 교회를 나타내는 표지에서 제외되어야 하는가?

아마도 이 문제는 신약성서에서 사용된 '**거룩한**'이라는 단어의 이중적 의미를 앎으로 해결할 수 있다. 거룩함은 구별된 특별한 지위 그리고 도덕적으로 순전한 행위 둘 다 의미할 수 있다. 첫째 의미로, 모든 신자는 거룩하다. 그들은 구원받아 하나님의 목적을 이루려고 그분에게 구별된 사람이기 때문이다.16 따라서 바울은 고린도 교회가 개인 행위에서 죄투성이인데도 '그리스도 예수 안에서 거룩해진' 사람들로 부른다(고전 1:2). 바울은 40번에 걸쳐 그리스도인을 '성도'나 '거룩한 사람'으로 부른다. 거룩함은 칭의 순간 이후 얻은 그들 지위이다. 거룩함은 그들 도덕적 행위와 관련해 하나님의 부르심이다. 바울은 고린도 교회를 '그리스도 안에서 거룩해진 사람'과 '거룩하도록 부름을 받은 사람'으로 부른다(2절).

---

16 라이킨은 "교회의 거룩함은 복음의 거룩함이다. 그것은 예수 그리스도의 구원하시는 사역에 기초한다"라고 말한다. Philip G. Ryken, "A Holy Church," in Phillips, Ryken, and Dever, *The Church*, 61을 보라.

그렇다면 우리는 모든 교회가 그 특성상 지위 국면에서 거룩하며, 행위 국면에서 거룩하도록 부르심을 받았다고 말할 수 있는가? 교회가 모든 그리스도인으로 구성된다면야, 우리는 그렇게 할 수 있다. 신약성서 교회가 그런 경우이다. 바울서신의 여섯 개가 구체적으로 '모든 성도'에게 보내졌다. 그들만이 교회 구성원이라고 분명히 가정한다. 이것은 침례교인이 역사적으로 거듭난 사람 교회 회원자격을 그들 교회론 중심에 두고 신중하게 교회 권징을 실행한 이유의 하나이다. 그들은 거룩한 교회를 추구했다. 하지만 침례교회를 제외한 대부분 교회는 유아에게 세례를 주어 회원으로 받아들인다. 침례교회가 침례와 교회 회원자격에 앞서 거듭남을 확인한다고 주장하지만, 그들이 진정으로 거듭나지 않은 사람을 잘못 침례를 준 적이 없다고 주장할 사람은 거의 없다고 할 수 있다. 모든 가시적 지역교회는 아닐지라도, 너무도 많은 교회가 구성원 가운데 구원받지 않은 사람을 포함하며, 따라서 지위나 행위 면에서 거룩하지 않지만 그러한 단체들이 교회가 아니라고 말할 사람은 확실히 거의 없다.

그레이그 밴 겔더는 교회의 거룩함이 교회 구성원 특성이나 그들 행위에 달리지 않다고 생각한다. 그는 "성령께서 거주하심으로 존재하는, 하나님의 구속 통치가 특성상 교회를 거룩하게 한다."라고 말한다.[17] 하지만 성령께서는 불신자 안에 계시지 않으며, 따라서 교회의 거룩함은 그 구성원들 특성과 관련이 있다. 이것은 거룩함이 지역교회의 부분적 또는 잠정적 표지라는 뜻이다. 그리스도와 연합으로 지위 면에서 거룩하게 되었으며(칭의), 내재하시는 성령으로 행위 면에서 거룩하게 만들어지는(성화) 사람들로 구성된 정도에 따라 거룩하다. 그 거룩함은 불신자들이 그 안에 존재하는 만큼, 그리고 불신의 행위—지위 면에서 거룩한 사람들의 불신행위도 포함해—가 실천되는 만큼 희미해진다.

---

[17] Van Gelder, *Essence of the Church*, 117 ‖ 『교회의 본질』, 182.

거룩함은 지금 히브리서 12:22~23에서 "장자들의 모임 … 온전하게 된 의인의 영들"로 묘사되는 우주적 교회를 위한 실체이지만, 그것은 이 땅에서 교회 목표로 남아있다. 또한, 교회는 그리스도께서 그것을 위해 죽을 정도로 사랑하신 존재이다. "그리스도께서 교회를 사랑하시고 교회를 **거룩하게** 하시려고 당신을 주심과 같이하라. … 당신 앞에 영광스러운 교회로 세우사 티나 주름 잡힌 것이나 이런 것들이 없이 **거룩하고** 흠이 없게 하려 하심이라"라고 말씀하신 바와 같다(엡 5:25~27).

교회의 보편성

침례교인 대부분은 본능적으로 가톨릭(catholic)이라는 단어에 부정적으로 반응하지만, 우리는 보편성(영어 표현에서 소문자로 시작하는 catholicity)과 가톨릭(대문자로 시작하는 Catholicity)을 구분해야 한다. 전자는 단순히 '일반적, 세계적, 우주적'을 뜻하는 형용사이며, 후자는 로마 가톨릭교회라는 이름으로 로마 교황 지상권을 인정하는 교회가 세계적으로 포괄적 교회가 되기를 추구함을 가리킨다. 마크 데버(Mark Dever)는 **보편적**(catholic)이라는 단어와 가장 대등한 현대어는 단순히 '**우주적**(universal)'이라는 단어라고 말한다.[18]

초기 그리스도인은 자기들이 모두 같은 믿음과 임무를 공유한다고 믿었으며, '우주적 교회'는 '진정한 교회'를 의미했고, 따라서 정통과 연관됐다.[19] 교회가 전파되면서 보편성은 모든 지역과 모든 종류 사람으로 확대를 뜻했다. 이 보편성 의미는 예루살렘의 키릴로스 (Cyril of Jerusalem)가 주후 350년쯤 자기 교리문답 강의에서 한 말로 알 수 있다. "그리하여 교회가 가톨릭으로 불림은 땅 한쪽 끝에

---

[18] Mark E. Dever, "A Catholic Church," in Phillips, Ryken, and Dever, *The Church*, 70.

[19] Dever, "A Catholic Church," 71.

서 다른 쪽 끝까지 온 세상에 전파되기 때문이다." 그는 덧붙인다. "그것이 가톨릭으로 불림은 모든 종류의 사람, 통치자와 피통치자, 배운 사람과 배우지 못한 사람을 복종하게 하기 때문이며, 그것이 모든 종류의 죄에 대한 보편적인 치유와 회복이기 때문이다."[20]

로마 가톨릭교회가 종교개혁가들에 대항해 내세운 논점의 하나는 개혁가들의 보편성 부족이었다. 종교개혁은 새로운 교회들이 세워지는 결과를 낳았지만, 제한된 지리적 영역에서만 그랬다. 종교개혁가들은 지리가 아니라, 시간의 보편성을 주장함으로써 대응했다. 그들은 자기들이 교회 역사의 대부분에 걸쳐 교회와 연속성 관계에 있다고 했다. 그들 당시에 로마 교회는 역사적 정통성이라는 길에서 벗어났으며, 그리하여 자기들이 보편적이라고 주장할 수 없었다. 더 중요한 점은 그들이 진정한 교회를 가리키는 또 다른 표지를 발전하게 했다. 종교개혁가들이 고전적 네 가지 **표지**(*notae*)를 부정한 적이 없지만, 그들과 그들 대적인 가톨릭이 그 표지를 주장할 수 있으며, 종교개혁가들은 그 전통적인 네 가지 표지가 주로 비가시적 교회에 적용된다고 보았기에, 진정한 교회를 찾는 사람을 인도할 다른 표지가 필요하다고 생각했다. 우리는 그러한 표지를 간략하게 논의하겠다.

보편성이라는 특징이 교회 본질의 한 측면이라는 성경 근거가 있는가? **보편성**이라는 단어는 신약성서에 없어도, 교회에는 적어도 보편성과 일치하는 여러 측면이 있다. 교회가 하나님께서 불러내신 사람들로 구성된다는 사실은, 교회가 그 구성원들에게 나이나 성별이나 종족에 제한을 둘 수 없음을 의미한다. 그리스도의 교회에서는 "유대인이나 헬라인이나 종이나 자유인이나 남자나 여자"가 차별이 없다(갈 3:28). 하나님께서 친히 세우신 것, 곧 그리스도 예수

---

[20] Cyril of Jerusalem, "The Catechetical Lectures," in *Cyril of Jerusalem and Nemesius of Emesa*, ed. and trans. William Telfer, The Library of Christian Classics (Philadelphia: Westminster Press, 1960), 4:186.

를 믿는 믿음(26절)을 제외하고 다른 어떤 제한을 두는 교회는 보편성을 어기고 있다.

하나님의 백성을 가리키는 은유는 시간에 걸쳐 나타나는 교회 보편성을 보여주는데, 그것은 하나님께서 자신을 위한 백성을 모으시는 지속적 사업계획과 연결되기 때문이다. 나아가, 그리스도께서 "각 족속과 방언과 백성과 나라 가운데에서 사람들을 피로 사서 하나님께 드리시고"(계 5:9), 우리에게 "모든 민족을 제자로 삼아라"라고 명령하심(마 28:19)은, 그분 교회가 세계 교회가 되게 하시려는 의도를 드러낸다. 하지만 슬프게도, 교회는 그리스도의 명령을 듣고 주의를 기울이는 일에 더뎠다. 이천 년이 지난 오늘날에도 수많은 민족 그룹에는 여전히 제자가 없다. 교회는 아직 지리적으로도 충분히 보편적이지 않다. 하지만 마크 데버는 교회 보편성을 모든 종류의 사람을 위한 구원의 한길로서 복음의 보편성에서 볼 수 있다고 주장한다. "교회의 보편성은 복음의 보편성에 근거하며 그것에 의해 묶인다. 어느 때 어느 곳에서 누구도 유일한 구원자이신 우리 주 예수 그리스도를 믿는 믿음만으로 죄가 용서된다. 이것이 진정한 보편적 교회의 진정한 보편적인 교리다."[21]

따라서 교회는 경험적으로 모든 백성 가운데 존재한다는 의미에서는 아직 온전히 보편적이지 않지만, 보편적으로 적용할 수 있는 구원 메시지를 제시하고 보편적 선교 사명을 소유하고 있다는 점에서 보편적이라고 할 수 있다. 나아가 교회의 보편성은 교회가 한 문화나 한 민족 또는 한 종류 사람의 것으로 인지되는 위험성을 막는 중요한 안전장치다.[22]

---

[21] Dever, "A Catholic Church," 92.

[22] Dever, "A Catholic Church," 88~92에서는 교회의 보편성이 다루는 네 가지 문제를 밝힌다. 그것은 편협성, 종파심, 인종차별, 선교단체의 제한된 초점과 교회의 보편적 특성 구분 등이다. 유사한 노선을 따라 Van Gelder, *Essence of the Church*, 119~20‖『교회의 본질』, 186~87에서는 교회 보편성은 복음이 모든 문화로 번역될 수 있어도 모든 문화에 규범적이

교회의 사도성

초대교회에서 권위 문제와 관련한 논의에서 사도 역할이 중요해졌다. 사도는 그리스도께서 교회를 인도하도록 위임하신 사람으로 인정받았다. 처음부터 교회는 사도의 가르침을 받았다(행 2:42). 하지만 사도들이 죽은 후, 특별히 영지주의자와 같은 이단들이 일어나면서 권위 문제가 다시 표면에 떠올랐다. 정통성은 사도의 가르침에 충실한 가르침으로 인식됐다. 하지만 사도의 가르침은 어디서 발견될 수 있는가? 사도들과 그들의 동료들 일부가 교회가 성경으로 받아들인 글들을 남겼지만, 신약 정경화는 여전히 형태를 이루고 있었다. 나아가 영지주의자는 자기주장을 지지하려고 성경을 인용했으며 사도의 비밀스러운 증거를 가지고 있다고 주장하기도 했다. 2세기 교부였던 이레나이우스(Irenaeus)는 진정한 사도의 증언이 사도들이 세운 교회를 통해 전달됐다는 말로 반박했다. 사도들은 기록을 남겼을 뿐만 아니라 성경을 바르게 해석하는 열쇠를 제공한 구전도 남겼다. 이러한 구전은 특별히 감독에게 맡겨졌으며, 이어서 그들은 그것을 계속해서 후임 감독에게 전수했다.[23]

이 맥락에서 사도성은 대체로 사도적 계승과 관련해 이해됐다. 교회가 교리에 있어서 사도적인데, 그들을 가르치는 감독들이 위임받은 사도의 계승자이며 교회에게 권위적인 가르침을 제공하는 기능을 공유하기 때문이다. 처음에 사도적 계승은 여러 도시의 감독들에게 있는 것으로 주장되었으나, 점차로 초점은 그리스도께서 교회를 세우실 반석으로 지명하셨던 베드로의 계승자로 여겨졌던 로마 교황에게 주어졌다.

고 누구에게도 포로가 되지 않음을 확증한다고 여긴다.

23 Irenaeus, "Against Heresies," 3.2~5, in *The Ante-Nicene Fathers*, 1:415~17.

사도성을 이렇게 이해하는 문제는 사도들이 후계자들을 지명했다거나 그들에게 후계자들이 있더라도 그 계승자들이 똑같은 기능을 했다는 표시가 없다는 점이다. 종교개혁가들은 사도 직분이 유일하며 반복되지 않는다고 보았으며, 따라서 사도성 표지는 사도의 복음과 사도의 가르침을 신실하게 따름으로 이해됐다. 그들 가르침은 신약성서에 보존됐으며, 신약성서 자체는 구약성서와 같은 권위를 가진, 하나님께서 주신 가르침임을 인증한다.24 이러한 사도성 이해는 사도행전 1:21~22(사도 직분은 양도할 수 없음)에서 말하는 사도 자격, 에베소서 2:20(교회는 "사도와 선지자의 기초 위에" 세워진다)와 같은 진술, 유다서 1:3("성도에게 단번에 주신 믿음의 도를 위하여 힘써 싸우라")과 같은 구절에서 볼 수 있듯이, 처음 배운 바에 충실해지려는 초대교회 관심으로 확증된다.

이러한 의미에서, 사도성은 교회 특성과 밀접하게 연관성이 있다. 어떻게 교회는 하나님의 인도하심이 없이도 하나님의 백성, 그리스도의 몸, 성령의 전일 수 있는가? 교회의 머리이신 그리스도께서는 당신 몸인 교회를 인도하는 책임을 맡으셨다. 그분께서는 열두 사도를 부르시고 지명하셔서 교회를 가르치고 인도하는 일에 당신 대리인으로 삼으셨다. 우리는 신약성서에 기록된, 그들 사역에서 그 지도와 인도의 역할을 보지만, 또한 그들이 자신들 글이 모든 교회에게 인도와 지도를 제공하도록 권위를 주장함을 볼 수 있다(골 4:16; 살후 3:14). 따라서 교회가 사도적이려면 무엇보다 성경에 따르려고 힘써야 한다.

이는 침례교인이 주장하는 바이다. 그들은 성경의 사람, 곧 신약성서 가르침에 따르는 그리스도인이 되기를 추구한다. 하지만 어느

---

24 라이킨은 이러한 관점을 반영한다. 그는 "따라서 사도적 교회는 사도들이 전했던 복음을 전하는 교회이며" "사도적 교회는 가르침에서 성경—구약과 신약 모두—에 기초한다."라고 말한다. Ryken, "An Apostolic Church," in Phillips, Ryken, and Dever, *The Church*, 101, 104를 보라.

교회도 사도의 가르침을 온전히 이해하고 자기 것으로 만들지 않는다. 특별히 오늘날 일부 교회는 사도의 가르침에 도전하고 거부하기까지 한다. 따라서 지역교회는 대체로 그들 성서론 그리고 해석과 적용에 따라 사도적이다. 하지만 우주적 교회, 또는 적어도 하늘에 모여 있는 우주적 교회의 그 부분에는 온전한 사도성이 있다. 하늘에 있는 사람들은 사도의 가르침에 순종하며, 사람이 할 수 있는 대로 온전히 그것을 이해한다. 그들에게 해석과 관련된 질문이 있다면, 그들에게 대답해 줄 사도적 저자들이 거기 있다. 땅 위에 있는 사람들에게, 적어도 사도의 가르침이 그리스도 자신의 권위와 함께 오는 것으로 보는 자들 가운데 온전한 사도성은 그들이 추구해야 할 일로 남아있다. 그것은 신약에서 우리에게 주어지며, 우리가 성경의 의미를 이해하고 그 명령을 행하기를 힘쓸 때 성령께서 우리에게 조명해주신다.

전통적 표지 평가

신학자들은 고전적 표지 네 개를 택해 교회의 가장 중요한 속성을 묘사하는데, 이는 한스 큉(Hans Küng), G. C. 벌카우어(G. C. Berkouwer), 마크 데버(Mark Dever) 등 여러 저자가 사용한 가장 일반 접근의 하나이다.[25] 실제로 조너선 윌슨(Jonathan Wilson)은 이 네 개 표지에 복종함이 신실하며 올바로 반응하는 복음주의 교회론을 발전시키는 데 결정적으로 중요하다고 생각한다.[26]

---

[25] Hans Küng, *The Church* (Garden City, NY: Image Books, 1976) ‖ 『교회란 무엇인가』, 이홍근 옮김 (분도출판사, 2004); 『교회—가톨릭과 개신교를 초월한 사사의 절정』, 정지련 옮김 (서울: 한들출판사, 2007); G. C. Berkouwer, *The Church*, trans. James E. Davison (Grand Rapids: Eerdmans, 1976) ‖ 『개혁주의 교회론』, 이승구 옮김 (서울: 기독교문서선교회, 2006)를 보라. 데버가 *The Church: One, Holy, Catholic and Apostolic*에 쓴 글과 "The Church," in *A Theology for the Church*, ed. Daniel Akin, rev. ed. (Nashville: B & H, 2014), 610~12을 보라.

하지만 이 고전적 표지 네 개가 유용하며 광범위하게 받아들여지지만, 교회가 무엇인지 그 윤곽을 그리는 데는 몇 가지 이유로 지나치게 포괄적이며 명확하지 않다. 첫째로 단어 자체가 모호하다. 이것이 개신교도와 가톨릭교도 모두 그것들을 확증할 수 있었던 이유이다. 그들은 이 단어들에 전혀 다른 의미들을 채워 넣는다. 하지만 성경적 가르침과 어느 정도 조화한다는 방식으로 볼 때도 이 네 개 표지는 성경적 가르침에서 가장 중심인, 교회의 측면을 모두 강조하지는 않는다. 하워드 스나이더(Howard Snyder)는 이러한 비평을 반영하며 "하나인, 거룩한, 보편적 (또는 우주적), 사도적"에 관한 보충으로서 "많은, 카리스마적, 지역적, 예언적"을 추가하자고 주장한다.27

게다가, 이 표지들 모두 적어도 교회와 연관된 만큼 복음과 연관된다. 복음은 교회의 하나 됨 경계를 정한다. 그것은 거룩함을 구원의 선물 일부로 교회에 제공한다. 그것의 우주적 특성은 교회에게 보편성을 준다. 그리고 복음은 교회가 보존해야 할 사도의 가르침의 핵심이다.28 따라서 아마도 복음이 교회를 하나 됨, 거룩함, 보편성, 사도성보다 더 잘 나타낸다고 여김이 더 정확하다.29

---

26 Jonathan Wilson, "Practicing Church: Evangelical Ecclesiologies at the End of Modernity," in *The Community of the Word: Toward an Evangelical Ecclesiology*, eds. Mark Husbands and Daniel J. Treier (Downers Grove, Ill.: InterVarsity and Leicester, U.K.: Apollos, 2005), 63~72.

27 Howard Snyder, "The Marks of Evangelical Ecclesiology," in *Evangelical Ecclesiology: Reality or Illusion?*, ed. John G. Stackhouse Jr. (Grand Rapids: Baker Academic, 2003), 81~88.

28 이것은 Phillips, Ryken, and Dever, *The Church*에서 기초 주제이다.

29 에릭슨이 한 말대로, 복음은 "교회가 하는 모든 일에 기본 형체를 제공하는 한 가지 요소, 그 모든 기능 중심에 놓여있는 요소이다." Millard Erickson, *Christian Theology*, 3rd ed. (Grand Rapids: Baker, 2013), 980∥ 참고. 『복음주의 조직신학 (하)—구원론·교회론·종말론』, 신경수 옮김 (서울: 크리스챤다이제스트, 1995), 253.

덧붙여, 고전적 표지는 우주적 교회보다 지역교회에 덜 분명하게 적용되는 듯하지만, 성경에서는 지역교회가 더 강조되며, 그것은 오늘날 믿는 이가 교회를 경험하는 방식이다. 우주적 교회와 관련해서도 교회는 아직 온전히 보편적이지 않다. 오늘날 지역교회는 이 네 개 표지를 부분적으로 소유하며, 그것들은 미래에 개선될 영역을 위한 유용한 안내자와 목표이지만, 그러한 몸들은 하나 됨, 거룩함, 보편성, 사도성에서 아직 온전하지 않아도 여전히 교회이다.30

종교개혁 표현: 말씀과 성례전

교회는 종교개혁으로 여러 그룹으로 나뉘었고, 그리하여 "어떻게 참된 교회를 찾을 수 있겠습니까?"라고 걱정스럽게 묻는 사람에게 대답해야 할 상황을 맞았다. 이는 이론적인 일 이상이었다. 실제로, 가장 중요한 일이었다. 많은 사람은 교회 바깥에는 구원이 없다고 가정했다. 따라서 일부 비가시적이거나 우주적인 교회를 밝히기만 한 표지들에 호소할 수 없었다. 이 사람들은 그들 이웃에 있는 교회가 진정한 교회인지, 그 안에서 그들이 구원을 발견할 수 있는지 알아야 했다.

이 질문에 관료 후원 종교개혁가들(루터, 츠빙글리, 칼뱅)은 거의 같은 말로 대답했다. 칼뱅이 한 대답은 자주 인용된다. "우리가 하나님의 말씀이 순전하게 전파되고 들리며 성례전이 그리스도께서 제정하신 대로 베풀어지는 것을 보는 곳마다, 하나님의 교회가 존재한다는 사실을 의심해서는 안 된다."31 때때로 칼뱅은 셋째 표지

---

30 네 개 표지 모두에 관한 더 자세한 고찰은 Greg Peters and Matt Jenson, eds., *Marking the Church: Essays in Ecclesiology*을 보라.

31 John Calvin, *Institutes of the Christian Religion*, 21:1023 (4.1.9)‖옮김이 덧붙임. 『기독교 강요—1541년 프랑스어 초판』, 김대웅 옮김 (서울: 복있는사람, 2021); 『기독교강요 처음 읽기—1536년 라틴어 초판』, 정요한 옮김 (대전: 디아로고스, 2020); 『기독교 강요—1559년 라틴어 최종판 직역』, 문병호 옮김 (서울: 생명의말씀사, 2020); 『기독교 강요』, 김광채 옮김 (부천: 부크크,

로 교회 권징을 추가하고, 루터는 한 곳에서 진정한 교회의 일곱 가지 표지를 열거하지만, 루터도 모든 표지가 말씀이라는 한 표지로 요약할 수 있다고 말한다. "이 하나 외에 다른 표지가 없을지라도 그것은 그리스도인-거룩한 백성-이 그곳에 있다는 사실이 틀림없음을 증명하기에 여전히 충분할 수 있다. 하나님의 말씀은 하나님의 백성 없이 있을 수 없으며, 역으로 하나님의 백성은 하나님의 말씀 없이 있을 수 없기 때문이다."[32]

이러한 표지들은 종교개혁가들이 가톨릭교회와 겪은 갈등과 직접 연관된다. 종교개혁을 나타내는 표어(오직 말씀, 오직 은혜, 오직 믿음)는 모두 그들이 내세우는 표지에 포함돼 있다. 순수한 말씀, 곧 성경만이 전파되어야 한다. 종교개혁가에게 말씀 전파는 복음 전파와 거의 같은 말이다. 성경의 복음 메시지는 오직 은혜로 구원이지, 사람의 최선 노력을 덧붙인 은혜가 아니다. 그러한 구원하는 은혜는 오직 믿음으로 받았지, 가톨릭교회가 이해한 것처럼 성례전으로 받지 않았다.

첫째 표지인 순전한 말씀 전파는 앞에서 논의한 대로 사도성 개념에 가깝다. 교회는 하나님의 기록된 말씀에서 발견되는 사도의 가르침을 들을 때 사도적이다. 그 표지는 하늘에 있는 교회에서도 마찬가지이지만, 땅 위에서 우리는 여전히 하나님의 순전한 말씀을 이해하고 바르게 전파하려고 애쓴다. 여기서 복음과 같이 더 좁은 의미의 말씀이 중요하다. 칼뱅은 어떤 집단이 하나님의 말씀 전부를 정확하게 이해하지 못해도, 그들이 순전한 복음의 메시지를 보존하고 전파하는 한 그들을 진정한 교회라고 부르기를 주저하지 않았다.

2019); 『기독교 강요-프랑스어 초판』, 박건택 옮김 (서울: 부흥과개혁사, 2019) 등을 보라.

[32] Martin Luther, "On the Councils and the Church," in *Martin Luther's Basic Theological Writings*, ed. Timothy Lull (Minneapolis, Minn.: Fortress Press, 1989), 547. 표지(sign) 7개의 완전한 목록은 말씀, 침례, 주의 만찬, 교회 권징, 소명 받아 성직에 임명된 사역자들, 공적 찬양과 감사, 거룩한 고난의 십자가 등이다.

여기서 우리는 교회의 진정한 **필수조건**(*sine qua non*)을 만난다. 교회가 복음 메시지를 잃어버리면 그 집단은 더는 진정한 교회가 아니다. 그것은 종교적 사회나 클럽일 수 있어도 결코 교회는 아닌데, 하나님께서 불러내신 백성은 복음으로 부름을 받으며 복음에 반응함으로 하나님께로 나아오기 때문이다. 복음의 능력이 그들을 하나님과 화목하게 하고, 그들을 그리스도와 연합하게 하며, 성령께서 그들 가운데 내재하시게 한다. 복음이 없이는 하나님의 백성, 그리스도의 몸, 성령의 전이 있을 수 없다.

둘째 표지인 성례전을 바르게 집행하는 데는 더 큰 문제가 있었다. 성례전을 바르게 지키지 않아도 진정한 교회라고 할 수 있는가? 종교개혁가들은 가톨릭이 미사(가톨릭의 성찬 의식)를 지키는 가운데 그리스도께서 다시 십자가에 못 박히시며, 그것이 구원에 필요하고, 그것이 믿음과 별개로 은혜를 수여한다고 주장함은, 복음을 부인한다고 여겼다. 하지만 침례에 관해 재침례교인과 이후 침례교인이 제기한 차이는 어찌 되는가? 침례교인이 그리스도께서 세우신 것을 따르는 일이 아니라고 말하는 유아세례는 어떤 그룹이 더는 교회가 아닌 것으로 만들기에 충분한가? 19세기 미국에서 일부 침례교인은 그렇게 생각했다. 랜드마크 침례교인(Landmark Baptists)은 종교개혁 표지들 기준으로 이웃에 있는 감리교회와 장로교회를 판단해 부족하다고 평가했다. 그들 모임을 종교단체일 뿐, 복음 교회는 아니라고 했다. 그러한 단체는 예수께서 가르치신 대로 성례전을 행하지 않았기 때문이다. 그들은 그러한 집단의 사역자들과 강단 교류하지 않고, 암묵적으로 그들을 진정한 교회로 받아들이는 듯한 어떤 일도 하려 하지 않았다.

랜드마크 침례교인 주장에 여러 문제가 있지만, 가장 심각한 점은 교회 특성에서 본질적인 것과 중요하지만 비본질적인 것을 구분하지 못함이다. 다른 말로 하면, 그들은 존재(being)와 복지(well-being)를 구분하지 못했다. 복음은 교회의 본질적 특성과 관련이 있으며, 개신교도 가운데 어떤 행위가 성례전으로 적합한지 판단하는 기준의 하나는 그것이 복음을 상징하는 데 적합한지였다.33 그리하여 미로스라프 볼프(Miroslav Volf)는 침례와 주의 만찬은 "믿음과 믿음의 고백과 관련되므로, 교회의 본질에 속한다. … 하지만 성례전이 믿음의 고백과 믿음 표현의 한 형태이기만 하면 그것들은 교회 정신에 있어서 없어서는 안 될 조건이다."라고 말한다.34 따라서 성례전(또는 의식) 실행이 결국 복음을 부인한다면, 그것은 교회의 존재, 특성, 또는 본질에 타격을 입힌다. 하지만 침례를 지키는 일이 예수님께서 제정하신 대로가 아닐지라도, 복음에 위협이 되지 않으면 그러한 실행이 교회 복지를 방해할 수는 있어도 그것의 존재나 특성을 허물지는 않는다. 그것은 정당한 교회이지만, 땅에 있는 모든 교회처럼 어떤 면에서 완전하지 않다.

이 입장은 침례와 주의 만찬에 관한 성경의 가르침과 일치한다. 그것들은 분명히 교회 생활의 본질적 부분이지만, 적절하지 않게 실행하더라도 교회 특성을 해치지는 않는다. 종교개혁가들은 미사에 관한 가톨릭의 가르침에 매우 다른 견해를 보였기에, 교회 표지에 성례전의 적합한 실행을 포함했지만, 성경 가르침에서 성례전은 교회의 본질적 특성에 속하는 다른 요소만큼 두드러지지 않다. 침

---

33 Stanley Grenz, *Theology for the Community of God* (Nashville: Broadman & Holman, 1994), 676 ‖ 『조직신학—하나님의 공동체를 위한 신학』, 신옥수 옮김 (파주: CH북스, 2017), 740에 따르면, 의식 또는 성례전은 "그것이 나타내는 복음의 진리에 관한 상징이 되게 … 복음 메시지와 밀접하게 연결이 되어야 한다."

34 Miroslav Volf, "Community Formation as an Image of the Triune God," in *Community Formation in the Early Church and in the Church Today*, ed. Richard Longenecker (Peabody, Mass.: Hendrickson, 2002), 217~18. 또한 Elmer Towns and Ed Stetzer, *Perimeters of Light: Biblical Boundaries for the Emerging Church* (Chicago: Moody, 2004), 68에서도 침례와 주의 만찬이 "그것들이 없이는 진정한 교회가 존재할 수 없는 핵심적인 요소"라고 말하지만, 침례와 주의 만찬에 관한 특별한 견해가 요구되는지 설명하지 않는다.

례와 주의 만찬을 부적절하게 실행함으로 교회 건강을 해치고 교회 사역을 약하게 하지만, 그런 부적절함이 복음 메시지를 위태롭게 하지 않는다면 교회를 무효로 만들지는 않는다.

교회의 표지인 두 개 주요 표현을 고찰해 얻은 결론을 세 가지로 말할 수 있다.

첫째, 둘 다 그것들이 형성된 역사적 상황에 대응해 이뤄진 것으로 보인다. 교부들이 말한 "하나 됨, 거룩함, 보편성, 사도성"이라는 강령적 표지는 그들이 당시 여러 이단 무리에게서 직면한 도전들에 대응하게 도왔으며, 종교개혁 표지는 당시 로마 가톨릭교회의 많은 부분이 전파하는 일을 할 때 복음을 잃어버렸으며 성례전을 실행함에서 복음을 표현하기보다 흐리게 하는 방식으로 행하고 있었다는 개혁가들의 확신을 반영한다. 이러한 대응적 특성은 아마도 교회의 표지를 발전시키는 일이 교회가 새로운 도전에 직면하는 가운데 계속해 행하는 임무일 수 있음을 암시한다.35

둘째, 두 표지 모두 어느 정도 그들이 진짜임과 합법적임을 나타내는 표지일 뿐만 아니라 교회가 추구해야 힐 목표이다. 하나 됨을 나타내는 것과 관련하여, 그리고 거룩함에 있어서 성숙함에 이르도록 사는 일에 분명히 개선의 여지가 있으니, 신교를 통해 교회의 보편성을 더욱 확장할 필요와 사도의 가르침을 더 분명하게 이해해야 한다. 또한 우리가 전파하는 것이 복음 메시지를 분명히 제시하고, 우리가 주의 만찬과 침례를 행함이 복음 메시지를 적절하게 묘사하고 상징하도록 계속 살펴야 한다.

셋째, 고전적 표지와 종교개혁 표지 모두 복음을 중심으로 연합하는 것으로 보인다. 복음은 교회의 하나 됨과 거룩함과 보편성과 사

---

35 예를 들어, 지금 북아메리카 복음주의 기독교에서 선교단체 그룹의 두드러짐은 교회와 선교단체 그룹을 구별하는 주의 깊은 방식을 요구한다. 10장에서 나는 교회에 맡겨진 특정 사역이 교회를 선교단체 그룹과 구별하는 표지라고 제안한다.

도성의 기초가 되며 그것들을 형성하며 그 테두리가 된다. 복음은 성례전에서 전파되고 제시되는 메시지다. 복음은 진정한 교회의 **필수조건**이다.

교회 본질
—신학적 결론과 실제적 적용
THE ESSENCE OF THE CHURCH
Theological Conclusions and Practical Applications

3장

    이제 성경과 역사에서 우리가 가진 모든 자료를 모아 교회 본질에 관한 다섯 가지 신학적 결론을 내리겠다. 그리고 교리가 실천을 결정하고 인도하므로, 지역교회 상황에서 삶과 사역을 위해 신학에서 실제 적용을 도출해야 한다. 여기서 교회 본질이라고 생각하는 바를 다루나, 포괄적으로 묘사하지는 않는다. 교회의 건강, 복지, 바른 질서 등과 관련한 다른 많은 문제가 있는데, 그것들은 이어지는 장들에서 다루겠다. 지금 우리 관심사는 본질에서 교회 존재와 관련이 있는 내용이다.

교회—하나님께서 조직하셔서 목적을 두신 모임

이 첫째 결론에는 네 개의 신학적 확증을 실제로 포함하며, 각각 확증에는 사역을 돕는 실제적 적용이 있다. 첫째, 우리가 성경을 연구한 바에 따르면, 교회 특성은 하나님을 중심으로 하고 있음을 알 수 있다. 교회는 하나님의 백성, 그리스도의 몸, 성령의 전이 되도록 하나님께서 불러내신 사람들이다. 인간이 고안한 모임도 아니고 친목회도 아니다. 하나님께서 모으신 모임(God's assembly)이다.

그러므로, 교회의 우선 관심은 하나님을 기쁘시게 하는 일이어야 한다. 교회가 성장하는 모습이 좋으며 교회가 만족한 사람들로 가득 차는 일은 바람직할 수 있지만, 교회는 하나님께 속하며 요점은 하나님을 기쁘시게 하는 일이다. 그것은 모든 프로그램, 행사, 행위, 우선순위가 어떤 면에서 그러한 목표에 공헌해야 함을 의미한다. 하나님을 기쁘시게 하는 일은 하나님을 영화롭게 하려는 태도를 가진 마음에서 시작하지만, 또한 교회를 위한 하나님의 뜻을 이해하려고 노력하는 생각도 포함해야 한다. 최근 프로그램, 다른 곳에서 효과가 있는 것처럼 보이는 것, 사람들이 원하는 것을 따르기보다, 우리 첫째 자원은 성경을 참고하고 교회에 관한 하나님의 계획을 이해하려고 끊임없이 노력함이어야 한다.[1]

둘째, 하나님께서 조직하신 모임으로서 교회는 하나님께서 교회가 무엇이며 어떤 모습이 되어야 한다고 말씀하시는 대로 있어야

---

[1] 교회 특성과 관련한 더 종합적인 목록은 Gregg Allison, *Sojourners and Strangers: The Doctrine of the Church* (Wheaton, IL: Crossway, 2012), 103~57에 있다. 그는 송영, 말씀 중심, 영적 역동성 등을 "교회 기원과 성향에 관한 특징"으로, 언약, 고백, 선교, 시공간/종말 등을 "교회 모임과 파송에 관한 특징"으로 열거한다(103, 123쪽). 나는 내 다섯 가지 결론과 앨리슨의 일곱 가지 특징이 서로 많이 겹친다고 생각하지만, 그것들은 매우 다르게 그리고 어느 정도 구별돼 표현된다.

할 존재이며 그렇게 되어야 한다. 교회는 단순히 사람들이 모인 게 아니며, 그리스도인 모임만도 아니다. 교회는 자기 선택에 따라 스스로 조직할 자유가 없다. 그것은 하나님께서 모으신 모임이다. 하나님은 질서의 하나님이시므로(고전 14:33, 40), 우리는 하나님의 모임이 질서 있는 조직이기를 기대해야 한다. 신약성서는 이것을 확증한다. 우리는 가장 이른 시기부터 이 모임에서 권위 있는 지도자들에 관한 언급을 발견한다. 바울과 바나바는 첫 번째 선교여행에서 교회를 세운 후 바로 "각 교회에서 장로들을 세웠다"(행 14:23). 교회 회원에 관한 인식이 있었으며, 그리하여 누가는 사도행전 2:41과 4:4에서 가입한 사람들 수를 기록했고, 바울은 교회 안과 밖을 분명히 구분했다(고전 5:12~13). 교회 역사에서 교회 지도자들과 교회 정치 패턴의 특성 및 역할은 다양한 방식으로 이해되었으며, 많은 사람은 교회 질서와 정치에 관한 신약성서 가르침에서 어떤 패턴이 성경적이라고 인정할 만큼 아주 분명하거나 상세하지 않다고 결론을 내린다. 이것은 아마도 존재와 복지가 구분되는 또 다른 부분이다. 어떤 형태의 질서가 교회에 본질적이라고 결론을 내릴 만큼 질서에 관한 성경적 가르침은 충분하다. 신약성서 가르침에서 어떤 패턴이 가장 일관적이며 따라서 교회 복지를 위해 가장 도움이 되는지는 교회 역사에서 똑같게 분명하지 않았던 문제인데, 이 문제는 뒤에서 충분히 다루겠다.[2]

크레이그 밴 겔더는 선교적 교회론에서 조직된 모임과 목적이 있는 모임 사상을 연결한다. 그는 "**교회가 존재한다. 교회는 마땅히 할 일을 한다. 교회는 마땅히 할 일을 조직한다.**"라고 쓴다. "**교회 사역은 교회 특성에서 흘러나온다.**"라고 덧붙인다.[3] 그가 "목적이 있

---

[2] 교회 질서에 관한 성서 가르침은 교회 정치 주제에 속하는데, 이는 3부 6~9장에서 논의한다.

[3] Craig Van Gelder, *The Essence of the Church: A Community Created by the Spirit* (Grand Rapids: Baker, 2000), 37 ∥『교회의 본질』, 최동규 옮김 (서울: 기독교문서선교회, 2015), 61. 강조는 본디 있다.

는"이라고 표현하지는 않아도, 교회 특성과 교회 사역을 함축해서 연결하는 듯하다. 밴 겔더가 이 책과는 다른 한 가지 점은 특성, 사역, 그다음에 조직이라는 순서에서 "교회 사역을 지원하려고 의도한"4 조직으로 주요하게 여기는 점이다. 그러나 앞에서 주장했듯이, 조직이 교회 사역을 지원하지만, 그것이 성서에서 명령하고 조직하는 근거가 교회 사역 지원에만 제한하지 않을 수 있다.

그러나 밴 겔더의 사상이 위 진술에서 확증하는 셋째 단언, 곧 교회가 특정 목적을 이루려고 존재함을 지지한다. 교회는 목적이 있는 모임이다. 일부 그리스도인이 모이지만 아무것도 하지 않는다면, 그들은 교회가 아니다. 신약성서는 일관된 규칙성에 따라 움직이는 교회를 말하기에, 우리는 특정 사역이 진정한 교회 본질이라고 말할 수 있다. 복음을 전파하지 않았던 교회는 교회가 아닐 수 있다. 예배하려고 모이지 않거나 사람들을 가르치지 않거나 교제를 나누지 않았던 교회는 교회가 아닐 수 있다. 뒤에서 우리는 교회에는 적어도 다섯 가지 본질적 목적이 있다고 주장하겠다. 교회가 그러한 사역들을 수행할 때 효과가 어느 정도는 다르지만, 교회는 하나님께서 그들에게 정하신 온전한 사역을 수행함으로 교회로 인정된다.5

넷째, 교회는 모임이다. 교회는 단순히 하나님께서 불러내신 사람들이 아니다. 그분께서는 그들을 함께 불러내셨다. 앞에서 우리는 구약성경의 헬라어 번역본에서 하나님의 백성을 가리키는 히브리어 단어의 하나인 카할(קָהָל)을 번역하려고 헬라어 에클레시아(ἐκκλησία)를 77번 사용했지만, 다른 단어 예다(עֵדָה)는 그렇게 하지 않은 사실에 주목했다. 그 이유는 카할(קָהָל)에는 실제 모임이라는 개념이 있지만, 예다(עֵדָה)에는 없기 때문이다. 우리는 또한 바울이 한 지역 안에 있는 그리스도인들을 그 지역의 **교회들**로 언급하지만(갈라디아 교회들

---

4 Gelder, *The Essence of the Church*, 37 ‖ 『교회의 본질』, 61.

5 더 많은 내용은 10장에서 논의하는 부분을 보라.

또는 마게도니아 교회들과 같이), 한 도시 안에 있는 그리스도인들을 그 도시의 **교회**로 언급함을 보았다(겐그레아에 있는 교회나 고린도에 있는 교회와 같이). 이러한 구분이 가능한 한 가지 이유는 도시에 있는 그리스도인들이 실제로 모일 수 있었지만(그리고 그렇게 했다), 더 넓은 지역에 흩어져 있는 그리스도인들은 그럴 수 없었기 때문이다. 바울은 **교회**라는 단어를 실제로 모였던 집단들에게만 사용하는 경향이 있었다(에베소서와 골로새서에 나타난 우주적 교회의 용법을 제외하고).

교회 모든 회원이 같은 시간에 함께 모여야 하는지는 더 어려운 질문이다. 몇몇 멀티사이트 교회가 한 장소에 함께 모이지 않으면서도 한 교회라고 주장하는 합법성에 의구심을 품는다. 그들은 "교회는 모임이다. 에클레시아(ἐκκλησία)는 '모임'[6]으로 옮길 수 있다. 그들이 집단으로 절대 모이지 않는데도 어떻게 모임일 수 있는가?"[7] 많은 시간 동안 많은 예배를 드리는 훨씬 더 광범위한 관행을 특히 더 큰 건물을 짓는 대안이라고 꼬집는 주목할 만한 비판이 있다.[8]

나중 장에서 멀티사이트 교회를 주제로 훨씬 더 철저히 살펴보겠지만,[9] 여기서는 예루살렘에서 교회 규모(오순절에 3,000명 이상부터)

---

6 사도행전 19:32, 39, 41을 보라.

7 이 비판은 많은 기고자가 *9Marks eJournal* (May/June 2009): 42~66에서 했다. Thomas White and John Yeats, *Franchising McChurch: Feeding Our Obsession with Easy Christianity* (Colorado Springs: David C. Cook, 2009), 82~83; by Grant Gaines, "One Church in One Location: Questioning the Biblical, Theological, and Historical Claims of the Multisite Movement" (PhD diss., Southern Baptist Theological Seminary, 2013)도 비판한다.

8 이는 마크 데버와 워싱턴 D.C.에 있는 캐피털힐침례교회(Capitol Hill Baptist Church) 입장이었다. 그들 출석수로 예배 공간이 부족하고 건물을 확장할 수 없는 자리이지만, 그들은 교회 모임에 집중하는 중요성 때문에, 여전히 많은 예배 시간을 채택하지 않는다. Mark Dever and Paul Alexander, *The Deliberate Church: Building Your Ministry on the Gospel* (Wheaton, IL: Crossway, 2005), 86~87을 보라.

그리고 신약성서에서 집을 교회 모임 장소로 두드러지게 언급이, 예루살렘, 로마, 고린도, 그밖에 도시에서 교회가 집에서 모이는 모임 연결망을 구성했음을 나타낸다고만 말해 둔다.10 (그들이 모였을지라도) 모두가 모이지는 않았어도, 신약성서에서 말하는 도시에 있는 교회는 항상 단수('교회')로 말하며, 한 교회로서 함께 활동하며 (사도행전 6:5; 11:22; 15:22을 보라) 관계 일치를 경험한다고(사도행전 4:32) 묘사한다. 게다가, 대부분 교회 (특히 더 큰 교회)에서 그들 회원 100%가 주일 아침 예배에 참석하는 경우는 극히 드물어서, 같은 시간에 한 곳에서 모든 회원이 모이기는 교회 존재에 명령 사항이 아닐 수 있다. 그러나 교회가 일부 목적을 이루려면 어느 정도는 모여야 한다.

모임 강조에는 두 가지 실제 적용이 있다. 첫째, 교회를 위해서 교제가 중요함을 강조한다. 일반적으로 교회 시작을 나타낸다고 이해하는, 사도행전 2장에 서술하는 성령 강림 사건에 신약성경에서 **교제**를 뜻하는 단어인 κοινωνία[코이노니아]가 처음으로 쓰였다. 그것은 마치 성령께서 주신 교제 은사로 처음 그리스도인들 무리가 한 모임으로 함께 묶인 것과 같다. 이것이 그런 경우라면 교제는 교회의 진정한 사역으로부터 단순한 기분전환이라기보다, 교회의 사역 또는 교회에서 성령의 역사이다. 교회는 의도적으로 신중하게 성령께서 주신 이러한 형태의 교제가 자라는 환경을 제공하는 일에 힘써야 한다.

둘째, 모임으로서 교회는 개인주의적인 북아메리카 그리스도인에게 교회에 관한 신약성서의 가르침이 하나부터 열까지 연합임을 상기하게 한다. **교회**라는 단어 자체와 교회를 나타내는 모든 이미지

---

9 이 책 12장을 보라.

10 이 주장은 Roger Gehring, *House Church and Mission: The Importance of Household Structures in Early Christianity* (Peabody, MA: Hendrickson, 2004)을 보라.

는 연합적이며 얼굴을 맞댄 관계에서 사람들이 함께 모이는 실제 모습을 포함한다. 따라서 교회에 가입함은 개인이 어느 정도 개인적인 자율성을 포기하고, 몸의 권징을 받아들이며 연합된 몸에 의무와 헌신을 받아들이는 중대한 단계임이 틀림없다. 이것은 회원들이 함께 맹세했던 초기 침례교인 관습에 나타났다. 그러한 헌신은 몸에 속한 개인 회원들의 특성이었다.

바울은 "만일 한 지체가 고통을 받으면 모든 지체가 함께 고통을 받고, 한 지체가 영광을 얻으면 모든 지체가 함께 즐거워한다."라고 말하며 모임의 회원들 사이에 형성된 연결을 반영한다(고전 12:26). 오늘날 너무도 자주 교회 회원들은 동료 회원들의 고난을 모르거나 무관심하며, 받은 복을 두고 서로 질투한다. 하지만 우리가 한 몸에 속한 동료 회원으로서 다른 회원과 하나이기에 그러한 고난과 복이 우리 것임을 깨달을 때는 얼마나 다른 관점인가! 그리스도인 삶에서 나타나는 이러한 연합 관점은 북아메리카 그리스도인에게 특별히 필요하다. 그것은 교회가 하나의 모임, 성령께서 주시는 교제의 은사로 함께 연합한 집단이라는 생각에 내재한다.

교회—기본적으로 지역 모임

둘째 결론은 성경 용례와 개인 경험 모두에서 사실이다. 앞에서 우리는 신약성서에서 에클레시아(ἐκκλησία)가 114번 쓰인 가운데 적어도 90번은 지역교회나 교회들을 가리킨다고 말했다. 에클레시아(ἐκκλησία)가 모든 시대의 구속받은 모든 사람, 곧 우주적 교회 또는 그리스도의 더 큰 몸을 가리킨다는 이해가 정당하더라도, 성경이 말하는 중요성 면에서 그것은 이차적이다. 더욱이, 그리스도인들이 참석하고 섬기는 교회는 하나님의 백성이 모인 지역 모임이다.

이것은 교회에 관해 기록한 많은 부분이 우주적 교회에 초점을 맞추고 있다는 사실이 없다면 두말할 필요가 없을 정도로 너무도 분명한 사실이다. 교회가 하나이며, 거룩하고, 보편적이며, 사도적이라는 교부 표현은 지역교회보다 우주적 교회에 더 쉽게 적용되며, 종교개혁가들이 교회에 관한 니케아 신조 진술을 지지했을 때 그들은 그것이 가시적 교회보다 비가시적 교회에 더 적용된다고 보았다.

대조적으로, 성경이 교회를 논할 때 그것은 압도적으로 지역교회를 염두에 둔다. 이러한 패턴에는 적어도 세 가지 실제 적용이 있다. 첫째, 어느 지역교회에도 속하지 않아도 그리스도의 몸에 속한다고 주장하면서 우주적 교회를 말하는 그리스도인은 지역교회를 우선시하는 성경 패턴에 거스르는 방식으로 살고 있다. 둘째, 선교단체에서 일하거나 선교단체와 함께 일하는 사람은 다른 사람을 섬기고 교회의 더 많은 사역으로 섬김을 받으려고 지역교회에 소속해야 함에서 면제되지 않는다. 셋째, 우리는 지역교회에 주어진 존엄성과 명예를 인식해야 한다. 예수님께서 "내가 내 교회를 세우리라"라고 말씀하시며(마 16:18), 바울이 "그리스도께서 교회를 사랑하신다."라고 말하고(엡 5:25), "교회 안에서 … 그[하나님]에게 영광이 대대로 영원무궁하기를 원하노라"라고 기도할 때(3:21), 이 구절들은 우주적 교회를 가리킬 가능성이 크다. 하지만 오늘날 세상에서 그리스도의 집인 교회는 사람들에게 어떻게 보이는가? 어디서 우리는 그리스도께서 당신 교회를 사랑하시는지 보는가? 오늘날 하나님께서는 어디서 영광을 받으시는가? 이 여러 질문에 대답은 지역교회이다. 그들에게 분명한 결점이 있어도, 하나님께서는 어떤 비가시적 이상이 아니라 실제 지역교회를 사랑하신다.

교회—특성상 살아서 자라는 모임

이 결론은 교회를 몸과 비교하는 데서 분명하지만, 또한 '살아 있는 돌'로 만들어진 건물이나 성전으로서 교회 이미지에서도 분명히 암시한다(벧전 2:5). 고린도전서 3:9에서 교회를 밭에 비유한다. 거기서 '자라게 하시는' 분은 하나님이시다(고전 3:7). 교회 본질에 관한 이 결론은 두 가지 영역에서 실제 적용하게 한다.

교회가 살아 있다면 변화는 불가피하다. 변화는 삶의 일부이며, 역사에 걸쳐 교회는 분명히 변화했다. 오늘날 교회는 천 년 전에 있던 교회는 물론이고 백 년 전에 있던 교회와도 눈에 띄게 다르다. 그 차이는 어떤 주어진 변화를 평가하는 데 있다. 그것은 도움이 되고 건강한가, 위험하며 파괴적인가, 또는 중립적이며 대수롭지 않은가? 분명히, 성경은 교회 생활의 모든 면을 구체적으로 말하지 않으며, 따라서 교회는 어떤 측면에서는 자유롭게 혁신적이며 창의적일 수 있다. 나아가 하나님의 백성은 성경을 이해하는 일에 자라듯이, 순종하는 일에서도 자라며 변화해야 한다. 침례교인은 교회에 관한 성경 가르침의 특정 국면들이 수 세기 동안 대부분 교회로 말미암아 잘못 이해되었다고 믿는다. 사람들이 계속해서 성경을 연구하면서 변화는 일어났다. 존 로빈슨(John Robinson)이 아메리카를 향해 떠나는 순례자(pilgrims)에게 말했듯이, "주님께서는 당신 거룩한 말씀에서 아직 쏟아져나오지 않은 더 많은 진리가 있다."

하나님의 백성이 성경을 이해하는 방식에 영향을 주는 한 강력한 요소는 그들이 처한 문화 상황이다.11 문화는 때때로 성경 내용에 빛을 비추거나 성경 가르침을 제대로 보지 못하게 할 수도 있다. 예를 들어, 침례교인은 성경이 회중제 정치를 항상 가르쳤다고 믿지만, 그러한 정치는 문화 상황이 민주 정치를 선호하기 시작하면서부터 인기를 얻었다. 서구 문화에서 일어난 민주주의는 사람들이 성경에 항상 존재한 바를 보도록 도왔다. 다른 예들은 좀 더 문제가 있다. 예를 들어, 20세기 미국인 삶에서 두드러진 사업 증가가 교회에

---

11 성서가 고대 근동 상황에서 쓰였기에, 이는 서양 독자에게 특별한 관심을 제시한다. E. Randolph Richards and Brandon J. O'Brien, *Misreading Scripture with Western Eyes* (Downers Grove, IL: IVP Books, 2012)∥『성경과 편견』, 홍병룡 옮김 (서울: 성서유니온, 2016)을 보라.

영향을 끼쳤다는 사실은 부인하기 어렵다. 목사는 종종 자기가 최고 경영자이며 집사들은 이사회라고 생각하기 시작했다. 이러한 지도력 개념은 성경이 말하는 섬기는 목자 개념과는 맞부딪친다. 오늘날 일부 구도자 교회 가운데 그들 목표는 교회가 쇼핑몰과 비슷하게 느끼게 하는 것이며, 상업주의는 다양한 방식으로 교회 삶을 형성하고 있다.12 이러한 변화는 단순히 복음을 알기 쉬운 방식으로 오늘날 문화에 연결하는 새로운 방식인가, 아니면 우리 변화가 복음에 정반대 방식으로 문화를 수용했는가? 교회는 정적이지 않고 살아 있으므로, 변화는 불가피하다. 하지만 교회 역사에서 너무도 자주 일어났듯이, 우리가 잘못해서 문화에 포로가 되지 않으려는 변화는 신중하게 평가해야 한다. 실제로 앨런 울프(Alan Wolfe)는 최근 저술에서 미국 교회가 문화와 상호작용으로 거의 변했다고 주장한다. 그는 "종교 생활의 모든 면에서 미국 그리스도인 신앙이 미국 문화에 맞섰으나, 미국 문화가 승리했다."라고 말한다.13

물론 특히 지난 백 년 동안 교회가 문화를 자주 수용한 한 가지 이유는 성장하려는 열망이었다.14 성장, 특별히 교인 증가는 많은 침례교인 가운데 모든 교회의 가장 중요한 목표이며 교회의 건강과 성공을 나타내는 가장 중요한 지표로 여긴다. 신약성서, 특별히 사도행전은 초대 교회의 극적 성장을 기록한다. 오순절 날, 개종자 3천 명이나 더해졌으며(행 2:41), 숫자는 곧바로 남자만 5천 명 이상으로 늘었다(4:4). 사도행전 6:7은 "예루살렘에 있는 제자의 수가 더 심히 많아졌다"라고 말한다. 사도행전 9장에 이르러 유대, 갈릴

---

12 소비지상주의가 교회에 미치는 일부 영향에 관해서는 Bruce Shelley and Marshall Shelley, *Consumer Church: Can Evangelicals Win the World Without Losing Their Souls?* (Downers Grove, Ill.: InterVarsity, 1992)를 보라.

13 Alan Wolfe, *The Transformation of American Religion: How We Actually Live Our Faith* (New York: The Free Press, 2003), 3.

14 Wolfe, *The Transformation of American Religion*, 74~81.

리, 사마리아 전체에서 교회는 '수'가 늘어나고 있었다(31절). 후에 바울이 세운 교회는 "수가 날마다 늘어갔다"(16:5). 하지만 성장의 모든 분명한 증거와 기대에도, 그것은 신약 교회들의 공식적 목표는 아니었다. 바울이 교회가 자라지 않는다고 책망하거나 개인 전도를 명령하거나 권고한 기록은 없다. 이것은 바울이 분열, 이단적 가르침, 부도덕한 행위를 두고 날카롭게 책망한 바를 기억할 때 훨씬 더 놀랍다. 또한, 바울 편지에는 많은 명령으로 가득 찬 부분이 있다. 로마서 12:9~21은 여러 태도와 행위에 관한 약 20개 명령을 포함하지만, "복음을 선포하라"나 "친구들과 복음을 나누라"와 같은 명령은 하지 않는다. 데살로니가전서 5:12~22도 긴 명령 목록인데 그런 명령이 없다.

신약성서가 교회 성장을 강조하지 않는 놀라운 상황에서, 우리는 극적 교회 성장의 신약성서 패턴을 어떻게 생각하는가? 의심할 여지 없이 여러 요소를 포함하며 그것들에 관해 교회 본질적 사역의 하나인 전도 문제를 다룰 때 충분히 검토하겠다. 하지만 교회 본질과 관련해 하나의 중요한 암시가 있다. 교회가 그 자신의 본질적 존재에 합당하게 사는 정도에 따라 성장한다는 점이다. 어떤 상황에서 성장은 주로 영적일 수 있다. 예를 들어, 에베소서 4장에서 몸이 정상적으로 작용하는 결과는 "범사에 머리, 곧 그리스도이신 그분에게까지" 자라는 모습이다(엡 4:15). 다른 말로 하면, 교회는 영적 성숙과 그리스도를 닮는 데 자란다. 다른 상황은 사도행전 2장에 나타난 바와 같을 수 있다. 거기서 교회가 성령의 능력으로 살았을 때, "주께서 구원받는 사람을 날마다 더하게 하셨다"(47절). 분명히 교회는 주께서 약속하신 대로 그리스도의 증인이 됐지만(행 1:8), 성장은 하나님께서 하신 일이다. 사실, 바울의 가르침과 사도행전의 패턴은 교회가 "나를 따르라"라는 그리스도의 명령에 순종함에 초점을 맞추어야 한다는 점을 가리킨다. 성장에 관하여, 그 결과는 그리스도께 맡겨야 한다. 그리스도께서는 자기를 따르는 사람들에게 "내가 너희를 사람들의 어부로 삼겠다"라고 약속하셨다(마 4:19, 옮긴이 덧붙임. ἁλεεῖς ἀνθρώπων[할레에이스 안드로폰]는 "사람들을 위한 어부"로 이해가 좋다).

이것은 교회 삶에서 전도를 가르치고, 모범을 보이고, 격려하고 계획할 필요가 없다는 뜻이 전혀 아니다. 그것은 우리가 모든 일을 바르게 해야 하며, 그리하면 교회가 자동으로 성장한다는 뜻도 아니다. 성장한 신약성서 교회들은 매우 불완전했다. 하지만 궁극적으로 "자라게 하시는 이는 하나님뿐"이시라면(고전 3:7), 또는 교회에 사람을 더하시는 분이 주님이시라면(행 2:47), 주님께서 병들고, 움직임이 불편하며, 건강하지 못한 교회에 많은 새로운 회원을 더하시지 않더라도, 놀라서는 안 된다. 교회 목표는 하나님께서 주신 삶을 사는 일이다. 교회가 그렇게 하는 정도에 따라, 교회는 하나님께서 주시는 성장을 경험한다.

교회—복음 모임

복음 메시지는 모임을 이뤄 그리스도께 연결하는 부르심 자체이다. 복음은 교회보다 앞서며 교회는 복음 때문에 존재한다. 따라서 교회가 복음을 잃는다면 더는 교회가 아니다. 종교개혁가들이 복음 전파가 진정한 교회의 표지라고 주장함은 옳았다. 교회 정치와 예배와 다른 측면에 관한 바른 가르침은 교회 **복지**에 핵심적일 수 있다. 하지만 복음은 교회 **존재**에 핵심이다. 게다가, 앞에서 살폈듯이, 복음은 교회의 고전적 표지 네 가지의 핵심이다. 복음은 교회 연합의 범위를 정한다. 교회의 거룩함은 복음으로 주어진 선물이다. 그 보편성은 복음이 모두를 위한 것이라는 사실에서 비롯한다. 그리고 그 사도성은 사도들의 글에 주어진 복음을 따르는 데 있다.

따라서 교회는 교리 정통성에 관심을 쏟아야 한다. 바울은 에베소 장로들에게 '진리를 변형시키는' 사람들이 그들 교회를 위험하게 한다고 경고했다(행 20:30). 그는 갈라디아 교회들에게 다른 복음을 그들에게 전파하는 사람은 누구든지 저주받거나, 하나님의 심판 아래에 있음을 생각하라고 말했다(갈 1:8~9). 디도가 지명해야 했던 장로의 자격에서 하나는 "바른 교훈으로 권면하고 거슬러 말하는 자들을 책망"하는 능력이다(딛 1:9). 대조적으로, 바울이 순수하지 않은 동기로 참 복음을 전파하는 사람들에게 보인 반응은 책망보다 기쁨이었다. "겉치레로 하나 참으로 하나 무슨 방도로 하든지 전파되는 것은 그리스도니, 이로써 나는 기뻐하고 또한 기뻐하리라"(빌 1:18). 그들 메시지가 순수함은 그들 동기가 순수함보다 더 중요했다.

교회는 교회 정치 형태, 침례 방식, 다른 많은 이슈 등으로 다를 수 있고 다르다. 같은 교회가 회중에 의해 그리고 동시에 감독에 의해 운영될 수 없다. 신자 침례만 시행하지 동시에 유아세례를 시행할 수 없다. 물론 나는 이러한 문제를 해석하는 일에 침례교인이 옳다고 믿는다. 이는 내가 침례교인인 이유다. 하지만 나는 그것이 다른 의견을 말하는 모든 사람이 더는 정당한 교회가 되지 않게 한다고 생각하지는 않는다. 신자가 아닌 어떤 사람에게 실수로 침례를 주는 교회가 신자 침례를 시행하지 않은 단 한 가지 잘못을 저질렀다고 해서, 정당하지 않은 교회라고 생각하지 않음과 같다. 교회는 정당할 수 있으며 실제로 정당하면서도 불완전할 수 있다. 하지만 교회가 복음과 관련해 잘못되면 그들은 불완전하며 또한 정당하지 않다. 성경이 교회를 묘사함에 따르면, 그들은 더는 교회가 아니다.

교회—성령의 능력을 덧입은 모임

구약성서에서 하나님의 백성은 성령의 어떤 능력을 분명히 누렸다. 그분 사역이 없었다면 어떻게 사람들이 죄를 깨닫거나 하나님의 말씀을 이해할 수 있었겠는가? 하지만 분명한 점은 어떤 의미에서 요한이 말한, 예수님께서 영광을 받으신 일(요 7:39) 이전에는 성령이 주어지지 않았다는 점이다. 그리스도께서 부활하시고 승천하신 다음 오순절에, 성령이 부어졌으며 예수님의 제자들은 무리에서 교회가 됐다.

이미 언급한 대로 누가복음서 저자 누가는 사도행전 2장 이전에는 에클레시아(ἐκκλησία)라는 단어를 사용하지 않으며, 그다음에서야 사도행전에 20번 쓴다. 교회가 성령의 전이라는 은유는 성령께서 특별한 방식으로 교회에 거하심을 의미한다. 우리는 신자 개인에게 내재하시는 성령의 사역을 말하기 쉬운데, 그것이 옳음은 성경적 가르침이기 때문이다. 하지만 우리는 자주 신자들이 "함께 지어져 갈" 때 그들은 "성령에 의해 하나님이 거하실 처소가" 된다는 가르침(엡 2:22)을 신중하게 고려하지 않는다. 이것은 바울이 고린도에 있는 교회가 모일 때 "우리 주 예수의 능력이 함께 한다"라고 말함과 어느 개인을 권징할 때 교회 조치가 그 사람 삶에 깊은 영적 영향력을 끼침의 이유일 수 있는가? 교회에서 성령의 능력은 하늘의 능력을 불러 내리는 방식으로 왕국 열쇠를 사용하는 교회 능력에 관한 설명일 수 있는가(마 16:19; 18:18)? 일찍이 침례교인은 교회가 자기 문제를 다스리는 능력과 권한을 가졌다고 확고히 믿었다. 그 신념은 교회에 계시는, 능력을 주시는 성령의 임재와 관련이 있었다.

초기에 몇몇 교부는 성령께서 교회에 특별한 방식으로 존재하심을 인식했다. 2세기 감독 이레나이우스는 교회를 성령의 임재와 거의 동일시했다. "교회가 있는 곳에 하나님의 성령께서 계시며, 성령께서 계시는 곳에 교회와 모든 종류의 은혜가 있다."15 아우구스티누스는 더 나아가 성령께서 교회에서 생명을 불어넣는 원리로 활동하신다고 말했다. "우리 몸에 영혼이 있듯이, 성령께서는 그리스도의 몸, 곧 교회에 계신다."16

더 최근에 성령의 능력은 우리 가운데 성령의 임재를 강조하는 운동, 곧 오순절주의에서 뚜렷했다. 오순절주의는 많은 교리적 탈선

---

15 Irenaeus, "Against Heresies," 3.24.1, in *The Ante-Nicene Fathers*.

16 Augustine, Sermo 267.4.4, in J.-P. Migne, *Patrologia Latina* (Turnholti, Belgium: Brepols, n.d.), 38:1231.

에도 (어떤 경우는 심각한 것들), 1900년 이전에는 한 명의 회원도 없었으나 한 세기 후 만 개 이상 교단에서 5억 명 이상 신자를 포함하는 세계적 운동으로 성장했다.17 400년에 가까운 역사와 수천 명의 선교사 사역 후 세계 곳곳에서 침례교인 추종자 수가 그들의 1/10 정도이다. 숫자만으로는 오해할 우려가 매우 크지만, 이 경우 그것은 또한 교회에게 능력을 주시는 대리인으로서 성령의 중요성을 가리킬 가능성은 없는가? 그들이 가진 많은 잘못이 무엇이든, 오순절 교회 대부분은 성령께서 그들에게 능력을 주심을 의지하며 요청한다. 침례교인은 그들 강조점을 숙고하고 배우는 게 온당하다. 성령께서 역사하지 않는 교회는 죽은 몸이다. 그분 임재는 교회를 살린다. 점점 더 인구통계학 연구와 시장분석을 활용하는 시대에, 우리는 새롭게 기억해야 할 점이 있다. 오래전에 하나님의 성전을 재건축했듯이, 오늘날 교회에서 산 돌로 된 성전을 세우는 일도 마찬가지라는 사실이다. "만군의 여호와께서 말씀하시되 이는 힘으로 되지 아니하며 능력으로 되지 아니하고 오직 나의 영으로 되느니라"(슥 4:6).

---

17 이 수치는 David Barrett, ed., *World Christian Encyclopedia*, 2d ed. (Oxford, U.K.; New York: Oxford University Press, 2001), 4에서 참고했다. 바렛은 오순절주의와 카리스마파를 함께 모으고 있으며 그들 수가 2050년까지는 10억이 넘게 성장한다고 예상한다.

1부 연구 질문
---

1. 어떻게 해서 초대 그리스도인은 자기들 모임을 묘사하려고 에클레시아(ἐκκλησία)라는 단어를 선택했는가?

2. 신약성서가 두드러지게 지역적 의미에서 실제 지역교회를 가리키려고 에클레시아(ἐκκλησία)라는 단어를 사용한다는 사실에서, 우리는 어떤 암시된 의미를 끌어내야 하는가?

3. 교회를 가리키는 어떤 이미지가 가장 도움을 주는가? 그 이유는? 논의된 것 외에 추가해야 한다고 생각하는 이미지가 있는가? 그것은 교회 특성에 관한 여러분 이해에 무엇을 더할 수 있는가?

4. 그리스도인 대부분은 자기들을 개인적인 측면으로, 아니면 집단(백성, 몸, 혹은 성전)의 부분으로 여긴다고 생각하는가? 이것은 우리가 그리스도인 삶을 사는 방식에 어떻게 영향을 미치는가?

5. "어디서 나는 진정한 교회를 찾을 수 있는가?"라는 질문에 어떻게 대답할 것인가? 아우구스티누스나 루터는 어떻게 대답했겠는가?

6. 성경 가르침보다 문화 영향으로 형성됐다고 보이는 교회가 가진 공통 생각을 식별할 수 있는가? 여러분 교회에서 실행하는 것들은 어떤가? 어떤 것들은 성경보다 문화와 더 관련되지 않는가?

7. 3장의 마지막 부분에서 말한 다섯 가지 신학적 결론의 어느 것이 오늘날 교회와 가장 직접 관련된다고 생각하는가?

3장 교회 본질—신학적 결론과 실제적 적용   139

8. 이 장들에서 무엇이 교회와 관련해 여러분에게 격려가 되는가? 이 장들에서 무엇이 교회에 관한 여러분 이전 생각에 도전이 되는가? 여러분 삶과 교회 사역에서 실제 방식으로 적용할 점은 어떤 것들인가?

심화 연구 자료

Allison, Gregg. *Sojourners and Strangers: The Doctrine of the Church.* Wheaton, IL: Crossway, 2012. 이 책은 복음주의 신학 기초 시리즈에서 주요 작품인데, 특징이라는 항목 아래 있어도 교회 특성에 관한 부분은 의미 있으며 사고를 자극한다.

Clowney, Edmund. *The Church.* Downers Grove: InterVarsity, 1995 ∥『교회』. 황영철 옮김. 서울: 한국기독학생회출판부, 1998. 개혁주의 관점에 따른 교회론을 주제로 다루며, 일부 교회의 이미지와 교회의 네 가지 고전적 표지에 관한 유용한 논의를 포함한다.

Dever, Mark. *Nine Marks of a Healthy Church.* Rev. and expanded ed. Wheaton, IL: Crossway, 2000 ∥『건강한 교회의 9가지 특징』. 이용중 옮김. 서울: 부흥과개혁사, 2007 ∥『건강한 교회의 9가지 특성』. 권태경 옮김. 서울: 생명의말씀사, 2003. 데버는 교회론에 관해 유익한 논문과 책을 많이 썼다. 이 책은 그가 쓴 최고 종합서인데, 책을 출판하고, 콘퍼런스를 주관하고, 캐피털힐침례교회(Capitol Hill Baptist Church)에서 집중 주말 체험 등으로 건강한 교회를 후원하는 9가지 특징(9Marks)라는 이름에 따라 구성함으로 큰 영향력을 끼쳤다.

Dulles, Avery. *Models of the Church.* Expanded ed. New York: Doubleday, 1987 ∥『교회의 모델』. 김기철 옮김. 서울: 한국기독교연구소, 2003. 아버지 덜레스 그리고 후에 카디널 덜레스(Cardinal Dulles)가 쓴 이 중요한 책은 교회 이미지를 보지 않고, 오히려 역사 흐름에 나타난 가장 중요한 모델―제도, 신비한 교제, 성례전, 사신, 종―을 살핀다.

George, Timothy. "Toward an Evangelical Ecclesiology." In *Catholics and Evangelicals: Do They Share a Common Future?* Edited by Thomas Rausch. Downers Grove: InterVarsity, 2000. 이 소논문에서 조지는 교회의 네 가지 고전적 표지, 곧 진정한 교회의 종교개혁 표지를 살피고, 어떻게 복음주의 교회론에서 두 가지 모두를 자기 것으로 만들 수 있는지 논한다.

Hellerman, Joseph. *When the Church Was a Family: Recapturing Jesus' Vision for Authentic Christian Community*. Nashville: B & H Academic, 2009. 이 책은 성경에서 증거, 곧, 가족이 신약성서에서 교회를 나타내는 가장 중요하며 폭넓게 쓰인 이미지이며 그 이미지 뜻을 많은 도움을 주는 방식으로 제시하는 증거를 제시한다.

Küng, Hans. *The Church*. Garden City: Image, 1976. 큉은 가톨릭 교인이지만 이 책에서 논의 많은 부분을 이 장에서 언급한 세 가지 이미지를 중심으로 구성하며 주로 개신교인 관점으로 교회에 접근한다.

Minear, Paul S. *Images of the Church in the New Testament*. Philadelphia: Westminster, 1960. 이것은 교회를 가리키는, 성경 이미지 모두에 관한 가장 면밀한 연구이다. 미니어는 96개 목록을 만들지만, 많은 것은 실제로 교회와 관련되지 않는다.

Van Gelder, Craig. *The Essence of the Church: A Community Created by the Spirit*. Grand Rapids: Baker, 2000‖『교회의 본질』. 최동규 옮김. 서울: 기독교문서선교회, 2015). 밴 겔더는 선교학, 신학, 사회과학을 결합해 교회 본질에 관한 적절한 견해 북아메리카 교회의 특성, 사역, 조직을 어떻게 형성해야 하는지에 관한 유익한 논의를 제공한다.

누가 교회인가? 2부
WHO IS THE CHURCH?

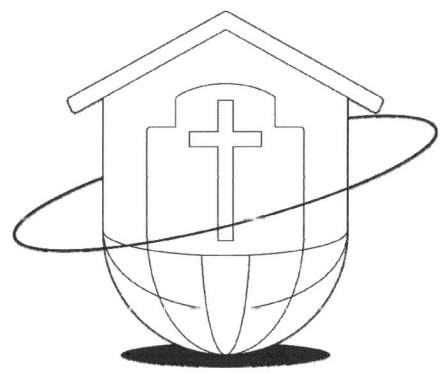

거듭난 사람, 교회 회원자격 4장
—침례교회 회원 표지
REGENERATE CHURCH MEMBERSHIP
The Baptist Mark of the Church

 2장에서 교회 역사에서 발전한 교회 특성에 관한 두 가지 주요 표현을 살폈다. 교부 시대에 교회는 하나 됨, 거룩함, 보편성, 사도성 등을 교회 표지로 내세웠다. 종교개혁가들은 이 네 가지 고전적 표지가 가시적 교회보다 비가시적 교회에 더 적용된다고 이해하면서 특정 회중이 하나님의 진정한 교회인지 확인할 수 있는 두 가지 **표지**를 추가로 제시했다. 그들은 말씀이 온전히 전파되며 성례전이 바르게 집행되는 곳이면 진정한 교회가 존재한다고 확신할 수 있다고 말했다.

 이 장에서 우리는 교회를 바라보는 셋째 방식, 곧 이른바 침례교회 표지를 살피겠다. 이 표지는 "교회는 무엇인가?"라는 질문이 아니라, "누가 교회인가?"라는 질문에 대답한다는 점에서 앞 두 표현과 아주 다르다. 곧, 교회가 믿는 사람으로만 구성해야 한다는 주장은 교회에 관한 침례교 비전에서 핵심이다. 그것은 침례교인 그리고 때때로 '모인 교회(gathered church)' 또는 오늘날 더 자주 '믿는 사람들의 교회(believers' church)'로 불리길 옹호하는 사람들 부류에 있는 또 다른 사람들의 독특한 교회 표지이다.1 이 표지는 또한 거듭난 사람 교회 회원자격(regenerate church membership) 원리로 불릴 수 있다. 1905년에 첫 번째 세계침례교연맹(Baptist World Congress)에서 J. D. 프리만(J. D. Freeman)은 침례교인에 관해 "거듭난 사람 교회 회원자격 원리는 다른 어느 것보다 오늘날 기독교 세계에서 우리 독특성을 나타낸다."2라고 말했다. 더 최근에 저스티스 앤더슨(Justice Anderson)은 그것이 침례교 교회론 핵심이라고 확증했다. "침례교 교회론의 중요한 원리, 그리고 논리적으로 교회 정치 출발

---

1 Donald Durnbaugh, *The Believers' Church: The History and Character of Radical Protestantism* (New York: Macmillan, 1968), ix ‖ 『신자들의 교회—급진적 프로테스탄티즘의 역사와 특성』, 최정인 옮김 (대전: 대장간, 2015), 10~11에서는 이 표현의 기원을 맥스 웨버(Max Weber)의 고전적 저술인 *The Protestant Ethic and the Spirit of Capitalism*으로 추적한다. 이 책에서, 웨버는 그 표현을 재침례교인과 퀘이커파를 묘사하는 데 사용했다. 그것은 50여 년 전의 재침례교인에 관한 연구 부활과 함께, 그리고 그 표현을 중심으로 조직되었던 두 협의회에서 통용하기 시작했다. 첫 번째는 1955년에 메노파 교인에 의해 열린 신자들의 교회에 관한 연구협의회였다. 두 번째는 더 크고 좀 더 넓은 기지를 둔 것으로 일곱 교단에서 150명이 참가했으며, 1967년에 켄터키주 루이빌에 있는 서던침례신학대학원에서 개최되었다. 그 대회에 발표된 논문들이 James Leo Garrett Jr., ed., *The Concept of the Believers' Church: Addresses from the 1967 Louisville Conference* (Scottdale: Herald, 1969)에 발행되었다. 1967년 이후로 그 대회가 일곱 차례 더 열렸으며, 가장 최근에는 1990에 텍사스주 포트워스에 있는 사우스웨스턴침례신학대학원 캠퍼스에서 개최되었다.

2 J. D. Freeman, "The Place of Baptists in the Christian Church," in *The Baptist World Congress: London, July 11~19, 1905, Authorised Record of Proceedings* (London: Baptist Union Publication Department, 1905), 27.

점은 지역 회중 가운데 거듭난 사람 교회 회원자격을 주장하는 것이다."[3] 간단히 말해, 거듭난 사람 교회 회원자격은 그리스도와 그리스도의 사람들로 구성된 회중에 진정으로 헌신하는 사람들만 포함한다는 것에 의미를 둔다. 거듭난 사람 교회 회원자격이라는 이 이상은 침례교 교회론에서 핵심이었다.

우리는 "누가 교회인가?"라는 질문에 대답하려고, 교회가 신자들로 구성된다는 사상의 발전과 그 중요성을 추적하겠다. 우리 논의는 두 장에 걸쳐 제시한다. 먼저, 4장에서 교회에 관한 이 견해의 성경적 원리를 간략하게 개관하고, 교회에 관한 이 개념이 흐려져 마침내 루터, 츠빙글리, 칼뱅과 같은 종교개혁가들조차 그것에 반대한 역사적 발전을 살피며, 무엇보다도 어떻게 해서 거듭난 사람 교회 회원자격의 원리가 침례교 교회론의 중심 원리가 되었는지 보여주겠다. 이어서 5장에서 우리는 어떻게, 그리고 왜 북아메리카 침례교인이 지난 백 년 동안 이 원리를 거의 버렸으며, 좀처럼 역사적 침례교회로 보기 어렵게 되었는지 조사하겠다. 우리는 왜 이 원리가 오늘날 침례교회에서 회복해야 하며 어떻게 회복할 수 있는지에 관한 몇 가지 제안으로 5장을 마무리 짓는다.

거듭난 사람 교회 회원자격의 성서적 근거

교회가 신자들로만 구성된다는 이해의 성서적 근거는 매우 강력하고 분명하기에, 오히려 어떻게 해서 이 개념이 흐려졌는지 이해하기가 더 어렵다. 교회가 불러낸 사람들이라는 개념 자체는 교회 구성원이 하나님의 부르심을 듣고 반응했음을 전제로 한다. 하나님의 백성으로서 교회 이미지는 이 사람들이 하나님께 속한 백성임을 가정한다. 그들은 60번 이상이나 성도, 거룩한 자(ἅγιοι[하기오이]),

---

[3] Justice C. Anderson, "Old Baptist Principles Reset," *Southwestern Journal of Theology* 31 (Spring 1989): 5~12.

또는 하나님께 헌신하도록 구별된 백성으로 언급된다. 그들은 그리스도를 믿으며 성령으로 서로에게 묶인 사람이다. 교회는 그리스도의 몸이며, 신자는 그리스도 안에서 한 몸을 이룬다(롬 12:5). 그리스도를 함께 모심은 교회의 하나 됨 근거다. 교회는 "한 분 주님, 한 믿음, 하나의 침례, 한 분이신 하나님, 곧 만유의 아버지, 만유 위에 계시고 만유를 통일하시고 만유 가운데 계신 분"을 함께 소유한다(엡 4:5~6). 몸의 지체 일부나 성전의 살아있는 돌 일부가 그리스도나 성령과 연결되지 않는다면 어떻게 교회가 그리스도의 몸이나 성령의 전으로 묘사될 수 있는가? 신약성서가 말하는 교회와 세상을 구분하는 자체가 교회가 세상과 다름을 나타내며, 그 이유는 교회가 그리스도를 믿고, 하나님께 속하며, 성령으로 함께 연결된 사람들로 구성되기 때문임을 가리킨다. 교회는 분명히 믿는 사람들로 구성된다.

어떤 사람들은 이 논증의 강점을 인정하지만, 그것을 우주적 교회에만 적용하려 한다. 그들은 정의상 교회는 믿는 사람—모든 시대에 모든 믿는 사람—으로 구성되며, 지역교회는 단지 불완전하게 그러한 이상을 반영한다고 말한다. 우리가 사람 마음 상태를 분명히 알 수 없으며 그리하여 지역교회가 신자만으로 구성될 수 없음을 받아들여야 한다고 말한다. 인간으로서 우리가 가진 제한 때문이다.[4] 하지만 다음 네 가지 요소가 이러한 사고방식을 약하게 만든다.

첫째, 단순히 논리적으로, 만일 우주적 교회가 모든 믿는 사람으로 구성된다면 지역교회 목표는 가능한 한 그 기준에 가까이 가는

---

[4] 루터가 침례와 교회 회원자격을 믿는 사람으로 제한한 재침례교 관례에 반대함은 누가 믿음을 가졌는지 분명하지 않고 알기 어렵다고 생각했기 때문이다. 그는 "그들은 이제 신이 되어 사람의 마음을 분별하고 그들이 믿는지 믿지 않는지 알 수 있게 되었는가?"라고 쓰고 있다. Martin Luther, "Concerning Rebaptism," in *Martin Luther's Basic Theological Writings*, ed. Timothy Lull (Minneapolis, Minn.: Fortress Press, 1989), 351을 보라.

일이어야 한다. 우리는 분명 실패하겠지만, 그렇다고 우리 제한을 내세울 필요는 없다. 많은 경우, 성경 기준을 온전히 성취하는 일은 우리 능력 밖이지만, 그렇다고 해서 그 기준을 낮추는 일을 정당화하지 않는다. 같은 방식으로, 실제로 그러한 이상에 불완전하게 이른다는 것을 우리가 인정해야 하더라도, 우리는 모든 믿는 사람이 회원이라는 이상을 지역교회 목표로 간직해야 한다.

둘째, 신약성서는 지역교회가 거짓 구성원들이 들어오는 것을 부주의하게 허용할 거라고 예견하는 듯하고, 그런 일을 대비하고 있다. 그 대비책이 교회 권징(church discipline)이다. 그것은 "자기를 형제"라고 부르지만, 삶에서 그러한 주장을 부인하는 사람에게 적용된다(고전 5:11을 보라). 그를 교회에서 내보냄은 그가 뉘우치길 바라며 하고, 또한 교회를 순수하게 유지하려 함이다. 교회가 진정한 신자들로 구성된 순전한 몸이 되려는 의도가 아니라면 고린도전서 5장 그리고 교회 권징에 관해 신약성서가 가르치는 다른 요점은 무엇인가?

셋째, 신약성서가 말하는 지역교회에 관한 묘사는 이러한 지역의 가시적 회중이 믿는 사람으로만 구성됨을 가정한다. 고린도에 있는, 하나님의 교회는 "그리스도 예수 안에서 거룩하여진 자들"로 불린다(고전 1:2). 에베소로 보낸 편지는 "에베소에 있는 모든 성도"에게 보내졌다(엡 1:1). 빌립보 교회에 보낸 편지는 "그리스도 예수 안에 있는 모든 성도"에게 보냈다(빌 1:1). 바울은 "골로새에 있는 성도들, 곧 그리스도 안에서 신실한 형제들"에게 썼다(골 1:2). 데살로니가로 보낸 두 편지에서 데살로니가 교회는 "하나님 아버지와 주 예수 그리스도 안에 있는" 교회로 묘사된다(살전 1:1; 살후 1:2). 분명히 바울은 그리스도인들로 구성된 교회에게 편지를 보낸다고 생각했다.

마지막으로, 사도행전에서 지역교회들은 믿은 사람들만을 모았다. 오순절에, 예루살렘 교회는 "그[베드로]의 메시지를 받아들인" 사람들로 구성되었다(행 2:41). 이어서 더해진 사람들은 "구원된" 사람들이나 사도들의 메시지를 듣고 믿은 사람들이었다(47절; 4:4). 안디옥에 있는 교회는 "수많은 사람이 믿고 주께 돌아온" 후에 시작했다 (11:21). 바울과 바나바는 첫 번째 선교여행의 마지막에 그들이 세운 교회를 방문해서 그들에게 신자로서 계속 헌신하라고 격려했다 (14:21~23). 분명한 암시는 그러한 교회들이 믿는 사람들로 구성되었다는 점이다. 빌립보에 있는 교회는 주님께서 루디아라는 여인의 마음을 여셔서 바울의 메시지에 반응하게 하심으로써 시작했다 (16:14). 바울이 쓰는 통상 전략은 도시에 들어가서 복음을 전파해 반응하는 사람들을 교회로 조직하기였다. 그는 거듭난 사람이 교회 회원자격이 있음을 전제로 사역했다.

따라서 거듭난 사람 교회 회원자격은 우주적 교회에만 적용된다는 반대는 논리와 교회 권징에 관한 성경의 가르침, 신약성서에서 나타난 대로 지역교회에 관한 묘사와 그들이 모였던 방식에 어긋난다.

다른 사람들은 신약성서가 선구자적 복음 전파 상황을 반영한다는 것을 근거로 거듭난 사람만 교회 회원자격이 있음에 반대한다. 사도행전 사건들은 사도들이 어른에게 전파함을 기록하며, 어느 어른도 거듭나지 않고서 침례를 받거나 교회 회원자격을 얻지도 않았다. 하지만 교회가 커지면서 교회를 구성하는 거듭난 개인들에게 자녀가 태어났다. 믿는 부모의 자녀는 그들 부모로 교회와 특별하게 연결돼 있어서, 자녀가 개인적으로 믿음을 가지기 전에도 침례를 받고 교회 교제권 들어와야 한다고 그들은 주장한다.5

거듭난 사람만 교회 회원자격이 있음을 옹호하는 사람은 믿는 부모의 자녀가 큰 복을 받았으며 그들에게 많은 이점이 있다고 인정하지만, 믿는 부모의 자녀가 구원되려면 개인적으로 그리스도를 믿어야 해야 하며, 그들이 구원되기까지는 침례 대상이 아니라고 말할 텐데, 신약성서에서 침례는 오직 신자 침례이기 때문이다. 그리

---

5 이것은 유아세례를 행하는 사람이 내세우는 고전적 주장의 하나이며, 적어도 칼뱅까지 거슬러 올라간다. John Calvin, *Institutes of the Christian Religion*, 21:1346~47 (4.16.23~24)를 보라.

고 침례교는 침례가 교회 회원으로 입회하는 적합한 의식이라는 점에서 기독교 대부분 교단과 같은 의견이기에 유아에게 침례를 주는 것과 그들을 교회 회원에 포함하는 데에 반대한다. 둘 다 신자들에게만 적합하기 때문이다.6

게다가, 초대교회는 교회를 세운 회원들이 자녀를 뒀다고 해서 유아세례를 받아들이고 그에 따라 지역교회에서 유아를 회원으로 받아들이는 방향으로 나아가지 않았다. 학자들 대부분은 유아세례 관습이 2세기 후반부까지는 나타나지 않았으며, 3세기 후반과 4세기까지도 널리 퍼지거나 표준이 되지 않았음에 동의한다. 이 문제는 아우구스티누스 때까지도 논란 대상이었지만, 그의 유아세례 지지와 이론적 설명이 결정적이었다. 그리하여 유아세례와 교회가 구원된 사람과 구원되지 못한 사람으로 구성한 혼합된 몸이라고 수용함이 다음 천 년 동안 표준이 됐다.

거듭난 사람만 교회 회원자격이 있음에 관한 마지막 반론은 역사에서 비롯한다. 우리는 역사가 우리 성경 해석이 지금 문화의 영향과 전제들에 과도하게 영향을 받지 않도록 우리 해석을 다른 시대의 해석들에 비추어 검증하는 유용한 도구가 될 수 있다고 주장했다. 어떤 사람들은 교회가 전체적으로, 그 역사의 대부분에 걸쳐 교회가

---

6 리텔은 재침례교 신앙(Anabaptism)에 관한 고전적 연구에서 침례가 재침례교인에게 중요하게 된 것은 "가장 분명한 교회 조직의 두 패턴 사이를 나누는 경계선"이었기 때문이라고 말한다. Franklin Littell, *The Anabaptist View of the Church: A Study in the Origins of Sectarian Protestantism*, 2d ed. (Boston: Starr King, 1958), xv를 보라. 맥베스는 침례교인 삶에서 유사한 발전을 확인한다. 그는 침례교인이 "가시적 성도"라 부르는 사람들로 구성된 "순전한 교회를 추구"에서 시작했다고 보는 게 가장 적절하다고 말한다. 그 추구가 신자 침례를 채택하게 했다. Leon McBeth, *The Baptist Heritage* (Nashville: Broadman, 1987), 75‖『침례교회의 역사와 유산 (상)』 김용국·남병두·장수한 옮김 (대전: 침례신학대학교출판부, 2013), 100를 보라. 나는 재침례교인과 침례교인 모두 오직 성경에 헌신하고 신자 침례를 채택하는 데 중요한 역할을 했다고 덧붙여 말한다.

신자와 불신자로 구성한 혼합된 몸이라는 생각을 받아들였다는 사실로 신자들의 교회 진영에 속한 사람들이 주장하는 성경 해석이 의심스럽다고 주장할지 모른다. 어떤 사람들은 교회 전체 역사에서 천년이 넘도록 가장 유능한 해석자들 일부가 혼합된 교회 개념이 성경과 양립 불가능하다고 보지 않았다고 주장할 수 있다. 거듭난 사람만 교회 회원자격이 있다는 교리가 이 장에서 주장한 대로 성경에서 분명하다면, 어떻게 해서 그토록 많은 유명한 성경 연구가가 그것을 놓칠 수 있었는가? 어떻게 해서 그리스도인 역사에서 천년이 넘도록 그것이 존재하지 않았는가? 이러한 반대 질문들이 정당하더라도, 이러한 반대 질문에 세 가지 적절한 대답이 있다.

첫째, 종교개혁 때까지 천 년이 넘도록 혼합된 교회를 옹호하는 해석을 받아들였지만, 교회 역사에서 처음 400년 동안은 그렇지 않았다. 그 기간에 상황은 더 혼합적이었다. 앞에서 언급한 대로 유아세례는 2세기 말에 이르기까지 시작되지 않았으며, 그것과 함께 신자만으로 구성한 교회에 도전하는 일이 있었다. 하지만 유아세례는 즉각적으로 보편적으로 받아들여지지 않았다. 또한, 새로운 신자가 침례를 받기까지 엄격하게 거쳤던 준비 과정을 가리키는 기록이 있으며,7 되풀이되는 박해는 그리스도께 진정으로 헌신하지 않은 사람을 두렵게 하여 멀어지게 함으로 교회를 정화하는 역할을 했다. 아우구스티누스가 혼합된 교회를 열정적으로 주장했던 것 자체가 그 당시 그것이 아직 온전히 또는 보편적으로 받아들여지지 않았음을 보여준다.

둘째, 신자들로 이뤄진 교회를 옹호하는 해석이 채택되지 않았던 긴 기간은 상대적으로 사람들이 성경에 무지했던 시기와 일치한다.

---

7 교리문답(*catechism*)이라는 용어 자체가 초대교회에서 침례에 앞서, 종종 여러 달에 걸쳐 침례 후보자에게 한 구두 교육에서 유래한다. 그것은 믿음직한 신앙고백을 하는 사람들에게만 침례를 베풀려는 초대교회 관심을 보여준다.

성경을 쉽게 손에 넣을 수 있으면서부터 신자들로 이뤄진 교회라는 해석은 거의 즉각적으로 새로워졌다. 루터도 그의 초기 글에서 "진정한 그리스도인"이기를 바라는 사람을 위한 교회의 가능성을 심사숙고했지만, 그것을 추구하지는 않았다. 그는 그것을 위해 준비된 사람들이 없다고 말했다.8 하지만 다른 이들, 곧 재침례교인과 그 후 침례교인은 수천 명이 그것을 위해 준비되어 있음을 발견했다. 그들은 성경을 근거로 교회가 믿는 사람들로만 구성해야 함을 믿었으며, 심한 박해를 받으면서도 그러한 교회를 형성한 사람들이다. 영국 침례교회 역사가인 J. H. 셰익스피어(J. H. Shakespeare)는 성경을 쉽게 손에 넣을 수 있는 일이 신자들로만 구성된 순수한 교회로서 침례교회 기원에서 중요한데도 자주 과소 평가받는 요인이라고 말한다.9 성경이 사람들 앞에 공개되면서 그들은 그 가르침에서 신자들 교회를 곧바로 발견했다.

마지막으로, 믿는 사람으로 이뤄진 교회가 성경 해석에서 일시적 유행이기보다 점점 더 자라서 지난 5백 년 동안 유력한 해석이라고 입증됐다. 역사는 성경을 이상하게 해석하는 데서 우리를 보호한다. 신자들로 이뤄신 교회라는 해석은 전혀 이상한 해석 결과가 아니다. 전통보다 성경에 충성을 가치 있게 여기는 사람들에게, 신자들로만 이뤄신 교회를 성경이 강력하며 분명하게 지지하기에 우리는 어떻게 교회가 그토록 오랫동안 그것을 놓칠 수 있었는지 놀랄 뿐이다. 그것은 역사적 정황들이 합류한 결과라고 설명할 수 있다. 역사적 정황은 여러 이슈에 관한 신념을 형성하는 데 강력한 영향을 끼쳤고, 그러한 신념은 교회가 혼합된 몸이라고 받아들이는 일로 이어졌다.

---

8 Martin Luther, "The German Mass and Order of Service, Martin Luther's Preface," in *Luther's Works*, ed. Jaroslav Pelikan, H. T. Lehmann et al., vol. 53, ed. Ulrich Leupold (Philadelphia: Fortress Press, 1965), 53:63~64를 보라.

9 J. H. Shakespeare, *Baptist and Congregational Pioneers* (London: Kingsgate Press, 1906), 2~4.

혼합된 몸(*Corpus Permixtum*)의 발전

이것은 우리 연구를 둘째 단계로 이끈다. 신자들의 교회를 가리키는 성경적 근거가 분명한데도, 어떻게 해서 교회가 혼합된 몸, 또는 신자와 불신자로 구성한 혼합된 몸이라는 정반대 사상이 그토록 널리 받아들여졌을까?

신자들 교회 전통에 속한 많은 사람이 주목하는 핵심 사건은 312년에 있었던 로마 황제 콘스탄티누스의 회심이다.10 아마도 콘스탄티누스는 밀비아 다리(Milvian Bridge)에서 막센티우스(Maxentius)와 전투를 앞두고 자기가 기독교 하나님에게서 신적 도움으로 이해한 비전을 받은 듯하다. 그가 진정으로 회심했는지를 두고 여전히 역사가들은 논의한다. 하지만 로마제국이 진정으로 변화되었는지는 의심할 수 없다. 로드니 스타크(Rodney Stark)는 말한다. "너무도 오랫동안 역사가들은 콘스탄티누스 황제의 회심이 … 기독교의 승리를 가져왔다는 주장을 받아들였다. 그와 반대로 그는 그것이 가진 가장 매력적이고 역동적인 요소들을 파괴했다."11 313년에 밀란 칙령은 기독교를 법적 종교로 만들었으며, 그다음 세기에 걸쳐 기독교는 지배적 종교가 되었다. 콘스탄티누스가 회심했던 때에 로마제국에서 그리스도인은 인구의 약 10%를 차지했지만, 한 세기가 지나기도 전

---

10 요더는 교회 몰락을 "교회와 사회가 연합함"으로 묘사하며 "콘스탄티누스는 그 고안자, 유세비우스는 사제, 아우구스티누스는 변론인, 십자군 전쟁과 종교재판은 그 절정"이라고 말한다. John Yoder, "A People in the World: Theological Interpretation," in *The Concept of the Believers' Church*, 272를 보라. Donald Durnbaugh, *The Believers' Church*, 212~15에서는 콘스탄티누스 때문에 교회가 몰락했다는 생각이 신자들로 이뤄진 교회 전통을 정의하는 특성의 하나라고 생각한다.

11 Rodney Stark, *For the Glory of God: How Monotheism Led to Reformations, Science, Witch-Hunts, and the End of Slavery* (Princeton: Princeton University Press, 2003), 33.

에 그 숫자는 90%까지 급등했다.12 콘스탄티누스 이전에 박해는 교회 회원을 진정으로 신자인 사람들로만 제한하는 데 도움이 되었으며, 교회와 정부 사이 경계가 분명했다. 콘스탄티누스 이후, 교회는 제국에게서 박해가 아니라 기금과 호의를 받았다. 결과적으로, 교회 회원이 됨은 사회적 수용의 표지가 됐으며 성직자가 되려는 사람이 넘쳐났다.13 교회와 정부 사이에 이러한 친밀함은 결과적으로 둘이 연합하게 했다.

로마제국이 몰락하기 시작했을 때도 콘스탄티누스로 시작한 패턴은 계속됐다. 예를 들어, 496년 프랑크족(Franks) 왕 클로비스(Clovis)는 그리스도인이었던 자기 아내 클로틸데(Clotilde)가 바라는 대로 적과 싸움에서 하나님께서 승리하게 하시면 그리스도를 받아들이기로 동의했다. 클로비스는 승리를 거두고 여전히 이교도인 병사 삼천 명과 함께 침례를 받았다. 그들이 받은 침례는 신자로서 받은 침례로 여기기 어려우며, 그들이 속한 교회도 진정한 신자들의 교회로 여기기 힘들다. 이러한 '회심' 패턴은 기독교가 유럽에 전파될 때 통상적이었다. 역사가 스티븐 닐(Stephen Neill)은 그 과정을 다음 말로 묘사한다.

> 곳곳에서 기록은 거의 같은 경향을 보인다. 첫 번째 감독이 야만족에게 죽임을 당했다. 그리하여 그의 피는 적절하게 교회의 씨앗이 됐다. 최초 성공 후에 이교도가 반발했지만, 교회는 깊이 회심한 지도자의 보호 아래 다시 들어온다. 최초 기독교화는 불가피하게 아주 피상적이지만, 각 경우 오랜 건축 기간이 그 뒤를 따른다. 그 기간에 믿음은 사람들의 유산 일부가 된다.14

---

12 Robert G. Clouse, Richard V. Pierard, and Edwin M. Yamauchi, *Two Kingdoms: The Church and Culture Through the Ages* (Chicago: Moody, 1993), 109.

13 Stark, *For the Glory of God*, 33~34.

물론 이러한 환경에서 세워진 교회 모습은 신약성서에서 확인한 모습과는 크게 달랐다. 실제로 로드니 스타크는 얼마나 자주 교회가 다양한 대중적인 이교도 관습을 혼합했는지 말한다. "교회는 그리스도인이 되는 일을 쉽게 만들었다. 너무도 쉬워서 어른이 회심하는 일은 거의 일어나지 않았다."15

이렇게 헌신이 퇴보하는데도 어떤 항의도 없었는가? 일찍이 도나투스파(Donatists)가 있었다. 그들 항의에, 아우구스티누스는 혼합된 몸으로서 교회를 결정적으로 변호했다. 도나투스파는 진정으로 거룩한 백성으로 구성된 교회를 바랐으며, 박해로 그리스도를 부인했거나 성경 사본을 넘겨주었던 사제와 감독들을 교회가 쉽게 다시 받아들인 일에 참을 수 없었다. 그들은 북아프리카 가톨릭교회에서 분리해, 자기들을 참되고 거룩한 교회를 보존하는 사람으로 여겼다. 아우구스티누스는 교회의 거룩함이 개인 구성원들의 삶에서 발견되는 현재 관찰할 수 있는 거룩함이 아니라, 교회가 그리스도와 성령과 연결됨으로 가지는 거룩함이라고 주장했다. 그는 수 세기 동안 자주 사용된 예수님의 비유, 곧 곡식과 가라지 비유를 강조했다. 지금 시대에 곡식과 가라지는 함께 자라며, 추수 때에야 그것들이 분리된다. 같은 방식으로 오늘날 교회는 신자와 불신자로 구성된다는 것이다. 물론 이러한 유비가 가진 문제는 이 비유(마 13:24~30)에서 곡식과 가라지가 함께 자라고 있는 밭은 교회가 아니라 세상이라는 점이다. 하지만 아우구스티누스가 끼친 영향력이 우세했으며, 그래서 교회가 신자와 불신자의 혼합된 몸(*corpus permixtum*)이라는 견해를 받아들였다.16

---

14 Stephen Neill, *A History of Christian Missions* (Baltimore, Md.: Penguin Books, 1964), 90.

15 Stark, *For the Glory of God*, 40.

16 이 문제에 관한 더 많은 내용은 G. G. Willis, *Saint Augustine and the Donatist Controversy* (London: SPCK, 1950)를 보라.

교회가 세워진 지역에 있는 사람들에게 유아세례는 일반 표준이 되었다. 교회가 처음 세워지는 지역에서 대규모로 행해진 침례는 전 부족을 교회로 편입시켰다. 침례는 침례를 받는 개인이 진정한 믿음을 가졌든지 그렇지 않든지 상관없이 원죄를 용서하는 효과가 있다고 여겨졌다. 안타깝게도, 교회 회원자격을 신자에게만 제한하는 개념은 사실상 잊혔다.

아우구스티누스는 또한 도나투스파에 맞서 정부에 도움을 호소함으로, 교회와 정부가 화합하게 했다. 그는 그들이 하나의 진정한 국교인 교회에서 이탈이 교회의 하나 됨에 반하는 죄로 여겼으며, 그 죄는 너무도 심각해서 그들을 강제로 어머니 교회와 재결합하도록 만들어야 한다고 생각했다. 그는 "그들이 들어오도록 강권하라"라고 한 누가복음 14:23을 증거 본문으로 삼았다. 정부는 종교적 하나 됨이 정치적 하나 됨과 안정에 도움이 된다고 생각했기에, 종교적 하나 됨을 강요하는 행동을 바랐다. 누가복음 14:23은 그들에게 성경적 정당성을 제공했다.[17]

중세 시대에 교회는 여전히 혼합된 몸이었으며 종종 부도덕했다. 더 순전한 교제를 바라는 사람들은 통상적으로 발전된 수도원 집단의 하나로 힘겹게 나아갔다. 그들은 적어도 부분적으로 교회에서 헌신 수준이 감소함에 반발해 그렇게 했다.[18]

종교개혁 직전, 유럽은 기본적으로 기독교 공동체(*corpus christianum*), 곧 그리스도의 한 몸에서 종교적 연합으로 보였지만, 그러한 하나 됨은 종교개혁으로 무너지기 시작했다. 하지만 루터, 츠빙글리, 칼뱅에게는 교회의 근본 개념은 변하지 않았다. 참으로 세 사람은 모

---

17 Clouse, Pierard, and Yamauchi, *Two Kingdoms*, 82.

18 Stark, *For the Glory of God*, 40에서는 콘스탄티누스 이후로 발전한 공식적 교회를 권세 있는 교회(Church of Power)라 부른다. 지도자들은 종종 노골적으로 부도덕한 혼합 집단이었다. 권세 있는 교회에 반작용으로서 경건한 교회(Church of Piety)가 일어났으며, 주로 수도원 운동에 속했다.

두 **관료 후원** 종교개혁가(magisterial Reformer)로 불린다. 그들 모두 **행정장관**(magistrate)이나 정부가 교회를 지지하는 역할을 한다고 여겼기 때문이다. 루터는 이론으로는 교회와 정부가 분리하기를 바랐으며 때때로 신자들만 모인 교회로 나아가는 것으로 보이는 개념을 지지했지만, 논리적 결론에 이르기까지 그러한 생각들을 따르지는 않았다. 실제로는 그는 경건한 군주가 진정한 교회를 지지하고 세우게 허용했으며, 사회 모든 구성원이 교회 구성원이 되는 포괄적 또는 지역적 교회(territorial church)를 신봉했다. 츠빙글리는 정부의 모든 구성원이 침례를 받고 그리하여 교회의 구성원이 되어야 함을 강조했으며 알곡과 가라지와 같은 교회의 혼합된 특성을 받아들였다. 그리고 칼뱅은 여러 문제로 제네바시 관료들과 부딪혔지만, 종교적 일치를 유지함이 관료의 권리이며 의무임을 절대 부인하지 않았으며, 교회가 혼합된 몸이라는 생각을 부인한 적이 없다.

하지만 츠빙글리가 활동한 취리히에, 더 급진적 사상을 주장하는 사람들이 등장했다. 발화점은 신자들만의 침례였지만, 교회 특성이 대결하게 한 근본 요인이었다. 콘라트 그레벨(Conrad Grebel), 조지 블라우로크(George Blaurock), 펠릭스 만츠(Felix Mantz) 등은 신자들만의 교회를 주장하기 시작했다. 그들은 그들 목사였던 츠빙글리에게서 오직 성경에서 교리를 끌어내야 한다고 배웠다. 그들은 성경이 신자들만의 교회와 신자들만의 침례를 가르친다고 확신했다. 그들 생각에 반응은 가톨릭, 루터 교회, 츠빙글리파, 칼뱅주의자들 모두에게서 심한 박해였다.

그토록 격렬한 반응을 일으킨 재침례교인 견해에서 무엇이 그토록 위험했는가? 가톨릭과 관료 후원 종교개혁가들 모두 의심 없이 정치적 통일체가 종교적 일치 없이 정치적으로 하나인 채 남을 수 없다고 가정했다. 교회와 정부는 공통 경계, 곧 같은 구성원을 공유하는 처지였다. 그리고 종교개혁 전야제에서 유럽을 휩쓸었던 종교 전쟁은 그들 신념을 지지하는 듯했다. 1555년의 아우크스부르크 화의(Peace of Augsburg)는 한 지역 종교는 그 지역 군주나 통치자의 종교가 될 수 있다고 위임함으로 이러한 종교에 근거한 전쟁을 멈출 수 있었을 뿐이다(cuius regio, eius religio라는 표현은 거칠게 번역하면 "그의 지역은 그의 종교"이다). 한 국가에 여러 교회가 있을 수 있다는 생각은 그들에게는 무정부로 가는 길로 보였다. 특별히 루터는 재침례교인 견해가 무정부와 정치적 불안으로 이어지며 개혁과 복음 전파에 방해가 될까 두려워했다. 폴 에이비스(Paul Avis)의 표현대로, 관료 후원 개혁가들은 교회 중심을 재정의하는 일에 더 관심이 있었지만, 재침례교인은 (신자들만의) 교회 경계선을 정하는 일을 중요하게 강조했다.19 하지만 경계선 정하기는 교회를 세상에서 분리하기를 뜻했다. 재침례교인 생각은 나쁜 신학으로 보였고, 또한 그들이 영향을 끼치는 나라에서 혼란으로 이어지고 궁극적으로 복음 전파를 방해하는 정치적 반역으로 여겼다. 그리하여 재침례교인이 무서운 박해를 받았어도, 교회가 신자들이 모인 몸이라는 생각은 쉽게 사라지지 않았다. 그것은 침례교인의 발단과 함께 다시 나타났다.

거듭난 사람 교회 회원자격 그리고 침례교 교회론

재침례교인이 침례교 기원에 어느 정도 영향력을 끼쳤겠지만, 근대 침례교인의 가장 분명한 모판은 영국 분리주의(English Separatism)에서 찾아볼 수 있다. 분리주의는 1558년의 엘리자베스 종교 타결(Elizabethan Settlement)에 이어 발전했다. 그것은 영국교회에 기본적으로 관료 후원 개혁가들의 교리를 제공했지만, 가톨릭의 의식과 여러 과시적 장식을 유지했다. 청교도는 그들이 보기에 미지근한 이러

---

19 Paul D. L. Avis, *The Church in the Theology of the Reformers* (Atlanta: John Knox, 1981), 54~55 ‖ 『종교개혁자들의 교회관』, 이기문 옮김 (서울: 컨콜디아사, 1987), 75~77.

한 처사에 만족하지 않고 교회를 더 정화하려 했다. 하지만 결국 청교도의 일부는 엘리자베스 통치 아래에서는 급진적 개혁이 있을 수 없음을 깨닫기 시작했으며, 영국교회가 절망적으로 타락하고 타협적인 교회인 만큼 더는 그 안에 남아있을 수 없다고 결론을 내렸다. 그들은 분리주의자가 되어 회중 또는 소위 비밀 집회(conventicle)로 모여서(그러한 모임이 불법이라는 사실에도 불구하고) 국가교회에서 이탈했다. 초기 침례교인은 이러한 두 개 분리주의 비밀집회에서 두 가지 형태로 나타났으며, 그들에게서 순수한 교회라는 관심을 계승했다. 여기서 우리는 침례교인 기원에서 거듭난 사람만 교회 회원자격이 있다고 수행한 역할을 추적하고, 그것이 교회에 관한 침례교인 사상에서 어떻게 중심이 됐는지 살피겠다.

거듭난 사람, 교회 회원자격 그리고 침례교인 기원

존 스미스(John Smyth, 대략 1570~1612)는 성공회 목사로 안수받았지만, 성공회에 만족하지 못해 청교도 그리고 분리주의자 사역자가 됐다.[20] 존 스미스와 토마스 헬위스(Thomas Helwys)는 런던 게인즈버러(Gainsborough)에서 분리주의 회중의 회원이었으며, 그 모임은 1607년 영국 정부 박해를 피해 네덜란드로 도망쳤다. 1609년에 이르러, 스미스는 세 가지 중요한 결론에 도달했다. 첫째, 분리주의자로서 영국교회가 절망적으로 부패하고 거짓된 교회라고 결론을 내렸기에, 한 걸음 나아가 그가 영국교회에서 받은 침례가 거짓 침례라고 결론을 내려야 했다. 둘째, 그는 신약성서를 연구하면서 성경이 신자 침례만을 가르친다고 결론을 내렸다. 셋째, 그리고 아마도 가장 근본적인 것으로서, 그는 교회가 믿음을 고백한 사람들의 침례에 기초해야 한다고 결론을 내렸다. 그렇게 하는 게 성경을 따

---

20 스미스의 생애와 사상에 관한 충분한 연구는 Jason K. Lee, *The Theology of John Smyth: Puritan, Separatist, Baptist, Mennonite* (Macon, Ga.: Mercer University Press, 2003)를 보라.

르는 일이며 순수한 교회를 이끌 수 있다. 스미스의 인도에 따라, 분리주의자 회중은 교회로서는 공식적으로 해산했다. 그는 먼저 자기 머리에 물을 부어 자기에게 침례를 주었다. 이어서 그는 헬위스와 다른 40여 명 신자에게 침례를 주었으며, 신자 침례와 교회 서약에 근거하여 교회를 재구성했다.

얼마 지나지 않아, 스미스는 자기가 성급하게 자기에게 침례를 주었을 수 있다고 생각하기 시작했다. 그는 교회 회원들에게 그들이 그에게서 받았던 침례를 거부하도록 설득하려 했으며, 자기는 메노파 교회에 침례를 신청하였다. 하지만 헬위스와 교회의 많은 회원은 스미스의 관심에 동조하지 않았다. 그들은 마지못해 갈라섰으며 박해받더라도 영국으로 돌아가기로 했다. 그들은 1611년 영국 땅에서 첫 번째 침례교회를 세웠으며, 일반침례교회(General Baptist churches) 계보를 시작했다. 그들이 그렇게 불린 것은 그들이 특별 속죄가 아니라 일반 속죄를 믿었기 때문이다.21 그리고 수십 년 동안 영국 전체에 일반침례교회가 수십 개나 생겼다. 그들 글, 특별히 그들 신앙고백에 계속 나오는 주제는 거듭난 사람만이 교회 회원자격이 있다는 믿음이다.

침례교인의 또 다른 계보는 영국에서 시작한 두 번째 분리주의 비밀집회에서 나타났다. 이 그룹은 역사가에게 JLJ 교회로 알려졌는데, 처음 세 목사(Henry Jacob, John Lathrop, Henry Jessey)의 성을 따라 지은 이름이다. 1630년쯤, 이 교회에서 유아세례 문제 논쟁이

---

21 17세기 초까지, 칼뱅주의 신학자는 그리스도의 죽음이 특정 제한된 그룹인 택한 사람을 속죄하게 고안됐다는 견해를 분명히 밝혔다. 이것은 특별 속죄(particular atonement)나 제한 속죄(limited atonement)로 알려졌다. 스미스와 헬위스가 네덜란드로 갔던 바로 그때 제임스 아르미니우스(James Arminius)가 주장하며 선언한 반대 견해는 그리스도께서 일반적으로 모든 사람을 위해 죽으셨다는 견해이다. 이 견해는 일반 속죄(general atonement)로 불린다. 스미스는 칼뱅주의 신학을 배웠지만, 네덜란드에 있는 동안 헬위스와 함께 아르미니우스 견해를 채택함이 분명하다.

일어나기 시작했다. 일부는 일찍이 1633년에 교회를 탈퇴했지만, 그들이 유아세례를 반대해서 떠났는지, 아니면 영국교회가 시행한 모든 침례를 반대했는지는 기록이 분명하지 않다. 1638년에 이르러 적어도 회원 여섯 명이 침례가 신자만을 대상으로 한다는 확신으로 교회를 떠났다는 분명한 기록이 있다. 이들은 칼뱅주의 신학을 고수했으며, 이는 특수침례교인(Particular Baptists) 계보 시작이다.

침례를 강조함에 더해, 일반침례교인와 특수침례교인 모두에게 교회를 구성하는 사람들에 관한 문제가 더 깊고 더 근본적이었다. 레온 맥베스(Leon McBeth)는 이 초기 침례교인이 "'가시적 성도들,' 곧 복음의 의식을 지키고 그리스도의 명령을 따르는 진정한 신자들로 구성한 교회를 추구하였다."라고 말한다.22 순수함은 청교도의 동기였으며, 분리주의자와 침례교인은 순수성 추구를 더 발전시켰다. 침례교인에게 순수한 교회는 신자들만으로 구성해야 했다. 진정한 신자는 분명히 그리스도의 명령에 복종하고 의식을 바르게 지키기를 바라며, 침례교인은 신자 침례를 유일하게 적합한 침례 방식으로 여겼다. 나아가, 침례는 자기 믿음과 회개를 증언하는 사건이었다. 신자 침례를 교회 회원자격의 선행 조건으로 만들면, 거듭남을 회원자격으로 보존할 수 있다. 신자 침례는 거듭난 사람만이 교회 회원자격이 있음을 보호했다. 우리는 이 원리가 교회에 관한 침례교인 사상에 계속 반영함을 본다. 우리는 먼저 그들 신앙고백을 살펴보겠다.

침례교 신앙고백에서 거듭난 사람 교회 회원자격

헬위스는 네덜란드에 있는 동안 자기 교회를 위한 신앙고백서를 작성했다. 그것은 영국 침례교인이 작성한 최초 신앙고백이다. 그 고백이 교회 회원자격을 다루는 방식은 다음과 같다.

---

22 McBeth, *The Baptist Heritage*, 75 ‖ 『침례교회의 역사와 유산 (상)』, 100.

모든 교회는 마태복음 28:19의 원시적 제도와 사도행전 2:41의 관례에 따라, 전파된 복음을 듣고 믿음을 고백한 죄인에게 침례를 베풀어 교회 구성원으로 받아들여야 한다. 따라서 다른 어떤 방식에 따라, 또는 다른 어떤 사람에게서 구성된 교회는 그리스도의 언약을 따르지 않는다.[23]

찰스 W. 드위즈(Charles W. Deweese)는 첫 번째 신앙고백이 교회 회원자격에 관해 이어진 거의 모든 침례교 신앙고백의 표준이 됐다고 말한다. 죄 고백, 믿음 공포, 신자 침례로 교회에게 서약 헌신 등 요소는 "실제로 모든 침례교인의 신앙고백에서 교회를 묘사하는 특징이다."[24]

일반침례교회가 영국에 퍼지자 그들은 협회를 구성했다. 1651년에 이르러 영국 미들랜즈(Midlands) 지역에서 서른 개 일반침례교회가 한 협회를 구성했다. 그들은 「초기 패턴에 따라 모인 서른 개 회중의 신앙과 실천(The Faith and Practice of Thirty Congregations, Gathered According to the Primitive Pattern)」으로 불리는 신앙고백서를 작성했다. 그것은 이러한 초기 침례교인 가운데 누가 바르게 질서 잡힌 교회를 구성해야 하는가에 관한 발진된 일치를 보여준다. "복음 사역으로 전파된 하나님 말씀을 받아들이고, 하나님의 권고에 따라 침례를 받은 사람은 같은 시간 또는 날에 하나님의 가시적 교회에 속한다, 사도행전 2:41."

---

[23] William Lumpkin, *Baptist Confessions of Faith*, rev. ed. (Valley Forge, PA: Judson Press, 1969), 120 ‖ 『침례교 신앙고백서』, 김용복·김용국·남병두 옮김 (대전: 침례교신학연구소, 2008), 147. 럼킨은 원본의 고어 철자와 형태를 보존한다. 다른 특별한 언급이 없으면, 침례교인 고백은 모두 럼킨이 정리한 모음집에서 인용한다.

[24] Charles W. Deweese, *A Community of Believers: Making Church Membership More Meaningful* (Valley Forge, Pa.: Judson Press, 1978), 12.

1660년, 일반침례교회 지도자 40명이 런던에 모여 신앙고백서를 작성했으며, 그것은 1663년에 일반침례교인 총회에서 거듭 확정됐다. 그때부터 그것은 「표준 고백서(The Standard Confession)」로 불렸다. 그것은 침례교인다운 특성의 교회 회원자격에 관한 같은 견해를 제공한다.

> 교회를 모으는 바르고 유일한 길(그리스도께서 정하신 바에 따라, 마태복음 28:19, 20)은 먼저 복음을 사람의 아들과 딸에게 가르치거나 전파하고, 마가복음 16:16, 이어서 그들 가운데 오직 **하나님께로 회개와 우리 주 예수 그리스도를 믿는 믿음을** 고백하는 사람에게 아버지와 아들과 성령의 이름으로, 또는 주 예수 그리스도의 이름으로 **침례를 주는**(곧, 영어로는 **잠기게 하는**) 것이다, 사도행전 2:38. 사도행전 8:12.

초기 영국 일반침례교 신앙고백서의 마지막 한 예는 1678년에 만들어져 영국의 미들랜즈 지역 일반침례교회 54명 대표가 서명한 글에서 가져왔다. 「정통 신조(Orthodox Creed)」로 불리는 이 문서는 영국 국교에 반대하는 진영(침례교인, 장로교인, 회중교인)이 모두 건전하며 근본적인 믿음의 교리들에 동의하는 사람들임을 성공회에 보여주려는 노력 일부였다. 어쨌든 교회 회원자격을 얻는 바른 대상이라는 문제에, 그것은 침례교인 관점을 보존한다. "누구도 먼저 침례를 받지 않고서 그리스도의 가시적 교회에 받아들여져서는 안 되며, 진정으로 하나님께로 회개와 우리 주 예수 그리스도께 복종을 고백하는 사람만이 우리 주께서 거룩하게 제정하시고 원시적으로 실행된 이러한 의식에 적합한 대상이다."

이 모든 예에서 우리는 거듭난 사람 교회 회원자격을 보존하려는 관심을 본다. 신자 침례가 중요함은 그것이 그러한 회원자격을 보존하는 중요한 수단이기 때문이다. 침례는 사람이 교회 회원자격을 얻는 행위로 이해되며, 침례는 거듭난 사람(곧, 회개와 믿음을 고백하는 사람)에게 한정된다. 교파 이름과 그들 고백 모두에서 침례가 중심이 됨은 성경이 신자의 침례만을 가르치고 침례가 거듭난 사람 교회 회원자격이 보존되는 수단으로 사용됨을 말한다는 침례교인 확신에서 파생했다.

특수침례교회 신앙고백도 같은 이야기를 보여준다. 1644년에 런던에 있는 일곱 특수침례교회가 모든 시대에 걸쳐 가장 중요한 침례교인 성명서 하나를 작성했다. 윌리엄 럼킨(William Lumpkin)은 1644년에 작성한 「런던 신앙고백」에 관해 말한다. "아마도 어떤 신앙고백도 이것처럼 침례교인의 삶 형성에 더 큰 영향을 끼치지 못했다."[25] 그것이 묘사하는 교회는 분명히 거듭난 사람으로 구성한 교회이다.

> 그리스도께서는 이 땅에서 영적 왕국을 가지시는데, 그것은 그분께서 사시고 구속하셔서 특별한 유업으로 당신에게 속하게 하신 교회인데, 교회가 우리에게 가시적이듯이, 말씀과 하나님의 성령에 의해 부름을 받아 세상에서 분리돼 복음을 믿는 것을 가시적으로 고백하기에 이른, 그러한 믿음으로 침례를 받은, 그들 머리이시며 왕이신 그리스도의 명령에 따라 실제 의식으로 주님과 연합했으며 상호 동의해 서로 연합한 가시적 성도들의 회합이다.

이 고백이 대단히 형식적이어서, 우리는 이 조항에서 특별히 교회에 관한 침례교인 견해를 묘사하는 여러 개념과 표현을 간략히 주목하겠다. 가시성을 강조한다. 여기서 언급하는 교회는 비가시적 교회가 아니라, 지역에서 가시적 몸이다. 이 교회 구성원 생활방식은 가시적으로 경건함이다. 그들은 신자가 마땅히 살아야 하는 대로 산다. 침례는 믿음을 고백하는 가시적 행위이다. 교회에 가입은

---

[25] Lumpkin, *Baptist Confessions of Faith*, 152 ‖ 『침례교 신앙고백서』, 186.

서약 합의로 주님 그리고 다른 구성원들과 연합을 포함한다. 따라서 침례교회 회원이 되려면 무엇보다 그리스도인으로서 마땅히 살아야 하는 방식대로 사는 진정한 그리스도인이어야 한다. 다음으로 신자 침례로 자기 믿음을 가시적으로 고백해야 한다. 그리고 마지막으로 회원이 될 사람은 교회와 서약을 맺어야 한다. 1656년에 작성한 「서머싯 고백(Somerset Confession)」은 럼킨이 "독특하게 침례교" 원리라 부르는 바를 강조하는 일에 한 걸음 더 나아갔는데, 그것은 교회와 교회 지도자들이 거듭남의 증거를 제시하는 사람만을 교회 구성원으로 받아들여야 하는 의무였다.26 이 진술에서 긴급함과 중요성 어조는 주목할 가치가 있다. "회원을 그리스도의 교회에 받아들이는 일에 교회 그리고 교회와 관계된 사역자가 하나님께 신실한 가운데 행할 의무의 하나는, 새로운 출생 그리고 믿음과 능력의 일을 분명히 보여주는 사람 외에는 누구도 받아들이지 않도록 주의를 기울이는 일이다."

신앙고백서를 두 개 더 간략하게 언급하겠다. 1677년에 처음으로 발행된 「2차 런던 신앙고백서(The Second London Confession)」은 1742년에 이르러 필라델피아 침례교인이 자기들 신앙고백으로 채택했으며, 「필라델피아 신앙고백서(The Philadelphia Confession)」로 이름이 바뀌고, 한 세기 가까이 신대륙(아메리카) 침례교인에게 가장 영향력을 발휘했다. 그 고백은 교회에 관해 다음 말을 한다. "전 세계에서 복음을 믿는 믿음을 고백하며, 그것에 따라 그리스도 안에서 하나님께 복종하고, 기초를 뒤집는 오류나 거룩하지 못한 생활양식으로 자기 고백을 허물지 않는 모든 사람은 가시적 성도이며 그렇게 불릴 수 있다. 그리고 모든 특정한 회중은 그런 사람들로 구성해야 한다."

마지막으로, 1833년에 작성한 「뉴햄프셔 신앙고백서(New Hampshire Confession)」에 주목하겠다. 그것은 결국 아메리카 침례교인과 관계에

---

26 Lumpkin, *Baptist Confessions of Faith*, 202 ‖ 『침례교 신앙고백서』, 243.

서 그것이 가진 중요성 면에서 「필라델피아 신앙고백서」를 대신했다. 교회에 관한 진술은 조금 바뀌어 1925년에 쓴 『침례교 신앙과 메시지(The Baptists Faith and Message)』에서 남침례교회가 채택했고, 1963년과 2000년의 개정판에도 본질적으로 이어졌다. 1833년에 작성한 「뉴햄프셔 신앙고백서」에서 교회에 관한 중심 진술은 이렇다. "그리스도의 가시적 교회는 믿음과 복음의 교제에서 서약으로 연합된 침례 받은 신자들의 회중이다." 교회 회원자격에 세 가지 요구가 이 간략한 표현에 내포되어 있다. 후보자는 그리스도인이어야 하며, 신자 침례를 받아야 하고, 교회와 서약함으로 연합해야 한다.

이 여러 신앙고백서는 단지 공허한 말이 아니었다. 신앙고백서들이 어떻게 적용되었는지 보여주는 흥미로운 예는, 1773년에 찰스턴 침례교 연합회(Charleston Baptist Association)가 발간한 『교회 권징 목록(Summary of Church Discipline)』에 있다.27 사우스캐롤라이나 찰스턴에 있는 침례교회는 남부에서 첫 번째 침례교회였으며, 후에 큰 영향을 끼쳤다. 찰스턴 연합회(The Charleston Association)는 신세계에서 두 번째로 구성된 침례교 연합회였다. 그들은 자기들 연합회와 남부 전체에서 침례교회가 믿음을 실천하는 지침으로 이 문서를 작성했다. 3장에서는 어떻게 사람들을 교회 회원으로 받아들이는지에 관한 구체적 지침을 제공한다.28 여기서 "그들은 진정으로 은혜로운 사람이어야 한다."라고 말하는데, 이것은 그들이 "전적으로 본성 변화"를 경험한 게 분명함을 의미한다. 그들은 "어느 정도 신적이며 영적인 것들의 지식을 가진 사람이어야 한다."라고 말하며, 예로서 열거한 몇몇 항목은 많은 현대 목사에게 도전하는 내용

---

27 이 문서는 James Leo Garrett Jr., *Baptist Church Discipline* (Nashville: Broadman, 1962), 27~52와 Mark Dever, ed., *Polity: Biblical Arguments on How to Conduct Church Life* (Washington, D.C.: Center for Church Reform, 2001), 113~33에 다시 인쇄됐다.

28 이 단락은 Garrett, *Baptist Church Discipline*, 34~39나 Dever, ed., *Polity*, 122~25에서 발견되는 문서의 3장에서 인용했다.

이다. 그리고 그들은 그들 행위를 회중에게 점검받아야 한다. "그들 행위가 그들 고백과 일치하지 않는 것으로" 발견되면 "그들을 교회 회원으로 받아들여서는 안 된다." 다음으로 그들은 신자로서 침례를 받아야 한다. "침례는 교회 교제에 핵심이며 교회 교제를 앞서야 한다는 사실이 모두에 의해 받아들여진다." 그리고 교회는 회원이 되려고 신청하는 사람을 투표로 결정하지만, 교회 구성원이 그 후보자가 모든 요구 사항을 충족함에 만족하게 하려고 점검 기간을 가진 다음에야 그렇게 할 수 있다. 교회가 그렇게 승인하려고 투표할 때 그 후보자는 "하나님의 집에서 규칙과 질서"를 알고 있어야 한다. 이 과정을 거쳐 후보자가 교회와 서약함으로 들어올 때만 그는 그 교회와 연합과 교제에 있는 회원이다.

19세기에는 신자 침수 침례 필요성, 폐쇄 성찬식, 교회 권징, 교회 회원 임무에 관한 논의가 침례교인 가운데 일반적이었으며 그들 정체성을 말하는 특유 관심사로 여겨졌다.29 저명한 침례교도 작가인 제임스 M. 펜들턴(James M. Pendleton)은 판을 거듭한 한 저작에서 자기가 침례교인인 네 가지 이유를 열거한다. 그것은 신자 침례 주장, 침수례를 성경이 명령하는 침례 형태로 받아들임, 교회 회중제 정치를 고수함, 지역교회 회원만을 위한 기념으로서 주의 만찬 준수 등이다.30 침례교 역사가 앤서니 슈트(Anthony

---

29 *The Baptist Manual* (Philadelphia: American Baptist Publication Society, 1848)을 보라. 이 책의 부제목은 '가족의 사용을 위해 의도된, 미국 침례교도 출판 협회의 일련의 출판물 선집; 교단의 특징을 이루는 정서에 대한 해설로서(A Selection from the Series of Publications of the American Baptist Publication Society, Designed for the Use of Families; and as an Exposition of the Distinguishing Sentiments of the Denomination)'이다. 논설 대부분은 거듭난 사람 교회 회원자격과 관련한 문제를 다룬다.

30 J. M. Pendleton, *Three Reasons Why I Am a Baptist with a Fourth Reason Added on Communion* (St. Louis, Mo.: National Baptist Publishing, 1856). 이 책은 매우 유명한 책이었으며, 침례교인이 널리 받아들인 견해를 반영한다.

Chute), 네이선 핀(Nathan Finn), 마이클 헤이킨(Michael Haykin)은 "오늘날까지 모든 주요 침례교 신앙고백서는 거듭난 사람 교회 회원자격을 확고히 말한다"라고 하는데, 침례교 학자 대부분은 이를 "침례교 근본 특징"이라고 한다.31

분명히 여기서 교회에 관한 사상은 아우구스티누스와 중세 교회의 혼합된 몸이나 관료 후원 개혁가들의 지역적 교회와는 크게 다르다. 그것은 침례교인의 특유한 사상이다. 그 사상의 중심은 거듭난 사람 교회 회원자격을 주장함이다. 그것은 침례교 교회론의 여러 중요한 측면들로 가정되거나 그 선행 조건이다.

침례교회 교회론의 중심으로서 거듭난 사람 교회 회원자격

이쯤에, 독자는 왜 우리가 이 문제를 그토록 자세하게 다뤘는지 의아해할 것이다. 적어도 세 가지 이유가 있다. 첫째, 성경적 이유이다. 거듭난 사람 교회 회원자격은 성경이 분명히 말하는 내용이다. 이 점을 강조해야 함은 천 년 이상 이러한 가르침이 교회론과 실천에서 빠졌기 때문이다. 둘째, 역사적 이유이다. 거듭난 사람 교회 회원자격은 침례교인 기원의 배경인 근원적 문제였으며 역사적으로 침례교회 차별적 특성이었다. 이러한 사실은 인지하고 기억해야 한다. 셋째, 신학적 이유이다. 저스티스 앤더슨(Justice Anderson)이 한 말대로 거듭난 사람 교회 회원자격은 "침례교 교회론의 기본적인 요점, 그리고 논리적으로 교회 정치의 출발점"이다.32 찰스 W. 드위즈는 거듭난 사람 교회 회원자격의 중요성은 훨씬 더 광범위하다고 주장한다. "거듭난 사람 교회 회원자격과 침례교인 삶의 다섯 가지 다른 영역—교회 서약, 의식들, 교회 권징, 전도, 소그룹—은 직접 관련이

---

31 Anthony L. Chute, Nathan A. Finn, and Michael A.G. Haykin, *The Baptist Story: From English Sect to Global Movement* (Nashville: B & H Academic, 2015), 331.

32 Anderson, "Old Baptist Principles Reset," 8.

있다."33 아래 내용은 거듭난 사람 교회 회원자격이 침례교인의 여러 중요한 신념들과 연결됨을 잘 나타낸다.

거듭난 사람 교회 회원자격 그리고 신자 침례

첫째로 거듭난 사람 교회 회원자격은 침례교인에게 이름을 준 실제, 곧 신자 침례와 필연적으로 관련이 있다. 현대 침례교 신학자 스탠리 그렌즈(Stanley Grenz)는 신자 침례가 거듭난 사람 교회 회원자격 원리의 '논리적 외적 표현'이라고 본다. 그는 하나님의 백성이 되는 입회식에 세 단계 과정이 있다고 생각한다. "이 과정은 그리스도를 구주와 주님으로 믿는 개인적인 믿음으로 시작하며, 물 침례로 공개적으로 표현하고, 공식적 교회 회원으로 마무리한다."34 이러한 과정을 따름은 침례교 신앙고백서에서 교회를 묘사하려고 자주 쓰이는 "침례를 받은 신자들의 회중"이라는 표현과 조화를 이룬다.

A. H. 스트롱(A. H. Strong)은 거듭난 사람 교회 회원자격과 신자 침례 사이에 비슷한 연결을 확인한다. "거듭남과 침례는 서로 원인과 결과 관계는 아니지만, 둘 다 신약성서에서 하나님께서 당신 백성과 바른 관계를 회복하는 데 본질적이다. 그것들은 한 전체의 한 부분이며, 분리된 것으로 여겨서는 안 된다."35 다른 한편으로 스트롱은 유아세례가 거듭난 사람 교회 회원자격을 허물고 궁극적으로 파괴한다고 주장한다.36 유아로서 세례받은 사람은 거듭난 경험과 상관없이 교회 회원이 된다. 시간이 지나면서, 거듭나지 않은 회원

---

33 Deweese, *A Community of Believers*, 13.

34 Stanley Grenz, *Theology for the Community of God* (Nashville: Broadman & Holman, 1994), 711~12 ‖ 『조직신학―하나님의 공동체를 위한 신학』, 신옥수 옮김 (파주: CH북스, 2017), 775~76.

35 A. H. Strong, *Systematic Theology* (Philadelphia: Judson Press, 1907), 950.

36 Strong, *Systematic Theology*, 958.

자격이 일반화한다. 신자 침례는 거듭난 사람 교회 회원자격을 보호한다. 침례가 신자에게 제한되며 교회 회원자격이 침례를 받은 사람에게 제한되면, 교회 회원자격은 신자(곧 거듭난 사람)에게만 주어진다. 이 두 요구 사항—신자에게만 주어지는 침례와 침례를 받은 사람에게 교회 회원자격이 주어짐—은 침례와 거듭난 사람 교회 회원자격을 연결한다. 이러한 연결은 침례교 신앙고백에서 확인할 수 있다. 그리고 찰스 W. 드위즈에 따르면, 이 신앙고백은 "하나같이 거듭난 사람 교회 회원자격을 만드는 일에 신자 침례가 중심임을 강조한다."[37]

오늘날 어떤 침례교인은 교회 회원자격에 신자 침례를 요구하는 게 정당한지 의문을 제기한다. 그들은 성경이 유아세례를 가르치지는 않아도, 적절하지 않은 침례가 회원자격을 위한 다른 모든 조건을 충족하는 어떤 사람에게 교회 회원자격을 거부할 충분한 이유라고 생각하지 않는다.[38] 목회자로서 내 경험을 말하면, 우리 교회에 가입하려 한, 장로교회 출신 한 부부가 이 문제에 직면했다. 두 사람 모두 다 헌신한 그리스도인이 분명했지만, 남편은 자기 유아세례가 아무 문제가 없다는 생각에, 다시 침례를 받지 않아도 된다고 생각했다. 극히 적은 침례교인이 이 사람 입장에 동의하며 침례와 상관없이 모든 신자를 구성원으로 받아들이는 열린 회원자격을 채택한다. 하지만 침례교인 대부분은 성경 가르침이 분명히 침례가 신자만을 위한 것임을 가리키며, 구원에는 필요하지 않아도 그러한 오만한 방식으로 무시되어서는 안 되는 중요한 순종 단계라고 생각한다. 마크 데버(Mark Dever)는 다음 말을 한다.

---

[37] Deweese, *A Community of Believers*, 13.

[38] 이것은 John R. Tyler, *Baptism: We've Got It Right... and Wrong* (Macon, Ga.: Smyth & Helwys, 2003)과 *Proclaiming the Baptist Vision: Baptism and the Lord's Supper*, ed. Walter B. Shurden (Macon, Ga.: Smyth & Helwys, 1999)에서 여러 기고자가 지지하는 견해이다.

그렇다면 침례는 교회에서 회원자격에 필수인데, 그리스도께서 말씀하신 그토록 분명한 명령을 거부하면서까지 교회에 받아들여지기를 바란다 해도, 그리스도를 따른다고 주장하면서 침례를 받지 않은 사람은 그리스도의 명령을 따르기로 하든지 아니면 그분을 따른다는 주장에 교회 승인이 철회하기까지 즉각 권징을 받기 때문이다. 예수님께서 요청하시는 바에서 침례보다 더 쉬운 일은 없다.39

침례는 사람이 그리스도 안에서 새로운 피조물임을 공개적으로 선포하도록 지시하시고 명령하신 수단이다. 따라서 교회 회원자격에 침례를 요구함으로, 거듭난 사람 교회 회원자격을 보호한다. 이것은 침례교인에게 부차적이지 않고 오히려 중요한 문제이다. 앞에서 언급한 목회 상황에서, 우리는 의문을 제기한 그 사람과 성경 가르침을 읽었는데, 그는 결국 침례가 신자를 대상으로 한다는 사실에 동의하고 침례를 받아 우리 교회에 가입했다. 오늘날 북아메리카 침례교인이 행하는 침례가 여전히 거듭난 사람 교회 회원자격을 효과적으로 보호하는 역할을 하는지는 또 다른 문제이다. 이제 간략하게 이 문제를 살피겠다.

거듭난 사람 교회 회원자격 그리고 회중제 교회 정치

거듭난 사람 교회 회원자격이 침례교 교회론에 근본 역할을 하는 두 번째 영역은 회중제 교회 정치이다. 거의 모든 침례교인은 회중제를 변호하는 데 모든 신자 제사장 교리를 사용한다. 예를 들어, 밀라드 에릭슨(Millard Erickson)은 회중제 교회 정치가 바람직함은 그것이 "내재하시는 성령께서 모든 신자를 인도하신다는 약속"뿐 아니

---

39 Mark Dever, *A Display of God's Glory: Basics of Church Structure*, 2nd ed. (Washington, D.C.: Center for Church Reform/9 Marks Ministries, 2001), 52~53.

라 "모든 신자의 제사장직과 영적인 능력의 원리를 심각하게 받아들이기" 때문이라고 말한다.40 또한 스탠리 그렌즈는 모든 신자 제사장이 "신자 전체가 그리스도께서 당신 백성에게 가지신 뜻을 분별할" 의무가 있다는 견해로 이어진다고 주장한다.41 여기서 교회 모든 구성원이 거듭난 신자-제사장임을 가정하며, 따라서 그들 안에 성령께서 거하시므로 모두가 하나님의 음성을 듣고 교회를 향한 하나님의 뜻을 분별할 능력과 의무가 있다는 것이다. 하지만 이것은 교회가 거듭난 사람들로 구성되며, 따라서 그리스도의 인도를 받을 수 있다는 가정에 기초한다. 1849년에 J. L. 레이놀즈(J. L. Reynolds)가 언급한 대로, 회중제 교회 정치는 그가 '성경 유권자(a Bible constituency)'라고 부른 바를 요구한다. 그는 "교회가 하나님의 성령에 의해 가르침을 받은 믿을 만한 증거를 보이는 사람들만으로 구성되었다면, 그들에게 그들 관심사를 관리하도록 안전하게 맡길 수 있다"라고 설명한다.42

초기 침례교인은 회중제 교회 정치의 근거를 명확히 하는 과정에서 그 이상 요소를 추가했다. 그것은 단순히 **개인** 신자가 아니었다. 거듭남으로써 성령이 거하시는 사람이 교회 정체에 참여하도록 위탁받을 수 있었기 때문이다. 그들은 또한 그리스도께서, 그의 지침을 따라 모였던 **연합한** 몸(corporate body)에게, 곧 거듭난 회원들로 구성된 교회에게 그들이 '교회 권세'라고 부른 특별한 은사를 주신다고 믿었다.

「1차 런던 신앙고백서」는 가시적 정도로 모인 모든 교회에게 "그들의 더 나은 삶을 위하여 그리스도에게서 오는 능력이 주어진다."

---

40 Erickson, *Christian Theology*, 1096 ‖ 참고. 『복음주의 조직신학 (하)』, 282.

41 Grenz, *Theology for the Community of God*, 723~24 ‖ 『조직신학—하나님의 공동체를 위한 신학』, 787~88.

42 J. L. Reynolds, "Church Polity or the Kingdom of Christ, in Its Internal and External Development," reprinted in Dever, ed., *Polity*, 345.

라고 말한다. 1679년에 작성한 「정통 신조(The Orthodox Creed)」는 어떻게 그리스도께서 교회에게 주시는 그러한 능력이 교회 지도자들이 행사하는 권위의 근거가 되는지 구체적으로 말한다. "우리는 위대하신 왕이시며 입법자이신 그리스도, 당신 교회의 우주적이며 유일한 머리인 분께서 당신의 가시적 교회에게 그것의 복지, 질서, 정치를 위해 차위의 권세, 또는 권위를 주셨음을 믿는다. … 그러한 권징과 정치를 위한 파생적인 권세의 실행이 그의 사역자들에게 위임된다." 따라서 교회에 궁극적인 권위는 그리스도이시다. 그분께서 교회에게 '이차적 권세'를 주셨는데, 그것이 회중제 교회 정치 기초이다. 교회는 그 지도자들에게 그러한 권세의 '실행적 부분'을 위임한다.

교회의 권한 교리에 관한 이 가장 충실한 진술은 막대한 영향을 끼쳤던 「2차 런던 신앙고백서」에서 유래했다고 생각한다. 그것은 다음 말을 한다. "그[그리스도]께서는 이렇게 모인 각 교회에게 당신 생각을 따라, 당신 말씀에 선포된 대로 모든 권세와 권위를 주셨다. 그것은 그들이 예배와 규율에서 규칙을 시행하려는 모든 면에서 필요하며, 이 규칙은 그들이 준수하도록 그가 세우셨으며, 그러한 권세를 바르게 행사하고 실행하도록 명령과 규정과 함께 주어졌다."

회중제 교회 정치는 거듭난 사람 교회 회원자격에 세워지며 그것을 전제로 한다. 거듭난 회원만이 자기를 다스릴 역량이 있기 때문이다. 최근 일부 침례교도 사이에 장로제 교회 정치를 수용하려는 작을지라도 상당한 움직임이 있다. 이것은 적어도 부분적으로, 불건전한 회중을 다루는 데 어려움을 겪는 목사들이 보이는 움직임이다. 하지만 문제는 교회 정치의 한 체제로서 회중제에 있는 게 아니라, 거듭난 회원들로만 구성되지 않은 특별한 회중들에 있다. 회중제 교회 정치는 거듭난 사람 교회 회원자격을 요구한다.

거듭난 사람 교회 회원자격 그리고 주의 만찬

거듭난 사람 교회 회원자격은 또한 주의 만찬, 또는 성찬식이라는 의식에 관한 침례교인 입장과도 관련이 있다. 11장에서 이 의식 의미를 자세히 논의하겠다. 여기서 다룰 문제는 그것에 적절하게 참여할 수 있는 사람이다.

모든 주요 전통과 함께 침례교인은 주의 만찬에 참여는 믿는 사람, 곧 그리스도를 믿는다고 고백하는 사람에게만 제한해야 한다고 믿었다. 교회 역사에서, 주의 만찬을 '회심 의식'으로 여기고, 그렇기에 회심하지 않은 사람에게도 주의 만찬을 개방해야 한다고 주장한 한 몇 사람이 있었으며,[43] 오늘날도 결정인 개인 양심에 맡긴 채 주의 만찬에 참여하려는 사람은 누구에게나 참여하게 하는 몇몇 교회가 있다. 이런 상황에서, 그 결과는 주의 만찬에 "신자와 불신자가 같이 참여한다."[44] 그러나 이는 침례교인 삶에 매우 드문 일이

---

[43] 솔로몬 스토다드(Solomon Stoddard)와 존 웨슬리(John Wesley)가 이 견해를 지지하는 가장 잘 알려진 인물이다. 스토다드에 관해서는 그가 쓴 글, "Nine Arguments against Examination Concerning the Work of Grace before Admission to the Lord's Supper" (1679), 그리고 E. Brooks Holifield, *The Covenant Scaled: The Development of Puritan Sacramental Theology in Old and New England, 1570~1720* (New Haven, CT: Yale University Press, 1974), 208~20을 보라. 웨슬리에 관해서는 Horton Davies, *Worship and Theology in England, vol. 2, From Watts and Wesley to Martineau, 1690~1900* (Grand Rapids: Eerdmans, 1996), 208 n.69에서 그의 글을 인용한 부분을 보라. 현대 영국 침례교인이 주장한 비슷한 내용은 Anthony Clarke, "A Feast for All? Reflecting on Open Communion for the Contemporary Church," in *Baptist Sacramentalism* 2, eds. Anthony Cross and Philip E. Thompson, Studies in Baptist History and Thought, vol. 25 (Milton Keynes, UK/Colorado Springs/Hyderabad, India: Paternoster, 2008), 92~116을 보라. 클라크는 주의 만찬을 "모든 사람이 하나님 구원 이야기를 찾아 이해하도록 초대함으로 은혜를 제시"(116쪽)라고 이해하자고 제안한다.

[44] Gregg Allison, *Sojourners and Strangers: The Doctrine of the*

다. 2012년에 남침례교회를 조사하니, 5% 교회만 주의 만찬을 "참여하려는 사람이면 누구에게나" 제공한다.45

주의 만찬을 믿는 사람에게만 제한하는 여러 이유를 쉽게 찾아볼 수 있다. 아직 모르는 분을 기억하며 어떻게 떡을 먹고 잔을 마실 수 있으며(고전 11:24~25), 한 몸의 지체가 아닌 사람이 한 덩이 빵에 어떻게 제대로 참여할 수 있겠는가(고전 10:16~17)? 주의 만찬을 믿는다고 고백하는 사람에게만 제한은 실제로 모든 그리스도인 모임에 널리 받아들여졌다. 역사적으로, 이는 공개 만찬, 곧 믿는다고 고백하는 모든 사람에게 열린 만찬으로 알려졌다.

그러나 침례교인의 주의 만찬 관행은 믿는다고 고백하는 사람에게만 제한을 역사적으로 넘어서서, 주의 만찬 준행을 교회와 교회 회원자격에도 연결했다. 그리고 침례교인은 신자 침례를 교회 회원자격에 요구 조건으로 역사적으로 여겼기에, 침례, 교회 회원자격, 주의 만찬 등 이 세 가지를 연결했다. 가장 최근 침례교 신앙고백인 『침례교 신앙과 메시지』 2000년 개정판은 이 연결을 표현하면서 역사적 표현을 반영한다. 침례에 관해 다음 말을 한다. "교회 의식이기에, 그것은 교회 회원자격과 주의 만찬 특권에 전제 조건이다." 더 자세히, 주의 만찬이 "교회 회원"을 위한다고 분명히 말한다.46

침례교인은 침례와 주의 만찬이 특별한 방식으로 교회에게 주어지지, 단순히 그리스도인 개인에게 주어지지 않는다고 믿는다. 침례교 신앙고백에서 교회를 정의하는 거의 모든 내용은 의식을 교회

Church, Foundations of Evangelical Theology (Wheaton, IL: Crossway, 2012), 400~01.

45 Carol Pipes, "Lord's Supper: Lifeway surveys churches; practices, frequency," http://www.bpnews.net/printerfriendly.asp?ID=38730 (2012년 9월 18일에 접속).

46 "The Baptist Faith and Message," 2000 rev. ed. (Nashville: Lifeway Christian Resources, 2000), 14.

구 요소로 말한다. 1833년에 작성해 영향을 끼친 「뉴햄프셔 신앙고백서」는 교회를 "복음을 통한 신앙과 교제에서 서약으로 연합된, 그리스도께서 정하신 의식들을 지키는 침례받은 신자들의 회중"으로 정의한다. 그러므로, 교회가 아닌 데, 곧 결혼식이나 가정 성경공부 모임에서 주의 만찬 실행에 불편해했다.47 그런 준수가 잘못도 아니며 죄도 아니고, 그렇다고 그들이 주의 만찬 의미를 완전히 구현할 수도 없다. 고든 피(Gordon Fee)는 고린도전서 10:16~17; 11:29을 근거로 주의 만찬이 참여하는 사람이 그리스도 안에서 한 몸임을 표현하고, 기념하고, 선포하려고 기획됐다고 주장한다.48 이는 주의 만찬 의미의 일부이다.

그렇다면 주의 만찬은 지역교회의 거듭난 회원을 위한 것이다. 지역교회의 거듭난 회원**만** 참여하게 하는지, 다른 지역교회 회원에게까지 확장하는지, 믿는다고 고백하는 다른 사람도 참여하게 하는지는 11장에서 더 자세히 살피겠다. 지금은 침례와 회중제 교회 정치처럼, 침례교인의 주의 만찬 관행이 거듭난 사람 교회 회원자격을 이해하는 일과 관련이 있다고만 말한다.

거듭난 사람 교회 회원자격 그리고 교회 권징

거듭난 사람 교회 회원자격을 비판하는 한 가지는, 거듭남이 하나님의 내적이며 비가시적 사역이기에 그것을 분명하게 분별할 수 없으며, 따라서 교회 회원자격에 불가능하거나 실행할 수 없는 필요 조건이라는 점이다. 하지만 거듭남이 내적이며 비가시적 사역이

---

47 이 논의는 John S. Hammett, *40 Questions about Baptism and the Lord's Supper* (Grand Rapids: Kregel Academic, 2015), 42~44를 보라.

48 Gordon Fee, *The First Epistle to the Corinthians*, The New International Commentary on the New Testament, ed. F. F. Bruce (Grand Rapids: Eerdmans, 1987), 466, 563~64 ‖『고린도전서』, 개정판, NICNT, 최병필 옮김 (서울: 부흥과개혁사, 2019), 602, 716~17.

어도, 침례교인은 그것이 외적이며 가시적 결과를 드러낸다고 역사적으로 주장했다. 그들은 침례와 교회 회원자격을 추구하는 사람들이 삶에서 그들 신앙고백을 지지하는 '가시적 성도'이길 바랐다. 침례교인은 어떤 사람이 거듭났는지 아닌지 전혀 틀림없이 알 수 있다고 주장한 게 아니라, 교회가 어떤 사람의 삶이 거듭났다는 주장을 지지하는지 그것과 반대되는지 판단할 수 있으며 또한 판단해야 한다고 주장했다. 찰스턴침례교회 「교회 권징 요약(Summary of Church Discipline)」은 이렇게 말한다. "그들 행위가 그들 고백과 서로 맞선다면, 그들을 교회 회원으로 받아들여서는 안 된다."49

한때 거듭났다는 가시적 증거를 보이고 교회에 가입했지만, 후에 행위에서 신앙고백을 배반한 사람에게 침례교인이 제시한 구제책은 교회 권징 실행이었다. 거듭난 사람 교회 회원자격이 지속하는 가시적 실체이며 단순히 이론이 되지 않으려면, 권징을 실행해야 했다. 그것이 가능했던 것은 거듭난 사람이 회원들로 구성된 교회는 교회 권징을 실행할 능력이 있었기 때문이다. 앞에서 우리는 어떻게 초기 침례교인이 그리스도께서 바르게 모인 회중들(곧, 거듭나고 침례받은 신자들로 구성된)에게 '교회의 권세' 은사를 주셨음을 믿었는지 언급했다. 거의 모든 침례교 신앙고백이 이러한 교회의 권세를 바르게 행사하는 일의 하나로 교회 권징을 언급한다.

교회 권징과 거듭난 사람 교회 회원자격은 전자가 오직 후자로 구성된 회중에 의해서 효과적으로 실행될 수 있으며 후자의 참됨을 유지하기 위해 전자가 필요하다는 점에서 서로 관련이 있다. 교회의 권징을 실천하려는 이러한 공약과 그것과 함께 진정으로 거듭난 사람 교회 회원자격에 헌신은 19세기까지 미국 침례교인이 잘 유지했다. 그레그 윌스(Greg Wills)는 19세기 조지아 침례교인에 관한 연구에서 이렇게 말한다. "그들은 권징을 교회 생활 중심에 두었다.

---

49 Benjamin Griffith, "A Short Treatise Concerning a True and Orderly Gospel Church," in Dever, ed., *Polity*, 99.

… 복음을 선파하는 것조차도 그들에게는 권징을 실행하는 것보다 더 중요하지 않았다"50 18세기와 19세기에, 침례교인의 교회 논의는 거의 항상 교회 권징 논의를 포함했는데,51 권징은 거듭난 사람 교회 회원자격과 직접 연결됐으며, 후자는 교회에 대한 침례교인 비전의 중심이었기 때문이다. 하지만 19세기 후반부와 20세기에 교회 권징은 침례교인 사이에서 거의 사라질 정도로 감소했으며, 거듭난 사람 교회 회원자격에 미치는 결과는 충분히 예상할 수 있다. 아래에 그 결과를 상세히 설명하겠다.

〈보기 4.1〉은 거듭난 사람 교회 회원자격과 침례교인 교회론의 다른 중요한 요소들의 연결점을 요약하고 그들 연관성을 분명히 하며, 그리하여 거듭난 사람 교회 회원자격이 침례교인 교회 표지의 중심임을 정당화하려고 시도한다.

거듭한 사람 교회 회원자격은

- 신자 침례에 선행하고 그것으로 보호받는다.

- 회중제 교회 정치의 근거다.

- 침례교인이 행하는 주의 만찬에 반영되고 보존된다.

- 효과적인 교회 권징의 선행 조건이며 교회 권징으로 보호받는다.

〈보기 4.1.〉 **침례교회 교회론의 핵심인 거듭난 사람 교회 회원자격**

---

50 Gregory A. Wills, *Democratic Religion: Freedom, Authority, and Church Discipline in the Baptist South 1785~1900* (New York: Oxford University Press, 1997), 8. 윌스는 이 시대에 침례교인이 비침례교인보다 그들 회원을 더 큰 비율로 권징을 실행했으며, 남침례교인은 북쪽에 있는 그들 침례교인 형제자매보다 더 큰 비율로 권징을 실행했음을 보여준다.

51 1697년에서 1874년까지 기록되었으며 데버(Dever)의 *Polity*에 포함된 열 개의 "역사적인 침례교도 문서" 모두 교회 권징 주제를 다룬다.

거듭난 사람 교회 회원자격은 역사적이며 신학적으로 침례교회의 표지로 정당하게 불릴 수 있지만, 실제로 오늘날 북아메리카에서 압도적으로 많은 침례교회는 그 회원자격을 실행한다는 증거를 거의 보이지 않는다. 어떻게 해서 그 표지가 사라졌으며, 어떻게 그것이 회복될 수 있는가는 다음 장에서 다룰 주제이다.

어디서 잘못 들어섰고, 어떻게 올바로 갈 수 있는가? 5장
—신실함으로 돌이키기

WHERE WE WENT WRONG AND HOW WE
CAN GET RIGHT *Returning to Faithfulness*

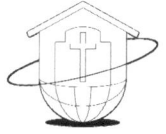

　거듭난 사람 교회 회원자격 교리를 여전히 공식 진술로 확정하지만, 북아메리카에 있는 침례교회 대부분을 대상으로 한 통계는 다른 현실을 나타낸다. 예를 들어, 미국에서 가장 큰 침례교 교단인 남침례교총회(Southern Baptist Convention)는 2016년에 자기 교단에 속한 47,272개 교회의 회원이 총 15,216,978명이라고 보고했다. 하지만 1천 5백만 명이 넘는 회원 가운데 단지 5,200,716명, 곧 34.2%만이 그들 교회 주일 오전 예배에 평균적으로 참석했다.[1] 모

---

　[1] 솔직히 말해 이 책 초판을 출판하고 불과 몇 년 사이에 상황이 좋아

든 교회에는 매주 아프거나 출타한 회원이 있지만, 천만 명이 넘는 결석 회원들 대부분은 육체적으로 건강하며 집에 있어도 여러 해 동안이나 하나님의 백성과 함께 모이지 않으며 모임에 빠진다. 하지만 그들은 침례교회 대부분에서 계속해 괜찮은 교회 구성원으로 남아있다. 하나님께서만 그들 마음을 아시겠지만, 그들은 거듭난 신자처럼 살지 않는다.

또한 침례교인이라 하면서도 교회에 출석하지 않는 구성원이 하는 행위도 걱정스럽다. 한 보고서는 침례교인 이혼율이 일반문화 이혼율과 크게 차이 나지 않는다고 말한다. 많은 침례교인이 알코올 중독, 외설 책 중독, 배우자 학대와 자녀 학대, 간음과 세상이 제공하는 거의 모든 악이라는 그물에 걸려있다. 겉으로 보기에는 주변에 거듭나지 않은 세상과 차이가 없는 삶을 살면서도, 침례교회 회원자격이 있는 사람일 수 있다. 교회 예배에서 초청에 응해 앞으로 나오고 삶의 한 시점에서 침례를 받은 다음, 침례교회 대부분에서는 지속적 회원자격에 어떤 요구도 하지 않는다. 로터리(Rotary) 클럽이나 키와니스(Kiwanis) 클럽에서 회원자격을 유지하기는 매우 힘들다. 그들은 회원에게 회비를 요구한다.

세상은 이 모든 것을 경멸한다. 자격 있는 교회 회원이라고 주장하지만, 어떤 사람이 교회 밖에 있는 사람들과 다르지 않게 사는 위선자들로 지역 침례교회가 가득하다고 말한다면, 침례교인은 대답할 말이 없다.[2] 침례교 목사와 교회 지도자는 자기 교회 회원이

지지 않고 오히려 더 나빠졌다고 보고할 수밖에 없어 슬프다. 2004년 통계자료와 비교하면, 그 이후로 침례교인은 백만(1,050,516) 명 이상 줄었고, 평균 출석은 80만(823,573) 명이 줄었으며, 예배 참석율은 37.0%에서 34.2%로 줄었다.

[2] 사실, 이 자료는 2007년에 6개월 동안 예배에 참석하지 않은 성인 1,402명을 대상으로 했다. 72%가 "교회가 위선자로 가득한데, 자기가 하는 일과 똑같은 일을 한다고 다른 사람을 비난하는 사람들이다."라는 말에 동의한다. 에드 스테처(Ed Stetzer)는 "우리가 연구한 바에 따르면, 많은 사람

600명 회원이면 출석하는 회원은 200명이 넘지 않음을 잘 안다. 그리고 출석하지 않은 400명 회원 대부분은 여러 해 동안 결석하고 있다. 실제로 일부 교회에서는 사망한 사람인데도 여전히 자격 있는 회원으로 회원 명단에 있을 수 있다! 우리는 거듭난 사람 교회 회원자격이 오늘날 북아메리카 침례교회 대부분을 특징짓는다고 진지하게 주장할 수 없다—남침례교총회 2008년 모임에서 채택한 결의안에 공식으로 인정한 사실이다. "거듭난 사람 교회 회원자격 이상은 오랫동안 소중한 침례교 원리였으며 지금도 그렇다." 그러나 분명한 증거에 비추어, 총회는 그 교회에게 "거듭난 사람 교회 회원자격에 헌신하겠다고 고백한 대로 실천하지 못한 일을 회개하라고"3 권면한다.

한때 교회에 관한 침례교 사상에서 그토록 핵심이었던 교리가 어떻게 그토록 철저하게 버려질 수 있었는가? 여러 시각에서 다양하게 설명할 수 있다.

거듭난 사람 교회 회원자격의 실종

사회과학자 관점에서 보면, 침례교인은 사회학자들 말대로 '종파'가 '교회'가 되려는 경향을 보여주는 좋은 예를 제공한다. 에른스트 트뢸치(Ernst Troeltsch)가 쓴 고전적 저작인 『그리스도인 교회의 사회적 가르침』은 '종파'를 주변 문화에 분리주의적이며 부정적으로

은 십자가 메시지를 듣기도 전에 교회"라고 말한다. Mark Kelly, "Study: Unchurched Americans Turned Off by Church, Open to Christians," http://www.lifeway.com/Article/LifeWay-Research-finds-unchurched-Americans-turned-off-by-churchopen-to-Christians(2017년 6월 15일에 접속)를 보라.

3 "On Regenerate Church Membership and Church Member Restoration," 1, http://www.sbc.net/resolutions/1189/on-regenerate-church-membership-and-church-member-restoration, 2017년 6월 16일에 접속.

접근하는 단체로 묘사하나, '교회'를 좀 더 포괄적이며 수용적으로 접근하는 모임으로 묘사한다.4 로드니 스타크(Rodney Stark)가 한 표현대로, 종파는 '강도 높은' 신앙이 그 특징이다. 구성원에게 많은 것을 요구한다. 시간이 지나면서 이후 세대는 이전 세대가 요구한 높은 강도를 공유하지 않는 경향이 있다. 그들은 사회와 경제적 발달과 동화하는 방향으로 나아가는 경향을 보인다. 이는 문화에 대항하는 신앙에 진정으로 헌신하면 잃을 게 더 많다는 뜻이다. 또한 그런 단체 지도자는 헌신 강도 수준을 낮춤으로 그들 단체가 좀 더 급속하게 성장할 수 있다고 생각한다.5 많은 목사와 교회 지도자에게서, 특별히 성장을 교회 성공에 유일한 잣대로 보지는 않을지라도 그것을 가장 크게 평가하는 문화와 교단에서 성장하려는 열망은 순수함을 추구하는 열망을 쉽게 짓누를 수 있다. 이 분석에서 일부 측면은 침례교인 가운데, 특별히 남부에서 일어난 일과 일치한다. 크리스틴 헤이어만(Christine Heyrman)은 19세기 남부에서 침례교인, 감리교인, 장로교인에 관한 연구에서 복음주의 교회 회원이었던 남부 지방 사람 비율은 19세기 초에는 상당히 낮았지만 교회가 그들 기준을 완화하면서 더 높아짐을 보여준다. 그녀가 한 연구에 따르면, 남부 바이블 벨트(Bible Belt)는 그리스도인이 문화를 정복한 게 아니라 문화에 적응으로 시작했다고 결론을 내린다.6 하지만 하나님의 백성에게 문화적인 순응은, 이교도와 결혼하지 말라는 명령을 들은 구약 시대 유대인부터 자기들이 정복한 이교도 종족의 많은 관례를 받아들이고 '세례'를 준 가톨릭 그리고 자기들이 속한 시대

---

4 Ernst Troeltsch, *The Social Teaching of the Christian Churches*, trans. Olive Wyon (London: Allen & Unwin; New York: Macmillan, 1950).

5 Rodney Stark, *For the Glory of God: How Monotheism Led to Reformations, Science, Witch-Hunts, and the End of Slavery* (Princeton: Princeton University Press, 2003), 24.

6 Christine Leigh Heyrman, *Southern Cross: The Beginnings of the Bible Belt* (New York: Alfred A. Knopf, 1997), 27.

5장 어디서 잘못 들어섰고, 어떻게 올바로 갈 수 있는가?—신실함으로 돌이키기

의 사회에 쉽게 적응하는 현대 북아메리카 침례교인에 이르기까지 항상 힘든 일이었다.

마찬가지로, 일반적으로 인식되는 바는 개인으로서 그리고 교단으로서 그리스도인이 열심히 일할 때 사회 경제적으로 지위가 향상되는 경향이 있으며, 덜 사치스럽고, 자기 자녀들에게 더 나은 기회를 제공하려고 한다는 점이다. 하지만 예수님께서 말씀하신 대로 "부자는 천국에 들어가기가 어렵다"(마 19:23). 따라서 성장률과 헌신에서 감소가 사회 경제적 향상을 수반하는 경향이 있다.

하지만 사회과학적 설명과 함께, 분명한 신학적 또는 교회론적 설명도 있다. 우리는 앞에서 신자 침례와 교회 권징이 거듭난 사람 교회 회원자격을 보호하는 역할을 한다는 사실에 주목했다. 거듭난 사람 교회 회원자격은 신자 침례와 교회 권징이라는 안전장치가 느슨해지면서 사라지기 시작했다.

앞에서 우리는 침례교 신앙고백에서 침례와 교회 회원자격에 앞서 거듭남을 보여주는 증거 필요성에 관한 참으로 강력한 여러 진술에 주목했다. 이것은 그들이 침례를 얼마나 진지하게 생각했는지를 나타낸다. 침례는 어른이 자기 결정에 따라 받기에, 결코 가볍게 다룰 수 없다. 사람들은 리처드 퍼만(Richard Furman)이 찰스턴제일침례교회에서 한 사역(1787~1825)이 어린이를 다루는 일에서 "너무 이른 신앙고백에 조심하는 데 가장 큰 관심을 두었다."라고 말한다.7 하지만 시간이 지나면서 북아메리카 침례교인 삶에서 침례받는 사람의 평균 나이는 계속 어려졌다. 1966년 이전에, 남침례교인은 침례받은 미취학 아동 수에 관한 통계자료를 가지고 있지 않았지만, 그 당시 교단 통계 전문가는 그것이 높아지는 추세임을 분명히 알았다. 다음 23년 동안, 침례받은 미취학 아동 수가 세 배로 증가

---

7 이 진술은 무명 작가가 쓴 리처드 퍼만의 전기에서 가져온 것이며 James Leo Garrett Jr., *Baptist Church Discipline* (Nashville: Broadman, 1962), 21에서 인용했다.

했다.8 어떻게 미취학 어린이가 초기 침례교인에게 자기가 실제로 거듭났으며 교회 회원으로서 임무와 의무를 행할 능력이 있음을 이해하게 했는지 알기 어렵다. 예를 들어, 「교회 권징 요약(Summary of Church Discipline)」은 교회 사역을 재정적으로 지원하는 일에 헌신, 다른 회원들을 위한 기도, 병자 방문과 교회 섬기는 데 은사 사용 등을 교회 회원 임무로 열거한다.9 미취학 아동이 이러한 임무를 이행한다고 보기 어렵다.

1978년에 찰스 W. 더위즈(Charles W. Deweese)는 신중하지 않게 침례를 베푸는 일이 침례교인을 거듭나지 않은 사람 회원자격으로 이끄는 경향의 하나로 여겼다. 그는 침례에 관한 훈련 결여, 실제 침례식을 너무 가볍게 다루는 경향, 훨씬 어린아이에게 침례를 주는 방향으로 움직임 등을 문제가 있는 세 가지 영역이라고 지적했다.10

많은 현대 침례의 유효성은 남침례교총회 국내 선교위원회(Home Mission Board)가 진행한 1993년 연구로 더 도전받았다. 1993년 남침례교회에서 행한 어른(18세 이상) 침례에 관한 연구에서, 그들 다수의 침례(60%)가 재침례로 불릴 수 있음을 발견했다. 일부는 이전에 유아세례를 받았던 사람들 침례였지만 어른 침례의 36%는 어렸을 때 남침례교회에서 받은 침례였다. 어떻게 해서 다시 침례를 받으려 하는가는 질문에, 많은 사람은 그들이 처음 침례받았을 때 자기가 거듭난 사람이 아니었기 때문이라고 말했다.11 이것은 이들 개

---

8 "Distributions of Baptism by Age and Location," *Quarterly Review* 27, no. 3 (1967): 44; "Number of Baptisms by Age Divisions—989," *Quarterly Review* 50, no. 4 (1990): 21을 보라.

9 Garrett, *Baptist Church Discipline*, 40~42.

10 Charles W. Deweese, *A Community of Believers: Making Church Membership More Meaningful* (Valley Forge, Pa.: Judson Press, 1978), 14~15.

11 Phillip B. Jones et al., *A Study of Adults Baptized in Southern Baptist Churches, 1993* (Atlanta: Home Mission Board of the Southern Baptist Convention, 1995), 5.

인이 대단히 잘 속이는 사람들이었거나 일부 교회와 목사가 신자에게 침례를 준다는 분명한 확신이 없이 침례를 주었다는 뜻이다. 많은 사람이 이러한 문제로 힘들어한다. 그들은 어릴 때 침례를 받았지만 많은 시간이 흐르기까지 자기가 그리스도와 참된 관계에 있다는 증거를 확인하지 못한다. 그들은 자기가 신자 침례를 받았는지 그렇지 않은지를 확신하지 못한다.12

대조적으로, 세상 다른 곳에 있는 침례교인에게는 이러한 문제가 없다. 루마니아에서는 규정이 없으면, 14살 전에는 누구도 침례를 요청하려고 생각하지 않는다. 아프리카나 아시아에서 많은 침례교인 모임도 마찬가지이다. 내가 브라질에서 본 침례교회 관행은 놀라웠다. 믿음을 고백한 회심자는 새신자반에 6주에서 13주까지 머물렀다. 새신자반을 운영하는 주된 목적은 개인이 복음을 이해했으며 정당한 신앙고백을 했음을 가능한 한 분명히 하는 일이었다. 새신자반에 이어, 침례 준비 과정에서 다음 단계는 회중 앞에서 구원 간증이다. 후보자는 회심 경험을 설명하고, 그리스도를 믿음, 죄인임을 깨달음, 복음 이해 등을 묻는 목사와 회중에게 대답했다. 그런 후에야 회중은 그 사람에게 침례를 줄 것인지 투표했다. 이것은 북아메리카 침례교회에서 침례 후보자에게 관심을 보이지 않는 경향과는 아주 다르다. 북아메리카 침례교회가 회심의 가시적 증거를 보이지 않은 사람에게 침례를 주고 교회 회원으로 받아들이기 시작했을 때, 거듭난 사람 교회 회원자격은 사라지기 시작했다.

거듭난 사람 교회 회원자격에 관한 두 번째 보호 수단인 교회 권징은, 19세기 후반에 북아메리카 침례교회에서 사라지기 시작했다. 그렉 윌스(Greg Wills)가 한 연구와 스티븐 헤인즈(Stephen Haines)가

---

12 신학대학원에서 21년 동안 가르치며 수백 명 학생과 이야기를 나눈 경험으로, 나는 이 문제가 꾸준하리라고 확신한다. 어린 나이에 침례받은 그리고 후에 그들이 무엇을 했는지를 알았는지 또는 몰랐는지에 의구심을 품은 많은 학생과 이야기했다. 몇 학생은 처음 침례를 받을 때 신자가 아니었다고 결론짓고, 따라서 신자 침례를 요청했다.

한 연구는 그때 감소하기 시작했다고 보는 데 의견을 같이한다. 헤인즈는 20세기에 더 감소했다고 덧붙인다.13 헤인즈는 가혹한 권징에 혐오감과 함께 미국 교회에서 개인주의, 인류에 관한 더 긍정적인 견해, 일반적 '가치와 절차의 세속화' 등을 권징 감소에 몇 가지 원인으로 여긴다.14 또한 윌스는 개인주의가 회중의 권위 토대를 침식하며, 사업적 방법이 "순수함 추구를 효율성 추구로 대체한다."라고 생각한다.15 하지만 그는 또한 그 과정이 깨닫지 못하는 사이에 일어남에 주목한다. "누구도 공개적으로 권징 감소를 옹호하지 않았다. … 마치 침례교인이 서로에게 책임을 지우는 일에 지쳐갔듯이, 그것은 단순히 희미해져 갔다."16 교회 권징 사라짐과 그것이 거듭난 사람 교회 회원자격 잃음과 관련은 이 장 앞부분에서 언급한, 2008년에 남침례교총회가 채택한 결의안에서 드러났다. 그 자료는 "우리가 거듭난 사람 교회 회원자격에 헌신하겠다고 고백한 대로 실천에 실패"를 "제멋대로 하려는 교회 회원을 사랑으로 바로잡는 일로 예수 그리스도께 순종하는 데 실패"를 연결했고, "교회 권징에 관한 우리 주님의 가르침을 회복해 실현하려는" 교회를 지원하고 격려했다.17

침례 후보자를 신중하게 살피지 않음으로, 거듭나지 않은 많은 사람이 침례를 받고 합법적으로 침례교회 회원이 돼 교회로 들어왔다. 교회 권징이 거의 소멸해 뒷문은 확고하게 닫혔으며, 거듭나지 않은 방식으로 끈덕지게 행하는 사람들은 교회 명부에 그대로 있

---

13 Gregory A. Wills, *Democratic Religion: Freedom, Authority, and Church Discipline in the Baptist South 1785~1900* (New York: Oxford University Press, 1997); Stephen Haines, "Southern Baptist Church Discipline, 1880~1939," *Baptist History and Heritage* 20 (1985): 14~27.

14 Haines, "Southern Baptist Church Discipline," 25~26.

15 Wills, *Democratic Religion*, 9, 139~40도 보라.

16 Wills, *Democratic Religion*, 9.

17 "On Regenerate Church Membership and Church Member Restoration," 1~2.

다. 그 결과, 북아메리카 침례교회 대부분에서 거듭난 사람 교회 회원자격이라는 주장은 더는 믿을 수 없었다.[18]

거듭난 사람 교회 회원자격으로 돌이키기

의심할 여지 없이, 의미 있으며 참된 헌신과 거듭남의 증거를 포함하는 회원자격 회복으로 나아가려는 모든 시도는 위험으로 가득하다. 지금 북아메리카 침례교회에서 그러한 회복은 실제로 가능한가? 이전 침례교인이 너무 배타적이며 불필요하게 사람들을 돌려보냈다고 주장할 수 있지 않은가? 오늘날 침례받으러 온 사람에게 심각한 질문을 던지고 교회 권징을 규칙적으로 다시 실행해야 한다면, 기분 나빠하며 침례교회를 떠나지 않겠는가? 이것은 실로 싸울 가치가 있는 전쟁인가? 이것들은 모두 조심스럽게 생각할 필요가 있는 심각한 질문이다. 이러한 영역에서 변화를 시도하는 목사는 그 일을 진행할 때, 천천히 움직여야 하며 사람들과 신뢰를 쌓고 성경 진리에 관한 그들 이해도를 높여야 한다. 특별히 교회 권징은 징벌보다 회복을 목적으로 한다는 사실을 분명히 설명해야 한다. 어쨌든, 이 영역에서 변화하려는 때가 무르익었다. 아직은 적지만 그래도 여러 교회가 새신자반을 운영하고 교회 서약에 헌신을 요구하며 교회 권징을 실행하기 시작했다는 입증되지 않은 증거가 있다.[19] 거듭난 사람만이 교회 회원자격이 있다는 교리를 회

---

[18] 흥미롭게도 허물어지는 거듭난 사람 교회 회원자격, 약해지는 신자 침례, 사라지는 교회 권징과 함께 우리는 또한 팽배해 있는 폐쇄 성찬식 거부와 회중제 교회 정치를 의심하는 현상을 겪는데, 이것은 이 모든 요소가 서로 연결되어 있다는 증거이다.

[19] 이런 관행은 최근 많은 책에서 촉구됐는데, Thomas White, Jason Duesing, and Malcolm Yarnell III, eds., *Restoring Integrity in Baptist Churches* (Grand Rapids: Kregel, 2008); Jonathan Leeman, *The Church and the Surprising Offense of God's Love: Reintroducing the Doctrines of Church Membership and Discipline* (Wheaton, IL:

복하려는 고군분투는 네 가지 이유에서 분명히 가치가 있다. 이 이유를 검토한 다음, 우리는 지역교회에서 그러한 회복을 시작하게 돕는 실제 방법 세 가지를 제안하겠다.

첫째, 거듭난 사람 교회 회원자격 회복이 오늘날 침례교회에 최우선 사항이어야 함은, 그것이 우리 연합된 증거에 끼칠 효과 때문이다. "당신들 교회는 위선자로 가득합니다"라는 통상적인 평계에, "글쎄요. 우리가 완벽하지 않지만, 그리스도를 따르는 일에 전념하고 있습니다."라고 대답할 수 있으며, 교회 회원들 삶과 사역이 그러한 사실을 뒷받침한다는 사실을 알고 있다고 상상해 보라. 의미 있는 회원자격은 사람들을 쫓아내기보다 교회가 제시할 수 있는 가장 매력적인 증언일 수 있다. 그렉 윌스는 1790년에서 1860년까지 침례교회가 높은 권징 비율을 유지했을 때 그들은 또한 높은 성장률을 유지했으며 인구증가율보다 두 배나 높은 비율로 성장했지만, 권징이 감소하면서 그들 성장도 감소했다고 말한다.20 의미 있는 회원자격 회복은 복음의 빛이 우리를 통하여 더 분명하고 아름답게

Crossway, 2010) ‖『21세기 교회의 순전함 회복—침례교회를 중심으로』, 조동선 옮김 (서울: 누가출판사, 2016); John Hammett and Ben Merkle, eds., *Those Who Must Give an Account: A Study of Church Membership and Church Discipline* (Nashville: B & H Academic, 2012); Mark Dever and Jonathan Leeman, eds., *Baptist Foundations: Church Government for an Anti-Institutional Age* (Nashville; B & H Academic, 2015); Jeremy Kimble, *40 Questions about Church Membership and Discipline* (Grand Rapids: Kregel, 2017) 등이다. 마크 데버, 조나단 리만, 그리고 또 다른 이들이 아홉 가지 표지(9Marks)를 통해 하는 일을 특별히 언급해야 하는데, 이 주제와 또 다른 주제를 다루는 콘퍼런스를 전국에 그리고 이제는 국제적으로 열며(Mark Dever, *Nine Marks of a Healthy Church*, new expanded edition [Wheaton, Ill.: Crossway, 2004]‖『건강한 교회의 9가지 특징』, 이용중 옮김 [서울: 부흥과개혁사, 2007]에 언급한 사역), 워싱턴 D.C.에 있는 캐피털힐침례교회에서 주말 연장 사역 체험 시간도 제공해, 참가자가 지역교회 상황에서 이런 관행 실행을 직접 보게 한다. 더 자세한 정보는 www.9MARKS.org를 보라.

20 Wills, *Democratic Religion*, 36.

비치게 할 수 있지 않을까? 릭 워렌(Rick Warren)과 마크 데버(Mark Dever)는 전혀 다른 상황이지만, 둘 다 삶이 바뀌고 있는 사람들로 구성한 회중이 전도에 끼치는 영향력을 말한다.21 의미 있는 회원자격 회복은 우리 연합된 증언을 크게 높인다.

둘째, 연합체로서 우리 건강은 좋아진다. 우리 대부분이 거듭나지 않은 사람처럼 산다면, 어떻게 교회는 우리가 명령받은 대로 (서로 사랑하고, 서로를 위해 기도하며, 서로 격려하는 삶을) 살 수 있는가? 회원들이 그리스도 그리고 서로 교제하지 않는다면, 어떻게 우리 교회는 자신을 책임지고 다스릴 수 있는가? 에베소서 4:16과 골로새서 2:19는 각 지체가 맡은 일을 할 때 몸이 성장하지만, 각 지체가 거듭나지 않으면 그들은 몸을 세우기보다 허문다고 말한다.

셋째, 의미 있는 회원자격을 회복하는 일에 포함된 힘든 일을 하는 이유는 문자적으로 수백만의 잃어버려진 교회 회원을 깨우는 가능성이다. 현시점에서 삶이 거듭남의 증거를 보여주지 않는 만성적인 불출석 회원은 교회 대부분에서 무시된다. 많은 사람은 그들 교회 회원자격이 그들을 천국으로 인도한다고 있을 수 있나. 의미 있는 회원자격 회복은 그러한 회원에게 크나큰 도전일 수 있다. 머잖아 그들은 자기들이 그리스도의 제자의 그분 몸의 구성원이 마땅히 살아야 하는 삶을 살지 않는다는 사실에 직면한다. 이러한 사람들

---

21 Mark Dever, "Pastoral Success in Evangelistic Ministry: The Receding Horizon," in *Reforming Pastoral Ministry: Challenges for Ministry in Postmodern Times*, ed. John H. Armstrong (Wheaton, Ill.: Crossway, 2001), 255. 데버는 "당신이 지역사회에서 사람들의 삶이 실제로 변하는 교회라는 평판을 얻을 수 있다면, 당신은 몇 가지 놀라운 일을 보기 시작한다."라고 말한다. Rick Warren, *The Purpose-Driven Church: Growth Without Compromising Your Message and Mission* (Grand Rapids: Zondervan, 1995), 247 ‖ 『목적이 이끄는 교회—새들백교회 이야기』, 김현회·박경범 옮김 (서울: 디모데, 2010), 278에서는 같은 내용을 말한다. "**진정으로 교회 신자가 아닌 수많은 사람을 교회로 이끄는 일은 변화된 삶—수많은 변화된 삶—이 한다**"(강조는 본디 있다).

을 회개로 이끌려고 반복해서 시도하고 애정이 깃들인 엄한 교회 권징을 실행함은 교회가 그들에게 그들이 처한 위험한 상황을 깨닫도록 시도할 수 있는 가장 진지하며 효과적인 방법이다. 교회 권징 실행은 아주 분명히 잃어버려진 상태에 계속해 머무르는 회원에게 아무런 경고도 하지 않은 채 머물도록 허용하는 지금 방침보다 훨씬 더 애정을 나타내는 아주 가치 있는 일이다.

마지막으로, 거듭난 사람 교회 회원자격은 그리스도를 영화롭게 한다. 에베소서 5:25~27은 그리스도께서 교회를 위해 죽으시고, 교회가 거룩하고 빛나게 하시려고 당신을 드리심을 묘사한다. 그것이 그리스도께서 십자가를 지신 목표였다면, 그것은 또한 우리가 하는 사역 목표이어야 한다. 그리스도의 신부가 거룩할 때 그리스도께서 영광을 받으시지만, 그러한 신부를 구성하는 지체들의 많은 수가 잃어버린 사람들처럼 계속 산다면 그 일은 불가능하다. 찰스턴침례교회의 「교회 권징 요약」은 교회가 회심하지 않은 사람이 교회 안으로 밀어닥치도록 허용할 때 그들은 "그리스도의 교회를 매춘부로 만든다."라고 말한다.22 교회를 구성하는 회원자격이 우선 참되고 생명력 있는 그리스도께 헌신을, 그리고 둘째로 그 지역교회의 사람들에게 헌신을 의미하는 그런 사람들로 교회가 구성될 때 그리스도께서 영광을 받으신다. 회원이 600명이지만 평균 출석이 200명이며, 출석하지 않은 400명의 절반이 그토록 오랫동안 결석하고 있어서 몇 명의 고령자만이 실로 그들이 누구인지 아는 교회에서, 어떻게 거듭난 사람 교회 회원자격이 실제가 될 수 있는가? 어떻게 목사나 교회 지도자가 의미 있는 교회 회원자격 개념을 그들에게 깨우치기 시작할 수 있겠는가? 세 가지 제안을 살펴보자.23

---

22 Garrett, *Baptist Church Discipline*, 36, 또는 Mark Dever, ed., *Polity: Biblical Arguments on How to Conduct Church Life* (Washington, D.C.: Center for Church Reform, 2001), 122.

23 거듭난 사람 교회 회원자격 회복에 관한 더 구체적인 제안은, Mark Dever and Paul Alexander, *The Deliberate Church: Building Biblically*

교회 서약으로 돌이키기

찰스 W. 더위즈는 침례교인이 역사에서 "교회 서약을 수백 개, 아마도 수천 개를 작성해 사용했다."라고 말한다.24 이 문서는 종종 교리가 부차적으로 언급되어도, 교리보다 실천을 강조한다는 점에서 신앙고백과 다르다. 서약이 다양해도 내용과 목적은 상당히 비슷한 경향이 있다. 더위즈는 교회 교제에 헌신, 교회 권징이 지닌 권위 수용, 교회 예배와 개인 신앙심을 지지한다는 서약, 서로를 위한 상호 돌봄에 헌신 등이 거의 모든 침례교회 서약에 있다고 말한다.25

게다가, 교회 서약을 사용하는 주된 목적의 하나는 거듭난 사람 교회 회원자격을 정확하게 보호하려 함이다. 과거에는 교회가 교회 서약을 받아들임을 포함하는 헌신을 중심으로 구성되었다. 교회 회원이 됨은 교회 서약을 '소유'함을 포함했다. 더위즈는 "침례교인은 서약 개념이 교회 특성, 정의, 구성에서 필수라고 설득력 있게 반복해서 말했다."라고 설명한다.26 교회 서약은 완벽을 요구하지 않았다. 그것은 성경에서 분명하게 또는 암시적으로 명령하지 않는 바는 아무것도 요구하지 않았지만, 거듭난 사람은 누구나 받아들여야 하는 헌신이 교회 회원자격에 포함되어야 함을 분명히 했다.

19세기 후반과 20세기 초에 교회 서약을 실행하는 관례가 감소했다. 여러 요소로 감소했는데, 거듭난 사람 교회 회원자격 이상을

---

in a Haphazard Age (Wheaton, Ill.: Good News/Crossway), 특별히 '사람들 모으기'라 제목을 단 섹션 1을 보라. 이 부분은 교회 서약, 새신자반, 교회 권징, 여러 관련 주제 등을 상세히 다룬다.

24 Charles W. Deweese, *Baptist Church Covenants* (Nashville: Broadman, 1990), v. 이 책에서 더위즈는 대표적인 실례로 79가지 서약을 소개한다.

25 Deweese, *Baptist Church Covenants*, 55.

26 Deweese, *Baptist Church Covenants*, 97.

수적 성장 이상에 희생됨, 일반적으로 미국 사회가 세속화됨, 교회 회원들이 서로에게 책임을 지우는 일을 꺼림 등이다. 또한 더위즈는 침례교도가 J. 뉴턴 브라운(J. Newton Brown)이 작성하고 미국 침례교회가 널리 받아들인 1853년 교회 서약이 얻은 더할 수 없는 인기에 피해당했을 수 있다고 제안한다(〈보기 5.2〉 J. 뉴턴 브라운의 교회 서약을 보라). 더위즈는 다음 말을 한다.

> 또한 서약 감소는 교회가 개별 진술을 작성하지 않고, 오히려 단순히 외부 자료에 인쇄된 표준화되고 통일된 서약을 받아들였던 추세가 증가한 데서 비롯했을 수 있다. 침례교인 역사에서 서약의 가치와 역동성은 교회가 사용한 서약에 도달하는 과정에서 투입한 많은 의견과 밀접한 연관이 있었다.[27]

더위즈는 "본보기 서약을 제공한 침례교인 출판부와 출판물은 교회가 기꺼이 헌신할 서약 의무를 생각하고, 애쓰고, 기록할 필요가 없게 만듦으로 회중 권징 실행을 실제로 약하게 만들었다."라고 덧붙인다.[28]

거듭난 개인의 의미 있는 회원자격으로 돌이키려는 교회는 자신들이 교회로서 누구이며 무엇인지, 그리고 성경이 신자들로 구성된 몸으로서 서로에게 어떤 형태로 헌신을 요구하는지 직접 논의함으로 시작해야 한다.[29] 이러한 논의는 교회가 교회 서약을 받아들이는 방향으로 실제로 나아가게 한다. 교회 서약의 여러 예가 이 장의 끝에 포함돼 있지만, 교회는 그것들을 개인화하고 개성을 부여하여 회중 전체가 그것을 자기들에게 강요하는 서약이 아니라, **자기 서약**으로 소유하게 하는 게 좋다.

---

[27] Deweese, *Baptist Church Covenants*, 36.

[28] Deweese, *Baptist Church Covenants*, 89.

[29] Deweese, *A Community of Believers*, 28~40에서는 교회 서약을 준비하고 실행하는 일에 취할 몇몇 실제 단계의 유용한 개요를 제공한다.

성도가 그리스도의 교회로서 서로에게 그리고 그리스도에게 헌신을 표현하는 서약을 만들 때, 교회는 현재 회원을 해체하고 교회 서약에 서명하는 사람을 중심으로 회원을 재구성하려고 투표할 수 있다.30 이것에 앞서, 발의한 서약에 관해 여러 차례 광고한다. 목사는 발의한 서약과 그것을 중심으로 교회를 재구성하려는 교회 결정을 담은 편지를 모든 회원에게 보내야 한다.

느헤미야 9~10장은 그것을 보여주는 선례이다. 느헤미야 8~9장에 따르면, 갱신과 고백 시간 다음에 느헤미야 9:38은 하나님 백성의 결정을 기록한다. "우리가 이 모든 일로 말미암아 이제 견고한 언약을 세워 기록하고 우리 방백들과 레위 사람들과 제사장들이 다 인봉하나이다." 본문은 모든 지도자의 이름을 열거한 다음에 나머지 백성이 그들과 함께했다고 말한다(10:28~29). 그들의 '구속력 있는 동의' 또는 서약은 헌신이 필요한 삶의 영역들을 구체화하였다. 그들이 처한 상황에서 핵심 문제는 주위 이교도와 결혼하지 않기, 안식일에 사업하지 않기, 성전 예배를 지원하기 등이었다(10:30~39). 지금 서약은 현대교회가 보기에 그들 삶을 통틀어 중심이 되는 헌신 영역들을 열거할 수 있다. 느헤미야 당시에 백성은 그들 헌신을 요약하는 진술로 결말을 지었다. "우리가 우리 하나님의 전을 버려두지 아니하리라"(10:39). 교회 서약을 받아들이는 일은 오늘날 하나님의 백성이 "우리가 우리 교회를 버려두지 않겠다"라고 말할 수 있는 한 가지 방식이다. 성경에서 이 예는 현대교회 서약에 훌륭한 모델을 제공한다. 서약은 그들에게 그리스도와 서로에 대한 그들 헌신 영역들을 구체화하는 '구속력 있는 동의'이다. 서약 수용을 축하하는 예배 마지막에서 교회 지도자들을 앞으로 초청하여 교회 서

---

30 Alan Neely, "Church Membership: What Does It Mean? What Can It Mean?" in Shurden, ed., *Proclaiming the Baptist Vision*, 47에서는 3년마다 회원 명부를 말소하고 교회 교제에 머무르려는 사람에게 서약하게 함으로써 그들 헌신의 갱신을 나타낸 메노나이트 교회의 예를 추천한다. 나는 그들이 3년마다 하는 서약을 해마다 하길 바란다.

약에 부착된 명부에 서명하게 할 수 있다. 그리고 서약 의무를 기꺼이 받아들이는 사람들 모두 앞으로 나아와 서명할 수 있다. 교회에 올 수 없었지만, 여전히 교회에 헌신한, 외출하기 어려운 회원들에게 똑같은 문서와 명부를 가져갈 수 있다. 서명한 사람이 교회 회원이다. 추후 회원을 더하는 일부 과정은 서약에 서명하는 과정을 포함하며, 기존 회원은 해마다 새롭게 그들 헌신에 서명하게 할 수 있다. 그것은 해마다 행하는 교회 갱신 행사로 진행할 수 있다.

세 가지 이유로, 교회는 이러한 접근을 고려해야 한다. 첫째, 그것은 성경적이다. 신약성서가 교회 회원이 서로에게 하길 바라는 헌신 형태는 "서약 같은 헌신"이다.[31] 그 내용은 수십 차례—적어도 30번—'서로' 명령에 있는데, 서로 사랑하기(요 13:34), 서로 섬기기(갈 5:13), 서로 짐을 짊어지기(갈 6:2), 서로 가르치기(골 3:16), 서로 죄 고백하기(약 5:16) 등이다. 이 명령에 순종하려는 그리스도인은 누구나 그리스도인 다른 무리와 서약 헌신 같은 어떤 기준에 따라 살아야 한다. 교회 서약 채택은 성서 패턴을 따르는 일이며, 성서적 헌신을 요구한다.

둘째, 그것은 불출석자로 남아있는 많은 회원을 효과적으로 다룬다. 이러한 절차는 교회가 그들의 회원 명부에서 누구를 보류하고 누구를 제거할지 분류하고 결정하게 하지 않고, 개인에게 짐을 지운다. 교회는 누구도 '쫓아내'거나 '제명'하지 않는다. 하지만 교회는 와서 교회 서약에 서명하지 않기로 한 개인의 결정을 존중한다. 그들은 교회 회원이 되지 않기로 했다. 셋째, 그것은 거듭난 사람 교회 회원자격으로 돌이키기라는 목표를 성취하는 일을 크게 돕는다. 그것만으로 충분하지 않지만, 분명히 좋은 출발점이다.

직접 와서 서약에 서명하지 않는 기존 회원은 어떻게 되는가? 대부분 교회에서 그들 수는 적지 않을 수 있다.[32] 그러한 개인은 회중

---

[31] Leeman, *The Church and the Surprising Offense of God's Love*, 229.

의 사랑과 관심 대상이다. 왜 그들이 오지 않았는지 확인하려고 그들을 방문해야 한다. 그들이 마음을 바꾸게 하려 해야 하지만, 아무렇게나 하려 해서는 안 된다. 그들은 그리스도의 조건으로 그리스도의 교회로 받아들여져야 하는데, 그것은 그리스도와 그분 백성에 헌신을 포함하며, 이것은 교회 서약이 말하는 내용이다. 이들의 많은 수가 구원되지 않은 사람일 수 있지만 그것을 선포하는 일은 교회가 하는 일이 아니다. 하나님께서만 그 마음을 아신다. 교회가 말할 수 있고 말해야 하는 바는 그리스도를 사랑하고 그분 백성의 일부가 되려는 그리스도인은 교회 서약에 헌신하는 일에 문제가 없어야 한다는 점과 교회는 그리스도께 헌신을 명백하게 하지 않는 모든 사람의 영적 상태에 깊은 관심이 있다는 점이다. 참으로 그러한 사람들에게 그들이 처한 위험을 경고하는 일은 교회가 할 임무이다. 하지만 만성적으로 교회에 참석하지 않은 사람을 다가가기가 가장 힘든 부류로 인정하지 않음은 정직하지 않은 모습이다. 많은 이들, 아마도 그들 대부분은 교회가 쏟는 노력에 반응하지 않는다. 그들은 단순히 더는 교회 지체가 되지 않기로 선택할 수 있다. 실제로 교회에서 멀어지면서부터 그들은 회원이 아니었다. 서명하지 않기로 한 그들 결정은 단순히 그들의 실체가 무엇이었는지를 나타낸다.

교회 서약 수용은 연례적 갱신과 함께 좋은 출발이지만, 거듭난 사람 교회 회원자격으로 돌이켜 지키려는 데 필요한 유일한 단계가 아니다.

침례 및 교회 회원자격을 다듬기

초기 침례교인은 교회가 침례를 행하고 침례받은 신자를 교회 회원으로 받아들이기에 앞서, 침례 후보자를 조사하고 거듭났다는 증거를 찾는 일이 정당하다고 굳게 확신했다. 오늘날 많은 교회와 의

---

32 예를 들어, 미주리주 유니온(Union)에 있는 제일침례교회가 1997년에 교회 서약에 서명할 즈음 교회를 재조직했을 때 교회 회원 수는 1,200명 이상에서 333명으로 감소했으나 곧바로 증가하기 시작했다.

심할 여지 없이 많은 그리스도인은 그러한 확신을 공유하지 않는다. 그들은 그리스도를 찾고 있을 수도 있는 사람들을 쫓아버리고 사람들을 몰아내는 비판적 태도가 발전할까 두려워하며, 모든 인간적 판단에 오류가 있음을 너무도 잘 알고 있다. 하지만 신자에게 침례를 주고 새로운 회원으로 받아들이는 일을 호의적이면서도 책임감 있게 행하려는 데 교회가 조처할 부분이 있다.

첫째, 회원자격을 신청하는 사람을 환영하는 일과 공식적으로 회원자격을 주는 일을 아주 분명하게 구분하는 조치이다. 오늘날 북아메리카 침례교회 대부분에서 누군가가 예배 끝부분에 앞으로 나와 회원이 되고 싶다고 하면 어떤 일이 일어나는가? 잠깐 속삭이는 대화를 나누겠지만, 몇 가지 형식적 질문을 하고 그 사람은 투표에 부친다. 그런데 문제는 교회 회원들이 그러한 사람을 두고 투표하려는 근거가 없다는 점이다. 누구도 그 사람이 교회 회원이 되려는 데 반대하지 않지만, 회원자격을 확인하는 절차 없이 진행하는 투표는 의미가 없고, 교회가 회원자격을 좀 더 신중하게 살핀 이전 시대 관행은 유물이 된다. 교회를 이적하는 경우든 침례를 받고 교회 회원이 되려고 하는 경우든 그런 사람을 환영하고 그들 결정에 기뻐하지만, 회원자격 요청에 따른 투표는 회원자격 요구 사항을 충족한 때로 연기함이 더 나은 방법이다.

한 가지 요구 사항은 학습반 수료하기이다. '새신자반' 또는 '새로운 회원반' 등으로 여러 가지로 불리는 학습반은 오늘날 침례교회에서 더 일반적이며, 회심한 사람이 침례받기 전에 그 준비로, 기독교 신앙 기본 요소를 배우던 이전 시대 교회 입문자반(catechumenate)과 어느 정도 유사하다.33 북아메리카 바깥에서 많은 침례교 단체 가운

---

33 Deweese, *A Community of Believers*, 43~48에서는 '초신자학급(prebaptismal)'이 거듭난 사람 교회 회원자격에 매우 중요하다고 본다. Clinton E. Arnold, "Early Church Catechesis and New Christians' Classes in Contemporary Evangelicalism," *Journal of the Evangelical Theological Society* 47, no. 1 (March 2004): 39~54에서는 대단히 흥미

5장 어디서 잘못 들어섰고, 어떻게 올바로 갈 수 있는가?—신실함으로 돌이키기

데 그러한 학습반은 표준적이다.34 그것은 여러 중요한 목적에 이바지한다. 그것은 새롭게 회원이 되기로 예상되는 사람들이 다른 사람을 만나고 관계를 발전시키는 자연스러운 배경이다. 그것은 그러한 사람에게 교회 여러 사역을 소개하는 기회를 제공한다. 그것이 각 개인의 영적 상태를 논의하는 배경이라는 점이 가장 중요하다. 그러한 학습반에서 기본적으로 행하는 일이 각 사람이 어떻게 복음을 이해하는지 재검토하는 일이기 때문이다. 다른 교회에서 오는 사람에게도 어떻게 해서 그들이 그리스도를 알았으며 어떻게 그들이 복음을 이해하는지 나누는 기회가 주어져야 한다. 어떤 교회에서는 복음이 분명하게 설명되지 않기 때문이다. 새롭게 회심하여 침례받으려는 사람이 복음을 제대로 이해하는지는 반드시 다시 검토해야 한다. 우리가 침례받으려는 사람에게 그들이 믿었는지를 묻지도 않는다면, 신자 침례를 실행하는 일에 진지하다고 말할 수 있을까? 슬프게도 오늘날 신학적 환경에서 우리는 약간 더 구체적으로 그들이 무엇을 믿었으며 어떻게 그들이 그리스도를 아는지 물어야 한다.

새로운 회원 후보가 이러한 학습반을 마친 후 그 학습반을 지도한 사람은 그들에게 침례와 회원자격을 허용하자고 추천할 수 있으며, 그러한 추천에 근거해서 회원들은 어느 정도 확신으로 투표할 수 있다. 나는 새로운 회원 후보자가 새로운 회원 학습반에서 회심한 경우, 그리고 새로운 회원 후보자가 새로운 회원 학습반에서 처음으로 복음을 이해하고 그것을 거부했던 다른 경우를 알고 있다. 그들은 예배 때 복음 메시지에 감정을 표현하면서 반응했지만, 그리스도를 믿는 데 포함된 헌신을 이해했을 때는 복음을 받아들이기를 꺼렸다. 복음을 제대로 알고서 거절함이 복음을 이해하지도 못하고 구원에서 그리스도를 믿음이 무엇을 의미하는지 알지도 못한

롭게 이러한 학급을 초기 교회 학습(catechumenate)과 비교한다.

34 예를 들어, 나는 3년 동안 브라질 선교사로 사역하면서 새신자반이 없는 침례교회를 보지 못했다.

채 침례받고 자신이 어쨌든 안전하다고 생각하는 것보다 훨씬 더 나을 수 있다.

그러한 학습반에 관해, 특별히 회심하여 침례받으려는 사람과 관련해 자주 제기되는 반대는, 신약성서 패턴이 회심 후 바로 침례를 행했지, 중간에 학습 과정이 없다는 주장이다. 회심한 다음에 곧바로 또는 조금 있다가 침례를 베푸는 게 신학적으로 타당하다. 이 책 11장에서 설명하겠지만, 교단 대부분에서 널리 받아들여지는 바와 같이 침례는 입교 의식으로, 회심한 공식적으로 교회 회원으로 입교하는 행사이다. 게다가 사도행전에서는 어떤 경우에는 침례를 즉시 시행하기도 했다. 그러나 증거는 누군가 생각하는 만큼이나 분명하지 않다.35 사도행전에서 6번은 침례가 즉각적이고(행 2:41; 8:12; 8:36~38; 10:47~48; 16:33; 19:4~5), 2번은 시간을 말하지는 않아도 곧바로 일 테고(행 16:14~15; 18:8), 1번은 사흘이나 늦춰진 듯한데(행 9:9, 18), 이는 바울이 회심한 시점을 어디에 두느냐에 달렸다. 그러나 사도행전에는 복음이 선포되고 사람들이 믿었어도 침례를 말하지 않는 경우가 16번(행 4:4; 5:14; 6:7; 8:25; 9:35; 11:20~21; 11:24; 13:12; 13:48; 14:21; 14:25; 16:5; 17:4; 17:12; 17:34; 28:24)이다. 그리고 이 많은 경우에 침례는 곧바로 베풀지 않은 듯한데, (사도행전 4:4에서처럼) 상황 때문일 수 있거나 바울이 복음 선포에 전념했다는 사실 때문일 수도 있는데, 특히 바울은

---

35 Robert Stein, "Baptism in Luke-Acts," in *Believer's Baptism: Sign of the New Covenant in Christ*, eds. Thomas Schreiner and Shawn Wright, NAC Studies in Bible & Theology (Nashville: B & H Academic, 2006), 52에서는 "그리스도인이 되는 경험에서, 통합 관련된 다섯 가지 요소—회개, 신앙, 고백, 성령이라는 선물을 받음, 침례—가 대개 같은 날에 동시에 발생한다"라고 주장한다. Anthony Lane, "Dual-Practice Baptism," in *Baptism: Three Views*, ed. David Wright (Downers Grove, IL: IVP Academic, 2009), 171에서는 "신약성서에서 침례 관행은 회심자 침례, 곧 믿은 사람에게 베푸는 즉각적 침례인데 이는 복음에 보인 처음 반응의 일부이다"라고 더 강조한다.

침례를 베푸는 일에 지나치게 참여하지 않으려 했다(고전 1:13~17). 어쨌든, 신약성서 어느 곳에서도 침례를 곧바로 실행하라는 명령은 없다. 2세기에 이르러, 교회는 그들이 침례를 베푸는 사람들이 진정으로 회심했는지 확실하게 하려고 입문자반을 설립하기 시작했다.[36] 이것은 여전히 새로운 회원 학습반을 운영하는 동기이다.

아주 어린 자녀가 침례받는 데는 특별히 주의해야 한다. 어린이 사역을 하는 사람은 누구나 다섯 살 어린이가 기꺼이 예수님을 마음에 영접한다는 사실을 알고 있지만, 최근까지도 침례교인은 그들에게도 침례를 베푸는 일을 고려하지 않았다. 신자 침례는 성인 침례와 거의 같다고 여겼다. 침례를 요청하는 일은 상당한 정도로 성숙해야 요구할 수 있다고 여겨졌다. 교회가 침례를 베풀기로 허락함은 그 사람을 교회 회원 의무로 받아들인다는 뜻이었다. 그 의무는 교회를 운영하는 일에 참여함을 포함할 수 있으며, 그렇기에 미취학 어린이에게는 적합하지 않다. 해외 침례교인 대부분은 10대가 되기까지 침례를 미루지만, 침례받기에 적합한 최소 나이를 정하는 일은 임의성을 띨 수밖에 없다.

어떤 교회는 침례받기 전에 학습반을 요구하고 그 학습반을 7살 이상으로 제한하면서 바른 방향으로 나아가려고 했다. 예를 들어, 플로리다주 올랜도제일침례교회에서는 그렇게 한다. 그것은 하나님께서는 언제든지 택하시는 대로 어떤 어린이도 구원하실 수 있음과 침례는 결코 구원에 필요 조건이 아님을 분명히 가르치며 시행해야 한다. 따라서 어떤 어린이가 7살 이전에 구원된다면 그들 침례를 연기해도 어쨌든 그들 구원을 위험에 빠뜨리게 하지는 않는다. 대신 그것은 그들 결정이 뿌리를 내리고 자랄 시간을 주겠고, 그리하여 그들이 침례받을 때 그것은 그들에게 좀 더 의미 있는 일이 된다. 그것은 또한 증가하는 재침례 숫자를 줄어들게 함이 분명한데, 재침례는 교회 회원이 후에 자기가 어릴 때 받은 침례가

---

36 Arnold, "Early Church Catechesis," 42.

실제로는 신자 침례가 아니었음을 깨닫고 다시 침례받음을 가리킨다.37 또한 그것은 또한 거듭난 사람 교회 회원자격 회복에 도움이 되는 또 다른 조치임이 아주 분명하다.

또 다른 사람들은 7살 어린이도 침례받기에는 너무 어리다고 생각한다. 윌리엄 헨드릭스(William Hendricks)는 회심하는 나이를 임의로 정하는 일은 잘못이라고 말하면서도, 다음 말을 한다. "9살이 안 된 많은 어린이가 하나님에게서 근본적 분리를 뜻하는 죄로 절망을 말로 표현하거나 그러한 절망을 경험할 수 있다는 주장은 아주 의심스럽다. 사람은 자기가 '잃어버린 사람'임을 알기 전에는 '구원될' 수 없다."38 이것은 책임감이나 도덕적 의무를 느끼는 나이가 언제 인지라는 문제를 제기한다. 유대교에서는 그 나이가 12살이라고 보았다. 유대교 남자 성인식인 바르 미츠바(*bar mitzvah*)에서 아이는 어른이 감당할 영적 의무를 떠맡았다.39 이것은 로마서 7:9에서 바울이 한 말의 배경이다. "전에 율법을 깨닫지 못했을 때는 내가 살았더니 계명이 이르매 죄는 살아나고 나는 죽었도다." 계명은 12살 유대 남자아이 성인식 때 주어졌으며, 이것은 12살이 책임을 아는 나이임을 암시한다. 예수님은 12살 때에 처음으로 자기 특별한 소명을 나타내기 시작했다(눅 2:41~50). 또한 유아세례를 행하는

---

37 플로리다주 올란도제일침례교회 유년 주일학교 목사인 아트 머피(Art Murphy)는 재침례를 언급하면서 "우리는 그렇게 [침례받기로] 결정하는 7세 이하의 아이들 대부분이 후에 또 다른 결정을 해야 하는 경향이 있음을 발견했다."라고 말한다. Art Murphy, "Leading a Child to Christ," *SBC Life* (June~July 1998), 9를 보라.

38 William L. Hendricks, *A Theology for Children* (Nashville: Broadman, 1980), 249.

39 12살에 일어나는 중요한 전환에 관한 논의는 David Alan Black, *The Myth of Adolescence* (Yorba Linda, Calif.: Davidson Press, 1999), 59~67을 보라. 블랙은 **바르 미츠바**를 둘러싼 유대 전통, 예수님께서 12살 때 성전에 계셨던 이야기, 피아제(Piaget)와 에릭슨(Erikson) 등의 발달심리학자 발견, 제임스 파울러(James Fowler)의 믿음 단계에 관한 연구를 사용한다.

진영에서 안수례(confirmation) 의식은 보통 12살 전후로 시행한다. 마지막으로, 발달심리학자들 대부분은 어린아이가 12살 전후로 온전하게 도덕적 결정을 한다고 동의한다. 마지막으로, 대부분 발달심리학자는 열두 살쯤에 완전한 도덕적 의사 결정 능력에 이른다고 주장한다. 이러한 이유로 어떤 사람들은 12살이 침례받기에 최소한 적정 나이라고 생각한다. 캘리포니아주 선 밸리(Sun Valley)에 있는 그레이스커뮤니티교회(Grace Community Church)는 이 과정을 따른다. 이 교회 담임목사는 그 유명한 존 맥아더(John MacArthur)이다. 그들은 진정으로 거듭나지 않은 아이에게 침례를 주는 일은, 그 아이가 자신이 받은 침례를 그가 구원된 증거로 여긴다면 오히려 그에게 해롭고 그를 위험에 빠뜨린다고 생각한다. 따라서 그들은 '지속하는 헌신을 나타내는 좀 더 의미 있는 증거'와 '부모 통제에서 벗어난, 거듭남의 별도 증거를 기다리는' 일이 더 현명하다고 생각한다.[40] 그들 관행은 어린아이가 적어도 12살이 되어 그러한 증거를 찾을 수 있을 때까지 기다린다.[41]

침례받기에 적절한 나이를 두고 교회가 어떤 선택을 하든지 여기서 우리 관심은 어린이를 침례 후보자로 받아들이는 일에 신중하게 접근하도록 격려하는 일이며, 이는 신자 침례와 거듭난 사람 교회 회원자격에 침례교인의 헌신을 신중하게 받아들인다. 핵심 질문은

---

[40] Grace Community Church, *Evangelizing Children* (Sun Valley, Calif.: Grace Books International, 2003), 6. www.gracechurch.org/ministries에서도 찾아볼 수 있다.

[41] 또한 2001년에 남침례교회 예배자 2천 명을 대상으로 한 조사에서 회심을 경험했다고 확증하는 사람은 다른 나이보다 12살에 회심을 경험했다고 한 사람이 더 많았음은 흥미롭다. 참으로 12살에 회심을 경험한 사람이 11살과 13살에 회심을 경험한 사람을 합친 수보다 두 배나 넘었다. "Research Report: Conversion and Witnessing Among Southern Baptists" (Alpharetta, Ga.: North American Mission Board, SBC, 2002), 2를 보라. http://www.namb.net/research에서도 볼 수 있다.

나이 그 자체가 아니라, 개인의 신앙고백 신뢰성이다. 어떤 신앙고백을 근거해서가 아니라 어떤 **믿을 만한** 신앙고백을 근거해서 그 사람에게 침례를 베풀어야 한다.

그렇다면 다섯 살인 자니(Johnny)가 구원 초청 시간에 부모와 함께 앞으로 나아오면, 목사는 무엇을 하는가? 분명히 그는 그 아이 그리고 그의 부모와 함께 기도해야 하지만, 그들과 회중에게 다음과 비슷한 말을 해야 한다. "우리는 자니와 그의 부모 모두를 축하하려 합니다. 오늘, 자니는 예수님과 관계에서 중요한 걸음을 내딛습니다. 우리는 자니와 그의 부모와 함께 이 일에 관해 더 이야기하겠습니다. 그리고 적절한 때에 우리는 그를 침례와 교회 회원 후보로 추천하겠습니다. 오늘 우리는 자니가 믿음으로 내디딘 발걸음을 봤으니, 자니는 물론이고 부모님도 축하합시다." 이것은 그 아이와 그의 부모에게 그를 축하하고 그의 결정을 경축함을 확인하지만, 그러한 결정이 그 아이를 잃어버린 상태에서 구원된 상태로 옮겼다거나 그것이 교회에게 그에게 침례 줄 것을 약속하게 한다고 성급하게 결론 내리지 않는다.

하지만 이렇게 교회가 거듭난 사람만이 교회로 들어오도록 인간적으로 가능한 한 분명히 하려고 조심하더라도, 거듭나지 않은 상태로 교회 회원으로 받아들이는 실수를 저지른다. 교회에 가입한 후 거듭나지 않은 사람처럼 살기 시작한 회원은 잘 지도해야 한다. 따라서 의미 있는 거듭난 교회 회원자격 교리를 회복하는 세 번째 단계를 실행해야 한다.

회복하게 돕는 교회 권징

교회 권징을 특히 강조함은 초기 재침례교인과 침례교인이 보인 두드러진 점이었다. 그것은 19세기까지도 잘 지속했으며, 북아메리카 밖에 있는 침례교회에서는 지금도 여전히 존재한다. 이는 그들 신앙고백에서 회중제 교회 정치를 실행하는 한 가지 핵심으로 광범위하게 나타났다. 이는 그들 교회에서 순수함을 유지하려고 널리 실행했다. 이는 신학자들에게 인기 있는 논의 제목이었다. 하지만 앞에서 우리가 말했듯이, 북아메리카 침례교회에서 교회 권징은 19세기 말에 줄어들었으며, 20세기에는 거의 사라졌다. 그래서 전체적으로 거듭난 사람 교회 회원자격의 경우와 같은 몇 가지 장애물, 곧 미국 사회에서 전반적 세속화, 미국 개인주의, 판단하는 것처럼 보일 수 있다는 두려움, 수적 증가 열망 등에 직면했다. 회복을 돕는 교회 권징과 거듭난 사람 교회 회원자격은 함께 관심에서 멀어졌다. 하지만 교회 권징을 강력하게 지지하는 근거가 성경에 있으며,[42] 교회 권징은 여전히 우리 교회에서 실행해야 한다. 거의 모든 사회적 지표에 관한 여론조사는 교회와 세상이 거의 차이가 없음을 보여준다. 19세기 침례교 신학자인 존 L. 대그(John L. Dagg)가 백 년 전에 한 말은 통찰력이 있다. "권징이 교회에서 멀어질 때, 그리스도께서도 권징과 함께 떠나가신다."[43] 오늘날 목사는 교회에서 권징을 어떻게 다시 정착하게 할 수 있는가? 한마디로 말하면, **신중하게** 해야 한다.[44]

교회 권징을 회복하는 일은 목사가 교회에 부임하면서 실행하는 첫 번째 단계이어서는 안 된다. 교회 회중이 교회 권징에 관한 목

---

[42] 마태복음 18:15~20과 고린도전서 5:1~13은 전형적인 본문이나, 갈라디아서 6:1; 데살로니가후서 3:14~15; 디모데전서 1:20; 5:19~20에도 있다.

[43] J. L. Dagg, *Manual of Theology: Second Part, A Treatise on Church Order* (Charleston, S.C.: Southern Baptist Publication Society, 1858; reprint, Harrisonburg, Va.: Gano Books, 1982), 274.

[44] 목사가 교회 권징을 회복하는 일을 준비하는 데 유익하며 실제적인 목록은 Jonathan Leeman, *Church Discipline: How the Church Protects the Name of Jesus* (Wheaton, IL: Crossway, 2012), 137~38 ‖ 『교회의 권징—예수님의 이름을 보호하는 교회』, 정혜인 옮김 (서울: 부흥과개혁사, 2016), 192~94에 있는 '권징할 때 목사가 점검할 목록'을 보라. 같은 자료 139~40 ‖ 195~98쪽에는 목사가 권징을 실행할 때 공통으로 실수하는 목록도 실어 도움을 준다.

사 생각이 미워하는 마음에서 비롯한 결과가 아니라고 생각하게 하려면, 목사가 회중을 사랑하는 모습을 보고, 알아야 한다. 목사는 교회 권징을 다루는 본문을 설교하고 가르치며 그 실행을 지지하는 전통적인 침례교인 전통을 예로 들면서 가르침으로 교회 권징에 관한 성경적 토대를 마련해야 한다.45 이러한 가르침과 설교는 이 문제를 두고 분명히 얼마간 논의를 촉발한다. 그러한 논의는 교회 정관 그리고 교회 서약과 같은 핵심 문서에 교회 권징에 관한 몇 가지 공적 진술을 추가하는 결과로 이어져야 한다.46

이러한 문서에, 교회 회원 되기와 교회 서약에 서명하기가 권징 문제에서 교회 권위를 인정한다는 점을 포함해 분명히 진술한다. 그러한 진술은 권징을 받는 회원이 일으키는 소송에서 교회를 보호할 수 있다. 또한 그것은 권징하는 목표가 권징을 받는 사람을 회복하고, 교회를 보호하며, 지역사회에서 함께 그리스도를 증언하려는 함이라고 기술해야 한다. 게다가 권징은, 넘어지지만 회개하고 그리스도 안에서 자라려는 약한 사람을 대상으로 하는 게 아니라, 도전적으로 반항하는 강한 사람을 대상으로 한다고 분명히 설명해야 한다. 또한 권징이 개인 원한으로 복수하려는 수단이 아님을 진술해야 한다. 어떤 일은 형제 사랑으로 감싸야 한다(벧전 4:8). 교회 하나 됨, 교회 순수함, 교리를 위협하는 죄는 교회 권징을 요구한다.47

---

45 Mark Dever, ed., *Polity: Biblical Arguments on How to Conduct Church Life* (Washington, DC: Center for Church Reform, 2001). 이 책 대부분을 구성하는 '역사적 재판(historical reprints)' 열 개 모두는 침례교인이 1697년부터 1874년까지 권징에 기울인 관심을 반영한다.

46 Leeman, *Church Discipline*, 133~36 ‖ 『교회의 권징』, 187~91에서는 그 자료들을 적절한 순서에 따라 살피게 제안한다.

47 Leeman, *Church Discipline*, 88~122 ‖ 『교회의 권징』, 121~71에서는 자기가 참여했거나 들은 실제 삶 상황에 가져온 아홉 개 사례 연구—옮긴이 덧붙임. 간음한 사람, 중독자, '뉴스에 보도된' 범법자, 상한 갈대, 출석하지 않는 교인, 충실히 출석하면서 분열을 일으키는 미등록 교인, 선제적 탈퇴자, 신앙을 버린 사람, 가족 구성원—를 포함한다. 그것들은 권징을 요구하거나 요구하지

교회는 그러한 사람을 마태복음 18장에서 제시하는 순서에 따라 대해야 한다. 문제를 발견한 개인은 죄를 범한 형제를 개인적으로 겸손하게 마주 대해야 한다. 개인적인 대면이 진전을 보인다고 생각하면 그러한 방문은 계속할 수 있다. 하지만 궁극적으로 그 형제를 얻을 수 없다면 두세 명의 다른 사람들(목사, 직원, 친구)이 함께 가서 그에게 다시 호소해야 한다. 반복된 소그룹의 노력이 소용이 없다고 입증되면 그 문제를 교회 앞에 드러내야 한다.

권징을 다시 도입하는 일은 결코 쉬운 일이 아니라고 다시 말한다. 제임스 레오 개럿 2세(James Leo Garett Jr.)는 한 세대 전에 말했다. "권징을 다시 도입하는 일을 담당하는 사람은 그것이 매우 긴급한 일임을 온전히 확신해야 한다."48 또한 그들은 강력한 연합 증거, 영적 성장, 방황하는 형제자매를 돌이키게 하기, 잃어버린 교회 회원에게 그들이 처한 위험을 깨닫게 하기, 의미 있는 교회 회원자격 회복 등에서 얻을 수 있는 유익을 분명히 알아야 한다.

---

1. 교회를 교회 서약에 헌신을 중심으로 재구성하라.

2. 후보자의 영적 상태를 바르게 점검하는 절차를 포함하도록 침례와 교회 회원자격 과정을 다듬어라.

3. 회복하게 돕는 권징을 자세히 설명하는 과정을 다시 제정하라.

〈보기 5.1〉 거듭난 사람 교회 회원자격을 회복 방법

않은 상황 유형을 예시한다.

48 Garrett, *Baptist Church Discipline*, 25.

결론

이 마지막 두 장은 침례교인의 교회 표지라고 정당하게 불릴 수 있는 것으로서 거듭난 사람 교회 회원자격을 강조하려고 했다. 더 일상 언어로 표현하면, 침례교회 회원이 됨은 무엇인가를 의미해야 한다는 말이다. 지금은 대부분 경우 그것은 아무 의미가 없다. 이 책을 읽는 독자가 그러한 변화를 보려는 일에 신실하게 수고할 사람이길 바라며, 그리하여 하나님께서 교회로 말미암아 영광을 얻으신다는, 바울이 말한 송영이 사실이기를 기도한다. "우리 가운데서 역사하시는 능력대로 우리가 구하거나 생각하는 모든 것에 더 넘치도록 능히 하실 **이에게 교회 안에서**와 그리스도 예수 안에서 **영광이** 대대로 영원무궁하기를 원하노라! 아멘"(엡 3:20~21, 지은이 강조).

> ## J. 뉴턴 브라운(J. Newton Brown)의 침례교회 매뉴얼(1853)에 있는 서약
>
> 우리가 믿는 대로, 하나님의 성령 인도로 주 예수 그리스도를 우리 구주로 영접하도록 인도되어, 우리 믿음의 고백에 따라 아버지와 아들과 성령의 이름으로 침례받아, 이제 우리는 하나님과 천사들과 이 회중 앞에서 가장 엄숙하고 기쁘게 그리스도 안에 있는 한 몸으로서 서로 서약한다.
>
> 따라서 우리는 성령의 도우심을 받으면서 그리스도인의 사랑으로 함께 걸어가며, 지식과 거룩함과 위안을 통해 이 교회가 발전하도록 노력하며, 교회의 번영과 영성을 진전시키며, 교회의 예배, 의식, 권징, 교리를 유지하고, 기꺼이 정기적으로 사역, 교회의 비용, 가난한 사람들을 구제, 모든 민족에게 복음을 전파하는 일을 지원하는 데 이바지하기로 약속한다.
>
> 우리는 또한 가족과 개인의 예배와 기도를 유지하고 자녀를 신앙으로 가르치고, 친척과 아는 이들이 구원되게 노력하며, 세상에서 신중하게 행하고, 거래 관계에서 공정하며, 채무에서 성실하며, 품행에서 모범을 보이고, 모든 잡담과 험담과 과도한 분노를 피하고, 술을 음료로 팔고 사용하는 일을 멀리하고, 우리 주님 나라를 전진시키려는 노력에 열심을 내겠다고 약속한다.
>
> 나아가 우리는 서로를 형제 사랑으로 돌보고, 서로를 위해 기도하며, 질병과 고난 가운데 서로 도우며, 감동과 예의 바른 말로 그리스도인의 동정심을 기르며, 화내기를 더디 하고 항상 화해하려고 준비하고, 우리 주님의 법을 마음에 두고, 미루지 않고 화해를 확고히 하기로 약속한다.
>
> 또한 우리는 우리가 이 교회를 떠날 때 가능한 한 빨리 우리가 이 서약 정신과 하나님 말씀의 원리들을 실행할 수 있는 다른 교회에 가입하기로 약속한다.

〈보기 5.2〉 J. 뉴턴 브라운의 교회 서약

캘리포니아주 레이크 포레스트(Lake Forest)에 있는
새들백교회(Saddleback Church) 서약

나는 그리스도를 내 주님과 구세주로 영접하고 침례받아 새들백교회의 성명서, 전략, 구조에 동의하며, 새들백교회 가족과 결합하도록 성령의 인도하심을 느낀다. 그렇게 하면서 나는 다음 내용을 실천하기로 하나님과 다른 회원들에게 약속한다.

1. 나는 … 내 교회가 하나가 되도록 보호하겠다.
    다른 회원에게 사랑으로 행함으로
    수군덕거리지 않음으로
    지도자들을 따름으로
2. 나는 … 내 교회 책임을 나누어지겠다.
    교회가 성장하도록 기도함으로
    복음을 듣지 못한 사람을 교회로 초청함으로
    방문하는 사람을 환영함으로
3. 나는 … 내 교회가 하는 사역을 섬기겠다.
    내 은사와 재능을 발견함으로
    섬기는 교육을 목사에게 받음으로
    종의 마음을 가짐으로
4. 나는 … 내 교회 간증을 유지하겠다.
    성실하게 출석함으로
    경건한 삶을 삶으로
    정기적으로 헌금함으로[49]

* * *

[위 각 진술 다음에 성경을 인용한다. 첫째 진술 다음에는 로마서 4:19; 베드로전서 1:22; 에베소서 4:29; 히브리서 13:17, 두 번째 진술 다음에는 데살로니가전서 1:1~2; 누가복음 14:23; 로마서 15:7, 세 번째 진술 다음에는 베드로전서 4:10; 에베소서 4:11~12; 빌립보서 2:3~4, 네 번째 진술 다음에는 히브리서 10:25; 빌립보서 1:27; 고린도전서 16:2; 레위기 27:30이다.]

〈보기 5.3〉 새들백교회 서약

워싱턴 D.C. 캐피털힐침례교회 서약

우리가 신뢰하는 대로, 하나님의 은혜로 회개하고 주 예수 그리스도를 믿어 자기를 그분께 드리기에 이르렀으며, 우리 믿음의 고백에 따라 아버지와 아들과 성령의 이름으로 침례를 받은 후 이제 우리는 그분의 은혜로운 도우심에 의지해 엄숙하고 기쁘게 서로에게 우리 서약을 새롭게 한다.

우리는 성령께서 평안이라는 매는 줄로 하나 되게 하심을 지키고 하나가 되도록 기도하겠다.

우리는 그리스도인 교회의 회원이 되어 형제 사랑으로 함께 걸어가고, 서로를 인자함으로 보살피고 돌보며, 필요할 경우 서로 신실하게 깨우치고 부탁하겠다.

우리는 모이는 일을 폐하지 않고 자신과 다른 사람을 위해 기도하는 일을 소홀히 하지 않겠다.

우리는 언제든지 우리 보살핌을 받는 사람을 주의 양육과 훈계로 가르치고, 순전하고 사랑스러운 모범이 됨으로써 우리 가족과 친구들이 구원받게 하려고 힘쓰겠다.

우리는 서로가 누리는 행복을 기뻐하고 부드러움과 연민으로 서로의 짐과 슬픔을 함께 지도록 노력하겠다.

침례에 의해 자발적으로 장사되고 상징적 무덤에서 다시 일으킴을 받은 것처럼, 이제 우리에게 새롭고 거룩한 삶을 살아야 할 의무가 있음을 기억하며, 하나님의 도우심으로 말미암아 세상에서 조심스럽게 살고 경건하지 않음과 세상 정욕을 거부하겠다.

---

49 Rick Warren, *The Purpose Driven Church: Growth Without Compromising Your Message and Mission* (Grand Rapids: Zondervan, 1995), 321~22 ‖ 『목적이 이끄는 교회—새들백교회 이야기』, 김현회·박경범 옮김 (서울: 디모데, 2010), 359~60.

> 우리는 교회의 예배, 의식, 권징, 교리를 지지하며 이 교회에서 신실한 복음의 사역이 지속하도록 함께 일하겠다. 우리는 사역, 교회의 비용, 가난한 자의 구제, 모든 나라에 복음을 전파하는 일을 지원하려고 정기적으로 기꺼이 헌금하겠다.
>
> 우리는 다른 곳으로 이사할 때 가능한 한 빨리 우리가 이러한 서약과 하나님 말씀의 원리들을 이행할 수 있는 다른 교회에 가입하겠다.
>
> 우리 주 예수 그리스도의 은혜와 하나님의 사랑과 성령의 교제가 우리 모두와 함께할지어다. 아멘.

〈보기 5.4〉 **캐피털힐침례교회 서약**[50]

---

[50] Mark Dever, *Nine Marks of a Healthy Church*, new expanded edition (Wheaton, Ill.: Crossway, 2004), 212~13 ‖ 참고. 『건강한 교회의 9가지 특징』, 220~22.

2부 연구 질문

1. 신약성서는 교회가 신자들만으로 구성한다고 말하는 견해를 지지하는 증거는 무엇인가? 이 견해에 어떤 반대가 있는가? 이 반대를 어느 정도 수긍하는가?

2. 교회가 신자와 불신자가 함께 있는 '혼합된 몸'이라는 개념이 발전하는 데 콘스탄티누스와 아우구스티누스가 한 역할은 무엇인가?

3. 어떻게 레온 맥베스 같은 침례교 신학자는 침례교 기원이 순수한 교회 추구였음이 가장 적절한 설명이라고 말하는가?

4. 어떻게 당신은 침례교 신앙고백에 반영된 교회 회원자격 개념과 오늘날 북아메리카 침례교회에서 발견되는 교회 회원자격 개념을 비교하고 대조할 수 있는가?

5. 거듭난 사람 교회 회원자격이 신자 침례, 회중제 교회 정치, 폐쇄 성찬식, 교회 권징 등과 가진 관계와 연결을 설명하라.

6. 5장에서 언급한 요인의 어느 것이 북아메리카 침례교인이 거듭난 사람 교회 회원자격을 멀리하게 가장 영향을 끼쳤다고 생각하는가? 거기서 언급하지 않은 다른 중요한 요인은 없는가?

7. 여러분 교회의 사람들은 5장에서 언급한 거듭난 사람 교회 회원자격으로 돌이키게 하는 제안에 어떤 반응을 보인다고 생각하는가? 그것들을 실행함에 어떤 어려움을 만날 가능성이 있는가?

심화 연구 자료

Dever, Mark. *Nine Marks of a Healthy Church*, new expanded edition. Wheaton, Ill.: Crossway, 2004 ‖ 『건강한 교회의 9가지 특징』. 이용중 옮김. 서울: 부흥과개혁사, 2007. 책 전체가 도움이 되지만, 6~8장 (146~217쪽)은 5장에서 다룬 문제, 특별히 교회 회원자격과 교회 권징을 직접 말한다.

Dever, Mark, ed. *Polity: Biblical Arguments on How to Conduct Church Life*. Washington, D.C.: Center for Church Reform, 2001. 이 책은 1697년부터 1874년까지 열 개의 '역사적 침례교인 문서'를 다시 발행한다. 모두 다 행정 조직과 신약 교회의 적합한 질서 문제를 다룬다. 거듭난 사람 교회 회원자격과 교회 권징은 가장 두드러진 주제이다.

Deweese, Charles W. *Baptist Church Covenants*. Nashville: Broadman, 1990. 더위즈는 이 책 서론에서 침례교인 삶에서 교회 서약의 특성, 기능, 중요성에 관한 유용한 역사를 말하지만, 이 책 대부분은 대표적 침례교회 서약의 79개를 소개한다.

_____. *A Community of Believers: Making Church Membership More Meaningful*. Valley Forge: Judson, 1978. 많은 면에서 이 책은 5장에 관한 완벽한 지침서다. 이 책에서 두 가지 목적은 오늘날 침례교인이 행하는 것이 어떻게 그들의 거듭난 사람 교회 회원자격이라는 역사적 교리와 일치하지 않는지 보여주고, 침례교인이 거듭난 사람 교회 회원자격을 회복하도록 돕는 실용 지침을 제공하려 함이다. 어떤 면에서 연대가 오래되었으며 책으로 구하기가 어려워도 매우 가치 있는 자료이다.

Hammett, John S. and Ben Merkle, eds. *Those Who Must Give an Account: A Study of Church Membership and Church Discipline*. Nashville: B & H Academic, 2012. 이 책은 교회 회원자격과 교회 권징이라는 쌍둥이 주제를, 교회 회원은 지도자가 돌봐야 할 대상임을 인식하면서 성서적, 역사적, 실제적 관점에서 살핀다.

Kimble, Jeremy M. *40 Questions about Church Membership and Discipline*. Grand Rapids: Kregel, 2017. 이 책 형식은 독자가 자기와 관련 질문을 빠르게 알아보고 도움을 찾을 수 있게 하며, 대답한 질문의 수로 저자는 교회 회원자격과 및 권징과 관련된 광범위한 문제를 말한다.

Leeman, Jonathan. *Church Discipline: How the Church Protects the Name of Jesus*. Wheaton, IL: Crossway, 2012 ‖ 『교회의 권징—예수님의 이름을 보호하는 교회』. 정혜인 옮김. 서울: 부흥과개혁사, 2016. 140쪽에 지나지 않지만, 리만은 교회 권징에 크게 도움을 주는 금광을 목사에게 전달한다. 사례 연구와 점검 목록은 성서 가르침과 실제 적용을 연결한다.

Wills, Gregory. *Democratic Religion: Freedom, Authority, and Church Discipline in the Baptist South, 1785~1900*. New York: Oxford University Press, 1997. 윌스는 조지아 지역 침례교인이 실행하는 교회 권징을 자세히 연구하고, 그 중요성을 설명하며 그것이 감소한 경위를 추적한다.

교회는 어떻게 다스려지는가? 3부
HOW IS THE CHURCH GOVERNED?

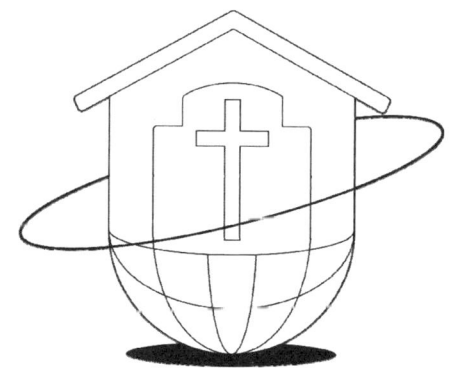

침례교회 교회 정치 6장
—회중제 옹호

BAPTIST CHURCH POLITY
The Case for Congregationalism

앞 두 장은 거듭난 사람 교회 회원자격에 초점을 뒀다. 하지만 회원자격 개념 자체는 교회가 어떤 형태의 조직 구성, 곧 교회가 회원과 비회원을 구분하게 하는 어떤 기준이 있음을 암시한다. 바울은 고린도인 교회가 교회 밖 사람보다 교회 안 사람을 권징해야 한다고 가르쳤다(고전 5:12~13). 그들은 자기들 회원이 누구인지 분명히 알았다. 또한 사도행전에서 교회가 성장하고 커짐을 보듯이, 그 조직적 측면 또한 발전하기 시작하며 지도력과 통치 구조가 떠오르고 있다. 이 장에서는 "교회는 어떻게 다스려지는가?"라는 질문 아래, 이러한 발전이 의미하는 바를 살핀다. 침례교인에게 이 논제의 중요성에 주목하게 함으로 시작하며, 이어서 침례교인이 거의 보편적으로 지지하는 형태인 회중제 교회 정치(congregational government) 논거를 제시한다. 이어지는 두 장에서는 각각 교회에서 두 직분인 목사와 집사를 논의한다.

침례교인과 교회 정치

침례교인이 행정 조직이나 교회 정치 문제가 구원에 관한 적절한 이해나 그리스도 인성에 관한 바른 견해만큼 본질적으로 중요하다고 주장한 적이 없어도, 어쨌든 이 문제에 깊은 관심을 보였다. 마크 데버(Mark Dever)는 『교회 정치—성경이 말하는 교회 생활을 관리하는 방법(*Polity: Biblical Arguments on How to Conduct Church Life*)』에서 1697년부터 1874년까지 침례교인 문서 10개를 소개하는데, 모두 교회 정치와 관련된 논제를 다룬다.1 이 문서 외에도 J. L. 대그(J. L. Dagg)가 『교회 질서에 관한 보고서(*A Treatise on Church Order*)』에서 생략이 없이 다루는 문서,2 A. H. 스트롱(A. H. Strong)부터 밀라드 에릭슨(Millard Erickson)에 이르기까지 침례교인이 쓴 거의 모든 신학 교과서에서 교회 정치를 다루는 장들,3 침례교인 일부가 장로에 관심을 기울임으로 촉발된 여러 글,4 교회 정치 주

---

1 Mark Dever, ed., *Polity: Biblical Arguments on How to Conduct Church Life* (Washington, D.C.: Center for Church Reform, 2001). 재발행한 열 개 문서에서 가장 짧은 문서는 한 줄 간격으로 온전히 채운 17쪽 분량이나 되며, 가장 긴 문서는 100쪽 이상이다. 각각은 그것들이 교회 질서, 권징, 정치 등으로 다양하게 부른 것에 관한 본질적이며 자세한 논의를 포함한다.

2 J. L. Dagg, *Manual of Theology: Second Part, A Treatise on Church Order* (Charleston, S.C.: Southern Baptist Publication Society, 1858; reprint, Harrisonburg, Va.: Gano Books, 1982).

3 A. H. Strong, *Systematic Theology* (Philadelphia: Judson Press, 1907); Millard Erickson, *Christian Theology*, 3rd ed. (Grand Rapids: Baker Academic, 2013), 966 ‖ 참고. 『복음주의 조직신학 (하)—구원론·교회론·종말론』, 신경수 옮김 (서울: 크리스챤다이제스트, 1995), 264~83.

제에 몰두한 콘퍼런스를 추가할 수 있다.[5]

왜 침례교인은 교회 정치에 그토록 관심을 보였는가? 첫째, 그들

---

[4] Gerald Cowen, *Who Rules the Church? Examining Congregational Leadership and Church Government* (Nashville: Broadman & Holman, 2003); Mark Dever, *A Display of God's Glory: Basics of Church Structure*, 2nd ed. (Washington, D.C.: Center for Church Reform/9 Marks Ministries, 2001); Chad Owen Brand and R. Stanton Norman, eds., *Perspectives on Church Government: Five Views of Church Polity* (Nashville: Broadman & Holman, 2004); Steven B. Cowan, ed., *Who Runs the Church? Four Views on Church Government* (Grand Rapids: Zondervan, 2004); John Piper, *Biblical Eldership*, http://www.desiringgod.org/library/tbi/bib_eldership.html(2004년 10월 24일 접속)을 보라. 이 책 초판 이후 여러 해 동안, 교회 정치에 관한 논의는 계속됐다. 벤저민 머클(Benjamin Merkle)은 *40 Questions about Elders and Deacons* (Grand Rapids: Kregel, 2008)을 집필했고, 토머스 슈라이너(Thomas Schreiner)와 함께 *Shepherding God's Flock: Biblical Leadership in the New Testament and Beyond* (Grand Rapids: Kregel, 2014)을 편집했다. 필 뉴턴(Phil Newton)과 매트 슈무커(Matt Schmucker)는 이전 책을 대대적으로 보완한 *Elders in Congregational Life*, rev. ed. (Grand Rapids: Kregel, 2005)을 출판했고, 이것을 새로운 판, 곧 *Elders in the Life of the Church: Rediscovering the Biblical Model for Church Leadership* (Grand Rapids: Kregel, 2014)으로 출판했는데, 이는 교회 생활 아홉 가지 표지(9Marks Life in the Church books) 시리즈의 하나이다. 조나단 리만(Jonathan Leeman)은 회중제 교회 정치에 관한 종합서를 도발적인 이름으로, 곧 *Don't Fire Your Church Members: The Case for Congregationalism* (Nashville: B & H Academic, 2016)를 출판했으며, 마크 데버(Mark Dever)와 함께 *Baptist Foundations: Church Government for an Anti-Institutional Age* (Nashville: B & H Academic, 2015)를 편집했는데, 이 책은 몇 개 장에서 의식을 다루어도 주로 교회 정치 문제를 다룬다. 마지막으로, 그레그 앨리슨(Gregg Allison)은 교회론 연구서인 *Sojourners and Strangers: The Doctrine of the Church*, Foundations of Evangelical Theology (Wheaton, IL: Crossway, 2012)에서 교회 정치에 관해 (100쪽이나 넘게) 자세히 살핀다.

[5] 뉴올리언스침례신학대학원에서 Baptist Center for Theology and Ministry 주최로 2004년 2월 5~7일에 개최한 콘퍼런스 "Issues in Baptist Polity"에서 침례교인 학자, 교수, 목사, 신학생이 모여서 이 주제에 관한 12개 이상의 논문 발표를 들었다.

은 성경이 이러한 주제에 지침을 준다고 믿기 때문이다. J. L. 대그가 거의 150년 전에 한 말은 여전히 사실이다. "교회 질서와 종교 의식들은 새로운 마음보다 중요하지 않으며, 어떤 사람이 보기에 그것들에 관한 질문을 다루는 모든 공들인 연구는 불필요하고 이익이 없는 것처럼 보일 수 있다. 하지만 성경에서 그리스도께서 이 주제를 명령하셨으므로, 우리는 순종해야 한다."6 예를 들어, A. H. 스트롱은 신약 교회 조직에 관한 성경적 근거를 14줄로 제시함으로 교회 정치에 관한 자기 연구를 시작한다.7 그러한 증거는 여전히 연구가 필요함을 말해준다.

둘째, 교회 정치가 침례교 관심사가 됨은 침례교 독특성의 하나였기 때문이다. 스탠 노먼(Stan Norman)은 침례교 특성에 관한 저술을 개관하면서 침례교인 정체성에 관한 논의에서 정치 문제, 특별히 신약에서 교회 정치 형태로서 회중제를 선호함이 두드러진 점에 주목한다.8

셋째, 이 문제에 관심이 오늘날 특별히 중요함은 침례교인 삶에서 지속하는 여러 논의로 이어지기 때문이다. 침례교회에서 적지만 증가하는 추세로 장로 운영체제로 나아가는 움직임이 있었으며, 최근 목사의 권위와 모든 신자 제사장직의 바른 이해에 관한 문제가 침례교인 삶에서 논쟁 근원이다.

마지막으로, 교회 정치가 모든 그리스도인에게 흥미로운데, 그 본질적 중요성 때문이다. 그것은 "교회의 특성과 목적, 성직자와 평신도의 기능과 관계, 교회 안과 밖에서 사역"을 포함해 모든 교회의 실제적 일상 기능에서 피할 수 없는 문제를 다룬다.9 또한 교회 정

---

6 Dagg, *Manual of Theology*, 12.

7 Strong, *Systematic Theology*, 894.

8 R. Stanton Norman, *More Than Just a Name: Preserving Our Baptist Identity* (Nashville: Broadman & Holman, 2001), 119.

치는 모든 복음주의 기독교에서 가장 어려운 문제의 하나, 곧 여성이 목사나 집사로 섬기는 타당성과 직접 관련이 있다. 이 장과 이어지는 세 장에서 어떻게 그리고 누구에 의해 교회가 인도되는가에 관한 실제 문제를 다루는데, 그것들은 교회 건강에 크게 영향을 끼칠 수 있다.

교회 정치의 주요 형태

최근에는 교회 정치에서 신약성서 패턴이 하나가 아니라는 주장이 일반적이다. 신약성서 어디에도 분명한 청사진이 없이 여러 곳에서 다양한 패턴을 반영한다. 에두아르트 슈바이처(Eduard Schweizer)는 "**신약성서** 교회 질서라는 것은 없다."라고 말한다.10 이러한 생각은 교회가 발전하며 활용한 세 가지 주요 교회 정치 형태가 있다는 사실로 입증된다. 역사에서 각각 모델 아래에서 운영된 건강한 교회들이 있었음은 부인할 수 없다.

실제로 교회 정치의 지배적 형태와 정부 행정의 지배저 형태에는 흥미로운 상관관계가 있다. 절대 권능을 가진 감독이 지배하는 감독제(episcopal polity)는 로마제국 상황에서 발전했으며, 제국 정치 모델에서 크게 영향을 받았고, 제국의 정치 용어 일부를 채택하기까지 했다.11 장로제(presbyterian polity)는 공화주의 정치 형태가 널리 퍼지기

---

9 Norman, "Introduction," in *Perspectives on Church Government*, Brand and Norman, eds., 10. Gregg Allison, *Sojourners and Strangers: The Doctrine of the Church*, Foundations of Evangelical Theology (Wheaton, IL: Crossway, 2012), 250~52에서는 질서의 하나님으로서 하나님 특성에서 그리고 교회 특성에서 교회 정치 문제를 신학적으로 중요하게 여기는데, 이는 교회 정치에서 그리스도께서 머리이심과 성령의 은사 인정을 반영해야 하기 때문이다.

10 Eduard Schweizer, *Church Order in the New Testament*, trans. Frank Clarke (London: SCM, 1961), 13(강조는 지은이가 덧붙였다).

시작한 시대에 발전했으며, 민주주의 기풍인 회중제(congregationalism)는 북아메리카에서 크게 유행했다. 회중제를 실행하는 가장 큰 모임인 침례교는 북아메리카 분위기가 특별히 적합함을 알았으며, 미국에만 세계 침례교인의 3/4이 있다.12 성경 가르침이 교회 정치를 선택하는 일에서 유일한 요소가 아니었음이 분명하다.

하지만 구체적인 청사진이 없다고 해서 성경이 교회 정치에 관해 아무것도 말하지 않는다거나, 성경이 모든 형태 교회 정치를 똑같이 지지한다는 뜻은 아니다. 침례교인은 여러 가지 이유로 회중제가 바람직하다고 계속해서 생각했다. 이 부분에서 우리는 간략하게 다른 주요 경쟁적 교회 정치의 형태를 묘사하고, 각각에 있는 장점과 약점을 지적하며, 회중제 교회 정치를 설명하겠다.

감독제 교회 정치

성서 이후 시대(post-biblical)에 분명히 등장한 첫 번째 주요 교회 정치 형태는 감독제(episcopalianism)였다. 감독제 형태는 이 체제의 핵심 인물인 에피스코포스(ἐπίσκοπος) 또는 감독에게서 그 용어를 가져왔다. 감독은 주교 관구라 불리는 지역에 있는 모든 회중을 감독한다. 그에게만 개별 회중을 섬기는 사람을 임명할 권한이 있다. 이들 개인은 다른 종교단체에서 여러 이름으로 불리는데 목사, 교구 목사, 또는 사제 등이다. 감독은 이들 개인을 각 회중에게 임명한다.

---

11 예를 들어, 감독제에서 주교가 감독하는 지역에 사용한 주교 관구(*diocese*)라는 용어는 원래 로마제국에서 행정 지구에 사용한 용어다.

12 북아메리카 침례교인과 세계 나머지 지역 침례교인 차이는 현저하다. 세계침례교연맹(Baptist World Alliance)이 2002년에 작성한 자료에 따르면, 세계에서 거의 4천 6백만 명인 침례교회 회원의 3천 3백만 명, 거의 75%가 북아메리카에 산다. 분명히 미국에서 많은 침례교 교단은 지나치게 과장한 회원 통계를 제시하지만, 많은 다른 나라에서 침례교인 통계는 그 반대이다. 하지만 북아메리카에서 침례교인 번성은 부인할 수 없다. 한 가지 이유는 침례교인 민주제가 북아메리카 민주주의 정신과 어울리기 때문이다.

더 발전한 감독제 형태는 감독 위에 대주교(archbishop)라는 지위를 추가하는데, 그는 감독 여러 명을 관리한다. 권위는 위에서 아래로 내려간다. 곧, 대주교에서 감독으로, 그리고 목사/교구목사/사제로 이어진다. 이것은 로마 가톨릭교회, 영국성공회 교회, 미국 감리교회, 많은 다른 교단에서 따르는 체제이다.

```
                        대주교
            ↙            ⇓            ↘
          주교           주교           주교
        ↙    ↘        ↙    ↘        ↙    ↘
      목사/  목사/    목사/  목사/    목사/  목사/
      사제/  사제/    사제/  사제/    사제/  사제/
     교구목사 교구목사 교구목사 교구목사 교구목사 교구목사
       ⇓      ⇓       ⇓      ⇓       ⇓      ⇓
      회중    회중    회중    회중    회중    회중
```

〈보기 6.1.〉 **감독제 교회 정치**

이 체제를 선호하는 사람들은 에피스코포스(ἐπίσκοπος)라는 단어가 신약성서에서 교회 지도자에 쓰인 한 단어라는 사실을 지적하지만, 초기 교부인 안디옥의 이그나티우스(Ignatius of Antioch)가 100~115년쯤에 주교(ἐπίσκοπος[에피스코포스]) 직분과 장로(πρεσβύτερος[프레스뷔테로스], elder 또는 presbyter) 직분을 나눠서 주교를 장로보다 더 높은 지위에 뒀다. 그는 서머나 사람들에게 보낸 편지에, "예수 그리스도께서 아버지 하나님께 하셨듯이, 여러분은 주교를 따라야 합니다. 또한 여러분이 사도를 따르듯이 장로를 따르십시오. 여러분이 하나님 법을 존중하듯이 집사를 존중하십시오. 누구도 주교에게 승인받지 않고서는 교회와 관련이 있는 어떤 일도 하지 마십

시오."13 이 삼중직은 주교에게 주어진 권위와 함께 2~3세기에 훨씬 더 일반적이었으며, 이레나이우스(Irenaeus)는 주교를 사도 계승자로 여겼으며,14 키프리아누스(Cyprianus)는 한 참 교회를 주교와 올바로 관련한 사람들이라고 정의한다.15 초기 교회 상황에서, 곧 교회가 박해받고, 신약성서 정경이 여전히 형성하고 있으며 일반 신자는 (글을 읽을 수 있었어도) 쉽사리 손에 들고 읽을 수 없는 상황에서, 아마 주교에게 집중은 정통성과 일치를 가장 잘 보증했을 수 있다.

감독제 지지자가 완전히 발전한 감독제 모델이 신약성서에 없다고 인정하면서도, 그것이 신약성서 가르침에서 나왔으며, 사도 이후 시대에 즉각적으로 발전하기 시작했고, 성경 가르침 어느 곳에서도 금지되지 않으며, 수 세기 동안 교회의 삶에서 유익했다고 말한다.16 실제로, 피터 툰(Peter Toon)은 이 교회 정치 형태가 널리 받아들여졌으며 오랜 기간 사용된 사실이 그것에 대한 강력한 논증이라고 주장한다. 감독제도 정치가 잘못된 형태이면, 교회는 거의 16

---

13 Ignatius, "To the Smyrnaeans," in *Early Christian Fathers*, ed. and trans. Cyril C. Richardson, in collaboration with Eugene Fairweather, Edward Hardy, and Massey Shepherd., Jr., Library of Christian Classics (Philadelphia: Westminster, 1953; paperback reissue Louisville: Westminster John Knox, 2006), 115 ∥ 「스미르나 인들에게」, 『초기 기독교 교부들』, 기독교 고전총서, 김선영 옮김 (서울: 두란노아카데미, 2011), 159.

14 Irenaeus, "Against Heresies," *Early Christian Fathers*, 371 ∥ 「이단자들」, 『초기 기독교 교부들』, 478.

15 Cyprian, "The Unity of the Catholic Church," in *Early Latin Theology*, ed. S. L. Greenslade, Library of Christian Classics (London: SCM Press, 1956; paperback reissue Louisville: Westminster John Knox, 2006), 127 ∥ 「보편 교회의 일치」, 『초기 라틴 신학: 테르툴리아누스, 키프리아누스, 암브로시우스, 히에로니무스의 저작으로부터』, 이상훈·이은혜 옮김 (서울: 두란노아카데미, 2011), 158~59.

16 Leon Morris, "Church Government," in *Evangelical Dictionary of Theology*, ed. Walter Elwell, 2d ed. (Grand Rapids: Baker, 2001), 256.

세기 동안 눈이 멀었으며 그리스도는 그 모든 기간에 그것이 눈이 멀게 허용하셨고 종교개혁 때에야 교회가 그 정치를 바르게 했다고 말한다.17

하지만 성경을 더 자세히 연구하면 이 견해에 있는 여러 심각한 문제가 드러난다. 첫째, 감독제에서 에피스코포스(ἐπίσκοπος)와 프레스뷔테로스(πρεσβύτερος) 구분은 본질적으로 신약성서 용법에서 입증되지 않는다. 가톨릭 신학자 리처드 맥브라이언(Richard McBrien)은 신약성서에서 두 단어가 유사하게 사용됨과 절대적 권능을 가진, 통치하는, 오직 한 명의 주교 개념을 보여주는 증거가 신약에서 발견되지 않음을 인정한다.18 둘째, 신약에서 에피스코포스(ἐπίσκοπος) 용법은 단 한 명의 주교보다 함께 섬기는, 다른 회중의 지도자들을 감독하기보다 하나의 회중을 이끄는 여러 감독에 중심을 두고 있다. D. A. 카슨(D. A. Carson)은 "이러한 감독-장로-목사의 의무와 권위 영역은 지역교회이며, 주교가 … 여러 회중에게 권위를 행사했다는 견해에 관한 강력한 증거가 없다."라고 말한다.19 셋째, 감독제 모델은 지역 회중이 수동적인 상태에 머물게 하지만, 신약성서는 회중을 다스리는 일에 충분히 관여하는 매우 능동적 교회를 보여준다. 넷째, 감독제 모델은 교회를 교단 의미로, 교난에 속한 제휴한 지역 회중들 모두를 합친 것으로 여기는 경향이 있지만(곧, 영국성공회, 감리교회), 신약성서는 교회를 놀랍도록 지역적, 회중적 의미로 여긴다. 초대교회들은 서로 관련은 있었지만, 단체로서 연결되지는 않았다.

---

17 Peter Toon, "An Episcopalian's Closing Remarks," in Cowan, ed., *Who Runs the Church?*, 258.

18 Richard McBrien, *Catholicism*, new ed. (New York: Harper SanFrancisco, 1994), 868.

19 D. A. Carson, "Church, Authority in the," in *Evangelical Dictionary of Theology*, ed. Elwell, 250.

마지막으로, 감독제 교회 정치가 가진 계급적 특성은 성경이 교회 지도자에게 명하는 겸손히 섬기는 정신과 대조된다(마가복음 10:41~45; 베드로전서 5:3을 보라). 감독제가 교회 역사에서 일찍이 나타났고 널리 쓰였어도, 교회 정치에 관한 세 가지 주된 견해에서 성경적 지지가 가장 약하다.

장로제 교회 정치

정도는 서로 달라도, 널리 여러 교회에서 장로제 형태를 따른다. 지역 수준에서, 장로제는 장로들이 교회를 다스림을 가리킨다. 이 그룹은 장로교회에서는 **장로회**(session), 개혁교회(Christian Reformed church)에서는 **장로 법원**(consistory), 일부 독립 또는 비-교단 교회에서는 단순히 **장로**(elders)로 불린다. 장로 그룹에서, 일반적으로 강도 장로(teaching elder)나 목사로 불리는 이가 있다. 큰 교회에서는 간부 회원들이 장로들일 수 있지만, 일반적으로 장로들 대다수는 회중의 일반 회원이다. 회중은 선거에 직접 참여하거나 기존 장로들이 추천한 사람을 승인함으로써 전형적으로 장로 선출에 특정 역할을 한다. 하지만 어느 경우든 통치 권위는 장로들에게 주어진다.

장로제를 따르는 교단은 지역교회 위에 또 다른 상위 조직을 추가한다. 한 지역에서 각 장로회 대표들은 노회(presbytery)를 형성한다. 노회는 각 장로회의 결정을 재검토하거나 그들 사이에 분쟁을 해결할 수 있다. 노회는 또한 지역 회중의 재산과 건물을 소유할 공식 권한을 보유할 수 있다. 어떤 교단은 대회(synod)라고 불리는 지역 수준 조직이 있지만, 가장 높은 수준은 국가 수준인, 여러 노회의 대표들로 구성된 총회(general assembly)다. 총회는 교단을 구성하는 모든 지역 회중을 위한 전체적인 교리와 정책을 정한다.[20]

---

[20] "Presbyterianism," in *The Oxford Dictionary of the Christian Church*, eds. F. L. Cross and E. A. Livingstone, 2d ed. (Oxford: Oxford University Press, 1974), 1120을 보라.

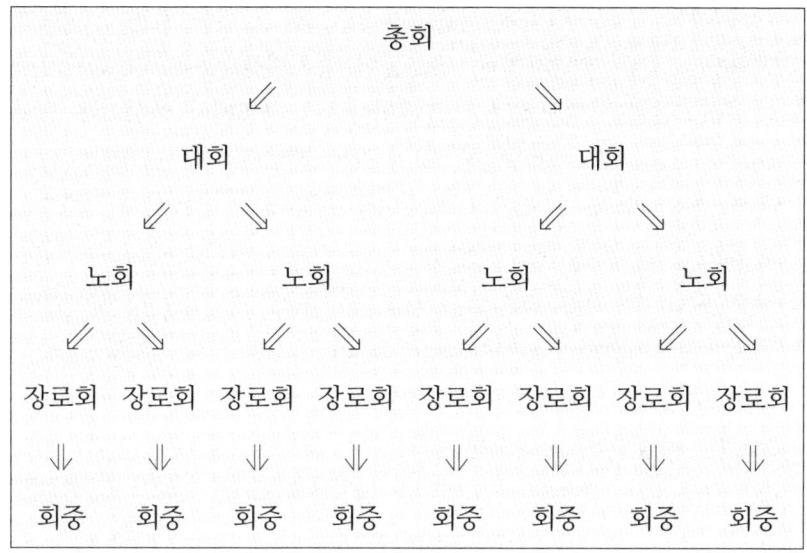

〈보기 6.2.〉 **장로제 교회 정치**

장로제를 옹호하는 사람은 교회 정치제도에 관한 자기들 견해에 강력한 논거를 제시할 수 있다. 유대인 회당에서 장로들은 분명히 통치 집단이었으며, 이것은 교회 배경이다. 또한 장로(πρεσβύτερος)는 신약성서에서 교회 지도자에게 가장 자주 쓴 명칭이며, 다른 주요 용어인 에피스코포스(ἐπίσκοπος)와 유사한 단어이다.[21] 신약성서에서 장로들은 무리를 지어 교회를 이끄는 모습으로 나타나며, 장로제를 선호하는 사람들은 장로 권위에 관한 많은 묘사가 교회 통치에 관한 권위라고 주장한다. 로버트 레이먼드(Robert Reymond)는 사도행전 15장이 안디옥 장로회와 예루살렘 장로회가 관여하는 행동들을 기록하므로 그것은 지역교회 수준을 넘어서 장로제 정치에서 연결주의(connectionalism, 또는 종파주의)를 지지한다고 주장한다.[22] 하지만 장로제 모델에도 여러 약점이 있다.

---

[21] 이 두 단어가 동의어로 쓰인 증거는 8장에 제시한다.

첫째, 장로가 회중을 통치한다는 개념은 의심스럽다. 히브리서 13:17에서 "그들 권위에 복종하라"라고 한 명령을 보면 그들에게 권위가 있음은 분명하지만, 장로들이 통치함을 입증하려고 사용하는 핵심 본문은 디모데전서 5:17이다. 이 구절에서 핵심어는 동사 προΐστημι[프로이스테미]인데, 권위 있는 말투로는 (KJV, RSV, ESV에서) '다스리다(rule)'로, 더 부드러운 말투로는 (NIV에서) '지도하다(direct)'로, 또는 (HCSB에서) '좋은 지도자이다'로 옮길 수 있다. 나는 다음 세 가지 요소를 근거로 더 부드러운 말투로 해석한다. 첫째, 디모데전서 3:5에서 προΐστημι[프로이스테미] 용례는 동사 ἐπιμελέομαι[에피멜레오마이]와 병행이다. 곧, "자기 집을 관리할 줄 모르는 사람인데도 어떻게 하나님의 교회를 돌보겠는가?" 동사 ἐπιμελέομαι[에피멜레오마이]의 단 한 차례 다른 용례는 누가복음 10:34~35에 있는데, 착한 사마리아 사람이 강도에게 공격받은 사람에게 한 행동, 곧 권위가 있긴 해도 확실히 그들 다스리지는 않는 행동을 말한다. 디모데전서 3:5에서 이 병행 용례는, 장로로서 섬기는 자격과 관련하여, 디모데전서 5:17에서 같은 단어 해석이 더 부드러운 말투이어야 한다고 제안한다. 둘째 요소는 신약성서에서 초기 교회가 결정한 많은 경우에 회중이 최고 인간 권위라는 증거인데, 곧 제시하겠다. 셋째이자 마지막으로, 영적 지도력 특성에 관한 신약성서 가르침 전체를 살피면, 장로는 다스리기보다는 "교회를 영적으로 일치하게 인도한다."[23] 침례교인은 이 본문에 반영된 장로 의무가 통치하기보다 지도하기라고 주장했다. 곧, 그들 기능은 "정치적이며 법적이기보다, 도덕적이며 관리적이다."[24] 따라서 그것

---

22 Robert Reymond, "The Presbytery-Led Church," in Brand and Norman, eds., *Perspectives on Church Government*, 107~09.

23 Carson, "Church, Authority in the," 251. 디모데전서 5:17과 치리 장로의 모든 문제에 관한 아주 유용한 논의는 William Williams가 1874년에 쓴 "Apostolical Church Polity," reprinted in Dever, ed., *Polity*, 533~35에 있다.

은 장로제보다 회중제에 더 가깝다.

장로제 모델의 둘째 약점은, 레이먼드가 사도행전 13장과 15장이 안디옥과 예루살렘에 있는 교회들로 구성된 여러 회중을 다스리는 장로회를 가리킨다고 주장하지만,25 가장 공정하게 말하면, 그 생각이 그 본문에 관한 해석 가능한 한 가지 해석일 수는 있어도 가장 가능성이 큰 해석이 아니라는 점이다. 장로제는 성경에서 유추할 수 있는 한 가지 점을 규범 원리로 높인다.26 레이먼드는 많은 내용을 가정해야 하는데, 안디옥에 많은 회중이 있었다는 가정, 그들이 장로회를 만들었다는 가정, 장로회가 바울과 바나바를 예루살렘으로 보냈다는 가정, 사도행전 15장에서 예루살렘에서 온 사람들이 예루살렘 교회의 장로회를 대표한다는 가정, 그들이 보낸 편지가 교회법이었다는 가정, 모든 교회가 그것에 따라야 했다는 가정, 사도행전 15장이 특별한 경우가 아닌 하나님께서 주신 패턴이었다는 가정 등이다. 이 모든 가정은 단순히 언급되지 않은 가정이며 성경에서 입증하기 훨씬 더 힘들다. 제임스 레오 개럿 2세(James Leo Garrett Jr.)는 장로제에 관한 레이먼드의 주장을 "입증되지 않은 가설들의 연결망"이라고 부른다.27 사도행전 15장은 서로 교제하는 교회들에 관한 어떤 근거일 수 있지만, 장로회가 통제하는 교회들에 관한 근거는 아니다.

셋째, 장로를 강도 장로와 치리 장로로 나눔은 대부분 장로제 형태의 특징이며, 이것에도 논쟁할 여지가 있다. 이것은 기본적으로 디모데전서 5:17, 이 한 구절에 근거하며, 모든 장로가 "가르칠 수 있

---

24 E. C. Dargan, *Ecclesiology: A Study of the Churches* (Louisville: Chas. T. Dearing, 1897), 24.

25 Reymond, "The Presbytery-Led Church," 96.

26 Carson, "Church, Authority in the," 250.

27 James Leo Garrett Jr., "Response to Robert Reymond's Presbyterian Polity," in Brand and Norman, eds., *Perspectives on Church Government*, 145.

어야 한다"(딤전 3:2)라는 요구 사항으로 그 근본이 허물어진다. 이 구절은 두 종류의 장로를 구분하기에는 너무도 그 근거가 빈약하다.

마지막으로, 장로제 모델은 감독제 모델보다 회중이 참여할 여지를 더 많이 남겨두지만, 여전히 신약성서에서 볼 수 있는 지역 회중의 활발한 움직임을 정당하게 다루지 못한다.

회중제 교회 정치

침례교인은 신앙고백서와 여러 문헌에서 거의 만장일치로 회중제 교회 정치를 선호했다. 침례교 말고도 미국에서만 30개 이상 다른 교단이 회중 정치를 실행한다.28 그리고 벨리-마티 까르까이넨(Veli-Mätti Kärkkainen)에 따르면, 이것은 오늘날 지구촌에 늘어나는 더 "교회 회원 참여 모델", 곧 누군가는 "회중화 과정"이라 말하는 운동이다.29 이 모델에서 회중이 교회에서 궁극적으로 그리스도의 **신적** 권위 아래에서 **인간적** 권위를 행사한다. 구성원이 모두 그리스도께서 교회에게 바라는 뜻을 분별하려고 노력하면서 그리스도께서는 그들을 통하여 머리 되심을 행사하신다. 모든 회원이 거듭났으며, 따라서 성령께서 그들 안에 거하시므로, 모두가 그리스도의 인도를 받을 수 있다. 따라서 회중제는 민주적 참여를 포함하며, 모든 회원이 동등한 목소리와 회원권을 가진다. 그러한 체제에서 목사와 집사와 같은 지도자는 중요한 영향력을 행사할 수 있으며 어떤 일

---

28 James Leo Garrett Jr., "The Congregation-Led Church," in Brand and Norman, eds., *Perspectives on Church Government*, 180~81.

29 Veli-Matti Kärkkäinen, *An Introduction to Ecclesiology: Ecumenical, Historical and Global Perspectives* (Downers Grove, IL: InterVarsity, 2002), 59. 까르까이넨은 '회중화 과정'이라는 용어를 Russell Chandler, *Racing toward 2001: The Forces Shaping America's Religious Future* (Grand Rapids: Zondervan, 1992), 210; Miroslav Volf, *After Our Likeness: The Church as an Image of the Trinity* (Grand Rapids: Eerdmans, 1998), 12에서 인용한다.

에 회중을 대신하여 일정 분량의 권위를 맡을 수 있지만, 최종적으로 최상 인간적인 권위는 지도자에게 있지 않고 회중에게 있다.

회중제는 또한 교회의 지역 특성을 강조한다. 회중제를 지지하는 사람은 주교, 장로회, 총회와 같은 권위가 지역교회 위에 있다는 증거가 성경에는 없다고 생각하며, 따라서 교회 자율성을 선호했다. 그렇다고 지역교회 자율성은 지역교회 고립을 의미하지 않았다. 침례교인은 그들 역사 초기부터 연합하려고 적극적으로 노력했다. 노먼 마링(Norman Maring)과 윈드롭 허드슨(Winthrop Hudson)은 "연합 원리와 함께 회중제 정치"를 시대에 걸친 침례교인의 "특징적인 표지"로 여긴다.30

처음에, 영국 침례교인은 연합하려는 노력에 관한 신학적 근거를 제시했다. 1644년에 작성한 「1차 런던 신앙고백서」는 "유일한 머리되신 그리스도 아래서 같은 믿음으로 한 몸의 지체로서" 지역교회가 같은 생각을 하는 다른 교회들과 교제하라고 촉구했다. 그들은 교회가 지역적이며 우주적이라고 보았으며, 지역교회들 연합은 더 큰 몸을 믿는 믿음을 보여주었다.

18세기에 필라델피아와 찰스턴에서 침례교인은 협회의 역할과 권위를 의식적으로 반영했는데, 그것이 사도행전 15장의 선례가 권고하는 대로 교리나 실행과 연관된 문제를 해결하는 일에 큰 도움이라고 보았기 때문이다. 하지만 궁극적으로 그들은 협회가 지역교회에 강제적인 힘이나 재판권을 행사하는 일을 허락하지 않았다. 그들은 "진정한 교회의 능력"이라고 불렀던 것, 곧 지역교회가 회원을 받아들이고 제명하며 자기 임원을 선출하는 능력과 협회가 가진 순전한 권고적인 능력 사이에 중요한 구분이 있다고 보았다. 협회에 주어진 유일한 권리는 교리나 실천에서 무질서하게 행한다고 판단되는 교회로부터 교제를 거두는 권리다.31

---

30 Norman Maring and Winthrop Hudson, *A Baptist Manual of Polity and Practice* (Valley Forge, Pa.: Judson Press, 1963), 15.

19세기에 침례교인은 교회의 지역적 특성을 더 강력하게 강조했으며, 주로 실용적인 근거로, 특별히 선교라는 대의를 지원하는 일에 효율성을 높이려고 연합을 정당화했다.

1925년에 남침례교(Southern Baptist)는 그들 『침례교인 신앙과 메시지』에 연합 조항을 넣었는데, 그것은 총회가 지역교회에 어떤 권위도 가지지 않음을 분명히 했으며, 총회를 "가장 효과적인 방식으로 우리 회중의 활동력을 이끌고, 결합하고 지도하려고 고안된 자발적이고 자문의 역할을 하는 단체"로 묘사한다. 실제로 그러한 단체에 참가가 전적으로 자발적으로 이루어진다는 점과 지역교회 자치권을 그토록 열정적으로 보호한다는 점에 비추어 볼 때, 다양한 침례교 단체가 성취하는 교단의 연합 정도는 주목할 만하다.

'교회가 서로 강하게 결속함'을 교회 정치 모델의 한 부분에 포함하는 회중제 지지자는 그레그 앨리슨이다. 그는 성서 사례, 감독제와 장로제 교회 정치에서 역사 선례, 강한 결속을 강조하는 데 지지한다고 서술한 회중제 교회에 존재한 협력 사역 유형 등을 인용한다. 그러나 앨리슨은 오늘날 새롭게 강조하면서 또 다른 특별한 이유를 말한다. 곧, "오늘날 점점 더 많은 교회에서 그런 협력 사역을 강력히 바란다."32 아마 북아메리카 그리스도인은 자율권을 행사한 많은 교회가 실제로는 고립된 교회로 지내게 한 개인주의에 애착을 버릴 준비를 마침내 마쳤다. 그런 고립은 회중제에 필요한 특징이 아니다.

---

31 필라델피아 침례교인은 영국 침례교인에게서 「2차 런던 신앙고백」에 나타난(26조 15항을 보라) 총회의 이러한 권고적 특성을 물려받았다. 그들은 그것을 채택했지만, 그것에 벤저민 그리피스(Benjamin Griffith)의 1743의 글 「간략한 보고서("A Short Treatise")」와 1749년의 글 「연합회 권위와 의무를 존중하는 글("An Essay Respecting the Power and Duty of an Association")」을 추가했다. 찰스턴 침례교인의 관점은 그들의 1774년의 글 『교회 권징 요약(*A Summary of Church Discipline*)』에서 볼 수 있다. 그리피스와 찰스턴 침례교인의 글은 *Polity*, 95~112, 116~33에서 볼 수 있다.

32 Allison, *Sojourners and Strangers*, 297~98.

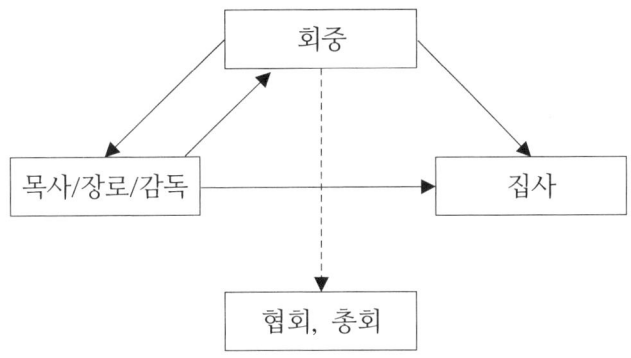

〈보기 6.3.〉 **회중제 교회 정치**

〈보기 6.3〉을 보면, 교회 정치에 관한 침례교인의 개념에서 회중은 가장 위에 위치하며 지역 회중의 최종적인 권위와 중심임을 나타낸다. 회중과 목사/장로/감독 사이에 화살표가 이중으로 존재하는데, 이것은 교회가 장로들에 대해 최종적인 권위를 가지지만 장로는 회중을 이끈다는 사실을 나타낸다. 집사는 장로와 회중을 모두 섬기며, 따라서 그 둘로부터 화살표가 집사를 향한다. 하지만 집사는 지도력을 행사해서는 안 되기에, 그들에게서 회중이나 장로에게로 화살표가 향하지 않는다. 마지막으로, 회중제에서 협회나 총회와 회중 관계는 회중이 장로와 집사에 대해 가지는 관계만큼 직접적이거나 본질적이 아니며, 따라서 협회와 총회로 이어진 선은 점선이다. 하지만 협회와 총회가 회중제에서 위치를 차지하는 것은 그것이 교회가 가시적인 방식으로 그들에게 더 큰 그리스도의 몸을 받아들이는 믿음이 있음을 보여주는 적합한 방식이기 때문이다.

이러한 이론이 항상 그대로 실행되지 않았다. 강력한 목사와 위압적인 집사는 홀로, 또는 서로 손을 잡거나 서로 경쟁하며 자주 회중을 통제하려고 했다. 실제로 웨인 그루뎀(Wayne Grudem)은 다섯 종류 회중제, 곧 단일 목사 정치체제, 목사-집사 정치체제, 다수 지역 장로 정치체제, 연합회 정치체제, 순전한 민주적 정치체제를 말한다.33 교회 정치의 다섯 견해에 관한 최근 또 다른 책은 회중주의 모델 세 개를 포함하는데 단일 장로가 이끄는 체제, 민주적 체제, 다수 장로가 이끄는 체제이다. 또 다른 책은 단일 장로 회중제와 복수 장로 회중제를 제시한다.34 그들 최종 권위가 회중이라면 이 모든 체제는 회중제의 여러 가지 양상일 수 있다.

회중제는 목사, 장로, 또는 집사의 **지도력**을 허락하며, 심지어 강한 지도력과 일정 분량의 위임된 권위까지도 허용한다. 그것은 지도자들에 의한 **교회 정치**를 허용하지 않는다. 회중제는 회중에 의한 **교회 정치**이다. 침례교인이 회중제를 지지함은 성경 가르침이 강력히 지지한다고 이해했기 때문이다. 이어서 우리는 회중제의 주장, 그 성경적 근거, 신학적 뒷받침, 실제적 유익을 검토하겠다.35

---

33 Wayne Grudem, *Systematic Theology: An Introduction to Biblical Doctrine* (Leicester, U.K.: Inter-Varsity; Grand Rapids: Zondervan, 1994), 928~36 ‖ 『(웨인 그루뎀의) 조직신학—성경적 교리학 입문서 (하)』, 노진준 옮김 (서울: 은성출판사, 2009), 131~43. 옮긴이 덧붙임. *Systematic Theology: An Introduction to Biblical Doctrine*, 2nd ed. (London, U.K.: Inter-Varsity; Grand Rapids: Zondervan Academic, 2020), 1135~50.

34 대니얼 아킨(Daniel Akin)은 단일 장로 견해를 변호한다. 제임스 레오 개럿 2세(James Leo Garrett Jr.)는 민주적 체제를, 제임스 화이트(James R. White)는 Brand and Norman, eds., *Perspectives on Church Government*에서 복수 장로제를 주장한다. 페이지 패터슨(Paige Patterson)은 Cowan, ed., *Who Runs the Church?*에서 단일장로 회중주의를, 새뮤얼 월드런(Sameul Waldron)은 복수 장로 회중제를 제시한다. 아킨과 패터슨의 견해는 대표(primary) 장로 회중제라고 부를 수 있다. 그들은 복수 장로의 정당성을 부인하지 않지만, 오직 한 명의 장로가 첫째 자리에 있어야 한다고 주장하기 때문이다.

35 회중제를 조금 다른 형태로 지지하는 자료는 Allison, *Sojourners and Strangers*, 278~83; Jonathan Leeman, *Don't Fire Your Church Members: The Case for Congregationalism* (Nashville: B & H Academic, 2016), 97~122; Stephen J. Wellum and Kirk Wellum, "The

회중주의의 성경적 근거

신약성서에는 회중제 교회 정치를 지지하는 수많은 증거가 있다. 제임스 레오 개럿 2세는 여섯 개 주요 본문을 근거로 회중제를 지지하는 논거를 내세운다. 그것은 마태복음 18:15~20; 사도행전 6:3; 13:2~3; 15:22; 고린도전서 5:2; 고린도후서 2:6이다.36 회중제를 지지하는 사람은 거의 이 본문을 사용하며, 다른 본문을 추가로 사용해 지지하는 사람도 있지만,37 이 여섯 개 본문이 가장 분명하다. 또 지역 회중보다 큰 어떤 단체가 어떤 신약 교회의 회중을 위해 결정했다는 아무런 증거가 없다는 사실도 간접적으로 이를 지지한다. 사도행전 15장이 서술한 회의에서 결정도 "성령과 우리에게 선하게 보였던" 것이라고 하며, 그것은 "너희는 잘할 것이다"라는 말과 함께 그들에게 권고되고 있다(28~29절). 하지만 그 이야기에는 총회가 그들 권위 아래에 있는 교회들을 위한 정책을 결정하는 활동과 같은 것은 없다. 사도들은 그리스도를 대표하도록 권한을 위임받은 자들로서 교회에서 권위를 행사했지만, 자기들 후계자로서 교회 위에 감독들을 지명한 게 아니라 교회에서 섬기도록 감

Biblical and Theological Case for Congregationalism," in *Biblical Foundations*, 47~78; Mark Dever, *Nine Marks of a Healthy Church* (Wheaton, IL: Crossway, 2000), 206~14 ‖ 『건강한 교회의 9가지 특징』, 이용중 옮김 (서울: 부흥과개혁사, 2007), 303~13에 있다. 네 개 자료는 모두 회중제를 잘 제시한다. 내 견해와 그들 견해에 공통점이 많지만, 몇 가지 점은 달리 접근한다.

36 Garrett, "The Congregation-Led Church," 158~59.

37 Wellum and Wellum. "The Biblical and Theological Case for Congregationalism," 76에서는 신약성서에서 회중의 권위 아래 있는 영역을 말하는 많은 추가 본문을 인용한다. 곧, "가난한 사람을 구제하는 데 쓸 재원 모금과 분배(고전 16:1~4; 고후 8~9장); 주의 만찬 실행(고전 11:20~26)," 그리고 몇 개 다른 본문이지만, 이 본문에서 말한 활동들은 다른 본문들에서 활동들처럼 아주 분명한 교회 정치 활동으로 보이지는 않는다.

독과 장로를 지명했다. 이러한 활동들은 회중제 지역 자치권의 원리와 일치한다.

또한 신약성서에서 지역교회를 가리키는 단어로 에클레시아(ἐκκλησία)가 놀랍도록 지배적으로 사용되는 사실은 회중제의 한 측면인 지역 자치권을 지지한다.38 교회에게 어떤 책임을 지우는 더 높은 수준의 조직은 있을 수 없다.

회중제를 지지하는 또 다른 것이 덜 분명해도, 매우 중요한 증거는 교회를 가리키는 지배적 이미지이다. 어느 것도 계급 조직을 가리키지 않으며, 모두가 독립적이고 상호의존 정신을 암시한다. 예를 들어, 성경에서 왕국은 교회를 가리키는 주요 모티프가 아니어도, 몸과 가족은 그렇다. 앨러스테어 캠벨(Alastair Campbell)은 교회 정치에 관한 신약성서 가르침을 생각할 때 우리가 초대교회들이 통치자와 신하보다 형제와 자매로 구성된 "가정이나 확장된 가족에서 시작했다"라는 사실의 중요성을 깨달음이 "매우 중요하다"라고 말한다.39 스콧 바취(Scott Bartchy)는 사도행전에서 교회 지도력에 관한 누가의 견해를 조사하면서 누가의 교회 이상은 "제대로 작동하는 가족", 지도력에서 "반가부장적 관점", 곧 다른 어떤 모델보다 회중제 교회 정치와 잘 들어맞는 관점으로 이어지는 모델이었다고 말한다.40

셋째 지지는 일반적이거나 간접적인 것으로서, 신약성서에서 편지 대부분이 교회 지도자들보다 교회에 보내졌다는 사실에서 발견

---

38 Garrett, "The Congregation-Led Church," 171에 따르면, 에클레시아(ἐκκλησία)가 114번 쓰이는데, 92번이나 93번은 지역교회나 교회들을 가리킨다.

39 R. Alastair Campbell, *The Elders: Seniority Within Earliest Christianity* (Edinburgh: T & T Clark, 1994), 241.

40 S. Scott Bartchy, "Divine Power, Community Formation, and Leadership in Acts," in Longenecker, ed., *Community Formation in the Early Church and in the Church Today*, ed. Richard Longenecker (Peabody, Mass.: Hendrickson, 2002), 97~98.

된다. 베드로, 바울, 야고보, 요한은 교회가 자기들 교리에 책임져야 함을 기대한 듯하다. 바울은 이단이 가르치는 바와 관련해, 그것이 천사나 사도에게서 왔더라도 갈라디아 교회는 그것을 거절해야 한다고 말한다(갈 1:8~9). 분명히 그는 교리를 순수하게 지키는 일이 회중의 의무라고 여겼다.

하지만 회중제 교회 정치체제의 두 가지 가장 분명한 예는 교회 회원자격을 통제하고 지역 지도자를 선택하는 영역에서 나타난다.[41] 첫 번째 영역은 교회 권징에 관한 논의에서 표면화한다. 마태복음 18:15~17에서 회원을 축출하는 최종 결정권은 주교나 장로가 아니라, 교회에게 주어진다. 역사적으로 침례교인은 이것이 '왕국 열쇠' 은사(마 16:19)로 교회에게 주어진 권세를 행사하는 일이라고 이해했으며, 지속해서 그들 회원을 권징하는 권세를 회중의 정당한 행위의 하나로 여겼다.[42] 바울은 고린도전서 5:9~13에서 고린도교회에게 같은 의무를 부여한다. 그는 후에 그들 행동을 "많은 사람에 의해 그에게 과해진 벌"로 묘사하는데(고후 2:6), 이것은 회중의 조처를 가리킨다. 관계된 사람이 뉘우쳤기에 이제 바울은 그들에게 그를 회

---

[41] 흥미롭게도 이것들은 또한 17~18세기 침례교 신앙고백에서 교회에 속하는 것으로 가장 일반적으로 강조한 두 가지 활동이다. 카슨은 회중 의무에 세 번째 일반 영역을 추가한다. "그들은 내부적인 질서에 영향을 미치는 상당한 범위의 문제에 관한 의무와 권위를 누렸다." Carson, "Church, Authority in the," 251.

[42] 예를 들어, 1644년에 쓴 「런던 신앙고백서」 진술을 보라. "그리스도께서도 마찬가지로 그의 전체 교회에게 회원을 받아들이고 권징을 통해 내쫓는 권세를 주셨으며, 이러한 권세는 모든 개개의 회중에게 주어지고, 회원이든 간부든 한 명의 특별한 사람에게 주어지지 않는다." 이 진술은 대부분의 것보다 더 분명했지만, 권징의 실행이 감소하기 시작했던 19세기에 이르기까지 신앙고백에 비슷한 암시가 있다. 이러한 권세를 마태복음 16:19에서 말한 열쇠와 연결하는 내용은 Benjamin Griffith, "The Glory of a True Church, and Its Discipline Display'd," in Dever, ed., *Polity*, 63~91을 보라. 이 글의 부제목은 "진정한 복음-교회가 묘사되는 곳, 열쇠의 권세와 함께, 그리고 누가 허용되며 누가 배제되어야 하는지"이다.

복하라고 권한다. 다시 한번 그러한 의무는 회중에게 주어진다. "많은 사람에 의해 그에게 과해진 벌"이라는 표현이 흥미롭다. 분명하지는 않아도, 여기서 회중이 어떤 형태로든 투표했고 만장일치는 아니어도 결정한 게 전적으로 가능하며 아마도 그럴듯하다.

지도자를 선택하는 일에, 어떤 사람들은 사도행전 1장에서 유다를 대신할 자를 선택하는 일에 나타난 신자들의 행동이 회중제를 가리킨다고 여기지만, 이는 오순절 이전 행동이며, 따라서 교회 시작 이전이므로 의심스럽다. 더 분명한 예는 사도행전 6장에 있는데, 거기서 사도들은 '온 무리'에게 사도들을 도울 이들을 선택하라고 말했다. 사도행전 6:1~6은 일반적으로 집사 직분 기원으로 간주한다. 그 내러티브는 정말 놀랐다. 아주 새롭게 모였으나 아주 큰 회중이 있으며, 아주 중요한 결정을 하고, 회중에서 가장 성숙한 구성원인 사도들이 알아서 일할 수 있다. 그 중요한 문제를 사도와 같은 성숙한 지도자가 결정하도록 맡기는 게 더 합리적이지 않을까요? 그러나 다름 아닌 사도가 회중에게 섬길 사람을 결정하는 일을 회중에게 맡기고("너희 가운데서 일곱 사람을 선택하라"), 본문은 "이 제안에 온 회중이 기뻐했다"(행 6:5), 그리고 "그들이 선택했다"라고 덧붙인다. 회중 결정을 분명히 반영한다. 그렇게 큰 회중이 사도들이 받아들인, 아주 빨리 결정을 내렸는지 궁금하다(나는 그들이 개최한 회의에 관한 회의록을 보고 싶다!). 그러나 회중이 하나님께서 이끄심에 따라 그리스도, 곧 교회 머리이신 분을 기쁘시게 하는 결정을 내릴 수 있다고 크게 신뢰했다는 뜻은 아주 분명하다.

사도행전 13:1~3에서 바울과 바나바를 선교사로서 사역하게 위임하는 일에 교회가 관여했으며, 바울과 바나바는 돌아와서 교회에게 그 사실을 보고했다(행 14:27). 사도행전 15장에서 교회는 그곳 무리의 논의(4, 12절)와 결정(22절)에 관여했다. 바울과 바나바는 그들이 세운 교회에 장로들을 지명한 게 사실이며(14:23), 바울은 디도에게 그런데 지역교회에 같은 것을 행할 것을 지시했지만(딛 1:5),

이런 일들이 예외적인 상황이었음이 분명함은 관계된 회중들이 미성숙한 단계였고, 사도, 또는 디도의 경우, 사도의 협력자는 특별한 권위를 가졌기 때문이다. 이 모든 회중의 행위 사례는 장로를 권징하는 일에서 따라야 하는 절차에 관한 지침과 함께(딤전 5:19~20) 회중이 그들 지도자들과 관계에서 최종적 의무를 졌음을 지지한다.

회중제의 신학적 뒷받침

어떤 사람은 교회 정치체제에 관한 신약성서 가르침이 불완전하고 결정적이지 않으며 명확하지 않아도, 회중제 정치를 지지한다. 회중제가 특정 중요한 신학적 원리에 의해 뒷받침된다고 보기 때문이다. 레온 모리스(Leon Morris)는 "아마도 성경에서 이러한 입장[회중제]을 지지하는 중요한 증거는 그리스도가 교회의 머리라는 것 … 그리고 모든 신자가 제사장이라는 것이 사실이라고 말해도 문제가 없을 듯하다."라고 말한다.[43] 그리스도께서 교회의 머리가 되시는 원리가 회중제 교회 정치를 지지하는 것으로 보이는 이유는, 다른 형태의 교회 정치체제가 교회를 그리스도보다 주교나 장로회나 총회에 복종하는 위치에 두기 때문이다. 그레그 앨리슨이 말하듯이, "그리스도와 그분 몸 사이에 유기적 연결은 그러한 머리 됨이 수반하는 권위와 더불어 교회 위에서 권위를 휘두르는 인간 중개자를 배제한다."[44] 물론, 장로나 주교가 그리스도께서 당신 백성을 지도하려고 정하신 길이라고 주장할 수도 있겠으나, 많은 사람에게 교회에 대한 그리스도 권위의 직접성은 다른 형태 정치체제로 절충되는 듯하다. 회중제는 그리스도의 머리 됨에 복종하는 회중의 직접 책임을 보존한다. 회중이 그리스도의 인도하심을 분별해 복종할 능력은 회중제를 지지하는 둘째 원리, 곧 모든 신자 제사장직으로 보장받는다.

---

[43] Morris, "Church Government," 257.

[44] Allison, *Sojourners and Strangers*, 281.

많은 사람은 모든 신자 제사장직이 회중제 교회 정치체제를 가장 강력히 지지한다고 생각한다. 제임스 레오 개럿 2세, 밀라드 에릭슨, 스탠리 그렌즈는 모두 그 중요성을 인정한다. 그렌즈는 "모든 신자 제사장직과 회중제 교회 정치의 중요한 연결"에 주목한다.45 에릭슨은 "교회 정치체제에서 회중제 형태가 규정된 원리들을 가장 가까이 성취한다는 점이 내 판단이다. 그것은 모든 신자가 제사장직과 영적 능력을 갖춘다는 원리를 신중하게 받아들인다."라고 말한다.46 그렌즈는 "지지자들은 민주적인 회중제가 모든 신자 제사장직을 … 계속해 성취한다고 주장한다."라고 말한다.47 모든 신자 제사장직은 각 신자가 인간 중재자 없이 하나님을 직접 찾고 그분 인도하심을 직접 받을 수 있고 그렇게 해야 할 의무가 있음을 단언한다. 하지만 신자 개인은 오류를 범하기 쉽다. 따라서 회중제를 지지하는 이는 교회가 하나님의 인도하심을 찾는 제일 나은 방법이 모든 신자-제사장이 하나님의 얼굴을 구하고 교회를 향한 그분 인도하심에 일치에 이르는 것이라고 보았다. 그렌즈의 말처럼 "이것은 민주적인 회중제의 중심 원리를 구성한다. 신자 전체 무리는 자기 백성에 대한 그리스도의 뜻을 분별한다."48 그러나 여기서 이전 장에서 말한 경고가 반복한다. 곧, 모든 신자 제사장직이라는 이 원리 그리고 이 원리가 회중제 교회 정치를 지지는, 참 신자들로 구성한 회중에 달렸는데, 그런 신자-제사장들만이 하나님의 인도하심을 찾고 받아들이기 때문이다. 회중제 교회 정치는 거듭난 사람 교회 회원자격을 요구한다.

---

45 Garrett, "The Congregation-Led Church," 185.

46 Erickson, *Christian Theology*, 1096 ‖ 참고. 『복음주의 조직신학 (하)』, 282.

47 Stanley Grenz, *Theology for the Community of God* (Nashville: Broadman & Holman, 1994), 723 ‖ 『조직신학—하나님의 공동체를 위한 신학』, 신옥수 옮김 (파주: CH북스, 2017), 787.

48 Grenz, *Theology for the Community of God*, 724 ‖ 『조직신학—하나님의 공동체를 위한 신학』, 788.

회중제에 관한 역사적 기록

역사에서, 회중제를 지지하는 세 가지 점이 있다. 첫째는 신약성서 교회 직후에 회중제에 관한 몇 가지 증거가 있고 말할 수 있다. 2~3세기에 주교 중요성이 분명히 커졌지만, 초기 교회에 몇몇 회중제에 관한 증거가 있다. 로마의 클레멘스(Clement of Rome)는 고린도에 있는 교회가 한 조치를 인정했는데, 사도들이 임명했거나 "전체 회중의 동의로" 임명한 어떤 사람들을 그 직책에서 해임한 조치이다. 클레멘스는 그들이 한 조치에 불만을 품었지만, 감독제 교회 정치로 이동이 곧바로 있지 않았음을 나타낸다. 그 회중에는 몇몇 회중 결정이 있었다.49 디다케(Didache)에서도 분명한 예를 확인할 수 있다. 거기에서, 알려지지 않은 교사는 2세기 초 시골 회중에게 그들 지도자를 선출하라고 가르쳤다. "그렇다면 여러분께서는 주님께 신실한 감독과 집사를 스스로 선출하셔야 합니다."50 그러나 인정하건대, 초기부터 증거는 빈약하다. 감독제 교회 정치는 2세기를 거쳐 3세기 그리고 그 이후에서야 표준이 됐다.

그러나 여기서 둘째 점을 말할 수 있다. 감독제 교회 정치가 주도한 시기는 보통 사람이 신약성시에 접근힐 수 없던 시기와 겉았나. 구넨베르크 인쇄기가 책 만드는 일에 혁명을 일으켰고, 성서가 훨씬 더 폭넓게 익혀 신학에서 교회론을 포함해 모든 분야에 기준이 되자, 거의 곧바로, 회중제 교회 정치를 초기 재침례교인이, 그다음에는 영국 분리주의자—일부는 순례자와 청교도, 그리고 침례교인—가 제안했다.

---

49 Clement, "The Letter of the Church of Rome to the Church of Corinth, Commonly Called Clement's First Letter, 44," in *Early Christian Fathers*, 63~64 ∥ 「일반적으로 「클레멘스의 제1서신」이라 불리는 로마 교회가 고린도 교회에 보낸 서신, 44」, 『초기 기독교 교부들』, 90~91.

50 "The Didache, 15(옮긴이 덧붙임. 16을 15로 바꿈)" in *Early Christian Fathers*, 178 ∥ 「일반적으로 디다케라 불리는 열두 사도들의 가르침」, 『초기 기독교 교부들』, 238.

마지막으로, 지난 몇 세기 동안에 회중제에 관한 기록은 무엇인가? 몇몇은 회중제를 교회가 싸워 분열하는 환경을 조장한다고, 또는 의사 결정에 효과가 별로 없는 방식이라고 비난한다.51 회중제 상황에서 생활한 사람은 둘 다를 경험했을 수 있으나, 그것이 전체 이야기는 아니다. 마크 데버는 그가 본 바를 "역사 판결… 어떤 교회 정치체제도 교회를 실수에서, 타락에서, 그리고 무미건조에서 막지 못한 게 분명해도, 더 중앙집권 교회 정치체제는 회중제가 신실히 그리고 활기차게 복음을 증거했다는 사실을 더 나쁘게 기록하는 듯하다."52라고 쓴다. 아마 가장 분명한 증거는 남침례교총회에서 보수주의 재기이다. 1979년부터, 지도자들은 총회 기관과 신학교에서 좌파 성향을 해결하려고 했다. 15년 넘게 걸려서, 그들 신학교와 기관에서 신학 방향을 두드러지게 바꿀 수 있었는데, 한 저자는 이를 "침례교 개혁(the Baptist Reformation)"53이라고 했다. 몇몇은 정말 변화해야 했는지, 또는 그런 조치 배후에 있는 진짜 동기에 의구심을 품었지만,54 한 가지 사실은 논쟁할 여지가 없다.

남침례교총회에서 지도자들은 다른 교단에서 변화를 시도했다가 성공하지 못한 데서 성공했는데, 이는 남침례교총회가 교회들이 실행하는 회중제 요소를 총회 규약에 대체로 보존했기 때문이다. 마침내, 교회가 파송한 수천 명 풀뿌리 남침례교인이 변화하게 투표했다. 능력 있는 지도자들이 그들을 모았어도, 그들은 변화하게 영

---

51 Allison, *Sojourners and Strangers*, 285~86에서는 그런 비난을 말하고 대답한다.

52 Mark Dever, *A Display of God's Glory* (Washington, DC: Center for Church Reform, 2001), 38.

53 Jerry Sutton, *The Baptist Reformation: The Conservative Resurgence in the Southern Baptist Convention* (Nashville: Broadman & Holman, 2000).

54 아주 다양한 기사 네 편, 곧 "The Southern Baptist Convention, 1979~1993: What Happened and Why?" *Baptist History and Heritage*, October 1995을 보라.

향력을 발휘했는데, 총회 기구는 마침내 여러 지역 회중에게 책임져야 했다.55

회중제의 실제 유익

회중제가 주는 주요 실제 이점은 실제 불가피성을 준비하게 함이다. 마크 데버(Mark Dever)는 모든 교회가 특성상 회중제라고 주장한다. 곧, 교회는 회중이 지지할 때 계속 존재할 수 있다. 사람은 다른 방법이 없더라도 그들 자금과 발로 항상 투표할 수 있다. 데버는 "회중은 그들 발언권을 가진다. 그건 단순한 사실이다. 그건 중력과 같다. 그건 일이 작용하는 방식 문제일 뿐이다."56라고 말한다. 그러나 어느 정도 회중 참여가 불가피함을 인정하고 그것을 최소화하려고 하기보다, 온전한 회중제를 진심으로 채택하고, 지도력이 전달하는 것은 무엇이든지 수동적으로 받아들이는 회중보다는 책임 있게 그리고 온전히 교회 정치에 참여할 수 있는 발전하는 회중의 도전을 받아들이는 게 훨씬 더 현명한 방법이다.

제임스 레오 개럿 2세는 회중제 교회 정치가 "다른 교회 정치보다 회중이 충성과 지지를 함양할 능력이 더 크며" "다른 교회 정치보다 더 강하고 더 성숙한 그리스도인으로 만들 가능성이 더 크다."라고 말한다.57 반대로, 교회 방향을 분별하는 일에 관여하거나

---

55 남침례교총회에 있었던 논쟁을 두고 많은 분석이 있었다. 짧은 개요와 참고 자료는 Anthony L. Chute, Nathan A. Finn, and Michael A. G. Haykin, *The Baptist Story: From English Sect to Global Movement* (Nashville: B & H Academic, 2015), 285~92를 보라. 놀랍게도, 지역 회중들이 선거인단을 파송할 수 있었으며, 그들이 변화하려고 헌신한 회장단과 이사진을 지지해 투표했는지를 말하지 않는데, 하여튼 그것은 논쟁 시작에 아주 중요했다.

56 Dever, *Nine Marks of a Healthy Church*, 225.

57 Garrett, "The Congregation-Led Church," 193.

참여하지 않음은 회중의 회원 가운데 충성과 헌신 의식을 약하게 할 수 있다.

　몇몇은 회중제가 실제로 유익한지에 의구심을 품는다. 어떤 사람은 맞닥뜨린 모든 사소한 일에 투표하려고 회중이 모이는 일이 얼마나 실제적인지를 물을 수 있다. 그러나 회중제를 이해해야 한다. 회중제를 시행하더라도 모든 사안에 회중이 모여 투표하지는 않는다. 실제로, 대부분 회중제 교회는 많은 의사 결정 권한을 그들 지도자에게 위임하고, 성서 가르침도 그렇게 하도록 지지하는 듯하다. 어느 정도 권위는 지도자에게 주어져 그들이 지도하게 하지만, 최종 지도 권위는 회중에게 주어지며, 이 두 권위 모두는 교회 머리이신 예수 그리스도의 궁극적 권위 아래에 있다. 따라서, 오늘날 많은 사람이 단언하는 모델은 장로 (또는 목사)가 이끄는, 회중제 교회 정치이다.[58] 무슨 결정은 지도자가 하고 무슨 결정은 회중이 하는지와 관련해, 신약성서는 회중이 결정하는 사례로 교회 권징과 회원자격 회복 문제(마 18:15~17; 고전 5:9~13; 고후 2:6~8), 지도자 선출(행 6:2~6), 어떤 일을 맡을 사람 세우기(행 13:2~3) 등을 말하며, 건전한 교회를 유지하는 책임이 회중에게 있다는 단서는 바울이 편지를 교회 지도자에게 쓴 게 아니라 교회에게 썼다는 사실에 있다(갈 1:8~9). 그러나 다른 결정들, 특별히 회중 전체에 영향을 끼치는 사안(예. 예산, 새로운 시설 신축) 결정에 회중이 참여하게 할 때는 목회 지혜가 있어야 한다.[59] 어쨌든, 회중제가 요구하는 모든

---

　58 그레그 앨리슨은 자기 모델을 "복수 장로가 지도하는, 집사와 여집사가 섬기는, 강한 결속력이 있는 회중제 교회"라고 한다(*Sojourners and Strangers*, 297). 다른 사람들은 단순히 '장로가 이끄는 회중제'라고 한다 (Leeman, *Don't Fire Your Church Members*, 122; Wellum and Wellum, "The Biblical and Theological Case for Congregationalism," 76).

　59 어느 결정은 지도자가 하고 어느 결정은 회중이 해야 하는지를 결정하는 방법을 신중히 다루는 내용은 Leeman, *Don't Fire Your Church Members*, 123~52을 보라.

바는 최종 운영 권한이 회중에게 있다는 점이다. 회중제는 교회가 결정해야 할 모든 사소한 사안마다 투표하라고 요구하지 않는다.

어떤 사람이 회중제 실제 유익을 두고 제기하는 또 다른 반대는 회중제와 '민주적 절차'[60]의 연관성이다. 늘어가는 지구촌 교회에서, 민주주의가 알려지지 않은 상황에서 교회가 민주적 절차를 거쳐 운영하기를 바라는 게 얼마나 실제적일까? 많은 상황에서, 심지어 서구 상황에서도 회원이 성서가 교회 정치 영역에서 교회 회원에게 부과한 책임을 감당하라고 폭넓게 가르쳐야 하지만, 민주적 절차는 서구에서 쓰인 정치적 방법보다는 훨씬 폭넓게 해석될 수 있다. 예를 들면, 비공식적 합의로 항상 결정하는 부족은 서구 형태 사무 회의와 투표가 없이도 회중의 뜻을 반영해 결정할 수 있다. 다시 말해, 회중제 본질은 교회 운영에서 회중이 최종 인간 권위이다. 회중이 의사 결정에 함께하는 방법은 여러 과정을 포함할 수 있다. 결국 결정하는 주체가 회중(δῆμος[데모스])이면, 그 과정은 민주적이라 할 수 있다.[61] 그러나 그들은 반드시 서구 과정을 거치지 않을 수도 있다.

회중제가 직면한 도전들

침례교인은 오랫동안 거의 한 목소리로 회중제를 지지했는데도, 오늘날 여러 실제적 도전뿐 아니라 신학적 도전에 직면해 있다. 참된 회중제 교회 정치가 침례교인 가운데 지속하려면 이러한 여러 도전에 잘 대처해야 한다.

---

[60] 이 용어는 『침례교 신앙과 메시지』, 5항에 있는 교회 정의에서 가져왔다. 곧, "각 회중은 민주적 절차를 거쳐 그리스도의 주재권 아래서 움직인다."

[61] Dever, *Nine Marks of a Healthy Church*, 212 ‖ 『건강한 교회의 9가지 특징』, 310.

책임감 있는 거듭난 회중 훈련의 필요성

앞 장에서 주목한 대로 회중제 교회 정치체제는 거듭난 사람 교회 회원자격을 전제로 하는데, 거듭난 회중만이 책임감 있게 교회를 다스릴 수 있기 때문이다. 하지만 우리는 오늘날 북아메리카 침례교회에서 거듭난 사람 교회 회원자격은 주로 허구라는 사실에 주목했다. 교회 대부분에는 수년 동안 예배에 참석하지 않는 수많은 회원이 있으며 그들은 그리스도와 지역교회에 헌신하지 않으면서도, 여전히 교회 회원으로 남아있으며 중요한 교회 사무 회의에서 투표하는 자리에 참석할 가능성이 있다. 그러한 회중이 있는 교회에서 많은 침례교 목사는 교회 사무 회의에 불안해하고 두려워해 할 수 있는 한 피하려고 하는데, 그들은 이론적으로 신자-제사장의 회중이 그리스도의 인도함을 받아야 마땅한 모임인데도 여러 파벌로 나뉘어 주도권을 다투는 거칠게 논쟁하는 모임으로 전락한 사태를 너무도 자주 봤기 때문이다. 그러한 회중의 많은 회원은 사무 회의가 지루하거나 교훈적이지 않다고 생각하며 단체로 결석한다. 어떤 식이든 회중제 교회 정치체제는 능력 있으며 자신들을 책임감 있게 다스리려고 하는 회중의 부족으로 힘들어한다. 책임감 있는 회중을 훈련해야 하는 필요성이 오늘날 북아메리카 침례교인이 직면한 최우선 과제다.[62]

대형 교회 증가

회중제에 도전하는 또 하나 실제는 대형 교회 추세이다. 한 관찰자는 이것이 교회 역사에서 선례가 없는 현대 장면의 특징이라고 말했다. "최근 점점 더 빠른 속도로 점점 더 큰 교회가 증가함은 20세기 이 마지막 사분기에 특유 현상이다."[63] 이 추세는 21세기에

---

[62] 책임감 있는 회중을 훈련하는 방법에 관한 제안은 5장 내용을 보라.

도 이어진다. 2010년 개신교회 조사는 "미국에 작은 교회가 아주 많아도 대부분은 대형 교회에 출석한다. 국회 연구는 예배 참석자 11%만 작은 교회에 출석한다고 추정했다. 한편, 교회 출석자 50%는 가장 큰 10% 교회(보통 출석 교인은 350명 정도)에 출석한다."64 라고 결론짓는다. 남침례교총회에서만, 천 명이나 그 이상 출석하는 교회는 적어도 545개 교회이다.65

대형 교회가 회중제 교회 정치체제에 일으키는 어려움은 세 가지다. 첫째, 그러한 많은 사람을 회중제 교회 정치체제로 초청해서 적극적으로 참여하게 만들기가 어렵다. 스탠리 그렌즈는 "민주적 회중제는 무미건조하게 참석한 교회 집회에서 투표하는 다수에 의한 통치가 아니라, 그리스도의 뜻을 함께 결정하는 일에서 모두의 능동적 역할이다."라고 말한다.66 교회가 클수록 폭넓은 회중의 참여를 얻는 일에서 교회가 직면할 실제 어려움은 더 크다.

둘째, 큰 교회가 모든 회원을 출석하게 할 수 있어도 교회는 고려하는 문제를 모든 회원에게 잘 알려야 하는 어려움에 직면한다. 이러한 이유로, 밀라드 에릭슨은 큰 교회에서 더 많은 의사 결정이 회중에 의해 선택되었으며 회중에 책임을 다하는 지도자들에게 위임되어야 한다고 느낀다. 하지만 그는 "선택된 종들은 회중 전체에

---

63 John Vaughan, *Megachurches and America's Cities: How Churches Grow* (Grand Rapids: Baker, 1993), 40.

64 그 조사에 따르면, 59% 교회에 출석하는 사람은 99명이나 그 이하이다. 2.5% 교회만 천 명이나 그 이하이지만, 400만 명 이상은 작은 교회보다는 몇 안 되는 더 큰 교회에서 예배한다(Hartford Institute for Religion Research, "Fast Facts about American Religion," at http://hirr.hartsem.edu/research/ fastfacts/fast_facts.html#sizecong를 보라. 2017년 6월 21일에 접속).

65 이 자료는 톰 레이너가 2014년에 보고했다(thomrainer.com/2014/07/2014-updatelargestchurches-southern-baptist-convention을 보라. 2017년 6월 21일에 접속).

66 Grenz, *Theology for the Community of God*, 724~25 ‖ 『조직신학—하나님의 공동체를 위한 신학』, 789.

책임이 자기들에게 있음을 항상 잊지 말아야 한다."라고 경고한다.67 더 작은 교회들도 모든 구체적 항목에 교회의 의견을 물을 필요를 느끼지 않는 가운데 전형적으로 많은 덜 중요한 결정들을 그들 지도자에게 위임한다. 교회가 클수록 권위를 회중에게서 지도자들에게로 위임할 필요는 더 크다. 하지만 그들이 가진 권위는 회중에게서 위임되었다는 사실을 분명히 해야 한다.

셋째, 대형 교회는 대부분이 이론적으로는 회중제일지라도, "크게 목사 중심적"이며 실행에 있어서 목사가 이끄는 경향이 있다는 사실이다.68 존 본(John Vaughn)은 교회가 수적으로 많아지면서 자연적으로 회중제에서 장로제로 그리고 감독제로 전향한다고 주장하며, 그러한 전향을 긍정적으로 본다. 회중제 교회 정치가 거대 교회로 성장에 방해가 된다고 보기 때문이다.69 그러나 사도행전에 서술한 첫 교회, 곧 예루살렘 교회는 대형교회였지만, 회중제였다는 강력한 증거가 있다(사도행전 2:44~47; 4:32; 5:12; 6:2~6; 15:22을 보라). 더 큰 교회도 회중제를 실시할 수 있지만, 회중제를 효과적으로 실시하는 필요한 더 큰 노력을 기울일 수 있게 충분히 가치를 부여해야 한다.

강력한 목회 지도력과 교회 성장

대형 교회 등장과 관련한 또 다른 도전은 교인 수가 늘어야 한다는 강한 압박과 수적 성장에는 강력한 목회 지도력이 중요하다는 주장이다. 지난 세대에 **교회 성장**이라 불리는 온전한 학설이 발전했다. 이러한 학설에 관계된 사람들은 수적으로 성장하는 교회를 연

---

67 Erickson, *Christian Theology*, 1097 ‖ 참고. 『복음주의 조직신학 (하)』, 283.

68 Garrett, "The Congregation-Led Church," 190에서 Wilson Hull Beardsley, "The Pastor as Change Agent in the Growth of a Southern Baptist Mega Church Model" (D. Min. diss., Fuller Theological Seminary, 1991)을 인용함.

69 Vaughan, *Megachurches and America's Cities*, 84~85.

구하고 성장 원인이 된 중요한 요인들을 구분하려고 한다. 그들이 강조하는 한 가지 요소는 강력한 목회 지도력—또는 때때로 목회 지도력의 최고경영자(CEO) 모델로 불리는 것—의 중요성이다.70

강력한 목회 지도력은 그 자체로 회중제 교회 정치체제와 모순되지 않지만, 자주 최고지도자 모델은 그것과 함께 통제가 위에서 아래로 진행하는 계급 조직 권위의 연합 개념을 가져온다. 데이비드 크로스비(David Crosby)가 교회 성장 운동에서 교회 정체 체제에 관한 연구에서 말하듯이, 최고경영자 모델은 회중제보다 감독제나 장로제 정치에 훨씬 더 어울린다.71 하지만 일부 침례교 진영에서 성장 책임은 너무도 강하며 의사 결정은 너무도 자주 신학이나 교회론적 고려보다는 실용주의에 따라 좌우되기에, 교회 성장에서 강력한 목회 지도력이 주는 유익을 깨달은 많은 사람은 회중제 교회 정치체제를 버리기에 이르렀다. 이론적으로는 그렇지 않더라도 실제로는 그랬다. 효과적인 목회 지도력이 회중제 교회 정치체제와 조화를 이룬다는 입증이 회중제와 그것을 선호하는 사람들이 직면한 도전의 하나이다.

---

70 이러한 목회 지도력 스타일은 여러 교회 성장 연구자의 지지를 받는다. Peter Wagner, *Leading Your Church to Growth* (Ventura, Calif.: Regal Books, 1984) ∥ 『교회 성장을 위한 지도력』, 김선도 옮김 (서울: 생명의말씀사, 1993); Lyle Schaller, *The Decision-Makers: How to Improve the Quality of Decision-Making in the Churches* (Nashville: Abingdon, 1974); Glen Martin and Gary McIntosh, *The Issachar Factor* (Nashville: Broadman & Holman, 1993)가 대표적이다. Thom Rainer, *Surprising Insights from the Unchurched* (Grand Rapids: Zondervan, 2001)는 강력한 목회 지도력과 교회 성장이 밀접하게 연관됨을 보여준다.

71 David Eldon Crosby, "Church Government in the Church Growth Movement: Critique from a Historic Baptist Perspective" (Ph.D. diss, Baylor University, 1989), 325~32.

장로 정치 출현

회중제 교회 정치에 도전하는 또 한 가지는 실제 어려움을 넘어서서 이론적이며 신학적 문제에까지 이른다. 그것은 작지만 주목할 만한, 장로 정치를 실행하는 침례교회가 출현함이다. **장로**라는 용어 사용은 침례교인에게 본질상 문제가 되지 않는다. 신약성서는 **장로**, **감독**(또는 주교), **목사**라는 용어를 번갈아 사용하며, 침례교인도 역사 대부분에서 그랬다. 남침례교 신학교 두 곳에서 그들을 안내하는 문서의 하나로 지금도 여전히 사용하는 1859년 「원리 요약(Abstract of Principles)」은 성서적 교회 직분이 "감독 또는 장로, 그리고 집사"라고 말한다. 18세기에 특별히 필라델피아 연합회 영향을 받은 사람들 가운데 일부 침례교회에는 '치리 장로(ruling elder)'로 불린 사람들이 있기도 했다. 하지만 이들 치리 장로는 목사를 돕는 역할이 더 컸으며, 그들이 정확하게는 '평신도 장로'로 불릴 수 있었음은 목사나 사역자가 맡은 설교하며 가르치는 의무를 나눠 가지지 않았기 때문이다. 어쨌든 그들 장로 정치는 회중의 권위 아래 있었으며, 따라서 장로교회 치리 장로의 권위적 통치와 달랐다.72 19세기에 침례교인은 그러한 형태의 치리 장로를 폐기했다.

오늘날 일부 침례교회는 회중제 교회 정치체제에 헌신하면서도 복수 장로와 평신도 장로 활용을 받아들인다.73 장로 지도부는 회중제 정치체제와 공존할 수 있다. 하지만 최근 다른 침례교회는 임원,

---

72 Charles W. Deweese, "Baptist Elders in America in the 1700s: Documents and Evaluation," *The Quarterly Review* (October~December 1989): 57~65의 논의, Slayden Yarbrough, "Southern Baptists and Elder Rule," *The Oklahoma Baptist Chronicle* 37, no. 2 (Autumn 1994): 17~32의 분석, Greg Wills, "The Church: Baptists and Their Churches in the Eighteenth and Nineteenth Centuries," in Dever, ed., *Polity*, 19~42의 평가 등을 보라.

73 이것은 Dever, *A Display of God's Glory*, 16~43의 관점이다.

예산, 회중제 방향 등 문제에 중요한 결정을 회중이 직접 하지 않고 장로단이 하게 허용했다. 스탠리 그렌즈는 이 형태를 '준-장로제(semi-Presbyterianism)'라고 부른다.74 그것은 회중제에서 중대하며 본질적 이탈일 수 있다.

어느 정도, 장로가 더 많이 결정함은 바로 앞에서 언급한 도전, 곧 대형 교회 증가와 관련이 있다. 대형 교회에서 회중을 모아 그들에게 사안을 통지하기가 쉽지 않고 적시에 결정해야 하므로 회중은 더 많은 분량의 의사 결정 권위를 그들 지도자에게 위임할 수 있지만, 회중이 감독하고 재검토한다는 조건에서 그렇게 할 수 있다. 최근 생겨난 장로 운영의 일부 형태 문제는 회중의 역할과 중요성을 덜 강조한다는 점이다. 이러한 교회 대부분에서 여전히 어느 정도 회중의 참여나 감독이 있지만, 전통적 회중제는 적극적 회중의 참여를 기대하며 궁극적 회중의 통제를 보증하는 반면에 새로운 형태의 장로 정치는 회중의 참여를 최소화하고 궁극적인 권위와 통제의 방침을 흐린다.

조사할 가치가 있는 두 가지 질문이 있다. 첫째, 침례교인인 회중제 교회 정치체제에 오랫동안 헌신했는데도 어떻게 해서 이러한 도전이 일어나고 있으며, 특별히 왜 오늘날, 수 세기 동안 회중제가 실천된 후에 그런 일이 일어나는가? 둘째, 침례교회는 어떻게 반응해야 하는가? 첫째 질문에 여러 제안이 있다. 빌 레너드(Bill Leonard)는 신자에게 지도자들에게 순종해야 의무가 있다고 말하는 구절(히 13:17)과 교회를 다스리는 장로들에 관해 말하는 구절(딤전 5:17)을 강조하는 일부 침례교인에게서 권위주의 분위기를 본다.75

---

74 Grenz, *Theology for the Community of God*, 725 ‖ 『조직신학—하나님의 공동체를 위한 신학』, 789.

75 Bill Leonard, "The Church," in *Has Our Theology Changed? Southern Baptist Thought Since 1845*, ed. Paul A. Basden (Nashville: Broadman & Holman, 1994), 177~78 ‖ 「교회」, 『침례교 신학의 흐름—1845년부터 최근까지』, 침례교신학연구소 옮김 (대전: 침례신학대학교출판부, 1999),

그러한 구절은 분명히 누구도 다른 어떤 사람에게 복종을 명하는 것을 생각할 수 없는 미국의 개인주의적 인류 평등주의의 문화에 의해 억제되었을 수 있으며 오늘 우리 교회에서 좀 더 강조할 필요가 있을 수 있어도, 바울은 결코 맹종하는 순종을 기대하지 않았다. 그는 단지 신자에게 자기가 그리스도를 따르고 진정한 복음을 가르쳤듯이 자기를 따르라고 요구한다(고전 11:1; 갈 1:8). 또한 회중제 교회 정치체제를 거부하지 않으면서도 목사의 권위를 중요하게 생각했던 침례교인이 많았다. 그 둘이 반드시 충돌하지는 않는다.

제임스 레오 개럿 2세는 남침례교인이 교회에서 장로 정치를 실행하는 존 맥아더와 같은 유명한 독립 설교자에게 영향을 받는다고 생각한다.[76] 라디오와 텔레비전 사역 발전은 분명히 유명한 설교자가 끼치는 영향권을 넓혔으며, 개럿의 평가는 어느 정도 사실임을 의심할 수 없다. 하지만 동기로 작용한 중요한 요인 둘이 더 있다. 하나는 지도자가 제공한 요인이고, 다른 하나는 회중이 제공한 요인이다.

종종 목사가 장로 정치로 나아가게 한 가장 중요한 요소는, 회중이 거듭난 증거를 보이지 않으며 사무 회의에서 그리스도의 뜻을 찾으려는 의도가 없는 회원들로 가득 찬 회중과 함께 일해야 하는 어려움이다. 목사가 자기 회중이 경건한 방식으로 그들을 인도하려는 목회 사역을 방해하고 있다고 느낄 때, 그에게 장로 정치는 아주 매력적일 수 있다.

장로들이 자신들을 대신해 결정하도록 허락하는 일을 반대하지 않는 회중 편에서, 가장 중요한 요인은 장로들이 교회 회원에게 소비자를 존중하는 태도를 보이게 하는 일이다. 최근 저자들은 미국 문화를 소비자 문화로 본다. 로드니 클랩(Rodney Clapp)은 그것을 이렇게 묘사한다. "우리는 더는 '학생'이 아니라 '교육 소비자'이며,

---

262~63.

[76] James Leo Garrett Jr., *Systematic Theology: Biblical, Historical, and Evangelical* (Grand Rapids: Eerdmans, 1995), 2:580.

더는 '예배자'가 아니라 '교회 구매자'이며, 더는 '환자'가 아니라 '건강 소비자'이다."77 브루스 쉘리(Bruce Shelley)와 마샬 쉘리(Marshall Shelly)는 구체적으로 어떻게 이러한 소비자 문화가 교회에 들어와 영향을 미쳤는지 자세히 살핀다. 그들은 "많은 사람이 자기들 필요가 자기들 충성보다 더 중요하다고 가정한다. 자기들 필요가 충족되지 않으면 더 좋은 서비스를 찾으려고 의사나 식품점이나 항공사를 거침없이 바꾸듯이, 그들은 재빨리 다른 교회로 옮긴다."78

이를 초대 필라델피아 연합회(The Philadelphia Association) 침례교인이 가진 태도와 대조하면, 흥미롭다. 1728년, 그 연합회에 속한 한 회원 교회가 거주지를 옮기지 않은 한 회원에게 편지를 써주어 다른 교회로 이적을 허락함이 적합한지 조언을 구했다. 연합회는 부정적으로 대답했는데, 교회 회원권이 필요가 채워질 수 있는 장소를 찾는 문제가 아니라 분명한 양심으로 하나님의 명령에 순종할 수 있는 장소를 찾는 것이라는 개념을 고려했기 때문이다.79

이러한 소비자 태도는 책임감 있는 자치를 유지하는 데 필요한 형태의 헌신을 발전시키지 못하는 경향이 있지만, 많은 교회에서 점차 유력하다. 많은 회원이 교회에 헌신을 월마트에서 장보기에 헌신과 같다고 생각하고 있다. 그들은 쇼핑센터가 제공하는 상품과 서비스를 좋아할 수 있지만, 물건을 사는 사람들과 협력하여 그 쇼핑센터를 함께 관리하는 일에는 결코 관심을 가지지 않는다. 더 좋은 거래가 나타나거나 상황이 변해서 월마트가 더는 그들 필요를 채우지

---

77 Rodney Clapp, "Consumption and the Modern Ethos," in *The Consuming Passion: Christianity and the Consumer Culture*, ed. Rodney Clapp (Downers Grove, Ill.: InterVarsity, 1998), 7~15.

78 Bruce Shelley and Marshall Shelley, *Consumer Church: Can Evangelicals Win the World Without Losing Their Souls?* (Downers Grove, Ill.: InterVarsity, 1992), 166.

79 필라델피아 연합회 의사록에서 발췌는 Leon McBeth, *A Sourcebook for Baptist Heritage* (Nashville: Broadman, 1990), 147~55에서 볼 수 있다.

못하면, 그들은 발걸음으로 의사를 표명하며 다른 곳에 가서 물건을 산다.

이러한 소비자 회원권 개념을 무의식중에 받아들인 까닭에 장로 정치를 수용한 교회는 회중이 표현하는 불평을 듣지 않는다. 회원들은 사무 회의에 참석하는 수고를 덜고 장로들에게 교회 운영을 맡김을 기뻐하는 듯하다. 목사는 무관심하거나 적대적인 회중이 보이는 간섭을 받지 않고 기쁘게 자기들 계획을 실행할 수 있다. 따라서 회중제가 장로 지도력에서 받는 도전은 일부 목사가 더디게 대처하고 싶은 문제일 수 있다.

침례교인은 두 가지 이유로 장로 정치에 저항해야 한다. 첫째, 장로나 목사의 **지도력**은 중요하며, 복수 장로를 활용하기는 적절하게 논의될 수 있지만, 장로 지도력은 회중제 **교회 정치체제** 주장을 부정하지 않는다. 없다. 궁극적으로 성경이 회중제 교회 정치체제를 지지한다는 신학적 이해는 장로 정치 논거보다 훨씬 더 강력하다. 둘째, 장로 정치 이면에 있는 동기(어려운 회중 다루기를 피하려는 목사의 열망과 소비자 회원자격 개념)는 건강한 방향으로 이끌지 않는다. 소비자 회원자격 개념은 분명히 비성경적이며 교회가 필요로 하는 헌신한 회원을 낳지 않고, 장로제 교회 정치는 하나님 백성의 전체 집단에서 나오는 의사 결정에 유효한 지혜를 차단한다. 성경이 회중제를 지지함, 신학적 뒷받침, 그것이 가져오는 실제 유익 등은 목사와 교회에게 장로제 교회 정치의 도전을 포함해 현대 도전을 다루며 책임감 있는 자체 통치에 헌신한 회중을 훈련하도록 호소하는 일을 정당화하기에 충분하다.

앞 장에서 거듭난 사람 교회 회원자격이 중요하다고 자세히 다뤘지만, 회중제에서 교회 회원 역할과 뜻깊은 회원자격을 키우는 가치는 아주 중요하기에 지도자에 관한 논의에 앞서서 교회 회원을 논의하겠다.

뜻깊은 교회 회원자격 7장

MEANINGFUL CHURCH MEMBERSHIP

서론

요즘 북아메리카 생활에서 회원자격에 관한 전체 사상은 참으로 어려운 때를 맞는다. 『나 홀로 볼링』에서 사회학자 로버트 퍼트넘은 교회를 포함해 사회 모든 형태에서 전반적 회원 감소를 제시했다.[1] 의심할 여지 없이, 이 감소에는 많은 요인이 있다. 개인주의,

---

[1] Robert Putnam, *Bowling Alone: The Collapse and Revival of American Community* (New York: Simon & Schuster, 2000), 70~71 ‖ 『나 홀로 볼링—볼링 얼론-사회적 커뮤니티의 붕괴와 소생』, 정승현 옮김 (서울: 페이퍼로드, 2009), 111~12. 퍼트넘은 여러 자료를 제시하면서 1960년대부터 1990년대까지 교회 회원이 10%쯤 오랫동안 서서히 줄었다고 본다. 감소

소비주의, 제도 가치에 폭넓은 의구심, 권위 거부, 이른바 '헌신 공포증' 등은 교회 회원자격을 주장하는 이들이 맞닥트려야 할 '문화적 부담'의 일부이다.2 게다가, 교회가 그들 회원을 도와 그리스도 제자로 자라게 해야 한다고 이해하지 못하고 또한 교회 회원을 위선적이며 가혹하며 비판적이라 이해함은 교회 회원자격이 맞닥트릴 어려움을 더 어렵게 한다.3

아마 이 여러 어려움에 반응하는 일부로 그리고 아마 이런 여러 어려움을 일으키는 일부로, 많은 교회는 교회 회원으로 오는 이들에게 거의 묻지 않는다. 그러나 이런 접근으로 교회 전체는 재앙을 겪는데, 특별히 회중제 교회 정치를 시행하는 교회가 그렇다. 회중제 교회 정치를 시행하는 교회는 회원자격을 아주 신중하게 다루는데, 회원에게 최종 권위가 있기 때문이며, 모든 교회에서 건강한 교회 회원이 없이는 건강한 교회가 있을 수 없기 때문이다. 따라서, 이 장에서는 교회 정치 범위를 넘어서 뜻깊은 교회 회원자격 중요성의 여러 국면까지 폭넓게 살피겠다. 4장과 5장에서 거듭난 사람 교회 회원자격에 관한 논의에 기초하면서도 그 범위를 넘어서도 살피겠다. 교회 회원자격에 관한 성서적 기초와 교회 회원자격을 얻는 데 필요한 다른 요구 사항(거듭남 외에)을 간략히 살피겠지만, 초점은 교

는 "젊은 세대"(79∥119쪽)에서 가장 두드러졌다.

2 Jonathan Leeman, *The Church and the Surprising Offense of God's Love: Reintroducing the Doctrines of Church Membership and Discipline* (Wheaton, IL: Crossway, 2010), 357∥『당신이 오해하는 하나님의 사랑―등록 교인 제도와 권징으로 돌아보는 사랑의 본질』, 한동수 옮김 (서울: 국제제자훈련원, 2015), 641.

3 Dan Kimball, *They Like Jesus but Not the Church: Insights from Emerging Generations* (Grand Rapids: Zondervan, 2007)∥『그들이 꿈꾸는 교회』, 차명호 옮김 (서울: 미션월드, 2008). 이 책 주요 부분(73~209쪽)은 새로운 세대가 교회에서 맞닥트리는 여섯 가지 문제를 다루는데, 그들의 정치 의적, 판단력, 여성 압제, 동성애 혐오, 다른 종교에 오만과 무지, 근본주의 성서 해석 등으로 인식을 포함한다.

회 회원자격을 뜻깊게 만드는 것, 곧 아주 중요한 특권과 책임에 맞추겠다. 다행히, 뜻깊은 교회 회원자격을 회복하는 게 매우 중요하다는 인식이 최근 여러 해 동안 크게 늘어서, 참고할 자료가 많다.4

교회 회원자격에 관한 성서적 기초

교회 회원자격 사상이 현대 서구 고안물이지 신약성서 교회가 시행한 적이 없다고 생각하기도 한다. 목록을 만들지 않아서 그렇지, 초기 교회들은 교회에 있던 이들을 그리고 세상에 있던 이들을, 교회 권징에 순종한 이들을, 그리고 교회 복음 증거에 반대한 이들을 확실히 알았다(고린도전서 5:9~12을 보라). '회원'이라는 용어도 성서에 기초하는데, 교회를 많은 지체로 구성한, 그리스도의 한 몸에 비유한다(롬 12:4~5). 그러나 교회 회원자격 사상은 구원 그 자체에 내재한다.

베드로전서 2:5에서 그리스도께로 옴이 "영적 집으로 지어짐"과 결합임을 확인하는데, 여기서 "영적 집"은 교회 이미지로 쓰인다. 예수께로 오는 사람은 모두 지역교회에서 다른 신자들과 연결을 바란

---

4 조나단 리만(Jonathan Leeman)은 *The Church and the Surprising Offense of God's Love*∥『당신이 오해하는 하나님의 사랑』, 또한 짧은 책들 (*Church Membership: How the World Knows Who Represents Jesus* [Wheaton, IL: Crossway, 2012]∥『교회의 교인 자격―세상에 예수님을 대변하는 사람』, 정혜인 옮김 [서울: 부흥과개혁사, 2016]), 그리고 *Don't Fire Your Church Members: The Case for Congregationalism* (Nashville: B & H Academic, 2016), 을 쓸 때 이 주제에 관한 자료를 정리했다. 마크 데버는 여러 책―Mark Dever, *Nine Marks of a Healthy Church* (Wheaton, IL: Crossway, 2000)∥『건강한 교회의 9가지 특징』, 이용중 옮김 (서울: 부흥과개혁사, 2007) 그리고 *Those Who Must Give an Account: A Study of Church Membership and Discipline*, eds. John S. Hammett and Benjamin L. Merkle (Nashville: B & H Academic, 2012)에는 네 개 장에 교회 회원자격―에 교회 회원자격에 관한 장을 썼다. 이 책 지은이는 방금 언급한 책을 편집해 기여했으며, *Baptist Foundations*에 교회 회원자격에 관해 두 개 장을 썼으며, 가장 최근에 제레미 킴블(Jeremy Kimble)은 *40 Questions about Church Membership and Discipline* (Grand Rapids: Kregel, 2017)을 썼다.

다. 이는 조셉 헬러만(Joseph Hellerman)이 한 표현대로, "구원이 공동체 만들기 사건이어서" "구원은 하나님의 모임에서 회원자격을 포함하는데", 그분께서 "가족화"라는 용어를 만드셨기 때문이다.5

또한 교회 회원자격은 순종하는 그리스도인이 되는 데 꼭 있어야 한다. 우리는 다른 그리스도인들과 "함께 모이는 일을 포기하지 말라"(히 10:25)라는 말을, 그리고 "그리스도의 몸이 세워지길" 바라는 목적으로(엡 4:12) "공동 유익(common good)을 위해"(고전 12:7) 우리 영적 은사를 사용하라는 말을 듣는다. "서로서로" 명령(사랑하라, 기도하라, 가르쳐라, 세워라 등)도 수십 차례나 있다. 어떻게 믿는 사람이 뜻깊으며 적극적인 교회 회원자격을 제쳐두고서 이런 여러 명령에 순종할 수 있겠는가?

또 다른 두 가지 책임은 교회 회원자격을 피하지 못하게 한다. 우리는 서로에게 책임이 있으며, 필요할 때는 서로를 권징한다(고전 5:11~12). 그러나 이는 '내부인', 곧 교회 회원에게만 그렇게 한다. 마지막으로, 우리는 지도자와 어떻게 관계해야 하는지에 관한 명령을 받았다. 우리 위에 있는 사람을 존중하고 존경해야 하며, 그들 권위에 순종해야 한다(살전 5:12~13; 히 13:17). 신약성서에서 그런 책임감과 지도력에 유일한 환경은 교회이다.

교회 회원자격 요건

교회 회원자격에 첫째이자, 가장 분명하며 가장 중요한 요건은 진정으로 구원하는 신앙이다. 베드로전서 2:4~5에서 그 사건 순서는 예수께로 옴, 그다음에 다른 사람들과 연결해 "영적 집으로 지어짐"이다. 똑같은 순서는 신약성서에서 이해한 대로 교회 회원자격

---

5 Joseph Hellerman, *When the Church Was a Family: Recapturing Jesus' Vision for Authentic Christian Community* (Nashville: B & H Academic, 2009), 124, 132.

사상에 내재한다. 머리이신 그리스도와 참으로 결합하지 않고서, 어떻게 그리스도 몸의 일부일 수 있을까? 그리스도를 영접함으로 그 가족이 되는 권리(요 1:12)가 없이, 어떻게 하나님 가족의 식구일 수 있을까? 그러나 4장과 5장에서 거듭난 사람 교회 회원자격을 주장하면서 아주 자세히 다뤘기에, 그리고 구원이 이루는 일과 교회 회원이 해야 할 일이 분명히 관련이 있기에, 이 가장 중요한 요건을 더는 강조하지 않아도 충분하다고 생각한다.

분명히 말하는 구절이 없어도, 또한 확실히 예외가 있어도, 침례가 교회 회원자격에 둘째 요건이라는 강력한 많은 예가 있다. 침례는 지상 명령에서 첫째 단계로 언급하는데, 예수께서는 당신 제자들에게 "모든 민족을 제자로 삼아라, 그들에게 침례를 줌으로"라고 명령하신다(마 28:19). 오순절 날 사건 순서와도 잘 맞는데, "그의 메시지를 받아들인 사람은 침례를 받아서, 그날 3천 명이나 그들 수에 더해졌다"(행 2:41). 그 패턴—메시지 받아들이기, 침례받기, 교회에 더해지기—은, 교회 회원으로 가입 의식으로써 침례 의미 그리고 에베소서 4:3~6에서 하나 됨에 관한 항목에 침례를 포함함과도 아주 잘 맞는다. 사도행전에 침례받은 사람들이 교회에 더해졌다고 말하지 않은 채 여러 차례 침례를 말함은 사도행전에서 주로 개척 상황 때문인데, 많은 회심자는 그들 지역에서 처음으로 믿은 사람이었다. 그들이 침례를 받음으로써 가입할 교회가 아직 있지 않았다. 그러나 그 이후 교회 역사에서, 거의 모든 그리스도인 교회, 곧 개신교회와 가톨릭교회는 침례를 교회 회원이 되는 관문으로 여겼다.

역사적으로, 침례교인은 유아세례가 전혀 타당하지 않다고 여겼고, 그래서 교회 회원이 되려는 사람은 반드시 신자 침례를 받아야 한다고 요구했다. 그러나 최근, 영국 침례교인, 북아메리카에서 일부 '신학적으로 진보적인 침례교인', 심지어 복음주의 성향이 강한 존 파이퍼(John Piper) 목사는 신자 침례를 침례교회 회원자격 요건에서 삭제했거나 삭제를 지지했다.6 필자가 침례교 신학대학원에서 가르친 많은 학생도 이 요건을 유지할 필요성 또는 중요성을 두고 질문하곤 했다.

이 요건에 관한 견해를 바꾸려는 여러 이유 가운데 적어도 하나는 바뀌는 상황 때문이라고 생각한다. 19세기에, 개신교에서 감리교, 장로교, 침례교는 개신교는 복음주의 성향을 공유했다. 자연스럽게 그들 논의는 서로 동의하지 않은 여러 문제에 집중했고, 그 가운데 신자 침례가 핵심 문제였다.7 오늘날 상황에서, 곧 사회는 말할 것도 없고 많은 그리스도인 모임이 복음주의 신념을 대체로 버린 상황에서, 참으로 그리스도를 믿는 사람, 곧 복음주의 견해를 공유해 우리 교회에 가입하려는 사람은 우리와 공통점이 많아서 견해를 달리하는 점들은 상대적으로 사소하게 여겨버린다. 예를 들어, 침례교인과 유아세례주의자는 교단 경계를 넘어 '더불어 복음 전파(Together for the Gospel)' 그리고 여러 선교단체 모임(parachurch group) 등에서 교제하고 우정을 나눈다.

---

6 영국침례교회 그리고 신학적으로 진보 성향 침례교회에서 동향에 관해서는 Nathan Finn, "A Historical Analysis of Church Membership," in Hammett and Merkle, *Those Who Must Give an Account*, 73~75를 보라. 존 파이퍼 목사가 교회 회원자격에서 신자 침례를 삭제한 내용은 웹사이트 the Desiring God(desiringgod.org)를 보고, 침례와 회원자격을 검색해 보라.

7 예를 들어, 존 대그(John L. Dagg)는 자기 책 *Treatise on Church Order*에서 신자 침수례를 주장하는 데 60쪽이나 할애해 유아세례를 지지하는 이들이 제기하는 여러 사항을 살피며 자세히 반박한다. John L. Dagg, *Manual of Theology. Second Part. A Treatise on Church Order* (Charleston, SC: Southern Baptist Publication Society, 1858; reprint Harrisonburg, VA: Gano Books, 1982), 13~73을 보라.

> 많은 사람은 다른 교리들에 부여한 중요성을 여러 수준으로 나누는 가치를 인정해, 어떤 것은 첫째 등급으로, 다른 것은 둘째 등급으로, 또 다른 것은 셋째 등급으로 부른다.
>
> 첫째 등급 교리는 기독교 본질 교리로, 모든 그리스도인이 인정하는 교리(삼위일체, 성육신, 예수님의 십자가 죽음과 부활, 믿음을 통해 은혜로 구원)이다.
>
> 둘째 등급 교리는 교단 전통 교리로, 교단을 이루게 한 문제(침례, 주의 만찬, 교회 정치 형태)이다.
>
> 셋째 등급 교리는 대부분 교회가, 심지어 그들 회원도 불일치를 허용하는 교리(그리스도 재림 때 사건 순서, 천년왕국 특징, 침례교인에게는 선택 교리 차이와 연합 문제)이다.

〈보기 7.1.〉 교리 등급 매기기

만장일치로, 침례는 그리스도인이 불일치할 수 있으나 서로 참 신자로 여기는 교리이다. 둘째 등급 교리로, 모든 그리스도인이 동의해야 할 첫째 등급 교리와는 다르다. 그러나 교단 신앙을 정의하는 둘째 등급 교리이며, 지역교회 회원들이 서로 다르게 생각할 수도 있는 셋째 등급 교리가 아니라고 주장한다. 셋째 등급 교리의 고전적 예는 천년왕국, 휴거 등에 관한 종말론 관점이다. 침례교인 대부분은 교회 회원자격 요건 문제에 신학적 일치를 조금만 요구했다. 그러나 침례는 종말 교리 관련 신앙과는 다른 유형 교리인데, 침례는 그리스도께서 우리에게 하신 명령이기 때문이다. 나는 종말론에 관한 내 견해를 다른 사람에게 설득해야 할 의무감은 느끼지 않는다. 그러나 침례 문제에는 큰 관심을 기울인다. 유아세례를 지지하는 친구들은 이 문제에 마음이 편할지 몰라도, 침례를 주라는 그리스도 명령을 존중해야 하며, 또한 교회 회원자격에서 함께 지내는 사람을 생각해 그 명령을 선택할 수준으로 낮추지 말아야 한다는 의무감을 느낀다. 침례교인 대다수는 이 견해를 오랫동안 유지했고, 유지하고 있다.8

셋째 요건은 명시적이라기보다는 암시적인데, 헌신 서약 유형이라 할 수 있다.9 앞에서(5장), 역사적으로 침례교회가 서약을 중심으로 모였다고 논의했고, 그렇게 함이 거듭난 사람 교회 회원자격으로 회복하는 단계라고 추천했다. 그러나 교회가 공식 진술을 채택하지 않더라도, 신약성서가 교회 회원에게 부여하는 책임을 받아들이고 교회 회원들 사이에 존재하게 의도한 관계 유형을 이해하기만 해도 서약으로 가장 잘 표현되는 헌신 유형을 포함한다. 사도행전 2:42~47; 4:32에서, 가장 초기 교회 회원은 처음부터 서로를 돌보기 시작했다. 서신에는 수십 개 '서로 명령(one another command)'이 더해졌는데(롬 12:9~16; 골 3:13~16; 살전 5:11~15; 히 10:24~25), 헌신 관계 상황에서만 이뤄질 수 있는 명령이다.10 바울은 몸의 지체가 서로 돌보는 일을 공리(axiomatic)로 여겼다(고전 12:25~26).

---

8 신자 침례를 교회 회원자격 요건으로 강력히 주장하는 내용은 Bobby Jamieson, *Going Public: Why Baptism in Required for Church Membership* (Nashville: B & H Academic, 2015)을 보라. 침례에 관한 더 자세한 내용은 이 책 11장 그리고 John S. Hammett, *40 Questions about Baptism and the Lord's Supper* (Grand Rapids: Kregel Academic, 2015)을 보라.

9 Allison, *Sojourners and Strangers*, 124~32. 앨리슨은 교회 회원 상호관계에 서약 표현을 구체적으로 사용하지 않는다고 인정하지만, 신약성서가 교회에 '서약 체제(covenantal framework)'를 제공한다고 주장한다. 비슷하게, Alan Hirsch, *The Forgotten Ways: Reactivating the Missional Church* (Grand Rapids: Baker, 2007), 40에서는 '서약 공동체(covenantal communit)'를 에클레시아[ἐκκλησία]를 참으로 표현하는 '줄일 수 없는 최솟값' 두 개의 하나로 부른다.

10 신약성서에서 '서로 명령'이 얼마나 널리 퍼져 있는지 알아보려면, Mark Dever, *The Church: The Gospel Made Visible* (Nashville: B & H Academic, 2012), 41~43, 특히 8~26에서 인용하는 수십 개 구절을 보라.

그리고 가족으로서 교회 이미지 그리고 동료 교회 회원을 "형제"나 "자매"로 부르는 관행은 극도로 헌신한 관계를 분명히 나타내는데, 특히 가족과 형제 용어를 1세기 상황에서 이해하면 더욱 그렇다.[11] 새로운 회원을 교회에 받아들일 때, 회중과 새로운 회원 둘 다가 공식으로 확인한 서약 문서에 이 헌신 유형을 공식화하라고 권장했지만, 핵심은 헌신 서약 유형에 쓰인 관계에 따르는 삶이다.

교회 회원 특권

회원으로 받아들여지므로 기대할 수 있는 바와 회원으로서 기대받을 바를 예비 회원에게 알려야 하며, 두 가지 모두 교회 서약에 반영해야 한다. 일부 특권은 일반 방문자가 누릴 수 있어도, 몇 가지는 회원에게만 제한한다.

한 가지 특권은 지체를 섬기는 사역의 축복이다. 교회는 회원을 사랑하고 돌볼 책임이 있다. 이는 교회 지도자가 회원을 책임져야 하기에 그들에게는 목양 사역이며,[12] 회원이 서로를 섬기는 사역도 포함하는데, 에베소서 4:16은 믿는 사람이 몸 전체를 섬김으로 성숙하게 자란다고 말하기 때문이다.[13] 우리가 모두, 곧 일반 참석자, 방문자, 회원을 사랑해야 하지만, 회원을 가장 먼저 사랑해야 한다(갈 6:10).[14]

---

[11] Hellerman, *When the Church Was a Family*, 34~96.

[12] 이 막중한 책임에 관한 감동적인 묵상은 Andrew Davis, "Those Who Must Give an Account: A Pastoral Reflection," in Hammett and Merkle, *Those Who Must Give an Account*, 205~21을 보라.

[13] 제임스 삼라(James Samra)가 '바울의 진정성 있는 편지'에 관한 논문 결론에는 성숙 과정에서 몸에 참여하는 핵심 역할을 말한다. James Samra, *Being Conformed to Christ in Community: A Study of Maturity, Maturation and the Local Church in the Undisputed Pauline Epistles*, Library of New Testament Studies 3320 (New York and London: T & T Clark, 168~69를 보라.

[14] 교회와 교회 지도자가 회원에게 제공해야 할 목록은 Mark Driscoll

또 다른 특권은 공동 예배이다. 개인 예배가 신자 삶에 일부이지만, 그리스도께서는 신자가 당신 이름으로 모일 때 특별한 방식으로 당신 백성과 만나시겠다고 약속하신다(마 18:20; 고전 5:4). 가르치는 은사가 있는 목사의 가르침, 공동으로 의식 준수, 함께 기도하고 찬송함으로 얻는 교화, 친교의 기쁨 등은 몸이 모일 때 경험할 수 있다. 이 모든 축복은 참여하는 모든 사람에게 어느 정도 있겠지만 회원들이 친밀하게 교제할 때 더 자연스럽다. 의식 준수는 회원에게만 제한해야 한다고 주장하는 사람도 있다. 우리는 이 내용은 의식을 다루는 장에서 더 자세히 살피겠다.

내가 생각하기에 몸이 제공하도록 설계됐어도 대부분이 추구하지 않는 셋째 특권은, 개별 인도를 공동으로 확인하는 일이다(한 가지 예는 사도행전 13:1~3을 보라). 그리스도인 대부분이 그들 삶에 어느 때라도 힘겨워하는 한 영역은 특정 상황에서 하나님의 뜻을 찾는 일이다. 몸에는 여러 관계성이 있어야 해도, 몸에는 하나님께서 자매나 형제를 인도하심을 이해하려 하고 그들이 인도하신다고 느끼는 바를 확인하려는 누군가 있어야 한다고 생각한다. 그러나 이는 교회 회원자격을 특징지어야 하는 서약 헌신 유형이 있어야만 할 수 있다.[15]

마지막 축복은 회원만이 받는데, 공동 책임 축복이다. 목사는 그들 양무리를 돌볼 책임이 있으며(히 13:17), 또한 몸의 지체는 서로를 돌봐야 한다. 히브리서 12:15은 신자들에게, 그들의 누구도 괴로움에 희생되지 않게 하라고, 그렇지 않으면 마침내 그 최종 책임은 교회가 지어야 하니 "살피라"라고 한다. 교회가 엄격히 판단할 수 있지만, 오늘날 더 심각한 위험은 정반대 현상이다. 예수께서는 다른 사람을 판단하기에 앞서서

---

and Gerry Breshears, *Vintage Church: Timeless Truths and Timely Methods* (Wheaton, IL: Crossway, 2008), 313~14 ‖ 『빈티지 교회』, 이용중 옮김 (서울: 부흥과개혁사, 2011), 475~81에 있는 교회 회원 서약 본보기를 보라.

[15] Hellerman, *When the Church Was a Family*, 163~81을 보면, 그가 섬기는 교회가 이 축복을 회원에게 어떻게 제공하려 하는지를 알 수 있다.

"먼저 네 눈에서 들보를 빼어라"라고 말씀하시고, 이어서 "그래야 네가 뚜렷이 보면서 네 형제 눈에서 티끌을 빼낼 수 있다"라는 말씀으로 요점을 돋보이게 하신다(마 7:3~5). 우리는 너무 자주 예수님 말씀을 우리 눈에는 들보를 그리고 우리 형제 눈에는 티끌을 그대로 두는 변명으로 쓴다. 여러분에게 책임을 물을 권리를 다른 사람에게 부여는 회원자격에 있는 서약 헌신의 일부이다. 여러분에게 책임을 물을 만큼 사람들이 실제로 돌봄은 말할 수 없는 마음의 고통을 덜어줄 헤아릴 수 없는 축복이다.

교회 회원 책임

대체로, 교회 회원 책임은 우리가 주장한, 교회 회원자격에 요건이며 본질인 서약 형태 헌신을 실천하는 일도 포함한다. 교회 회원은 그들을 사랑하고 돌볼 사람을 사랑하고 돌보겠다고 약속한다. 그들은 예배 참석에, 다른 사람을 위해 기도하고 돌보는 일에, (결국 교회 사역이 알려지면 참여하는) 교회 복지 전체를 살피는 일에 신실하겠다고 약속한다. 회원이 잘못을 저질렀을 때 교회가 권징할 권리와 책임을 분명히 받아들이겠다는 내용도 포함해야 한다(슬프지만, 오늘날 우리 사회에서 필요한 법적 보호).

공동 유익을 위해 분명히 주어진 한 가지 책임은 자기 영적 은사 활용이다(고전 12:7). 물론, 이는 회원을 섬기는 몸의 사역 하나가 (권면, 가르침, 반응과 기회 제공으로) 회원에게 있는 은사 영역을 발견하도록 돕는 일임을 전제하지만, 섬김의 모든 국면을 망라하지는 않는다. 영적 은사는 교회 회원의 공동 의무, 곧 사랑하기, 격려하기, 가르치기, 서로를 위해 기도하기를, 이 영역에 특별한 은사가 없어도, 소홀히 하는 일을 변명하지 못하게 한다.

교회 회원 책임에 관한 공동 표제는 자기 시간, 재능, 재산에 청지기 직분 사상을 사용한다. 시간과 재능에 청지기 직분은 앞에 언급한 대로 신실한 참석과 섬김에 헌신을 포함한다. 재정 청지기 직분에 헌신은 비례로 드림이라고 생각한다. 십일조가 좋은 시작점이지만, 신약성서 기준은 비율로 드림이라고 확신하고, 하나님께서 우리를 물질로 축복하심에 따라 더 높은 비율로 드리라고 권면한다.16 게다가, 회원이 드리는 일에 교회가 최우선 대상이어야 하지만, 이따금 '창고 십일조(storehouse tithing, 다른 어떤 사역을 위해 드리기에 앞서서 교회에 십일조 내기)'라고 불리는 것은 믿지 않는다. 신실한 청지기 직분은 다른 사역 지원도 포함해야 한다.

특권이면서 책임인 마지막 문제 하나는 교회 정치를 다루는 부분에 이 장을 포함한 한 가지 이유이기도 하다. 회중제 교회 정치에 참여는 회원의 특권이자 책임이다. 교회 결정이 필요한 문제에 투표가 특권/책임의 가장 전통적이며 가시적인 부분이어도, 투표가 특권/책임을 절대 망라하지 않는다. 교회 결정을 지성적으로 그리고 경건하게 하려면, 교회 회원은 교회가 맞닥뜨린 문제를 두고 먼저 기도하고, 문제에 관한 정보를 알려고 노력하고, 주님과 교회 지도자에게 귀를 기울여야 한다.

앞 장에서 주장했듯이, 성서는 누가 침례를 받는지 그리고 교회 회원으로 받아들여지는지, 누가 징계받아야 하는지, 누가 지도자로 인정받는지 같은 문제에 참여하는 회중의 여러 사례를 제시한다. 성서에서 말하지 않아도, 목양 지혜로 중대한 재정 결과와 회중 영향력과 관련한 결정(예산, 건축 등)에는 회중 의사를 구하라고 권한다. 몇 교회에서 '사무 회의'를 지루하고 피해야 할 것으로 여기는 경향은 우리가 교회 회원자격을 제대로 이해하지도 못함을 또한 뜻 깊은 교회 회원자격에 헌신하지 않음을 드러낸다. 교회 사역은 자

---

16 비율로 드림, 곧 수입이 늘수록 더 높은 비율로 드림은 고린도전서 16:2에서 가르친 원리일 수 있다. 십일조에 관한 더 자세한 내용은 David Croteau, *Perspectives on Tithing: 4 Views* (Nashville: B & H, 2011)을 보고, 청지기 직분에 관한 더 폭넓은 관점은 Craig Blomberg, *Neither Poverty Nor Riches: A Biblical Theology of Possessions*, New Studies in Biblical Theology 7 (Nottingham, UK: Apollos/Downers Grove, IL: InterVarsity, 1999)을 보라.

기 필요만 채우려는 데 관심이 있는 사람에게만 지루할 수 있으며, 거듭난 표시를 보이지 않는 사람은 사무 회의에 참여하지 않으려 한다. 그러나 그리스도를 사랑하며 지역 몸에서 서약한 회원은 모이고, 기도하고, 함께 하나님 얼굴을 찾고, 하나님께서 몸을 인도하시길 찾으며 투표한다. 목사와 지도자는 그들 회중이 그런 책임을 감당하도록 유능하며 경건한 방법으로 훈련해야 하며, 회원 참여는 그들이 느낀 바가 주님 뜻이었음을 확인하고 또한 그들이 생각한 바를 다시 생각하게 점검함으로 지도자에게 도움이어야 한다. 또한, 참여는 회원에게도 도움이어야 하는데, 그들 서약 헌신을 실천하는 그리고 몸의 삶과 건강에 그들 유대감을 강하게 하는 한 가지 수단이기 때문이다.

침례교회가 신자 침례 대상자 나이를 낮춰서 맞이한 결과는 투표할 나이를 제한하는 문제를 일으켰다. 앞에서 주장했듯이, 침례는 교회 회원이 되는 관문이고, 교회 회원은 회중 정치에 참여라는 특권/책임이 있다. 10대가 돼서야 침례를 받게 늦췄던 초기에는 전혀 문제가 되지 않았다.[17] 그러나 오늘날은 10대 초반 그리고 더 어린 아이에게 침례를 베풀어 그들을 교회 회원으로 받아들여 투표할 책임을 줌으로 상식에 반하고 있다. 몇몇 교회는 침례와 교회 회원자격을 나눴고, 그래서 침례를 받았어도 특정 나이 이하 사람에게는 교회 회원자격을 주지 않는다. 또 다른 선택은 회원 가운데서 투표권이 있는 회원을 나누는 형태인데, (투표권이 있는 회원은 특정 최소 나이, 예를 들면 16살이나 18살인 회원으로 한정해), 어린이가 분명히 이해할 수도 없는 문제에 투표하는 어색한 상황을 피한다. 아마 어린이가 믿음직한 신앙고백을 한다고 확실할 정도로 성숙할

---

[17] 마크 데버는 10대 후반과 20대 초반에 침례받은 19세기와 20세기 초반 침례교인의 자세한 목록을 제시하는데, 여기에는 C. H. 스펄전의 두 아들도 있는데, 스펄전은 그들이 18살이었을 때 침례를 베풀었다. Mark Dever, "The Church," in *A Theology for the Church*, revised edition, ed. Daniel Akin (Nashville: B & H, 2014), 662~63, n. 171.

때까지 침례를 미루는 방법이 아마 더 좋다. 그 나이에 이른 어린이는 교회 문제를 적어도 아주 기본 수준에서라도 이해할 수 있어야 하며, 몸과 더불어 하나님 얼굴 찾기를 배우기 시작할 수 있으며 교회 회원 책임을 전적으로 감당하기 시작할 수 있어야 한다.

교회 회원자격에 관한 몇 가지 실제 문제

매우 실제적이며 꼭 필요한 질문은 교회가 새로운 회원을 받아들일 때 무슨 절차를 거쳐야 하는지이다. 침례교회 대부분은 그리스도를 믿고 교회에 가입하라고 초대함으로 예배를 마친다. 그 초대에 반응하는 사람이 교회 회원자격 요건을 충족했는지 곧바로 분간할 수 없다는 어려움이 있다. 너무나 많은 교회가 그렇게 하려고 시도하고, 초대에 응한 사람을 침례 후보자로 받아들이든지 또는 교회 회원으로 받아들이든지, ('이적서'나 '신앙고백서'를 거쳐) 받아들이는 투표를 바로 시행하자며 예배를 마친다. 이제 투표 요구는 회원들이 새로운 회원을 받아들이는 일을, 가입하는 사람의 영적 복지를 책임지기로 서약한 책임을 수행하기로 하며 중대한 문제로 여기던 무의미한 과거 유물이다. 그러나 거듭난 사람 교회 회원자격을 강조하지 않는 상황에서, 새로운 회원을 환영하는 일은 고무도장이 됐다. 새로운 회원에게 기대하는 바가 거의 없으며, 기존 회원도 새로운 회원에게 또는 새로운 회원을 위한 어떤 책임감도 거의 느끼지 않는다. 무엇이 더 좋은 절차일까?

초대에 응해 교회 회원이 되려는 사람을 모든 방법으로 따뜻하게 환영해야 하지만, 초대 시간에 앞으로 나아옴이 절차에서 마지막이 아니라 시작임을 미리 이해해야 한다. 따라서, 무의미한 투표를 시행해서는 안 된다. "예배를 마치면 앞으로 나아오셔서 교회 회원이 되는 절차를 밟으실 분을 반갑게 맞이하십시오."라는 말처럼, 비슷하게 간단히 말하라.

교회 회원이 되려는 바람을 나타내면, 회원자격 요건을 충족하는지를 알아보는 방법이 있어야 한다. 많은 교회가 채택하는 방법은 새로운 회원 반이나 회심자 반 운영이다. 이런 반에서, 첫째 주제는 그리스도를 구원자로 믿음이 무슨 의미인지를 복습함이다. 여기에 회원 지원자 모두가 참여해야 하는데, 이적서로 오려는 사람이 복음을 분명히 가르치지 않은 교회에서 올 수도 있기 때문이다. 이 첫째 단계가 중요하기에, 몇몇 교회는 목사나 집사와 개인 대화로 모든 새로운 신자가 참으로 신자인지를 확인한다.[18]

새로운 신자에게는 그 반이 좀 길 수 있는데, 침례 준비를 포함하기 때문이다. 그러나 모두는 그리스도인 삶에서 기본 훈련에 관한 가르침에서 유익을 얻겠고, 모두는 교회의 믿음과 관행의 세부 사항을 배워야 한다. 마지막으로, 모두는 교회 서약을 잘 알아야 하며, 몸과 교제하며 사는 데 헌신할 수 있는지에 대답해야 한다.

예비 회원이 반을 수료하면 교회 몸에 소개하는데, (일반 일을 할 때나 회원 모임 때가 가장 적절하다.) 반에서 가르친 사람은 회심한 지원자가 믿음직한 신앙고백을 했으며 그리스도를 따르는 사람이 무슨 뜻인지를 이해한다고 말함으로, 교회가 그 지원자에게 침례를 베풀기로 투표로 결정하자고 추천할 수 있다. 이런 추천을 근거로, 교회는 책임 있는 투표를 할 수 있다. 그 지원자가 침례를 받고 교회 서약서에 사인한 다음에 비로소 교회 완전한 회원이 된다. 이전에 침례를 받았거나 다른 교회에서 이적하려는 사람도 자기 신앙 진정성을 보증할 사람에게서 추천받아야 한다. 지원자가 교회 서약에 사인하면, 교회는 그를 받아들일지를 결정하는 투표 절차를 거친다. 이런 투표는 정치 선거에서 투표와는 다르지만, 결혼식에서 "제가 하겠습니다"라고 대답하는 일과 같다. 결혼이 서로

---

18 Dever, "The Practical Issues of Church Membership," in Hammett and Merkle, eds., *Those Who Must Give an Account*, 96~101에서는 12단계 과정을 추천하고, 그가 섬기는 교회에서 시행한다.

에게 헌신이듯이, 새로운 회원 가입도 서로에게 헌신이어야 한다. 새로운 회원은 어떤 식으로든—말로 또는 사인으로 교회 서약을 확인해야 하고, 교회는 교회 서약에서 지원자 부분을 확인해야 하고서 새로운 회원으로 받아들이고 가족으로 돌봐야 한다.

또 다른 실제 문제는 교회를 떠나는 때가 언제가 바른지에 관한 질문이다. 교회 회원이 되려고 신중히 교회 서약에 헌신했기에, 그 헌신 서약을 파기하는 적절한 근거가 있어야 한다. 단지 편리함이나 사소한 불일치로 서약을 파기해서는 안 된다. 대부분 경우에, 세 가지 이유의 하나라고 생각한다. (1) 다른 지역으로 이사 (우리가 사는 데 있는 교회의 회원이어야 한다); (2) 다른 곳에서 섬기도록 부르심 (하나님께서 다른 곳에서 섬기도록 부르셨다고 확신할 때 교회를 떠날 수 있다); (3) 지금 섬기는 교회에 심각한 문제가 있어도 효과적으로 바로잡을 수 없고, 오히려 그 상황에 피해를 봄 (도덕적 실패, 교리 문제, 해로운 영적 분위기). 문제 심각성을 가늠하는 좋은 시험 질문은 선한 양심으로 새로운 그리스도인이나 그리스도인이 아닌 사람을 교회에 데려올 수 있는지를 물음이다. 그 대답이 "아니오"면, 여러분이나 가족도 거기에 데려와서는 안 된다.

마지막 질문은 지역교회 사역에 참여하려는 믿지 않는 사람을 찾는 사람이 묻는 물음이다. 포스트모던 상황에서, 우리 이성적 변증으로가 아니라 우리 교제의 진실함으로 그리스도의 실재를 더 확신하기에, 믿기도 전에 교회 회원이 되려는 사람이 있다는 현상을 알아차린 사람도 있다.[19] 우리는 믿지 않는 친구들이 예배에 참석해, 하나님 말씀을 듣고, 믿는 사람과 교제하기를 참으로 바라고, 몇 사람이 모이는 모임에도 가입하기를 바란다. 그들이 교회 일부 사역

---

[19] Ed Stetzer and David Putnam, *Breaking the Missional Code* (Nashville: Broadman & Holman, 2006), 124 ‖ 『선교 암호 해독하기』, 이후천·황영배 옮김 (고양: 올리브나무, 2012), 169에서 에드 스테처는 "몇몇 예외가 있겠지만, 사람들은 다른 그리스도인들과 여행하고서—그들을 살펴보고 그들 주장을 고려한 다음에 그리스도께 온다"라고 말한다.

에서 섬길 수도 있으나, 여기서 주의해야 한다. 그들이 교회 공식 대표자처럼 어떤 일을 하지 않게 해야 하고, 기독교 가르침에 참여하지 않게 해야 하고, 예배에서 지도력을 발휘하지 못하게 해야 한다(찬양밴드에서 악기 연주도 하지 않게 해야 한다). 그리고 우리가 그들을 기쁘게 맞이하고 싶다면, 교회 회원만이 하는 일(투표 그리고 특별히 주의 만찬)에 참여하지 말라고 당부하고 친절하게 그 이유를 설명해야 한다. 그렇게 하지 않으면, 교회 회원 특권과 책임 둘 다를 평가절하한다.

결론

앞 장에서 주장했듯이, 거듭난 사람 교회 회원자격 회복은 오늘날 침례교회가 가장 시급히 해결할 문제이다. 그래야만 이 장에서 살폈듯이 교회 회원자격이 뜻깊은 교회 회원자격일 수 있다. 그것이 회중제의 책임 있는 관행을 가능하게 하며, 교회가 자기 운명인, 그리스도의 빛나는 신부가 되는 큰 걸음을 내딛게 한다(엡 5:27~27).

침례교인 삶에서 장로 8장
—통치자가 아니라 지도자
ELDERS IN BAPTIST LIFE
Leader, Not Rulers

교회 지도자에 관한 침례교인 관점

회중제 교회 정치체제 강조가 교회의 삶과 건강에서 지도자들이 하는 중요한 역할을 부정하거나 훼손한다고 해석해서는 안 된다. 바울이 자기가 세운 교회에서 했던 첫 번째 조치는 지도자 세우기였다(행 14:23; 딛 1:5). 성경은 교회를 이끌 사람들에 관한 구체적인 예, 방향, 자격을 제시하며, 실제 경험은 그들 중요성을 입증한다. 무능한 지도자가 있는 교회는 건강할 수 없다.

신약 교회에서 첫 번째 지도자는 사도들이었다. 사도들은 선지자들, 복음 전하는 자들, 목사-교사와 함께 에베소서 4:11~12에서 봉사의 일을 하도록 성도에게 가르치게 하려고 그리스도께서 교회에게 주신 사람들로 언급된다. 참으로, 초기 교회 삶 이야기에 나열한 첫째 요소는 '사도들 가르침'에 헌신이다(행 2:42). 하지만 사도, 선지자, 복음 전하는 사람은 일반적으로 지역교회와 관련이 있는 직책으로 여기지 않는다.[1] 장로 및 집사와는 달리, 그 직책들과 관련한 지침이나 자격은 거의 아무것도 말하지 않으며, 신약성서에서 그 직책들은 어떤 지역교회 임원으로도 언급하지 않는다.

사도와 선지자는 중요한 기초적 목적을 섬기는 특수한 사역으로 거의 일반적으로 여겨지나(엡 2:20), 교회에서 계속 이어지는 직책으로 의도되지 않는다. 사도행전 6장 이후, 처음 열두 사도는 무대 뒤로 사라진다. 사도행전 15장에서 묘사하는 회의에서 그들은 어떤 사항을 결정하기보다, 장로들 그리고 회중 전체와 공동으로 행한다(22절). 어떤 사람들은 오늘날 선교사가 사도 역할을 행한다고 생각하지만, 그것은 지역교회 직책과 상당히 다르다. 일부 여러 교회 정치체제는 주교가 사도의 뒤를 이었다는 가정에 근거해 그 권위를 주장하지만, 신약성서에서 사도들이 후계자를 안수하거나 지명하거나 마음에 계획했다는 증거가 없다. 참으로 열둘의 하나인 야고보

---

[1] 몇 사람, 가장 유명한 이로는 마이클 프로스트(Michael Frost)와 앨런 허쉬(Alan Hirsch)는 에베소서 4:11에서 다섯 개 직책(사도, 예언자, 복음 전도자, 목사, 교사)을 확인했고, 이른바 오중 사역 또는 영어 첫 글자를 모은 APEPT(apostles, prophets, evangelists, pastors, teachers)를 선교적 교회의 장기 건강에 필수인 지도력 구조라고 옹호했다. Michael Frost and Alan Hirsch, *The Shaping of Things to Come: Innovation and Mission For the 21st-Century Church* (Peabody, MA and Erina, NSW, Australia: Hendrickson, 2003), 165~81을 보라. 그러나 그들 견해는 확실히 소수 견해이며, 많은 약점이 있는데 많은 다른 구절은 무시한 채 한 구절에만 기대어 교회 지도력에 관한 전체 접근을 구축하는 위험이 가장 눈에 띈다. 논의와 비판은 John S. Hammett, "The Church According to Emergent," in William Henard and Adam Greenway, eds., *Evangelicals Engaging Emergent: A Discussion of the Emergent Church Movement* (Nashville: B & H Academic, 2009), 249~51을 보라.

가 순교했을 때(행 12:1~2) 그를 대체하려는 움직임이 없었다. 초대 교회는 사도 직분을 지나가는 직분으로 인식했다.2

신약 교회와 관련해 수많은 선지자가 있었어도, 누구도 특정 교회에서 직분자로 여겨지지는 않았다. 신약성서에서 선지자는 일반적으로 권면과 성경 해석 사역에 관여했으며, 그리하여 오늘날 어떤 사람들은 목사를 선지자로 언급하며 예언을 설교로 본다. 하지만 누구도 선지자 직분이 오늘날 지역교회에서 규범이라고 단언하지 않는다.

복음 전하는 사람(evangelist)이라는 용어는 신약성서에 세 군데만 있다(행 21:8; 엡 4:11; 딤후 4:5). 오늘날도 많은 사람이 그 사역을 했으며, 아마도 빌리 그래함(Billy Graham)이 가장 유명하지만, 그것도 지역교회에서 지속하는 직분으로 인식되지 않는다.

사역자(minister)와 **제사장**(priest)이라는 용어는 오늘날 일부 교회에서 지도자 직분을 가리키는 데 사용하지만, 신약성서에서는 모든 신자를 가리키는 데 사용한다. 베드로전서 2:9는 교회를 "왕적 제사장"이라고 부르며, 요한은 그리스도께서 당신의 모든 세자를 "왕국과 제사장"으로 삼으신다고 말한다(계 1:6). 그리고 **사역자**(minister)라는 단어기 목시니 장로로시 심기는 사람들을 가리키는 데 송송 쓰이지만, 그것 또한 모든 그리스도인이 하도록 부름을 받은 일을 묘사할 수 있다(엡 4:12; 벧전 4:10).

침례교인 삶에서 지역교회의 지도자나 직분자로 불리는 사람들에는 두 범주가 있었다. 첫 번째 직분자는 여러 용어로 불렸다. 성경은 이 직분자를 장로로 가장 자주 언급했으며, 감독이나 주교로는 자주

---

2 초기 기독교 운동에서 사도들, 특별히 열두 사도가 놀랍도록 작은 역할을 맡았다는 흥미로운 연구는 Bartchy, "Divine Power, Community, Formation, and Leadership in the Acts of the Apostles," in *Community Formation in the Early Church and in the Church Today*, ed. Richard Longenecker (Peabody, Mass.: Hendrickson, 2002), 98~101을 보라.

부르지 않았다. 현대 침례교인은 **목사**라는 용어를 사용하길 선호한다. 두 번째 직분자는 보편적으로 집사로 불리지만, 자주 그러한 직분에 종사하는 사람들이 맡은 적절한 의무는 다양하게 이해된다.

최근 장로 정치 증가와 페미니즘 운동을 포함하는 다양한 요소는 침례교인 삶에서 지도자의 기능과 자격에 관한 상당한 논란을 일으켰다. 지도력이 가진 본질적 중요성과 함께 그러한 논란은 이러한 주제에 관한 철저한 논의를 요구한다. 이 장에서는 **장로, 감독, 목사**라는 용어가 가리키는 직분을 고려하겠다. 이어서 9장에서는 집사 직분을 살피겠다.

장로/감독/목사

용어 문제

이 제목이 나타내듯이, 우리는 먼저 용어 문제에 부딪힌다. 우리는 이 직책을 무엇이라 불러야 하는가? **장로**(πρεσβύτερος[프레스뷔테로스])라는 단어와 **감독** 또는 **주교**(ἐπίσκοπος[에피스코포스])라는 단어를 18세기와 19세기 침례교인이 폭넓게 사용했지만, 많은 사람은 이 단어들이 장로제와 감독제 정치와 연관이 있다고 생각한다.[3] 오늘날 침례교인 삶에서 가장 자주 사용하는 용어는 **목사**(ποιμήν[포이멘])이다. 이 직책을 부르는 명칭에는 어떤 중요성이 있는가?

적어도 역사적으로 이 용어들이 어떻게 쓰였는지 (또는 잘못 쓰였는지) 이해하기에는 어느 정도 가치가 있다. 이 셋이 한 직책에

---

3 예를 들어, 1829년 10월 24일에 샌디크릭침례교인연합회(Sandy Creek Baptist Association)이 결의한 내용을 보라. "한 몸으로서 우리는 목사 이름 앞에 붙이던 '님(reverend)'이라는 직함을 쓰기를 중단하고 더 성경적 호칭인 장로 직함으로 대체하도록 목사와 교회에게 권고하기로 결의한다." G. W. Purefoy, *A History of the Sandy Creek Baptist Association from Its Organization in a.d. 1758 to a.d. 1858* (New York: Sheldon, 1859), 143.

번갈아 쓰였다는 강력한 증거가 있어도, 2세기 초에 시작해 장로 직책과 별도로 그보다 더 높은 직책으로 절대적 권능을 가진 주교라는 직책이 발전하는 움직임이 있었다.4 그 형태는 종교개혁까지 지속했다. 칼뱅은 초기 해석자들이 본 것, 곧 성경이 **장로**와 **감독**이라는 용어를 번갈아 사용한다는 사실을 인식했다.5 하지만 장로제가 발전하는 과정에서 디모데전서 5:17에 근거해 장로를 두 종류로 구분하기 시작했다. 치리 장로로 불린 사람은 일반적으로 평신도로서 교회를 다스리는 일에 관여했지만, 하나님의 말씀을 가르치고 설교하는 일은 하지 않았다. 일반적으로 한 교회에 한 명의 가르치는 장로가 있었으며, 그는 안수받은 사람으로서 가르치는 사역을 책임 졌으며, 강도 장로보다 목사나 사역자로 더 자주 불렀다. 교회에서 치리 장로와 강도 장로를 두는 일이 타당한지 한동안 침례교인 사이에 다소 논쟁이 있었지만, 그것은 널리 실행되지 않는데 성경적 근거가 희박하고 논쟁할 여지가 있다고 이해했기 때문이다. 그래서 1820년 이후로 거의 사라졌다.6

신약성서에서 이러한 용어들은 어떻게 쓰이는가? 장로라는 단어는 복음서에서 예수님과 자주 맞부딪혔던 유대 지도자에게 가장 자

---

4 이 용법의 가장 이른 증거는 이그나티우스(35~107)가 2세기 초에 여러 교회에 보낸 편지에서 발견된다. J. H. Strawley, *The Epistles of St. Ignatius, Bishop of Antioch* (London: SPCK, 1900)을 보라. 감독은 한 도시에 있는 교회 머리이며, 그의 아래에 장로가 있었던 것으로 보인다. 직책이 발전하면서 감독은 주교 관구라 불리는 지역 회중을 감독했다. 한 회중을 다스리는 사람은 '사제(priest)'로 불렸고, 이것은 장로(*presbyter*)라는 용어를 축소한 용어이다.

5 Calvin, *Institutes of the Christian Religion*, 21:1060 (4.3.8).

6 Greg Wills, "The Church: Baptists and Their Churches in the Eighteenth and Nineteenth Centuries," in Mark Dever, ed., *Polity: Biblical Arguments on How to Conduct Church Life* (Washington, D.C.: Center for Church Reform, 2001), 33~34의 논의를 보라. 논쟁의 증거는 Samuel Jones, "Treatise of Church Discipline (1805)," in Dever, ed., *Polity*, 145~46에서 볼 수 있다.

주 쓰인다. 그들은 일반적으로 좀 더 성숙한 남성이었으며(장로는 나이가 더 많다는 뜻이므로) 회당에서 지도자였다. 초대교회, 특별히 예루살렘 교회 지도자가 이 용어를 이어받았다. **장로**라는 단어는 신약성서에 17번 쓰였는데, 모두 교회 지도자를 가리킨다. 10번은 사도행전에 쓰였으며 그중 8번은 예루살렘 교회와 관련한 언급이다.7 아마도 그것은 이러한 초기 유대인 신자가 자기 지도자들에게 사용하기에 가장 자연스러운 용어였을 수 있다. **감독**이나 **주교**는 명사인데 교회 직책 언급으로 4번만 쓰인다. 동사 형태는 장로가 섬기는 기능을 묘사하려고 1번 쓰인다.8 목사는 명사로 1번만 교회 직책에 쓰이지만(엡 4:11), 2번은 동사 형태로 장로의 의미를 나타내려고 쓰인다(행 20:28; 벧전 5:2). 더 자주 **목사**나 **목자**는 양의 큰 목자이시며 목자장이신 예수님을 가리키는 데 쓰인다(요 10:11; 히 13:20; 벧전 2:25; 5:4).

세 용어가 번갈아 쓰인다는 증거는 사도행전 20장과 베드로전서 5장에서 가장 분명하게 확인할 수 있다. 사도행전 20장에서 바울은 에베소로 사람을 보내어 그곳 교회 **장로들**을 초청한다(17절). 그들이 도착했을 때 그는 성령께서 그들을 양 떼를 보살피는 **감독**으로 삼으셨다고 말하며(18절) 그들을 하나님 교회의 **목사** 또는 목자로 삼는다. 베드로전서 5장에서 베드로는 **장로들**에게 권고하면서(1절) 그들이 양 떼를 보살피고 이끌어야 하며 **감독**으로서 섬겨야 한다고

---

7 예루살렘 교회 장로 언급은 사도행전 11:30; 15:2, 4, 6, 22~23; 16:4; 21:18, 다른 교회 장로 언급은 사도행전 14:23; 20:17을 보라. 신약성서 다른 곳은 디모데전서 5:17, 19; 디도서 1:5; 야고보서 5:14; 베드로전서 5:1; 요한2서 1장; 요한3서 1장을 보라. 어떤 사람은 베드로전서 5:5를 더하지만, 다른 사람은 그 구절에서 용어가 단순히 나이 든 사람을 가리킨다고 본다.

8 사도행전 20:28; 빌립보서 1:1; 디모데전서 3:2; 디도서 1:7. 베드로전서 2:25에서는 그리스도를 가리키려고 ἐπίσκοπος[에피스코포스]를 쓴다. 동사 ἐπισκοπέω[에피스코포페오]는 베드로전서 5:2에서 장로 사역에 쓰이며, ἐπισκοπή[에피스코페]는 디모데전서 3:1에서 감독 직책에 쓰인다.

말한다(2절). 유사한 용법은 분명하고, 해석자들은 그렇게 안다.9 침례교 신앙고백서는 이 직책을 가리키는 세 용어를 모두 활용한다. 분명히, 교회 지도자에 쓴 용어는 성경 저자들의 주된 관심이 아니었다.10 더 큰 관심은 그들이 하는 일이다.

장로의 역할과 책무

장로의 임무나 책무에 관한 언급은 신약성서 전체에 흩어져 있다. 가장 중요한 본문은 사도행전 20:28~31; 로마서 12:8; 에베소서 4:11~16; 데살로니가전서 5:12; 디모데전서 3:1~7; 5:17; 디도서 1:5~9; 히브리서 13:7, 17; 베드로전서 5:1~4이다. 이러한 본문은 이 교회 직분에 부여한 네 가지 주요 책무를 묘사한다.

첫 번째는 말씀 사역으로 불릴 수 있다. 모든 그리스도인에게 서로 가르치고 격려하라는 명령이 주어지나(골 3:16), 장로가 된 사람에게는 특별히 은사가 주어지며 그에게는 교회를 가르쳐야 하는 의무가 있다. 사도행전 20:31과 디도서 1:9는 바른 교리를 보존하도록 장로에게 부과된 임무를 반영하고, 에베소서 4:11은 목사 직책을 교사 직책과 연결하며, 디모데전서 3:2는 '가르치기를 잘하는' 것이 장로 자격의 하나라고 말하고, 디모네선서 5:17은 '설교와 가르침'에 수고하는 특정 장로를 묘사하며, 히브리서 13:7은 지도자를 '너희에게 하나님의 말씀을 전하여 준' 사람들로 밝힌다. 장로가 할 사역은 그것이 말씀 전파나 가르침이나 예언이나 권면으로 불리든 하나님의 말씀을 전달하는 일을 포함하는 사역임이 분명하다. 장로

---

9 Benjamin Merkle, *The Elder and Overseer: One Office in the Early Church*, Studies in Biblical Literature, ed. Hemchand Gossai, vol. 57 (New York: Peter Lang, 2003).

10 편의상 이 장에서 우리는 장로라는 용어를 사용하지만, 그 용어가 가리키는 직책이 일반적으로 침례교회 대부분에서 '목사'로 불림을 잘 알면서 그렇게 한다.

가 회중 가운데 지도력의 영향력을 행사하는 사역은 주로 말씀을 전파하고 가르치는 사역으로 이루어진다.

하나님의 말씀을 전달하는 일은 또한 일반적으로 목회 사역으로 불리는, 장로가 할 두 번째 의무 영역에도 포함된다. 이것은 교회를 보살피도록 장로에게 부과된 책임과 직접 연결된다(행 20:28; 벧전 5:2). 목자 임무의 하나는 양 떼를 먹이는 일이며, 그리스도인에게 양식은 하나님의 말씀이다(벧전 2:2; 마 4:4). 따라서 목자는 자기 양 떼에게 건강한 성경적 양식을 제공해야 한다. 목자의 또 다른 의무는 양을 보호하는 일이다(요 10:11~13). 신약성서에서 강조되는, 양 떼에게 닥치는 한 가지 위험은 거짓 교리 위험이다(행 20:29~31). 목자는 진리를 가르침으로 그들을 보호한다. 이러한 보호는 또한 좀 더 일반적으로 양 떼를 '보살피는' 것으로 언급된다. 히브리서 13:17에서 사용된 단어 ἀγρυπνέω[아그뤼프네오]는 지속해 깨어있거나 쉬지 않는 경계 개념을 뜻한다. 이러한 보살핌은 목회 심방, 개인 상담, 질병(특별히 야고보서 5:14를 보라)과 슬플 때 사역과 같은 활동으로 구체적으로 표현한다. 자기 양을 사랑하는 목자는 자기 양들이 아파하는 상태를 알아차리고 양들을 보살피려고 그들과 함께하려고 한다. 그러한 목회 책임을 더욱 엄숙하게 하는 것은 지도자가 자기들 보살핌을 받는 사람들에 관해 하나님께 "사실대로 보고해야 한다"라는 성경의 경고이다(히 13:17).

이 직책에 부과한 세 번째 의무 영역은 감독이나 지도 의무이다. 이것이 감독(ἐπίσκοπος[에피스코포스])이라는 용어가 아주 적절한 이유이다. 이 직책을 받은 사람은 교회 전반적인 행정을 감독하고 지도한다. 또 다른 세 개의 성경적 용어는 이러한 의무 영역과 아주 밀접히 연관이 있다.

디도서 1:7에서 장로는 οἰκονόμος[오이코노모스] 또는 하나님의 청지기로 불린다. 이 단어는 집에서 주인을 대신해 업무를 관리하는 종에게 쓰였다(눅 12:42). 상당히 신뢰받는 지위이기에 좋은 청지기에게 핵심적으로 요구되는 바는 주인에게 성실함이다(고전 4:2). 이러한 의무는 감독 및 지도 개념과 아주 잘 어울린다.

두 번째 용어는 히브리서 13:7, 17, 24에서 발견되는데 목사가 행사해야 하는 지도력에 권위 어조를 더하는 듯하다. 여기 포함된 개인을 명시적으로 장로나 목사나 감독으로 묘사하지 않는다. 그들에게 사용된 단어는 동사 형태인 ἡγέομαι[헤게오마이]이며, 단순히 '지도자들'로 번역하고 군사적 또는 정치적 인물을 포함하여 다양한 지도자에게 쓰일 수 있다. 하지만 그들이 한다고 묘사되는 일(하나님의 말씀을 말하고 양 떼를 돌보는 것)은 장로와 목사의 역할 가운데 섬기는 자들을 가리킨다. 권위의 표는 17절에 있는 명령에서 발견된다. "너희 지도자들에게 순종하고 그들에게 복종하라"(ESV).

세 번째 용어는 목사와 장로의 권위의 특성과 범위와 관련이 있다. 여기에서 크게 논란이 되는 문제는 장로제와 회중제 정치에서 중심적 차이의 하나이다. 이 논란에 핵심 용어는 동사 προΐστημι[프로이스테미]이며, 교회 지도자에 6번 쓰인다.[11] 그것은 군대에서 행사할 수 있는 권위 있는 지도력부터 도움 개념과 가정에서 지도력 개념까지 다양한 의미로 쓰일 수 있다. 그것은 교회 지도자들에 관한 언급과 함께 아주 일반적 의미이다.[12] 하지만 그것에 포함된

---

[11] 로마서 12:8은 구체적으로 이 단어를 직책과 연결하지 않지만, 어떻게 인도하는 사람이 그렇게 해야 하는지 말한다. 데살로니가전서 5:12도 일반 언급이다. 디모데전서 3:4~5는 감독 자격으로 가족을 인도하고 관리하는 능력을 말한다. 디모데전서 3:12는 같은 식으로 집사 자격으로 사용한다. 디모데전서 5:17은 장로가 활동해 발휘하는 통솔력을 말한다.

[12] 더 많은 정보는 L. Coenen, "Bishop, Presbyter, Elder," in *New International Dictionary of New Testament Theology*, ed. Colin Brown (Grand Rapids: Zondervan, 1975), 1:188~201, 특히 προΐστημι[프로이스테미]에 관해서는 189, 193, 197~98, 그리고 B. Reicke, "*prohistēmi*," in *Theological Dictionary of the New Testament*, ed. Gerhard Kittel, trans. and ed. G. W. Bromiley (Grand Rapids: Eerdmans, 1965),

권위의 성격과 범위를 결정하기가 어렵다는 점은 특별히 이러한 활동을 장로에게 가장 명백히 직접 연결하는 두 본문, 곧 디모데전서 3:4~5와 5:17에서 그 용어가 다양한 방식으로 번역한 데서 볼 수 있다. KJV, RSV, NAS에서는 디모데전서 5:17에 있는 장로를 교회를 '다스리는' 사람으로 보며, NIV는 그들을 교회에서 '일을 지도하는' 사람으로 본다. 하지만 디모데전서 3:4~5에서 KJV를 제외하고 모두 감독을 교회를 '관리'하거나 '보살피는' 사람으로 본다. KJV만이 '다스리다'를 사용한다.

이 책 6장에서 장로제 교회 정치체제에 관한 논의에서 언급했듯이, 목양 권위를 다스림보다 덜 하다고 여김을 뒷받침하는 두 가지 요소가 있다. 하나는 디모데전서 3:5에서 동사 ἐπιμελέομαι[에피멜레오마이]가 προΐστημι[프로이스테미]와 병행으로 쓰인 점이다. ἐπιμελέομαι [에피멜레오마이]는 신약성서의 또 다른 데서 강도에게 공격당한 사람을 돌보는, 선한 사마리아 사람 행동에만 쓰이는데, 이 행동은 다스리는 행동으로 보기가 어렵다. 같은 편지 본문에서, 같은 주제에 관한 이 병행 용례는 디모데전서 5:17에서 προΐστημι[프로이스테미]를 다스리는 권위로 해석에 의구심을 갖게 한다. 둘째 요소는 교회 회원과 지도자의 관계에 관한 신약성서 전체 가르침이다. 한편으로, 교회 회원에게, 그들 지도자 권위를 인정하고, 그들에게 복종하고, 그들에게 순종하라고 요구한다(데살로니가전서 5:12; 히브리서 13:17을 보라). 대니얼 아킨(Daniel Akin)이 지적하듯이 "이러한 사고방식은 우리의 극히 자율적이며 민주적이며 인류 평등주의적인 문화에 아주 낯설다."[13] 다른 한편으로, 신약성서에서 지도자가 권위를 행사하는 방식은 결코 독재적이지 않고, 겸손한 마음을 가졌으며, 다른

6:700~03을 보라.

[13] Daniel Akin, "The Single Elder-Led Church," in Chad Owen Brand and R. Stanton Norman, eds., *Perspectives on Church Government: Five Views of Church Polity* (Nashville: Broadman & Holman, 2004), 72.

사람 형편에 열려있고, "교회를 영적인 마음의 일치로 이끌려고" 노력한다.14 이러한 패턴은 장로 지도력이 있는 회중제 교회 정치체제와 잘 어울린다. 게다가, 신약성서에서 회중제 교회 정치체제 근거 역시 목사 권위의 특성을 제한한다. 따라서 장로가 발휘하는 지도력은 아주 중요하며 교회는 그것에 순종해야 하나, 그렇다고 아무런 비판도 없이 또는 회중 의향과는 별개로 그렇게 할 수는 없다. 회중제 교회 정치체제와 함께 장로 지도는 προΐστημι[프로이스테미]가 의미하는 바 그리고 장로의 지도 의무에 관해 성경이 묘사하는 바와 아주 일치한다.15

장로가 맡은 네 번째 의무는 너무도 기본적이어서 쉽게 간과한다. 하지만 이것은 디모데전서 3장과 디도서 1장에 서술한, 직책 자격과 가장 분명하게 연관된 의무이다. 그 의무는 양 떼에게 모범 보이기이다(벧전 5:3). 지도자는 구별되어야 하는데, 그래야 그들을 존경하며 또한 본받을 수 있는 믿음과 삶의 패턴을 제시한다고 인정하기 때문이다(히 13:7). 이것은 다음 주제인 장로 자격으로 자연스럽게 이어진다.

---

14 D. A. Carson, "Church, Authority in the," in *Evangelical Dictionary of Theology*, ed. Walter Elwell, 2d ed. (Grand Rapids: Baker, 2001), 251.

15 침례교인 가운데 이러한 생각이 점점 커지기에 기쁘다. 복수 장로에 관해 생각이 다르지만, 마크 데버, 대니얼 아킨, 제임스 R. 화이트, 페이지 페터슨, 새뮤얼 월드런 등은 모두 회중제 교회 정치체제와 장로의 지도자 지위가 양립함을 확증한다. Mark Dever, *A Display of God's Glory: Basics of Church Structure*, 2nd ed. (Washington, D.C.: Center for Church Reform/9 Marks Ministries, 2001); Akin, "The Single Elder-Led Church"; James R. White, "The Plural Elder-Led Church," in *Perspectives on Church Government*; Paige Patterson, "Single-Elder Congregationalism," in Steven B. Cowan, ed., *Who Runs the Church? Four Views on Church Government* (Grand Rapids: Zondervan, 2004); Samuel Waldron, "Plural-Elder Congregationalism," in Cowan, ed., *Who Runs the Church?*를 보라.

장로 자격

이 직책 자격은 주로 디모데전서 3:2~7과 디도서 1:6~9에 묘사되고, 베드로전서 5:2~4는 훨씬 더 간략한 묘사이다. 이 목록은 신약성서에서 교회 질서에 관한 가장 자세하고 집중적 가르침의 일부를 포함하기에 자세히 조사해야 한다.16

이 목록 가운데 첫 번째 주목할 만한 요소는 그것들이 평범하다는 점이다. D. A. 카슨의 말처럼 "거의 모든 항목이 다른 곳에서 **모든 신자에게 요구된다**."17 장로가 되는 일에 포함된 모든 것은 그리스도인 삶에서 더 높은 기준으로 초청이 아니다. 그리스도께서 모든 그리스도인에게 "온전하라"라고 명령하시며(마 5:48), 모든 그리스도인의 목표와 최종 목적지가 그리스도처럼 되는 것이라면(롬 8:29), 어떻게 그러한 자격을 말할 수 있는가?

하지만 이러한 인격 특성들이 모든 그리스도인을 대상으로 한 명령이라면, 여기서 그것들은 어떤 의미인가? 이러한 인격적 특성 목록의 의미를 이해하는 열쇠는 지도자 의무의 하나가 양 떼에게 모범을 보이기임을 기억하는 일이다(벧전 5:3). 장로가 되는 데 요구되는 특성은 양 떼에게 모범을 보이는 데 필요한 특성이다. 그러한 사람은 완전할 필요가 없겠지만(타락한 인류 가운데 그러한 사람은 찾아보기 매우 힘들다), 그가 넘어질 때 어떻게 고백하고 회개하는지 보여주는 예를 포함하여 어느 정도 성숙함과 입증된 인격이 필요하다.

---

16 자격에 관한 종합 논의는 Alexander Strauch, *Biblical Eldership: An Urgent Call to Restore Biblical Church Leadership*, 3rd ed. (Littleton, CO: Lewis and Roth, 1995), 67~83, 186~203; Benjamin Merkle, *40 Questions about Elders and Deacons* (Grand Rapids: Kregel, 2008), 109~57을 보라.

17 Carson, "Church, Authority in the," 249(저자 강조).

둘째, 이러한 자격이 어떤 지위에 관한 현대 자격 목록과 얼마나 다른지도 놀랍다. 어떤 훈련과 교육이 요구되는지 말하지 않으며, 기술이나 경험이나 증명서도 언급하지 않는다. 인격이 핵심 문제이다.

주목해야 할 세 번째 요소는 디모데전서 3장과 디도서 1장 사이에 여러 비슷한 자격과 몇 가지는 정확히 병행이지만, 두 목록 사이에 얼마간 차이가 있다는 점이다. 예를 들어, 디도서는 새롭게 회심한 사람이 장로가 되어서는 안 된다는 점에 관해 아무 말도 하지 않는다(딤전 3:6). 디모데는 "의로우며 거룩하며 절제하는" 특성을 포함하지 않는다(딛 1:8). 이러한 차이는 두 경우 모두 바울이 장로가 실현해야 할 인격적 특성에 관한 완전 목록보다는 대표 목록을 제시하려고 했음을 나타낸다. 어쨌든 이 목록들은 완전한 것으로 의도되지 않지만, 상당히 포괄적이다. 그것은 다섯 개 중요 영역을 다룬다.

도덕적 자격

첫 번째 것은 도덕적 자격으로 불릴 수 있다. 이 목록에서 염두에 두고 있는 사람은 성실하며 바르게 판단하기에, 술에 취함, 욕심, 성급한 기질과 같은 악습에서 자유로운 손경할 만한 사람이다. 누 수요 목록을 시작하는 "책망할 것이 없으며"(딤전 3:2)와 "책망할 것이 없고"(딛 1:6)라는 표현은 요약하는 말이다. 양 떼에게 모범을 보여 존경받아야 하고, 바깥세상 사람들에게 존경받는 사람이어야 한다.

결혼 및 가족과 관련한 자격

장로 자격에서 두 번째 영역은 아마 가장 물의를 일으키는 결혼과 가족 관련 영역이다. 디모데전서 3장과 디도서 1장 모두 장로는 "한 아내의 남편"이어야 한다고 말한다(ESV). 이 표현 해석은 "그는 결혼한 사람이어야 한다"라는 개념부터 "그는 일부다처인 사람이어서는 안 된다"까지, 그리고 "그는 이혼한 적이 있는 사람이어서는 안 된다"까지 다양하다.18 최근 미국 사회에서(그리고 슬프게도 침례교회에서도) 이혼이 일반화된 상황에서, 마지막 해석은 아마도 가장 큰 논란 대상이다. 어떤 사람은 이혼한 사람을 "책망할 것이 없다"라고 여길 수 없으며 오직 한 아내의 남편 자격에 어울리지 않는다고 말한다. 그리하여 이혼이 장로로 섬길 자격을 박탈한다.19 어떤 진영에서는 우리가 성경을 문자적으로 해석해야 함을 믿는다면 그러한 해석이 요구된다고 생각한다. 다른 사람은 이혼 상황에 근거해서 구분한다. 예를 들어, 회심 전에 이혼했다면 그리스도 안에서 그 이혼한 사람이 새로운 피조물이므로, 그 이혼은 말소된다고 말한다.

하지만 이 모든 해석은 이러한 목록에서 핵심 요점을 무시한다. 여기서 해야 할 질문은 이것이다. "이 사람은 결혼과 가족 영역에서 우리에게 모범을 보이는가?" 어떤 사람은 이 접근이 성경을 문자적으로 해석하기를 회피하거나 훼손한다며 반대할 수 있지만, 문자적으로 이 구절은 이혼에 관해 아무것도 말하지 않는다. 바울이 이혼한 사람을 제외하려 했다면, 그는 단순히 "그는 이혼한 사람이어서는 안 된다"라고 말했을 것이다. 또한 만일 어떤 사람이 온전히 문자적이기 원한다면 독신인 사람은 장로 자격이 없다고(그리하여 바울과 예수님이 자격이 없다고) 결론을 내려야 할 것이다. 또한 결혼한 사람도 자녀가 두 명 이상이 아니면 자격이 없다고 해야 하는데, 디모데전서 3장과 디도서 1장 모두 장로와 그의 자녀와 관계를

---

18 Gordon Fee, *1 and 2 Timothy, Titus*, Good News Commentary (New York: Harper and Row Publishers, San Francisco, 1984), 43~44에서 선택안을 열거한다. 고든 피는 필자 입장과 가까운 입장을 옹호한다. 장로는 결혼과 가정생활에서 모범을 보여야 한다.

19 이 견해는 Warren Wiersbe, *Be Faithful* (Wheaton, Ill.: Victor Books, 1986), 42에 있다. John Piper, *Biblical Eldership*, http://www.desiringgod.org/library/tbi/bib_eldership.html(2004년 10월 24일 접속)에서는 이 표현을 이혼 후 재혼 금지로 해석한다. 곧, 이혼 자체보다 이혼 후 재혼으로 자격을 잃는다.

말하기 때문이다. 하지만 누구도 독신인 사람이나 자녀가 두 명이 안 되는 사람에게 자격이 없다고 하지 않는다. 게다가, 우리는 다른 자격들도 이런 식으로 보지 않는다. 누구도 대학 시절 술에 취했던 사람이나 한때 분노로 힘들어한 사람이 영원히 자격이 없다고 주장하지 않는다. 오히려, 우리는 사람의 현재 인격 견지에서 이러한 것들을 해석한다. 마지막으로, 회심 전과 회심 후 이혼을 구별하는 사람은, 여기서 이 문제는 용서가 아니라 적합성임을 알아야 한다. 회심 전과 회심 후, 우리 모든 죄는 똑같이 용서되었다. 그것은 문제가 아니다. 삶의 이 중요한 영역에서 이 사람은 모범을 보이는가? 이것이 문제이다.[20]

실제로, 그러한 해석은 오직 한 여자와 결혼하고 자녀를 두 명 이상 두었어도 나쁜 남편이나 아버지인 일부 사람을 제외한다. 아마도 그들은 자격 목록의 문자적 표현을 충족하지만, 목록 이면에 있는 목적을 충족하지 못한다. 최근 이혼한 어떤 사람도 마찬가지로 양 떼에게 모범을 보이는 모습이지 않다. 하지만 과거 어느 시점에 이혼을 겪었지만, 그 후로 남편과 아버지로서 견고한 업적을 쌓아온 사람은 자동으로 무자격자로 여겨지지 않을 것이다. 독신이거나 결혼했지만, 아이를 양육하는 일에 경험이 부족한 사람은 자동으로 자격이 없다고 판정하기보다, 제한적으로나마 자격을 가졌다고 여겨야 한다. 그들은 현재 모든 가족 관계에서 모범을 보일 수 있지만, 그들이 결혼이나 부모로서 관계가 없다면 그러한 영역에서 어떻게 그

---

[20] 이 자격을 이전에 이혼 문제를 말하는 게 아니라는 현재 모범을 보이는 결혼 생활을 말한다는 해석이 입지를 다지고 있다. 이와 비슷한 견해를 Merkle, *40 Questions*, 128; Strauch, *Biblical Eldership*, 192~93; Gregg Allison, *Sojourners and Strangers: The Doctrine of the Church*, Foundations of Evangelical Theology (Wheaton, IL: Crossway, 2012), 214~15에서도 주장한다. NIV에서는 핵심 어구를 흥미롭게 바꿔서 옮긴다. NIV 2001년 판에서, 디모데전서 3:2과 디도서 1:6은 "한 아내의 남편"으로 옮겼지만, NIV 2011년 판에서는 두 군데 모두 "자기 아내에게 신실한"으로 옮긴다.

들이 모범이 될 수 있는지 알기 어렵다. 아마도 좀 더 어려운 점은 다른 면에서는 자격이 있지만, 그 자녀가 그렇게 순종적이지 않은 사람 문제이다(딤전 3:4; 딛 1:6). 이러한 자격을 충족하는 데 어느 정도 순종해야 하는가? 명백하게, 성경은 순종 정도를 측정하는 객관적 기준을 말하지 않는다. 최고 해결책은 다시 한번 자격 목록이 목적하는 바를 되새기는 일이다. 이 사람은 자녀 양육 영역에서 회중에게 모범을 보일 수 있는가? 그렇지 않다면, 그를 회중을 지도하는 위치에 세우는 일은 지혜롭지 못하거나 애정 어린 조치가 아니다. 오히려 그는 자기 힘을 자기 가족에게 집중해야 한다.

은사 영역

장로는 양 떼에게 모범을 보이는 역할에 더해, 가르침과 지도력 책무가 있다. 따라서 이 목록들에는 은사와 관련된 자격도 포함되어 있다. 디모데전서 3:2는 장로가 "가르칠 수 있어야 한다"라고 말한다. 디도서는 같은 개념을 말하지만, 그것을 "바른 교훈으로 권면하고 거슬러 말하는 사람을 책망"하는 장로의 능력 관점에서 표현한다(딛 1:9). 두 목록 모두 장로가 하나님의 말씀을 전달하는 영역에 어느 정도 능력이나 은사를 가져야 하며 바른 교훈을 이해하고 있어야 함을 암시한다. 어떤 장로는 가르치는 일에 더 큰 은사가 있거나 교리를 더 깊게 이해할 수 있지만, 모든 장로는 두 영역 모두에서 유능해야 한다. 또한 장로는 지도력 은사를 가졌음을 보여야 한다. 그것은 자기 가족 관리에서 드러난다(딤전 3:5).

영적 성숙

디모데전서에만 있는, 장로 개념에 암시된 자격의 하나는 영적 성숙이다. 디모데전서 3:6의 표현에 따르면, 장로는 "새로 입교한 사람"(νεόφυτος[네오퓌토스])이어서는 안 된다. 디도서에는 비슷한 표현이 없지만, 장로가 어느 정도 나이가 든, 나이 많은 남자임을 가정한다. 다시, 성경은 이러한 자격에 관해 구체적인 숫자를 덧붙이지 않지만, 그것은 자주 간과하는 자격이다. 신학대학원 교수로서 내가 가르치는 목사 후보자 대부분은 상당히 젊은 남성이다. 많은 학생이 최근에 회심한 사람이 아니고, 그리스도인 가정에서 자랐으며 어린 나이에 회심한 사람이다. 하지만 많은 학생은 나이가 들면서 얻는 성숙함과 판단력이 부족하며, 때때로 그들 경험 부족은 그들을 어려움에 빠뜨렸다. 구체적인 기준이 없으므로 얼마나 어려야 너무 어려야 하는지 결정하기 어렵지만, 이러한 자격은 경고하는 역할을 한다. 젊은 목사가 처음 사역 몇 년 동안은 경험 많은 목사 아래에 협력자로 섬기며 배우는 게 아주 좋다. 그것이 불가능할 때 젊은 목사는 지역에서 경험 많고 나이 든 목사에게 비공식적으로 조언받을 수 있어야 한다.

남성에 제한

이 목록들 전체에서 가정하는 한 가지 마지막 자격이 있다. 이것 역시 최근 논란 대상이다. 이 목록들은 장로가 모두 남자라고 가정한다. 명사, 대명사, 관사, 형용사의 어미 모두 남성을 염두에 두고 있음을 가리킨다. 남성 장로직은 침례교인 삶에서 압도적 기준이었으며, 최근 남침례교가 『침례교 신앙과 메시지 2000(*The Baptist Faith and Message 2000*)』에서 공식적으로 확정했지만,[21] 여성 장로를 긍정하고 주장하기 시작한 일부 침례교인도 존재했다. 이러한 문제를 논의하는 수없이 많은 학문적 글이 쏟아졌으나, 그것을 온전히 조사하는 일은 이 책 목적 범위를 벗어난다. 어쨌든 그것은 장로 자격과 직접 관련이 있으며, 따라서 이 논쟁에서 핵심 문제들만 간략하게 개괄이 합당하다.

---

[21] 그 문서 6조는 "남성과 여성 모두 교회에서 섬기는 은사를 가졌지만, 목사 직책은 성경에서 한정하는 대로 남성에게 제한한다"라고 말한다.

지난 20여 년 동안, 복음주의 그리스도인 사이에 두 가지 전체적 관점이 나타났다. 하나는 인류 평등주의(egalitarianism)라 불린다. 그것은 남성과 여성이 완전히 동등함을 단언하며, 남성에게 열려있는 모든 역할에서 그것을 감당하는 능력이 본래 여성에게도 진정으로 동등하며, 특별히 가정과 교회에서 역할에서도 그렇다고 본다.22 또 하나 관점은 때때로 전통주의 또는 가부장제(patriarchalism)로 잘못 불리지만, 남녀 상보주의(complementarianism)로 적절하게 불린다. 그것은 남성과 여성이 온전히 동등함을 확정하지만, 동등함이 가정과 교회에서 남성과 여성이 서로 다른 상보적 역할로 조화를 이룬다고 본다.23 남녀 상보주의자가 디모데전서 3장과 디도서 1장의

---

22 이 관점을 분명히 제시하는 중요한 저서들 일부로 Gilbert Bilezikian, *Beyond Sex Roles: A Guide for the Study of Female Roles in the Bible* (Grand Rapids: Baker, 1985); Alvera Mickelsen, ed., *Women, Authority and the Bible* (Downers Grove, Ill.: InterVarsity, 1986); Gretchen Gaebelein Hull, *Equal to Serve: Women and Men in the Church and Home* (Old Tappan: Revell, 1987); Linda Belleville, *Women Leaders and the Church: Three Crucial Questions* (Grand Rapids: Baker, 2000); Craig Keener, *Paul, Women and Wives: Marriage and Women's Ministry in the Letters of Paul* (Peabody, MA: Hendrickson, 1992, rev. with new introduction 2004), and John Stackhouse, Jr., *Finally Feminist: A Pragmatic Christian Understanding of Gender* (Grand Rapids: Baker Academic, 2005). 등이 있다. 이들은 모두 복음주의 페미니즘을 대표한다. 덜 복음주의적이지만 많은 부분에서 인류 평등주의 사상에 토대가 되는 저서로는 Paul Jewett, *Man as Male and Female* (Grand Rapids: Eerdmans, 1975)이 있다. 더 급진적 여권주의자의 글은 아주 많다. Letty Russell, ed., *Feminist Interpretation of the Bible* (Philadelphia: Westminster, 1985)이 그들 접근방식을 보여주는 모음집이다.

23 이러한 관점의 획기적인 저서는 John Piper and Wayne Grudem, eds., *Recovering Biblical Manhood and Womanhood: A Response to Evangelical Feminism* (Wheaton, Ill.: Crossway, 1991)이다. 그것은 인류 평등주의 그룹인 Christians for Biblical Equality의 "남자와 여자와 성경적인 평등"에 관한 진술과 상보주의 그룹인 The Council on Biblical Manhood and Womanhood의 댄버스 성명서(Danvers Statement)을 비교한

목록들과 같은 구절이나 교회나 가정에서 서로 다른 역할에 관해 다른 본문들(딤전 2:9~15[교회]; 엡 5:22~23[가정])을 가리킬 때, 인류 평등주의자는 그러한 본문이 문화에 의해 결정됐으며 특정 상황을 다룬 것이거나 여러 이유의 하나로 그 적용이 제한되기에, 그러한 본문에서 여성에게 열려있는 역할에 제한을 둔 것은 오늘날 적용되지 않는다고 대답한다. 남녀 상보주의자는 이 구절들 자체에는 제한하는 암시가 없으며 남성과 여성이 창조된 바로 그때로까지 거슬러 올라가는 영원히 유용한 원리들에 근거한다고 주장한다.

내가 남녀 상보주의를 계속 확신함은 핵심 본문의 의의를 온전히 처리하는 설득력 있는 주장을 볼 수 없기 때문이다. 디모데전서 2:9~15는 일부 어려운 표현을 포함하고 있지만, 여성이 가르치는 것과 권위를 행사하는 것을 금지하는 표현은 그 의무가 가르치고 권위를 행사하는 것인 장로들에 관한 자격을 말하는 부분 바로 앞에 위치하는 가운데 분명히 여성이 장로로 섬김을 금지하려는 의도로 보인다. 주일학교 학급에서 남성을 가르치는 것, 지역교회에서 다양한 임원 지위에서 섬기는 것과 같은 다른 역할, 그리고 다른 많은 역힐은 신악성서 교회 삶의 일부가 아니었으며, 따라서 직접 거론되지 않는다. 그러한 역할에서 섬기는 여성의 우선순위는 논의할 여지가 있으며 구체적 직무 설명서와 이러한 역할에 관한 교회 이해에 따라 다르다. 분명한 점은 여성이 장로로 섬기는 일을 금지함이다.

다(403~22, 469~72를 보라). 더 최근에 지지하는 자료도 있다. Craig Blomberg, "Women in Ministry: A Complementarian Perspective" in *Two Views on Women in Ministry*, rev. ed., James Beck, ed. (Grand Rapids: Zondervan, 2005), 121~202; Thomas Schreiner, ""Women in Ministry: Another Complementarian Perspective," in *Two Views on Women in Ministry*, rev. ed., Beck, ed., 263~342; Strauch, *Biblical Eldership*, 51~66; Merkle, *40 Questions*, 135~42; Allison, *Sojourners and Strangers*, 223~240; Andreas Köstenberger and Thomas Schreiner, eds., *Women in the Church: An Interpretation and Application of 1 Timothy 2:9~15*, 3rd ed. (Wheaton, IL: Crossway, 2016).

하지만 나에게 분명해 보이는 점이 다른 사람들에게는 전혀 분명히 보이지 않을 수도 있다.24 실제로, 그들은 내가 남녀 상보주의 입장이 그리스도의 정신과 신약성서 전체 관점과 모순되지 않는다고 주장하는 이유를 이해하지 못할 수 없다. 똑같이 진지한 그리스도인이 성경을 똑같이 이해하려는 데 그렇게 서로 다르게 확신할 때, 우리는 성경 해석에 영향을 끼치는 어떤 인식되지 않는 영향력이 있지는 않은지에 의아해한다.

그 영향력의 하나는 분명히 페미니즘 운동(feminist movement)이다. 그것은 지난 백 년 동안 여러 문제와 관련해 서방 세계에 영향을 끼쳤던 가장 아주 중요한 운동의 하나였다. 성서 학계는 진공 상태에서 일어나지 않고 역사 흐름에 온전히 노출됐다. 문제는 페미니즘 운동이 성경에 비치는 빛과 같이 우리가 가부장제나 남성우월주의의 암묵적인 추정 없이 그것의 진정한 가르침을 좀 더 분명히 볼 수 있게 하는가, 아니면 페미니즘 운동이 우리 눈에 비치는 빛처럼 지난 세대에 분명했던 것을 우리가 보지 못하게 하는지이다.

현대 사회의 묘한 특징은 새로운 것이 더 나은 것이라고 믿는 풍조이다. 역사적 측면에서 이것은 우리가 우리 전임자보다 사물을 더 잘 이해한다고 믿는 경향이 있음을 뜻한다. 그래서 우리는 역사에 뿌리 두기 중요성을 자주 과소평가한다. 이는 신학 영역에서 특별히 중요하다. 성경을 조명하시는 성령 사역은 최근에 생기지 않았다. 따라서 나는 대대로 내려온 압도적으로 많은 성경 해석자와 연구자가 잘못했다고 생각하지 않는다. 나는 역사나 전통에 오류가 없다고 생각하지 않는다. 여러 세기에 걸쳐 그리스도인 대부분이 회중제 지지자가 아니었을지라도, 나는 회중제 지지자이다. 하지만

---

24 예를 들어, Veli-Matti Karkkainen, *Hope and Community*, vol. 5, A Constructive Christian Theology for the Pluralistic World (Grand Rapids: Eerdmans, 2017), 419에서는 내가 여성이 장로로 섬기기를 제한한다고 이해하는 본문들이 "진정성 결여, 본문의 문화적 조건, 금지의 일시적 특성, 번역 대안 등등으로 성공적으로 논박됐다"라고 주장한다.

증명하는 부담은 역사적으로 더 새로운 해석에 있다. 그런데 인류 평등주의 해석은 그 책임을 감당할 수가 없다. 그것은 현대 정치적 페미니즘이라는 세속적 정신에 부당하게 휩쓸렸다고 생각한다.

또 다른 요소는 스티븐 클락(Stephen Clark)이 『그리스도에서 남성과 여성』에서 유용하게 주목한 것으로서, 전통 사회에서 기술 사회로 전환에 수반한 동등성(equality)과 정체성(identity)이 바뀐 개념이다.25 클락은 전통 사회에서 조직화 원리는 '관계'였다고 주장한다. 사람의 정체성을 결정한 요소는 그가 가진 관계, 곧 나는 누구의 딸인가, 나는 어느 부족 출신인가, 나의 조상은 누구인가 등이었다. 사람은 그들이 본질로 가진 것으로, 어떤 것을 **하는**(doing) 것과 대조적으로 어떤 **존재인**(being) 것으로 평가됐다. 그런데 기술 사회에서 조직화 원리는 '기능'이다. 정체성을 결정하는 기준은 사람이 하는 것, 곧 나는 선생이다, 의사이다, 기술자이다 등과 같다. 정체성은 여겨지기보다 성취된다. 가치는 사람이 할 수 있는 일로 좌우된다.

이러한 구분은 인류 평등주의와 남녀 상보주의 논쟁을 이해하는 데 도움을 준다. 나는 두 견해를 살펴보고, 그들이 서로 의미를 이해하지 않으려는 방식으로 말하며 서로를 거의 이해하지 않음을 알았다. 인류 평등주의 입장은, 남녀 상보주의자가 남성과 여성에게 열려있는 역할이 구분되면 참으로 진정한 동등성을 믿을 수 있다고 믿지 않는다. 이것은 정체성이 기능에 좌우된다는 개념에 근거한다. 여성이 단순히 여성이기에 어떤 것을 성취할 기회를 얻지 못한다면, 동등성은 훼손된다. 그것이 기능적 구조에서 이해되기 때문이다. 동등성은 성취하려는 같은 기회를 뜻한다. 남녀 상보주의 진영에 속한 사람은 동등성을 관계로 이해하며 움직이는 것으로 보인다. 남성과 여성이 동등할 수 있지만, 역할은 다르다. 가치와 동등성은 존재 문제이지 실천 문제가 아니기 때문이다.

---

25 Stephen B. Clark, *Man and Woman in Christ* (Ann Arbor: Servant, 1980). 이어지는 논의는 이 책 467~506쪽에 있는 논증을 사용한다.

또한 이러한 구분은 이 논쟁에서 양측 모두의 많은 사람을 힘들게 한 한 가지 어려움을 해결하는 데 도움을 줄 수 있다. 이 어려움은 많은 사람이 여성이 장로로 섬기는 일을 금지하는 것으로 보이는 구절을 읽을 때, 그들 마음에 떠오르는 의문이다. 왜 그런가? 뛰어난 교사로서 은사를 가진 여성이 분명히 많다. 많은 사람이 아주 유능한 지도자이다. 왜 그들이 목사로 섬기는 것을 금지해야 하는가? 그것은 변덕스러워 보인다.

이 질문에 두 가지 대답을 제시할 수 있다. 첫째로 우리는 하나님께서 말씀하실 때 왜 하나님께서 어떤 것을 하도록 우리에게 명령하시는지 이유를 다 알 수 없으며 다 알아야 하는 것도 아니다. 왜 아담과 하와가 선악을 알게 하는 나무의 열매를 먹지 말았어야 했는지 이유를 알 수 없다. 그 열매는 무르익었고, 향기로웠으며, 탐스러웠다. 그것은 손이 닿는 곳에 있었다. 하나님께서는 그것을 만드시고 그것을 거기 두셨다. 그것을 먹어서는 안 되는 유일한 이유는 하나님께서 그들에게 그렇게 하지 말라고 명령하셨기 때문이다. 순종은 신뢰를 포함하며, 때때로 이유도 모르는 채 요구된다.

하지만 이 경우에, 성경이 여성이 목사로 섬기는 것을 금지하는 이유가 있지만, 기능적 이유는 아니다. 하나님께서는 가르침과 지도하는 일에 여성에게 재능을 부여하시지만, 어떤 기능적 무능력 때문이 아니라 관계적 이유로 그녀에게 장로로서가 아니라, 다른 영역에서 섬기기를 바라신다. 하나님께서는 남성과 여성이 특정 방식으로 관계하길 바라시는 목적이 있을 것이다. 아마도 그러한 관계는 아버지와 아들 관계에 있는 어떤 것을 반영할 것이다(고전 11:3). 아마도 그것은 남자와 여자를 창조하신 하나님의 원래 의도의 어떤 것을 반영할 것이다(창 2:18; 딤전 2:13). 하지만 이러한 이유는 잘 이해되지 않는데, 그것은 기능적이지 않기 때문이다. 이와 유사하게, 우리는 모두 남편보다 가족을 훨씬 더 잘 인도할 수 있어 보이는 많은 여성을 알고 있다. 하지만 하나님께서 남편에게 가족의 머리가 되도록 정하신 목적의 하나는 그리스도와 교회 사이에 관계의 어떤 것을 예시하려 함이다(엡 5:23~24).

이 모든 것이 사실이라면, 곧 인류 평등주의 견해가 삶을 기술과 기능 측면에서 보는 관점에 의해 뒷받침되며 남녀 상보주의 견해가 삶을 관계 측면에서 보는 관점에 기초한다면, 오늘날 교회에서 남성과 여성의 관계에 관한 어떤 견해를 받아들여야 할지, 어떻게 결정하는가? 우리는 명백히 삶을 기능적으로 이해하는 것이 지배적인 세상에서 살고 있으며, 어떤 삶의 영역에서는 기능적인 견해가 완벽하게 허용되지만, 성경을 충실하게 따르려면 교회와 그리스도인 가정에서 관계적 견해를 받아들이라고 요구한다. 하나님께서는 이 두 영역에서 당신 백성이 당신 특성과 그분과 우리 관계의 어떤 점을 반영하는 관계들을 보여주기를 바라신다.

스콧 바취(Scott Bartchy)는 다른 주제에 관해 글을 쓰면서도 교회가 처음 시작한 사회에 관한 유용한 관찰을 제공한다. 그는 그리스-로마 세계에 인간관계를 말하는 은유를 제공했던 기본 기관 두 개가 있었다고 말한다. 그것은 정치와 친족 관계다. 정치 영역에서 **인류 평등주의**는 핵심 용어였으며, "투표, 공적 지도력의 위치, 재산의 소유권에 대한 동등한 접근"과 같은 것을 가리켰다.26 친족 관계에서 핵심 용어는 **남성 가부장제**였다. 하지만 신약, 특별히 사도행전에서 누가는 남성 가부장제에는 반대 관점이었지만, 인류 평등주의자는 아니었다. 바취는 사도행전에서 누가가 교회 발전을 묘사하면서 목표로 삼은 바가 "정치적인 의미에서 인류 평등주의보다 친족 관계에서 올바르게 작동하는 가족 만들기였다."라고 말한다.27 인류 평등주의는 정치적 용어로서 동등한 권리를 다루고 정치적인 영역에서 우리가 박수를 보낼 수 있는 개념이다. 하지만 교회는 다른 형태의 실체이며, 국가보다는 가족에 더 가깝다. 개인 문제나 개

---

26 Bartchy, "Divine Power, Community, Formation, and Leadership," 97.
27 Bartchy, "Divine Power, Community, Formation, and Leadership," 98.

인 권리는 가족의 건강과 복지와 비교하면 이차적이며, 남성과 여성이 상보적 역할을 충족할 때 그 가족은 가장 건강할 수 있다.

그러므로 그 견해가 성경이 가르치는 바라고 생각하기에, 역사적으로 말할 때 그 견해가 압도적인 견해이기에, 그것이 가족과도 같은 교회가 나타내도록 요구되는, 삶이 관계적이라는 견해와 일치한다고 판단하기에, 나는 남성 역할과 여성 역할에 관한 남녀 상보주의 견해를 지지한다. 상보주의 견해는 교회에서 장로 직책이 남성에게만 제한됨을 뜻한다. 그러한 제한이 성경에서 언급되지 않은 다른 역할(예를 들면, 주일학교 교사, 청년 모임 리더, 음악 사역자 등)에 어디까지 확장되는지는 충분히 토론할 여지가 있는 문제이며, 그것에 관해서는 기꺼이 어느 정도 다양성을 인정해야 하는데, 그 대답은 개교회가 하는 역할에 관한 이해 같은 개인적 요소에 상당히 좌우되며, 따라서 경우에 결정되어야 하기 때문이다.

그러나 상보주의자로서, 나는 내 견해가 이 나라에서 강세인 평등주의와 반대이며, 여성이 역사를 통틀어 남성에게 억압당했다는 사실을 잘 안다. 나는 내 동료 상보주의자 몇 명이 내게 하는 말과 적용에 때때로 많이 불편하다. 그러므로, 교회, 특히 상보주의 교회가 성서가 허락한다고 느끼는 모든 방식으로 여성을 격려하고 채용하려고 안간힘을 쓰라고 충고한다. 달리 말해, 남성과 여성이 동등하다고, 여성과 남성이 은사를 받았다고, 한 가지 역할만 남성에게 분명히 제한한다고 참으로 믿으면, 우리 고백이 단지 말에 그치지 않게 하고, 그들이 행동으로 보이게 하자. 그렇게 하면, 그리스도의 몸이 더 건강하겠고, 교회 사역이 더 튼튼하겠고, 상보주의 견해가 여성을 압제하는 신학적 합리화로만 보이지 않는다고 생각한다. 「댄번스 성명서(Danvers Statement)」에 있는 말을 되풀이한다.

> 세계 인구 절반이 토착민 전도 범위 밖에 있으며, 복음을 들은 사회에도 셀 수도 없이 많은 또 다른 잃어버린 사람이 있으며, 질병,

영양실조, 무주택, 문맹, 무지, 고령, 탐닉, 범죄, 감금, 신경증, 고독 등으로 스트레스를 받아 불행하게 사는 현실에서, 말과 행동으로 하나님 은혜를 알리려는 열정을 하나님에게서 받은 사람은 누구나 그리스도의 영광을 드러내고 이 타락한 세상에 선을 세우려는 사역을 충실히 한다(고전 12:7~21).[28]

하나님의 부르심

장로 자격에 관한 마지막 한 가지 문제는 많은 사람이 중요하다고 생각하는 자격과 관련이 있지만, 성경이 제시하는 어느 목록에도 찾아볼 수 없다. 그것은 하나님께서 사역으로 부르시는 문제이다. 대니얼 아킨은 "사역으로 부르심과 잘 가르치기"를 장로 직분의 자격에 포함하지만,[29] 둘째 자격만이 성경이 제시하는 목록에 있다. 어쨌든 많은 침례교인에게 하나님의 특별한 부르심은 가장 중요하며 없어서는 안 될 자격이다. 일반적으로 안수받기를 바라는 젊은이에게 하는 질문은 회심과 사역으로 부르심에 관한 물음이다. 사역으로 부르심을 강조하는 침례교 사역자는 존 대그, 찰스 스펄전, W. A. 크리스웰 등이다.[30] 대부분 **내적** 소명과 **외적** 소명이 있어야 한다고 말한다. 내적 소명은 제럴드 코웬(Gerald Cowen)이 "하나님을 특별한 방식으로 섬기도록 하나님께서 어떤 사람을 부르셨다는 깊은 확신"이라고 부르는 소명이며, 외적 소명은 어떤 사람의 확신을 단체적으로 확정하는 소명으로, 종종 안수로 표현되며, 동료 신자들이 그 사람이 은사를 받았으며 섬기기에 적합하다고 그들이 믿는 바를 확정하는 소명이다.[31]

---

28 "Danvers Statement on Biblical Manhood and Womanhood," 9.

29 Akin, "The Single Elder-Led Church," 54.

30 Dagg, *Manual of Theology*, 241~54; Gerald Cowen, *Who Rules the Church? Examining Congregational Leadership and Church Government* (Nashville: Broadman & Holman, 2003), 17~32의 논의를 보라.

하나님의 부르심 필요성을 강조하는 사람은 목사가 되려는 사람의 삶에서, 그리고 목회 사역에 들어가는 일에 포함된 중대한 헌신에서 하나님께서 주도하심을 강조하려고 한다. 분명히 목회 사역의 중요성은 그 직책에 주어지는 광범위한 자격에서 나타난다. 분명히 목회 사역에 관여하는 사람은 자기가 하나님의 뜻을 행하고 있다는 확신으로 목회해야만 한다. 하지만 하나님의 뜻을 행하기가 삶의 모든 영역에서 모든 신자의 목표가 되어서는 안 되는가?

하나님께서 어떤 사람을 목회 사역으로 부르셨다고 말해도 문제가 없지만, 모든 신자는 자기 직업을, 의술이든 사업이든 농업이든 하나님의 부르심으로 여겨야 한다.32 신약성서에서 **"부르심을 받음"**과 **"부르심"**이라는 용어가 사용된 경우의 압도적인 분량이 모든 신자를 대상으로 한 일반 부르심을 가리킨다. 모든 신자가 "예수 그리스도께 속하도록 부르심을 받으며" "성도가 되도록 부르심을 받는다"(롬 1:6~7; 고전 1:2). 참으로, **교회**(ἐκκλησία[에클레시아])는 신자가 하나님께서 불러내신 사람들임을 뜻한다. 바울은 에베소 신자들에게 그들 모두가 받은 "부르심에 합당하게 생활하라"라고 권면한다. 신약성서에 **부르심**이라는 단어 κλῆσις[클레시스]가 11번 쓰이는데, 어느 것도 개인을 대상으로 한 특별한 부르심을 가리키지 않는다. 한 곳(롬 11:29)을 제외하고 모두 모든 신자에게 주어진 부르심을 가리킨다. 게다가, 사역은 일부 사람들을 위해 준비된 일이 아니라, 모든 사람

---

31 Cowen, *Who Rules the Church?*, 29~31.

32 이것은 루터가 주장한 모든 신자 제사장직 개념에 포함됐다. "군주, 영주, 숙련공, 농부가 임시 계급이라 불리지만, 교황, 주교, 사제, 수사는 영적 계급이라 불림은 순전히 꾸며낸 이야기이다. … 모든 그리스도인은 진정으로 영적 계급이며, 직책 차이를 제외하고는 그들에게 차이가 없다. 바울은 고린도전서 12장[12~13절]에서 우리가 모두 한 몸이지만, 모든 지체에게 자기 일이 있으며 그것으로 다른 이를 섬긴다고 말한다." Martin Luther, "To the Christian Nobility of the German Nation Concerning the Reform of the Christian Estate," in *A Reformation Reader: Primary Texts with Introductions*, ed. Denis Janz (Minneapolis, Minn.: Fortress Press, 1999), 91.

이 할 의무이다. 베드로전서 4:10은 모든 신자가 무슨 은사를 받았든 그것을 신실하게 사용하여 섬겨야 한다고 말한다.

그렇다면, 모든 신자가 섬기도록 부르심을 받는다고 할 때, 어떤 젊은이가 자신이 목회 사역으로 부르심을 받았는지 어떻게 결정하는가? 제이슨 앨런(Jason Allen)은 아주 유익한 책인 『여러분을 사역으로 부르심』에서 바로 그 질문을 한다. 그는 세 가지 범주, 곧 "사역자로 부르심(called to minister)"(모든 그리스도인에게 적용), "사역으로 부르심(called to ministry)"("직접적인 사역 요소가 있는 여러 사역 적용), "그 사역으로 부르심(called to the ministry)"(최종 공식 범주, 에베소서 4:11~16, 디모데전서 3:1~7, 디도서 1:6~9 등에서처럼 신약성서에서 정의됨)를 제안한다.[33] 나는 조금 다르게 접근해, 처음 두 개 범주를 묶는다. 나는 앨런이 "직접적인 사역 요소"가 있는 소명으로 뜻하는 바를 알고 그 견지에서 몇몇 소명을 보아야 함을 인정한다고 생각하지만, 하나님께서 누군가를 부르셔서 하게 하신 어떤 일을 사역으로 여기는 게 더 지혜롭다고 생각하는데, 그때 하나님께 섬김 (사역)이다. 그다음에, 나는 그가 셋째 범주로 제안한 바를 목양 사역으로 부르심으로 부르고, 모든 그리스도인에게 주어진 사역으로 부르심의 하위 범주로 여긴다.

그러고서 앨런은 요구한 성품과 은사가 있으며 다른 사람들이 그 사람 소명감을 확인하는, 내가 생각하기에 목양 사역으로 부르심, 곧 가장 객관적인 부르심을 데 도움이 되는 10가지 질문을 제시한다.[34] 부르심에는 주관적 국면, 앨런이 쓰는 용어로는 "내적 부르

---

[33] Jason Allen, *Discerning Your Call to Ministry: How to Know for Sure and What to Do About It* (Chicago: Moody, 2016), 19~21.

[34] Allen, *Discerning Your Call to Ministry*, 21. 열 가지 질문은 10장에 있는데, 책의 많은 부분을 차지한다(25~129쪽). 그가 제시한 둘째 질문인 "여러분 성품은 하나님의 기대를 충족하는가?", 넷째 질문, 곧 "하나님께서 여러분에게 당신 말씀을 전파하고 가르치는 은사를 주셨는가?", 다섯째 질문, 곧 "여러분이 섬기는 교회는 여러분 부르심을 확증하는가?" 등

심"도 있어야 하지만, 내가 보기에는 많은 젊은이가 여기서 많이 혼동한다. 몇몇은 "다메섹 도상 같은 경험"을 기다린다. 앨런은 그런 극적 부르심을 받으려는 기대를 "누군가는 경험하겠지만, 그렇다고 대부분이 경험하지는 않는다"35라는 말로 지혜롭게 주의하라고 한다. 나는 하나님께서 당신 백성을 여전히 인도하신다고 믿지만, 그분 인도하심이 모든 사람에게 똑같아야 하거나 삶의 모든 결정에서 한 개인에게 똑같아야 한다고는 생각하지 않는다.36

전임 사역자로 부르심이라는 개념은 어떤가? 첫째로 **전임**이라는 용어는 오해할 소지가 있다. 그것은 다른 사람이 시간제 그리스도인이라는 뜻이 아닌가? 모든 그리스도인은 하나님의 뜻에 순종하는 가운데 그들이 하는 모든 것을 해야 하지 않는가? 하나님께서는 모든 그리스도인의 모든 삶에 대해 부르시지 않는가? 칼뱅은 "주님은 각 사람에게 모든 삶의 행위 가운데 하나님의 부르심을 찾도록 명하신다"라고 말한다. 그는 "어떤 임무도 당신이 그것에 대한 소명에 순종한다면 하나님 보시기에 빛나지 않고 소중하다고 생각되지 않을 만큼 천하거나 열등한 것은 없다"라고 덧붙인다.37 따라서 모든 그리스도인은 삶의 모든 행위에서 하나님의 부르심에 순종해야 한다. 모든 그리스도인은 전임 그리스도인이 되도록 부르심을 받았다.

(10쪽)을 강조하고 싶다.

35 Allen, *Discerning Your Call to Ministry*, 24.

36 하나님의 뜻을 발견하는 방법에 관한 사전 질문에 세 가지 다른 접근을 제시하며 평가하는 아주 유용한 책, Douglas Huffman, ed., *How Then Should We Choose? Three Views on God's Will and Decision Making* (Grand Rapids: Kregel, 2009)를 보라. 나는 그 세 가지 접근 (Henry and Richard Blackaby, "The Specific-Will View"; Garry Friesen, "The Wisdom View"; Gordon Smith, "The Relationship View"; 견해 제목은 옮긴이가 덧붙임)이 서로 배타적이라고 생각하지 않는다. 하나님께서 다른 방식으로 다른 상황에서 다른 사람들과 함께 인도하시기로 선택하실 수도 있다.

37 Calvin, *Institutes of the Christian Religion*, 21:724~25 (3.10.6).

두 번째 측면, 곧 직업으로서 사역에 관해서, 목사에게 임금 지급은 분명히 타당하며(딤전 5:17), 목회 사역은 교회의 삶과 건강에 너무도 중요하므로 교회는 일반적으로 목사에게 임금을 지급하며 그리하여 그들이 자신과 가족의 필요를 공급하려고 다른 직업을 가지지 않게 해야 한다. 하지만 하나님의 부르심은 항상 섬기도록 부르시는 것이며 임금을 받게 부르시는 게 아니다. 은사를 가졌으며 목회 사역으로 부르심을 받은 모든 사람은, 임금을 받고 안 받고를 떠나 가르침과 이끄는 일에 관여하는 길을 찾기 시작해야 한다. 모든 그리스도인은 은사를 받았기에, 임금을 받든 지 안 받든지, 사역자로 부르심을 받았다.

바울은 좋은 예를 제공한다. 사도행전 18:3~4에서, 바울은 브리스길라와 아굴라와 함께 장막을 만드는 사람으로서 일한다. 분명히, 그는 일해서 자기 필요를 공급함이 자기 삶에 대한 하나님의 뜻이라고 결론을 내렸다. 그것은 그의 삶에서 그때를 위한 하나님의 부르심이었다. 그는 안식일마다 복음 사역에서 자기 은사를 사용해서 섬겼다. 하지만 실라와 디모데가 마케도니아에서 (바울을 위한 지원금을 가지고) 왔을 때, 그는 전임 사역에 헌신했다(행 18:5). 그는 일해야 할 때는 시간제로 섬겼으며, 일하지 않아도 될 때는 전임으로 섬겼다. 목회 사역 은사를 가진 사람은 교회가 그들을 전임으로 고용할 때까지 기다리지 말고, 시간과 환경이 허락하는 대로 곧바로 자기 은사를 행사하려고 해야 한다. 교회가 어떤 사람이 행하는 사역의 가치를 알고 그가 전임으로 그 사역에 헌신할 수 있도록 그의 필요를 공급하려 한다면 그것은 훌륭한 일이지만, 수천은 아닐지라도 수백 개 침례교회는 자기 가족의 필요를 채우려고 농사짓거나 학교에서 가르치거나 다른 식으로 일한 목사가 세우고 인도했다. 그들을 목회 사역으로 부르심은 사역자를 후원할 만큼 재력이 있었던 교회를 섬기도록 부르심을 받았던 사역자를 부르심과 다르지 않았다. 또한 그들은 자기 필요를 공급하려고 다른 방법으로 일하는 가운데 자기들 부르심에 불순종하지 않았다. 하나님께서 모든 신자를 부르심은 그들 필요를 공급하는 부르심을 포함한다. 어떤 이에게 그러한 부르심은 그들 목회 사역으로 부르심을 **통해** 응답되며, 다른 이들에게 그러한 부르심은 그들의 목회 사역으로 부르심과 **함께** 응답된다.

요약하면, 일반적으로 어떤 형태의 사역—지역교회에 가치가 있는 사역이어서 교회가 어떤 사람이 그 사역에 전임으로 헌신하게 할 수 있기를 원하는 그런 형태의 사역—으로 부르심을 묘사하려고 전임 사역으로 부르심을 말함은 유용하지만, 그것은 오해할 소지가 있으며, 따라서 어떤 조건이 필요하다. 모든 그리스도인은 섬기는 사람으로, 그리고 전임으로 자기 삶에서 하나님의 부르심을 실천하도록 부르심을 받는다. 어떤 사람에게 그들이 가진 은사와 자격은 그들을 목회 사역을 하도록 준비한 것이라고 하나님의 백성에게 인정받는다. 하나님의 뜻을 찾는 가운데 그들은 그들을 그러한 형태의 사역으로 부르시는 하나님의 부르심을 듣는다. 대부분 경우, 교회는 그들이 교회 사역에 전임으로 헌신하기를 바란다. 따라서 자기 필요를 공급하라는 부르심은 전임으로 섬기도록 부르심과 일치한다. 다른 사람에게, 목회 사역으로 부르심은 지원할 재력이 없는 작은 회중이나 새롭게 시작하는 회중을 포함한다. 그들은 다른 수단으로 그들 필요를 공급하시는 하나님의 부르심에 응답하며, 시간과 환경이 허락하는 대로 사역으로 하나님의 부르심에 응답한다.[38]

장로 자격에 관한 논의가 길었지만 필요했다. 나는 회중제를 확신하지만, 선하고 경건한 지도자가 있는 교회는 어떤 형태의 교회 정치체제로 운영하더라도 건강할 수 있다고 생각한다. 정치 형태보

---

[38] 이는 복수 장로제를 채택하는 교회 대부분에서 사실일 수 있다. 일반적으로 그들 다수가 월급을 받지 않으며 때때로 '평신도 장로'라 불린다. 그들은 자신과 가족을 부양하려고 다른 직업을 가지며 시간이 허락하는 대로 장로로서 섬긴다.

다 더 중요한 점은 지도자 인격이다. 회중제는 이러한 조건을 깊이 생각하고 지도자 후보를 은혜로우면서도 성경적으로 평가해야 한다.

장로 수

우리가 장로의 수와 관련된 문제를 제기함은 오늘날 많은 침례교회에 한 명의 목사나 장로가 있지만, 어떤 사람들이 성경에서 여러 명의 장로를 강력히 지지한다고 생각하기 때문이다.39 어느 형태가 성경을 가장 잘 따르는지는 근본적으로 신학적인 질문을 넘어서서, 복수 장로 개념은 실행에 관한 다른 실제 문제를 일으킨다. 교회에 복수의 장로가 있으면 그들은 모두 동등한가? 그들은 일요일에 번갈아 설교하는가? 그들은 모두 교회에서 재정적 지원을 받는가? 여러 직원이 있는 더 큰 교회에서 목회하는 직원은 모두 장로로 여겨야 하는가?40 이 모든 질문이 검토할 가치가 있지만, 첫 번째로 검

---

39 복수 장로제 옹호론은 White, "The Plural Elder-Led Church," 255~6; Wayne Grudem, *Systematic Theology: An Introduction to Biblical Doctrine* (Leicester, U.K.: Inter-Varsity; Grand Rapids: Zondervan, 1994), 928~36‖『(웨인 그루뎀의) 조직신학—성경적 교리학 입문서 (하)』, 노진준 옮김 (서울: 은성출판사, 2009), 131~43. 옮긴이 덧붙임. *Systematic Theology: An Introduction to Biblical Doctrine*, 2nd ed. (London, U.K.: Inter-Varsity; Grand Rapids: Zondervan Academic, 2020), 1145~50; 그레그 윌스(Greg Wills)에 따르면, *Polity*, ed. Mark Dever에 재출판한 본문은 신약성서에서 교회가 복수 장로제를 실행했다고 믿는 초기 침례교인의 열 가지 예를 제시한다. Wills, "The Church," 34를 보라. Mark Dever, *Nine Marks of a Healthy Church* (Wheaton, IL: Crossway, 2000), 215~16‖『건강한 교회의 9가지 특징』, 이용중 옮김 (서울: 부흥과개혁사, 2007), 315~16; Benjamin Merkle, "The Biblical Role of Elders," in Mark Dever and Jonathan Leeman, eds., *Baptist Foundations: Church Government for an Anti-Institutional Age* (Nashville; B & H Academic, 2015), 283~89; Allison, *Sojourners and Strangers*, 292~95; Strauch, *Biblical Eldership*, 35~50.

40 이 여러 질문을 살피려면, Andrew Davis, "Practical Issues in Elder Ministry," in *Baptist Foundations*, 291~309; and Merkle, *40 Questions*

토해야 할 점은 성경이 이 문제에 관해 무엇이라 가르치는지이다.

장로, 감독, 목사라는 단어가 포함하는 구절을 살펴볼 때, 계속 복수 형태이다. 사도행전에서는 8번이나 예루살렘 교회에 장로들이 있다고 말한다.41 에베소 교회에 장로들이 있었으며(행 20:17), 야고보가 편지를 보낸 교회들에도 장로들이 있었고(약 5:14), 베드로가 편지를 쓴 교회들에도 마찬가지였다(벧전 5:1). 아마도 가장 강력한 지지는 사도행전 14:23에 있다. "바울과 바나바는 각 교회에서 그들을 위해 장로들을 세웠다." 장로는 3번만 단수로 쓰인다. 1번은 총칭적인 의미이며(딤전 5:19), 2번은 한 개인을 가리킨다(요이 1; 요삼 1). 어떤 사람을 한 교회의 **한 명뿐인** 장로로 묘사하는 구절은 없다. **감독**은 단지 교회 임원을 가리키는 용어로 4번 쓰인다. 3번은 총칭적인 의미이다(딤전 3:1~2; 딛 1:7). 그것이 특정 교회의 임원들을 가리키는 한 곳에서 그것은 빌립보에 있는 교회의 감독들에 쓰인다(빌 1:1). **목사**가 교회 직책에 대해 사용되는 한 곳에서 특정 교회를 가리키지는 않아도, 복수 형태이다(엡 4:11).

게다가 교회 지도자를 다른 방식으로 언급할 때도 형태는 같다. 데살로니가교회는 "너희 가운데서 열심히 일하고 사람들을 인정하라, 그들은 주 안에서 너희를 돌본다"라고 명령받는다(살전 5:12). 분명히, 이는 개인보다 단체를 가리킨다. 마찬가지로, 히브리서는 편지가 보내진 단체의 '지도자들'을 3번 언급한다(13:7, 17, 24). 이러한 증거를 검토하는 가운데 E. C. 다건(E. C. Dargan)은 "사도시대 교회에서 일반적으로 복수 장로가 있었다는 것이 거의 확실해 보인다."라고 말한다.42 존 파이퍼는 단호하게 "모든 신약 교회에 장로들이 있었다."라고 말한다.43

---

about Elders and Deacons, 161~223을 보라.

41 사도행전 11:30; 15:2, 4, 6, 22~23; 16:4; 21:18을 보라.

42 E. C. Dargan, *Ecclesiology: A Study of the Churches* (Louisville: Chas. T. Dearing, 1897), 57.

이러한 강력한 성경 증거에 더해, 복수 지도력을 지지하는 신학적이며 실제적 이유가 있다. 신학적으로는, 인간의 악행 교리는 한 개인에게 너무 많은 힘이나 권위를 맡기지 말라고 경고한다. 실제로, 복수 지도력은 많은 이점을 제공한다. 마크 데버(Mark Dever)는 자기 경험을 말한다.

> 아마도 내가 섬기는 교회에서 목회 사역에서 가장 도움이 된 점은 다른 장로들을 인정한 일이었다. 나와 함께 한 다른 장로들이 한 봉사는 크게 유익했다. 복수 장로는 목사의 은사를 무르익게 하고, 그의 결점을 보완하며, 그의 결정을 보충하며, 결정을 위해 회중 가운데서 지원하며, 지도자들이 부당한 비판에 덜 노출되도록 함으로써 분명히 교회를 돕는다. 그러한 복수성은 또한 지도력이 더 견고하고 내구성이 있도록 만들며, 더 성숙한 연속성을 허락한다. 그것은 교회가 그 구성원들의 영적인 성장에 책임을 지도록 격려하며 교회가 그 고용인들에 덜 의존하게 만드는 데 도움을 준다.44

제임스 화이트(James White)는 복수 장로가 성숙함을 촉진하는 일에 이점이 있다고 여긴다. 장로들이 서로에게서 배우며, 어떤 한 사람의 잘못을 억제하고, 회중 가운데 다양한 필요를 빠뜨리지 않고 더 잘 공급하며, 권징을 실행하는 일에 도움을 준다.45 벤 머클은 복수 장로의 네 가지 장점—장로들은 서로에게 책임질 수 있다. 은사를 균형 있게 제공한다. 사역 부담을 함께 짊어진다. 복수 장로는 선택된 몇 사람만이 사역하는 게 아님을 훨씬 더 잘 보여 준다—을 말한다.46

---

43 Piper, *Biblical Eldership*, 6.

44 Dever, *A Display of God's Glory*, 24.

45 White, "The Plural Elder-Led Church," 282~3.

복수 장로제에 관한 강력한 논거를 생각하면서도, 어떻게 해서 오늘날 대다수 침례교회는 한 명의 목사를 두고 있는가? 아마 다양한 요소가 관련되어 있다. 첫째, 장로 한 명 모델은 침례교인 삶에서 보편적이지 않았음을 알아야 한다. 19세기 초, 새뮤얼 존스(Samuel Jones)의 「교회 권징에 관한 보고서」는 복수 지도자의 여러 이점을 말했으며,47 남침례총회 초대 회장 W. B. 존슨(W. B. Johnson)은 성경과 실제 유익 면에서 각 교회에 복수 장로제를 주장했다.48 하지만 시간이 지나면서 단일 목사 모델이 지배 형태가 됐다. 침례교회가 1770년 150개였는데 1860년에 12,150개 교회로 빠르게 늘어남은 자격을 갖춘 사람의 공급을 앞질러 간 것으로 보인다.49 어떤 교회에서는 집사가 장로 역할을 감당했으며, 복수 지도력의 일부 이점을 제공한다. 실제로 19세기에 많은 침례교회에서 목사와 집사가 교회의 지도력을 형성했다.50 20세기에, 비즈니스 모델이 침례교인 삶에 들어왔으며, 아마도 목사 한 명만 수용에 습관화된 사람들은 비즈니스 세계의 최고경영자 형태를 따랐을 것이다. 성경에서 장로 수에 관해 구체적 명령이 없는 상황에서 장로 한 명 모델이 지배적인 형태가 됐다.51

---

46 Merkle, *40 Questions about Elders and Deacons*, 183~87.

47 Samuel Jones, "Treatise of Church Discipline," in Dever, ed., *Polity*, 146.

48 W. B. Johnson, "The Gospel Developed," in Dever, ed., *Polity*, 190~95.

49 이 수치는 Mark Noll, *America's God* (Oxford: Oxford University Press, 2002), 166에서 가져왔다.

50 Wills, "The Church," 34에서는 그러한 견해가 1835년에 남캐롤라이나주 타이거리버침례교연합(Tyger River Baptist Association)이 채택했고, 많은 교회 관습을 반영했다고 말한다.

51 Ben Merkle, *40 Questions about Elders and Deacons*, 188~91에서는 비즈니스 모델 지도력의 가능한 영향력을 말하지만, 침례교회에 복수 장로가 거의 없는 이유를 세 가지—"자격을 갖춘 이가 없음", "성서를 잘 모름", "변화를 두려워함"—로 제안한다.

아마도 단일 목사 제도를 지지하는 전통적 논거는 A. H. 스트롱이 자기 영향력 있는 신학 교재에서 말한 내용이다.52 부정적으로, 그는 복수 장로를 요구하지 않는다는 데를 주목함으로 시작한다. 신약성서 어디에도 수를 규정하지 않으며, 많은 교회에 복수 장로가 있었다는 사실은 단순히 교회 크기 때문일 수 있다. 긍정적인 면으로, 그는 일부 교회에 목사 한 명만 있었다는 몇몇 표시를 말한다. 그는 사도행전 12:17; 15:13; 21:18; 갈라디아서 1:19; 2:12에 야고보가 "예루살렘에 있는 교회의 목사나 의장이었다."라는 점을 암시하며, "전통은 이러한 암시를 확증한다."라고 본다.53 또한 그는 디모데전서 3:2에서 감독이 단수로 쓰이며, 디도서 1:7은 단일 목사 개념을 지지한다고 주장하고, 요한계시록 2~3장에서 교회에 보내는 일곱 편지에서 '교회의 사자' 언급은 각 교회 목사를 가리키는 것으로 해석해야 한다고 믿는다. 마지막으로, 스트롱은 복수 장로제가 자연스럽고 유익한 것은 오직 교회 크기가 그것을 요구하는 경우뿐이라고 주장한다.

단일 장로나 목사 제도에 관해 스트롱이 말하는 논거를 평가하면서 무엇을 말할 수 있는가? 첫째, 성경이 복수 장로제를 **요구**하지 않는다고 그가 한 말은 옳다. 따라서 목사나 장로 한 명만을 두거나 복수 장로를 두는 것은 성경의 명령에 복종하는 문제가 분명히 아닌데, 그러한 명령이 없기 때문이다. 따라서 이러한 질문에 관한 결정은 성경이 암시하는 바를 끄집어내는 문제이며 어느 정도 다양성을 허용하는 게 현명하다.54 그런데도 스트롱이 단일 목사 제도를 지지하는 논증은 상당히 약하다. 야고보가 예루살렘 교회에서 어떤

---

52 Strong, *Systematic Theology*, 915~16.

53 Strong, *Systematic Theology*, 916.

54 예를 들어, Akin, "The Single Elder-Led Church," 73에서는 신약성서가 이 문제에 유연성을 허락하기에 자기는 장로 한 명이 인도하는 교회나 복수 장로나 협동 목사가 있는 교회에서 목사로 일할 수 있다고 말한다.

탁월한 지위에 있었지만, 그 교회에는 장로가 여러 명이나 있었다. 디모데전서 3:2와 디도서 1:7에서 **감독**이 사용됨은 분명히 총칭적인 용법으로서 모든 장로 자격을 제시한다. 그것은 복수성 문제와 별로 상관이 없다. 요한계시록 2~3장에서 일곱 교회의 사자들에게 쓰인 ἄγγελος[앙겔로스]가 목사나 장로일 가능성은 희박하다. 그것은 신약성서나 다른 헬라어 문헌에서 앙겔로스(ἄγγελος)가 그 의미인 유일한 경우일 수 있겠지만, 그것은 가능성이 아주 낮은 해석이다. 대조적으로 앞에서 개략적으로 말한 복수 장로 논거는 상당히 강하다. 실제로, 신약성서가 복수 장로를 가정한다고 생각함이 정당하다고 말할 수 있다. 어쨌든 그것은 그들이 회당으로부터 물려받았을 형태였는데, 회당에는 장로 회의가 있었기 때문이다.

대니얼 아킨은 성경을 근거로 복수 장로 논거를 주장하기가 더 쉽다고 인정하면서도 어쨌든 성경에서 단일 장로에 관한 실행 가능한 논거를 제시할 수도 있다고 주장한다. 그는 가정교회에서 단일 장로 가능성을 말하고, "여러 지도자 위에 한 명의 담임 지도자가 있는 복수 지도자 제도"에 관한 성경적 형태가 있다고 주장한다.55 그는 또한 신약성서가 지도자 수보다 지도자 인격을 강조하며, 따라서 오직 한 명의 자격을 갖춘 사람을 가졌을 것으로 그가 추측하는 많은 교회에서 단 한 명의 장로가 있었던 것이 분명하다고 말한다. 마지막으로, 그는 실제에서 오직 한 사람이 이끌 수 있고 이끌어야 한다는 자기 관찰을 덧붙인다. 하지만 아킨은 끝에 가서 "하나님께서 부르신 여러 지도자가 담임 목사/교사 한 명에게 인도받는 형태"가 바람직한 모델이라고 결론을 내린다.56

비슷한 방식으로, 페이지 패터슨(Paige Patterson)은 "단수 장로 회중제"라 부르는 견해를 변호하며, 자기가 이해한 대로 그 견해는

---

55 Akin, "The Single Elder-Led Church," 66. 그는 출애굽기 18:19~22가 이러한 형태를 증명한다고 생각한다.

56 Akin, "The Single Elder-Led Church," 67~73.

"대표 장로 회중제"라고 부를 수 있다고 말한다. 신약성서의 일부 교회에 여러 장로가 있었으며 오늘날도 필요에 따라 마찬가지임을 인정하기 때문이다.57 그러나 그는 복수 장로를 요구할 수 없다고 강력하게 주장하는데, 장로 수에 관한 명령이 없기 때문이다. 그러한 명령이 없는 상황에서 성경의 다른 곳에서 말하는 지도력 형태에 근거해 복수성 문제를 결정해야 한다고 생각한다. 그는 "성경에서 드러나는 일반 형태는 하나님께서 백성 가운데 한 지도자를 부르심이다."라고 말한다. 그가 덧붙인 대로 "하나님께서 위원회를 부르신 경우는 찾기 힘들다."58 그는 그러한 형태가 교회 역사의 관습에 의해 입증되며, 모든 인간적 노력이 지도자를 요구한다는 '지도력의 심리학'에도 충실하다고 생각한다. 따라서 많은 교회가 여러 명의 장로가 필요할 수 있지만, 장로들 가운데 한 사람이 "양 떼를 위한 대표 장로와 목사-교사가 되어야 한다."59

내 생각으로는 신약 교회에서 일관적인 복수 장로 사례와 그러한 복수 장로가 주는 실제 유익들이 지역교회에서 복수 장로제를 수용하는 것이 바람직하다고 강력하게 추천하게 하는 요소들이다. 하지만 나는 그러한 추천을 명령 수준으로 높이지 않는다. 그것은 신약성서 가르침을 벗어난다. 나는 적어도 즉각적으로는 복수 장로제를 수용하려고 애쓰지 않을 상황을 적어도 두 가지는 생각할 수 있다. 첫째 상황은 장로로 섬길 자격이 있는 다른 사람이 없는 교회 상황이다. 그러한 상황에서 목사 임무는 자격을 갖출 가능성이 있는 몇몇 사람에게 좋은 조언자가 되어주는 일이다. 둘째 상황은 아주 전

---

57 Paige Patterson, "A Single-Elder Congregationalist's Closing Remarks," in Cowan, ed., *Who Runs the Church?*, 283.

58 Patterson, "Single-Elder Congregationalism," in Cowan, ed., *Who Runs the Church?*, 150, 152. 그는 모세의 전적 지도력, 개인 사사와 선지자, 사도들 가운데 베드로의 지도력, 예루살렘 교회에서 야고보의 위치, 요한계시록 2~3장에서 교회에 보내진 '사자' 등에서 그 형태를 본다.

59 Patterson, "Single-Elder Congregationalism," 152.

통적 생각을 하는 교회 상황이라는 더 일반적인 시나리오다. 나는 복수 장로 문제로 교회가 나뉘게 하고 싶지 않다. 중대한 저항이 있으면, 곧바로 수용하라고 밀어붙이지 않고 시간이 지나면서 저항이 줄어들도록 회중을 가르치고 훈련하겠다. 그동안 교회에서 장로 자격에 합당한 사람들을 찾고 호칭이 없이도 그들을 장로로 활용하기 시작하겠다. 다시 말해, 나는 다양한 생각에 관해 그들 조언을 구하고 그들이 다양한 사역 영역에 참여하게 하고 그들에게 조언자가 되려고 노력하겠다. 그들은 복수 장로제를 공식적으로 수용하는 데 일부 사람이 일으킬 반대를 초래하지 않고서 복수 장로제가 가져오는 유익 일부를 제공할 수 있다. 하지만 다른 경우에는 공개적으로 교회가 복수 장로제를 수용하도록 이끄는 것이 가능하고 또 바람직하다. 교회를 복수 장로제로 나아가게 하려고 생각하는 사람은 실행에 관계된 몇몇 실제 문제에 직면해야 한다.[60]

"어디서 시작하는가?"는 목사들이 묻는 흔한 질문이다. 그보다 앞선 질문은 "시작해야 하는가?"일 것이다. 아마도 전통적 관례에서 매끄럽게 움직이는 복수 지도력으로 교회를 전환하는 일은 적어도 2~3년은 걸린다.[61] 전환은 오랜 기간에 걸쳐 헌신을 요구하기에, 목사는 성경적 근거와 그러한 변화가 가져올 중요한 실제적 유

---

[60] 나는 교회를 복수 장로제로 전환하는 문제를 충분히 생각하는 일과 관련해, Phil A. Newton, *Elders in Congregational Life: Rediscovering the Biblical Model for Church Leadership* (Grand Rapids: Kregel, 2005)에서 큰 도움을 받았다. 뉴턴 목사는 자신과 자신이 만난 여러 사람 경험을 활용한다. 존 파이퍼도 "베들레헴침례교회 정치 구조 재고"에서 그의 교회가 따랐던 절차를 되돌아본다. http://www.desiringgod.org/library/topics/leadership/governance.html, 2004년 9월 24일 접속.

[61] 존 파이퍼가 사역하는 교회는 복수 장로제를 도입하는 데 4년 가까이 걸렸다(Piper, *Biblical Eldership*, 2를 보라). 또한 마크 데버가 캐피털힐침례교회 목사로 취임한 후 그 교회가 복수 장로를 채택하기까지 4년이 걸렸다(2004년 9월 17일 마크 데버와 대화함).

익에 관해 확신해야 한다. 짧은 기간 목사직을 예상하거나 신약성서가 복수 지도력을 허용하며 실제 가치가 있다는 확신이 없는 사람은, 전환을 시도하지 않는 게 지혜롭다. 확신이 있고 변화를 원하는 사람들도 처음에는 천천히 나아가고 구성원과 신뢰를 쌓아야 한다. 변화와 함께 진행하기로 한 사람에게 현재 관습과 정책을 평가하는 일은 아주 좋은 출발점이다. 침례교회 대부분은 운영 문서(교회 헌법, 정관, 신조 등)에서 회중제 교회 정치체제를 어느 정도 확정하지만, 실제로는 많은 교회가 집사에 의한 통치, 지휘부에 의한 통치, 목사에 의한 통치 등을 실행한다. 실제로 앨라배마주 머슬 숄즈(Muscle Shoals)에 있는 제일침례교회 목사인 제프 노블릿(Jeff Noblitt)은 목사가 실제로 독재자로 받아들여지는 교회 목사로서 그가 직면한 유혹을 깨닫고 교회를 복수 지도력으로 전환하기로 했다.[62] 다른 교회는 강력한 집사들에 의한 통치에 익숙할 수 있다. 지혜로운 목사는 처음부터 자기가 어디서 문제와 반대에 직면할지를 알아차린다.

둘째 단계는 오랜 기간 설교와 가르침에 집중하는 일이다. 필 뉴딘(Phil Newton)은 지도력에 관한 모든 중요한 본문들을 교회 지도자들과 함께 어떻게 교회가 성경적 지침을 따를 수 있는지에 의견 교환, 질문, 논의가 허용되는 환경에서 깊이 있게 연구하라고 권한다.[63] 그래서 그러한 가르침은 또한 교회 전체에 제시되어야 한다. 여기서도 질문을 하고 의견을 듣는 기회가 주어져야 한다.

마침내, 교회 지도력 구조 변화에 관한 구체적 제안을 교회에 제시할 수 있다. 이러한 제안은 기존 교회 지도력에서 나와 그들과 대화, 논의, 조언, 개정에 관한 초안으로 교회에 제시하는 게 최선이다. 서면 제안은 교회가 어떤 문제를 체계 있게 충분히 생각하게 한다.

---

62 Newton, *Elders in Congregational Life*, 139.

63 Newton, *Elders in Congregational Life*, 152~59. 여기서는 교회가 성경 가르침을 힘써 행하도록 이끄는 면밀한 계획을 제시한다.

예를 들어, 새로운 지도자는 어떻게 불릴 것인가? 제프 노블릿은 처음에 그들을 '목사 회의(Pastor's Council)'라 불렀는데, **장로**라는 용어가 일으킬지도 모르는 반발을 피하려는 생각이었다. 점차 교회는 그 용어를 받아들였으며, 성경적으로 그것은 가장 적절한 용어이다. 하지만 칭호보다 훨씬 중요한 바는 그들 자격과 의무이다.

앞에서 우리는 그들 자격을 자세히 살폈다. 또한 우리는 장로 책무를 일반적으로 고려했지만, 목사로 불리는 이와 관계에서 장로의 의무를 더 자세히 말해야 한다. 물론 성경에서 목사는 단순히 장로이다. 이 용어들은 교체 사용할 수 있다. 하지만 실제로 침례교회 대부분에는 공적 설교와 가르침 대부분을 감당하는 **그** (대표) 목사로 알려진 한 사람이 있다. 이 새로운 장로들은 무엇을 하는가? 그들은 교대로 설교하는가?

앞에서 우리는 신약성서에서 장로에게 부여한 네 가지 의무, 곧 말씀 사역, 교회 전반에 지도력 발휘, 목회 사역, 회중에게 모범을 보이기 등을 자세히 살폈다. 모든 장로는 네 가지 모두에 자격을 갖추고 적극적으로 참여해야 한다. 자격의 하나는 '말씀 사역, 곧 말씀을 잘 가르치기'이다. 하지만 가르침 사역에는 많은 환경과 영역이 있다. 장로의 한 명인 목사라 불리는 사람이 말씀을 전파하고 가르치는 일에 특별히 은사가 있으면, 공적 설교와 가르침의 중요한 부분을 담당하지 말아야 할 이유가 없다. 실제로 디모데전서 5:17은 강도 장로와 치리 장로로 구분을 인정하지 않지만 "장로직 은사와 기능을 구분하기"를 승인한다고 주장할 수 있다.[64] 존 파이퍼는 "설교 의무에서 다른 장로들을 제외하지 않더라도 한 사람이 '강도 장로'일 가능성이 매우 크다."라고 생각한다.[65] 이와 유사하

---

64 White, "The Plural Elder-Led Church," 282.

65 John Piper, "Rethinking the Governance Structure at Bethlehem Baptist Church," 17, http://www.desiringgod.org/library/topics/leadership/governance.html에서 2004년 9월 24일에 참조함.

게 어떤 장로가 특별히 행정이나 병자 문병에 은사가 있다면, 그가 그 영역에 노력을 집중하더라도 잘못은 없다. 모든 장로가 장로로서 감당할 모든 의무에 참여하지만, 그들 모두가 이 모든 의무에 똑같이 참여할 필요는 없다.

다른 장로들은 목사로 불리는 이와 어떤 관계인가? 그는 선임 장로인가, 아니면 강도 장로인가? 신약성서 용어에서 목사는 장로이며, 장로는 모두 목사이다. 지금 침례교인 용법에 따르면, 목사는 주로 말씀을 공적으로 전파하는 일에 책임이 있는 사람이다. 일반적으로 그는 월급을 받으며 그리하여 전임으로 목회 사역에 헌신할 수 있다. 또한 교회 회원 대부분은 그에게 지도력과 사역을 의지한다. 그의 일사불란한 관여와 경험과 은사 덕분에 장로들 가운데 지도력을 행사할 수 있지만, 그렇다고 그들을 다스리는 의미에서 선임 장로가 되려고 해서는 안 된다. 그와 교회가 복수 장로의 주요 유익의 하나, 곧 교회의 의사 결정과 지도력에서 다른 성숙하고 경건한 사람들이 주는 도움을 저버리지 않으려 함이다. 목사는 자신이 장로의 한 명으로, 장로들에게 책임을 져야 하며 그들 연합적 권위 아래에 있음을 알아야 한다. 장로들이 전체적으로 회중이 가진 궁극적 권위 아래에 있음과 마찬가지이다.

직원이 여럿인 교회에서 장로들이 다른 직원들과 관계에 관한 또 다른 질문이 있을 수 있다. 직원들은 모두 장로인가? 자동으로 그렇지는 않다. 현대 교회 직원의 모든 직업이 장로로서 자격을 가진 사람들을 요구하지 않는다. 예를 들어, 많은 훌륭한 청소년 담당 사역자, 기독교 교육 사역자, 음악 사역자 등은 장로의 모든 자격을 반드시 갖추지 않고도 자기가 맡은 사역을 잘 감당할 수 있다. 하지만 일반 목회 관리와 지도력을 행사하는 직원은 아마도 그들 직책을 유지하려면 장로와 같이 자격을 갖추어야 한다. 어느 직원이 그러한 방식으로 역할을 다하는지는 교회마다 다르며 업무마다 다르다. 또 다른 직원들은 구체적 사역 영역을 책임지면서도, 일반적으로 교회 모든 사역을 감독하는 일을 맡은 사람들인 장로들을 우선 책임져야 하고, 다음으로 회중 전체를 책임져야 하고, 그리고 궁극적으로 주님과 관계에서도 책임이 있다.66

교회에 얼마나 많은 장로가 있어야 하는가? 교회는 수를 정하지 말고, 교회에 얼마나 많은 사람이 자격 갖췄다고 인정받는지, 그리고 얼마나 많은 사람이 기꺼이 섬기려고 하는지 알려고 기다려야 한다. 하지만 교회가 클수록, 양 떼를 돌보는 데 교회가 필요로 하는 장로는 더 많아진다.

또 다른 중요한 문제는 장로를 선발하는 절차이다.67 성경은 이 문제에 명시적 도움을 거의 주지 않는다. 바울과 바나바는 그들이 세운 교회에 장로들을 세웠다(행 14:23). 디도는 그레데에서 '각 성에' 장로들을 세워야 했다(딛 1:5). 이 두 경우 외에는 예루살렘, 에베소, 빌립보, 그리고 다른 곳에서 장로와 감독은 아무런 설명 없이 나타난다. 하지만 두 가지 성경적 원리를 적용할 수 있다. 회중제 교회 정치체제에 관한 성경 지지는 그 과정에서 회중이 할 역할을 주장한다. 장로 지도력 역할에 관한 성경 가르침은 그들 회중이 그 과정에 관여하고 감독한다는 생각을 지지할 것이다. 아래에 이 두 성경적 원리를 통합하며 지역교회 상황에서 실행 가능하다고 판단되는 하나의 절차에 관한 몇 가지 제안이 있다.

확실히, 목사는 모든 선발 절차에 앞서 장로 자격에 관해 아주 면밀하게 설교한다. 자격을 신중하게 검토한 다음, 회중의 모든 구성원에게 기도하고서 지명할 사람 이름을 제출하게 한다. 그것과 함께 지명받은 사람이 성경적 자격을 충족하는지를 설명하는 이론적 근거를 제출하도록 요구하는 게 좋다. 경솔한 지명이나 그러한 지명이 인기 경쟁이라는 생각을 줄이기 위함이다.

---

66 Merkle, *40 Questions about Elders and Deacons*, 169~82; Davis, "Practical Issues in Elder Ministry", 300~09를 보라.

67 Merkle, *40 Questions about Elders and Deacons*, 199~207를 보라.

이어서 어떤 사람 또는 어떤 위원회가 지명받은 사람을 심사해야 한다. 처음에는 선출 위원회를 목사와 집사로 구성하거나 그 목적을 이루려고 선택한 특별 위원회로 구성할 수 있으며, 그다음에는 기존 장로회가 분명히 선택한다. 이 위원회는 목사 또는 장로 한 명의 인도와 감독 아래 지명받은 사람을 맞이해 평가한다. 위원회의 어떤 회원은 지명받은 몇 사람이 적임자가 아닌 상황을 알고 있을 수 있다. 위원회는 적어도 자격이 있을 사람을 접촉해서 기꺼이 섬길 의사가 있는지 확인한다. 섬길 의사가 있다고 밝히면, 자격을 검토할 몇몇 자료를 완성하도록 요청한다. 하나님, 복음, 교회, 다른 기본 교리 문제에 관한 이해를 확인하는 교리적 질문을 한다. 결혼과 가족 관계, 그리고 자격과 관련된 다른 요소를 평가하는 질문을 한다. 위원회는 지명받은 사람을 다시 검토한다. 섬길 의사가 있고 자격이 있다고 생각되는 모든 사람을 안수위원회 앞에 서게 한다. 이 위원회는 종종 지역 목사들로 구성되지만, 지역교회 장로들로 구성할 수도 있다. 이 위원회는 장로로 섬기도록 지명된 사람의 적합성을 판단하려고 더 많은 질문을 할 수 있다. 그리고 안수위원회는 안수를 찬성하거나 반대하는 내용을 기록한 추천서를 교회에 제출한다.

이어서 지명되고 안수받아 교회에서 장로로 섬기도록 추천받은 사람 이름을 교회 전체에 처음으로 알려진다. 지명받았지만 추천받지 못한 사람은 공개적으로 밝히지 않는다. 교회 회원이 어떤 지명받은 사람이 자격이 없으며 받아들여져서는 안 되는 이유를 위원회에 제시할 수 있도록 일정 기간(2~3주)을 준다. 위원회는 그렇게 제기한 문제를 모두 조사한다. 정말로 문제가 있으면 지명은 철회한다. 이의 신청이 없거나 이의 신청이 정당하지 않으면 회중에게 후보자 지명을 확정할 것인지 거부할 것인지 묻는다. 지도자 후보자를 승인하기로 의견 일치해야 하지만, 지명 후보자가 선출되는 데 필요한 비율을 구체화함(예를 들어 투표자의 75%)이 아마 현명하다.

선출된 사람은 모두 안수받는다. 이러한 안수는 개인이 "전임 사역"으로 들어감을 나타내기보다는, 교회가 그 사람을 장로로 섬길 자격이 있음을 확정하고 그가 장로의 한 사람으로 사역에 들어감을 인정함이다. 지혜로운 목사는 또한 새로 장로가 된 사람을 훈련하는 일에 우선순위를 둔다. 특별히 그들이 섬기는 처음 한두 해 동안 그러한 일은 중요하다.

장로 선발에서 마지막 문제는 봉사 기간이나 규칙적 교대이다. 장로는 특성상 양 떼에게 모범을 보이며 항상 섬겨야 하지만, 성경은 교회 지도력에서 장로가 능동적 봉사에서 벗어나 시간을 보낼 가능성을 막지 않는다. 정한 기간에 섬기고 능동적 봉사에서 규칙적으로 교대를 의무화함에는 장단점이 있다. 어떤 사람은 규칙적 교대가 어떤 개인이 너무 많은 세력을 모으는 일을 막는다는 이유로 선호하지만, 장로들이 서로에 지는 책임은 그러한 일을 당연히 막아야 한다. 개인 삶에서 상황이 변할 수 있다는 소견이 좀 더 설득력이 있다. 가족이나 직장에서 의무가 변하여 장로로 섬기는 역량에 영향을 미칠 수 있다. 그런 상황에 대비해야 한다. 교대 의무화에 반대함에는, 장로가 가진 사역에서 어떤 기술과 역량은 시간이 지나면서 향상하며, 목사에게는 그들 사역을 교대하라고 강제하지 않으며, 의무적 교대는 자격을 가진 장로를 자격이 없거나 자격을 덜 갖춘 사람으로 대체함을 의미할 수 있다는 소견이 있다. 존 파이퍼는 봉사 기간 문제를 가장 자질이 있는 사람을 지도자 직분에 둘 필요성과 "소모와 침체를 억제할" 필요성 사이에 균형을 맞추는 일로 여긴다.[68] 전체적으로 교회는 장로의 교대를 규정해야 하며 장로가 때때로 능동적 봉사에서 벗어나 쉬도록 격려해야 하지만, 교대할지 최종 선택은 개인이 장로들과 의논하여 결정하게 해야 한다.

마지막으로, 교회 헌법이나 정관에는 장로들이 해마다 교회 지도력 구조를 재검토해 회중에게 보고하는 일을 의무화하는 진술이 있

---

[68] Piper, *Biblical Eldership*, 11.

어야 한다. 이것은 한 명 또는 여러 명의 장로가 능동적인 봉사로부터 교대하는 것과 필요하다면 새로운 장로의 지명을 요청하는 것과 같은 일을 포함할 것이다. 그것은 또한 교회가 임금을 지급하는 직원을 재검토하고 직원이 더 있어야 하는지를 고려하기에 적합한 시간일 것이다. 또한 장로의 자격과 의무에 관한 교회 정책을 재검토하고 이 일을 새로운 회원에게 알리고 오래된 회원에게는 기억을 새롭게 하는 기회를 줄 수 있다.

이 모든 제안은 교회 치리 문서에 포함해야 한다. 어떤 사람은 복수 장로제가 장로 통치를 의미한다고 믿을 수 있으므로, 교회 결정에서 궁극적 권위가 그리스도의 주되심과 머리 되심 아래 행하는 회중에게 있음과 장로가 행사하는 권위는 회중이 그들에게 위임한 권위이며 궁극적으로 회중에게 재검토받지 않으면 안 됨을 분명하게 진술함이 지혜롭다. 회중에게 보류된 구체적인 결정 사항의 일부(예산의 승인, 직원의 채용, 전체적으로 교회에 영향을 미치는 모든 결정)와 장로들에게 위임된 것들의 윤곽을 그리는 것도 도움이 된다.69 하지만 전체적으로, 회중이 모든 중요치 않은 항목에 참여하기가 불가능함을 알고, 회중이 실제로 가능한 범위에서 관여하게 함이 지혜롭고 건강하다. 회중 참여는 회중 헌신에 고무적인 일로 보이며, 이것은 복수의 지도력과 나란히 회중제 교회 정치체제를 보존하는 또 다른 이유다.

교회를 복수 장로제로 향하게 하면 문제가 될 수 있다. 그것은 오늘날 침례교인 삶에서 여전히 아주 적은 무리의 견해이며, 침례교회는 다른 대부분 교회처럼 변화를 좋아하지 않는다. 교회가 복수 장로제를 수용하도록 요구하는 성경적 명령은 없으며, 따라서

---

69 Jonathan Leeman, *Don't Fire Your Church Members: The Case for Congregationalism* (Nashville: B & H Academic, 2016), 124~31에서는 무슨 결정은 회중이 하고 무슨 결정은 장로가 하는지를 결정하는 방법에 관한 유익한 논의를 제시한다.

목사가 이 문제에 천천히 움직이거나, 그가 장로나 마찬가지로 생각하고 그런 관계에 있는 한 무리—비록 교회는 그들을 장로로 인정하지 않지만—와 비공식적으로 일하더라도 문제가 되지 않는냐. 어떤 사람들은 여전히 단수 장로 모델이 확고한 성경적 근거를 가진다고 확신하거나 교회에 여러 장로가 있으면 대표 장로가 있어야 한다고 생각한다. 전체적으로, 성경적 증거는 복수 장로제를 지지하며, 여러 장로가 제공하는 실제 유익은 상당하다. 따라서 교회는 다음 두 가지 조건—(1) 교회에 장로 자격을 갖춘 남성들이 있음, (2) 교회가 그러한 변화를 받아들임—과 함께 복수 장로 모델로 나아갈 필요가 있다.

집사 직분—교회 섬김이 9장
THE OFFICE OF DEACON
Servant of the Church

집사 직분은 침례교인이 보편적으로 받아들였지만, 집사 특성과 책무에 관한 이해는 여러 해에 걸쳐 많이 변했다. 어떤 점에서 그 변화는 목사와 장로에 관한 이해 변화와 병행했다. 이제 장로 역할을 점검하는 데 관심이 부활하면서 그에 대응해 특별히 지도력의 영역에서 집사 역할을 다시 고려할 때가 됐다.

성서적 배경

집사가 이 직분에 보편 용어이지만, 신약에서 διάκονος[디아코노스]라는 단어 그리고 그것과 연관된 여러 용어는 훨씬 더 자주 **종**(servant)이나 **섬김이**(minister)으로 번역된다.1 동사 διακονέω[디아코네오]는 신약성서에서 36번 쓰이며 일반 헬라어와 같은 용법을 반영하는데, 어떤 사람이 식사할 때 시중들기, 어떤 사람에게 기본적으로 필요한 일에 관심 두기, 일반 의미에서 섬기기 등이다.2 대체로 관련 명사 διακονία[디아코니아]는 일반적으로 '봉사'로 번역하고, διάκονος[디아코노스]는 '종'으로 번역한다. 두 개 본문에서만 분명히 '집사'를 뜻한다(빌 1:1; 딤전 3:8~13). 대부분은 사도행전 6:2~4가 집사 기원과 관련이 있다고 여기며, 어떤 사람은 로마서 16:1을 여성 집사 직분을 지지하는 근거로 보지만, 이 문제는 아래에서 더 자세히 검토하겠다.

διάκονος[디아코노스]에 관한 더 넓은 배경을 아는 일에 핵심 사항은 집사가 담당하도록 의도한 역할 이해이다. 유대교에 집사에 대응하는 용어가 없었으며 신약성서에 자료가 많지 않으므로, 신학자들은 διάκονος[디아코노스]와 관계된 통상 의미가 집사에 적합한 형태의 활동, 곧 물질적 필요와 일반적 섬김에 관심을 기울이는 것으로 생각한다. 그 배경에는 집사가 지도력이나 권위 역할임을 암시하는 바가 없다.

집사 기원

대부분은 사도행전 6장이 집사 기원, 또는 적어도 집사 원형을 묘사한다고 여긴다.3 어떤 사람은 누가가 어느 곳에서도 διάκονος[디아

---

1 NIV나 NASB 등 최근 영어 성서 번역본에서는 KJV보다 디아코노스와 그와 관련된 용어를 훨씬 덜 '섬김이(minister)'으로 번역을 보는 게 흥미로운데, 아마 신약성서 용법에서 디아코노스(διάκονος)는 '하인(servant)'을 가리키는 더 일반 단어이지만, 현대 영어 용법에서 '섬김이'는 더 교회 직분을 암시함을 인식하는 듯하다.

2 K. Hess, "Serve, Deacon, Worship," in *New International Dictionary of New Testament Theology*, ed. Colin Brown (Grand Rapids: Zondervan, 1975), 3:545.

코노스]를 과부에게 음식을 나누어주는 일을 조정하려고 선택한 남성에게 적용하지 않는다고 반대하지만, 전통적 견해를 지지하는 여러 좋은 이유가 있다. 첫째, 관련 명사 διακονία[디아코니아]와 동사 διακονέω[디아코네오]의 한 형태가 사도행전 6:1~2에 있다. 둘째, 사도행전 6장에서 선택된 남성의 자격과 활동은 디모데전서 3:8~13에 서술한 더 자세한 정보와 잘 맞는다. 셋째, 사도행전 6장이 집사 기원과 연결되지 않는다면, 우리에게 유대 사회에서 선례가 없는, 성경에서 그 기원이 묘사되지 않은, 하지만 신약성서 교회에서 이의 없이 널리 받아들인 한 가지 직분이 있다. 넷째, 사도행전 6장을 이렇게 해석하는 아주 강력한 역사적 증거가 있다. 곧, "이레나이우스(Irenaeus)부터 그러한 저술가들의 끊임없는 전통은 이것이 그리스도인 교회에서 집사 직분 기원이라고 선언하는 게 올바르다."[4]

집사 자격

집사 자격은 주로 디모데전서 3:8~13에서 찾아볼 수 있다. 사도행전 6장에서, 선택된 일곱 사람은 "성령과 지혜가 충만"해야 했으며(행 6:3), 이것은 디모데전서 3장의 묘사와 일치한다. 하지만 디모데전서 3장에서 자격 목록이 더 완벽하다. 집사 자격과 디모데전서 3:2~7과 디도서 1:5~9에 서술한 장로 자격에는 중요한 유사점과 차이점이 있다.

---

[3] Robert Saucy, *The Church in God's Program* (Chicago: Moody, 1972), 154~55 ‖ 『하나님이 계획하신 교회』, 김지찬 옮김 (서울: 생명의말씀사, 1994), 204~06에서는 이 직분의 기원을 사도행전 6장으로 여기는 찬반 논증을 제시하며, 이 본문에서 선출된 여섯 명을 '집사 원형'으로 부르기로 결론짓는다.

[4] D. Bannerman, *The Scripture Doctrine of the Church: Historically and Exegetically Considered* (Edinburgh: T & T Clark, 1887), 416~17. Gregg Allison, *Sojourners and Strangers: The Doctrine of the Church*, Foundations of Evangelical Theology (Wheaton, IL: Crossway, 2012), 241, n. 133에서 이 자료에 주목할 수 있어서 그레그 앨리슨에게 감사한다.

세 구절 모두 평판이 좋은 고귀한 남성을 말한다. 세 구절은 모두 술에 취한 사람과 욕심부리는 사람을 배제한다. 디도서 1:9와 디모데전서 3:9은 그 사람이 바른 교리를 믿는지에 관심을 둔다. 디모데전서 3장은 장로와 집사 모두에게 어느 정도 성숙함을 요구한다. 하지만 그 요구는 다르게 표현되는데, 갓 회심한 사람이 장로가 돼서는 안 된다고 경고하고(6절), 집사는 먼저 검증해야 한다고 말한다(10절). 디도서 1:6은 장로가 책망할 게 없어야 한다고 말하는데, 이는 디모데전서 3:10에서 집사에게 요구한 사항이다. 세 구절 모두 결혼에 관해 같은 자격을 말하며('한 아내의 남편'), 부모 역할에서 비슷한 자격을 요구하는데, 디모데전서 3장은 장로와 집사 모두에게 같은 동사 προΐστημι[프로이스테미], 또는 '다스리다'를 사용한다(5, 12절을 보라).

또한 주목할 만한 차이도 있다. 집사 자격 목록은 장로 자격 목록보다 상당히 더 짧고 덜 세부적이다. 장로 직분은 더 엄중한 요구사항을 포함한다. 또한 장로와 관련이 있는 어떤 기능은 집사와 관련이 없다. 장로는 "가르치기를 잘하거나"(딤전 3:2) "바른 교훈으로 권면하고 거슬러 말하는 자들을 책망"할 수 있어야 한다(딛 1:9). 집사는 교리(교훈)를 알아야 하지만 그것을 교회에 가르칠 임무는 없다. 이것은 집사 개인이 가르치는 은사를 가질 수 없다는 말이 아니다. 스데반은 일곱의 한 명이었지만 은사를 가진 교사였을 것이다. 하지만 가르치는 은사는 집사 직분에 본질적이지 않다. 또한 장로가 감독과 동의어라는 사실과 장로를 "하나님의 교회를 돌보는" 사람으로 명시하며(딤전 3:5) 감독은 "하나님의 일을 맡은 사람"(딛 1:7)이라는 구체적 구절들에 비추어 볼 때, 장로 직책은 분명하게 감독하는 기능과 연결된다. 마지막으로, 장로 자격에 포함되지 않은, 집사 자격 하나가 있다. 그것은 많은 논의와 논쟁을 일으키는 단어로 별도로 논의해야 하는데, 디모데전서 3:11에 서술한 γυναῖκας[귀나이카스]이다. 어떤 사람은 그것이 집사의 아내를 가리키며, 따라서 집사의 또 다른 자격을 말한다고 본다. 곧, 그들은 특정 품성을 가진 아내를 두어야 한다는 것이다. 다른 사람들은 이 단어가 세 번째 직분인 여성 집사를 가리킨다고 본다. 조금 후에 우리는 두 견해에 관한 찬반 논증을 자세히 검토하겠다.

집사 역할 및 책임

집사 자격을 면밀하게 검토하는 한 가지 이유는 그것이 집사 역할 및 책임에 관한 단서를 제공하기 때문이다. 신약성서에는 집사로서 활동하는 집사에 관한 묘사가 거의 없다고 말할 수 있다. 사도행전 6장은 단 하나의 예외로서, 논란이 되면서도 여전히 집사 사역의 본보기로 널리 쓰인다. 이 사례를 제외하고 사역에 임하는 집사의 예는 발견되지 않는다. 아래 설명에서, 디아코노스라는 단어 주변에 모인 연상들에서, 사도행전 6장의 일곱 사람의 활동에 관한 묘사에서, 그리고 디모데전서 3장의 자격이 암시하는 것에서, 집사의 역할과 책임에 관한 단서를 끌어내겠다.

διάκονος[디아코노스]라는 단어를 중심으로 연상되는 바는 우리가 이미 언급했다. 이 단어는 겸손한(어떤 사람들은 비천하다고까지 하는) 봉사와 밀접하게 연관된다. 그렇다고 해서 봉사가 하찮지 않은데, 그리스도의 이름으로 찬물 한 잔을 주더라도 상급이 있기 때문이다 (마 10:42). 그리스도인 지도자는 겸손한 마음으로 지도력을 행사해야 하며, 신약성서에서 그리스도인 지도자는 자주 종(διάκονος[디아코노스], servant)으로 불리는데, 바울(골 1:23, 25), 아볼로(고전 3:5), 디모데(딤전 4:6), 그리고 예수님을 예로 들 수 있으며, 특히 예수님은 당신을 본보기 종이라 하신다(막 10:43~45). 그러나 집사는 장로가 교회에 지도력을 행사하는 것과 같은 방식으로 지도력을 발휘하게 부르심을 받지 않는다. 두 직분이 같다면, 왜 두 직분이 필요하겠는가? διάκονος[디아코노스]는 에피스코포스(ἐπίσκοπος)와 프레스뷔테로스(πρεσβύτερος)와 달리, 지원하는 역할을 더 가리킨다.

사도행전 6장에 있는 예는 지도자들(장로/감독/목사) 사역과 다른 종들(집사)의 중요하지만 다른 사역을 구분하는 데 적합하다. 일곱 명 선출에 관한 이론적인 이유는 사도들 말에서 찾아볼 수 있다. "우리가 하나님의 말씀을 제쳐 놓고 접대를 일삼는 게 마땅하지 않다"(행 6:2). 음식을 나누어주는 일이 중요했어도, 그 일에 초대 교회를 나누는 징후를 보였다. 하지만 사도들은 모든 것을 할 수 없었다. 그들 부르심은 '하나님의 말씀 사역'이었다.

장로와 집사의 사역 관계는 같은 관점에서 이해됐다. 장로들은 하나님의 말씀 사역과 교회 전체 지도력에 부르심을 받으며, 집사는 사람들의 물질 필요, 병자와 가난한 자를 보살피는 일, 일반적으로 교회에서 일시적인 일을 하라고 부르심을 받는다. 이것들은 집사들에게 부여된 기능이었으며, 특별히 종교개혁으로 시작한 교회에서 집사들 역할이었다. 칼뱅은 단순하게 "가난한 사람을 보살피는 일은 집사에게 맡겨졌다."라고 말한다.5 가장 오래된 침례교 신앙고백의 하나인, 1611년에 존 스미스가 쓴 「짧은 신앙고백(Short Confession of John Smyth)」은 집사들이 "가난하고 병든 형제의 일을 섬긴다."라고 말하며, 침례교인의 다른 많은 신앙고백이 비슷한 개념을 반영한다.

침례교인 삶에서 집사의 또 다른 일반적인 의무나 역할이 '식탁에서 대기하다(wait on tables)'라는 표현에서 유래한다. 벤저민 키치(Benjamin Keach)는 "집사 사역은 식탁에서 섬기는 일, 곧 주의 식탁, 사역자의 식탁, 가난한 자의 식탁에 먹거리를 공급하는 일을 맡아서 한다."6라고 말한다. 주의 식탁 언급은 집사가 주의 만찬에서

---

5 Calvin, *Institutes of the Christian Religion*, 21:1061 (4.3.9).

6 Benjamin Keach, "The Glory of a True Church, and Its Discipline Display'd," in Mark Dever, ed., *Polity: Biblical Arguments on How to Conduct Church Life* (Washington, D.C.: Center for Church Reform, 2001), 66.

목사나 장로를 자주 도왔음을 가리킨다. R. B. C. 하월(R. B. C. Howell)은 19세기에 집사직에 관한 가장 영향력 있는 책의 하나에서 집사 의무에 관해 다음 말을 한다. "주의 식탁은 자주 차려야 한다. 그 식탁에 있어야 할 성찬용 빵과 포도주뿐 아니라 가구도 마련해 잘 관리해야 한다."7 성찬식 집행을 인도하는 일은 장로들 의무로 제한한다고 이해했지만, 집사들은 빵과 포도주를 나누는 일을 도왔다. 사역자의 식탁이나 사역자의 급료에 관한 언급은 19세기와 20세기 교회의 재정 문제에서 집사가 맡았던 역할이 증가함을 반영한다. 가난한 사람의 식탁에 관한 언급은 칼뱅이 언급한 같은 의무, 곧 집사가 교회 사역에서 궁핍한 사람들에게 필요를 공급함을 가리킨다. 실제로, 앤드류 데이비스는 자선 사역이 "사도행전 6장에서 일곱 사람이 감당할 책임에 가장 밀접히 공명한다."라고 생각하며, 따라서 집사가 "교회 자선 사역에 깊이 관여할 수 있으며 깊이 관여해야 한다"라고 주장한다.8

사도행전 6장에서 서술하는 예는 더 일반적 방식으로 적용할 수 있다. 교회 목사와 장로에게는 하나님 말씀을 가르치는 일, 구성원을 목양하는 사역, 교회 전반에 지도력을 행사하는 일이 있다. 그것은 한 사람에게는 너무 벅찬 일이며, 장로회에도 도전일 수 있다. 집사는 목사를 돕고, 목사에게 에너지, 시간, 관심이 가장 많이 요구되는 일을 대신하며 도움으로 많은 임무를 목사에게서 덜어주려고 존재한다. 존 파이퍼(John Piper)는 말한다. "우리 연구에 따르면, 집사 직분은 장로들이 말씀과 기도 사역 그리고 교회 일반적이며 비전적인 돌봄에 집중하지 못하게 하는 방해와 압박을 그들에게서 덜어줌으로 교회 지도력을 도우려고 존재한다."9 그러한 '방

---

7 R. B. C. Howell, *The Deaconship* (Philadelphia: American Baptist Publication Society, 1846), 82.

8 Andrew Davis, "Practical Issues in Deacon Ministry," in Mark Dever and Jonathan Leeman, eds., *Baptist Foundations: Church Government for an Anti-Institutional Age* (Nashville; B & H Academic, 2015), 328.

해와 압박'은 교회마다 다르기도 하다. 한 교회에서는 병원 방문이 너무도 많아서 목사가 하나님의 말씀을 연구하고 가르치려고 준비하는 시간이 없을 수 있다. 집사는 그러한 사역 영역에서 도울 수 있다. 다른 교회에서는 상당한 정비가 필요한 오래된 건물일 수 있다. 집사는 그러한 문제를 해결해야 하는 수고를 대신할 수 있다. 아마도 하나님의 섭리에서 집사들의 분명한 직무 설명서를 주시지 않은 한 가지 이유는 장로들이 자기들 은사를 가장 잘 활용하고 그들 부르심에 가장 잘 맞는 일들에 집중하게 하려고 집사들이 다양한 역할에서 섬길 수 있도록 융통성을 허락하려 함일 수 있다. 이것은 집사 역할을 교회의 일상적 일과 일시적 일을 돌봄으로써 목사가 "일상적 일 부담에서 벗어나 교회의 영적 봉사에 몰두"할 수 있게 한다는 묘사에 있다.10

그레그 앨리슨은 사도행전 6장에서 목사/장로에게 영적 문제와 집사에 물질적이며 일시적 문제를 "너무 지나치게 구분"해서 읽지 말라고 주의를 촉구한다. 디모데전서 3:8~13의 자격 목록에서, 이는 다음에 살필 내용인데, 그는 가르치고, 인도하고, 목양하는 일이 목사나 장로가 책임질 일이어도 "집사는 다른 모든 일에 봉사할 수 있다"라고 주장한다.11 아마 사도행전 6장에서 일곱 명 (그리고 오늘날 확장해서 집사)에게 부여한 사역을 이해하는 다른 방법은 "교회에서 봉사 지향 역할에 지도력"12일 수 있다. 어쨌든, 사도행전 6장을 근거로 집사 사역을 물질적 또는 일시적 사역으로 그리고 장로와 목사 사역을 영적 사역으로 묘사는 완전히 정확하지 않

---

9 John Piper, "Rethinking the Governance Structure at Bethlehem Baptist Church," http://www.desiringgod.org/library/topics/leadership/governance.html 에서 2004년 9월 24일에 참조함.

10 Dagg, *Manual of Theology*, 266.

11 Allison, *Sojourners and Strangers*, 242~43.

12 Benjamin Merkle, *40 Questions about Elders and Deacons* (Grand Rapids: Kregel, 2008), 240.

을 수 있다. 믿는 이가 성령의 능력으로 그리스도께 드리는 모든 봉사는 영적 봉사라 불려야 한다. 그러나 사도행전 6장은 몇몇 종(사도행전 6장에서 사도들, 오늘날에는 목사들/장로들)이 한 사역과 다른 경건한 종들, 곧 집사들이 한 사역을 구분한다.

또한 디모데전서 3:8~13의 자격 목록에 집사 역할과 책임에 관한 암시가 있다. 첫째, 집사를 서로 다른 자격 목록과 함께 장로와 나란히 열거하는 사실은 그 임무가 다르다는 점을 암시한다. 앞에서 우리는 집사에게 가르치는 능력을 요구하지 않음과 이것은 하나님의 말씀을 가르치는 일이 집사 직무가 아님을 암시한다고 말했다. 하나님의 사역이나 교회를 관리하는 일이 구체적으로 언급되지 않으며, 이는 집사가 교회를 전체적으로 감독하는 일을 하는 사람이 아님을 암시한다. 그는 자기 집을 잘 관리해야 하며, 따라서 그 역할은 특정 영역을 감독하는 일을 포함한다. 집사는 탐욕을 부려서는 안 된다고 말하며(8절), 따라서 집사 역할은 교회 재정과 연관이 있을 수 있다. 그것은 실제로 집사 직책과 계속 연관된 책임의 하나였다. 20세기 초, 침례교인 삶에서 사업과 재정 업무 관리는 침례교인 집사 대부분의 사역 정체성을 나타냈다. 집사에 관한 아주 유명한 책은 "교회의 사업과 그것의 재정은 집사의 특별하고도 뚜렷한 임무를 형성한다."라고 썼다.[13] 아마도 이러한 사역은 집사를 먼저 검증해야 한다는 사실을 설명하는데(10절), 재원을 다루기 전에 그들이 믿을 만한 성실한 사람임을 검증하려 함이다. 자기 집을 관리하는 능력(12절) 또한 교회의 일시적 일들을 관리하는 역할을 뒷받침한다고 할 수 있다.

하지만 집사 자격을 열거한 내용 대부분은 장로 자격과 비슷하다. 이것은 집사가 적어도 장로 기능의 하나, 곧 그리스도를 닮은 인격으로 모범을 보이는 역할을 공유할 가능성을 암시한다. 교회

---

[13] P. E. Burroughs, *Honoring the Deaconship* (Nashville: Sunday School Board of the Southern Baptist Convention, 1929), 69.

직분자로 알려진 사람은 누구나 어떤 면에서 공적으로 교회를 대표하며, 따라서 어느 정도 성숙해야 한다. 또한 집사 직분이 누구나 행할 수 있는 작고 하찮은 사역이 아님을 가리킨다. 겸손한 봉사를 포함할 수 있을지라도 그것이 이러한 종류의 비난할 점이 없는 인격을 가진 사람들에게 한정해야 한다면, 그것은 중요한 직분임이 분명하다. 참으로 집사 사역은 개인 삶과 교회 건강에 깊은 영향을 미칠 수 있으며, 따라서 그리스도와 같은 방식으로 수행해야 한다.

하지만 이러한 성경적 단서는 침례교인이 집사 역할과 책임을 이해하는 일에 영향을 미쳤던 유일한 요소가 아니었다. 1800년대 말에 하워드 포쉐(Howard Foshee)는 "불행하게도 '이사회'와 같은 세상에서 쓰는 비즈니스 개념이 교회에 들어왔다."라고 말한다.14 이사회 개념과 함께, 장로가 교회를 전체적으로 인도하는 역할과 집사가 교회를 섬기는 역할 사이에 구분이 흐려지기 시작했다. 실제로 많은 집사회가 장로 지도력에 버금가는 일을 했다. 아마 가장 흔히, 침례교회, 특히 규모가 작아 목사가 한 명만 있는 교회에서 집사는 "장로 또는 장로와 집사 사이 어떤 직분으로 여겨졌다",15 또 다른 경우에, "집사는 교회에서 단순한 종과 담임목사 권위에 맞서 '견제와 균형'을 잡는 역할로 파워 블록 사이 지위에 있다."16 διάκονος[디아코노스] 용어 자체, 사도행전 6장에서 일곱 명에게 주어진 사역에서 단서들, 그리고 디모데전서 3:8~13에서 집사 자격 함의를 근거로 하면, 집사가 자기 역할과 책임을 교회 지도력이 아닌 다른 어떤 것으로 여겨야 함이 분명하다. 집사 사역에 가장 대중적 접근, 곧 '집사 가정 사역 계획(Deacon Family Ministry Plan)'에서는 각 집사가

---

14 Howard Foshee, *The Ministry of the Deacon* (Nashville: Convention Press, 1968), 32~33.

15 Benjamin Merkle, "The Office of Deacon," in *Baptist Foundations*, 311.

16 Davis, "Practical Issues in Deacon Ministry," 325. 데이비스가 '담임목사'라는 전문어를 사용함으로 보아, 많은 직원이 일하는 더 큰 교회를 생각한다.

교회에서 많은 가정을 대상으로 어느 정도 목양 사역 책임을 맡는데,17 이 접근에는 목사와 집사 역할을 혼동하는 위험이 있어도, 가장 작은 교회를 제외한 모든 교회에서 회원을 효과적으로 목양하는 데 여러 목사/장로가 있어야 함을 나타낸다.

집사 역할과 책임을 명확히 하는 가장 좋은 방법은 복수 장로제 정착이다. 그것은 교회가 두 직분 관계를 생각하고, 집사 사역에 있는 섬김 요소를 새롭게 하고, 지도력이 장로에게 있게 하는 결과를 낳는다. 구체적 내용은 교회가 사도행전 패턴을 따르는 게 바람직한데, 거기서는 집사 역할과 책임에 융통성을 유지하고 있는데, 이는 집사들이 장로들이 하는 사역을 하는 데 그들 능력을 방해하는 요소는 무엇이든지 처리할 수 있게 하려 함이다.18

집사 수와 선출

성경은 교회에 집사가 몇 명 있어야 하는지 말하지 않지만, 제럴드 코웬(Gerald Cowen)은 예루살렘 교회가 그 구성원이 수천 명인데도 단지 일곱 명만 선택했다면 그와 비교해서 침례교회 대부분에

---

17 Bruce Grubbs, "Introduction," in Robert Sheffield, *The Ministry of Baptist Deacons*, ed. Gary Hardin (Nashville: Convention Press, 1990), 10에서는 1990년까지 남침례교회 1/3이 '집사 가정 사역 계획'을 채택했다고 말한다.

18 Merkle, *40 Questions about Elders and Deacons*, 241에서는 시설, 자선, 재정, 안내, 물류 정리 등을 집사가 할 의무로 제안한다. 데이비스는 팀으로 섬기는 집사 접근을 제안하는데, 각 팀은 교회 사역에서 핵심 영역 하나에 배정돼 장로의 감독을 받아 섬기고 전체 장로에게 보고한다. 감독하는 장로가 의제를 정하지만, 집사는 그 영역에서 "일을 진행하는" 책임을 진다. Davis, "Practical Issues in Deacon Ministry," 327에서는 팀 사역 영역을 "대학교, 연합 예배, (여웜, 행사 지원, 병원 심방, 출생을 포함해) 격려, 건물과 부지, 재정, 가정과 젊은이, 주최, … 신입회원 동화, 국제, … 남성 사역, 여성 사역, 선교, … 노인 사역, 도시 전도" 등으로 말한다.

는 너무 많은 집사가 있다고 말한다.19 다시 한번, 가장 현명한 방식은 교회가 유지해야 하는 숫자나 비율을 구체적으로 정하지 않고, 교회 필요 그리고 자격이 있는 사람 수라는 두 가지 요소가 인도하는 방향으로 나아가는 방식인데, 여기서 두 번째 요소가 더 중요하다. 교회는 집사 수가 적어도 잘할 수 있지만, 자격이 없는 집사를 두면 문제가 생긴다. 게다가 해마다 집사를 선출하지 않아도 된다. 필요할 때와 기존 집사가 실제 봉사에서 물러날 때 집사를 선출해야 한다. 집사를 규칙적으로 교대하는 것을 의무화할 필요는 없다. 하지만 집사는 다른 사역의 영역에 부르심을 받았다고 느낄 때, 단순히 쉴 필요가 있을 때, 또는 장로들이 교대가 교회와 집사를 위해 최선이라고 느낄 때, 실패나 결격 사유라고 느끼지 않은 채 집사직에서 물러날 기회를 줘야 한다.

결원이 발생하거나 새로운 일에 섬길 집사가 필요하다고 느낄 때만 집사를 선출한다. 선출 방법에 관해 사도행전 6장은 회중의 조치를 시사한다. 장로 선출 경우와 비슷한 방식으로 지명은 회원 추천으로 가능하며, 지명받은 사람이 성경이 말하는 자격에 적합한지를 보여주는 합당한 이유와 함께 명단을 제출할 수 있다. 물론 이것은 이러한 자격이 회원에게 설명함을 전제로 한다. 장로 선출 경우처럼, 지명받은 사람을 심사할 모임이 있어야 한다.20 가장 좋은 모임은 장로 모임이다. 장로가 없는 교회에서는 목사와 선임 집사

---

19 Gerald Cowen, *Who Rules the Church? Examining Congregational Leadership and Church Government* (Nashville: Broadman & Holman, 2003), 114.

20 Davis, "Practical Issues in Deacon Ministry," 326에서는, 장로가 심사 과정에서 후보자가 성경에 제시된 영적 자격을 충족하는지를 확인함으로 핵심 역할을 해야 한다고 주장한다. 또한 "영적 기준으로 거르기는 반드시 해야 하며, 성서 패턴과 전통적 '집사위원회/교회위원회' 정치에 주요 차이를 나타내는데," 그렇게 함으로써 "사람들은 그들 기술 그리고 섬기려는 의지에 기초해 선택된다"라고 덧붙여 말한다. 그러나 교회 투표가 필요하며 집사가 "이 역할로 섬기는 힘을 얻는" 단 한 가지 방법이라고도 주장한다.

두 명이 아마도 가장 좋을 수 있다. 그들은 지명받은 사람 명단을 조사하고, 자격에 분명히 부합하지 않는 사람은 제외하고, 나머지 사람과 그들 의향, 그들이 자신들 적합성을 어떻게 평가하는지, 이 사역으로 부르심에 그들이 어떻게 느끼고 있는지를 함께 이야기한다. 이어서 자격이 있고 의향이 있다고 판단되는 사람을 모두를 적은 명단을 회중에게 제출한다.

이 시점에서 많은 교회는 쓸데없이 실수한다. 자격을 갖추고 의향이 있는 후보자가 교회 정관이나 헌법에 규정한 수보다 더 많으면, 교회 회원에게 제출한 명단에서 몇 사람만 선택하게 한다. 예를 들어, 교회 정관이 새로운 집사를 네 명이라 규정하지만, 자격이 있고 의향이 있는 후보자가 여덟 명이라고 생각해보자. 교회 회원에게 종종 여덟 중에 넷을 선택하게 한다. 그렇게 진행하면, 선거는 집사 후보자를 확정하기보다는 인기 경쟁이 되며, 선출되지 못한 후보자는 종종 분노하고 억울해한다. 오히려 교회는 후보자마다 가부를 투표하고, 교회가 승인한 집사의 수를 받아들여야 한다. 모두가 자격이 있으면 모두가 섬겨서는 안 되는 이유가 없다. 의향이 있으며 자격을 갖춘 종이 지나치게 많은 교회는 거의 없다.

여성 집사

집사 직분과 관련해 검토해야 할 마지막 문제는 여성 집사 직분 정당성이다. 이는 여러 이유로 어려운 질문이다. 두 편 모두 핵심 본문 해석에 관해 좋은 논증을 펼치고, 두 편 모두 교회 역사 증거가 있고, 찬반양론이라는 실제 문제가 있으며, 집사 직분을 어떻게 해석하는가에 따라 그 직분에 찬성하거나 반대하는 주장이 있을 수 있다. 이것은 침례교인 사이에서 그 차이점이 점점 커지는 영역이다. 이 문제에 관한 두 편 모두의 생각을 말하고 증거에 가장 부합한다고 판단하는 견해를 밝히려고 노력하겠지만, 하여튼 복잡한 문제이다.

여성이 집사 직분으로 (또는 여성 집사로서) 섬길지에 관한 결정은, 세 개 본문이 제기한 질문에 대답함에 달렸다. 디모데전서 3:11은 γυναῖκας[귀나이카스] ('여성'을 뜻하는 단어) 언급이 집사의 아내인지, 아니면 여성 집사 직분으로 섬기는 여성인지를 묻게 한다. 로마서 16:1은 뵈뵈를 겐그리아에 있는 교회의 διάκονος[디아코노스]로 말하는데, διάκονος[디아코노스]는 일반 의미에서 '종'으로 번역해야 하는가, 아니면 이 구절이 뵈뵈가 겐그리아에 있는 교회에서 집사 직분 (또는 여성 집사)이었는지를 나타내는가? 셋째 주요 본문은 디모데전서 2:12이며, 질문은 여성이 남성을 가르치기와 남성에게 권위를 행사하기 금지가 집사가 하는 일에 적용하는지, 또는 이 금지가 목사/장로 직분자가 하는 가르침과 권위 행사에만 적용할 수 있는지이다.

이제 살펴볼 첫째 본문은 디모데전서 3:11이다. 교회 직분에 관한 자격을 말하는 이 장에서 단순하게 γυναῖκας[귀나이카스]라 불리는 사람의 자격을 열거하는 한 구절을 발견한다. 이 단어는 여성을 의미하지만, 아내들로도 번역할 수 있으며, 많은 영어 번역본에서 이렇게 번역한다(KJV, NIV, TEV, HCSB, ESV).[21] 하지만 디모데전서 3장 문맥에서 많은 사람은 그것이 특별한 무리의 여성, 곧 여성 집사를 가리킨다고 생각한다(RSV, NRSV, NAS, NIV 2011).

각 편을 지지할 수 있는 많은 주장이 있다.[22] 이 구절을 여성 집

---

[21] It is interesting that the 1984 NIV은 "아내들(wives)"로 번역했으나 2011 NIV는 "여성들(women)"로 번역이 흥미롭다.

[22] 두 진영 논증 일부를 제시하는 자료는 Merkle, *40 Questions about Elders and Deacons*, 249~56; Allison, *Sojourners and Strangers*, 244~46; William Mounce, *Pastoral Epistles*, Word Biblical Commentary, vol. 46 (Nashville: Thomas Nelson, 2000), 202~03; I. Howard Marshall with Philip Towner, *A Critical and Exegetical Commentary on the Pastoral Epistles*, International Critical Commentary (London and New York: T & T Clark, 1999), 493~94을 보라.

사로서 섬기는 여성을 말한다고 지지하는 가장 일반적인 논증 몇 가지가 있다.

1. 도입하는 말 ὡσαύτως[호사우토스] ("같은 방식으로")는 8절에 집사 자격을 소개하는 데 쓰이며, 11절에서 그 용례는 집사에 병행하는 새로운 직분을 소개한다고 제시한다.
2. 11절에서 요구하는 덕목은 집사에게 요구하는 덕목과 비슷하며, 이는 비슷한 직분을 주장한다.
3. 명사 γυναῖκας[귀나이카스]가 문맥에서 '아내들'을 뜻해도, '아내들'을 나타내는 데 수식하는 형용사 ("그들의")가 없으며, 그것이 바울이 뜻하려는 바였다면 "집사들의 아내들"이라고 쉽게 말했을 것이다.
4. 앞 구절에 '장로들의 아내들'이라는 언급이 전혀 없기에 이 구절이 '집사들의 아내들'을 말하지는 않는다. 왜 '집사들의 아내들'만 언급하는가?
5. 이때는 διάκονος[디아코노스]의 여성형이 없었으며, 이 구절에서 집사 역할로 섬기는 여성에게 γυναῖκας[귀나이카스]를 쓴 이유를 설명한다.

여기서 γυναῖκας[귀나이카스]가 '집사들의 아내들'을 가리킨다는 견해를 지지하는 몇 가지 주장도 있다. 다음은 가장 일반으로 쓰인 논증 몇 가지이다.

1. γυναῖκας[귀나이카스], γυνή[귀네]의 단수형은 바로 다음 구절에서 '아내'로 쓰이며(딤전 3:12), 앞 구절(2절)에서도 쓰였다. 11절에서는 왜 다른 뜻으로 여기는가?
2. 이 자격 목록은 집사나 장로 목록보다 훨씬 더 짧아, 새로운 직분을 말하는 본문으로 여기기에는 너무 짧다.

3. 혼인 관계와 결혼 생활 충실을 말하는 어떤 자격도 11절에 없지만, 다른 모든 직분(장로, 집사, 심지어 홀어미) 자격에는 있다. 그녀 혼인 관계가 γυναῖκας[귀나이카스]에 내재한다고 분명히 설명한다.

4. "집사들의 아내들"이 구절 흐름이 훨씬 더 잘 어울린다. 집사 자격은 앞 여러 구절에 그리고 11절 다음에 있다. 한 직분 자격을 다른 직분 자격으로 차단한 다음에 단 한 구절 다음에 다시 앞 직분으로 돌아감은 매우 이상하다. 그러나 "아내들" 해석을 채택하면, 특정 유형 아내가 있음은 집사의 또 다른 자격과 잘 어울리며, 자연스럽게 12절로 이어진다.

5. '집사들의 아내들'이 언급되지만 '장로들의 아내들'이 언급되지 않은 이유는, 그들의 다른 역할로 쉽게 설명된다. '집사들의 아내들'은 그들이 사역할 때 그들을 돕지만, 장로는 가르치며 권위를 행사하며 사역을 하는데 이는 디모데전서 2:12에서 여성에게는 금지하는 활동이다.

두 주장이 아주 균등하게 균형을 잡는 듯하지만, 두 번째 주장이 조금 더 세다. '집사들의 아내들'을 지지하는 넷째 논거, 곧 구절 흐름 논거가 특히 세다고 생각한다. 동시에, 그러한 해석이 여성이 집사로서 또는 여성 집사로서 섬길 수는 없음을 뜻한다고는 생각하지 않는다. 이 구절이 그 점을 말하지 않을 뿐이다.

둘째 주요 본문은 로마서 16:1이다. 거기서 뵈뵈는 "겐그레아에 있는 교회의 διάκονος[디아코노스]"로 언급된다. 뵈뵈가 직분을 맡았다고, 곧 집사나 여성 집사였다고 인정되는가, 또는 종으로서 칭찬받을 뿐인가? 후자 견해를 지지하는 논거는 두 가지이다. 첫째는 διάκονος[디아코노스]가 신약성서에 29번 쓰이는데, 3번 또는 아마 4번을 제외하고 모두는 '종'을 뜻한다. 게다가, 로마서가 쓰였을 때, 아마 예루살렘에 있는 교회를 제외하고 다른 교회가 διάκονος[디아코노스] 직분을 인정했다는 기록이 없다. 이 단어가 빌립보서 1:1과 디모데전서 3:8에서는 직분 의미로 쓰였다고 확인해도, 이 두 편지는 로마서보다 더 늦게 기록됐다. 어떻게 바울은 뵈뵈가 아직 인정되지 않은 직분을 맡았다고 말할 수 있었겠는가? 반대편에서, 바울이 누군가를 특정 교회의 '종'이라고 절대 서술하지 않음은 인정해야 한다. 게다가, 그녀가 했다고 묘사되는 섬김 유형은 집사와 관련된 사역 유형과 아주 잘 맞는다.

이 질문에 관해서도, 저울이 균형을 잘 잡고 있지만, 다수 견해가 뵈뵈를 직분 의미, 집사로 여기는 흐름이다. 토마스 슈라이너에 따르면, 많은 현대 주석가는 이렇게 해석한다.23 적어도 최근 영어 번역본 두 개(NIV 2011, NRSV)는 로마서 16:1에 "여성 집사"로 번역을 채택했고, 디모데전서 3:11가 여성 집사를 말한다고 여기는 주장의 몇 가지는 로마서 16:1에 대한 이 견해를 디모데전서 3:11에 대한 그들 견해를 지지하는 주장으로 가정해서, 로마서 16:1에 관한 그들 견해를 확신한다.24 반대 견해도 몇 가지 장점이 있기에 그들만큼 확신하지 않으나, 집사로 번역이 전적으로 가능하며 석의적으로 변호할 수 있다고 생각한다.

집사로서 섬기는 여성에 관한 질문에 중요한 셋째 본문은 디모데전서 2:12이다. 앞 장에서, 나는 가르침과 권위 행사 금지가 장로 역할을 남성에게 제한한다고 주장했다. 똑같은 금지를 집사 직분에

---

23 Thomas Schreiner, *Romans*, Baker Exegetical Commentary on the New Testament (Grand Rapids: Baker, 1998), 786~88. 예로 하나를 들면, C. E. B. Cranfield, *A Critical and Exegetical Commentary on the Epistle to the Romans*, 2 vols., International Critical Commentary (Edinburgh: T & T Clark, 1979), 2:781이다. διάκονος[디아코노스]를 '종'으로 번역이 "아마 생각할 수 있는" 것이라고 인정하지만, 그는 '집사'라고 더 직분 의미로 번역이 "사실 확실하다"라고 여긴다.

24 Marshall, *A Critical and Exegetical Commentary on the Pastoral Epistles*, 494에서는 로마서 16:1에 뵈뵈를 "여성 집사의 분명한 예"라고 말하며, 이를 디모데전서 3:11을 해석하는 논거로 포함한다.

도 적용하는가? 나는 그렇게 생각하지 않는다. 바울이 디모데전서 2:12에서 마음에 둔 가르침과 권위 유형은 장로만 하는 것이었을 가능성이 크다고 생각한다. 디모데전서 2:12 다음에 몇 구절에, 바울은 장로 자격을 가르칠 능력으로 제시하고, 관리 능력을 "하나님의 교회를 돌보기"로 말한다(딤전 3:2, 5). 그러나 집사에게는 가르칠 능력을 요구하지 않으며, 자기 가정을 잘 관리하는 사람이어야 한다고 요구해도 그들 지위가 교회에서 권위 행사를 포함했다는 증거는 없다.25 따라서 나는 디모데전서 2:12이 여성이 집사로서 섬기는 일에 아무런 장애도 두지 않는다고 생각한다.

간추리면, 나는 디모데전서 3:11에서 여성이 집사로서 섬긴다는 분명한 확언을 보지 못했다. 이것이 그 구절을 해석할 수 있는 한 가지이지만, 반대 견해, 곧 집사들의 아내들로 여기는 견해보다 더 가능성이 조금 더 낮다고 생각한다. 로마서 16:1에서 뵈뵈를 집사로 보는 쪽으로 저울이 조금 기운다고 생각하지만, 그녀를 칭찬받는 종으로 여기더라도 신약성서에서 집사로 섬기는 여성의 긍정적 사례가 없다고 해서 금지라고는 생각하지 않는다. 디모데전서 2:12의 금지가 집사에게는 적용되지 않는다고 생각하니, 한 가지 조건, 곧 집사 역할과 장로 역할이 분명히 구분된다는 조건으로 여성이 집사로서 섬기는 일이 정당하다고 인정할 수 있다. 그것이 모든 남침례교회에서 사례는 아니지만, 그런 교회에서는 여성을 집사로 인정하는 데 아무런 문제도 없다. 동시에, 내가 가장 편하게 단언할 수 있는 모델은, 정숙한 아내를 집사로서 섬길 수 있는 자격의 하나로 여기면서 집사와 그 아내가 함께 선택되어 함께 섬기는 모델이다.

역사에서, 집사로서 섬기는 여성을 받아들이기는 엎치락뒤치락했다. 초기 교회에 여성 집사에 관한 몇몇 증거가 있다. 가장 오래된

---

25 반대 견해는 Merkle, *40 Questions about Elders and Deacons*, 256~57을 보라. 집사가 "물리/수송 영역에서" 권위를 행사하는데, 디모데전서 2:12를 거스르기에 "이는 여성에게 적합하지 않다."

분명한 논의는 디다스칼리아(*Didascalia*)라는 3세기 문서에서 발견된다. 하지만 A. G. 마티모트(A. G. Martimort)는 "고대 여성 집사 제도는 … 적지 않은 모호함으로 고민거리"라고 주장한다.26 처음 5세기 동안 여성 집사 증거는 몇몇 동방교회에서만 발견됐으며, 이집트, 에티오피아, 로마, 아프리카, 스페인에서는 발견되지 않았다.27 그들 주요 역할은 "여성에게 침례를 줄 때 돕는 일이었는데, 이 경우 여러 예의범절 문제로 의식에서 많은 일을 집사가 수행할 수 없었다."28 유아세례가 점점 일반화되면서 이러한 역할이 더는 필요하지 않았고, 여성 집사는 거의 사라졌다.

침례교인은 여성 집사를 달리 평가했다. 기본적으로 토마스 헬위스(Thomas Helwys)가 작성한, 영국 침례교도 첫 번째 신앙고백은 구체적으로 "집사는 그들 직분에 의해, 가난하고 신체가 부자유한 형제의 육신적 필요를 보급하는 남성과 여성(행 6:1~4)"이라고 말한다.29 하지만 신앙고백 대부분은 집사 성별에 관해 침묵한다. 교회 기록은 초기 침례교인 가운데 여성 집사가 드물지 않았으며, 주로 일반 침례교회(General Baptists)에서 발견되었음을 드러낸다. 단연코 더 큰 침례교도 분파인 특수 침례교회(Particular Baptists)는 여성들에게 적극적인 역할을 더 적게 허용했다.30

---

26 A. G. Mortimort, *Deaconesses: An Historical Study*, trans. K. D. Whitehead (San Francisco: Ignatius Press, 1986), 250.

27 Mortimort, *Deaconesses*, 5~6.

28 F. L. Cross and E. A. Livingstone, eds., "Deaconess," in Cross and Livingstone, eds., *The Oxford Dictionary of the Christian Church*, 381.

29 표현은 원문 그대로이며, William Lumpkin, *Baptist Confessions of Faith*, rev. ed. (Valley Forge, PA: Judson Press, 1969), 121~22 ∥ 『침례교 신앙고백서』, 김용복·김용국·남병두 옮김 (대전: 침례교신학연구소, 2008), 148에 다시 게재됐다.

30 Leon McBeth, *Women in Baptist Life* (Nashville: Broadman, 1979), 140.

19세기에 여성 집사를 옹호하는 유명한 미국 침례교인이 있었다. R. B. C. 하월(R. B. C. Howell)은 성경이 "그리스도의 교회에서 여성 집사의 임명을 허가하고, 어떤 의미에서는 분명히 그것을 암시도 명령하고 있다."라고 주장한다.31 그는 그들을 "집사를 돕는 여성 보조원"이라 부른다. 그들 임무는 여성을 섬기고, 병들고 무력한 사람을 도우며, 여성이 침례받을 때 돕는 일이었다. 그는 또한 일부 교회가 여성 집사를 지명하는 일에 실패했다는 것, 그리고 몇몇 경우에 지적이며 경건한 여성들이 필요한 임무를 자원해서 맡아 "실질적으로 여성 집사"가 되어, "교회가 적절히 대처하지 못한 일을 감당했다."라고 인정했다.32 J. R. 그레이브즈(J. R. Graves)는 문제 대부분에서 하월에 반대했지만, 이 문제에서는 그의 견해에 동의했으며, "왜 오늘날 교회 대부분에서 경건한 여성이 여성 집사 직분을 감당하지 말아야 하는지에 적절한 이유"를 찾지 못했다. "실제로 그들은 자주 이름 없이 그러한 직분의 임무를 수행한다."33 세 번째 예는 텍사스주 와코(Waco)에 있는 제일침례교회에서 있었는데, 기록에 따르면 그들은 B. H. 캐럴(B. H. Carroll) 목사가 재임하는 1877년에 여성 집사 여섯 명을 인정했는데, 그는 그다음에 사우스웨스턴침례신학대학원(Southwestern Baptist Theological Seminary)를 세웠다.34

하지만 그러한 교회는 결코 일반 표준이 아니었다. 찰스 W. 더위즈(Charles W. Deweese)는 "여성 집사가 침례교인 삶에 늘 존재했지만, 그 직분은 널리 퍼지지 않았다."라고 말한다.35 여성 집사는

---

31 Howell, *The Deaconship*, 131.

32 Howell, *The Deaconship*, 134.

33 그레이브즈가 한 진술은 McBeth, *Women in Baptist Life*, 142에 있다. 맥베스 자료는 *The Baptist*, 1879년 2월 22일 자 논설이다.

34 McBeth, *Women in Baptist Life*, 143.

35 Charles W. Deweese, *A Community of Believers: Making Church Membership More Meaningful* (Valley Forge, Pa.: Judson Press, 1978), 102.

감소하기 시작했으며, 특별히 20세기에 집사 역할이 사역에서 관리로 변하면서 그 현상은 두드러졌다. 비즈니스 모델이 교회 삶을 지배하면서 교회 대부분은 여성을 '이사회'에 포함하길 주저했다.36 그렇게 한 교회를 중도파나 자유주의자로 여겼는데, 여성을 교회 지도자 지위에 임명은 디모데전서 2:12를 어긴다고 생각했기 때문이다. 하지만 오늘날 여성 집사에 관심을 새롭게 쏟는 모습이 보이는데, 장로 직분이 남성에게만 한정한다고 보는 교회에서도 그러한 모습을 볼 수 있다. 그들이 여성 집사를 활용할 수 있는 것은 그러한 역할을 지도력이 아니라 봉사 역할로 보기 때문이다. 존 파이퍼는 집사 직분이 남자를 가르치거나 지도하는 일을 포함하지 않는다고 이해하기에, "그렇다면 집사 역할은 여성이 온전히 그 직분에 참여하지 못하게 막을 수가 없는 특징을 보인다."라고 결론을 내린다.37 마크 데버(Mark Dever)는 자기가 섬기는 교회가 여성 집사를 인정하는 일에 거리낌이 없었다고 증언한다. 그들은 분명히 집사를 장로와 구분하며, 장로는 지도력 의무가 있고 남성에게만 제한하기 때문이라는 것이다.38

무엇이 이것을 논란거리로 만드는가? 분명히 현대 페미니즘 운동은 여성이 사역에 참여하는 중요성과 가치에 아주 민감하게 했다. 참으로, 많은 교회에서 여성은 직함도 없이 여성 집사 역할을 담당했다. 미국 교회 회원의 대다수가 여성인 상황에서, 많은 영역에서 여성이 다른 여성을 섬겨야 함은 두말할 나위 없이 당연하다. 또한 많은 역사적 선례가 있으며, 위에서 논의했듯이 여성 집사 인정을 지지할 가능성이 있는 일부 성경 구절이 있기에, 교회는 여성

---

36 Deweese, *A Community of Believers*, 103.

37 John Piper, *Biblical Eldership*, http://www.desiringgod.org/library/tbi/bib_eldership.html(2004년 10월 24일 접속).

38 Mark Dever, *A Display of God's Glory: Basics of Church Structure*, 2nd ed. (Washington, D.C.: Center for Church Reform/9 Marks Ministries, 2001), 13~14.

집사를 섬기는 역할에 활용하더라도 성경을 명백히 어긴다고 비난 받지 않는다. 하지만 앞에서 말한 대로 인용 구절(롬 16:1; 딤전 3:11)은 여성 집사 직분을 분명히 가리키지 않는다. 디모데전서 3:11은, '집사들의 아내들'이 집사직 자격 일부이며 그들 사역, 특별히 다른 여성을 대상으로 하는 사역에서 그들을 돕는다는 가르침으로 해석할 수 있다. 따라서 여성이 여성을 섬기는 사역을 수행할 필요성을 위해 그러한 필요에 응하도록 의도함이 분명한 무리, 곧 집사의 아내가 있으며, 그들 특성은 그들과 그들 남편이 그러한 사역을 수행하는 데 적합하게 한다.39 뵈뵈가 공식 집사이든 단지 칭찬받는 종이든, 그녀는 그녀를 따랐던 수백만 명 같으며, 그들은 성령의 은사와 능력을 받았으므로 섬겼으며, 그들 봉사가 필요했던 영역을 알았다. 그들에게 공식 직분과 호칭이 붙든 지 그렇지 않든 지 상관없이 그러한 경건한 종들은 조용히 단순하게 섬긴다. 그들은 뵈뵈처럼 당연히 칭찬받아야 한다.

안수

침례교회는 전통적으로 지도자들, 곧 장로와 집사 모두 안수(ordination)한다. 그런데 왜? 안수는 무엇을 의미하며, 무엇을 이루는가? 그렇게 널리 실행하지만, 놀랍게도 성서에서 근거는 희박하다.

가능한 구약 선례는 여호수아를 모세의 후계자로 임명(민 27:18~23), 아론과 그의 아들들을 성별(출 28~29장; 특별히 28:41), 레위 지파를 성별(민 8:5~22)과 같은 사건을 포함한다. 하지만 이것들의 어떤 것도 현재 시행하는 안수와 정말로 병행하지 않는다. 신약성서에서 모세가 어떤 식으로든 목사나 집사의 모범이나 모형이라는 암시가 없으며,

---

39 나는 내가 속했던, 일리노이주 먼델라인(Mundelein)에 있는 한 침례 교회에서 이러한 생각을 실행하는 실제를 봤다. 남편과 아내가 선출되어, 집사팀을 이뤄 매우 효과적으로 섬겼다.

안수는 나라를 이끌 능력을 전수하는 일로 여기지 않는다. 제사장 성별과 관련해, 신약성서는 모든 신자 제사장직을 가르치며 모든 신자가 구별된 백성, 곧 거룩한 백성이 돼야 한다고 말한다. 신약성서에 열두 사도를 공식 안수한 기록은 없다. 그들은 단순히 그리스도에게서 부름을 받고 임명됐다(막 3:14; 눅 6:12~13). 사도들은 후계자를 안수하거나 임명하지 않았다. 따라서 안수가 사도 계승이나 사도 권위 전수를 포함했다는 이론은 아무리 낙관해도 문제가 있다. 안수와 관련한 어떤 증거는 사도행전과 목회서신에 제한된다.

사도행전 6:1~6에서 우리는 교회 직분에 임명하는 일에 가장 가까우며 가장 분명한 근거를 발견한다. 앞에서 주장한 대로, 사도행전 6장이 집사 기원을 서술한다면, 6절은 집사 안수를 서술한다. 그들은 회중에 의해 선출되어 공개적으로 인정받고, 이어서 사도들에게 안수받았다. 앨런 컬페퍼(Alan Culpepper)는 이 이야기 그리고 민수기 27:18~23에서 여호수아를 모세 후계자로 임명에 여러 유사점이 있다고 말한다. 각 경우 지명, 성령 언급, 공개적 추천, 안수를 포함한다.[40] 하지만 또한 중요한 차이도 있다. 여호수아는 모세의 후계자가 됐으나, 사도행전 6장에서 지명된 일곱 사람은 사도들을 대체하거나 계승하지 않았다. 지명된 일곱 사람은 레위인이 아론과 그의 아들들을 도왔던 것처럼 사도들을 도왔다.

안수는 또한 사도행전 13:3에서도 볼 수 있다. 이 본문에서, 바울과 바나바는 하나님께서 그들을 부르셔서 행하게 하셨던 사역을 하도록 구별되었다. 하지만 장로 지명을 말하는 사도행전 14:23이나 디도서 1:5에서는 안수를 언급하지 않는다. 디도서 1:5에 쓰인 καθίστημι[카디스테미]라는 단어는 사도행전 6:3에서 일곱 사람 지명에 쓰이며, 히브리서에서 3번은 제사장 지명 또는 안수에 쓰이고 (5:1; 7:28; 8:1), 공식적 형태로 지명과 연관이 있어 보인다. 사도행

---

[40] Alan Culpepper, "The Biblical Basis for Ordination," *Review and Expositor* 78, no. 4 (1981): 478.

전 14:23에서 사용된 χειροτονέω[케이로토네오]라는 단어는 손을 올려 택하거나 선출함을 의미할 수 있으며, 이것은 회중의 참여에 관한 의문을 일으킨다. 이 경우, 문맥은 바울과 바나바가 장로들 지명을 가리키는 듯하지만, 사도행전 다른 곳에서 발견되는 회중의 능동적인 역할은 적어도 "회중의 찬성"이 있었음을 보여준다.41 어쨌든 어떤 사람들이 '안수의 실제 행위'로 여기는42 안수는 이 두 본문에 언급되지 않는다.

안수는 디모데와 관련하여 두 번 언급된다(딤전 4:14; 딤후 1:6). 바울과 장로회 모두 그에게 안수했겠고, 이는 은사, 아마도 사역을 감당하도록 성령께서 능력을 주심과 관련이 있었을 게다. 하지만 은사 수여는 또 다른 안수 문맥에서는 언급하지 않으며, 디모데전서 3장이나 디도서 1장에서 장로에 관한 지침에도 포함하지 않는다. 어쨌든 디모데가 목사나 장로로 안수받았는지는 분명하지 않다. 그는 사도행전 13장에서 바울과 바나바가 그랬듯이, 특별한 임무에 위임받았을 수 있지만, 교회 직책에 위임받지는 않은 듯하다. 따라서 디모데 안수에 관한 묘사를 현대 안수 형태로 사용하는 데는 문제가 있다. 디모데전서 5:22에서 마지막 언급에, 디모데에게 성급하게 안수하지 말라고 경고함은 아마도 장로 안수에 관한 언급인데, 그 경고가 장로에 관한 문맥에 있기 때문이다. 다른 문맥에서 안수에 관한 말은 성령 오심(행 8:17~18; 19:6), 병 고침(막 6:5; 행 9:12, 17; 28:8), 축복(마 19:13~15; 막 10:16)과 관련이 있다.43

---

41 Richard Longenecker, "The Acts of the Apostles," in *The Expositor's Bible Commentary*, ed. Frank Gaebelein (Grand Rapids: Zondervan, 1981), 9:439 ‖ 「사도행전」, 『요한복음 · 사도행전』, 엑스포지터스 성경 연구주석 (서울: 기독지혜사, 1988), 591.

42 Saucy, *The Church in God's Program*, 163 ‖ 『하나님이 계획하신 교회』, 215.

43 흥미롭게도 한때 초기 일부 침례교인은 모든 침례 받은 신자를 안수해야 한다는 상당히 강한 정서가 있었다. 필라델피아 침례교 연합회는 「2

교회 역사에서 안수는 점점 더 중요해졌다. 궁극적으로 안수는 받는 사람에게 은혜와 성령 은사를 수여하는 성례전(sacrament)으로 여겨졌다. 또한 안수는 수임이 단절되지 않은 계승을 통해 사도들에게까지 이어진다고 주장되었기에, 안수받는 사람이 그리스도께서 사도들에게 주신 권위에 참여하는 절차로 여겨졌다. 따라서 글렌 힌슨(Glenn Hinson)이 한 표현처럼, 안수로 "성직자들은 단순히 기능적으로가 아니라 **본질적으로** 평신도와 다른 존재로 여겨졌다."44 안수에 관한 이러한 이해는 종교개혁 때 신랄한 공격을 받았다. 그것은 모든 신자 제사장직 개념과 모순되었으며, 성직자와 평신도라는 잘못된 이분법을 만들었는데, 성경 근거가 부족했기 때문이다.45

그렇기는 하지만, 많은 복음주의 단체에서도 안수받은 사람은 특별한 부류라는 생각이 여전했으며, 모든 신자가 사역으로 부르심을 받았다는 성경 가르침에 방해가 됐다. 레이먼드 베일리(Raymond Bailey)는 다음 말로 극단적 제안을 하기도 했다. "아마도 신자 제사장직 교리는 안수를 모두 폐지함으로써 가장 잘 보여줄 수 있다. 현대 세상에서 사역에 더 큰 다양성은 더 많은 안수를 요청하기보다 교회 사명에 역효과를 낳는 그러한 의식을 폐기하기를 요청한

차 린딘 신잉고백」을 글자 그대로 채택했지만, 두 가지 조항을 추가할 필요를 느꼈다. 하나는 예배에서 노래하기를 다루었으며, 다른 하나는 안수를 다루었다. 그들은 안수를 "주의 만찬에 참여하도록 허용된 모든 사람이 복종해야 할" 그리스도의 안수로 불렀다. 안수 목적은 "그리스도 예수 안에서 그들을 확증하고, 강화하며, 위로하려고 성령의 은혜, 그리하여 그 영향을 계속해서 받게 하기" 위함이었다. 하지만 찰스턴 연합회와 같은 다른 교회와 연합은 종종 「필라델피아 신앙고백서」을 채택했어도 이 조항은 삭제했다. Lumpkin, *Baptist Confessions of Faith*, 348~53 ‖ 『침례교 신앙고백서』, 408~15의 논의를 보라.

44 E. Glenn Hinson, "Ordination in Christian History," *Review and Expositor* 78, no. 4 (1981): 485 (지은이 강조).

45 모든 신자 제사장 교리의 의미와 중요성에 관한 최근 설명은 Uche Anizor and Hank Voss, *Representing Christ: A Vision for the Priesthood of All Believers* (Downers Grove, IL: IVP Academic, 2016)을 보라.

다."⁴⁶ 그는 우리가 모든 신자를 사역에 임명하는 침례를 준수하며, 그리하여 모든 신자에게 그들이 사역으로 부르심을 받았음을 확정하는 길을 발견할 수 있다고 제안한다. 동시에 그는 안수가 너무도 확고하게 우리 전통 관행에 자리 잡고 있어서 그것을 버릴 수 없음을 인정한다.⁴⁷

19세기 말, 가장 유명한 침례교인 찰스 스펄전은 안수를 거부했는데, 일반적으로 영국에서 안수를 성례전으로 이해했기 때문이다. 하지만 어떤 방식으로든 지도자를 인정하는 일은 성경에 근거하며, 적절하게 이해한 안수 관례는 어느 정도 긍정적 목적에 이바지한다.

첫째이며 가장 중요한 점은, 안수는 교회가 장로와 집사로 섬기는 일에 자격이 있다고 인정받은 사람의 은사, 인격, 소명을 교회가 확정할 수 있다는 점이다. 이것은 하나님께서 교회의 '연대한 확정(corporate affirmation)'으로 개인 지도력을 확정하는 성경 원리라 할 수 있다. 예를 들어, 바울과 바나바는 선교사로서 가라는 하나님의 부르심을 그들만 듣고 그들만 가지 않았다. 그들과 그들 교회가 함께 그러한 부르심을 들었으며, 그리하여 그 몸이 그러한 부르심을 확정하고 그들을 보냈다(행 13:1~3). 연대한 확정을 진지하게 받아들이면, 그것은 많은 목사와 집사 후보자의 삶에서 하나님께서 그들을 사역으로 부르심을 확정하는 강력한 수단일 수 있다.

이 연대한 확정이라는 개념에서 안수 실제 관례에 두 가지 제안으로 이어진다. 첫째는 안수가 안수받은 사람에게만 제한하지 않고, 회중의 모든 구성원에게 열려있어야 한다. 안수가 성례전 은혜를 전달하기보다 어떤 사람의 은사와 인격 그리고 사역으로 부르심 등을 확정하는 일이면, 무엇이 어떤 신자 자신이 확정한 형제를 안수하는 일을 막을 수 있겠는가? 그러한 관례의 성경적 선례가 있으며

---

46 Raymond Bailey, "Multiple Ministries and Ordination," *Review and Expositor* 78, no. 4 (1981): 533.

47 Bailey, "Multiple Ministries and Ordination," 534.

(민 8:10), 안수 의미와 일치하고,48 회중의 안수 이해, 곧 안수 주체가 어떤 임명된 엘리트가 아니라 교회라는 이해와 일치한다. 둘째는 안수가 기본적으로 어떤 사람이 특별한 사역에 필요한 은사, 인격, 부르심을 가졌는지 확정하는 방식이며, 모든 신자가 사역으로 부르심을 받았다면, 안수와 비슷한 어떤 것이 교회에 널리 보급되어 있어야 한다는 점이다. 안수에는 법적 의미가 있어 널리 실행할 때 몇 가지 오해를 일으킬 수 있으므로, 아마도 이러한 추가적 경우에 그것은 안수라 해서는 안 된다. 위임, 축복, 확정 모두 똑같은 목적—개인 부르심을 연대해 확정하기—에 이바지한다. 또한 그것은 모든 신자가 어떤 형태로든 사역으로 부르심을 받는다는 생각을 강화한다.

안수를 신중하게 실행함으로 얻는 두 번째 긍정적 결과는 교회 지도자를 바르게 알아보게 함이다. 그러한 인식은 지도자에 관한 성경 명령을 전제하는 인식이며, 그들은 존경받고 높이 평가되고(살전 5:12~13), 사람들을 복종시키고(히 13:17), 병자를 위해 기도하도록 초청되기에(약 5:14) 인정받아야 했다. 지도자 인정은 모든 것을 품위 있게 하고 질서 있게 하라는 권면과 일치한다(고전 14:40).49 또한 그들을 인정하고 구별함이 적절한 이유는 그들이 어느 정도 평신도보다 높은 엘리트 계급의 일부이기 때문이 아니라, 그들이 교회에서 교회를 위해 중요한 사역, 곧 교회의 지원과 기도가 필요한 사역을 수행하기 때문이다.

---

48 Culpepper, "The Biblical Basis for Ordination," 481에서 "교회가 안수함은 기본적으로 그 회중 가운데 섬기도록 지명된 사람을 축복하고 그를 위해 기도하는 표현이었다."라고 함을 보라.

49 순서 바른 안수 예배에 포함되어야 하는 요소에 관한 제안은 Bill Leonard, "The Ordination Service in Baptist Churches," *Review and Expositor* 78, no. 4 (1981): 549~61에서 볼 수 있다. 안수식 설교의 예는 John S. Hammett, "Ordination Sermon," *Proclaim!* 32, no. 3 (2002): 39~40을 보라.

안수를 신중하게 수행해 얻은 세 번째 긍정적 결과는, 준비가 불충분하거나 자격이 없거나 이단적인 목사에게서 교회를 보호하는 일이다. 이것은 **가능한** 결과이지만, 현재 많은 침례교회에서 실행되는 안수 관례가 너무도 형식적이어서 그러한 보호를 거의 제공하지 않는다. 이러한 형식적 관행을 입증하는 한 가지 사실은, 적어도 내가 경험한 바로는, 누구도 안수에서 거절되지 않았다는 점이다. 안수 위원회는 일반적으로 후보자를 검증하도록 소집되며 그 후보자가 사역으로 부르심을 받은 것과 그의 인격과 교리에 관해 그에게 질문할 수 있지만, 사람들은 그러한 회의의 결과를 절대 의심하지 않는다. 참으로 자주 안수 예배는 안수 위원회 모임 한 시간쯤 후에 진행하기로 미리 계획한다. 물론 책임을 최종적으로 안수 위원회에 돌릴 수 없다. 어쨌든 그들은 교회에 추천할 뿐이다. 교회가 안수할 기관이므로, 젊은 남자의 인격과 은사를 진정으로 평가해야 할 의무는 교회에 있다. 그렇게 할 때만이 그들 확정은 참될 수 있다. 하지만 교회 대부분은 그들 가운데 "사역으로 부르심을 받은" 그러한 후보자가 있는 것을 감사하게 생각하고 자랑스러워하기까지 한다. 그리고 그들은 머지않아 그들 소명, 인격, 교리를 조사하기보다 형식적으로 안수하려고 그들 신청을 승인한다.

여기서 이 책 2부와 3부에서 다루는 주제가 합쳐진다. 거듭난 사람들로 이뤄진 회중만이 지도자 후보를 평가할 수 있으며, 교회를 다스리는 단체로써 자기 의무를 받아들이는 회중만이 지도자 후보를 기꺼이 평가한다. 회중제 교회 정치체제 아래 교회는 자기 지도자를 불평할 권리가 없는데, 그들을 임명할 때 그들 소명, 인격, 은사, 교리를 증명하는 주체가 교회이기 때문이다. 그들이 지혜롭게 안수하면 그들은 그들 지도자를 불평할 이유가 있을 수가 없다. 그들은 불평할 만한 지도자에게서 자기를 보호할 수도 있었기 때문이다.

마지막으로, 미국에서 안수 관례를 유지해야 하는 실제 이유는 미국 법체계와 관련이 있다. 미국 세법은 임명된 성직자가 일반적인 복지에 공헌하는, 지역사회 자산으로 여겨지던 때에 만들어졌다. 따라서 임명된 사역자에게 유리하도록 상당한 세금 특혜가 주어졌다. 또한, 어떤 주에서는 법적으로 유효한 결혼 주례하는 데 안수를 요구한다. 그러한 실용적, 법적 이유는 아마도 그 자체로 안수를 정당화하기에 충분하지 않지만, 그 둘의 어느 것도 중요하지 않거나 고려할 가치가 없지 않다. 따라서 안수 의미가 분명하고도 조심스럽게 설명되는 한 그것이 가져오는 유익은 분명히 그 위험성보다 더 크다.

결론

교회 정치체제를 둘러싼 이러한 문제를 다루는 데 네 장이나 할애해 자세히 써야 했는데, 주된 요점이 세부 내용에 묻혀서 잊혔을 수 있다. 따라서 요약과 결론으로 이 장들에서 묘사한 방식으로 운영하는 교회가 어떻게 보일지 간략하게 묘사하겠다. 이상적 묘사지만, 성경과 침례교도 전통에 뿌리를 둔 개념과 실행을 통합한다. 곧, 오늘날 일부 침례교회에서 활용하는 개념과 실행이다.

회중제 원리에 따라 운영하는 교회는 거듭난 회원으로 구성한 회중으로 시작한다. 이 구성원은 모두 매년 교회 서약에 서명하며, 교회 복리를 위해 살고, 기도하고, 일하기로 약속한다. 그들은 교회 주인의식을 가지고 기도하는 마음으로 사무회의에 참여하며, 하나님께서 교회를 인도하심을 분별하며 거기서 자기 역할을 다하려고 힘쓴다. 그들은 교회를 섬기기는 데 자기 은사를 사용하고 다른 사람들을 지지하며 적극적으로 참여한다.

이러한 교회는 장로 모임이 인도하는데, 회중은 장로 후보자가 성경이 말한 대로 그 직책에 적합한 자격을 갖췄는지 살핀 다음에 선출한다. 장로 가운데 한 명(혹은 그보다 많은 수)은 교회에서 보수를 받으며 그리하여 자기 시간을 목회 사역에 온전히 쓸 수 있다. 그는 목사라 불리지만, 자기를 장로들의 한 명으로 여기며, 다른 장로들과 더불어 전체적으로 교회를 인도하는 책임을 맡는다. 하지만 그는 특별히 은사를 받고 훈련된 사람이기에, 대부분의 공적 설교와 가르침을 행하고 목회 전반과 행정 임무를 수행한다. 하지만 그는 다른 장로들이 그와 함께함에 감사한다. 그들은 회중 가운데 오래된 구성원이며 인격이 뛰어나며 지도력과 가르침 영역에 은사가 있는 사람들이다. 그들은 그와 함께 교회가 직면한 결정을 심사하고, 회중을 인도하는 일을 그와 함께 나누며, 각자가 자신이 가장 잘 이바지할 수 있다고 생각하는 영역에서 지도력을 행사한다. 어떤 사람들은 가르치는 의무의 일부 담당하며, 어떤 사람들은 병자와 고통받는 사람을 보살피는 목회 사역에 집중하고, 다른 사람들은 교회 재정적인 활력, 또는 청소년이나 어린이 사역, 또는 전도에 관심을 가질 수 있다. 함 몸으로서, 그들은 교회에게서 권위를 위임받아 각각 상황에서 나날이 결정을 내려야 하는 일을 처리하며, 그러한 의무를 심각하게 받아들이고, 시간을 들여 이러한 문제를 기도하려고 정기 모임에 참석한다. 하지만 그들은 회중의 의견을 존중하고 전체적으로 회중에게 영향을 미치는 일을 교회 사무회의 모임에서 말한다. 그러한 일은 교회의 예산, 급여를 지급할 직원 채용, 장로와 집사 선출, 교회 권징 문제와 같은 일을 포함할 수 있다. 성도는 장로의 지도력을 존중하고 일반적으로 따르지만, 또한 주께서 그의 백성을 통해 자기 교회를 인도하신다는 진정한 믿음이 있으며, 따라서 회원들의 의견과 기고가 자주 최종적인 결정에 반영된다.

전체적인 지도력을 행사하는 장로들과 그들을 돕는 여러 집사가 교회에 함께 있다. 그들은 교회 건물과 땅을 적절하게 보존하고, 교회 사역에서 많은 일을 조정하며, 교회 필요와 그들 은사에 따라 섬긴다. 교회가 그들이 필요함을 인식하고 그들 구성원 사이에 자격이 있는 사람들을 분별해 선택한다. 그들 아내는 그들과 함께 섬긴다. 집사 선출 자격에는 참으로 경건한 인격을 가진 아내를 두는 것도 포함한다. 이러한 아내들은 자기 은사를 따라 특별히 회중 가운데 여성들을 가르치고 섬기는 일에 봉사한다. 어떤 사람들은 특별히 상담에 은사가 있으며, 다른 사람들은 회중 가운데 외출할 수 없는 구성원들을 친밀하게 만나며 돕고, 또 다른 사람들은 어머니들이 유아실과 어린이 사역에 만족하는지 살핀다.

사역은 결코 장로와 집사에만 제한하지 않는다. 모든 구성원은 자신이 사역으로 부르심을 받았음을 인식하도록 도전받으며, 자기 은사를 발견하고 발전시키도록 권고받는다. 교회 지도자는 은사를 사용하는 사람들을 공적으로 인정하고 확정하는 일을 주도한다. 단기 선교여행을 가는 사람들을 위한 위임 예배, 유아실이나 청소년 사역을 감당하는 사람들의 공로를 인정하고 기도하는 일, 적절한 은사와 인격을 갖추고 안수받으려는 사람들을 격려하는 일을 한다.

이와 비슷한 방식으로 운영하는 교회는 성경의 가르침을 따르며 많은 유익을 제공한다. 하지만 건강한 모델은 그것만으로 가능하지 않다. 많은 침례교회가 한 명의 목사 또는 장로 그리고 전통적 집사회 형태로 운영하며, 그러한 교회는 여전히 건강하고 생기가 넘친다. 다른 교회에서는 직원들이 장로들일 수 있으며, 또 다른 교회들은 앞에서 제안된 모델을 넘어서서 장로정치로 갈 수 있으며, 어떤 교회는 집사와 더불어 섬기는 여성 집사를 둘 수 있다. 참으로, 앞에서 말한 모델 요소가 거의 없는 건강하고 생동감 있는 장로교회, 오순절 교회, 감리교회, 루터교회가 있다. 하나님께서는 불완전한 도구를 축복하시고 사용하실 수 있다. 그것이 우리가 땅 위에서 발견하는 모든 것이기 때문이다. 교회 정치체제 모델보다 더 중요한 요소는 지도자 인격이다. 하지만 어떤 모델은 다른 모델보다 덜 불완전하다. 앞에서 개관한 모델은 성경적 가르침을 충실히 따르고 있음을 나타내는 네 가지 원리를 통합하며, 교회를 건강하게 지키는, 특별히 장기적으로 교회를 보호하는 방위 수단이다.

첫째이며 가장 중요한 원리는 회중제 교회 정치체제다. 침례교인 목사는 장로정치에 끌릴 수 있는데, 고집스러운 회중보다 한 무리의 장로들을 다루기가 훨씬 쉬워 보이며, 어떤 구절은 장로들에게 강력한 권위의 역할을 준다는 생각을 지지하는 것처럼 보이기 때문이다. 하지만 장로 통치가 성경을 오해하고 있으며 기껏해야 근시안적인데, 목사가 바라는 목표의 하나가 구성원들의 영적 성숙이어야 하기 때문이다. 결국, 그들은 그가 계획하는 사역을 재정적으로 지원해야 할 사람들이다. 그가 바라는 대로 교회가 사람들을 사랑하고 전도하며 제자로 삼으려면 장로들이 활동해야 한다. 그들은 자신들이 한 부분을 맡아 진전시키는 계획에 헌신하고 활동할 가능성이 훨씬 크다. 그리고 회원들이 영적으로 성숙하고 있다면, 왜 교회나 교회 목사가 장로들이 공헌할 지혜를 차단하려고 하겠는가? 단연코 목사에게 가장 중요한 목표, 곧 교회의 장기적 건강에 가장 공헌할 목표는 스스로 운영할 수 있고 기꺼이 그렇게 하려는 회중을 성숙하게 하는 일이다. 교회 대부분에서 그러한 회중을 성숙하게 하는 일은 해를 거듭해야 이룰 수 있는 사역이지만, 지혜로운 지도자는 회중을 양육하고 회중이 교회를 운영하도록 지도한다.

두 번째 핵심적 원리는 복수 지도력이다. 복수 장로를 언급하는 성경의 예들, (어떤 한 개인에게 권력을 집중하는 것을 경고하는) 인간 타락 교리, 사역 실제(어느 목사도 회중 전체를 이끌기에 충분한 지혜와 은사를 가지지 않았음)가 이러한 복수 지도력을 권장한다. 이러한 복수성은 장로 모임이 가장 잘 실행하지만, 장로들을 인정함이 오히려 회중을 분열시킬 가능성이 있을 때 지혜로운 목사는 복수 지도력을 비공식적으로 발전시킬 수 있는데, 여러 경건한 남성을 신임하고, 그들을 회중 사역에 참여하게 하며, 어떤 일을 결정하고 교회에게 추천하는 일에 그들의 조언을 활용함으로 그렇게 할 수 있다. 어떤 교회에서는 직원이나 집사들이 거의 장로처럼 섬긴다. 그러한 모델은 효과가 있을 수 있지만, 연루된 사람들이 장로 유형의 의무에 적합하지 않은 경우가 너무 잦다. 그리고 집사들이 장로로 섬긴다면 집사에게 적합한 의무가 무시될 수 있다.

이는 세 번째 원리로 이어진다. 교회에 두 범주 지도자가 필요함이다. 어떤 사람은 전체적 지도력을 행사하고, 목회 사역과 가르침을 제공하며, 그리스도인 행위의 모범을 보인다. 다른 지도자 범주도 모범을 보이는 데 도움을 주지만, 그들은 지원 사역에서 섬기며, 전체적 지도력을 맡은 사람이 전체 관심사에 집중하고 상세하고 구체적인 용건에 얽히지 않게 한다. 이러한 지원 역할을 맡은 지도자들 가운데 남자와 여자가 필요함은 교회 회원의 절반 이상이 여성이며 그들이 가진 필요 일부는 여성이 가장 잘 채울 수 있기 때문이다. 어떤 여성은 그러한 능력으로, 직책도 없이, 단순히 그리스도를 사랑하고 그분 이름으로 섬기려는 열망이 동기가 되어 섬긴다. 하지만 성경은 여성이 그러한 일을 하는 한 가지 구체적인 길을 말하는데, 집사의 아내로 섬기는 것이다. 어떤 교회는 그러한 여성을 여성 집사로 부르기를 바라며, 다른 교회는 공식적으로 인정하지 않기로 한다. 어떻든, 요점은 모든 교회에 다른 여성을 그런 식으로 섬길 여성이 필요하다는 점이다.

건강한 교회 정치 형태에 포함된 마지막 원리는 조직과 관련이 있는 구체직 요점보나 교회 조직의 모든 요소에 영향을 미칠 '환경 조성'과 관련이 있다. 조성할 환경은 모든 회원이 참여하는 사역 영역에서 그들을 도선하고 격려하고 확정하는 분위기다. 부름을 받은 대로 되고 부름을 받은 모든 것을 행하는 교회에서는 모든 회원이 사역에 참여한다. 건강한 교회에서는 각자가 사역으로 도전에 반응하고, 격려와 섬기기는 데 필요한 교육을 받으며, 그들 사역에서 인정받는다. 이것은 사람들을 목회 사역에 임명하는 일을 조심스럽게 실행함을 포함하지만, 그것이 목회 사역 범위를 훨씬 넘어섬은 교회 사역이 목회 사역을 훨씬 넘어섬과 같다. 정확하게 어디까지 교회 사역이 확장하고 그것이 무엇을 포함해야 하는지는 다음 장에서 다루겠다.

3부 연구 질문

1. 감리교회, 장로교회, 회중교회에서 주장하는 교회 정치체제는 몫몫이 무엇이며, 그 체제에 찬성과 반대는 무엇인가?

2. "회중이 발언권을 가진다"라고 마크 데버가 한 말에 동의하는가? 진정으로 회중은 스스로 교회를 운영하기를 바라는가? 여러분 교회를 운영하는 일에서 여러분이 발언권을 가짐은 여러분에게 얼마나 중요한가?

3. 교회 회원으로서 특권과 책임 몇 가지는 무엇인가? 여러분이 이 책 7장을 읽음으로써 교회 회원을 바라보고 살아가는 방식에 어떻게 영향을 받는가?

4. 지역교회에 복수 장로제 시행으로 얻는 유익한 점은 무엇인가? 무슨 어려움이 있는가?

5. 신약성서에서 적절한 본문과 이 책 7장 논의에 기초하여, 목사 또는 장로 직책의 직무 내용 설명서를 작성하라.

6. 장로 직책에 합당한 자격에서 어느 것이 가장 중요하다고 생각하는가? 교회가 목사를 찾을 때 이러한 자격을 신중하게 고려한다고 생각하는가? 여러분 회중 가운데 이러한 자격을 충족하고 장로가 될 구성원이 있는가?

7. 교회에서 집사가 하는 역할을 살펴봤는가? 그들이 어떤 역할을 해야 한다고 생각하는가?

8. 디모데전서 3:11은 여성 집사 직분의 근거를 제시하는가? 이 구절과 그것이 집사 직분과 어떤 연관이 있는지 말하라.

9. 누가 실제로 어떤 사람을 사역에 임명하는가? 안수위원회인가, 후보자에게 안수하는 사람들인가, 아니면 교회 전체인가? 안수는 무엇을 뜻하거나 나타내는가?

10. 이 모든 조직 문제는 얼마나 중요한가? 그것들은 진정으로 교회 건강에 영향을 끼치는가? 여러분은 장로제나 감독제 교회 정치체제를 실행하는 교회에 가입하는 데 아무런 문제가 없는가? 왜 그런가, 또는 그렇지 않은가?

================ **심화 연구 자료** ================

Brand, Chad Owen, and R. Stanton Norman, eds. *Perspectives on Church Government: Five Views of Church Polity*. Nashville: Broadman & Holman, 2004. 세 가지 주요 교회 정치 형태를 제시하는데, 세 가지 회중제 모델도 다룬다. 대니얼 아킨(Daniel Akin)이 쓴 단일 장로가 인도하는 교회 정치체제, 그리고 제임스 레오 개럿 2세(James Leo Garrett Jr.)가 쓴 회중이 이끄는 교회 내용이 특히 좋다. 불행하게도 장로교회와 감리교회의 기고자들은 자기 입장 논거의 정당함을 잘 입증하지 못한다.

Cowan, Steven B., ed. *Who Runs the Church? Four Views on Church Government*. Grand Rapids: Zondervan, 2004. 이 책은 유명한 카운터포인트 시리즈(Counterpoint Series)의 한 책으로, 교회 정치체제에 관한 네 가지 접근을 네 명의 유능한 학자의 변호와 비판 내용으로 제시한다. 피터 툰(Peter Toon)은 감독제를, 로이 테일러(L. Roy Taylor)는 장로제를, 페이지 패터슨(Paige Patterson)은 단일 장로 회중제를, 새뮤엘 월드런(Samuel Waldron)은 복수 장로 회중제를 제안한다.

Dever, Mark, ed. *Polity: Biblical Arguments on How to Conduct Church Life*. Washington, D.C.: Center for Church Reform, 2001. 이 책을 인용했고 여기서 다시 언급하는데, 이 책의 10차례 재발행이 이 장에서 다룬 주제에 관한 침례교인의 역사적 가르침 예를 제공하기 때문이다. 그리고 도입 부분에서, 그레그 윌스(Greg Wills)가 한 평론은 유용한 개관을 제공한다.

Dever, Mark and Jonathan Leeman, eds. *Baptist Foundations: Church Government for an Anti-Institutional Age*. Nashville: B & H

Academic, 2015. 이 책 3부 주제에 관한 가장 완벽한 책으로, 회중제, 교회 회원 자격, 장로와 집사에 관한 장이 있다.

Hammett, John and Benjamin Merkle, eds. *Those Who Must Give an Account: A Study of Church Membership and Church Discipline*. Nashville: B & H Academic, 2012. 교회 회원자격은 교회 권징과 함께 다양한 관점, 곧 역사적, 실제적, 선교적 관점에서 고려하는데, 이로 회원이었어도 아니라고 간주하기도 한다. 목사 관점에서 둘 다를 살피는데, 그들은 목사가 돌볼 사람이다.

Leeman, Jonathan. *Don't Fire Your Church Members: The Case for Congregationalism*. Nashville: B & H Academic, 2016. 제목에 오해할 소지가 있는데, 리만은 내가 아는 한 회중제와 관련 문제에 관한 가장 종합적 논의를 제시하며, 또한 장로 지도력과 이것의 회중제 교회 정치체제와 관계성을 논의한다.

Merkle, Benjamin. *40 Questions about Elders and Deacons*. Grand Rapids: Kregel, 2008. 머클은 장로와 교회 지도력에 관한 여러 책을 쓰거나 글을 기고했다. 이 책에서는 주로 장로들에게 초점을 맞추지만, 집사에 관한 유용한 장들도 포함한다. 이 책의 40가지 질문 형식은 독자가 관심 있는 질문으로 바로 이동할 수 있기에 특히 유익하다.

Newton, Phil A. *Elders in Congregational Life: Rediscovering the Biblical Model for Church Leadership*. Grand Rapids: Kregel, 2005. 이 책은 침례교회에서 복수 장로제도 유용성을 주장하며, 좀 더 중요하게는 침례교인 회중에서 그러한 교회 정치체제를 실행하는 방향으로 나아가도록 자세한 실제를 제안한다.

"Ordination for Christian Ministry." *Review and Expositor*, Fall 1981. 이 자료를 목록에 포함하는 데 주저하는 이유는 이것이 신학 자료실에 접근이 가능한 사람에게만 유용하기 때문이다. 하지만 이 정기 간행물에서 일곱 개 논문은 안수 문제에 집중해 성경적, 신학적, 실제적 문제를 다룬다. 이 논문 모두의 관점에 동의하지 않지만, 전체적으로 다른 곳에서 깊이 있게 다루지 않는 주제에 관한 유용한 정보를 제공한다.

Strauch, Alexander. *Biblical Eldership: An Urgent Call to Restore Biblical Church Leadership*. 3rd ed. Littleton, Colo.: Lewis & Roth, 1995. 이 책은 복수 장로제에 관한 가장 영향력 있는 논증의 하나이다. 신약성서에서 장로에 관한 모든 적절한 구절을 주로 강해한다.

교회는 무엇을 하는가? 4부
WHAT DOES THE CHURCH DO?

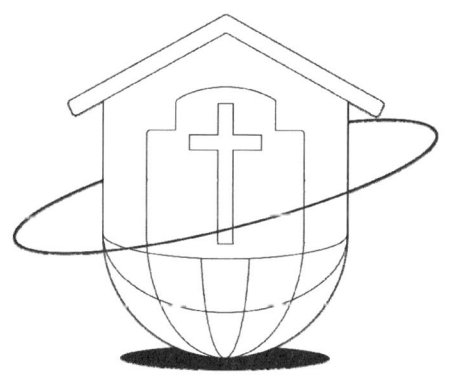

교회 사역
—다섯 가지 주요 관심사
THE MINISTRIES OF THE CHURCH
Five Crucial Concerns

10장

이 장에서는 가시적 활동 국면에서 교회를 살펴보겠다. 신학자들은 이러한 활동의 수와 그것을 부르는 말에 의견을 달리한다.[1] 밀라드 에릭슨(Millard Erickson)은 네 가지 기능이 교회의 "영적 건강과 복지에 핵심"이라고 여긴다. 그것은 전도(지역과 세계 모두), 교화

---

[1] 여기서 쓰는 용어 '사역(ministries)'은 '사명(mission)' 및 '교회 사명(mission of the church)'과 구분해야 한다. 서로 관련이 있어도, 사역은 교회가 그 사명을 성취하려고 수행하는 더 구체적이며 눈에 보이는 활동을 말한다. 교회 사명에 관해서는 Kevin DeYoung and Greg Gilbert, *What Is the Mission of the Church?* (Wheaton, IL: Crossway, 2011) ‖ 『교회의 선교란 무엇인가: 사회정의·샬롬 지상명령 이해하기』, 신윤수 옮김 (서울: 부흥과개혁사, 2019); Christopher J. H. Wright, *The Mission of God's People* (Grand Rapids: Zondervan, 2010); Jason Sexton, gen. ed., *Four Views on the Church's Mission* (Grand Rapids: Zondervan, 2017)를 보라.

(교회 수단인 교제와 가르침을 포함), 예배, 사회에 관심 등이다.2 스탠리 그렌즈(Stanley Grenz)는 교회에 주어진 삼중 명령으로 예배, 교화, 복음 선포 등을 말한다. 이 모두는 교회가 공동체임을 나타낸다.3 에드먼드 클라우니(Edmund Clowney)는 섬김 관점에서 교회 활동을 묘사한다. "교회는 세 가지 방식으로 하나님을 섬기도록 부르심을 받았다. **예배**로 하나님을 직접 섬기고, **양육**으로 성도를 섬기며, **증언**으로 세상을 섬긴다."4 존 뉴포트(John Newport)는 교회 목적(교회와 세상에서 그리스도께서 주님이심을 표현)을 생각하면서 이 주제에 접근하고, 교회가 그 이중 목적을 수행하는 아홉 가지 방식을 열거한다. 그것은 예배, 봉사, 교제, 권징, 조직, 교화와 교육, 선포와 증언이다.5 릭 워렌(Rick Warren)은 그가 쓴 유명한 책 『목적이 이끄는 교회』에서 예배, 사역, 전도, 교제, 제자도 등 다섯 가지 목적이 교회에서 활동과 프로그램과 구성을 이끌게 하라고 권면한다.6 그레그 앨리슨은 내가 쓰는 같은 용어, 곧 교회 사역을 쓰지만,7 조

---

2 Millard Erickson, *Christian Theology*, 3rd ed. (Grand Rapids: Baker Academic, 2013), 972~79 ‖ 참고. 『복음주의 조직신학 (하)—구원론·교회론·종말론』, 신경수 옮김 (서울: 크리스챤다이제스트, 1995), 243~52.

3 Stanley Grenz, *Theology for the Community of God* (Nashville: Broadman & Holman, 1994), 638 ‖ 『조직신학—하나님의 공동체를 위한 신학』, 신옥수 옮김 (파주: CH북스, 2017), 701.

4 Edmund Clowney, *The Church, Contours of Christian Theology* (Downers Grove: InterVarsity, 1995), 117 (저자 강조).

5 John Newport, "The Purpose of the Church," in *The People of God: Essays on the Believers' Church*, ed. Paul Basden and David Dockery (Nashville: Broadman, 1991), 23~38.

6 Rick Warren, *The Purpose Driven Church: Growth Without Compromising Your Message and Mission* (Grand Rapids: Zondervan, 1995), 103~06 ‖ 『목적이 이끄는 교회—새들백교회 이야기』, 김현회·박경범 옮김 (서울: 디모데, 2010), 156~73.

7 Gregg Allison, *Sojourners and Strangers: The Doctrine of the Church*, Foundations of Evangelical Theology (Wheaton, IL: Crossway,

금 다른 범주로 나눈다. 곧, "예배, 선포, 선교 활동, 제자도, … 회원 돌보기", 그리고 "폭넓게 세상일을 돌볼 책임", 그는 이것을 "가난한 사람과 소외된 사람을 돕는 데 특별한 적용"으로 여긴다.[8]

이 장에서 내 접근은 위에 나열한 사람들의 접근과 많이 겹치며 비슷하다. 나는 가르침, 교제, 예배, 봉사, 전도가 교회가 하나님을 영화롭게 하는 전체 **목적**에 공헌하는 다섯 가지 **사역**이라고 부른다. 내 접근에는 독특한 점이 두 가지라고 생각한다.

첫째는 교회 사역을 교회 특성에 연결하는 방법이다. 아래에서 논증하겠지만, 교회와 선교단체 사역을 나누는 한 가지 표시는 이 모든 사역을 하는지이다. 달리 말해, 이 모든 사역을 하는 게 교회 존재의 구성요소이다. 이 다섯 가지 활동이 아주 폭넓은 범주라고 생각해도, 이것들은 교회가 하는 모든 것을 망라하지 않지만, 모든 교회가 해야 할 모든 활동이다. 교회마다 다른 일을 더 잘한다 해도, 다섯 개 활동은 성서가 명령한다고 생각한다.

내 접근에 독특한 국면 둘째는, 이 다섯 가지 활동이 일반적으로 교회에 관한 신약성서 가르침에서만 명령하는 게 아니라, 교회에 관한 한 핵심 구절인 사도행전 2:42~47에서 특별히 지시한다고 생각하는 점이다. 사도행전이 내러티브리, 거기에 서술한 모든 세 반드시 규정이 아니어도, 사도행전 2:42~47에는 그것을 의도를 지닌 전형(deliberately paradigmatic)으로 여기는 게 정당한 여러 특징이 있는데, 한 주석가는 이를 "초기 교회 상태에 관한 주제 단락"[9]이라고 표현한다. (초기 교회 삶에 이런 사역들이 있었다고 제시하는 이 구

2012), 413에서, 12장 제목이 「교회 사역」이다.

[8] Allison, *Sojourners and Strangers*, 459.

[9] Richard Longenecker, "The Acts of the Apostles," in *The Expositor's Bible Commentary*, ed. Frank Gaebelein (Grand Rapids: Zondervan, 1981), 9:288 ‖ 「사도행전」, 『요한복음 · 사도행전』, 엑스포지터스 성경 연구주석 (서울: 기독지혜사, 1988), 401.

절에서 표현은 〈보기 10.1.〉을 보라.)

"그들은 사도의 가르침에 몰두했다."	가르침 사역
"그들은 교제에 전념했고 … 모든 신자는 함께 하며 모든 것을 함께 나눴으며 … 그들은 그들 가정에서 빵을 쪼개서 기쁘고 진실한 마음으로 함께 먹었다."	교제 사역
"그들은 … 빵을 쪼개고 기도하는 데 전념했다. 모두가 경외심으로 가득 찼고 … 날마다 그들은 성전 뜰에 함께 모여서 … 하나님을 찬양했다."	예배 사역
"그들은 재산과 소유를 팔아 필요한 사람 누구에게나 나눠줬고 … 모든 사람에게서 칭찬을 들었다."	섬김 사역
"그리고 주님께서 구원되는 사람들 수를 더하셨다."	복음 사역

〈보기 10.1.〉 사도행전 2:42~47에서 교회 사역

교회 표지로서 교회 사역

2장에서 우리는 전통적 교회 표지("하나의, 거룩한, 보편적, 사도의" 교회)와 종교개혁 교회 표지(진정한 교회 표지는 성례전을 바르게 시행과 복음을 순전히 선포이다)를 살폈다. 그러한 표지는 바르게 이해하면 오늘날에도 여전히 어느 정도 가치가 있으며, 특별히 복음 전파 표지가 그렇다. 실제로 밀라드 에릭슨이 역설하듯이, 복음은 교회 사역 중심에 있다.[10] 복음을 잃어버린 교회는 교회이기를 멈춘다.

하지만 그러한 표지가 과거에 진정한 교회를 그들 경쟁자와는 충분히 구분할 수 있었을지라도, 오늘날은 교회의 다섯 가지 사역이 선교단체와 교회를 구분하는 데 유용한 표지 역할을 한다. 선교단체는 수천 개에 이르며, 2차 세계대전 이후 미국 기독교에서 가장 깊이 스며있는 특성의 하나이다. 포커스온더패밀리(Focus on the Family), 위클리프성서번역회(Wycliffe Bible Translators), 국제월드비전(World Vision International) 같은 단체는 직원이 수천 명이고, 예산은 수백만 달러이며, 미국 교회 회원의 수백만 명에게 잘 알려져 있다. 그리고 선교단체는 교회의 경쟁자는 아니지만, 교회와 어느 정도 긴장 관계에 있다.11 교회 편에서 긴장은 선교단체가 돈과 일꾼을 교회에서 빼앗아 간다는 인식과 자주 연관되며, 선교단체 편에서는 때때로 교회가 제 역할을 하지 못하며 교회가 제대로 일하면 선교단체가 필요하지 않다고 비난한다.12 교회 사역을 교회 표지

---

10 Erickson, *Christian Theology*, 980~86 || 참고. 『복음주의 조직신학 (하)』, 252~61.

11 예를 들어, Jerry White, *Church and Parachurch: An Uneasy Marriage* (Portland, Ore.: Multnomah Press, 1983)에서 이 주제에 관한 연구 제목을 보라. 교회와 선교단체 관계를 더 자세히 다루는 John Hammett, "Selected Parachurch Groups and Southern Baptists: An Ecclesiological Debate" (Ph.D. diss., Southern Baptist Theological Seminary, 1991)를 보라. 교회와 선교단체의 관계에 관한 두 가지 다른 평가는 Philip Jensen and Tony Payne, "Church/Campus Connections: Model 1"과 Mark Gauthier, "Church/Campus Connections: Model 2," in *Telling the Truth: Evangelizing Postmoderns*, ed. D. A. Carson (Grand Rapids: Zondervan, 2000), 199~213을 보라. 젠센과 페인은 선교단체 그룹이 하나님의 백성 그룹에게 하나님의 말씀을 전하려고 모인다면 그들은 교회라고 말하며, 고티에는 교회와 선교단체 그룹 사이에 협력을 옹호한다.

12 Wesley Willmer, *The Prospering Parachurch: Enlarging the Boundaries of God's Kingdom* (San Francisco: Jossey-Bass, 1998), 170~80에서 J. 데이비드 쉬미트(J. David Schmidt)와 마틴 스미스(Martyn Smith)가 한 논의, International Commission on Evangelical Cooperation,

로 인식하는 게 이런 여러 긴장을 완화하는 데 도움이 되는 첫걸음일 수 있다.

기본적으로, 교회와 선교단체 구분은 일반의사와 전문의사 구분과 같다. 하나님께서는 교회에게, 나이와 성별과 종족과 상관없이 모든 사람에게 가르침, 교제, 예배, 봉사, 전도를 제공하라는 임무를 주셨다. 그들은 단순히 가르침, 또는 선교, 교도소 사역, 대학생 사역만을 할 수 없다. 교회를 구분하는 표지는 모든 종류의 사람에게 전체론적인 방식으로 섬기라는 부르심을 받았다는 점이다. 그들은 일반의사이다. 선교단체는 특정 무리에게 특별한 종류의 사역에 집중할 여유가 있다. 릭 워렌이 주시하듯이, "지난 40년 동안 시작한 선교단체 운동의 대부분은 교회 목적의 하나를 전문적으로 다루는 경향이 있다. … 나는 선교단체가 한 가지 목적에 집중하는 게 유효하고 나아가 교회에 도움이 된다고 믿는다. 그리하여 그들 강점은 교회에 더 큰 영향을 끼친다."13 교회는 선교단체의 전문화 능력을 시기해서도 안 되고, 자기들이 선교단체만큼 어떤 사역을 잘하지 못한다고 해서 열등감을 느껴서도 안 된다. 전문화는 더 높은 숙달 정도를 허락하면서도 더 좁은 사역 범위를 요구한다. 일반의사는 심장 전문의에게서 위협받지 않는다. 반대로 그는 심장에 문제가 있는 환자를 심장 전문의에게 맡길 수 있어서 다행으로 여긴다. 다른 한편으로 심장 전문의는 일반의를 무시하거나 자기가 환자의 모든 필요를 돌볼 수 있다고 생각해서는 안 된다. 그는 환자를 계속 보살피려고 일반의사에게 돌려보내야 한다. 둘 다 환자가 건강을 되찾게 협력한다.

Cooperating in World Evangelization: A Handbook on Church/Parachurch Relationships, Lausanne Occasional Paper no. 24 (Wheaton: Lausanne Committee for World Evangelization, 1982)를 보라.

13 Warren, *The Purpose Driven Church*, 126 ‖ 『목적이 이끄는 교회』, 143.

이것은 교회와 선교단체 관계에 유익한 은유이다. 목사는 자기 교회 남성들이 남성들의 교회 아침 기도 모임보다 프라미스키퍼스(Promise Keepers) 대회에 가기를 더 좋아하더라도 위협을 느끼지 말아야 한다. 선교단체에는 전문화 유익이 있다. 또한 기독학생선교회(InterVarsity)에서 활동하는 대학생은 자기들 교회가 죽었으며 그들 기독학생회가 진정한 영적인 삶을 발견하는 곳이라고 결론을 내려서는 안 된다. 그것이 사실이라면, 어떻게 해서 그곳에는 장년들이나 미취학 아동을 둔 가정이 없는가? 그렇지 않다. 기독학생선교회는 대학생이 좋아하는 형태로 예배를 드리는 호사를 누리고 있다. 교회는 모든 종류의 필요가 있는 모든 종류의 사람을 섬기도록 부르심을 받았다. 가능하면 교회는 선교단체가 제공하는 전문화된 봉사의 이점을 자유롭게 이용하고, 나아가 그러한 단체에서 일하는 교회 회원을 그들 교회 사역의 연장으로 인정하려고 노력해야 한다. 동시에, 교회는 모든 사역을 선교단체에 맡겨서는 안 되는데, 그리스도께서 그것을 교회에게 맡기셨기 때문이다. 선교단체 편에서는 "그리스도인 대부분의 매일 영적 삶에 교회가 첫 번째 위치에 있음을 이해"하고,14 그리하여 교회의 진정한 도구로서 활동하려고 노력해야 한다. 존 스토트(John Stott)는 "교회에서 독립은 나쁨, 교회와 협력은 더 좋음, 교회의 노구로서 섬김은 가상 좋음"이라는 기준으로 선교단체 등급을 매길 수 있다고 말했다.15 선교단체는 교회를 섬기는 동역자라는 의식으로 활동해야 이상적이다.16

---

14 Willmer et al., *The Prospering Parachurch*, 178.

15 John Stott, "Theological Preamble," to *Cooperating in World Evangelization*, 13.

16 그 모델이 무엇을 포함하는지에 관한 더 자세한 내용은 Hammett, "Selected Parachurch Groups," 235~40, 혹은 John S. Hammett, "How Church and Parachurch Should Relate: Arguments for a Servant-Partnership Model," *Missiology: An International Review* 28, no. 2 (2000): 199~207을 보라.

가장 중요한 요점은 교회가 이러한 사역들을 실제로 해야 한다는 점이다. 그것은 그들이 받은 소명 일부다. 가르치는 사역이 없거나, 전도로 영향력을 끼치지 못하거나, 성도 교제가 없는 교회는 건강하지 못한, 복지가 심각하게 손상된, 교회로서 존재가 의심스러운 교회이다. 엘머 타운즈(Elmer Towns)와 에드 스테처(Ed Stetzer)는 "교회가 교회 기능을 버릴 때 더는 참된 교회가 아니다"라고 말한다.17

또한 교회는 그러한 사역을 모든 유형의 사람에게 제공하라고 부르심을 받았다. 어떤 사람을 회원으로 받아들이는 데 교회가 요구할 수 있는 단 하나의 자격은 거듭남과 그리스도를 믿는 신앙고백을 따르는 삶이다. 그것을 제외하고, 교회는 모든 유형의 사람들을 기꺼이 맞이하라고 부르심을 받았다. 교회 성장을 연구하는 사람은 교회가 기존 회원과 비슷한 사람을 끌어들일 때 가장 빠르게 성장한다고 말한다. 그럴 가능성이 크지만, 그렇더라도 그것이 우리 타락한 본성을 나타내는 모습에 지나지 않는데, 그리스도로 말미암아(in Christ), "유대인이나 헬라인이나 종이나 자유인이나 남자나 여자"가 구분이 없기 때문이다(갈 3:28). 오늘날 세상에서 교회를 구별하는 표지는 모든 유형의 신자에게 열려있다는 점과 교회가 제공하도록 분부받은 모든 유형의 사역을 제공한다는 점이다.

교회 사역과 교회 특성

모든 유형의 사람에게 가르침, 교제, 예배, 봉사, 전도를 제공하려는 도전은 힘겨운 과제이지만, 그렇다고 변덕스러운 과제가 아니며 그것을 충족하는 일이 교회 능력을 넘어서지도 않는다. 특별히 여

---

17 Elmer Towns and Ed Stetzer, *Perimeters of Light: Biblical Boundaries for the Emerging Church* (Chicago: Moody, 2004), 70. 그들은 구체적으로 교회가 해야 하는 성서적 기능으로 말씀 선포와 의식 시행을 말한다.

기서는 어떻게 교회 사역이 교회 본래 특성인지 말하겠다.

가르침 사역을 예로 들어 보자. 가르침 사역은 교회에게 분명히 중요하다. 모든 장로는 "가르치기를 잘"해야 하며(딤전 3:2), **목사**라는 명사가 교회 직분임을 말하는 한 곳에서 그것은 교사와 연결된다(엡 4:11, "목사와 교사"). 또한 그리스도인을 가리키는 초기 이름인 **제자**는 학습자나 학생을 뜻하며, 모든 그리스도인은 "서로 가르치며 권면하라"라고 명령받는다(골 3:16).

어떻게 가르침 사역이 교회 특성과 본질적으로 연결되는가? 그것은 교회가 관련된 하나님의 고유한 성품이다. 교회는 하나님의 백성이며, 그 하나님께서는 진리의 하나님이시다. 교회는 그리스도의 몸이며, 그리스도께서는 그 자신이 "길이요 진리요 생명"이시다(요 14:6). 교회는 성령의 전이며, 성령은 우리를 모든 진리로 인도하도록 주어진 진리의 영이시다(요 16:13). 하지만 진리는 자기-증거적이지 않다. 타락으로 우리 생각은 어두워졌다. 타락한 세상은 진리를 미워하며, 악한 마귀는 거짓의 아비이다. 따라서 교회는 가르침 사역을 제공해야 한다. 그것은 "진리의 기둥과 터"가 되도록 부르심을 받았다(딤전 3:15). 나아가 교회에 가르침 사역이 있어야 하는 이유는 교회가 복음으로 존재했기 때문이다. 이 복음은 견해가 아니라 메시지이다. 그것은 내용이 있으며 삶을 보는 견지, 곧 세계관을 제공한다. 따라서 신자는 메시지를 배워야 한다. 그 메시지는 "구원을 주시는 하나님의 능력"이기 때문이다(롬 1:16).

교제도 비슷한 논증으로 말할 수 있다. 교회(ἐκκλησία[에클레시아])는 신약성서에서 가장 자주 쓰이며, 보이지 않는 교회보다 실제로 신자가 모이는 모임, 곧 하나님께서 그들을 함께 부르셨기에 서로 모이고 함께 속함을 느끼는 모임을 가리킨다. 교회를 가리키는 이미지들은 구성원이 서로 연결됨을 강조한다. 교회는 모든 형제자매가 서로에게 헌신해야 하는 가족이다.[18] 교회는 하나님께 속한 개인들이 아니라 하나님의 백성이다. 교회는 분리된 지체들이 아니라 그리스도의 몸이다. 무엇보다도 교회는 성령의 전이며, 성령은 교제와 특별히 연관되어 있다. 그것은 교제, 성령, 교회가 함께 속함을 의미하는데, 교회의 바로 그 특성의 일부가 성령께서 그 가운데 거하시는 것이며, 성령께서 내재하심은 성도가 교제하게 하기 때문이다. 이것이 고린도후서 13:14에 있는 사도의 축복이 특별히 교제를 성령께 돌리는 이유다. "주 예수 그리스도의 은혜와 하나님의 사랑과 성령의 교통하심이 너희 무리와 함께 있을지어다." 게다가 교회를 구성하는 '살아있는 돌'(벧전 2:5)이 오직 살아있는 돌인 것은 그들이 성령으로 새로운 생명을 얻었기 때문이다(요 3:5~8; 6:63). 이 살아있는 돌들로 이뤄진 건물에 하나님의 성령께서 거주하시며(엡 2:20), 그 건물은 성령으로 함께 연결되는데, 그분께서는 하나로 만드는 영이시기 때문이다(엡 4:3). 교회의 다양한 구성원이 교제를 경험하려면 그들이 성령께서 내재하시는, 성령께서 힘을 주시는, 성령께서 하나로 만드시는 몸이라는 교회의 특성에 따라 살기만 하면 된다.[19]

---

[18] Joseph Hellerman, *When the Church Was a Family: Recapturing Jesus' Vision for Authentic Christian Community* (Nashville: B & H Academic, 2009), 36에 따르면, 신약성서 세계에서 "가장 친밀한 동세대 가족 관계는 남편과 아내 관계가 아니었다. 그것은 형제자매 결속이었다." 분명히, 헬러만은 이것이 신약성서 가르침이 아니라고 말한다. 신약성서는 그리스도께서 교회를 사랑하셨듯이, 남편에게 자기 아내를 사랑하라고 명령한다(엡 5:25). 오히려, 그는 신약성서 저자들이 동료 그리스도인을 '형제'와 '자매'로 말하는 이면에 있는 의의를 드러낸다.

[19] 교제에 관한 더 많은 내용은 Bruce Milne, *We Belong Together: The Meaning of Fellowship* (Downers Grove: InterVarsity, 1978); Jerry Bridges, *True Fellowship: The Practice of Koinonia* (Colorado Springs: NavPress, 1985); Tod Bolsinger, *It Takes a Church to Raise a Christian: How the Community of God Transforms Lives* (Grand Rapids: Kregel, 2004)을 보라. 교제 효과에 관한 더 전문 연구는 James Samra, *Being Conformed to Christ in Community: A Study of Maturity, Maturation, and the Local Church in the Undisputed Pauline Letters*, Library of New Testament Studies 320 (Edinburgh: T & T Clark,

예배도 교회 특성과 필수적으로 연결되어 있다. 교회 대부분이 하는 가장 특징적 일은 예배하려고 모이는 일이다. 그들이 그렇게 함은 교회가 기본적으로 인간이 만들어낸 것이 아니라, 기본적으로 하나님의 기관이기 때문이다. 교회가 우선 충성을 다하며 본능적으로 향하는 대상은 하나님이시며, 하나님을 향한 자연적인 반응은 예배이다.

예배의 요소와 방식은 시대와 문화에 따라 크게 다르다. 초대 교회는 짧은 기간 성전에서 계속해서 예배했지만, 이내 기독교 특유의 요소—특별히 주의 만찬—와 함께 예배를 일주일의 첫날로 옮겼다. 여러 세기 동안, 로마 가톨릭 미사가 예배 중심으로 발전했지만, 중세 후기에 실행됐듯이 사람들은 주님을 예배하기보다 사제를 구경하고 있었다. 예배에 불만족은 종교개혁 열정을 부추기는 요인이었으며, 종교개혁은 예배에서 하나님의 말씀을 설교하는 일의 중요성을 회복했다. 종교개혁이 내세운 교회 표지는 예배에서 두 가지 주요 요소, 곧 성례전 실행과 말씀 전파를 나타낸다. 종교개혁가들은 진정한 교회를 나타내는 표지는 진정한 예배라고 말했다. 오늘날 전 세계 교회는 가지각색의 방식으로 예배하지만, 모든 교회가 그러한 다양성으로 예배한다는 중요한 사실을 잊어서는 안 된다. 하나님의 백성이라는 교회 특성 때문에, 교회는 예배를 통해 그분께 반응한다.

교회가 하는 섬김 사역이 교회 특성과 밀접하게 연결됨은 그리스도의 몸 이미지에 암시돼 있다. 그분 백성이 섬겨야 하는 이유는 그들이 "섬김을 받으려 함이 아니라 도리어 섬기려고"(막 10:45) 오신 그리스도를 따르는 사람이기 때문이다. 요한1서는 실제적이며 물질적 방식으로 섬김을 진정한 그리스도인의 시금석으로 여긴다. "누가 이 세상의 재물을 가지고 형제의 궁핍함을 보고도 도와줄 마음을 닫으면 하나님의 사랑이 어찌 그 속에 거하겠느냐?"(요일 3:17). 이것은 신약성서에서 직접적이며 근본적인 진리였으며, 그리하

2006)을 보라.

여 많은 사람은 초대교회가 공산주의처럼 어떤 일을 했다고 생각했다. 하지만 공산주의처럼 어떤 경제 체제나 계획이 없었으며, 단지 그리스도인 동정심으로 봉사했다. 그리고 세기를 걸쳐 그리스도인은 병든 사람을 치료하고, 배고픈 사람에게 먹을거리를 공급하며, 세상을 섬기는 사람을 대표했다. 이런 일을 함은 그리스도의 동정심이 그들 마음을 감동했기 때문이며, 그들이 그리스도의 몸이고 그분 도구로써 오늘날 세상을 섬기기 때문이다.

마지막으로, 전도사역은 교회 본래 특성과 연관돼 있다. 물론 지상명령이 있는데, 그것은 모든 민족을 제자 삼으라고 명령하며(마 28:19~20), 그리하여 전도사역이 모든 문화로 확장되어야 함을 가리킨다. 하지만 교회가 전도에 참여를 피해서는 안 되는 더 근본적인 이유가 있다. 그것은 교회가 하는 다른 모든 사역이 어느 정도는 복음 선포를 포함한다는 사실 때문이다. 가르침 사역은 복음을 설명하고 변호하는 일을 포함한다. 진정한 그리스도인 교제는 인간관계에서 복음의 능력을 표현하며, 오랫동안 사람들을 그리스도를 믿는 믿음으로 이끄는 가장 효과적인 수단의 하나였다. 복음은 그리스도인 예배에서 중심을 차지한다. 주의 만찬은 그리스도께서 오실 때까지 그분 죽음을 선포한다. 침례는 복음을 믿는 믿음 고백이며 복음에 반응이 의미하는 대로 죄와 관계를 끊고 새로운 생명으로 부활함을 예시한다. 봉사는 복음에서 묘사된 하나님 사랑이 인간 삶에서 나타나게 한다. 복음은 교회 삶의 본질이다. 교회는 그러한 삶으로 복음을 선포한다. 그것은 사도행전 2:42~47에서 나타나는데, 교회가 가르치고, 교제를 즐거워하고, 예배하고, 섬긴다고 묘사한다. 교회가 전도한다고 구체적으로 말하지 않아도, 그 구절은 "주께서 구원받는 사람을 날마다 더하게 하셨다"라고 말하며 끝맺는다(47절).

슬프게도, 타락으로 복음의 빛이 어두워지고 세계 전도 명령이 무시된 시기가 있었지만, 어둠은 결코 빛을 최종적으로 이기지 못했다. 특별히 지난 200년 동안, 교회는 복음을 온 세계로 전했으며, 기독교는 첫째 되고 유일한 진정한 세계적 종교가 됐다. 실제로 복음을 다른 문화로 전파하는 일은 교회론이 어디까지 서구 문화로 형성되었으며 어느 정도까지 성경 여러 명령을 보존하는지에 관한 질문을 일으켰는데, 이 질문은 다음 장에서 우리가 다른, 비서구 문화의 교회를 살필 때 다루겠다. 지금으로는 단순히 교회가 그 특성을 실행할 때는 언제든지 전도가 불가피하다는 사실만 말한다.

지역교회 삶에서 교회 사역

지금까지 우리는 교회 사역이 교회 특성과 관련돼 있음, 그리고 그것이 교회를 선교단체와 구분하는 표지를 형성했음을 살폈다. 여기서는 지역교회 삶에서 각각 사역이 갖는 중요성을 조사하고, 지역교회 상황에서 이러한 사역을 실행, 발전, 향상하는 데 몇 가지 실제 제안을 말하겠다.

가르침 사역

사도행전 2:42는 초대교회가 '사도들의 가르침'에 전념했다고 기록한다. 사도들은 떠났어도 우리에게 그들 가르침은 신약성경으로 남아있다. 그리고 사도들이 또한 구약 성경을 받아들였기에 우리는 그것을 가르침 사역을 위한 자료로 신약성경과 나란히 둘 수 있다. 따라서 교회의 가르침 사역은 하나님의 말씀 사역, 또는 교회가 성경을 가르치는 사역이다.

성경은 이 사역의 중요성을 분명히 말한다. 앞에서 말한 대로, 그리스도를 따르는 사람을 가리키는 초기 이름인 **제자**는 배우는 사람을 뜻한다. 제자들이 그리스도를 가리켜 자주 사용한 칭호는 랍비, 또는 선생이었으며,[20] 가르침은 설교와 치유와 함께 그 특징적 활동의 하나였다(예를 들어 마 9:25를 보라). 그분께서는 당신 제자들에게 사람을 제자로 삼으라고 명령하셨으며, 이것은 "내가 너희에게 분부한 모든 것을 가르쳐 지키게" 하려 함을 포함한다(마 28:20). 사도행전 2:42에서, 사도의 가르침에 헌신한 일을 언급한 내용부터 교회 지도자들이 "가르치기를 잘하는"(딤전 3:2) 사람들이어야 한다는 요구 사항, 교회 지도자들에게 주어진 "목사와 교사"라는 칭호(엡 4:11), 모든 신자에게 주어진 "피차 가르치며 권면"(골 3:16)하라는 명령에 이르기까지, 초대교회는 가르침 사역을 계속 강조했다.

침례교인의 삶에서 말씀 사역은 줄곧 중심이었다. 초기 침례교인 예배는 성경 강해가 중심이었으며, 종종 그것은 많은 시간 계속되었다.[21] 시간이 흐르면서 예배 시간은 줄어들었지만, 설교와 성경 강해가 항상 중심이었다. 하지만 최근 구도자 친화적 예배가 출현함과 함께 일부 사람들은 불신자에게 좀 더 분명하게 말하려고 설교를 각색해야 한다고 주장했다. 릭 워렌은 설교자에게 설교 양식을 청중에게 맞추도록 요구한다. 구도자 중심으로 고안한 주말 예배에서, 워렌은 모든 사람이 공감하는 어떤 공통된 기반의 요점, 곧 '필요하다는 느낌(felt needs)'이라 불리는 바로 시작해, 이어서 성경에서 그러한 필요에 관해 어떻게 말하는지 설명한다. 그는 이것을 주제 강해(topical exposition)라 부르며, 그것이 전도에 가장 효과적이라고 생각한다. 반면에 그는 신자가 대상인 설교에서 신자를 고

---

[20] Robert Stein, *The Method and Message of Jesus' Teaching* (Philadelphia: Westminster Press, 1978), 1 ‖ 『예수님의 교훈 내용과 그 방법』, 유재덕 옮김 (서울: 할렐루야서원, 1994), 13~14에 따르면, 예수님은 복음서에서 선생으로 45번, 랍비로 14번 불린다.

[21] 1609년까지 거슬러 올라가는 침례교인 예배에 관한 기록에서, 그들 예배에 기도, 성경 봉독, 봉독한 한 본문을 두고 무려 네다섯 명 강사가 강해 등을 포함했다는 대단히 흥미로운 내용을 볼 수 있다. Leon McBeth, *The Baptist Heritage* (Nashville: Broadman, 1987), 91~92 ‖ 『침례교회의 역사와 유산 (상)』, 김용국·남병두·장수한 옮김 (대전: 침례신학대학교출판부, 2013), 120~21를 보라.

양하는 제일 나은 방법으로서 전통적 본문 강해를 한다.22 그는 두 방법 모두를 성경적 강해로 여긴다.

마크 데버(Mark Dever)는 이러한 관점에 문제점이 있다고 지적한다. 그는 불신자가 예배에 참여함에 신경을 쓰고, 그들이 이해할 수 있는 언어로 말하며, 심지어 불신자 관심을 끄는 설교 제목이나 도입을 공들여 만드는 일을 선호하지만, 여전히 "교회에서 매주 주의 날에 주된 모임은 기본적으로 불신자보다 그리스도인을 위한 것"이며, 따라서 설교에서 주된 목표는 신자 교화이어야 한다고 주장한다.23

워렌과 데버 둘 다 자기들 견해를 잘 입증할 수 있다. 워렌은 불신자가 교회를 살펴보려고 방문하려 한다면 그것은 일요일 아침 예배 때라고 확신했다. 따라서 그는 주일 예배를 구도자 중심으로 고안했으며 주중 예배를 신자 중심으로 드렸다.24 하지만 주일 아침 예배에 교회 성도가 참석할 가능성이 가장 클 때이며, 대부분 구도자 친화적 교회조차도 주일 아침 예배에 참석하는 압도적인 다수는 신자일 수 있다. 데버는 일요일 아침이 교회가 모이는 시간이기에 전도가 그러한 모임에 한 부분일 수 있지만, 요점은 하나님의 양 떼를 먹임으로써 하나님을 영화롭게 하는 일이라고 주장한다.25 자기 교회를 가르치려는 모든 목사는 주일 설교로 그렇게 할 가능성

---

22 Warren, *The Purpose Driven Church*, 294 ∥ 『목적이 이끄는 교회』, 329.

23 Mark Dever, "Evangelistic Expository Preaching," in *Give Praise to God: A Vision for Reforming Worship*, ed. Philip Graham Ryken, Derek W. H. Thomas, and J. Ligon Duncan III (Phillipsburg, N.J.: P & R Publishing, 2003), 131~33 ∥ 「복음 전도적인 강해설교」, 『개혁주의 예배학—예배 개혁을 위한 비전』, 필립 그레이엄 라이큰 · 데릭 토마스 · 리곤 던컨 3세 엮음, 김병하 · 김상구 옮김 (서울: 개혁주의신학사, 2012), 227~30.

24 Warren, *The Purpose Driven Church*, 245~46 ∥ 『목적이 이끄는 교회』, 276~77.

25 Dever, "Evangelistic Expository Preaching," 131 ∥ 「복음 전도적인 강해설교」, 227.

이 가장 클 수 있다. 따라서 목사는 회중 가운데 불신자들 존재에 적응하고 그것에 민감해야 하지만, 기본적으로 주일 예배에서 무리를 가르치는 목적에 전념해야 한다. 그러한 가르침은 또한 간접적으로 전도 목적도 이루는데, 교회 성도가 '구도자 친화적 삶'을 살도록 준비하게 하고 그러한 삶은 교회 밖에서 효과적으로 전도할 수 있기 때문이다.

확실히, 가르침 사역은 목사가 전달하는 설교에서 시작한다. 그가 전하는 메시지는 양무리를 성경 공부로 이끌어야 하며, 그러한 성경 공부는 성경 지식 증가뿐 아니라 마음과 생활 변화를 가져온다. 하지만 더 작고 전문화된 학급도 필요하다. 실제로, 모든 교회는 가르침 사역의 일부로 여러 학급을 개발해, 신자에게 그들이 성숙한 제자로 자라려는 데 필요한 내용을 구체적으로 가르쳐야 한다.

20세기에, 남침례교주일학교위원회(Southern Baptist Sunday School Board)는 교회 성경 교육 사역의 핵심 부분으로서 모든 나이별 주일학교 성경 공부 학급을 공세적으로 촉진했다. 그것은 성공적이었으며 남침례교회 95% 이상이 주일학교 학급을 채택했다. 하지만 그러한 학급이 배우는 사람을 성경 전체를 공부하는 과정에 조직적으로 참여하게 하여도, 신자를 성숙한 제자도로 성숙하게 하려는 계획을 따르지는 않는다. 한 가지 도움이 되는 예외는 캘리포니아주 새들백커뮤니티교회(Saddleback Community Church)에서 릭 워렌 목사가 계발한 과정이다. 그들은 야구장 1루, 2루, 3루, 홈베이스 등으로 구성한 내야 그림을 사용한다. 교회 회원은 1루로 가서 새 신자 학급을 수료하고 회원으로서 서약에 서명한다. 하지만 그들이 1루로 진출이 목표가 아님을 분명히 한다. 그들이 고안한 과정에서 2루는 제자 삶에서 중요한 네 가지 습관을 발전시키는 데 초점을 맞추는 학급을 포함한다. 네 가지 습관은 성경 공부, 기도, 십일조, 교제 등이다. 새로운 회원은 성숙 과정에서 다음 단계를 밟을 수 있다. 그것은 사역에 헌신을 포함한다. 이 수준(3루)에는 또 다른 학급이 있는데, 그것은 구성원이 은사와 사역의 가능한 영역을 발견하게 돕는다. 이 과정의 마지막 단계(4루)는 전도하려고 회원을 모집하는 일인데, 여기서는 그들에게 집에서 그리고 선교여행에서 그리스도의 메시지를 나누는 방법을 가르치도록 훈련한다.26

또 다른 유용한 예는 워싱턴 D.C.에 있는 캐피털힐침례교회(Capitol Hill Baptist Church)에서 찾을 수 있다. 일요일 아침, 핵심 세미나라고 불리는 다섯 트랙을 제공한다. 기본이라는 첫째 트랙은 회원자격 학급, 그리스도인의 삶 기본적인 규율, 복음을 나누는 방법, 간략한 교리 과정을 포함한다. 전체 기간은 6개월이다. 둘째 트랙에서는 6개월 동안 구약성서와 신약성서를 개관한다. 셋째 트랙은 참가자에게 교회 역사와 조직신학을 소개한다. 넷째 트랙에서는 1년 동안 영성 훈련, 결혼을 준비하는 교제, 데이트, 결혼, 자녀 양육을 공부한다. 다섯째 트랙 또한 1년 동안 진행되며 전도, 제자 삼기, 변증, 세계관, 선교를 다룬다. 각 트랙을 계속 제공한다. 학생들은 자기 필요와 관심에 따라 자기 속도에 맞추어 나아가지만, 다양한 트랙을 따라 진전하면서 조직적으로 그리스도인으로서 성숙을 향해 자라는 일에 포함된 주된 문제들을 알아 간다.27

---

26 학급 101, 201, 401, 401에 관한 더 자세한 설명은 새들백교회 웹사이트(saddleback.com)에서 "Class" 페이지를 보라.

27 이 핵심 세미나에 관한 더 많은 정보는 http://www.capitolhillbaptist.org에서 확인할 수 있다.

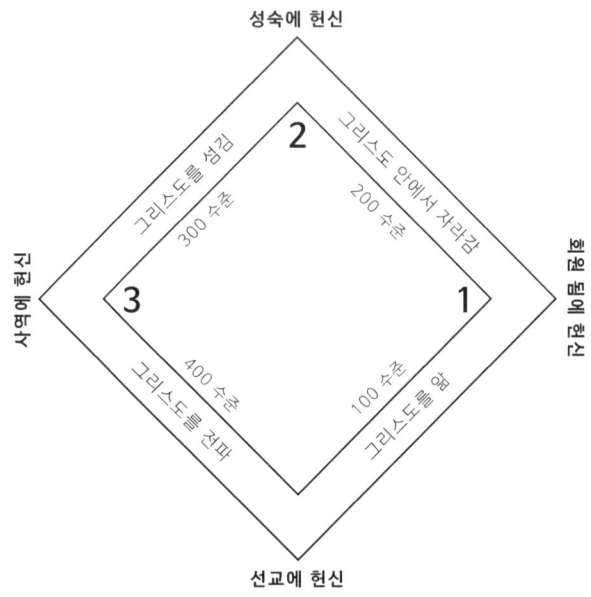

〈보기 10.2.〉 삶의 발전 과정

100 수준 학급
사람들을 그리스도와 교회 회원 됨으로 이끎

200 수준 학급
사람들을 영적으로 자라 성숙하게 함

300 수준 학급
사람들에게 사역에 필요한 기술을 준비하게 함

400 수준 학급
세계선교에 참여할 사람들을 모집함

〈보기 10.3.〉 "삶 개발 강좌" 개관

이 두 가지 예는 모두 완벽하거나 모든 교회에 적합하지는 않아도, 그리스도인을 성숙에 이르게 하는 데 종합적이며 사려 깊은 가르침 순서를 제공하는 두 가지 대표적 시도이다. 그러한 과정을 시작하려면 목사와 교회 지도자가 많은 시간을 들여 헌신해야 한다. 어떤 학급 순서가 회원들을 제자로 자라게 하는 데 필요한 요소를 가장 잘 제공하는지 결정해야 한다. 학급을 위한 자료를 개발해야 한다. 목사와 장로는 이러한 학급을 직접 가르치거나, 다른 사람들을 훈련해 그들이 가르치게 해야 한다. 하지만 교회가 제자를 낳는 모습을 가진 가르치는 사역을 제공해야 하는 데는 그러한 헌신이 필요하다. 다른 방법은 회원들이 자라는 데 필요한 것을 제공할 수도 있고 그렇지 않을 수도 있는 주일학교와 여러 다른 학급을 기회 닿는 대로 계속 갖추는 일이다. 이것은 주일학교 학급을 폐기해야 한다는 말이 아니다. 주일학교는 가르침, 교제, 봉사, 전도를 위한 지속적 수단이다. 하지만 제자도를 위해 고안된, 더 구체적으로 초점을 맞춘 사려 깊은 순서의 단기 학급들로 주일학교를 보완해야 한다.

하지만 소그룹 학급만으로 교회가 실행하는 가르침 사역 전부를 망라할 수는 없다. 개인적인 멘토링이 필요한 사람이 있으며, 신자들이 서로를 가르치는 것처럼 항상 비공식적인 가르침도 진행해야 한다. 이러한 수준에서 교회 모든 구성원은 배우는 자로서 또한 가르치는 자로서 교회의 가르치는 사역에 참여해야 한다.

대체로, 미국 교회는 가르치는 사역을 아주 잘하지 않는다. 여론조사는 교회 구성원들이 놀라울 정도로 성경을 모르고 있음을 계속 보여준다.[28] 침례교인은 성숙을 향해 끝까지 가기보다는 중도에서 많이

---

[28] 2014년 조사에서 실망스러운 결과의 하나는 복음주의자 59%가 성령을 인격적 존재가 아니라 힘이라고 믿는다는 점이다. 이 책의 주제와 더 직접 연결해 살피면, 설문조사 응답자의 절반 이상이 혼자 또는 가족과 함께 예배하는 것이 교회에 가는 것만큼이나 좋다고 답했다(52%). Bob Smietana, "Americans Believe in Heaven, Hell, and a Little Bit of Heresy," http://lifewayresearch.com/2014/10/28/americans-believe-in-heaven

포기한다. 가르침이 진리와 오류 개념을 포함한다는 사상은 우리 시대에 만연한 상대적 문화에 역행한다. 우리는 생각보다 경험에 더 끌리는 경향이 있으며, 어떤 사람들은 생각하는 능력 자체가 이미지 중심의 텔레비전 매체의 영향력으로 훼손된 상태라고 말한다. 좋은 선생이 되려는 목사는 수많은 의무를 수행하면서도 공부 시간을 찾으려고 애쓴다. 하지만 이러한 장애물에도, 교회는 "진리의 기둥과 터"(딤전 3:15)가 되라는 부르심을 포기할 수 없다. 교회의 특성과 제자 삼으라는 명령, 그리고 진리의 하나님께 충성은 오늘날 교회에게 가르침의 사역에 새로운 관심을 가지도록 촉구한다.

교제 사역

교제는 침례교회에서 자주 쓰는 단어이다. 많은 교회에 친교실(Fellowship Halls)이라 불리는 공간이 있다. 그것은 종종 침례교인이 좋아하는 행사인 교제 만찬이라는 식사를 함께하는 장소이다. 하지만 음식 이상으로 교제 사역이 포함하는 바는 무엇인가? 그것은 그리스도인 친교 모임을 가리키는 또 다른 이름에 지나지 않는가?

우리는 신약에서 교제를 가리키는 단어인 κοινωνία[코이노니아]에 내포된 여러 흥미로운 뜻을 말하기로 시작할 수 있다. 첫째는 구약성서에 이 단어에 대응하는 단어가 없으며 신약성서에서 이 단어는 사도행전 2:42 이전에는 발견되지 않는다는 사실이다. 따라서 진정한 교제는 오순절 날 성령 강림 전에는 불가능한 듯하다. 게다가, 요한복음 7:39는 예수님께서 영광을 얻으시기까지 성령이 주어지지 않았다고 말한다. 이것은 인간 수준에서 진정한 교제의 경험에 앞서 하나님과의 교제가 있어야 함을 암시하고, 하나님께서는 삼위일체의 특성 가운데 교제를 구현하시고, 교제를 위해 인간을 창조하셨으며, 교제를 당신 백성에게 수여하신다. 하나님과의 교제

-and-a-little-bitof- heresy(2017년 6월 30일에 접속)을 보라.

는 그리스도께서 영광을 얻으셨을 때 (즉, 십자가에 달리시고 장사되셨다가 부활하셔서 하늘로 올라가심으로) 가능해졌다. 예수님과 교제를 경험하는 사람에게는 성령께서 거하신다. 그리고 성령께서는 신자들을 함께 연결하시고 그들이 서로 교제하게 하신다.

두 번째 내포된 의미는 다른 사람과 더불어 공통된 어떤 것에 참여하거나 나눈다고 하는 교제가 가진 근본적인 의미에서 파생한다. 성령께서 신자들이 서로 교제하게 하시는 한 가지 방식은 그들이 그리스도 안에서 공통으로 나누는 모든 것을 그들에게 계시하심으로써 이루어진다. 이것은 어떻게 해서 다양한 신자가 그리스도 안에서 하나가 되는지 설명한다. 그들이 공통으로 가진 것이 그들 차이보다 중요하기 때문이다. 따라서 그들이 하나 됨은 서로 사랑과 봉사의 연합된 삶을 통해 표현된다.

요약하면, 교회의 한 사역인 교제는 하나님의 선물이며 하나님과 교제에 근거한다고 말할 수 있다. 그것은 삼위일체 구성원들이 서로서로 누리는 관계에서 영속적으로 일어나는 신적 교제를 반영하며, 교제는 사람이 하나님 형상대로 창조된 결과로서 하나님께서 사람 안에 심으신 한 가지 필요이다. 교제는 구원의 축복을 함께 나누고 동참하는 것, 곧 내재하시는 성령의 활동으로 우리가 알고 있는 공통성에 있으며, 따라서 성령께서 교제를 창조하신다. 교제는 교회에서 신자들이 나누는 공통된 삶과 친밀한 관계에서 나타난다. 이것이 교제가 의미하는 바이다. 계속해서 우리는 두 가지 질문을 다루겠다. 지역교회에서 교제 사역이 얼마나 중요한가? 얼마나 많은 지역교회가 신실하게 구성원의 교제 사역을 계발하고 있는가?

교제 중요성을 이해하려면, 그리스도의 부르심의 급진적 특성을 되새겨야 한다. 그것은 모든 인간관계보다 앞선다. 그 부르심에 응답하는 일은 어려운 일일 수 있는데, 사람은 사회적 피조물이며, 어떤 상황에서는 회심으로 이전 관계를 잃기도 하기 때문이다. 삼위일체 공동체이신 하나님의 형상으로 지음을 받은 인간은 공동체를 위해 창조되었다. 따라서 하나님께서 우리를 부르실 때, 우리를 연합으로 부르셔서, 분리된 신자가 아니라 당신 백성의 일부, 곧 가족의 식구로 삼으신다. 톰 라이트(N. T. Wright)는 예수께서 당신께 절대 충성을 요구하시는 명령을 유일하게 설명하는 내용이 당신을 "대안 가족을 창조하는 분으로"29 여기셨다는 사실에 있다고 생각한다. 조셉 헬러만은 "1세기 팔레스타인의 강력한 집단 문화 경향"으로 묘사되는 바를 바탕으로, "개인이 자기가 속한 모임에서 자기 정체성을 찾던 사회 환경에서, 한 개인 [예수님]을 따르려고 자기 기본 모임—가족—을 떠나라는 명령은, **그 개인을 다름이 그분 모임에 가입을 뜻했어야만** 의미가 있다."라고 설명한다.30

우리가 당신 백성의 일부로서 경험하는 교제는 선택해 즐기는 사치가 아니라, 하나님께서 우리에게 베푸신 본질적 특성의 일부로, 우리는 거기에서 힘과 생명력을 얻는다. 어떤 사람은 교제를 "교회에 건강과 생기를 주는, 교회의 핏줄을 따라 흐르는 피"라고 말한다.31 그것은 보존하시고 거룩하게 하시는 은혜의 한 방편으로 간주할 수 있다.32

---

29 N. T. Wright, *Jesus and the Victory of God* (Minneapolis: Fortress, 1996), 401 ‖ 『예수와 하나님의 승리』, 박문재 옮김 (고양: 크리스챤다이제스트, 2004), 615.

30 Hellerman, *When the Church Was a Family*, 71. 본디 강조한다.

31 이 비교 표현은 내가 가르친 학생이 쓴 Jeremy Oddy, "Christian Fellowship: A Study of Koinonia in the Church"(미출간 연구보고서)에서 인용했다.

32 이를 구원하시는 은혜와 혼동해서는 안 되는데, 그 은혜는 믿음으로만 받는다. 교제는 하나님께서 신자를 강하게 하시는 많은 활동의 하나라는 점에서, 유지하시는 또는 거룩하게 하시는 수단이다. Wayne Grudem, *Systematic Theology: An Introduction to Biblical Doctrine* (Leicester, U.K.: Inter-Varsity; Grand Rapids: Zondervan, 1994), 950~51 ‖ 『(웨인 그루뎀의) 조직신학—성경적 교리학 입문서 (하)』, 노진준 옮김 (서울: 은성출판사, 2009), 169~70 ‖ 옮긴이 덧붙임. *Systematic Theology: An Introduction to Biblical Doctrine*, 2nd ed. (London, U.K.: Inter-Varsity; Grand Rapids:

실제로, 교회 삶에서 교제 중요성은 신약성서에서 수십 개의 "서로 □□하라"라는 명령에 있다.33 교회는 오직 이러한 명령을 따름으로써 그 목적을 성취할 수 있다. 예를 들어, 전통적 교회의 표지들, 곧 하나 됨, 거룩함, 보편성, 사도성 등을 생각해보라. 교회가 하나 됨을 경험하려면, 구성원은 "서로 조화를 이루며 살아야" 한다(롬 12:16). 거룩함은 구성원들이 "서로 세워주고"(살전 5:11) "서로 돌아보아 사랑과 선행을 격려"(히 10:24)할 때 이뤄갈 수 있다. 교회의 보편성과 우주적 특성은 구성원이 종족, 나이, 성별, 계급과 상관없이 "서로 받아들일" 때 표현된다(롬 15:7). 교회의 사도성은 교회의 구성원이 "피차 가르치며 권면"할 때 보장된다(골 3:16).

나아가, 교제의 중요성은 그것이 교회의 다른 사역과 밀접하게 연관되어 있다는 사실에서 확인할 수 있다. 교회의 가르침 사역에서 어떻게 구성원이 서로 가르치고 권고함으로 교제가 나타나는지 이미 살폈다. 또한 교제는 섬김 사역을 하도록 동기를 준다. 실제로 신약에서 κοινωνία[코이노니아]는 물질적 필요를 나누는 일을 표현하는 데 가장 자주 쓰인다(롬 12:13; 15:26~27; 고후 9:13; 딤전 6:18; 히 13:16). 삶의 실제적, 물질적 필요와 관련해 서로 섬기는 일 자체가 교제의 표현이다. 다른 사람들과 교제가 단절되면 하나님을 예배하는 사역은 공허해진다. 요한일서는 반복해서 하나님과 교제를 다른 사람들과 바른 교제와 연결한다(1:5~7; 2:9; 3:10, 14; 4:7~8, 11~12, 19~21). 예배에서 표현하는 하나님 사랑과 교제에서 나타나는 하나님 백성의 사랑은 분리될 수 없다. 브루스 밀른(Bruce Milne)은 "누구도 하나님의 백성과 화해하지 않고서 하나님과 화해할 수 없다. 사람은 하나님의 은혜를 경험함으로써 하나님 안에 머

Zondervan Academic, 2020), 1176~77에 있는 논의를 보라.

33 나는 적어도 31개의 다른 명령을 세웠다. "서로 사랑하라"는 적어도 17번, "서로 격려하라"는 4번, "서로 용서하라"는 4번, "서로 섬기라"는 3번이었다. 또 다른 대부분은 한두 번이었다.

물기 때문이다."라고 말한다.34 전도사역조차도 교회 구성원들의 삶에 나타나는 교제의 질로 더 좋아지거나 나빠진다.

교회개척자는 믿지 않는 사람들이 자주 삶에서 그리스도께로 회심하기에 앞서서 공동체로 회심을 먼저 한다고 사실을 발견한다. 특히 포스트모던 사회에서, 믿지 않는 젊은이들은 믿기에 앞서서 공동체에 소속하려 한다. 그들은 참 공동체를 만드는 메시지에만 관심을 기울이는 듯하다.35 최근은 물론이고, 이런 상호관계는 사도행전으로까지 거슬러 오른다. 벤저민 윌슨은 사도행전에서 눈부신 성장 진술이 "공동체 삶의 질 그리고 그리스도인 회중의 눈에 띠는 활동을 강조하는 상황에서 계속 일어난다(참고. 행 2:47; 6:7; 9:31; 11:24; 19:20)"라고 관찰한다.36 이 점을 마이클 그린(Michael Green)이 지지하는데, 그는 자기 연구서 『초대 교회의 전도』에서, "그들 공동체 생활은 완벽함과는 거리가 있었지만 … 어쨌든 주의를 끌고, 호기심을 자아내며, 제자도를 느끼게 할 만큼 아주 다르며 인상적이었다. … 이교 사상은 초대 기독교에서 삶의 질, 그리고 특별히 죽음의 질을 봤으며, 그것은 다른 곳에서 발견할 수 없었다."라고 말한다.37 대조적으로, 하워드 스나이더(Howard Snyder)는 오늘날 많은 교회가 효과적으로 전도할 수 없는 이유가 "복음에 대한 그들 공동 경험이 너무도 약하고 무미건조하여 나눌 가치가 없기" 때문

---

34 Milne, *We Belong Together*, 19.

35 Ed Stetzer and David Putnam, *Breaking the Missional Code: Your Church Can Become a Missionary in Your Community* (Nashville: B & H, 2006), 123~33 ‖ 『선교 암호 해독하기』, 이후천·황영배 옮김 (고양: 올리브나무, 2012), 168~81을 보라.

36 Benjamin R. Wilson, "The Depiction of Church Growth in Acts," *Journal of the Evangelical Theological Society* 60, no. 2 (June 2017): 331.

37 Michael Green, *Evangelism in the Early Church* (Grand Rapids: Eerdmans, 1970), 274~75 ‖ 『초대교회의 복음전도』, 홍병룡 옮김 (서울: 복있는사람, 2010), 468~69.

이 아닌지 생각하며, "하지만 그리스도인의 교제가 복음을 드러내는 곳에서는 신자들이 활기를 띠고 죄인이 호기심을 가지며 그 비밀이 무엇인지 알려고 한다. 따라서 진정한 그리스도인 공동체(κοινωνία)는 전도의 기초이며 또한 목표이다."38

교제가 교회 사역을 성취하는 일에 중심인데, 교제가 공동의 임무를 성취하려고 공동으로 행하는 교회 사역이기 때문이다. 케네스 보아(Kenneth Boa)는 교회 공동 사역의 일곱 가지 특성, 곧 공동의 사랑과 동정심, 공동의 정체성과 목적, 공동 양육과 봉사, 공동의 분별, 공동의 죄 용서와 화해, 공동의 권위와 복종, 공동의 예배와 기도 등을 찾아낸다.39 교제는 이러한 목적 모두를 직접적으로 또는 간접적으로 다룬다.

마지막으로, 실제 수준에서 사회학자인 로드니 스타크(Rodney Stark)와 로저 핑크(Roger Finke)는 교제가 사람들이 교회에 가입하도록 자극하고 계속해서 머물도록 하는 일에 중요하다고 말한다. 25차례 이상 연구에 근거해서, 그들은 새로운 모임에 가입하는 사람은 일반적으로 "회원과 대인 관계 애착이 비회원과 대인 관계 애착을 뛰어넘는 사람"이었음이 상당히 잘 입증되었다고 주장한다.40 게다가, 교회에 가입한 사람의 헌신 수준은 그 사람과 가장 가까운 사람의 헌신 수준에 영향을 받는다. 곧, 가장 가까운 친구가 교회에

---

38 Howard Snyder, *Community of the King* (1977; reprint, Downers Grove, Ill.: InterVarsity, 1978), 124~25 ‖ 『그리스도의 공동체』, 김영국 옮김 (서울: 생명의말씀사, 1987), 166~68.

39 Kenneth Boa, *Conformed to His Image: Biblical and Practical Approaches to Spiritual Formation* (Grand Rapids: Zondervan, 2001), 426 ‖ 『기독교 영성, 그 열두 스펙트럼—성경적 영성에 대한 총체적이고 실제적인 이해』, 송원준 옮김 (서울: 디모데, 2007), 482~90.

40 Rodney Stark and Roger Finke, *Acts of Faith: Explaining the Human Side of Religion* (Berkeley, Calif.: University of California Press, 2000), 117 ‖ 『종교행위경제론』, 유광석 옮김 (성남: 북코리아, 2016), 190.

헌신하지 않으면, 그 사람도 헌신하지 않는다.41 교회에 가입한 사람이 많은 교제 관계를 일궈나가지 않으면 그 사람은 교회를 탈퇴할 가능성이 크다. 많은 사람이 목사를 보고 교회에 가입할 수 있지만, 교회에서 많은 활동을 하는 사람은 일반적으로 목사가 떠나도 교회를 떠나지 않는데, 교회에서 다른 사람과 친분을 쌓았기 때문이다. 대조적으로, 사람들은 의미 있는 대인 관계를 맺지 못하기에 교회를 떠난다. 교회가 신약성서 교회가 되려면, 회원에게 교제 사역을 제공해야 한다. 건강한 교회가 되려면, 교제 사역이 건강해야 한다. 교제 사역은 교회의 모든 측면에 절대적으로 중요하다.

불행하게도, 미국 문화의 많은 부분이 교제 발전에 장애물이다. 미국은 세계에서 개인주의 문화가 가장 팽배한다고 널리 알려져 있다. 자기 방식으로 사는 사람을 존중하며, 자립이라는 미덕을 가치 있게 여긴다. 하지만 그러한 태도는 교제 발전에 맞서서 방해한다. 또한 미국은 이동성이 강한 사회인데, 그러나 관계가 발전하는 교제에는 시간을 들여야 한다. 때때로 여러 이유로 이사가 불가피하지만, 가족이 교회에서 경험하는 교제의 가치는 이사가 지혜로운 결정인지 되짚어보게 하는 한 가지 요소여야 한다. 더 최근에, 소비자 사회가 끼치는 영향은 미국 사람이 교회 구성원이 되는 일에 접근하는 방식에 아주 해로운 영향력을 끼쳤다. 미국에서 많은 그리스도인은 의식적으로든 무의식적으로든 자기를 종교적 상품과 교회가 제공하는 서비스를 사들이는 소비자로 여긴다. 그들은 그러한 상품과 서비스를 사려고 출석과 참여와 헌금을 통하여 "값을 지급"하지만, 더 나은 상품과 서비스를 제공하는 생산자(교회)를 발견하면 다른 곳으로 갈 권리를 항상 가진다. 그들은 "교회가 우리 필요를 채우지 못하기에" 교회를 떠난다고 자기가 한 행동을 정당화한다.42 신약성서 관점은 아주 다르다! 교회는 가족과 같으며, 사람은

---

41 Stark and Finke, *Acts of Faith*, 147 ‖ 『종교행위경제론』, 234.

42 소비주의의 영향에 관한 더 많은 내용은 Shelley and Shelley, Bruce

가족을 바꿀 권한이 없다. 교회는 몸과 같으며, 사람은 극한 상황에서만 몸 일부를 잘라낸다. 교회에 가입은 필요한 바를 얻는 데 헌신이 아니라, 교제에 헌신한다는 표현이다.

그렇다면 이러한 중요한 사역을 계발하는 데 교회는 무엇을 할 수 있는가? 한 가지 단순하지만 자주 간과되는 피할 수 없는 의무는, 앞에서 말한 복음의 진리를 가르치는 사역이다. 브루스 밀른(Bruce Milne)은 "받아들여 전심으로 고수하는, 사도적 기독교의 진리만이 인간 마음에 있는 분리하려는 죄스러운 성질을 효과적으로 깨뜨리고, 다른 사람들과 깊이 있는 진정한 관계의 가능성을 창조한다."라고 말한다.43 앞에서 말했듯이, 복음을 받아들이므로 만들어지는, 하나님과 교제는 몸의 지체들과 교제하는 데 선행 조건이다. 요한일서 1:7은 "그분께 빛 가운데 계신 것 같이 우리도 빛 가운데 행할 때 우리가 서로 사귐이 있다"라고 말한다.

복음을 받아들임으로 교제할 수 있지만, 교회는 회원에게 교제 가능성을 실제로 경험할 수 있도록 더 많은 일을 할 수 있다. 릭 워렌은 교회가 성도를 동화하고 그들을 교제로 연결하는 계획을 개발하라고 격려한다. 교회는 새로운 회원 후보자가 궁금해하는 여러 질문을 검토할 수 있다. 곧, "나는 여기에 잘 어울리는가? 누군가가 나를 알려 하는가? 나는 필요한 존재인가? 교회에 가입하면 무슨 유익이 있는가? 회원에게 무엇이 요구되는가?44 그러한 질문을 다룰 수 있는 첫째 장소 그리고 새로운 회원을 온전한 교제로 불러오는 첫째 단계는 새로운 신자 학급이다. 다행히, 그러한 학급이 침례교회에서 점점 더 일반화하고 있다. 우리는 앞에서, 거듭난 사람 교

Shelley and Marshall Shelley, *Consumer Church: Can Evangelicals Win the World Without Losing Their Souls?* (Downers Grove, Ill.: InterVarsity, 1992)를 보라.

43 Milne, *We Belong Together*, 94.

44 Warren, *The Purpose Driven Church*, 312 ∥ 『목적이 이끄는 교회』, 350.

회 회원자격을 발전시키고 유지하는 일에서 그러한 학급의 중요성을 살폈다. 그것은 또한 건강한 교제 사역을 발전시키는 일에도 핵심이다. 그러한 학급은 새로운 회원이 교회 서약에 서명에서 자세히 표현한 대로 교제에 헌신하게 한다.

그들은 새로운 회원 학급에서 아마도 교제를 일구어나가는 데 기본적으로 필요한 것, 곧 관계 발전 환경에 처음으로 참여한다. 대부분 사람의 처음 참여 수준은 교회에서 함께 드리는 예배이다. 하지만 그러한 예배는 기본적으로 교제하도록 준비한 게 아니다. 그것은 다른 사람들과 수평적 교제보다 하나님을 예배하는 수직적 교제이다. 따라서 교회는 교제할 수 있는 다른 환경, 곧 사람들이 자기 삶을 말하고 나눌 수 있는 다른 환경을 만들어야 한다. 종종 교제는 사람들이 어떤 일을 함께할 때 발전된다. 제임스 삼라(James Samra)는 바울서신 연구로, 신약성서에서 성숙한 그리스도인으로 자라게 하는 주요 요소가 그리스도인이 모여 서로를 세워주는 상황에 참여(엡 4:16)라고 결론지었다. 그는 "신자가 함께 모일 때, 그들 '그리스도와-더불어-존재'가 독특하게 실현되고 성숙이 '독특하게 가능하다'"라고 말한다.[45] 그리스도인이 함께 모일 환경에서 좋은 일이 일어난다.

교제는 사람들이 함께 뭔가를 할 때 깊어진다. 성가대, 선교팀, 심지어 몇몇 위원회에서 사람들은 함께 일하며 교제를 발전시킨다. 하지만 교제는 소그룹에서 가장 자주 깊어진다. 주일학교 학급은 교제하게 하는 소그룹의 한 형태일 수 있지만, 시간이 정해져 있고 기본적으로 가르침을 강조하기에 교제 깊이는 흔히 제한된다. 내 경험으로는, 가정을 기반으로 한 소그룹에서 교제가 가장 풍성했다. 그러한 소그룹은 공통된 관심, 공통된 어려움, 또는 공통된 지리적 위치를 중심으로 세워질 수 있어도, 그 목표는 그리스도 안에서 공통된 삶을 나누는 일일 수 있다. 릭 워렌에 따르면, "**소그룹은 교회**

---

[45] Samra, *Being Conformed to Christ in Community*, 135.

뒷문을 닫는 가장 효과적인 방법이다."46 새로운 소그룹을 지속해서 만드는 일은 교회에서 교제 사역을 촉진하게 데, 할 수 있는 가장 중요한 단계이다. 이것은 성장하는 교회에서 더욱 그런데, 교회가 더 커지면서 관계와 교제는 소그룹을 통해 유지되지 않으면 손상되기 때문이다.47

지속적 교제를 계발하는 일에서 마지막 단계는 성찬 식사, 곧 주의 만찬을 바르게 실행하는 일이다. 하지만 그러한 식사는 교제뿐 아니라 예배와 가르침의 사역과 연관되기에 그리고 교단마다 주의 만찬을 달리 이해하기에, 우리는 다음 장에서 침례와 함께 별도로 살피겠다.

예배 사역

예배 사역은 교회의 특성과 역사적 배경 모두에 뿌리를 둔다. 교회는 하나님의 백성이며, 그들을 어두운 데서 불러내어 당신의 기이한 빛에 들어가게 하신 분의 아름다운 덕을 선포해야 할 사람이다(벧전 2:9~10). 교회는 성령의 전으로시 성진이 세워진 목적, 곧 하나님을 예배하는 일을 해야 한다. 게다가, 교회가 시작한 역사적 배경은 그것이 예배하는 공동체가 될 것을 분명히 했나. 그들은, 적어도 처음에는, 성전에서 계속 모였으며, 성전 예배의 일부였던 기도하는 일을 계속했다(행 2:42, 46). 하지만 로버트 소시(Robert Saucy)가 한 말대로, 초기 사도들이 성전에서 제사했다는 기록은 없는데, 이는 성전 예배에 주요 부분이었다. 그들은 제사 제도가 그리스도로 성취됐다고 여겼다.48 오히려, 그들 예배에는 그리스도께서

---

46 Warren, *The Purpose Driven Church*, 327 ‖ 『목적이 이끄는 교회』, 366. 본디 지은이가 강조한다.

47 Stark and Finke, *Acts of Faith*, 157~60 ‖ 『종교행위경제론』, 251~54 에서 논의를 보라.

48 Robert Saucy, *The Church in God's Program* (Chicago: Moody,

드리신 한 번의 희생을 기념하는 일을 포함했다. 그들 배경에는 회당에서 예배도 있었는데, 이는 세 가지 주된 요소, 곧 함께 드리는 찬양, 기도, 율법과 선지자를 읽고 가르치는 일 등을 포함했다(눅 4:16~21과 행 13:15~42에서 나타나듯이).[49] 초대 그리스도인 예배에서 가장 강력하게 반영된 것은 이러한 패턴이었다. 윌리엄 H. 윌리몬(William H. Willimon)은 "1세기 말에 이르러 그리스도인에게는 회당 예배에서 직접 파생한 예배식이 있었다."라고 말한다.[50] 그러한 패턴은 유대교 배경에서 파생했으며, 내용은 그들이 경험한 그리스도, 성령 강림, 그리스도인의 메시지 등으로 바뀌었다.

데이비드 피터슨(David Peterson)은 예배가 성막이나 성전과 같은 특정 장소 그리고 유월절 같은 특정 시간과 더는 관련이 없으며 바울이 로마서 12:1에서 묘사한 대로 예배가 삶의 모든 것이라는 점에서, 신약성서 예배가 구약성서 예배와 뚜렷하게 다르다고 주장한다.[51] 그러나 초기 교회는 특정한 시간에 예배했다. 순교자 유스티누스(Justin Martyr)는 2세기 중반 그리스도인 예배를 매력 있게 묘사한다.

> 그리고 일요일이라 부리는 날에, 도시와 시골에 사는 사람이 한 곳에서 모여, 시간이 허락하는 대로 사도 회고록이나 예언자 글을 읽는다. 낭독자가 읽기를 끝마치면, 강연 주재자는 [우리에게]

1972), 177 ∥ 『하나님이 계획하신 교회』, 김지찬 옮김 (서울: 생명의말씀사, 1994), 237.

[49] Ralph P. Martin, *Worship in the Early Church* (Grand Rapids: Eerdmans, 1964), 24~26.

[50] William H. Willimon, *Word, Water, Wine and Bread: How Worship Has Changed Over the Years* (Valley Forge: Judson, 1980), 16 ∥ 『간추린 예배의 역사—생명의 말씀 · 세례 · 성찬』, 임대웅 옮김 (서울: 기독교문서선교회, 2020), 32.

[51] David Peterson, *Engaging with God: A Biblical Theology of God* (Grand Rapids: Eerdmans, 1992), 284~88 ∥ 『(성경신학적 관점으로 본) 예배신학』, 김석원 옮김 (서울: 부흥과개혁사, 2011), 323~28.

이 값진 가르침을 본받으라고 촉구하고 초대한다. 그러고서는 우리는 모두 함께 일어서서 기도드린다.

그러고서는 주님 만찬 거행을 서술하는데, 집사들에게 참석하지 않은 사람 몫도 가지게 하고 그들도 자기 몫을 취한다고 말한다.52

성경이 예배 자체를 정의하지 않지만, 이 단어 어원이 한 가지 단서를 제공한다. **예배**(worship)는 앵글로-색슨 단어 *weorthscipe*에서 왔으며, 그 단어는 *worthship*, 이어서 *worship*이 되었다. 하나님을 예배하는 일은 가치(worth)를 그분께 돌리는 일이다. 시편 29:2는 "여호와께 그분 이름에 합당한 영광을 돌리며, 그분의 거룩하신 광채로 여호와께 예배할지어다."라고 말한다. 구약성서에서 예배를 가리키는 가장 일반적인 단어(구약성서에서 חחש[샤하흐]와 신약성서에서 προσκυνέω[프로스퀴네오])는 예배를 하나님 앞에서 절하기, 겸손하게 엎드리기, 경외감이 가득한 존경을 드리기 등과 연관을 짓는다. 이것은 진정한 예배가 지극히 하나님 중심적임을 나타낸다. 하지만 신약성서는 진정한 예배의 또 다른 특성을 묘사한다.

아마도 예배와 관련하여 가장 많이 인용하는 구절은 요한복음 4:24인데, 이 구절에서 예수님은 하나님을 예배하는 사람이이 "영(πνεῦμα[프뉴마])과 진리(ἀλήθεια[알레데이아])로" 예배해야 한다고 말씀하신다. 이는 진정한 예배가 가진 더 많은 특성을 우리에게 말한다. 진정한 예배는 성령의 능력으로 덧입는다. 그리고 성령은 그리스도를 높이려고 오셨기에(요 16:14), 진정한 예배는 그리스도께 초

---

52 Justin Martyr, "The First Apology of Justin, the Martyr," 67, *Early Christian Fathers*, ed. and trans. Cyril C. Richardson, in collaboration with Eugene Fairweather, Edward Hardy, and Massey Shepherd., Jr., Library of Christian Classics (Philadelphia: Westminster, 1953; paperback reissue Louisville: Westminster John Knox, 2006), 287 ‖ 「순교자 유스티노스의 제1변증서」, 『초기 기독교 교부들』, 기독교 고전총서, 김선영 옮김 (서울: 두란노아카데미, 2011), 370~71.

점을 맞춘다. 진리에 관한 언급은, 진정한 예배가 진리에 뿌리를 두고 진리로 이뤄짐을 뜻하는데, 진리는 그리스도로 구체화됐고 성서에 보존됐다. 따라서 진정한 예배는 성경에 기초한다. 진리와 교리에 관한 관심이 하나님을 올바로 영화롭게 하는 데 필요하지만, 또한 인간 편에서 예배의 부차적인 목적을 가리킨다. 예배의 기본 목적이 하나님을 영화롭게 하는 일이지만, 신약성서에서 묘사하는 대로 예배는 또한 신자를 가르치고 불신자에게 전도하는 목적에 적합하다. 고린도전서 14:26은 믿는 사람들이 함께 모이는 경우를 특별히 말하면서, 모든 것을 "교회를 튼튼하게 세우려고 [또는 교육하려고] 해야 한다."라고 주장한다. 데이비드 피터슨은 더 나아가 신약성서에서 예배는 삶의 모든 것이지만, 교회가 모여서 찬양하고, 기도하고, 말씀을 들을 때 초점이 되는 목적은 가르침이라고 말한다.[53] 하지만 이러한 생각은 예배와 가르침을 너무 깔끔하게 나눠버린다. 예배에는 여러 측면이 있다. 확실히 초점은 하나님께 맞춰야 한다. 그러나 진리를 알고 믿는 게 하나님을 영화롭게 하기에, 예배는 특히 말씀 선포에서 가르침 요소가 있어야 하지만, 또한 진리를 노랫말로 한 찬양 부르기도 우리를 가르친다. 주님 만찬 거행도 주님 죽음과 그 의미를 선포하기에 복음 전도 사역이며, 주님 만찬의 한 국면이 다른 사람과 교제이기에 교제 사역이다.

이러한 다른 측면들은 예배의 몇몇 요소를 설명하는 데 도움이 된다. 예를 들어, 예배에서 기도는 우리가 하나님을 받드는 것을 표현하지만 또한 믿는 이를 교화하고 믿지 않는 이를 주님께로 인도하는 일에 하나님의 도우심을 구하게 한다. 하나님 말씀 선포를 듣기가 하나님을 영화롭게 하지만 그것은 또한 교회를 교화하는 중요한 수단이다. 하나님을 찬양하려고 부르는 음악까지도 하나님에 관한 진리를 가르치고 되새기게 하는 역할을 할 수 있다.

---

[53] Peterson, *Engaging with God*, 287 ∥ 『(성경신학적 관점으로 본) 예배신학』, 326~27.

다음 보기는 진정한 예배가 가진 주요 특성을 잘 요약한다.

진정한 예배는,

- 하나님 중심이다. 곧, 하나님께서 우리 예배의 최고 대상이시며, 그분 영광이 예배에서 우리 최고 관심사이고, 그분께서 우리가 드리는 찬양을 받으신다.
- 성령의 능력을 덧입는다. 곧, 성령께서 예배를 시작하시며, 예배할 능력을 주시며, 우리가 예배하도록 자극하신다.
- 그리스도께 초점을 둔다. 곧, 그리스도인 예배는 당신을 그리스도로 우리에게 계시하신 하나님을 향한다. 성령께서는 동일하신 그리스도, 진리이신 그리스도를 우리에게 증언하신다.
- 성서 가르침에 기초하며 성서 가르침으로 이뤄진다. 곧, 예배에서 우리가 하는 모든 것은 진정한 예배의 이러한 성서적 특성과 조화해야 한다.
- 여러 측면이 있다. 곧, 예배의 목적과 초점이 하나님을 영화롭게 하는 일이지만, 예배의 일부 측면은 또한 불가피하게 믿는 이를 교화하고 믿지 않는 이에게 복음을 선포한다.54

⟨보기 10.4.⟩ **참 예배 정의**

아쉽게도, 교회 예배는 이러한 특성을 항상 구현하지 않는다. 중세 교회에서는 예배에서 주님 만찬을 점점 더 중심 자리를 뒀지만 다른 요소는 무시했다. 나아가 사제의 중재 역할을 강조한 나머지, 회중은 예배 참여자보다 거의 구경꾼이 되었다. 종교개혁이 가져온

---

54 이 보기는 D. A. Carson, "Worship Under the Word," in *Worship by the Book*, ed. D. A. Carson (Grand Rapids: Zondervan, 2002) ‖ 「말씀 아래서 드리는 예배」, 『말씀 아래서 드리는 예배—성경적 예배의 본질과 예전의 실제』, 박세혁 옮김 (서울: IVP, 2021)에서 제공하는 정의와 어느 정도 닮았지만, 카슨은 예배의 송영 요소에 집중한다.

신학 변화도 예배 변화를 이끌었다. 말씀 전파가 예배에서 중심이 되었으며, 이러한 사실은 교회 건축양식에도 나타났는데 강단을 교회 건물의 중앙에 위치시켰다.55

초기 침례교인 예배는 종종 몇 시간에 걸쳐 드렸으며 기도와 가난한 사람을 위한 헌금과 함께 성경을 폭넓게 강해함이 특징이었다. 주님 만찬이 예배 일부였듯이, 침례도 예배 일부였다. 어떤 사람은 주님 만찬을 매주 시행했지만, 결국 대부분은 한 해에 네 차례 시행하는 츠빙글리와 취리히 교회의 패턴을 받아들였다. 17세기에 침례교인이 개신교 예배에 끼친 가장 중요한 공헌은 찬송가 부르기이다. 그 핵심 인물은 벤저민 키치(Benjamin Keach)였는데, 그는 『하나님의 예배에서 불이행을 바로잡음, 또는 예수 그리스도의 거룩한 의식임이 입증된 시와 찬송과 신령한 노래 부르기(*The Breach Repaired in God's Worship, or Singing of Psalms, Hymns and Spiritual Songs proved to be an Holy Ordinance of Jesus Christ*)』라 불리는, 1691년에 쓴 글에서 찬송가 부르기 타당성을 주장했다.56 17세기 말에 이르러, 영국 침례교인은 찬송가를 널리 즐겨 불렀다. 미국에서, 키치의 아들 엘리어스(Elias)는 필라델피아 침례교 연합회(Philadelphia Baptist Association)의 핵심 인물이었는데, 그의 신앙고백은 특별히 찬송가 부르기를 지지했으며, 찬송가 부르기는 침례교인 예배의 중심 요소가 됐다.

---

55 Carter Lindberg, "Trajectories of Reformation Theology," in *The Reformation Theologians: An Introduction to Theology in the Early Modern Period*, ed. Carter Lindberg (Oxford, UK and Malden, MA: Blackwell, 2002), 380에서는 종교개혁 신학자들을 개관하면서, "그들 한 사람 한 사람이 사역에 집중했다"라고 말하고, 그들 전체 책에서 "성서적 설교와 목회 신학 회복이다"라고 자주 말한다고 한다.

56 키치에 관한 더 많은 내용은 J. Barry Vaughn, "Benjamin Keach," in *Baptist Theologians*, ed. Timothy George and David Dockery (Nashville: Broadman, 1990), 49~76 ∥ 『침례교 신학자들 (상)』, 침례교신학연구소 옮김 (대전: 침례신학대학교출판부, 2008), 73~118을 보라.

대체로, 침례교회는 기록된 기도, 고백, 답창 등이 거의 없다는 의미에서 예전을 중심으로 하는 교회가 아니다. 침례교인 찬송가집은 예배에서 교독하려고 발췌한 성경 구절을 포함했지만, 그것을 사용하는 교회는 거의 없다. 이것은 침례교회 대부분이 개선할 수 있었던 분야이다. 바울은 디모데에게 "성경을 공개적으로 읽는 일"에 헌신하라고 명령했다(딤전 4:13). 하지만 많은 침례교회에서 설교할 때 인용하는 구절을 제외하고 거의 성경을 읽지 않는다. 테리 존슨(Terry Johnson)과 라이곤 던컨 3세(Ligon Duncan III)는 "성경을 읽지 않는 것은, 설교하지 않는 것 또는 회중 찬양을 빠뜨리는 것과 거의 비슷하다."라고 말한다.57 신중하고 주의 깊은 성경 읽기는 하나님을 영화롭게 하며 신자들에게 하나님의 전체적 생각에 접하게 함으로써 그들을 교화한다. 하지만 그렇게 하는 것은 성경 전체에 분포된 본문을 선택하고, 이해하면서 감정을 넣어 성경을 읽을 수 있는 사람을 선택하기 위한 조심스러운 계획을 요구한다.58

침례교인의 예배는 전형적으로 종교개혁이 하나님의 말씀 전파를 강조함에 따랐으며, 초기 침례교인이 말씀을 읽고 강해하는 데 많은 시간을 들였지만, 아쉽게도 지금 예배에서는 30분 정도만 할애한다. 그것은 예배가 다양한 측면을 가졌다는 사실을 보여주는 또 다른 예이다. 우리는 하나님의 말씀을 들으면서 하나님을 영화롭게 한다. 하나님의 말씀은 하나님의 놀라운 활동과 속성을 자세히 이야기하기 때문이다. 또한 말씀을 전파하고 설교하면서, 목사는 회중 전체를 가르치며, 그리하여 그들은 교화된다. 그리고 침례교회 목사

---

57 Terry L. Johnson and J. Ligon Duncan III, "Reading and Praying the Bible in Corporate Worship," in *Give Praise to God*, 143 ∥ 「공동 예배에서 성경 읽기와 성경의 내용으로 기도하기」, 『개혁주의 예배학』, 246. 존슨과 던컨은 공개적 성경 읽기에 관한 11가지 계획을 포함한다.

58 R. Kent Hughes, "Free Church Worship," in *Worship by the Book*, 176 ∥ 「자유 교회 예배―자유가 주는 어려움」, 『말씀 아래서 드리는 예배』, 244에서는 공개적 성경 읽기에 관한 몇 가지 유용한 제안을 제공한다.

는 그들 설교에서 복음 메시지를 자주 포함하기에, 그것은 복음 전도 기능을 한다. 하지만 신약성서는 예배에서 회중의 교화를 강조하기에(고전 14:26을 보라) 전도가 주된 목표가 되어서는 안 된다.

> 1. 여러 해에 걸쳐, 나는 목회자, 교회 지도자, 신학생에게 그들 교회에서 예배를 개선하도록 돕는 과제를 냈다. 매우 간단하다. 누군가에게 기록 시계를 가지고 예배의 모든 요소를 재게 한다. 곧, 기도, 성경 읽기, 찬송, 성경 말씀 설교, 헌금 등에 할애한 시간을 잰다.
>
> 2. 예배 요소 시간을 잰 사람 대부분은 두 가지 요소에 쓴 시간이 턱없이 부족함에 놀란다. 그들은 예배 개선에 두 가지를 제안한다. 첫째, 공적 예배에서 성서 읽는 데 더 많은 시간을 쓰고 생각하라. 명령받은 예배 요소(딤전 4:13)인데도, 내가 참석한 대부분 예배에서는 많은 관심도 기울이지 않고 시간도 쓰지 않았다.
>
> 3. 둘째, 대부분은 예배에 기도하는 시간이 매우 짧다는 데 놀란다. 이는 시간, 관심, 준비가 필요한 또 다른 영역이다.
>
> 4. 침례교회 대부분이 침례와 주님 만찬을 거행하는 방법에서 훨씬 더 잘할 수 있다고 생각하지만, 이 내용은 다음 장에서 자세히 살피겠다.

〈보기 10.5.〉 **예배 개선안 네 가지**[59]

기도도 침례교인 예배에서 일관된 특징인데, 디모데전서 2장 그리고 기도를 공적 예배에 두는 다른 구절에 있는 명령을 따른다.

---

[59] 몇 가지 점이 지나치게 멀리 갔을 수 있어도, Johnson and Duncan III, "Reading and Praying the Bible in Corporate Worship," in *Give Praise to God*, 140~69 ‖ 「공동 예배에서 성경 읽기와 성경의 내용으로 기도하기」, 『개혁주의 예배학』, 241~87을 고려하라고 추천한다.

앞에서 언급한 대로, 우리는 거의 자발적 기도를 훨씬 더 좋아하기에, 단순히 기도문 읽기를 피했다. 하지만 신중한 계획은 침례교 예배에서 기도 요소를 향상하게 할 수 있다. 침례교회 목사와 예배 인도자는 설교를 준비하고 음악을 연습하는 데 많은 시간을 들이지만, 대중 기도에 무엇을 포함해야 할지 검토하는 일은 옳지 않다고 느끼는 듯하다. 기도는 우리가 하나님께 직접 말씀드리는 표현이며, 사려 깊은 기도는 예배하는 사람이 하나님을 받들고, 고백하고, 중보하고, 하나님께 감사하게 한다. 기도를 잘 준비함으로, 설교나 찬양이 진심에서 우러나오도록 돕는다. 또한 기도에 부정적 영향을 끼치지 않고, 오히려 예배에 더 유용하며 긍정적으로 이바지한다.60

과거에 침례교인이 예배 요소를 선택하는 데 적어도 어느 정도 유익한 '규제 원리(regulative principle)'라 불리는 것이었다. 이 원리는 성서가 구체적으로 또는 암시적으로 승인하는 요소만을 예배에 포함해야 한다고 주장했다. 그것은 금지되지 않는 것은 무엇이든지 예배에서 허용한다는 견해를 옹호한 '규범 원리(normative principle)'와 대조를 이룬다. 침례교인이 규제 원리를 선호함은 그들이 모든 것을 성경에 따라 하기를 열망했다는 점에 비추어 볼 때, 충분히 예상할 수 있는 일이다. 이것은 「2차 런던 신앙고백」(또는 미국에서 알려진 대로 「필라델피아 신앙고백서」)에서 뚜렷한데, 거기서는 "참되신 하나님을 예배하는 기준에 맞는 방식은 그분 자신에 의해 제정되며, 따라서 그분 자신의 계시된 뜻에 제한되므로 그는 사람의 상상과 고안, 가시적으로 표현된 사탄의 제안, 또는 성경에서 규정되지 않은 다른 어떤 방식에 따른 예배를 받지 않으실 것이다."라고 말한다.61 하지만 제리 마르셀리노(Jerry Marcellino)이 한 말대로, 이

---

60 Hughes, "Free Church Worship," 175 ‖ 「자유 교회 예배—자유가 주는 어려움」, 242~43. Johnson and Duncan, "Reading and Praying the Bible in Corporate Worship," 165~66 ‖ 「공동 예배에서 성경 읽기와 성경의 내용으로 기도하기」, 280~82과 같이 휴스도 회중 기도를 인도하는 계획에 관한 유용한 자료와 제안을 제공한다.

원리만으로는 전적으로 도움이 되지 않는 것은 어떤 복음주의자도 자기가 하나님의 말씀에 반하는 방식으로 예배하기를 바란다고 말하지 않을 것이기 때문이다. 이 원리를 적용하기가 쉽지 않다.62 성서가 말하지 않은 채 남겨둔 예배 세부 사항에 관한 많은 물음이 있으며 그것에 관해 주어진 명령이 거의 없기에, 오늘날 예배 계획에서 규정 원칙을 고려하여 따르는 사람은 거의 없다고 생각한다. 가장 열심히 성서에 따르려는 사람도 많은 문제에 관해서는 목회 지혜를 발휘해야 한다.

특히 목회 지혜가 필요한 한 가지 요소는 회중 찬양 영역이다. 가라앉겠지만, 오늘 많은 교회가 이른바 '예배 전쟁(the worship wars)'을 치른다. 이 '전쟁'은 예배에서 현대 스타일과 전통 스타일의 다툼이며, 가장 눈에 띄는 것은 서로 다른 음악 양식이다. 현대음악은 오르간과 피아노를 기타와 드럼으로, 찬송가를 찬양 합창(praise chorus)으로, 성가대를 찬양팀으로 대체한다.63 종종 그러한 교회는 평상복

---

61 규제력 있는 원리에 관한 더 많은 논의는 J. Ligon Duncan III, "Does God Care How We Worship?" in *Give Praise to God*, 17~50 ‖「하나님은 우리가 드리는 예배의 방법에 관심이 있으신가?」, 『개혁주의 예배학』, 57~107; Derek W. H. Thomas, "The Regulative Principle: Responding to Recent Criticism," in *Give Praise to God*, 74~93 ‖「규정적인 원리―최근의 비평에 대한 응답」, 『개혁주의 예배학』, 143~74을 보라. 또한 Ernest C. Reisinger and D. Matthew Allen, *Worship: The Regulative Principle and the Biblical Practice of Accommodation* (Cape Coral: Founders, 2001)을 보라.

62 Jerry Marcellino, "Leading the Church in God-Centered Worship: The Pastoral Role," in *Reforming Pastoral Ministry*, 142.

63 2000년에 실시한, 남침례교회 700개 이상을 대상으로 한 조사에 따르면, 현대 예배 양식에 따르는 교회의 절반 이상이 예배와 관련해 이런 다툼을 경험했다. 이는 Philip B. Jones, "Research Report: Executive Summary of *Southern Baptist Congregations Today*" (Alpharetta, Ga.: North American Mission Board, SBC, n.d.), 4에 있으며, www.namb.net에서 참고할 수 있다.

을 채택하고, 장애물을 줄이는 다른 방식을 찾고, 그들이 '구도자'라고 부르는 사람에게 더 매력 있게 보이도록 노력한다. K. H. 사전트(K. H. Sargeant)는 "구도자 교회 지도자는 현대 사회가 선호하는 음악과 문화를 반영하려고 새롭고 현대적 예배 형태를 고안한다."라고 말한다.64 릭 워렌은 "우리는 우리 음악을 하나님께서 우리 교회가 전도하기를 바라시는 사람에게 맞추어야 한다."라고 솔직하게 말한다.65 그는 가사가 기독교적이라면 음악 양식이 아무런 신학적 장애가 되지 않는다고 생각한다. 다른 사람은 그렇게 확신하지 않는다.

마르바 던(Marva Dawn)은, "스타일이 문제가 아니다. … 문제는 우리 예배가 우리를 하나님의 영광에 잠기게 하는지, 아닌지다. … 시간이 흐르면서 (새로운 환경이나 오래된 환경에서) 교회가 정착시킨 의례의 가치는 그것들이 어떤 지도자의 개성에 의존하지 않는다는 점이다. 오히려 그것들은 계속해서 우리 예배의 대상이신 하나님께 초점을 맞춘다."66 또한 그녀는 찬송가가 시간이 지나면서 구별된 음악을 담고 있으므로 전통 음악 대부분은 "신학적으로도 음악적으로도 상당히 훌륭한" 반면, 현대음악에서 많은 부분은 "하나님을 하찮게 하고 자기중심적인 사람들을 만들어내는 내용으로 가득하다."라고 평가한다.67

다른 사람들은 더 신중하게 주의한다. 제리 마르셀리노(Jerry Marcellino)는 전통적인 것 말고 다른 모든 스타일이 잘못됐다고 말할 수 없다는 점을 인정한다. 그렇게 말함은 "문화적 편협"을 포함

---

64 Kimon Howland Sargeant, *Seeker Churches: Promoting Traditional Religion in a Nontraditional Way* (New Brunswick: Rutgers University Press, 2000), 55.

65 Warren, *The Purpose Driven Church*, 280 ∥ 『목적이 이끄는 교회』, 313.

66 Marva Dawn, *A Royal "Waste" of Time: The Splendor of Worshiping God and Being Church for the World* (Grand Rapids: Eerdmans, 1999), 158.

67 Dawn, *A Royal "Waste" of Time*, 150.

한다고 생각한다.68 엘머 타운즈와 에드 스테처는 역사를 근거로 같은 것을 입증한다. 곧, "역사를 읽을 줄 아는 그리스도인이면, 한 가지 옳은 길만 있지 않음을 잘 안다."69 하지만 두 사람 모두 현대 음악을 사용하는 일에 어느 정도 주의를 기울이는 데 관여한다. 마르셀리노는 다음 질문을 하라고 권고한다. 음악은 "본질적으로 강력한 세상적 연관성에서 자유로운가?" 그것은 빌립보서 4:8의 기준(참되며 경건하며 옳으며 정결하며 사랑받을 만하며 칭찬받을 만하며 덕이 있고 기림이 있음)을 따르는가?70 타운즈와 스테처는 우리가 물어야 할 질문을 다음과 같이 확장한다. "이 음악은 연합, 기억, 감정, 이해, 음악 등을 통해 문화에 무슨 영향을 끼치는가? 이것들은 결코 쉬운 질문이 아니고, 본질적인 질문이다."71

예배 관련 마지막 문제는 구도자교회에서 제기했는데, 윌로우크릭교회와 새들백교회가 가장 눈에 띄는 예이다. 구도자교회 운동이 멈췄어도, 분명한 인상은 남겼다. 그것은 대부분 교회가 예배에 '구도자'라고 부르는 사람이 있을 수 있음을 적어도 인식할 필요성에 민감하게 했다. 그들은 아직 그리스도인이 아니기에, 교회 언어와 관습을 알게 도움을 받아야 한다. 그래서 기독교 전문어 그리고 우리가 무슨 이유로 어떤 일을 하려는지 설명해 구도자가 기독교 메시지를 이해하게 도와야 한다. 그러나 일부 구도자 교회는 더 나아가 구도자에게 다가가려고 주일 예배 전체를 기획해 음악, 드라마, 멀티미디어, (설교보다는) '대화'로 그들에게 호소하려 한다.72 그

---

68 Marcellino, "Leading the Church in God-Centered Worship," 143.

69 Towns and Stetzer, *Perimeters of Light*, 98.

70 Marcellino, "Leading the Church in God-Centered Worship," 143.

71 Towns and Stetzer, *Perimeters of Light*, 107~08.

72 예를 들어, Warren, *The Purpose-Driven Church*, 251~77에는 "Designing a Seeker-Sensitive Service"라는 장 ‖ 「구도자에게 민감한 예배를 고안하기」, 『목적이 이끄는 교회』, 281~310이 있으니, 보라.

러나 예배에 하나님이 주요 청중이시면, 구도자 예배는 정말로 예배할 할 수 있는가?

구도자 교회 운동에 있는 많은 이는 아니라고 말할 텐데, 곧 구도자 예배는 복음 전도이지 예배가 아니라고 말하며, 믿는 사람이 주중 예배 그리고/또는 소그룹에서 예배하고 가르침을 받을 시간을 만든다고 말한다. 릭 워렌은 자기가 두 가지 형태 예배에서 다르게 설교한다고 솔직하게 말하고,[73] 윌로우크릭연합회에 소속한 교회를 연구한 바는 구도자교회가 믿는 사람이 드리는 예배, 곧 하나님을 경배하고 믿는 이를 교화하는 게 중심인 예배를 따로 준비해야 할 필요성을 갈수록 더 알아차리고 있다고 말한다. 그러나 같은 연구는 2000년 현재, 윌로우크릭연합회(Willow Creek Association)에 소속한 교회의 60% 이상이 믿는 사람 예배를 따로 드리지 않는다는 사실을 확인했다.[74]

구도자를 접촉해 그들을 인도하려는 열정에 일부 교회는 그들이 드리는 예배에서 초점을 잃고 구도자에게 적합하도록 고안한 예배가 신자들에게 필요한 모든 예배를 성취하지 못한다는 점을, 우려할 이유가 있다. 그들 스스로 연구한, 눈에 띄는 책인 『드러냄—당신은 어디에 있는가(Reveal: Where Are You)?』[75]에서, 윌로우크릭교회는 몇 가지 문제를 솔직하게 보고했다. 수천 개 반응, 그리고 윌로우크릭교회와 또 다른 여섯 개 미국인교회 출신과 100건 넘는 인터뷰를 기초로, 그들은 예배에 참여하는 가장 성숙하지 않은 사람들, 곧 스스로 '기독교 탐구자'라 하는 이들 또는 '그리스도로 자라려는' 초신자들의 필요를 채우는 일을 잘하고 있다고 보고했다. 그러나 더 성숙한 참석자들, 곧 '그리스도와 친밀한' 또는 '그리스도

---

[73] Warren, *The Purpose Driven Church*, 294 ‖ 『목적이 이끄는 교회』, 328.

[74] Sargeant, *Seeker Churches*, 25.

[75] Greg L. Hawkins and Cally Parkinson, *Reveal: Where Are You?* (South Barrington, IL: Willow Creek Association, 2007).

중심인' 신자들에게는 상당한 불만이 있다. 스스로를 '정체된' 또는 교회에 '불만이 있는' 사람으로 말하는 사람의 사분의 일 가량은 교회를 떠나려고 고려한다.[76]

나는 구도자교회 운동에 소속한 많은 이를 크게 존중한다. 연구에 따르면, 그들은 놀랍도록 자기들 신학이 보수적이라고 확신하며 잃어버린 사람을 인도하는 데 열정이 있다.[77] 특별히 나는 워렌이 하는 사역 방식에 칭찬할 일이 많다고 생각한다. 그러나 잃어버린 사람을 얻으려는 열망에, 예배에서 신자의 영적 성장을 유지하는 일에 초점이 흐려지게 하지 않았는가? 윌로우크릭교회가 채택하는 구도자예배와 그들 스스로 연구에서 확인한 결과물을 잇는 직선이 없어도, 그 둘 관계에는 교회가 예배에서 구도자 성향으로 어디까지 가야 하는지에 관한 물음을 제기하기에 타당성은 충분하다.

사도행전 2장에서 초대 교회 예배를 묘사한 내용은 예배에 관한 더 유용한 지침을 준다. 첫째, 하나님 중심 예배가 믿지 않는 사람을 전도하는 일과 정반대이지 않다는 점은 주목할 가치가 있다. 초대 교회 예배는 그들 가운데 하나님의 임재를 나타내었으며, 주위 세상이 그 사실을 알아차렸다(행 2:43, 47; 5:12~14; 고전 14:24~25). 전도는 예배의 결과였지, 목적이 아니었다.

둘째, 예배 양식이 어떠하든 그것은 우리가 사도행전 2장에서 보는 것과 똑같은 이중 반응을 유도해야 한다. 한편으로, 초대 예배자들은 하나님께서 그들 가운데 일하시는 것을 보면서 경외하는 감정을 느꼈다(행 2:43). 따라서 예배는 하나님 중심적이어서, 반드시 편안함을 주기보다 경의, 경외, 복종을 낳아야 한다. 예배에서, 우리는

---

[76] "What Reveal Reveals," *Christianity Today*, http://www.christianitytoday.com/ct/2008/march/11.27.html, 2017년 3월 7일에 접속.

[77] Sargeant, *Seeker Churches*, 20~21에 따르면, 조사한 구도자교회 목사의 98%가 자신을 '복음주의자'라고 밝혔으며, 99%는 "성경이 영감으로 된, 모든 가르침에서 진실인 하나님의 말씀"이라는 점에 동의했다.

그 위대하신 분 앞에서 우리 작음을 느끼게 하시는, 바로 그분을 봬야 한다. 현대 예배는 항상 이러한 일을 잘하지 못한다. 그들 음악 일부는 분명 놀랍도록 하나님의 위대하심을 높이지만, 대부분 현대 예배에서 가벼운 분위기는 경외 태도보다 하나님을 향한 가벼운 태도로 이어질 수 있다. 하지만 초대 기독교 예배에서 경외 감정과 함께 찬양의 즐거움이 있었다(행 2:47). 찬양은 그분 앞에서 우리가 경외감으로 엎드리는 위대하신 하나님께서 크신 자비와 놀라운 사랑으로 예수 그리스도 안에서 죄 용서와 생명을 주셨음을 우리가 인식함으로 일어난다. 그분께서는 우리를 당신 자녀로 부르셨으며, 우리가 일어서서 그분을 찬양하고, 우리를 향한 그분 사랑에 즐거워하게 하신다. 그래서 이것 때문에 많은 전통 예배가 비난받을 수 있다. 현대 예배를 옹호하는 사람은 예배가 즐겁고, 활기차며, 열정적이라고 믿지만, 경외를 지나치게 강조함은 찬양의 넘치는 표현을 위축시킬 수 있다. 이러한 두 가지 강조점은 아래 내용으로 비교할 수 있다.

경외	'찬양'
• 경건한 경외가 그 특성	• 즐거운 찬양이 그 특성
• 그분 거룩하심에 하나님을 영화롭게 함	• 하나님의 사랑에 즐거워함
• 하나님은 초월적이시며 우리 위에 계심	• 하나님은 내재하시며 우리와 함께하심
• "너희는 가만히 있어, 내가 하나님임을 알아라."	• "여호와, 왕께 즐거이 소리쳐라."

보기 10.6. **예배에서 기조 두 가지**

예배에서 이 두 가지 기조가 균형을 이루게 함이 핵심이다. 현대 예배자는 하나님의 거룩하심이 흐리지 않도록 주의해야 한다. 윌로우크릭교회에 관한 가장 초기 연구에서 하나는 설교의 70%가 하나님의 사랑을 강조하지만, 7%만이 하나님의 거룩함을 다룬다고 확인했다.[78] 틀림없이, 이는 신자 예배가 아니라 구도자 예배에 관한 조사이며 1990년대 초반 연구이지만, 현대 예배가 맞닥뜨릴 수 있는 위험을 나타낸다. 전통주의자는 반대편에 있을 위험에 주의해야 한다. 곧, 예배자를 찬양으로 적극적으로 끌어들이지 않고 그들을 침묵 가운데 앉아 있도록 버려두는, 기쁨이 없는 예배라는 위험이다.

예배에서 마지막 한 가지 요소, 곧 교회 역사 많은 부분에서 예배 중심이었던 요소를 아직 살피지 않았다. 그것은 성례전, 또는 침례교인이 일반적으로 부르는 침례와 주님 만찬 의식이 하는 역할이다. 이것들은 생동감 넘치는 예배 의식이지만, 침례교인이 자주 낮게 평가하며 잘못된 이해로 실행한다. 두 가지 의식이 중요하므로 자세히 살펴야 하며, 그러다 보면 이 장이 지나치게 길어질 수 있다. 따라서 다음 장에서 두 가지 의식을 자세히 살피겠다.

섬김 사역

사도행전 2:45는 초기 그리스도인이 서로 섬긴 극진적 방식을 기록한다. 서로 재정적 필요를 채우려고 자기 소유를 팔고 토지 일부도 팔았다. 하지만 그들 섬김은 자기 회중을 넘어선 듯하다. 그리스도의 명령뿐 아니라 그분 사랑이 그들을 감동해 교회 회원이든지 모르는 사람이든지 그들 이웃을 섬기게 했을 것이다. 바울이 특별히 "믿는 가정들"을 배려하라고 강조했지만(갈 6:10), 모든 사람에게 선을 행하라고 갈라디아에 있는 초기 교회들에게 명령했다. 아마도 그

---

[78] Gregory Pritchard, "The Strategy of Willow Creek" (Ph.D. diss., Northwestern University, 1994), 769.

들이 모든 사람에게 제공한 섬김은 사도행전 2:47이 초대 교회가 "온 백성에게 칭송을 받았다"라고 말하는 근거일 수 있다.

섬김은 교회가 마땅히 해야 할 사역이다. 신약성서는 어떻게 그리스도의 사랑이 그리스도인에게 다른 사람들을 섬기도록 촉구하는지 묘사하는 본문들로 가득하다. 그들은 주님의 모범, 곧 섬김을 받으려 하기보다 섬기려고 오심(롬 13:8; 갈 5:13; 요일 3:16~18)을 따른다. 교회는 그리스도의 몸으로서, 그분 사랑이 동기로 작용해 가장 이른 시기부터 섬겼다. 몸의 구성원들 필요를 돌보는 일은 그리스도의 **몸**으로서 교회 개념 자체에 암시하고 있지만(고린도전서 12:26을 보라), 교회는 온 세상을 섬기시려고 오신 그리스도의 몸이기에, 교회의 섬김은 온 세상으로 확장한다. 또한 섬김 개념은 그리스도께서 당신 제자들, 곧 '세상에서 소금'과 '세상에서 빛'(마 5:13~14)인 그들에게 적용하신 이미지에도 암시돼 있다. 소금과 빛은 어떤 의미에서 그들을 반대하는 것들을 섬기려고 존재한다. 예배 사역조차 그것에 수반하는 섬김 활동 없이는 불완전하다. 미로슬라프 볼프(Miroslav Volf)는 말한다. "하나님께서 행하신 위대한 구원으로 하나님을 찬양하는 동시에 선을 행하기를 무시하든지 적극적으로 악을 행하든지 해서 귀신의 파괴적 일에 협력하는 행동은, 아주 심각한 위선이다."[79] 목사-교사가 감당할 구체적 임무는 "섬기는 일을 하도록 하나님의 백성을 준비하는" 일이다(엡 4:12). **섬김**라는 단어는 광범위하여 교회가 사역에서 하는 모든 일을 포함하지만, 그것은 분명히 인간의 기본적인 필요, 또는 때때로 사회적 활동으로 불리는 일도 포함하는 교회 사역이다.

가난한 사람 돌보기는 교회에서 오랜 전통이다. 바울은 자신이 기꺼이 그렇게 하려고 한다고 증언한다(갈 2:10). 교부시대 교회는

---

[79] Miroslav Volf, "Reflections on a Christian Way of Being-in-the-World," in *Worship: Adoration and Action*, ed. D. A. Carson (Grand Rapids: Baker, 1993), 211.

자원해 섬겼다고 알려졌다. 2세기에 한 사람은 자기 편지에 그리스도인을 다음 말로 묘사한다. "그들은 다른 사람들과 똑같이 결혼하고 자녀를 낳는다. 하지만 바라지 않은 아기를 낳아도 죽이지 않는다. 그들은 식탁을 공유하기를 제안하지만, 침대는 그렇게 하지 않는다."[80] 6세기에 교황 그레고리 1세(Gregory I)가 '그레고리 대제(Gregory the Great)'라는 칭호를 얻었는데, 부분적으로 교회가 가난한 사람을 광범위하게 돕도록 그가 이끌었기 때문이었다. 중세 전체에 걸쳐 다양한 수도원 운동에서 주된 동기의 하나는 부자 청년 관원에게 소유를 팔아 가난한 이들에게 주라고 하신 예수님 명령이었다(마 19:21). 아시시의 프란체스코(Francis of Assisi)를 포함해 여러 부자 그리스도인이 그 명령을 따랐다.

종교개혁 무렵, 가난한 사람과 병든 사람을 보살피는 일은 교회의 표준 사역, 전형적으로 집사들에게 맡긴 일로 여겼다. 침례교인 예배에 관한 가장 이른 시기 묘사는 "가난한 사람을 위한 기부를 권고하기와 그러한 헌금을 기도로 마무리하기"를 포함한다.[81] 1930년대에 이르기까지, 미국에서 교회는 사회복지에 상당 부분 이바지했다. 학교, 병원, 무료 급식소, 기타 가난한 사람과 병든 사람을 돌보는 일은 모두 교회 사역 영역으로 여겼다.

아마도 섬김에 헌신한 가장 극단적 예는 이른바 사회 복음 발전에서 있었는데, 가장 중요한 옹호자는 한 침례교인으로, 그의 이름은 월터 라우셴부쉬(Walter Rauschenbusch)였다.[82] 그는 뉴욕에 있는 우범 지

---

[80] 디오그네투스(Diognetus)에게 보낸 익명의 편지에서. Tim Dowley, ed., *Introduction to the History of Christianity* (Minneapolis, Minn.: Fortress Press, 2002), 67에서 인용.

[81] 이 언급은 1609년에 한 것으로, McBeth, *The Baptist Heritage*, 91 ∥『침례교회의 역사와 유산 (상)』, 120에서 인용한다. 이어서 맥베스는 Champlin Burrage, *The Early English Dissenters in Light of Recent Research* (New York: Russell and Russell, 1967), 2:176~77을 인용한다.

[82] 라우셴부쉬에 관한 더 많은 내용은 Stephen Brachlow, "Walter

구(Hell's Kitchen) 지역에서 그가 본 지독한 가난에 자극받아 복음에 전적으로 헌신하라고 요구했는데, 그는 이 일이 가난한 사람을 위한 사회적 활동에 헌신을 포함한다고 생각했다. 그의 신학은 여러 면에서 정통신학 아류에 속하며(예를 들어, 그는 성경의 무오성과 그리스도의 신성을 부인한다), 그가 미국 자본주의를 확고하게 반대했기에 폭넓은 지지를 얻지 못했다. 실제로 당시 많은 보수주의자는 그를 공산주의자라고 비난했으며, **사회 복음**(social gospel)이라는 단어는 자유주의 신학과 관련이 있었다. 아마, 라우셴부쉬에 지나치게 반응해, 복음주의 그리스도인은 사회를 섬기는 몇 가지 국면에서 물러섰다. 조지 마스덴(George Marsden)은 그가 '대반전(Great Reversal)'이라 부른 바를 서술하는데, 이는 1900년부터 1930년쯤에 일어났는데, 그때는 모든 진보적 사회 관심사, 정치적이든 개인적이든, 부흥사들 사이에서 의심받았고 아주 보잘것없는 역할로 취급됐다.[83]

대공황이 빚은 가난으로, 교회 자원은 바닥났다. 정부는 현대 복지국가 정책을 펼치면서 돕고 나섰으며, 점차로 전에 가난한 사람과 병든 사람을 보살피는 영역에서 교회가 하던 역할을 물려받았다. 하지만 교회 직원으로 일했던 사람은 누구나 가난한 사람이 여전히 교회에서 도움을 찾으며 어떤 방식으로든 교회 대부분이 필요가 있는 사람을 지원하는 사역에 관여함을 알고 있다. 한 조사는 남침례교회 회중만 해도 방과 후 프로그램에서 교사로 봉사하는 사람과 노인에게 식사와 교통수단을 제공하는 사람은 말할 것도 없고 매달 음식과 옷으로 3백만 명을 섬긴다고 추정한다.[84] 이 세기 초에, 펜실베이니아대학교 사회학자 두 명은 필라델피아 도시에서 접

Rauschenbusch," in *Baptist Theologians*, ed. Timothy George and David Dockery (Nashville: Broadman, 1990), 366~83 ‖ 『침례교 신학자들 (하)』, 침례교신학연구소 옮김 (대전: 침례신학대학교출판부, 2010), 39~66을 보라.

[83] George Marsden, *Fundamentalism and American Culture*, new ed. (New York: Oxford University Press, 2006), 86.

[84] Jones, "Research Report," 3~4.

할 수 있는 모든 교회를 연구해, 이 모든 교회가 지속해 수행하는 모든 사회 사역을 알고자 했다. 이 모든 교회가 하는 일의 재정 가치를 주의 깊게 평가해 수량화하고서, "보수적으로, 필라델피아에서 모든 신자가 사회에서 섬긴 값어치를 계산하니 해마다 246,901,440달러이다"라고 결론지었다.85 그러한 섬김은 그리스도의 사랑으로 시작해 이뤄진다.

이 영역에 개선해야 할 여지가 여전히 많지만, 마스덴이 '대반전'이라 한 일이 최근 몇 해에, 특히 젊은 복음주의자 가운데서 사회 사역으로 되돌아가는 움직임이 보인다.86 더 전통적인 복음주의자도 팀 켈러(Tim Keller)가 '자비 사역(mercy ministries)'이라 부르는 사역의 중요성을 지지한다.87 오늘날, 사회봉사를 도외시한 채 전도를 강조하거나, 전도 수단으로만 삼으려는 사람은 거의 없다. 섬긴 결과로 복음 전도 기회를 얻을지라도,88 그리고 우리가 최고 선물(복

---

85 Ram A. Cnaan and Stephanie C. Boddie, "Philadelphia Census of Congregations and Their Involvement in Social Service Delivery," *Social Service Review* 75, no. 4 (December 2001): 559~80.

86 드보라 지안 리(Deborah Jian Lee)가 2015년 10월 20일에 기고한 논문은 공공신앙연구소가 수행한 연구를 보고하는데, 천년왕국을 믿는 복음주의자 가운데 점진적, 사회적 정의 문제의 다양성을 지지하는 수가 점점 더 늘고 있는 현상을 제시한다. Deborah Jian Lee, "Why the Young Religious Right is Leaning Left," http://time.com/4078909/evangelical-millennials(2017년 7월 5일에 접속)을 보라.

87 켈러는 이 주제에 관한 영향력 있는 책을 두 권 썼다: *Ministries of Mercy: The Call of the Jericho Road* (Phillipsburg, NJ: P & R, 1997) ‖『가서 너도 이와 같이 하라―기독교 사회봉사 입문』, 이찬규 옮김 (서울: 기독교연합신문사, 2007); *Generous Justice: How God's Grace Makes Us Just* (New York: Dutton, 2010) ‖『팀 켈러의 정의란 무엇인가―하나님의 은혜가 어떻게 우리를 정의롭게 만드는가?』, 최종훈 옮김 (서울: 두란노서원, 2012).

88 섬김이 어떻게 믿지 않는 사람을 교회로 인도할 수 있는지에 관한 한 가지 예는, Robert Lewis with Rob Wilkins, *The Church of Irresistible Influence* (Grand Rapids: Zondervan, 2001)을 보라.

음)을 주는 데 최우선 순위를 매기고 매겨야 하더라도, 여전히 섬김은 그 자체로 그리스도의 사랑을 표현함이어야 하고, 조건 없이 제공돼야 한다. 앤디 데이비스 목사(Andy Davis)는 "모든 건강한 회중은 교회 안에서 그리고 밖에서 자비 사역에 참여해야 한다"[89]라고 말한다. 동시에, 나는 섬김 사역은 섬기는 사람에게 그리고 섬기는 사람을 위해 사역으로, 곧 가르침, 교제, 예배 사역 등으로 유지되어야 한다고 말하고 싶다.[90] 마지막으로, 자원이 풍부한 북아메리카 교회가 지역에서나 지구촌에서, 증상만 치료하지 않고 또는 재정에 의존하게 하는 해를 끼치지 않고 참으로 돕는 방식으로, 다른 사람을 섬기는 방법을 배우는 일은 특별히 중요하다.[91]

섬김 활동을 격려하는 한 가지 유용한 전략은 목적을 이루려는 소그룹 활용이다. 우리는 소그룹을 가르침과 교제 사역을 하는 데 중요한 환경으로 언급했지만, 섬김은 소그룹이 내부 지향적인 거룩한 모임에만 머무르지 않게 막는 유용한 방법일 수 있다. 소그룹은 혼자서는 감당할 수 없는 프로젝트와 사역에 함께 참여해 씨름하게 하는데, 소그룹 형성에 촉매작용 하는 한 가지는 필요가 있는 특정 영역에서 섬기려고 여러 사람이 공유하는 열망일 수 있다.

---

[89] Davis, "Practical Issues in Deacon Ministry," in Mark Dever and Jonathan Leeman, eds., *Baptist Foundations: Church Government for an Anti-Institutional Age* (Nashville: B & H Academic, 2015), 328.

[90] Jedd Medefind, "The Activist Soul: Why the Fight for Social Justice Must Start Within," *Christianity Today* (July/August 2017), 71~73에서는 정의 사역에 참여하는 사람들 사이에 공통 이야기 흐름이 일어나서, 일하고, 지쳐서, 시든다고 말한다. 섬김으로 표현한 사랑이 생명력 있는 내적 생명으로 유지돼야 하는데, 공동 실천이 그것으로 '엄청난 가치'를 가지기 때문이라고 결론짓는다.

[91] 도발적이며, 도전적이며, 유익한 책, Steve Corbett and Brian Fikkert, *When Helping Hurts: How to Alleviate Poverty without Hurting the Poor … and Yourself* (Chicago: Moody, 2009)∥『헬프—상처를 주지 않고 도움을 주고받는 성경적인 방법』, 오세원 옮김 (서울: 국제제자훈련원, 2014)를 보라.

전도 사역

사도행전 2장에서 교회를 묘사하는 부분에서, 우리가 발견하는 마지막 사역은 실제로 교회가 하는 사역이라기보다 하나님께서 하시는 일로 묘사된다. 교회가 그 구성원을 가르치고, 교제를 무르익게 하며, 예배를 즐거워하며, 공동체를 섬기는 일에 전념했을 때, "주님께서 그들 수를 더하셨다"라고 본문은 말한다(47절). 리처드 론제네커(Richard Longenecker)는 사도행전 주석에서 **주님**(ὁ κύριος [호 퀴리오스])라는 칭호가 이 문장에 처음으로 나타나는 점에 주목해 그 중요성을 강조한다.92 이는 색다른 강조가 전혀 아니다. 전도는 사도행전의 거의 모든 장에서 말하지만, 인간 행위자는 하나님의 활동에 가려 빛을 잃는다. 사도행전 6:7에서는 "하나님의 말씀이 전파된다." 사도행전 9:31에서는 교회가 "성령의 위로로 진행하여 수가 더 많아졌다." 이방인이 믿었을 때, 교회는 그것을 하나님께서 그들에게 "생명 얻는 회개"를 주신 일로 여겼다(11:18). 바나바가 안디옥에 갔을 때, 그는 거기서 "하나님 은혜의 증거"를 보았다(23절). 바울과 바나바가 말씀을 전파했을 때 "주의 말씀이 그 지방에 두루 퍼졌다"(13:49). 그들은 선교여행에서 돌아와 하나님께서 "이방인에게 믿음의 문을 여셨다"라고 보고했다(14:27). 이러한 구절은 인간이 관여한 사실을 부인하지 않지만, 하나님께서 주도하심을 강조한다.

또한 사람이 복음 메시지를 전하는 일에 분명히 참여하지만, 신약성서에서 전도 참여 명령은 거의 없다. 전도에 관한 책은 대부분 그리스도의 명령에 복종을 전도하는 주된 동기의 하나로 제시하며, 마태복음 28:19~20의 지상 명령을 증거로 내세운다. 하지만 자주 언급하지 않는 내용은 지상 명령에서 말하는 명령이 제자로 삼으라

---

92 Longenecker, "The Acts of the Apostles," 9:291 ∥ 「사도행전」, 405.

는 내용이며, 이것이 전도를 포함하더라도 전도가 전부가 아니라는 사실과 그 명령은 전도에 관한 몇 안 되는 명령의 하나라는 사실이다.93 로마서 12:9~21과 데살로니가전서 5:12~22와 같은 본문은 수십 개 명령을 포함하지만, "다른 사람과 복음을 나누라" 또는 "전도에 열심을 내라"와 같은 명령은 없다. 마찬가지로, 디모데전서 3:1~7과 디도서 1:6~9에서 장로 자격은 인격과 지도하고 가르치는 능력에 관심을 보이지만, 전도 재능에 관한 언급은 없다. 하지만 이것은 신약성서에 전도 자체가 없다는 말이 아니다. 그 반대로, 전도는 신약성서 모든 곳에서 명시하지만, 거의 명령하지는 않는다.94

물론 신약성서 저자들은 초대 그리스도인이 지상 명령에서 그리스도께서 명령하신 내용을 알고 복종했다고 가정했겠지만, 증거는

---

93 이 점에 관한 자세한 진술은 John Hammett, "The Great Commission and Evangelism in the New Testament," *Journal of the American Society for Church Growth* 10 (Fall 1999): 3~14를 보라.

94 이는 오래전에 Roland Allen, *Missionary Methods: St. Paul's or Ours?*, 2nd ed. (Grand Rapids: Eerdmans, 1962), 93 ‖ 『바울의 선교방법론』, 김남식 옮김 (서울: 베다니, 1993), 103에서 말했는데, 그는 바울서신에 관해 "인정하는 문장이 하나, 곧 '주님 말씀이 여러분으로부터 퍼져나갔다'(살전 1:8)가 있어도, 복음을 전파하라는 주님 명령에 관한 명령은 없다." 알렌은 처음 믿은 사람이 발견한 새로운 기쁨을 나눠야 한다는 부담감은 느꼈어도 명령은 필요하지 않았다고 주장한다. Robert Plummer, "Paul's Gospel," in *Paul's Missionary Methods: In His Time and Ours*, eds. Robert Plummer and John Mark Terry (Downers Grove, IL: IVP Academic, 2012), 52 ‖ 『바울의 복음』, 『바울의 선교방법들』 (서울: 기독교문서선교회, 2016), 81에 따르면, 바울은 그가 심은 회중이 그들 신앙을 나누고 있다고 생각했고, 몇 군데서는 바울은 "평범한 그리스도인의 선교 활동"을 인정하거나 참여한다. 그러나 일반 그리스도인이 복음을 전파해야만 하는 가장 강력한 이유는 명령 때문이 아니라, "그들은 하나님의 구원하시는 말씀의 승리 진격에 합류" 또는 "복음의 범람하는 급류에 합류"했기 때문이다. Robert Plummer, *Paul's Understanding of the Church's Mission: Did the Apostle Paul Expect the Early Christian Communities to Evangelize?*, Paternoster Biblical Monographs (Milton Keynes, UK: Paternoster, 2008)도 보라.

그렇지 않아 보인다. 마이클 그린(Michael Green)은 자기 고전 연구서인 『초대 교회의 전도』에서 초기 신자의 전도 활동에 활력을 준 세 가지 동기는 하나님 사랑에 감사하는 마음, 심판자이신 하나님 앞에서 책임감과 청지기 의식, 잃어버린 사람이 처한 위험한 상황 인식 등이라고 말한다. 그린은 계속해서, "전도하라는 그리스도의 직접 명령이 그리스도인 선교에 주요 원동력이었다고 드물지 않게 가정하기에 하나님 사랑에 감사하는 마음을 앞선 동기로 강조가 중요하지만," 사실 그리스도의 명령은 2세기 기독교 문헌에 거의 인용되지 않으며, 신약성서 자체에는 한 차례(행 10:42)만 언급될 뿐이다.95

내가 신약성서가 전도에 관해 말하는 방식에 주목하는 요점은, 전도에서 복종과 의도성이 갖는 중요성을 최소화하려는 게 아니다. 최근 성공적 전도사역을 수행하는 수천 교회를 대상으로 한 조사는 이들 교회에서 공통된 요소가 '전도 의도성'이었음을 발견했다.96 오히려, 신약성서에서 우리가 끌어내어야 하는 암시는 전도가 건강한 교회가 자연스럽게 맺는 열매**이어야 한다**는 점이다. 실제로 우리가 하나님을 새로운 영적 자녀를 입양하려고 찾는 가정을 주의 깊게 살피시면서 우리를 천국으로 입양하시는 기관 책임자로 생각한다면, 어찌 그분께서 당신 영적 자녀를 적합한 가르침, 교제, 예배, 봉사를 얻을 수 없는 역기능 가정에 두려고 하시겠는가? 하지만 교회가 건강할 때 전도는 최신 방법론을 쓰지 않아도 억제할 수 없이 튀어나올 수 있다. 릭 워렌은 말한다. "변화된 삶—많은 변화된 삶이 수많은 믿지 않는 사람을 교회로 **정말로** 인도한다. 사람은 삶이 새롭게 바뀌는, 고통을 말끔히 치유하는, 희망을 회복해주는 곳으로 가려고 한다."97 마크 데버는 아주 다른 스타일 교회에서 똑같은 현

---

95 Green, *Evangelism in the Early Church*, 236~55, 239 ‖ 『초대교회의 복음전도』, 337~68, 343.

96 Thom Rainer, "The Great Commission to Reach a New Generation," *The Southern Baptist Journal of Theology* 1 (Winter 1997): 40~50.

상을 관찰한다. 곧, "여러분이 지역사회에서 사람들의 삶을 실제로 변하게 하는 교회라는 평판을 얻을 수 있다면, 여러분은 어떤 놀라운 일들을 보기 시작한다."98

침례교회가 초기에 박해로 제대로 성장하지 못했으며, 때때로 '강경파 칼빈주의(hyper-Calvinism)' 때문에 성장이 더뎠지만, 아메리카 침례교 역사에서 그들은 대부분 전도하는 사람이었다. 1740년부터 1848까지 침례교회는 100개 이하 교회에서 11,000개 이상 교회와 80만 명 이상 침례교인으로 성장했다. 그러한 성장은 단순히 미국 인구 증가 결과가 아니었다. 실제로 침례교인은 인구 증가 속도보다 세 배나 빠르게 성장했다.99 대체로 침례교인은 교회 회원자격을 진지하게 고려했는데, 그들이 이를 지나치게 가볍게 여길 때 교회는 정기적으로 교회 권징을 실행했기 때문이다.

하지만 앞에서 우리가 논한 대로, 20세기에 교회 권징은 거의 사라졌으며, 침례 기준도 교회 회원자격 기준도 완화됐고, 지속하는 수적 증가도 반드시 효과적 전도사역을 반영하지 않았다. 새로운 회원의 상당수가 결국 비활동 회원이 됐으며, 많은 활동하는 새로운 회원은 회심자가 아니라 다른 교회에서 온 사람이었다. 때때로 이러한 과정은 '성도 수평 이동(the circulation of the saints)'으로 불렸다. 최근 일부 침례교 교단은 감소하고 있으며, 가장 큰 침례교인 교단

---

97 Warren, *The Purpose Driven Church*, 247 ∥ 『목적이 이끄는 교회』, 278. 본디 지은이가 강조한다.

98 Mark Dever, "Pastoral Success in Evangelistic Ministry: The Receding Horizon," in *Reforming Pastoral Ministry: Challenges for Ministry in Postmodern Times*, ed. John H. Armstrong (Wheaton, Ill.: Crossway, 2001), 255.

99 이 수치는 Mark Noll, *America's God* (Oxford: Oxford University Press, 2002), 162, 166, 181에서 인용한다. 놀은 Robert Baird, *Religion in the United States* (Glasgow: n.p., 1844); John Winebrenner, *History of All the Religious Denominations* (Harrisburg, Pa.: n.p., 1848)를 자료로 인용한다.

인 남침례교총회(Southern Baptist Convention)가 교단 차원에서 전도를 강하게 강조했어도 마찬가지였다.

위에 개관한 대로 전도에 관한 신약성서 가르침을 바르게 이해하면, 아마도 전도율이 낮은 이유는 다른 사역이 약하기 때문일 수 있다. 그런 경우라면, 해결책은 단순히 전도를 더 강조하고 전도에 헌신을 더 부르짖는 일이 아니다. 오히려 해결책은 더 강력한 가르침, 교제, 예배, 봉사 사역을 해서, 이 여러 사역이 변화된 삶을 낳는 더 건강한 교회를 만드는 일이다. 그러한 변화된 삶이 전도를 강조하고, 전도 실제 훈련이 결과를 낳는다.

그러나 삶을 바꾸게 하는 건강한 교회라도 오늘날 상황에서 효과 있게 복음을 전하려면 강한 관계성 필요를 고려해야 한다.100 낯선 사람이 문을 두드려 그리스도께서 바라시는 바를 제시하는 방법에 그리스도께 반응하는 이가 몇몇은 있겠지만, 대부분은 그리스도인과 관계성 상황에서 복음을 받아들일지에 진지하게 관심을 보인다. 에드 스테처는 "몇 가지 예외가 있겠지만, 사람들은 그리스도인들과 함께 지내면서 그들을 살피고 그들 주장을 고려한 다음에야 그리스도께 온다"101라고 말한다. 팀 켈러는 "서구 사회에서 대부분 사람은 그들이 개인과 교사에게서 복음의 다양한 표현을 —공식적으로 그리고 비공식적으로 둘 다— 오랫동안 충분히 듣고서, 공동체에서 환영받아야 한다"라고 동의한다. 그들은 "공동체에 환영"받고 "신실

---

100 Thom Rainer and Jess Rainer, *The Millennials: Connecting to America's Largest Generation* (Nashville: B & H, 2011), 103~07. 두 이 아버지와 아들 팀은 연구에 기초해 관계성이 새로운 천년 시대에 삶의 모든 영역에서 주요 동기라고 결론짓는다.

101 Ed Stetzer, *Planting Missional Churches: Planting a Church That's Biblically Sound and Reaching People in Culture* (Nashville: B & H Academic, 2006), 188. 옮긴이 덧붙임. Ed Stetzer and Daniel Im, *Planting Missional Churches: Your Guide to Starting Churches That Multiply* (B&H Publishing Group, 2016) ‖ 『선교적 교회 개척—새로운 문화에 대응하는 선교적 교회 개척안내서』, 설훈 옮김 (서울: 요단출판사, 2021).

한 관계성"을 가진 믿는 사람들과 교류함으로 공동체에 가입하고 싶은 매력을 느끼는데, 켈러는 이런 사람을 "우리 주변 사람들과 **같지만** 동시에 그들과 **같지 않은**, 눈에 잘 띄며 **참여하는**" 사람으로 정의한다.102 너무나 자주, 그리스도인이 그들 주위 있는 믿지 않는 사람들과 같으며, 관계상 함께하기보다는 멀리 떨어져 있음이 심각한 문제이다. 주님께서 오늘날 교회에 새로 믿는 사람을 더하게 하시길 바라면, 믿는 사람은 믿지 않는 이웃과 동료와는 다르게 건강해야 하지만, 그들을 사랑하고 그들과 관계를 유지하는 게 의도적인 전도 프로젝트이어서는 안 되며, 오히려 하나님의 형상을 지닌 참으로 가치 있는 사람으로 사랑하며 관계를 유지해야 한다.

전도의 마지막 한 가지 요소를 특별히 언급하겠다. 전도를 땅끝까지 확장하는 일, 또는 통상적으로 세계선교라 불리는 요소이다. 이것도 많은 침례교인에게 매우 중요한 사역이었다. 통상적으로 근대 선교사 운동 아버지로 불리는 윌리엄 캐리(William Carey)는 침례교인이었으며, 미국 침례교인은 주로 선교를 지원하려고 처음으로 전국 기관을 만들었다. 오늘날, 그리스도인 수천 명이 선교에 폭발적으로 참여하는 방법은 단기 선교여행이다. 그 수가 1989년에 120,000명이었는데, 2006년에는 2,200,000명으로 엄청나게 늘었다.103 최근 통계자료를 확인하지 못했지만, 그 증가율이 조금 떨어졌어도 그 수가 많이 줄지는 않았다고 생각한다. 이것이 항상 복음 전도 여행은 아니다. 몇 사람은 가서 건축하거나, 우물을 파거나, 여러 형태 의료 봉사도 한다. 단기 선교여행은 앞서 논의한 대로 섬김 사역이다. 그러나 많은 섬김에는 중요한 복음 전도 요소가 아주 충분하다.

---

102 Tim Keller, *Center Church: Doing Balanced, Gospel-Centered Ministry in Your City* (Grand Rapids: Zondervan, 2012), 281~82 ‖ 『(팀 켈러의) 센터처치』, 오종향 옮김 (서울: 두란노서원, 2016), 588. 본디 지은이가 강조한다.

103 Corbett and Fikkert, *When Helping Hurts*, 151 ‖ 『헬프』, 209.

이 발전을 칭찬할 말이 많다. 많은 사람은 세상 다른 지역에 사는 사람들에게 무엇이 정말로 필요한지 처음으로 알고, 희생해서 베풀기 시작한다. 다른 사람은 아주 감동해, 그들에게 지상 명령에 순종이 단지 다른 사람을 보내고 기도하고 후원하는 게 아니라, 실제로 가는 거로 생각하기 시작한다. 그런 단기 팀이 할 중요한 유익은 말할 것도 없다. 우물을 파고, 건물을 세우고, 병자를 돌보고, 잃어버려진 사람이 복음을 듣게 한다—단기 팀이 활동하지 않으면, 일어나지도 않을 많은 일이다. 그러나 청지기 직분 문제를 고려해야 한다.

비행깃삯이 비싸고, 음식 숙박, 통역자 제공도 삯이 많이 든다. 스티브 코벳과 브라이언 피커트는 세계 여러 곳에서 "단기 선교팀 한 명이 두 주에 쓴 돈이면 **한 해 동안** 훨씬 더 효과 있게 일하는 현지 사역자를 12명 이상이나 돕기에 넉넉하다"라고 관찰한다.[104] 현지 사역자가 없는 지역에서, 그 정도 기금이면 현지에 머물며, 언어를 배우고, 현지인을 사귀고, 다른 교회를 개척할 교회를 세우는 전임 선교사를 후원할 수도 있다.

단기 선교 여행을 그만두자는 말이 아니다. 현지 사역자를 후원할 돈을 보내서, 재정 의존이라는 좋지 않은 결과가 있을 수 있으며, 몇 사람은 단기 선교여행에 쓴 돈이 선교에는 전혀 쓰이지 않는다고 말한다. 이런 일이 사실이어도, 자기를 위해 또는 선교단체에 절대 후원하지 않을 사랑하는 사람을 위해 기꺼이 비행깃삯을 내는 사람도 있지만, 정말 그렇다면 슬프며 좋지 않은 청지기 직분이다. 단기 선교여행에 참여로 빚은 결과는 더 깊은 연결, 더 열정적인 기도, 장기 선교사에게 더 많이 후원 등이다. 단기 선교여행에 그런 결과가 없다면, 아마 개선할 방법을 찾아야 한다.[105]

---

[104] Corbett and Fikkert, *When Helping Hurts*, 161 ‖ 『헬프』, 233.

[105] Corbett and Fikkert, "Suggestions for Improving the Impact of STMS," *When Helping Hurts*, 163~67 ‖ '단기선교의 영향을 개선하기 위한 제안들', 『헬프』, 225~30을 보라.

지난 두 세기에 걸쳐, 침례교인과 많은 다른 사람이 후원한 선교 계획은 열매를 맺었으며 기독교가 처음으로 그리고 유일한 진정으로 세계 종교가 되게 했다. 여전히 기독교를 거부하는 수많은 미전도 종족과 지역이 있지만, 선교 운동 성취는 현저하면서도 많은 부분 보고되지 않았다. 어떤 사람들은 기독교 영향력이 약해지고 있으며 미국은 탈-기독교(post-Christian) 나라가 되고 있다고 생각한다. 미국이 그런 형편일 수도 있고 아닐 수도 있지만, 세계적으로는 분명 그렇지 않다. 필립 젠킨스(Philip Jenkins)가 보여주듯이, 기독교 중심은 북반구에서 남반구로 움직이고 있을 수 있지만, 인구학 증거는 예측할 수 있는 미래에 기독교가 계속해서 증가한다고 시사한다.[106] 우리는 13장에서 교회 세계화가 암시하는 바를 좀 더 자세히 살펴보겠다.

결론으로, 이것들은 교회가 위임받은 다섯 가지 사역이다. 하나님께서 교회에게 주신, 교회 본래 특성에 속하는 임무다. 이러한 전체적 임무는 교회를 더 특화된 역할로 섬기는 선교단체와 구분한다. 대조적으로, 교회는 모든 종류의 사람에게 이 모든 다섯 가지 사역을 제공하도록 부르심을 받았다. 이것이 교회에게 주어진 도전이며 그들이 가진 영광이다. 다섯 가지를 모두 균형 있게 유지할 때, 교회는 하나님께서 바라시는 대로 건강하며 열매를 맺을 수 있다.

---

[106] Philip Jenkins, *The Next Christendom: The Growth of Global Christianity* (Oxford, U.K.; New York: Oxford University Press, 2002)에 있는 대단히 흥미로운 분석을 보라.

단순한 상징 너머 11장
—침례와 주의 만찬
MORE THAN SIMPLE SYMBOLS
Baptism and the Lord's Supper

 이제 우리는 역사에서, 특별히 종교개혁 이후에 교회에서 많은 논의와 논쟁과 분열을 일으킨 주요 두 가지 '신앙 행위(act)'를 살피겠다. 첫째, '침례'는 이를 독특하게 실행한 침례교인에게 그 이름을 제공했다. 둘째, '주의 만찬'은 가톨릭교회에서와 그보다는 덜 하지만 일부 다른 교단에서 여전히 예배에서 핵심 행위이다.1

 하지만 그것들이 가진 모든 중요성에도, 일부 침례교인은 이 헌신의 연대적 신앙 행위(corporate acts)에 무관심하며, 심지어 이것들에 당혹스러워하는 듯하다. 어느 정도, 이는 침례교인이 이러한 신

---

1 침례와 주의 만찬에 관한 침례교와 다른 교단 견해를 종합 논의하는 내용은 John S. Hammett, *40 Questions about Baptism and the Lord's Supper* (Grand Rapids: Kregel, 2015)를 보라.

앙 행위를 상징으로 여겨, 그것들이 본질적으로 상징하는 실체보다 덜 중요하다고 간주하기 때문일 수 있다. 미국 사람은 전체적으로 많은 다른 문화에 속한 사람들보다 의례(rite)와 상징이 지닌 가치를 덜 인정하는 편이다. 침례교인 일부는 이러한 신앙 행위들에 관점 차이로 생긴 분열을 유감으로 생각하고, 다른 사람들을 좀 더 포용하려고 침례교 전통 견해를 수정하려고 마음먹는다.2 이 의례들을 경시하는 모습은 침례교회에서 종종 그것들을 엉성하고, 되는 대로, 무미건조하게 시행하는 데서도 나타난다. 침례교회 생활에서 이 신앙 행위가 예배 절정인 경우는 거의 없다. 오히려 기대감이나 기쁨이 없이 전통의 일부로 (성찬식은 가능한 한 드물게) 진행된다. 따라서 침례와 주의 만찬에 관한 침례교 견해를 진지하게 재고해야 하며, 이것들 실행에 개선할 점은 바로잡아야 한다.

---

2 침례교회 회원자격으로 침수례에 관한 침례교 전통적 주장은 영국에서 많은 침례교회가 삭제하고 있으며(David Bebbington, *Baptists through the Centuries: History of a Global People* [Waco, TX: Baylor University Press, 2010], 191; Anthony Cross, *Baptism and the Baptists: Theology and Practice in Twentieth-Century Britain*, Studies in Baptist History and Thought [Carlisle, UK and Waynesboro, GA: Paternoster], 334~41을 보라), 북아메리카에서는 그보다 훨씬 적은 수 침례교회가 삭제한다(G. Todd Wilson, "Why Baptists Should Not Rebaptize Christians from Other Denominations," in *Proclaiming the Baptist Vision: Baptism and the Lord's Supper*, ed. Walter Shurden [Macon, GA: Smyth & Helwys, 1999], 5:41~48; John Piper, "Response to Grudem on Baptism and Church Membership," at http://desiringgod.org/blog/Posts/responseto-grudem-on-baptism-abd-church-membership/print [2017년 7월 6일에 접속]). 주의 만찬에 참여 조건으로 신자 침례에 관한 침례교 전통적 주장은 훨씬 더 광범위하게 버려져, 조사에 응한 남침례교회 목사의 35%만이 신자로서 침례받은 사람만 주의 만찬에 참여하게 제한한다고 대답했다(Carol Pipes, "Lifeway Surveys Lord's Supper Practices of SBC Churches," at http://www.lifeway.com/Article/researchsurvey-lords-supper-practices-sbc-churches [2017년 6월 15일에 접속]을 보라).

서론 문제

적절한 용어

침례와 주의 만찬을 논의할 때, 먼저 용어 문제에 맞닥뜨린다. 우리는 그것들을 무엇이라고 불러야 하는가? 이 책에서는 의례(rite), 의전(ritual), 의식(ceremony), 행위(act) 등으로 불리지만, 기독교 역사에서는 성례전(sacrament)이 자주 쓰였다. 사크라멘툼(*sacramentum*)은 신약성서를 라틴어로 번역하는 과정에서 헬라어 단어 μυστήριον[뮈스테리온]을 번역한 단어이며, 이 헬라어 단어는 아이러니하게도 신약성서에서 침례나 주의 만찬과 관련해 사용된 적이 없다. 일반 용례에서, 사크라멘툼은 로마 병사가 자기 지휘관에게 한 충성 맹세인데, 침례나 주의 만찬에서 의미와 전적으로 다르지 않았다. 하지만 가톨릭교회가 그들 신학을 발전시키고 그 단어를 특정 의식, 특별히 주의 만찬에 적용하면서 점차로 **성례전**이라는 단어에 그러한 의미가 있다고 생각했다.

아마도 가장 잘 알려진 성례전 정의는 아우구스티누스가 내린 정의, 곧 보이지 않는 은혜를 나타내는 표시(sign)이다.[3] 성례전이 하나님 은혜를 받는 사람에게 전달한다는 주장이 점점 더 강해짐으로 크게 문제가 됐다. 종교개혁에 이르기까지, 성례전이 거의 자동으로 은혜를 전달한다고 생각했다. 이러한 견해를 가리키는 표현은 *ex opere operato*(엑스 오페레 오페라토), 곧 "성사 자체 힘으로(from the work done)"이다. 성례전은 수혜자의 믿음과 상관없이 그것이 적합하게 행해진다는 사실만으로 은혜를 전달한다는 뜻이다. 예를 들어, 1547년에 트렌트 공의회는 다음 법령을 공표했다. "누군가가 새로운

---

[3] Augustine, "On the Catechising of the Uninstructed," in *Nicene and Post-Nicene Fathers, First Series*, ed. Philip Schaff (New York: Christian Publishing, 1887; reprint, Peabody, MA: Hendrickson, 1994), 3:313 (ch. 26.50)을 보라.

법의 성례전에 의해 **성사 자체 힘으로**(*ex opere operato*) 은혜가 베풀어진다고 말하지 않고, 은혜를 받는 데 하나님의 약속을 믿음만으로 충분하다고 말한다면, 그는 저주받는다."4 물론 이는 믿음으로 은혜를 받는다고 한 루터와 종교개혁가들의 전체 주장을 반박하려 함이었다. 오늘날에도 저명한 가톨릭 신학 교과서는 성례전을 "교회가 그 믿음을 드러내고 기념하며 하나님의 구원하시는 은혜를 전달하는 도구로써 표시(sign)"라고 정의한다.5

오늘날, 개신교는 가끔 **성례전**이라는 용어를 사용하지만, 그것이 믿음과 상관없이 자동으로 은혜를 전달한다는 개념은 없다.6 초기 침례교인은 성례전과 의식(ordinance)이라는 용어를 같은 뜻으로 썼지만, 18세기에 그리고 특히 19세기에, 침례교인 사이에 '성례전'이라는 용어 사용을 반대하는 목소리가 커졌는데, 이 용어가 믿음과 상관없이 받는 사람에게 구원하는 은혜를 전달한다는 뜻을 내포하고, 따라서 믿음으로 칭의 교리를 위협한다고 우려했기 때문이다.7 오늘날에도 많은 침례교인이 '성례전'이라는 용어 사용을 반대

---

4 "Canons on the Sacraments in General," in Janz, ed., A *Reformation Reader*, 359의 법규 8.

5 Richard McBrien, *Catholicism*, new ed. (New York: Harper SanFrancisco, 1994), 1250.

6 Wayne Grudem, *Systematic Theology: An Introduction to Biblical Doctrine* (Leicester, UK: Inter-Varsity/Grand Rapids: Zondervan, 1994), 950 ∥ 『(웨인 그루뎀의) 조직신학—성경적 교리학 입문서 (하)』, 노진준 옮김 (서울: 은성출판사, 2009), 170 ∥ 옮긴이 덧붙임. *Systematic Theology: An Introduction to Biblical Doctrine*, 2nd ed. (London, U.K.: Inter-Varsity; Grand Rapids: Zondervan Academic, 2020), 1176에서는 은혜 수단을 "**하나님께서 그리스도인에게 은혜를 더 많이 주시려고 쓰시는 교제에서 어떤 수단**"으로 정의하고, 그가 은혜 수단들에 '두 가지 성례전'이라 이름한 바도 특별히 포함한다. 본디 지은이가 강조한다.

7 David Bebbington, *Baptists through the Centuries: History of a Global People* (Waco, TX: Baylor University Press, 2010), 177~95; Stanley Fowler, *More Than A Symbol: The British Baptist Recovery of*

하지만, 조금은 누그러들고 있다. 그레그 앨리슨은 "그 용어를 쓰는 복음주의자를 존중함으로, 이 의식들을 성례전과 의식 둘 다로 부르겠는데, 개인적으로는 의식을 더 좋아한다"8라는 말로 침례교인 사이에 증가 추세를 반영한다.

어느 용어도 성서에 근거한다고 주장할 수 없으며, 실제로 이러한 의식에 사용된 성경적 용어는 없다. 따라서 우리는 전례, 의식, 의례, 행위, 성례전, 의전이라는 단어를 사용할 수 있다. 중요한 점은 우리가 그 용어에 부여하는 의미다. 적어도 북아메리카 상황에서, 침례교인 대부분은 성례전 용어에 골치 아픈 문제점이 있다고 여기며 의식(ordinance)이라는 용어를 더 좋아한다. 그러나 의식의 한 가지 이해에 도전하고 싶다. 레오나드 밴더 지(Leonard Vander Zee)는 이 여러 용어를, 그가 침례와 주의 만찬 해석에 '큰 차이'라 부름을 반영한다고 여긴다. 곧, "한편으로, 성례전 표시가 하나님을 지시해 우리가 그분을 믿도록 초대하지만, 하나님 편에서 어떤 활동도 하시지 않는다. 또 다른 한편으로, 하나님께서는 그 표시를 사용하셔서 우리에게 그리스도를 가리키시고 우리를 그분과 묶으신다." 그는 앞 내용을 '의식'이라는 용어와 관련짓고, 뒤 내용을 '성례전'이라는 용어와 관련짓는다.9 밴더 지가 정확할 수 있으며, 많은 이가 의식이라는 용어를 사용해 하나님께서 침례와 주의 만찬으

Baptismal Sacramentalism, Studies in Baptist History and Thought, vol. 2 (Carlisle, UK and Waynesboro, GA: Paternoster, 2002), 10~88에서는 이러한 발전을 추적하는데, 베빙턴은 그 변화에 다섯 가지 가능한 이유가 있다고 하고 파울러는 여섯 가지라고 하지만, 둘 다 가톨릭에 반대를 중요한 측면으로 여긴다.

8 Gregg Allison, *Sojourners and Strangers: The Doctrine of the Church*, Foundations of Evangelical Theology (Wheaton, IL: Crossway, 2012), 322.

9 Leonard Vander Zee, *Christ, Baptism and the Lord's Supper: Recovering the Sacraments for Evangelical Worship* (Downers Grove, IL: InterVarsity, 2004), 30.

로 구원하신다는 어떤 인상을 피하려 한다. 그러나 나는 의식이라는 용어를 사용하더라고 하나님을 침례와 주의 만찬에서 구원을 제외한 다른 방식으로 활동하시는 분으로 여기는 뜻이라고 생각한다. 이 장 뒷부분에서, 그러한 방법이 무엇인지 제안하겠다.

적정 수

침례와 주의 만찬은 그리스도께서 교회에 주신 의식이라고 거의 보편적으로 인식한다. 종교개혁에서 비롯한 교회들은 이것들만 진정한 성례전으로 간주했다.10 가톨릭이 이 두 의식을 강력히 인정해도, 그것들만 성례전으로 제한하지 않았다. 아우구스티누스는 주기도문과 사도신경(Creed)에도 사크라멘툼이라는 단어를 썼으며, 또 다른 중세 신학자는 성례전을 서른 개까지 명시했으며,11 현대 가톨릭 신학자 리처드 맥브라이언(Richard McBrien)은 가톨릭교 본질 요소의 하나가 그것의 "성례전을 통한 시각화(vision)"이며, 그것으로 실제로 모든 것이 "하나님의 임재 전달자"가 될 수 있다고 말한다.12 늦어도 12세기에 작성한 전통 공식 표현은 성례전이 일곱 개, 곧 침례(baptism), 견진(안수례, confirmation), 성체(the Eucharist) 또는 주의 만찬(the Lord's Supper), 고해성사(penance), 결혼(matrimony), 서품성사(holy order), 도유(extreme unction, 또한 마지막 의식이나 병자의 기름부음으로 불림)였다고 한다.13 동방 정교회도 일곱 개 성례전을 인정

---

10 유일한 예외는 퀘이커와 구세군이다. 그들은 성례전을 지키지 않는다.

11 F. L. Cross and E. A. Livingstone, eds., "Sacrament," in *The Oxford Dictionary of the Christian Church*, eds. F. L. Cross and E. A. Livingstone, 2d ed. (Oxford: Oxford University Press, 1974), 1218.

12 McBrien, *Catholicism*, 10.

13 가톨릭에서, 거기서 피터 롬바르드(Peter Lombard)가 핵심 인물이었는데, 일곱 개 성례전 목록의 발전과 정의에 관한 더 자세한 내용은 Alister McGrath, *Historical Theology: An Introduction to the History of Christian Thought* (Oxford, UK and Malden, MA: Blackwell, 1998),

하지만, 침례와 주의 만찬을 제외하고는 조금 다른 용어, 곧 견진례(chrismation), 고해성사(repentance), 서품식(ordination), 결혼(marriage), 성유식(holy unction)를 쓴다.14

종교개혁가들 (그리고 침례교인)이 의식의 수를 둘로 제한한 두 가지 기준은 (1) 그리스도께서 직접 제정하셨으며, (2) 복음과 직접 관련이 있는 것, 곧 "예수님과 우리가 예수님과 연합함에 관한 핵심 이야기를 상징으로 묘사"해야 한다는 기준이었다.15 이 두 가지를 근거로, 그들은 침례와 주의 만찬만이 적절하다고 주장했다. 트렌트 공의회는 그리스도께서 가톨릭 성례전 일곱 개를 모두 제정하셨다고 주장했지만, 가톨릭 신학자들이 신약성서에서 그 경우를 발견하려고 시도했어도 그 결과는 일치하지 않았다.16 로버트 소시(Robert Saucy)는 좀 더 솔직하게 침례와 주의 만찬 외에 다른 의식에 관한 성경적 근거를 발견하기가 불가능하다고 주장한다.17 일부 침례교인은 세족식도 한 가지 의식이라고 주장했다. 그것은 그리스도께서 제정하셨지만, 복음보다 어떻게 그리스도인이 서로 섬겨야 하는지와 관련이 있다고 여겼기에, 의식으로 널리 받아들인 적이 없다.

120, 139~43; Hammett, *40 Questions about Baptism and the Lord's Supper*, 25~32.

14 John Karmiris, "Concerning the Sacraments," in *Eastern Orthodox Theology: A Contemporary Reader*, ed. Daniel Clendenin (Grand Rapids: Baker, 1995), 22 ‖ 「성례전」, 『동방 정교회 신학』, 주승민 옮김 (서울: 은성, 1997), 30; *The Living God: A Catechism for the Christian Faith*, trans. Ola Dunlop (Crestwood, NY: St. Vladimir's Seminary Press, 1989), 2:xx-xxi를 보라.

15 Stanley Grenz, *Theology for the Community of God* (Nashville: Broadman & Holman, 1994), 676 ‖ 『조직신학—하나님의 공동체를 위한 신학』, 신옥수 옮김 (파주: CH북스, 2017), 740.

16 Cross and Livingstone, "Sacrament," 1218.

17 Robert Saucy, *The Church in God's Program* (Chicago: Moody, 1972), 192 ‖ 『하나님이 계획하신 교회』, 김지찬 옮김 (서울: 생명의말씀사, 1994), 256.

적합한 집행자

누가 성례전을 집행하기에 적합한지에 관한 물음은 안수가 안수받은 사람에게 특별한 권리나 권세를 준다는 생각에서 생긴다. 예를 들어, 로마 가톨릭에서는 적합하게 임명받은 사제(priest)가 "이것은 나의 몸이다"라고 말할 때만 하나님께서 떡과 포도주를 그리스도의 몸과 피로 실제 변하는 기적(화체설, transubstantiation)을 행하신다고 주장한다. 교회 직분자로서 사제는 성례전으로 전달되는 은혜를 집행하는 사람이다. 따라서 그들만이 성례전을 집행할 수 있다.

종교개혁가들, 특별히 루터는 모든 신자가 제사장이라는 원리를 옹호했다. 하지만 그들은 질서를 유지하려고 목사만이 성례전을 집행하는 게 적합하다고 주장했다. 루터는 "모든 사람이 말하고 집행하기를 바라고 누구도 다른 사람에게 양보하지 않는다면, 무슨 일이 일어나겠는가? 그 일은 한 사람에게 맡겨야 하며 그에게만 설교, 세례, 사죄, 성례전을 집행하게 해야 한다."라고 말한다.18 최근에, 루이스 벌코프(Louis Berkhof)는 침례와 주의 만찬이 하나님께서 교회에게 주시는 은혜의 공식 수단이라는 사상에서 추리해, 단지 질서 문제인 적합한 집행자를 넘어갔다. 곧, "교회가 도맡아 할 수 있는 은혜의 **공식 수단으로써**, 말씀과 여러 성례전은 **합법적으로 그리고 적합하게 자격을 갖춘 성직자만이 집행할 수 있다.**"19 그러나 벌코프의 전제—의식은 은혜의 공식 수단으로 교회에 주어졌다—로 다른 결론, 곧 교회가 위임한 사람이면 집행할 수 있다는 결론을 내리게도 할 수 있다.

---

18 Martin Luther, "On the Councils and the Church," in *Martin Luther's Basic Theological Writings*, ed. Timothy Lull (Minneapolis, Minn.: Fortress Press, 1989), 551.

19 Louis Berkhof, *Systematic Theology* (Grand Rapids: Eerdmans, 1939), 610 ‖ 『벌코프 조직신학』, 이상원·권수경 옮김 (파주: CH북스, 2020), 894. 본디 지은이가 강조한다.

대부분 경우, 교회가 위임한 분명한 사람은 지도자이다. 그러나 누군가가 침례나 주의 만찬 집행자로 안수받아야 할 이유가 없다. 처음에 침례를 주거나 주의 만찬을 집행하는 사람에 몇 가지 지침을 주는 게 지혜일 수 있지만, 침례교나 회중제 관점에서 필요한 모든 사항은 회중에게 승인받아야 한다. 따라서, 많은 침례교회에서 자기 아들에게 침례를 주는 아버지를 흔히 볼 수 있으며, 어머니가 자기 딸에게 침례를 주어도, 또는 다른 경우에 침례받는 사람이 회심하는 데 중요한 역할을 한 사람이 침례를 주어도 신학적 문제가 없다고 여긴다. 목회 지침과 감독이 있는 게 지혜이며 회중 승인이 중요하지만, 집례하는 사람을 안수받은 사람에게 제한은 성서 가르침을 넘어갔으며 모든 신자 제사장 원리와 회중제를 어긴다고 생각한다. 그러나 이 주장은 의식이 특별한 의미로 지역 교회에게 주어졌다는 전제에 기초하는데, 이 내용은 다음 질문으로 이어진다.

적합한 환경

의식 집행이 지역교회에 속한다는 생각에 일반적으로 동의한다. 이러한 동의는 여러 요소에 근거한다. 첫째로 침례를 주라는 명령(마 28:19~20)은 사도들에게 주어졌는데, 독립적인 개인으로서가 아니라 초대교회 공인 지도자로서 그들에게 주어졌다. 신약성서는 침례와 주의 만찬이 일반적으로 교회라는 환경에서 집례하거나 어떤 침례의 경우는 교회가 세워지는 시작 단계에 집례한다(행 2:41; 8:12; 16:15에서처럼)고 가정하는 듯하다.[20]

더 중요한 사실은, 다음에 우리가 주장하겠지만, 침례와 주의 만찬의 의미가 둘 다 교회와 관련이 있다는 점이다. 스탠리 그렌즈(Stanley Grenz)는 "거룩한 의식이 가진 의미는 예수의 제자들 공동체

---

[20] 어떤 식으로든 침례가 설립된 교회나 교회 시작과 연결된 것으로 보이지 않는 유일한 분명한 예는 사도행전 8:36~39에서 에티오피아 내시의 경우지만, 이 이야기는 그것을 법칙보다 예외로 여길 수 있는 여러 요소가 있다.

라는 환경에서 헌신 행위로 그것들이 쓰인 데" 있으며, 그것들은 "우리가 그 공동체 안에 포함됨을 처음으로 확정하고 반복해서 다시 확정하는" 수단이라고 말한다.21 밀라드 에릭슨(Millard Erickson)은 침례가 "사람이 지역적이며 가시적인 교회뿐 아니라 우주적이며 비가시적 교회로 입회하는 것"과 연결된다는 생각에 거의 모든 그리스도인이 동의한다고 말한다.22 주의 만찬 경우, 그러한 연결은 훨씬 더 분명하다. 주의 만찬에 관한 핵심 본문인 고린도전서 11:17~34는 그 짧은 구절에서 5번이나 이 목적을 위한 교회 모임이나 함께함(συνέρχομαι[쉰에르코마이])을 말한다. 분명히 그것은 "개인 편에서 홀로 준수하는 것"보다, "교회에 모여 집행하는" 행위이다.23

성경적·신학적 이유에 덧붙여, 선교단체와 초교파 단체 대부분은 의식을 지역교회에 맡기는 실제적 이유가 있다. 이들 초교파 모임에서는 일반적으로 이러한 의식에 관한 다양한 이해가 있을 수 있다. 그런 상황에서 의식 집행은 예배를 어지럽히고 혼란을 일으킬 수 있다. 또한 선교단체 대부분은 교회와 경쟁하기보다 교회와 나란히(παρα[파라]) 섬기려고 한다(선교단체를 가리키는 영어 단어 parachurch에서 para는 '옆에서'라는 뜻임). 일반적으로, 의식은 교회에 속하는 것으로 간주한다.

이것은 교회 건물 밖에서는 의식을 지킬 수 없음을 의미하지 않는다. 많은 교회가 호수에서 야외 침례를 집행하는데, 이는 공개 증언하는 기회이다. 하지만 의식은 신자가 모임에 헌신(침례를 통해)과 그 헌신 갱신(주의 만찬을 통해)을 포함하며, 따라서 교회와 연관이 없는 상황에서는 적합하게 준수할 수 없다. 그것들은, 예를 들어 청

---

21 Grenz, *Theology for the Community of God*, 673 ‖ 『조직신학—하나님의 공동체를 위한 신학』, 737~38.

22 Erickson, *Christian Theology*, 1099 ‖ 참고. 『복음주의 조직신학 (하)』, 284.

23 A. H. Strong, *Systematic Theology* (Philadelphia: Judson Press, 1907), 961.

소년 수련회에서 이따금 보듯이 느슨하게 관련이 있는 단체나 가정 성경 공부와 같은 교회의 작은 한 부분에 적합하지 않다.24 아마 교회가 아닌 가장 흔한 상황은 결혼식인데, 신혼부부는 그 자리에서 그들 첫 활동으로 주의 만찬을 나누고 싶어 한다. 그렇게 주의 만찬이나 침례를 실행하더라도 죄는 아니다. 그런 실행은 본질적으로 침례와 주의 만찬의 온전한 의미를 구현할 수가 없는데, 그 의미는 교회와 관련이 있기 때문이다. 하지만 교회 한 회원이 공적 예배에 참석할 수 없는 상황에서는 교회를 대표하는 사람이 그 회원에게 주의 만찬을 집행할 수 있으며, 그것은 실제로 그러한 회원이 육체적으로는 신자 공동체와 떨어져 있지만, 영적으로는 계속해서 헌신하고 그들과 하나임을 확정하는 중요한 방식이다. 하지만 의식을 준수하는 일반 환경은 교회 모임이다.

적합한 관점

이 서론적 문제에서 다룰 마지막 문제는 관점이다. 낱낱 의식과 낱낱 의미를 다루기에 앞서, 의식에 관한 우리 해석을 특색 짓는, 관점에 관한 흥미로운 이원론을 알아야 한다. 앞에서 적절한 용어를 논의할 때 이 이원론을 넌지시 말했는데, 레오나드 밴더 지가 침례와 주의 만찬을 "하나님을 믿는 신앙을 표현하는 수단"으로 여기는 사람과 "하나님에게서 오는 은혜를 받는 수단"으로 여기는 사람 사이에 "큰 차이"라고 말한 바이다.25 달리 말하면, 침례와 주의 만찬을 누가 집행하는가? 믿음을 간증하고, 그리스도를 기억하여 이를 하고, 주님께서 오실 때까지 그분 죽음을 선포하는 이는 단지

---

24 몇몇 대형 교회가 소그룹에서 주의 만찬 기념을 독려하는 문제를 두고 온라인에서 토론이 늘어나며, 다른 사람들은 침례식 환경은 문제가 아니라고 강조한다. Hammett, *40 Questions about Baptism and the Lord's Supper*, 42~44을 보라.

25 Vander Zee, *Christ, Baptism and the Lord's Supper*, 30.

사람인가, 또는 이 의식들을 집행할 때 하나님께서도 역사하시는가? 밴더 지는 '의식'이라는 용어를 집행하는 사람에 초점을 둔 이들과 연결하고, '성례전'이라는 용어를 몇몇 신적 행동을 보는 이들과 연결하는데, 역사적 상호관계가 조금 있어도 그런 의미 차이는 용어 자체에 있지 않다.

어떤 사람들은 의식을 하나님께서 행하시는 장소로 본다. 그분께서는 도우심과 격려를 베푸신다. 또한 도장을 찍어 확증하신다. 그리고 축복으로 거기에 계시며, 의식이 구원하시는 은혜가 아닌 또 다른 은혜의 수단일 수 있는데, 신자를 강건하게 하고 지지하는 은혜이다. 조심스럽게 제한하지 않으면, 이 입장은 "성사 자체 힘으로(ex opere operato)"라는 견해로 갈 수 있으며, 따라서 우리는 의식이 자동으로 은혜를 베풀기보다 믿음과 함께해야 한다고 주장해야 한다.

다른 한편으로 침례교인은 전형적으로 의식에 참여하는 사람 행동을 강조한다. 침례에서, 우리는 침례로 나아오는 사람이 그리스도를 믿는 믿음을 간증하려고 나아옴을 강조한다. 그들은 행동하는 사람이다. 그들은 묻히고, 일으켜진다. 마찬가지로 주의 만찬에서 우리는 우리를 위해 상하신 그리스도의 몸과 흘리신 피를 기억한다. 우리는 그리스도의 죽음을 선포한다. 초점은 우리가 하는 일에 있다. 그러나 하나님께서 의식에서 활동하심을 제외해야 할 이유가 없다. 여기에 하나님께서 우리에게 베푸실 축복을 놓치는 위험이 있는데, 그것을 찾지 않기 때문이다.

두 관점 모두 의식의 한 부분을 차지한다. 침례교회가 인간 행동을 강조한 전통에 더해, 이 장에서도 하나님께서 의식들에서 우리 주위에 어떻게 활동하시는지, 우리가 어떻게 하나님께서 의식을 통해 우리 가운데 활동하시며, 우리가 어떻게 그분 축복을 받으려고 하는지를 나타낸다.

침례: 회심/입회 의식

어떤 면에서, 침례교회를 적대한 사람들이 침례교인을 **침례교인**이라는 용어로 그들 정체를 확인한 일은 이해할 수 있어도 하여튼 아이러니이다. 침례교회가 시작하도록 동기 부여한 더 근본적인 생각이 믿는 이로만 구성한 참 몸으로서 교회에 관한 그들 생각이었기에, 참으로 아이러니하다. 이 점은 충분히 이해할 수 있는데, 침례교인이 실행한 침례가 교회에 관한 그들 생각을 가장 분명하고 가시적으로 표현했기 때문이다. 침례교인은 침례받을 **대상**과 침례식을 하는 **방식**에서 가장 눈에 띄게 달랐다. 곧, 그들은 유아에게는 침례를 주지 않았고 신뢰할 만한 믿음을 결정할 나이에 이른 사람에게만 침례를 주었고, 세례가 아니라 침수례로 침례를 행했다. 하지만 이러한 가시적 차이의 밑바탕에는 침례 의미에 관한 견해가 있었다. 우리는 먼저 침례 의미를 살피겠다.

침례 의미

밀라드 에릭슨우 "침례가 어떤 방시으로는 그리스도인 삶의 시작과 연결된다는 점에 거의 모두가 동의한다"라고 바르게 말한다. 그는 "교회 입회 의식"이라고 부른다.[26] 그러나 침례는 입회 및 회심과 연결인데, 침례가 그리스도인이 되는 과정과 관련한 다른 모든 요소와 연결되기 때문이다. 로버트 스타인은 침례를 사도행전에서 회심 기사에 있는 '통합적으로 관련성 있는 요소' 다섯 개, 곧 "회개, 신앙, 고백, 성령이라는 은사를 받음, 침례"[27]의 하나로 여긴다.

---

[26] Erickson, *Christian Theology*, 1016~17 ∥ 참고, 『복음주의 조직신학 (하)』, 284.

[27] Robert Stein, "Baptism in Luke-Acts," in *Believer's Baptism: Sign of the New Covenant in Christ*, eds. Thomas Schreiner and Shawn Wright, NAC Studies in Bible and Theology, ed. Ray Clendenen

레오나드 밴더 지는 더 나아가 침례가 "회심, 거듭남, 그리고 구원 그 자체와 거의 같은 의미로 쓰인다"28라고 직설적으로 주장한다. G. R. 비슬리-머레이(G. R. Beasley-Murray)는, 침례에 관한 가장 중요한 연구서의 하나에서, **"신약성서에서 은혜의 동일한 선물들은 신앙과 정확히 관련되며, 마찬가지로 침례와도 관련된다"**29라고 주장한다. 그러나 입회/회심과 연관을 적합하게 하는 침례에 관해서는 무엇인가? 이 연합을 정당화하는 의미에는 세 가지 국면이 있다.

침례가 입회/회심과 연합하는 첫째 방식은 정화 사상인데, 이는 물의 주요 용례들의 하나이다. 비슬리-머레이가 관찰했듯이, "정화는 침례를 집행한 모든 신앙 그룹에서 침례의 주요 의미이다."30 물론, 침례에서 검토하는 바가 더러운 것을 몸에서 씻어내는 게 아니라(벧전 3:1), 죄에서 깨끗함이다. 따라서, 아나니아는 바울에게 "일어나, 그분 이름을 불러 침례를 받아 네 죄를 용서받아라"(행 22:16)라고 명령한다.

침례가 입회/회심과 연합하는 둘째 방식은 침례가 그리스도와 동일시 그리고 그리스도와 연합을 나타냄이다. 이는 침례 공식 표현, 곧 "예수 그리스도 이름으로 (또는 안으로)"31 침례되다는 표현에서 확인할 수 있다. 이 공식 표현은, 돈이 특정인 '이름으로' 은행에

(Nashville: B & H Academic, 2006), 52.

28 Vander Zee, *Christ, Baptism and the Lord's Supper*, 85.

29 G. R. Beasley-Murray, *Baptism in the New Testament* (Grand Rapids: Eerdmans, 1962), 272. 본디 지은이가 강조한다. Emphasis on original.

30 Beasley-Murray, *Baptism in the New Testament*, 104.

31 공식 문구는 조금씩 다른데, "주님 예수의 이름으로"(행 2:38; 10:48)나 "그리스도 안으로"(롬 6:3; 갈 3:27)가 있는가 하면, 더 완전한 공식으로는 "아버지와 아들과 성령의 이름으로"(마태복음 28:19에만)도 있다. 그 의미는 Lars Hartman, *'Into the Name of the Lord Jesus': Baptism in the Early Church* (Edinburgh: T & T Clark, 1997), 44~50을 보라.

입금됐을 때처럼, 소유권 이전을 뜻한다. 침례받은 사람은 이름을 신뢰와 충성의 표현으로 고백한다. 그 이름은 그리스도의 권위를 인정하며 침례받은 사람에게 쓰인다. 바울은 로마서 6:3~10에서 침례에 관해 가르칠 때, 침례를 그리스도의 죽음, 장사, 부활에 그분과 연합으로 여긴다. 비슷하게, 갈라디아서 3:27에서, "그리스도 안으로" 침례됨은 "자기를 그리스도로 옷 입힘"으로 설명되는데, F. F. 브루스가 한 말로 이는 "그분께 통합을 표현하는 또 다른 방식"32이다. 침례는 그리스도와 동일시됐으며 연합됐다는 뜻이다.

침례 의미의 셋째 국면은 둘째 국면의 결과로 온다. 그분 백성과 동일시되지 않고서는 예수님과 동일시될 수가 없다. 조셉 헬러만은 구원을 "공동체를 만드는 사건"이라 부르고, 회심이 "우리 칭의와 가족화 둘 다"를 포함한다고 주장한다.33 이는 사도행전 2:41에서 사건 순서에 있는데, 거기서 메시지를 믿은 사람은 "침례되어" 믿는 사람들의 몸에 "더해졌다". 물론, 이것이 사도행전에서 모든 예에 항 분명하지 않은데, 많은 경우 침례된 사람은 그 지역에 있는 교회의 창립 회원이었기 때문이다. 더해질 기존 교회가 없었다. 고린도전서 12:13은 침례와 그리스도 몸에 통합을 분명히 연결하지만, 말한 침례가 성령 침례이든 물 침례이든 간에 침례에 관해 초금 다른 점이 있다. 주요 견해는 물 침례이지만,34 단순히 그리스도와 그

---

32 F. F. Bruce, *The Epistle to the Galatians*, New International Greek Testament Commentary (Grand Rapids: Eerdmans, 1982), 186.

33 Joseph Hellerman, *When the Church Was a Family: Recapturing Jesus' Vision for Authentic Christian Community* (Nashville: B & H Academic, 2009), 143.

34 Beasley-Murray, *Baptism in the New Testament*, 167~71에서는 물 침례, 곧 주요 견해를 주장한다. James Dunn, *Baptism in the Holy Spirit* (Philadelphia: Westminster, 1970), 129에서는 반대 견해를 옹호한다. 이 본문에 관한 더 최근 연구를 개관한 내용은 A. C. Thiselton, *The First Epistle to the Corinthians*, NIGTC (Grand Rapids: Eerdmans, 2000), 997~1001 ‖ 『고린도전서 (하)』, NIGTC시리즈, 신지철 옮김 (서울: 새물

분 몸의 불가분 관계는 역사를 통틀어 거의 모든 그리스도인 그룹이 그리스도 안으로 침례를 그분 몸, 곧 교회 안으로 입회를 포함한다고 보게 하기에 충분했다.35

침례 의미를 이 세 가지에 더해 또 다른 요소를 덧붙일 수 있어도,36 이 세 가지가 침례 의미를 가장 뚜렷이 표현한다고 생각한다. 뚜렷하지 않은 점은 침례가 정화, 그리스도와 동일시, 몸 안으로 통합 등과 정확한 관계이다. 전형적으로 침례교인은 침례를 상징으로, 곧 침례가 동일시, 정화, 연합에 영향을 미치거나 성취하지 않고 그것들이 믿음으로 성취됨을 상징한다고 여겼다. 믿음은 실체이며, 침례는 믿음을 상징하기에, 믿음이 성취한 바를 증거한다. 그러나 20세기 후반부에, 영국 침례교인 다수는 침례를 더 '성례전적으로' 이해, 곧 침례를 "그리스도와 구속적 연합 경험을 전달하는 것으로 이해하자고 주장했다. 달리 말해, "사람이 그리스도와 연합한 과거 경험을 증언하려는 확증된 제자로서보다, 죄 용서와 성령의 선물을 경험하려고 회개하는 죄인으로서 침례에 순종한다."37

많은 이는 비슬리-머레이가 이 견해를 처음으로 주장했다고 알고 있다. 그는 침례가 상징임을 부인하지 않고, "능력 있는 상징, 곧

결플러스, 2022), 1711~18을 보라.

35 가톨릭교회, 루터교회, 장로교회, 침례교회가 이렇게 이해한다는 내용은 Hammett, *40 Questions about Baptism and the Lord's Supper*, 120을 보라. 교회 회원이 되는 데 침례가 요구된다는 주장은 Bobby Jamieson, *Going Public: Why Baptism Is Required for Church Membership* (Nashville: B & H Academic, 2015)을 보라.

36 Vander Zee, *Christ, Baptism and the Lord's Supper*, 85에서는 침례에 관한 신약성서 가르침에 7개 '주요 주제'를 말하고, Allison, *Sojourners and Strangers*, 357에서는 침례 의미의 5개 국면을 말한다.

37 Stanley Fowler, *More Than a Symbol: The British Baptist Recovery of Baptismal Sacramentalism*, Studies in Baptist History and Thought (Carlisle, U.K.: Paternoster Press, 2002), 2:6. 파울러는 이 견해를 가장 견고히 옹호했다. 그는 가장 완전하게 설명하고 변호한다.

성례전"이라고 말한다.38 그는 침례가 필요하다고 말하지 않는데, 침례가 아니라 그리스도께서 구원하시기 때문이다. 그러나 "따라서 우리는 마땅히 침례를 중요하게 여겨야 한다. 죄인이 구세주와 함께 시련받는 장소로 주어졌다. 거기서 그분을 만난 사람은 그것을 무시하지 않는다."라고 말한다.39

나는 이 견해를 온전히 확신하지 않는다. 신약성서 전체를 읽으면 구원에서 신앙의 우선성을 말한다고 생각한다. 심지어 침례와 신앙을 가장 가까이 연결하는 본문(행 2:38; 벧전 3:21)에서 "믿음은 전가되거나 침례와 함께하는 것으로 구체적으로 진술된다."40 그리고 회심이 일어나지만 침례를 말하지 않는 구절도 많다. 그러나 동료 침례교인들이 침례를 우리가 하는 것이 아니라, 하나님께서 그것으로 활동하시는 어떤 것으로 여기는 가능성에 경고한다고 생각한다. 침례는 구원에 영향을 끼치려고 주어진 게 아니라 "구원의 실체를 확증하려고" 주어졌다.41 웨인 그루뎀은 침례를 하나님께서 우리가 구원을 확고히 확신하게 하며 우리 안에 그리스도 생명력을 더 많이 이루는 데 쓰시는 '은혜 수단' 가운데 나열한다.42 장 칼뱅이 침례를 침례교인과는 다르게 이해하지만, 그가 성례전을 정의함은 신약성서 증거와 일치한다고 생각한다. 그는 성례전을 "주님께서 우리 약한 믿음을 지원하려고 우리 양심에 우리를 향한 그분 선하신 뜻을 말하는 약속을 확인하시는 데 쓰시는, 그리고 우리는 주님과 그분 천사와 사람들 앞에서 그분을 향한 우리 충성심을 증언하

---

38 Beasley-Murray, *Baptism in the New Testament*, 263.

39 Beasley-Murray, *Baptism in the New Testament*, 305.

40 Saucy, *The Church in God's Program*, 197 ∥ 『하나님이 계획하신 교회』, 262~63.

41 Saucy, *The Church in God's Program*, 198 ∥ 『하나님이 계획하신 교회』, 264.

42 Grudem, *Systematic Theology*, 953~54 ∥ 『(웨인 그루뎀의) 조직신학 (하)』, 174~75 ∥ 옮긴이 덧붙임. *Systematic Theology*, 2nd ed., 1180~81.

는 데 쓰는 외적 표시이다"라고 말한다.43 신앙을 증거하는 사상을 포함하려고 마지막 부분을 더 강하게 서술하지만, 첫째 부분이 하나님께서 침례에서도 역시 하시는 일을 서술한다고 생각한다.

하나님께서 모든 침례마다 똑같은 축복을 내리신다고 확신하지 않지만, 우리가 열린 마음으로 기대하기를 바라는데 하나님께서 우리를 축복하시려고 침례를 제정하셨기 때문이며, 우리가 그분께서 제정하신 바를 믿음으로 순종할 때 우리는 그분께서 우리를 축복하신다고 기대할 수 있다. 그것이 확증이나 확신이나 능력 덧입음이겠지만, 하나님께서는 침례를 제정하신 데는 이유가 있으며, 우리는 그분께서 침례로 활동하신다고 기대한다. 나는 여기에 동사 '제정하다'를 쓰는데, 이 이해가 성례전 의식으로써 침례와도 잘 어울리기 때문이다.

우리가 육체적이며 감각에 얽매인 피조물이기에 하나님께서 물과 같은 명백한 물리적 상징을 사용하신다고 생각한다. 구원을 위해 그리스도를 믿는 결단은 영적 수준, 곧 마음에 일어나는 어떤 일이지만(롬 10:10), 내적 경험을 외적이며 구체적인 걸로 만드는 어떤 방식이 있어야 한다. 그것은 우리가 사람들에게 복음에 외적 방식으로 반응하라고 요구하는 이유이다. '결혼식을 올리기' 또는 '회개 기도하기'일 수 있다. 그런 행동이 구원하지 않는다고 경고는 하지만, 신앙의 보이지 않는 결단을 보이게 하며 구체화한다. 이 관행의 어느 편도 반대하지 않지만, 침례는 우리가 그것으로 우리 신앙을 보이게 하는 지정 표시라고 생각하고, 하나님께서 제정하신 수단을 우리가 사용할 때 하나님께서 기뻐하신다고 생각한다.

결혼은 훌륭한 유비를 제공한다. 신앙은 두 사람을 함께 묶는 사랑에 비유할 수 있다. 그것은 안에서 발전하며 두 사람이 서로에게 헌신하게 한다. 결혼식은 그런 사랑을 공표하고, 고백하며, 확증하는 의식이다. 그것은 사랑을 만들어내기보다 사랑을 표현하며 아름

---

43 Calvin, *Institutes of the Christian Religion*, 21:1277 (4.14.1).

답고 엄숙하게 사랑을 인증한다. 마찬가지로 침례는 신앙이나 그리스도와 연합을 만들지 않고, 고백하고 공표하고 확증한다.44 말 그대로, 뛰어드는 순간이다.

요약하면, 침례는 회심/입회 의식이다. 죄 정화, 그리스도와 연합 및 동일시, 교회로 입회 및 통합을 반영하며 상징한다. 하나님께서 신앙을 증거하는 수단으로 제정하셨기에, 우리가 그분 명령에 믿음으로 순종할 때 하나님께서 축복하신다고 기대한다.

침례받을 사람은?

침례받는 적합한 대상은 지난 500년 동안 침례에 관한 논의에서 가장 주된 논제였다. 종교개혁에 이르기까지, 유아세례는 1000년 이상이나 실행됐다. 그것은 교회와 국가가 연합한 방식의 하나였다. 국가의 모든 국민은 유아세례를 통해 교회 구성원이 됐다. 교회와 국가의 연합은 사회 질서와 화합에 중요했기에, 그래서 유아세례는 신학적, 정치적, 사회적 파급효과를 가져왔다.

개혁 신학은 믿음으로 하나님께 나아오는 사람에게 하나님의 은혜가 주어진다고 주장함으로써, 주의 만찬이 자체 힘으로(*ex opere operato*) 성례전 수혜자에게 은혜를 전달한다고 보았던 성례전 신학에 도전했다. 믿음이 없이는 성례전은 아무런 가치가 없다고 주장했다. 그러한 견해는 자연스럽게 유아세례 정당성에 의문을 제기했는데, 침례에서 유아가 신자임을 증명하기가 어렵기 때문이다. 루터는 유아가 믿을 수 있고 실제로 믿는다고 바르게 주장했지만,45 그

---

44 Grenz, *Theology for the Community of God*, 685 ‖ 『조직신학—하나님의 공동체를 위한 신학』, 750에서도 결혼이 좋은 유비라고 말한다.

45 Martin Luther, "Concerning Rebaptism," in *Martin Luther's Basic Theological Writings*, ed. Timothy Lull (Minneapolis, Minn.: Fortress Press, 1989), 40, 254~57. 하지만 루터는 유아에게 믿음이 없어도 후에 믿음을 가질 수 있으므로 유아세례가 정당하다고 말한다. 이에 대해 침례

의 주장이 설득력이 있다고 여기는 사람은 거의 없다. 믿음과 유아세례를 연결한 더 일반적인 방식은 그들이 받은 세례를 미래에 믿는다는 기대로 여김, 또는 그들이 받은 세례가 그들을 위해 행사된, 다른 사람들(부모나 교회)의 믿음으로 정당화된다고 여김이었다. 첫째 경우와 관련한 어려운 점은 그들이 받은 세례가 조건으로 가치를 가진다는 점이며, 믿음으로 나아오지 않는 유아가 받은 세례는 어떻게 되느냐는 의문을 일으킨다는 점이다. 결국 그들에게 세례를 베푼 일은 실수였는가? 그들이 세례받았을 때 하나님께서는 무엇을 하셨는가? 두 번째 경우, 어떤 사람이 다른 이를 대신해 믿을 수 있다는 생각은 복음주의 그리스도인의 핵심 신앙의 하나, 곧 기독교는 대리인을 통한 관계가 아니라 그리스도와 개인적인 관계를 포함한다는 신앙과 대립한다는 점이다.[46]

게다가 모든 신학을 성경에 근거하려는 종교개혁 관심도 유아세례에 의문을 제기했다. 초기 재침례교인과 후기 침례교인은 유아세례에 이의를 제기했는데, 유아세례가 성경에서 발견되지 않기 때문이다. 참으로 역사에서 사람들이 침례교인 견해로 전환한 가장 일반적 이유의 하나는, 침례에 관한 침례교인 견해를 지지하는 것으로 인식되는 성경 증거였다. 그러한 신학적이며 성경적 의문이 제기되는데도, 어떻게 유아세례가 우위를 차지했는가? 유아세례를 찬성하는 어떤 논증을 제시할 수 있는가?

구전에서 유아세례가 사도적 보증이라고 주장한 오리게네스(Origen)와 함께, 2세기 말에 유아세례를 행하기 시작한 징후가 있

교인은 항상, 세례받은 많은 유아가 믿음을 가지지 않았다는 사실을 언급하고, 누가 믿음을 가질 것인지 알 수 없으므로 믿음이 분명하기까지 기다려야 한다고 대답했다.

46 Jewett, *Infant Baptism*, 184에서는 후원자가 아이를 대신해 믿을 수 있다는 생각이 "성경에는 그 근거가 전혀 없으며, 구원 관련해 대리자가 누군가를 대신해 그리스도를 받아들여 믿을 수는 없다는 근본 진리와도 조화되지 않는다."라고 말한다.

다.47 하지만 다른 교회는 여전히 침례 이전에 일정 기간 교육(교리문답)을 요구했으며, 따라서 신자 침례에 가까운 어떤 과정을 행하고 있었다. 다른 많은 문제에서처럼 이 문제에서 아우구스티누스가 끼친 영향이 결정적이었다. 400년쯤, 대표적으로 그는 유아세례가 원죄의 더러움을 제거한다고 그 정당성을 선언했다. 나아가 아우구스티누스는 유아세례를 받지 않고 죽은 유아는 영원히 천국에 들어갈 수 없다고 가르쳤다. 그 후로 유아세례가 일반화되었다.48 종교개혁 시기에, 유아세례는 사회에 깊이 뿌리박혀 있었으며 교회에서 사람들이 묻지 않는 기본 가정이었다. 사실 루터가 다른 문제에서 성경의 이름으로 전통에 도전했어도, 재침례교인에 맞서서는 유아세례를 변호하려고 전통을 사용했다. 유아세례가 유효하지 않다면, "1000년도 넘게 침례도 어떤 기독교세계국(Christendom)도 없었다"라고 말했다.49 앞에서 언급했듯이, 루터도 유아의 믿음을 가정했지만, 유아세례에 관한 주된 논증은 츠빙글리, 칼뱅, 기독교세계국 개혁 분파에서 왔다.

유아세례 개념에 관하여 자주 언급하는 한 가지 지지는 사도행전 10:44~48; 16:33~34; 18:8과 고린도전서 1:16에 언급한 가족 침

---

47 유아세례 등장에 관한 역사 증거를 찾는 고전 책 두 권은 Joachim Jeremias, *Infant Baptism in the First Four Centuries*, trans. David Cairns (London: SCM Press, 1960); Kurt Aland, *Did the Early Church Baptize Infants?*, trans. G. R. Beasley-Murray (London: SCM Press, 1963)이다. 그들 논쟁에 관한 비평은 David Wright, *Infant Baptism in Historical Perspective: Collected Studies, Studies in Christian History and Thought* (Milton Keynes, UK and Waynesboro, GA: Paternoster, 2007), 4~20을 보라. 증거 요약은 Hammett, *40 Questions about Baptism and the Lord's Supper*, 131~34를 보라.

48 David Wright, *Infant Baptism in the First Four Centuries*, xxvii에서는 "다른 어떤 요소보다, 아우구스티누스의 반-펠라기우스 신학이 서구에서 유아세례를 보편화했다"라고 말한다.

49 Luther, "Concerning Rebaptism," 256.

례이다. 각 경우 가족 전체가 침례를 받았기에, 유아세례를 옹호하는 사람은 적어도 유아가 가족의 일부로 있었을 개연성이 있다고 주장한다.50 하지만 G. R. 비슬리-머레이는 문제의 여러 본문을 자세히 검토하고서 가족 가운데 유아가 있었다는 주장이 의심스럽다고 했는데, 그 본문들에서 그 가족 구성원들이 복음 메시지를 듣고, 성령을 받았으며, 방언으로 말하고, 하나님을 찬양했다고 묘사하며, 무엇보다 중요한 점은 그들이 믿었다고 말하기 때문이다.51 유아가 믿었으면 분명히 적합한 침례 후보자였지만, 문맥은 유아가 있지 않았음을 강력하게 암시한다.

또 다른 논증은 때때로 복음서에서 예수님께로 데려온 아이들 이야기를 근거로 한다(마 19:13~15; 막 10:13~16; 눅 18:15~17). 하지만 여기서도 본문을 자세히 살펴보면, 부모가 자기 아이들을 예수님께 데려온 것은, 예수님께서 그들을 축복하시고 그들에게 안수하시며 그들을 위해 기도해주시기를 바랐기 때문이며, 침례받게 하려는 게 아님을 알 수 있다.52

그러나 "유아세례에 가장 설득력 있고 근본적 논증"은 은혜 언약에 관한 개혁주의 가르침에 기초한다.53 일부 유아세례파는 신약성

---

50 Jonathan Watt, "The Oikos Formula," in *The Case for Covenantal Infant Baptism*, ed. Gregg Strawbridge (Phillipsburg, NJ: P & R, 2003), 84를 보라.

51 Beasley-Murray, *Baptism in the New Testament*, 312~16.

52 Paul Jewett, *Infant Baptism and the Covenant of Grace* (Grand Rapids: Eerdmans, 1978), 56에서는 이 본문에서 어린이가 그분께 오는 것을 막지 말라는 예수님 말씀은 "루터교회, 영국 국교회, 장로교회, 개혁교회, 회중교회, 감리교회 지지로 준비해, 유아에게 세례를 주려고 거의 모든 예배 순서에 실제로 인용되거나 요약됐다."라고 말한다. 그러나 이 주장의 약점을 알고서, 현대 유아세례론자는 그 사용을 꺼렸다. Hammett, *40 Questions about Baptism and the Lord's Supper*, 134~35를 보라.

53 흥미롭게도 이 주장이 발전하는 과정에서, 울리히 츠빙글리는 자기가 "고대나 현대 작가들 또는 우리 시대 작가들이 걸어온 길과는 다른 길을

서에 유아세례의 분명한 예가 없다고 인정한다. 이는 신약성서에서 개척 선교 상황 때문이라고 그들은 생각한다. 교회들이 세워지고 그리스도인 가정이 자녀를 낳기 시작했을 때, 그들은 유아세례가 적절하다고 생각하고 유아세례에 관한 언약 사례라 불리는 바로 그 관행을 변호한다. 다른 개혁주의 신학자들이 조금 다른 방식으로 주장을 펼쳐도, 핵심 사상은 분명하며 개혁주의 신학자들에게서 폭넓은 동의를 얻는다.54 이 주장은 하나님께서 역사에서 당신 백성을 다루시는 데 쓰신 언약들에 연속성이 있다는 생각에서 비롯한다. 어린이가 유아에게 실시한 할례라는 표로 아브라함 언약 공동체에 가입했듯이, 오늘날 믿는 부모의 자녀는 침례라는 언약 표로 새로운 언약 공동체에 가입하는데, 따라서 이는 유아에게 주어진다. 칼뱅은 말한다. "신자의 자녀가 세례를 받는 것은 전에 교회에 낯선 자였던 자가 그때 처음으로 하나님의 자녀가 되려 함이 아니라, 그들이 약속의 축복으로 그리스도의 몸에 이미 속했기에 이러한 엄숙한 표시로 교회에 받아들여지려 함이다."55 워필드는 더 단호히 말한다. "하나님께서 당신 교회를 아브라함 시대에 세우셨고, 자녀를

걷는다고 인정했다(Ulrich Zwingli, "Of Baptism," in Zwingli and Bullinger, trans. and ed. G. W. Bromiley, LCC [Philadelphia: Westminster, 1953, 130]). 그레그 앨리슨은 내가 츠빙글리가 한 말에 관심을 기울이게 했기에 그분께 감사드린다(Allison, *Sojourners and Strangers*, 351~52, n. 140). 천 년 동안 보편적으로 집행한 것에 반대하는 침례를 지지하려고 재침례교인에 반대하는 비판을 고려할 때, 개혁주의 유아세례론자가 교회 역사에 전례가 없는 논증으로 그들 관행을 주장함은 흥미롭다.

54 이를 제시할 때, 개혁주의 표준 자료의 사례를 요약하는데, 예로 Louis Berkhof, *Systematic Theology*, 4th and enlarged ed. (Grand Rapids: Eerdmans, 1982) ∥ 『벌코프 조직신학』, 이상원·권수경 옮김 (파주: CH북스, 2020)이며, 더 최근 설명은 Randy Booth, *Children of the Promise: The Biblical Case for Infant Baptism* (Phillipsburg, New Jersey: P&R Publishing, 1995); Gregg Strawbridge, ed., *The Covenantal Case for Infant Baptism* (Phillipsburg, New Jersey: P&R Publishing, 2003)이다.

55 Calvin, *Institutes of the Christian Religion*, 21:1343 (4.15.22).

그곳에 들이셨다. 그들은 하나님께서 그들을 데리고 나가실 때까지 그곳에 있어야 한다. 하나님께서는 그들을 어디에도 내놓지 않으셨다. 그들은 그 이래로 여전히 당신 교회 회원이며, 그래서 교회 의식을 받을 자격이 있다."[56]

유아세례론자의 가장 중요한 주장, 곧 이 언약적 주장에 신자 침례를 옹호하는 사람들은 집중해 주목했다.[57] 침례교인은 언약 신학에 관해 그들 안에서도 의견을 달리하지만,[58] 그들은 유아세례에 관한 언약적 주장이 많은 이유로 설득력이 부족하다고 한 목소리를 낸다.

첫째, 불연속성을 배제하려고 연속성을 지나치게 강조한다. 새로운 언약은 새로우며 다른데, 불연속성 핵심점의 하나는 새로운 공동체 구성이다. 예레미야 31:31~34은 새로운 언약 공동체가 신자들로만 구성한다고 약속한다. 신약성서 가르침은 교회가 거듭난 사람들로만 구성한다고 아주 분명히 확증하는데, 이는 침례가 신자만을 대상으로 한다는 확신에 전제이다. 할례 표시는 옛 언약 아래서 유아에게 적용할 수 있었는데, 할례가 그 표시였던 언약 공동체는

---

[56] B. B. Warfield, *Studies in Theology* (New York: Oxford University Press, 1932; reprint, Grand Rapids: Baker, 1981), 9:408.

[57] Jewett, *Infant Baptism and the Covenant of Grace*는 전체에서 자세히 반응하고, Stephen Wellum, "Baptism and the Relationships between the Covenants," in *Believer's Baptism: Sign of the New Covenant in Christ*, 97~161에서는 자세히 분석하며, Allison, *Sojourners and Strangers*, 336~51; Beasley-Murray, *Baptism in the New Testament*, 334~44에서는 짧아도 의미 깊게 반응한다.

[58] Jewett, *Infant Baptism*, 233; Fred Malone, *The Baptism of Disciples Alone: A Covenantal Argument for Credobaptism Versus Paedobaptism* (Cape Coral, FL: Founders Press, 2003), xxxii에서는 언약신학을 바르게 이해하면 신자 침례에 이른다고 주장한다. 스티븐 웰럼은 진보적 언약주의자로서 유아세례를 지지하는 언약적 주장을 비판하고 (Stephen Wellum and Brent Parker, eds., *Progressive Covenantalism* [Nashville: B & H Academic, 2016]), 그레그 앨리슨은 진보적 세대주의자로서 비판한다(Allison, *Sojourners and Strangers*, 88).

혼합한 몸이었다. 그러나 교회는 혼합한 몸이 아니며, 따라서 그 공동체 표시는 아직 그 공동체 회원이 아닌 이에게는 줄 수가 없다. 바울이 침례와 할례를 비교하는 한 곳에서, 그는 실제로 그 둘을 대조한다(골 2:11~12). 바울이 침례를 할례로 서술할 수 있었던 한 가지 방식은 "사람 손으로 한 것이 아니라" "그리스도께서 하신 것"으로, 곧 다른 데서는 "마음의 할례"(롬 2:29)라 불리는 것이다. 따라서, 구약성서 유아 할례와 신약성서 침례의 병행성 주장은 무너진다. 두 개 언약 사이에 불연속성을 간과하고, 사실 구속 역사에서 과거로 되돌아가라고 요구한다.59

그러나 훨씬 더 결정적으로 유아세례 모순점은 침례 의미에 있다. 유아세례는 정화된 사람이 경험한 정화를 상징하지 못한다. 유아가 그리스도와 동일시할 수 없다면 그것을 가시화할 수 없으며, 유아가 교회 회원이 되는 핵심 요건, 곧 거듭남을 충족하지 않으면 교회에 입회할 수 없다. 그러나 이 모든 건 신자 침례와 아주 잘 들어맞는다.

침례교인은 신자 침례 주장이 강력하며 침례를 신자에게만 제한이 정당하다고 믿는다. 신자 침례가 바람직하나 유아세례 주장에는 약점이 있다는 점에 더해, 유아세례는 유아가 개인적 회심과 신앙의 필요성에 혼돈을 겪게 하고 또한 교회와 세상 사이 경계를 흐릿하게 할 위험이 있다. 그들은 거만하거나 "다른 사람의 신앙을 무시하는"60 모습으로 보이고 싶지 않아도, 유아세례가 타당하다고 여

---

59 내가 살핀 자료가 자세히 논의하지 않지만, 또 다른 분명한 불연속성 요점은 할례가 남자아이만을 대상으로 하나, 신약성서에서 남성과 여성 둘 다 침례받는다.

60 이는 레오나드 밴더 지가 유아세례 받은 이가 침례교회에 가입하려면 침례를 다시 받아야 한다고 주장하는 침례교회가 전하는 메시지로 여기는 바이다. 그러나 또한 그는 영국 침례교회가 유아세례를 훨씬 더 많이 받아들인다는 말을 듣고 기뻐한다. 그러나 그가 그리스도인이 침례 문제로 "모든 것을 갈라놓게" 해서는 안 된다고 말할 때, 그가 침례 중요성을 부

긴다면, 침례를 받으라는 그리스도 명령을 무시하고 또한 침례 의미를 완전히 놓치는 관행을 받아들이는 셈이다.

침례 시기

신자 침례를 옹호하는 사람은 침례, 특히 어린이 침례 시기에 어려움을 공통으로 겪는다. 교회는 "믿을 만한"61 신앙고백을 하는 사람에게만 침례를 베풀어야 한다. 나는 하나님께서 어린이를 구원하시려고 활동하실 때를 제한하고 싶지 않으며,62 그리스도인 부모가 "주님의 훈련과 훈계로"(엡 6:4) 자기 자녀를 키우는 책임을 진지하게 감당하는 경우, 아이는 어린 나이에도 일반적으로 신앙을 고백한다. 그러나 최근까지도, 침례교회는 어린 시절에 한 신앙고백의 신뢰성이 드러날 때까지 침례를 연기하는 게 지혜롭다고 생각했다.63 그 이유는 쉽게 알 수 있다. 어린 나이 아이는 이따금 부모님

당하게 축소한다고 생각한다(Vander Zee, *Christ, Baptism and the Lord's Supper*, 133).

61 이 질문 그리고 믿을 만한 신앙고백의 중요성에 관한 논의는 Mark Dever, "The Church," in *A Theology for the Church*, ed. Daniel Akin, rev. ed. (Nashville: B & H Academic, 2014), 619~20를 보고, 더 완전한 논의는 Mark Dever, "Baptism in the Context of the Local Church," in *Believer's Baptism: Sign of the New Covenant in Christ*, 344~50를 보라. Allison, *Sojourners and Strangers*, 360~62; Hammett, *40 Questions about Baptism and the Lord's Supper*, 165~70도 보라.

62 마크 드리스콜은 자기 아들의 한 명이 4살 때 침례를 받았다고 말한다(Mark Driscoll and Gerry Breshears, *Death by Love: Letters from the Cross* [Wheaton, IL: Crossway, 2008], 163 ‖『십자가 사랑과 죽음』, 이용중 옮김 [서울: 부흥과개혁사, 2010], 274). 웨인 그루뎀은 자기 자녀 세 명이 모두 7살 이전에 그리스도를 참으로 믿었다고 생각한다(Grudem, *Systematic Theology*, 982, n. 28 ‖『(웨인 그루뎀의) 조직신학 (하)』, 224, 각주 28). 옮긴이 덧붙임. *Systematic Theology*, 2nd ed., 1213, n. 36.

63 데버는 그리스도인 가정에서 자랐지만 10대 후반이나 20대까지 침례를 받지 않은, 18세기와 19세기 침례교 지도자 이름을 자세히 나열한다

을 기쁘시게 하고 싶고, 복음 선포에 반응 동기가 참으로 하나님의 성령께서 역사하심에 반응인지 또는 그들 부모님을 깊게 신뢰해서 비롯했는지 모를 수 있다. 그런 아이가 거짓말하는 건 전혀 아니다. 그들은 자기들 마음을 단지 모를 뿐이다. 우리는 다른 영역에서 아이들 결정을 그리 신중하게 여기지 않음을 안다. 소녀가 의사가 되고 싶다거나 옆집에 사는 소년과 결혼하고 싶다고 진지하게 말할 수 있지만, 그런 결정이 시간이 지남에 따라 자주 바뀜을 안다.

게다가, 복음은 인지 정보와 영적 인식을 포함하는 메시지이다. 어린이가 복음에 포함된 모든 것을 책임 있게, 믿음직하게 처리할 수 있는 때는 언제인가? 물론 이 질문에 명확하게 대답할 수는 없다. 성서에는 마법 같은 숫자가 없으며, 아이마다 성숙하는 속도가 다르다. 그러나 윌리엄 헨드릭스(William Hendricks)와 데일 무디(Dale Moody)는 사람이 구원되기에 앞서 잃어버린 상태에 있음을 알아야 한다고 주장한다. 헨드릭스는 9살도 안 된 아이가 잃어버림과 관련된, 하나님에게서 철저한 분리를 경험할 수 있음이 의심스럽다고 말한다.[64] 다른 이들은 로마서 7:9에서 바울이 한 진술을 근거로 12살이 도덕적 책임을 아는 나이임을 성경이 말한다고 주장한다. 거기서 바울은 자기가 "계명이 이르기"까지는 잃어버린 바 되지 않았음을 암시하는데, 이는 아마도 자기 바르미츠바(*bar mitzvah*, 성인식)를 가리킨다. 데이비드 앨런 블랙(David Alan Black)은 12살에 성전에 계셨던 예수님에 관한 이야기(눅 2:41~50)와 함께 바울이 한 진술이 유아세례 관습이 있는 집단에서 12살에 행한 일반적 성인식 행사를 가리키며, 12살이 어른의 의무로 전환하는 중요한 시기라는 세속적 발달심리학자의 연구와 관련이 있다고 본다.[65]

(Dever, "The Church," 662~63, n. 171).

64 William L. Hendricks, *A Theology for Children* (Nashville: Broadman, 1980), 249; Dale Moody, *The Word of Truth* (Grand Rapids: Eerdmans, 1981), 462~63.

역사적으로, 침례교인은 어린 시절에 한 결정을 침례를 보증하는 믿을 만한 신앙고백으로 여기는 데 더디었다. 20세기에 상황이 바뀌기 시작했다. 1966년까지, 8살 그리고 더 어린 나이 아이가 남침례교회들에서 모든 침례의 10%에 이르렀고, 1977~1997년에는 6살 그리고 더 어린 나이 아이가 받은 침례는 무려 250%가 늘었다.66 나는 이런 추세에 신학적 및 목회적 관심이 있다.

앞에서 밝혔듯이, 나는 이 모든 어린이가 책임질 수 있는 나이에 이르렀다거나 참 회개와 신앙을 경험할 능력이 있다고 확신하지 않는다. 그들이 잘 배워서 목사나 부모 질문에 잘 대답할 수 있어도, 그들이 대답한 실제를 경험하는 영적 인식이 있을까? 하나님께서 초자연적으로 그들 마음에 역사하셔도, 침례교회가 그들 신앙고백을 믿을 만하다고 인정해 침례를 베푸는 게 지혜로운가? 널리 퍼진 명목상 회원 문제, 곧 많은 침례받은 회원이 믿지 않는 사람과 똑같은 삶을 사는 문제, 그리고 '재침례'67라 불리는 관행, 곧 침례교회에서 침례를 받은 이가 처음 침례받았을 때 정말로 거듭나지 않았다는 확신에 다시 침례를 요구하는 관행은, 신자 침례를 집행함으로 어린 시절에 한 신앙고백의 신뢰성을 확인하는 지혜를 고려할 때라고 제안한다.

몇몇은 침례받는 데 최소 나이를 9살로 제안하고, 다른 사람은 12살, 또는 10살을 제안한다.68 그러나 그런 정책에 두 가지 반대가

---

65 David Alan Black, *The Myth of Adolescence* (Yorba Linda, Calif.: Davidson Press, 1999), 59~67.

66 Tony Hemphill, "The Practice of Infantile Baptism in Southern Baptist Churches and Subsequent Impact on Regenerate Church Membership," *Faith & Mission* 18, no. 3 (Summer 2001), 74~87에서 자료를 확인하라.

67 '재침례'라는 용어는 바른 용어가 아니다. 믿음이 없었다면, 성서적 침례가 아니었다. 그런 사람이 받는 침례는 재침례가 아니라, 첫 참된 침례이다. 그 특성상, 침례는 반복하지 않는다. 그러나 이 용어가 널리 쓰이기에, 여기서 그대로 쓴다.

있다. 첫째는 특히 사도행전에서 성서적 패턴은 곧바로 침례이다.[69] 둘째는 그 특성상, 침례가 입회 의식이며 주님 명령이다. 따라서, 많은 사람은 믿는 사람으로서 첫 번째 순종이라고 여긴다.[70] 어째서 주님께 순종하려는 신자의 길을 막아서는가?

이러한 반대를 약하게 하는 두 가지 요소가 있다고 생각한다. 첫째, 신약성서가 곧바로 침례 패턴을 주장해도, 그리 강하지 않다. 내가 헤아려 보니, 사도행전에서 믿는 이에게 침례를 곧바로 베푼 사례는 6번이고(2:48; 8:12; 8:36~38; 10:47~48; 16:33; 19:4~5), 2번은 시기를 자세히 말하지 않으며(16:14~15; 18:8), 1번은 바울이 회심한 때를 언제로 보는지에 따라 사흘이 지난 때였다(9:9, 18). 그러나 사도행전에서 16번은, 복음이 선포되고 사람들이 믿었어도, 침례를 언급하지 않는다(4:4; 5:14; 6:7; 8:25; 9:35; 11:20~21; 11:24; 13:12; 13:48; 14:21; 14:25; 16:5; 17:4; 17:12; 17:34; 28:24). 물론 이는 침묵에 기초한 논증이지만, 침묵도 중요하다고 생각한다. 곧바로 침례가 중요하다면, 어째서 일관성 있게 반영하지 않는가? 그리고 바울이 고린도전서 1:14~17에서 한 진술을 고려하면, 바울이 복음을 선포하자 사람들이 믿음으로 반응했지만, 이 회심자들이 곧바로 침례를 받지 않은 많은 사례가 있는 듯하다. 둘째, **곧바로 침**

---

[68] Hammett, *40 Questions about Baptism and the Lord's Supper*, 168~69에서는 8살부터 18살까지 제안 범위를 정리한다.

[69] Saucy, *The Church in God's Program*, 195 ‖ 『하나님이 계획하신 교회』, 261에서는 "사도행전에서 모든 침례가 신앙고백에 곧이어 있었음을 중요하다"라고 말한다. Stein, "Baptism in Luke-Acts," in *Believer's Baptism: Sign of the New Covenant in Christ*, 52에서는 침례가 사도행전에서 회심 체험의 다섯 국면의 하나인데, 그 모두는 "보통 같은 날, 같은 때"에 일어났고, 나머지는 회개, 신앙, 고백, 그리고 성령 은사 받음 등이라고 확인한다.

[70] 이는 침례교인들 사이에 침례를 말하는 데 쓰는 표현이다. 이 표현을 Larry Dyer, *Baptism: The Believer's First Obedience* (Grand Rapids: Kregel, 2000)에서 가져왔는데, 이 책은 침례에 관한 짧은 책이다.

례를 받으라는 명령이 없다. 그러므로, 침례를 받는 일을 미뤄도, 특별히 그 이유가 침례받은 사람이 신자임을 확인하려 할 때는 불순종이 아닌데, 그 신앙고백을 믿을 만하게 이미 여겼기 때문이다.

어린 시절에 한 신앙고백에 이런 예방조치가 아주 중요하며 필요해도, 어른 회심자 침례는 짧은 시간 준비하고 그들이 침례 의미를 이해하도록 가르쳐서, 회중이 그들 삶을 볼 시간을 갖고 그들 신앙고백이 믿을 만하다고 인정할 수 있게 함으로 잘 집행할 수 있다. 이는 모든 새로운 회원에게 필수이어야 하는 새신자반 운영으로 진행할 수 있지만, 새로운 회심자로 오는 이에게는 특별히 중요하다.71 마지막으로, 실제로 침례식은 결혼식처럼 기억에 남고 진지하며 즐거워야 하는데, 주님을 사랑하려고 온 사람이 공적 헌신 시간에 서약하는 시간이기 때문이다.72

침례 방식

여기서 방식은 침례를 집례하는 양식을 의미한다. 그것은 머리에 물을 붓거나 뿌리는 방식으로 집례하는가, 아니면 물에 완전히 잠

---

71 이런 새신자반 운영은 어떤 면에서 초기 교회 교리 문답 교육 관행을 되살린 것인데, 적어도 한 가지 차이점은 교리 문답 교육이 훨씬 더 길었는데, 신앙고백에서 침례까지 3년이 걸리기도 했다. Clinton Arnold, "Early Church Catechesis and New Christians' Classes in Contemporary Evangelicalism," *Journal of the Evangelical Theological Society* 47, no. 1을 보라. 새신자반에 관한 더 많은 내용은 이 책 5장에 있는 제안 그리고 Dever, "Baptism in the Context of the Local Church," 334를 보라.

72 침례식에 관한 제안은 Anthony Cross, *Baptism and the Baptists: Theology and Practice in Twentieth-Century Britain, Studies in Baptist History and Thought* (Carlisle, UK and Waynesboro, GA: Paternoster), 395~405; Dever, "Baptism in the Context of the Local Church," 338; Charles Deweese, *A Community of Believers: Making Church Membership More Meaningful* (Valley Forge, PA: Judson Press, 1978), appendix C, 114~16을 보라.

기는 방식으로 집례하는가? 많은 곳에서 여전히 볼 수 있는 큰 침례용 물통이 보여주듯이, 초대교회에서는 침수례가 일반 방식이었다. 신약성서 교회와 초기 교회에서 관행에 더해,[73] J. L. 가렛(J. L. Garrett)은 "침수례 관행이 서방 교회에서는 중세 말기까지 그리고 동방 정교회에서 지금까지 이어짐은, 침수례를 오랜 역사에서 지켰다"라고 주장하고, 토마스 아퀴나스는 침수례를 자기 당시에도 "더 흔했다"라고 말한다.[74] 시간이 지나면서 침수례는 점차로 관수례(pouring)나 세례로 대체됐다. 칼뱅은 신약성서 단어 βαπτίζω[밥티조]가 침수례를 의미한다고 인정했지만, 침례 방식은 "중요하지 않고, 국가 다양성에 따라 교회가 선택해야 할 문제"라고 생각했다.[75] 존 스미스(John Smyth)와 일반 침례교인(General Baptists)은, 1639년에 특수 침례교인이 적합한 방식으로서 침수례를 회복하려고 교파를 옮겼을 때까지, 처음 30년 동안 관수례로 침례를 집행했다.[76] 침수례는 1644년 「런던 신앙고백」과 그 후에 모든 주요 침례교 신앙고백으로 승인됐다. 곧바로 침수례는 거의 모든 침례교인 사이에서 침례를 집행하는 표준 양식이 됐다.

---

[73] I. H. Marshall, "The Meaning of the Verb 'Baptize,'" in *Dimensions of Baptism: Biblical and Theological Studies*, eds. Stanley Porter and Anthony Cross, JSNTSup 234 (London and New York: Sheffield Academic Press, 2002), 23에서는 침수례가 신약성서 시대에 일반 관행이었다고 인정하고, Calvin, *Institutes*, 21:1320 (4.15.19)에서는 침수례는 "고대 교회에서" 지켰다고 말한다.

[74] James Leo Garrett, Jr., *Systematic Theology: Biblical, Historical, Evangelical*, 2 vols. (Grand Rapids: Eerdmans, 1995), 2:579~80; Thomas Aquinas, "Baptism and Confirmation," in *Summa Theologiae*, 57:31.

[75] Calvin, *Institutes of the Christian Religion*, 21:1320 (4.15.19).

[76] Dale Moody, "Baptism in Theology and Practice," in *The People of God: Essays on the Believers' Church*, ed. Paul Basden and David Dockery (Nashville: Broadman, 1991), 48에서는 특수 침례교인이 침수례를 적합한 침례 방식으로 채택하도록 확신하게 한 말씀이 로마서 6:3~4이라고 한다.

침수례를 지지하는 이유는 기본적으로 세 가지다.77 첫째, 오늘날 널리 인식하듯이, 침수례가 헬라어 단어 βαπτίζω[밥티조]가 뜻하는 바이다.78 둘째, 침수례가 신약성서에서 침례 묘사와 잘 조화를 이룬다. 거기서 사람들은 "물에서 올라온다"라고 묘사된다(막 1:10).79 셋째, 침수례가 특별히 로마서 6:3~4; 골로새서 2:12에서 말하는 침례 의미를 가장 잘 전달한다. 우리가 그리스도와 연합은 "침례로[through] 그분과 함께 묻힘"(롬 6:4)으로 또는 "침례로[in] 그분과 함께 묻힘"(골 2:12)으로 서술된다. 몇몇 반대에도, 토마스 슈라이너(Thomas Schreiner)는 우리가 그리스도와 연합함과 관련이 있는 이 상징이 다른 방식보다는 침수례 방식으로 더 잘 그려진다고 주장한다. 곧, "새로운 신자가 물속에 잠길 죽음과 묻힘이 묘사된다. 물속에서 나옴은 신자가 그리스도 부활 덕분에 이제 누리는 새로운 생명을 가리킨다. … 물을 붓거나 뿌림에는 똑같은 효과가 없다."80

---

77 넷째 주장은 실제로 여러 방식을 허용하려고 만든 일반 주장, 곧 여러 방식으로 집행했어도 본질로 선언하지는 않았다는 역사적 주장에 반론이다. 어떤 사람들은 침수례가 오랫동안 지켜져 왔다는 증거로 그 주장에 이의를 제기하거나 적어도 자격을 부여하려고 하지만(Hammett, *40 Questions about Baptism and the Lord's Supper*, 157~58을 보라), 이 역사적 주장은 침수례를 지지하는 저술들에서 그리 큰 비중을 차지하지는 않는다.

78 Marshall, "The Meaning of the Verb 'Baptize,'" 17에 따르면, 뜻할 수 있는 단 한 가지 의미는 아니어도 침수례가 "βαπτίζω[밥티조]의 일반 의미"라고 주장한다.

79 Allison, *Sojourners and Strangers*, 353에 따르면, 사도행전 8:38에서 내시가 받은 침례 서술은 침수례를 지지한다. 내시는 침수례를 받으려고 마차에서 내렸다. "다른 방식으로 침례에 필요한 물은 마차에나 수행원에게 충분히 있었다."

80 Thomas Schreiner, "Baptism in the Epistles: An Initiation Rite for Believers," in *Believer's Baptism: Sign of the New Covenant in Christ*, 81~82. 침례 의미에서, 그리스도와 연합의 윤리적 함의는 Daniel L. Akin, "The Meaning of Baptism," in *Restoring Integrity in Baptist Churches*, eds. Thomas White, Jason Duesing, and Malcolm Yarnell III (Grand Rapids: Kregel, 2008), 67~79 ‖ 「침례의 의미」, 『21세기 교회의 순전함 회

19세기에 침례교인은 침수례가 침례 조건에 맞는 유일하게 적합한 양식이라고 주장했으며, 자세한 변론을 제시했다.81 오늘날, 침례교인은 계속 침수례가 βαπτίζω[밥티조]라는 단어 의미와 (죽음, 묻힘, 다시 살아남에서) 그리스도와 동일시하는 것으로써 침례 의미와 가장 잘 어울리는 방식이라고 변호하지만, 그것은 격렬한 논쟁 제목이 아니다. 특정 예외 상황에서, 관수례와 세례를 허용할 수 있지만,82 성경적으로, 신학적으로, 상징적으로 침수례가 바람직하다.

현대 교회 생활에서 침례 중요성

교회 삶의 한 측면으로서 침례를 생각할 때, 많은 사람은 다음 말을 한다. "그것은 정말로 중요한가? 그것이 문제가 되는가? 결국, 어떤 복음주의자도 그것이 구원에 절대적으로 필요하다고 주장하지 않는다. 그것은 상징일 뿐이다." 틀림없이 침례는 기독교 핵심 신앙을 포함하는 "일차 교리"가 아니라, 특정 교단 교리이며 수년간 교단을 나눈 교리이다. 오늘날 우리는 교단 특징을 불행하고 부적절하며 가치 없는 공연한 소란으로 여기는 탈교단(postdenominational) 시대에 산다.83 이는 우리가 침례에 깊은 관심을 기울이지 않은 데서 나타난다. 예를 들어, 침례받으라는 그리스도 명령에 순종이 중요하

복: 침례교회를 중심으로』, 조동선 옮김 (서울: 누가출판사, 2016), 83~111에서 잘 정리한다.

81 아마도 가장 대표 주장은 Dagg, *Manual of Theology*, 21~68이다. 대그는 48쪽이나 할애해 침수례를 변호한다.

82 예를 들어, 내가 가르친 한 학생이 출석하는 교회는 그가 중환자 관리실에 있는 말기 환자에게 물을 뿌림으로 침례를 주도록 표결했다. 나는 병리학적으로 물을 무서워하거나 병이 심해 침수가 건강에 위험할 수 있는 경우에는 비슷한 예외를 적용한다.

83 Hammett, *40 Questions about Baptism and the Lord's Supper*, 173~79에서 "Should Baptismal Beliefs Be a Cause of Division?"라는 제목을 단 논의 부분을 보라.

다고 설교하는 일은 드물거나 거의 존재하지 않는다. 침례식은 신중함을 거의 보여주지 않으며, 그리스도와 그분 교회에 대한 고백과 즐거운 헌신을 분명히 표현하는 의식 역할을 하지도 않는다. 게다가 일부 침례교인은 신자 침례를 주장함이 가치 있고 타당한 일인지 의심하기도 한다. 토드 윌슨(Todd Wilson)은 신자 침례가 이상적이라고 여기면서도, 유아세례를 받은 그리스도인에게 침례교회 회원이 되려면 다시 침례받으라고 요구한다면 "상징을 변질시킨다."라고 주장하는데, "이미 하나님과 동행하고 있는 신자에게 침례를 주는 일은 신약성서가 말하는 침례 의미와 모순되기" 때문이다.[84] 하지만 신자 침례가 순종 문제라면, 윌슨은 더 늦은 침례의 미완성 상태로 불완전하게 연기된 순종보다 오히려 불순종을 좋아하는 듯하다. 침례교 목사와 교회 구성원은 침례를 더 신중하게 순종과 헌신과 예배의 의식으로 받아들여야 한다. 그렇게 할 수 있는 여러 방법이 있다.

순종이라는 견지에서, 침례에 순종하라고 실제로 명령하셨다는 사실에 주목해야 한다. 많은 그리스도인이 마태복음 28:19~20에서 그리스도께서 주신 지상 명령을 성취하자고 열정으로 말하지만, 침례를 주는 일이 제자 삼는 사역의 특색을 이루는 활동의 하나라는 사실에 거의 주목하지 않는다.[85] 우리가 지상 명령을 성취하려면, 침례를 베풂으로 그리스도께 순종해야 한다. 교회 시작을 표시한 설교는, "회개하여 침례를 받아라"라는 명령으로 끝나는데(행 2:38), 복음이 퍼져나가면서 교회가 순종한 명령이다. 에베소서 4:5는 모든 그리스도인이 '한 침례'를 서로 나눈다는 사실을 가정한다.[86] 신

---

[84] Wilson, "Why Baptists Should Not Rebaptize Christians from Other Denominations," 5:45, 43.

[85] D. A. Carson, "Matthew," in *The Expositor's Bible Commentary*, 8:597 ∥「마태복음」, 『마태복음・마가복음・누가복음』, 엑스포지터스 성경 연구주석 (서울: 기독지혜사, 1988), 682에 있는 논의를 보라. 카슨은 침례 주는 일이 제자로 삼는 수단이라기보다, 제자 삼는 일을 특징짓는 행위의 하나로써 방식과 명령의 효력이 있다고 말한다.

약성서에는 침례받지 않은 그리스도인이라는 개념은 없다. 그것은 그리스도께 충성을 보여주는 자연스러운 순종 행위라고 가정한다. 또한 새로운 회원이 지역교회에 더해지는, 하나님께서 정하신 방식으로서 교회에서 요구하는 순종 행위여야 한다. 그리스도께서 정하시고 명령하셨던 바를 오늘날 당신 제자들이 무시해서는 안 된다. 침례를 이해하는 방식에 동의할 수 없다고 해서 그리스도의 명령을 부정할 수는 없다.

아마도 침례를 진정한 헌신 상징으로 집행하면, 우리는 침례를 순종 행위로 더 진지하게 받아들인다. 어린 자녀가 목사가 하는 질문에 동의하며 머리를 끄덕이는 모습을 보는 것은 부모에게 소중하고 멋진 일일 수 있지만, 그것은 적절한 헌신을 상징하지 않는다. 교회는 그들이 확실한 믿음의 고백을 할 수 있는 사람에게만 침례를 주도록 확실히 하려고 성실한 노력을 기울여야 한다. 그러한 침례 후보자는 자기가 그리스도께 헌신을 순종으로 확언하려고 침례를 요청한다고 회중 앞에서 증언할 수 있어야 한다. 그리고 침례탕에 서 있는 후보자에게 단순한 질문에 대답하게 하기보다, 그들 헌신을 말하는 믿음을 고백하게 해야 한다.

그런 식으로 침례를 집례하면, 침례는 강력한 예배 수단일 수 있다. 그러한 행위 자체는 옛 삶을 버리고 새로운 삶을 얻게 하는 복음의 변화시키는 능력을 보여주는 그림이 되며, 말로만 하는 것보다 메시지를 좀 더 선명하게 전달할 수 있다. 침례받는 사람에게

---

86 어떤 사람은 '한 침례'가 물 침례인지 성령 침례인지 궁금해할 수 있다. 에베소서 4장 문맥에서 그것이 "한 주님' 안에 있는 그러한 '한 믿음'에 관한 종합적이며, 실제적이며, 공개적이며, 구속력 있는, 즐거운 고백"인 것처럼, 물 침례를 염두에 두고 있을 가능성이 가장 크다. Markus Barth, "Ephesians," in *The Anchor Bible*, ed. W. F. Albright and D. N. Freedman (Garden City, N.Y.: Doubleday, 1974), 34A:469~70을 보라. 하지만 성령 침례와 물 침례가 한 침례의 두 형태나 두 측면으로서, 전자는 보이지 않는 교회로 들어감을 나타내고(고전 12:13), 후자는 지역교회에 참여를 나타낼 수 있다(행 2:41).

그것은 주님과 사랑 그리고 연합을 공개적으로 약속하는 날이며, 결혼식과 같은 기억할 만한 날이 분명하다. 침례를 행하는 공동체에게 침례는 이 새로운 가족 구성원을 보살필 의무에 엄숙하게 헌신하는 때이며, 가족에게 새로운 아이가 태어나는 것과 같이 즐거운 경우가 분명하다. 그것은 또한 교회의 각 구성원이 자신이 침례받을 때 한 충성과 헌신의 맹세를 새롭게 하는 때가 분명하다. 모두에게 그것은 숭고하고도 즐거운 예배 시간이다.

주의 만찬: 갱신 의식

침례는 한 번만 있는 입회 의식으로, 그리스도와 그분 교회에 헌신을 상징하고 확증한다. 그런데 주의 만찬은 교회가 반복하는 의식이다. 많은 교단에서는 예배 중심 의식이다. 그것은 여러 면이 있는 행사이지만 갱신 시간으로 가장 잘 이해할 수 있다. 이 장 앞에서 말한 유비를 연장한다면, 침례는 신자가 그리스도께 자기 헌신을 공개적으로 선언하는 결혼식과 같지만, 주의 만찬은 결혼식에서 서약한 바를 새롭게 하는 기념일 의식과 비슷하다. 실제로 초기 침례교회 일부는 주의 만찬을 지키기 앞서서 교회 서약을 암송하면서 주님과 서로에게 헌신을 새롭게 했다. 중요한 점은 그것이 신약성서에서 구체적 지침이 주어진 유일한 예배 의식이며, 역사에 걸쳐 거의 모든 그리스도인이 지킨 의식이라는 점이다. 우리는 떡과 잔에 참여하고, 셀 수 없는 수많은 무리와 함께한다. 그것은 침례교인이 일반적으로 그것에 기울이는 것보다 훨씬 더 많은 관심을 기울여야 하는 의식이다.

많은 이름을 가진 한 의식

이 의식을 부르는 용어는 다양한데, 대부분에는 몇몇 성경적 근거가 있다. 고린도전서 10:16에서 그것은 참여함(communion)으로 불리며,87 고린도전서 10:21에서는 주의 식탁으로 불린다. 사도행전 2:42와 20:7에서 '떡을 떼다'라는 표현도 아마 이 의식을 가리킨다. **성찬식**(*Eucharist*)은 많은 이, 특별히 전례 전통에 속한 사람이 좋아하는 용어이다. 그것은 감사를 뜻하는 헬라어 단어 유카리스티아(εὐχαριστία)에서 유래하며, 고린도전서 11:24와 공관복음의 낱낱 이야기(마 26:26~27; 막 14:22~23; 눅 22:17~19)에서 이 의식과 관련이 있다. 아마도 침례교인이 일반적으로 사용하는 용어는 **주의 만찬**(고전 11:20)이다. 이것은 원래 이 의식이 실제 식사를 포함했음을 생각하게 한다.

성경에서 유래하지 않은 한 용어는 더 오래된 가톨릭 용어인 미사(*Mass*)다. 그것은 라틴어 미사(*missa*)에서 왔으며, 이 라틴어는 해산(dismissal)을 의미했고, 원래는 모든 예배의 폐회 축사로 쓰였다. 점차로 그것은 주의 만찬에만 적용했다.88 수 세기 동안 가톨릭에서 미사가 전통 용어였지만, 제2차 바티칸 공의회(Vatican II) 이후로 많은 가톨릭은 성경 용어인 성찬식으로 돌아가고 있다.89

"이것은 내 몸이니"에 관한 논쟁

복음서는 그리스도께서 제자들과 함께 유월절을 지키시면서 우리가 이른바 주의 만찬이라고 부르는 의식을 제정하셨다고 기록한다(마 26:17~30; 막 14:12~26; 눅 22:7~30). 엄밀히 말해서, 유월절은

---

87 King James Version에서는 이 구절에 쓰인 코이노니아(κοινωνία)를 '참여함'으로 번역한다. 현대 번역 대부분은 그것을 '참여'나 '공유'로 번역한다.

88 McBrien, *Catholicism*, 823.

89 그것에 여러 이름이 쓰인다고 인정하지만, 가톨릭 교서 가장 최근 판은 주로 성찬식을 쓴다(*Catechism of the Catholic Church* [Rome, Italy and New Hope, KY: Urbi et Orbi, 1994], 334). 이 질문에 관한 더 많은 내용은 Hammett, *40 Questions about Baptism and the Lord's Supper*, 183~87을 보라.

하나님께서 이스라엘을 이집트 속박에서 구속하신 일을 기념하는 절기였다. 그러한 구속의 한 부분은 모든 이집트 사람 가족의 장자가 죽는 재앙을 포함했다. 어린 양의 피로 보호받은 사람들만 죽음을 피했다. 주의 만찬은 바울이 "우리 유월절 양"(고전 5:7)이라고 불린 그리스도의 죽음을 나타내려는 의식이었다. 흥미롭게도, 그리스도 죽음 이후에 제자들이 유월절을 지켰다는 기록은 없다. 유월절은 하나님께서 이스라엘과 언약을 맺으신 일을 축하했다. 하지만 예수님은 제자들과 유월절을 지키시면서 잔을 당신 피로 세우는 "새로운 언약"으로 묘사하신다(눅 22:20).[90]

역사적으로, 주의 만찬에 관한 최대 논쟁은 '제정 말씀(the words of institution)'으로 불리는, 예수님께서 말씀하신 "이것은 내 몸이니"이다. 이 말에 관해 네 가지 주요 해석이 있다.[91] 전통적 가톨릭 견해는 화체설(transubstantiation)이다. 이 견해는 점차 발전했으며 1215년에 4차 라테란 공의회(the Fourth Lateran Council) 이전까지 공식적으로 채택되지 않았다. 그 이전에 일부 사람은 성찬식의 떡과 포도주(상징)와 그리스도의 몸과 피(상징이 나타내는 것)를 조심스럽게 구분했다. 주님께서 실제로 임하신다는 교리를 암시할 수 있는 표현을 사용했던 사람들도 있었지만, 그것 또한 단순히 상징적인 표현일 수 있었다. 이 문제에 관한 최초 공개적인 논쟁은 9세기

---

[90] 전통적 유월절 행사에는 기독교 진리를 예시하는 많은 흥미로운 요소가 있다. 이것들은 여러 유대인 크리스천(messianic Jews) 조직에 의해 유명해진 "유월절에 그리스도(Christ in the Passover)"라 불리는 프레젠테이션에서 설명되며, 책으로 발행됐다. Moishe Rosen, *Christ in the Passover: Why Is This Night Different?* (Chicago: Moody, 1978).

[91] 네 가지 견해 모두에 관해서는 John Armstrong, ed., *Understanding Four Views on the Lord's Supper* (Grand Rapids: Zondervan, 2007)를 보라. 네 가지 견해에 오순절 견해를 더한 내용은 Gordon Smith, ed., *The Lord's Supper: Five Views* (Downers Grove, IL: IVP Academic, 2008)를 보라. 두 권 모두 지지자가 요점-대위법 방식, 곧 기고자가 자기 견해를 제시하고 다른 사람 견해를 비판하는 방식으로 전개한다.

두 수도사 사이에 벌어졌는데, 이 일로 그 두 사람은 유명해졌다.[92] 라드베르투스(Radbertus, 785~860)는 "그때 특색을 이루었던 신비와 초자연적인 현상을 갈망하며 만찬에서 제정 말씀으로 기적이 일어난다고 가르쳤다. 곧, 성찬식 때, 떡과 포도주가 실제로 그리스도의 몸과 피로 변한다."[93] 또 다른 수도사 라트람누스(Ratramnus, 868년 사망)는 라드베르투스 견해에 반대했다. 라트람누스는 "만찬에서 그리스도께서 영적으로 임하신다는 아우구스티누스의 입장"을 가르쳤다.[94] 가톨릭 공식 가르침은 라드베르투스를 따랐으며, 정식으로 임명된 사제가 성체(host, 라틴어 호스티아[*hostia*], 또는 "희생 제물"에서 유래함, 이 용어는 실제의 떡과 포도주를 가리켰다)를 높이 들고 제정 말씀(*Hoc est corpus meum*)을 선언할 때 기적이 일어난다고 단언했다. 떡과 포도주의 겉모습, 또는 속성(accidents)은 그대로 남아있지만, 내적 실체, 또는 신성(본체, substance)은 실제 그리스도의 몸과 피로 변하며(화체, transubstantiation), 그분 몸과 피가 실제로, 물질적으로 모든 떡 조각과 모든 포도주에 존재한다는 것이다.[95] 그리하여

---

[92] 이 논쟁에 관한 더 자세한 내용은 David Hogg, "Carolingian Conflict: Two Monks on the Mass," in *The Lord's Supper: Remembering and Proclaiming Christ until He Comes*, ed. Thomas Schreiner and Matthew Crawford, NAC Studies in Bible & Theology (Nashville: B & H Academic, 2010), 127~50을 보라.

[93] M. E. Osterhaven, "Lord's Supper, Views of," in *Evangelical Dictionary of Theology*, ed. Walter Elwell, 2d ed. (Grand Rapids: Baker, 2001), 705.

[94] Osterhaven, "Lord's Supper, Views of," 705.

[95] 마법가가 마법을 부릴 때 흔히 쓰는 일반 표현인 *hocus pocus*은 라틴어 미사에 쓴 표현인 *Hoc est corpus meum*("이것은 내 몸이다")가 본디 뜻과 달라져 굳어졌기에, 화체가 일반인에게 마법과 같은 어떤 것일 수 있었다고 주장하는 몇 사람이 있다. 캔터베리 대주교 존 틸럿슨(John Tillotson)이 1964년 이전 언젠가 쓴 설교에서 처음으로 제시했다. "아마도 *hocus pocus*같은 마법 같은 여러 말은 *hoc est corpus*가 본디 뜻과 달라져 굳어진 것에 지나지 않고, 그것으로 로마 교회 사제들의 화체설을 우스꽝스럽게 모방했다." 그

미사를 거행하는 일은 그리스도께서 다시 십자가에 못 박히시는 일(피 흘리지 않는 희생)을 포함하며, 그것은 참여하는 사람에게 가벼운 죄 용서, 은혜 증가, 죽음에 이르는 죄에서 보호하는 능력, 궁극적 구원의 소망을 준다고 믿었다.[96]

모든 종교개혁가는 사제가 기적을 일으키는 능력이 있다는 생각, 그리스도께서 다시 십자가에 못 박히신다는 생각, 참여가 은혜와 죄의 용서를 제공한다는 생각에 반대했다. 하지만 루터는 그리스도께서 육체로 함께하신다는 생각에 반대하지 않았다. 루터의 견해는 공재설(consubstantiation)로 불린다. 그는 사제가 한 말 때문이 아니라 그리스도께서 거기 계시겠다고 약속하셨기에, 만찬에 그리스도께서 육체로 존재하신다고 확언한다. 루터는 "이것은 나의 몸이다"라는 말씀이 문제를 해결한다고 생각한다. 그가 동료 종교개혁가 울리히 츠빙글리와 함께하는 세력에 동조하지 않았는데, 츠빙글리가 '이다'라는 말이 '상징하다'를 뜻한다고 주장했기 때문이다. 츠빙글리가 '이다'가 '상징하다'를 분명히 의미하는 성경의 여러 구절을 보여줄 수 있었어도, 루터는 츠빙글리 견해를 고려하기를 거부했으며 그것을 비기독교적인 견해로 간주했다. 그는 "나는 그들에게 왜 우리가 읽는 대로 '이것은 내 몸이다'라는 이 말이 거짓이라는 결정적인 근거를 보여 달라고 요구했다."라고 말했다.[97] 루터의 생각에 그 말이 사실이 되려면 그것은 문자적이어야 했다.

왜 루터가 이 문제에 그토록 강경했는지 그 이유를 이해하기가 어려운데, 그가 성경 다른 곳에 쓰인 상징적 표현을 인정했기 때문

러나 틸럿슨이 자기 혐의에 증거를 제시하지 않기에, 그가 여기서 정확한 어원을 제시하는지는 의심스럽다. http://www.wordorigins.org/index.php/site/comments/hocus_pocus(2017년 7월 11일에 접속). 이 사이트 자료는 *Oxford English Dictionary*, 2nd edition이다.

[96] 더 자세한 내용은 McBrien, *Catholicism*, 820~33의 논의를 보라.

[97] Martin Luther, "Confession Concerning Christ's Supper," in *Martin Luther's Basic Theological Writings*, 376.

이다. 그의 사고에는 어느 정도 신비주의가 있으며, 그는 종종 미신에 가까운 신앙을 가진 독일 농부들과 함께 성장했다. 다른 사람들은 이것이 그가 버릴 수 없었던 그의 가톨릭 배경의 한 측면이었다고 생각하지만, 그가 미사에 관한 가톨릭 교리를 공격한 일을 생각하면 그럴 가능성은 적다. 이유가 무엇이든, 그는 주의 만찬에서 그리스도의 존재를 소중히 여겼으며 그러한 존재의 실제적이며 육체적 특성을 포기하려 하지 않았다.

대조적으로, 츠빙글리라는 이름은 기념설이라 불리는 견해와 관련이 있다. 츠빙글리는 신자들이 그리스도 이름으로 모일 때 그리스도께서 영적으로 함께하심을 부인하지 않았지만, 루터와 논쟁에서 그는 "이것은 내 몸이다"라는 표현에서 **'이다'**라는 말은 '상징하다'를 뜻함을 강조했으며, 육체로 함께 하심을 부정하는 일에 집중한 나머지, 영적 존재 개념을 거의 말하지 않았다.[98] 주의 만찬은 기본적으로 그리스도께서 하신 일을 기념하는 '기억으로' 행해진다.

칼뱅은 어느 정도 중재하는 견해를 제시한다.[99] 그는 루터와 함께 그리스도께서 주의 만찬에서 함께하심을 확언했지만, 츠빙글리와 함께 그리스도의 몸이 하늘로 올려졌기에 그것은 육체로 함께 하심이 아니라고 말했다. 그는 주의 만찬이 비밀이며, 그 목적은 "자라게 하고, 새롭게 하며, 강하게 하고, 기쁘게 하는 것"이라고 말한다. 그 가운데 우리는 그리스도를 영접하지만, 믿음으로 상징

---

[98] 브루스 웨어는 츠빙글리가 자기 기념 해석과 더불어 영적 임재도 주장했다는 점에 학자들이 점점 더 동의한다고 말한다. Bruce Ware, "The Meaning of the Lord's Supper in the Theology of Ulrich Zwingli [1484~1531]," in *The Lord's Supper: Remembering and Proclaiming Christ until He Comes*, 240~43을 보라.

[99] 칼뱅 견해는 복잡하다. 그와 종교개혁자 견해가 대체로 영적 임재 견해로 보이지만, 키이스 매티슨은 칼뱅 견해가 실제로는 실재 임재에 더 가깝고 오늘날 개혁주 교회 대부분에서 주요 견해가 실제로 츠빙글리 견해라고 주장했다. Keith Mathison, *Given for You: Reclaiming Calvin's Doctrine of the Lord's Supper* (Phillipsburg, NJ: P & R, 2002), xv~xvi을 보라.

을 통하여 그렇게 하며, 이 상징은 무시해서도 '무절제하게' 칭송해서도 안 된다.[100] 또한 칼뱅은 주의 만찬에 성령 사역을 도입함으로써 도움을 준다. 그리스도의 몸을 하늘에서부터 끌어 내려 떡 안으로 들어가게 하기보다, 우리가 '성령의 신비한 사역'으로 그분께로 들어 올려진다. 칼뱅은 다음 말로 고백한다. "어떤 사람이 어떻게 이런 일이 일어나는지 내게 물으면, 나는 그것이 너무도 고상한 비밀이어서 내가 그것을 이해하기도 말로 그것을 선포하기도 어렵다고 고백하기를 부끄러워하지 않는다. 좀 더 쉽게 말해, 나는 그것을 이해하기보다 경험한다."[101]

주의 만찬에 그리스도의 영적 임재 견해는 종교개혁 이후로 가장 널리 받아들여졌으며, 적어도 하나의 중요한 신앙고백에서 침례교인이 확증했다. 침례교인은 츠빙글리의 기념설에 가장 일반적으로 동의했지만, 「2차 런던 신앙고백서」는 「웨스트민스터 신앙고백서」 내용을 거의 문자적으로 인용한 다음 문단을 포함한다.

> 진정한 수혜자는, 외적으로 이러한 의식의 가시적 떡과 피에 참여하면서 동시에 내적으로 믿음으로, 실제로 또 진실로, 육체적으로나 물질적으로가 아니라, 영적으로 받아들이고 십자가에 못 박히신 그리스도와 그의 죽음이 가져오는 모든 유익을 얻으며 그것을 의지하여 살아간다. 그때 그 의식에서 떡과 포도주 자체는 외적 감각에 속하는 것처럼, 그리스도의 몸과 피는 물질적으로나 육체적으로가 아니라, 영적으로 신자 믿음에 존재한다.

하지만 침례교인의 삶에서 이러한 견해는 다소 생소하다. 주의 만찬과 관련하여 가장 자주 발견되는 견해는 기념설이다.

---

[100] Calvin, *Institutes of the Christian Religion*, 21:1363~65 (4.17.3, 5).

[101] Calvin, *Institutes of the Christian Religion*, 21:1403 (4.17.31, 32).

주의 만찬 의미

어떤 의미에서, 주의 만찬에서 그리스도의 존재 특성에 관한 논쟁은 불행한 일인데, 주의 식탁에서 우리에게 제공되는 것을 바르게 이해하는 일에 종종 집중하지 못하게 하기 때문이다. 몇 사람, 특히 몇몇 침례교인은 그리스도께서 육체로 함께하심을 부정하는 일에 너무 신경을 쓴 나머지, 부재 교리를 가르치는 잘못을 자주 저질렀는데, 이는 당신 백성이 당신 이름으로 모일 때면 그들과 항상 함께하시겠다는 그리스도 약속(마 18:20)을 부인하기 때문이다. 우리가 주의 만찬을 지키며 그분 명령에 순종하려고 때, 왜 그것이 사실이 아닌가? 육체로 임재를 부인하려는 좋은 이유가 있겠으나, 우리가 그분 이름으로 모일 때 주님 임재를 경험하려고 항상 기대해야 한다.102

그리스도의 임재 문제에 초점이 아쉬운 둘째 이유는, 많은 이가 주의 만찬 의미라는 더 중요한 질문을 놓치기 때문이다. 실제로, 주의 만찬 의미를 잘 이해함은 다른 관련 문제, 곧 누가 주의 마차에 적합하게 참여하는지(공개 만찬 대 폐쇄 만찬에 관한 질문), 그리고 주의 만찬을 모인 교회 범주 밖에서 집행할 수 있는지(예로 결혼식)를 다루는 데 아주 중요하다.

주의 만찬 의미의 다섯 가지 국면을 제안하겠다. 다섯 가지 모두는 우리에게 주어진 가장 완전한 가르침인 고린도전서 11:17~34,

---

102 커티스 프리만은 침례교인 삶에서 "'실재 부재'라는 이 이상한 교회"에 있는 몇 가지 요소를 추적한다. 그것이 침례교 신학자들 사이에서가 아니라 일반 사람들 사이에서 더 일반적이었으며, 절대 보편적이지 않았으며, 어떤 시기에는 소수 견해였다고 말한다. Curtis Freeman, "'To Feed Upon by Faith': Nourishment from the Lord's Table," in *Baptist Sacramentalism*, eds. Anthony Cross and Philip Thompson, Studies in Baptist History and Thought, vol. 5 (Carlisle, UK and Waynesboro, GA: Paternoster, 2003), 203, n. 25를 보라.

그리고 추가 도움을 주는 고린도전서 10:16~17에 있거나 내포돼 있다고 생각한다. '바라보기' 다섯 가지로 편리하게 서술할 수 있다.

첫째, 주의 만찬은 우리에게 **기억으로 되돌아보게 한다**. 이는 가장 분명한 국면인데, 예수께서도 우리에게 "나를 기억하며" 먹고 마시라고 분명히 명령하신다(고전 11:24~25). 기억을 뜻하는 단어 $ἀνάμνησις$[아남네시스]는 단순한 회상이나 기념보다 훨씬 더 그 의미가 풍부하다. 이는 신앙, 희망, 사랑, 확신 등을 새롭게 하는 기억이다. 우리에게는 그리스도의 실재를 생생하며 새로운 방식으로 보고, 맛보고, 냄새 맡고, 심지어 맛을 알고, 기억하게 하는 물리적 표시가 주어졌다. "너희를 위해"(고전 11:24) 주어진 그분 몸과 피를 우리는 기억해야 한다. 이 요소들은 우리가 그리스도 죽음을 가장 뚜렷이 생각하게 하지만, 그분 죽음만이 아니라 **그분을** 기억하라고 한다. 주의 만찬은 성육신 경이로움, 예수께서 사신 놀라운 삶, 부활 승리를 숙고하는 자리이어야 한다. 이는 주의 만찬 의미의 둘째 국면으로 이어진다.

둘째, 우리는 **기대하며 내다본다**. 주의 만찬에는 제한 기한이 있다. "그분께서 오실 때까지"(고전 11:26)만 주의 만찬을 집행한다. 주의 만찬은 어떤 의미에서 앞으로 있을 또 다른 식사, 곧 어린양 혼인 잔치(계 19:6~9) 예행연습이다. 따라서, 주의 만찬 거행은 희망과 기쁨으로 특징되어야 한다. 러셀 모어(Russell Moore)는 기쁨 그리고 이 기대에서 올 승리를 회복하라고 한다. 우리가 기대하며 주의 만찬을 집행하더라도, 회중에게 주의 만찬을 "승리 무릎치기―그리스도께서 죄, 죽음, 사탄 세력에 승리 선포"[103]로 보게 가르치라고 그는 촉구한다. 주의 만찬 의미의 이 국면에 있으나 종종 알아차리지 못한 한 가지는 주의 만찬에서 그리스도의 실제 임재 질문에 그것을 적용함이다. 그리스도께서 실제로, 육체로 임재하시면, 주의 만찬 만

---

[103] Russell Moore, "Baptist View," in *Understanding Four Views on the Lord's Supper*, 33.

기일이 도래했다는 뜻이 아닌가? 우리는 그분께서 오실 때까지만 주의 만찬을 집행한다. 그분께서 육체로 와 계시면, 그분께서 오셨다는 뜻이 아닌가? 아마 실제 임재를 지지하는 사람은 그분 오심을 별개로 육체로 임재를 확증할 무슨 방도를 찾을 수 있겠지만, 주의 만찬이 우리로 기대하라고 요구하는 사실은 그것과 더불어 어떤 의미에서 그분께서 아직 오시지 않았다는 인식도 포함한다.

셋째 국면은 **자기-검증으로 내면을 보라**고 한다. 이렇게 하라는 명령은 고린도전서 11:28에 주어졌고, 이를 실천하지 않으면 "주님 몸과 피를 거슬러 죄를 짓는다"(27절), 그리고 "그리스도의 몸을 분별"하지 않으면(29절), 아마 치명적인 결과를 경험한다(30절). 이 자기-검증 요청이 널리 오해됐다고 생각하는 많은 사람이 있는데, 특히 고든 피와 그레그 앨리슨이다.104 그들은 몇 사람이 자기를 합당하지 않은 참여자로 판단해 자제할까 봐 염려한다. 그러나 실재는 우리가 모두 하나님께 늘 드려야 할 모든 것은 무가치함이다. 문제는 합당하지 않은 참여자가 아니라, 합당하지 않은 참여이다. 무슨 유형 참여가 합당한가? 확실히, 우리 무가치함을 알고 참여 그리고 믿음과 사랑으로 참여이다. 나는 『성공회 공동 기도서(*The Anglican Book of Common Prayer*)』에서 아주 유익한 자기-검증 안내 지침을 찾았다. 세 가지 영역, 곧 회개, 믿음, 사랑 영역에서 자기를 살피라고 권면한다.105 세 가지는 모두 주의 만찬 의미에 적합하며 일치한

---

104 Gordon Fee, *The First Epistle to the Corinthians*, New International Commentary on the New Testament, ed. F. F. Bruce (Grand Rapids: Eerdmans, 1987), 560~61 ‖ 『고린도전서』, 개정판, NICNT, 최병필 옮김 (서울: 부흥과개혁사, 2019), 718; Allison, *Sojourners and Strangers*, 406~07.

105 1549년 판 성찬식에 관한 부분에는 다음 말이 있다. "과거 죄를 참으로 회개하라, 그리스도 우리 구원자를 간절히 그리고 생기 넘치게 믿어라, 모든 사람에게 완벽한 자선을 베풀어라, 그러면 너희가 그 거룩한 신비에 합당하게 참여한다." *Book of Common Prayer* (London: Everyman's Library, 1999), 575를 보라. 쪽 매김은 1662년 판에서 가져왔으나, 그것에는 1549년 판 성찬식에 관한 부분이 있다.

다. 우리는 궁핍한 죄인으로 오지, 오만한 죄인으로 오지 않는다. 우리가 그리스도께서 뜻하시는 모든 바에 거슬러 살려 하면서 그리스도께서 죄 용서하려고 하신 표를 받으려고 온다면, 합당하게 참여할 수 없다. 그렇게 우리 회개를 새롭게 한다. 또한 우리 믿음을 새롭게 한다. 칼뱅은 "합당함, 이는 하나님께서 명령하신 바인데, 주로 믿음에 있다"라고 말한다.106 이도 주의 만찬 의미와 일치한다. 되돌아보기 그리고 내다보기는 둘 다 신앙 행위이고, 신앙은 하나님의 모든 은사를 받는 적절한 방법이며(엡 2:8~9), 믿음으로 하지 않으면 하나님을 기쁘시게 할 수가 없다(히 11:6). 우리가 자기-검증으로 새롭게 하는 사랑은 몸의 모든 지체를 사랑함임을 분명히 말한다. 그런데 이는 우리를 또 하나로 나눌 수 있는, 넷째 의미로 이끈다.

넷째, 우리는 **교제로 주위를 돌아봐야** 한다. 이 수평 국면이 의미에서 가장 소홀한 국면이지만, 본문에 그리고 우리가 주의 만찬에 참여하는 방식에 모두 뚜렷한 국면이라 생각한다. 누구도 집에서 혼자 주의 만찬을 실행하지 않지만, 다른 사람들과 함께 주의 만찬에 참여하는 의미를 거의 생각하지 않는다. 성서 본문에는 세 가지 단서가 있어, 이 국면의 중요성을 일깨운다. 첫째 단서는 고린도전서 10:16~17인데, 주의 만찬은 한 지역교회가 하나 됨과 연합을 선포하는 한 방식이다. 고린도 사람 교회가 주의 만찬을 집행하는 방식에는 문제가 있었고, 바울은 고린도전서 11:17~34로 가르칠 기회로 삼았다. 그들은 개인별로 주의 만찬에 참여했다(21절). 둘째 단서는 고린도전서 11:17, 18, 20, 30, 34인데, 이 구절들에서 동사 συνέρχομαι[쉰에르코마이], "함께 모이다"는 다섯 가지로 쓰인다. 그들이 주의 만찬을 본질적으로 연대적인 어떤 것으로 기념하려고 분명히 함께했다는 뜻은 아주 뚜렷하다. 셋째 단서는 29절이다. 그들은 "그리스도의 몸을 분별하지 않고" 참여하면 위험하다고 경고받

---

106 Calvin, *Institutes of the Christian Religion*, 21:1420 (4.17.42).

는다. 다른 구절(27절)에서처럼 "몸과 피"를 말하지 않는다. 이 구절에서 분별하라고 요구받은 몸은 그리스도의 찢긴 몸과 흘린 피가 아니라, 고린도 지역 교회에서 그리스도의 모인 몸이다.107 믿는 사람들의 몸을 새롭게 사랑하라는 관점으로 자기-검증 요구는, 적합하게 참여하는 데 필요한데, 우리가 참여할 때 "우리는 한 몸이고, 우리는 형제자매이다"라고 말해, 그 말이 그 문화에서 뜻하는 바를 풍부하게 나타낸다. 우리가 이 의식에 사용하는 용어의 하나인 교제(communion)가 이 실재를 말한다. 우리는 하나님과 교제를 경험하지만, 몸의 지체들과 교제도 경험한다. 우리가 참여할 때, 우리는 글자 그대로 주위를 돌아봐야 하며, 하나님께서 섭리로 우리를 두신, 그리스도의 몸을 분별해야 하며, 우리 형제자매를 새롭게 사랑해 그들과 교제를 경험해야 한다.

의미의 다섯째이자 마지막 국면은 고린도전서 11:17~34 본문에 뚜렷하지 않은 것이나, 신약성서 가르침 전체에 내포돼 있다고 생각한다. 우리가 위에 요약한 방식으로 주의 만찬에 참여해 믿음으로 순종하려 할 때, **기대하며 올려다본다고** 생각한다. 하나님께서는 당신 백성이 믿음으로 순종할 때 축복하시려고 당신을 드러내신다고 생각한다. 그리스도의 물리적 임재를 부인할 이유가 있다고 생각하더라도, 그리스도께서는 당신 백성이 당신 이름으로 모일 때 그들과 함께하신다고 약속하심을 잊어서는 안 된다. 그러나 우리가 주의 만찬에 그분 이름으로 모일 때 그분 임재의 어떤 특별한 느낌을 기대해야 하는가? 여기에서 침례교인은 주의 만찬에 관한 성례전 이해의 무언가를 회복해야 한다고 생각한다. 주의 만찬이 구원에 필요하다거나 주의 만찬에 참여가 자동으로 은혜를 전달한다고 절대 믿어서는 안 된다. 그러나 하나님께서 주의 만찬에 전혀 활동하시지 않고 우리만 활동한다고 여김은 필요하지 않으며, 성서 전

---

107 Fee, *The First Epistle to the Corinthians*, 563~64 ∥ 『고린도전서』, 개정판, 715~16.

체 가르침과 맞지도 않는다. 하나님께서는 믿음으로 순종을 축복하시지 않는가? 우리를 축복하시려 하지 않으셨다면, 하나님께서는 왜 이 의식을 제정하셨는가?

따라서, 점점 더 많은 침례교인은 주의 만찬을 은혜 수단으로 말하는 데 개방적이고, "하나님께서 그리스도인에게 더 많은 은혜를 베푸시려고 쓰시는 교회의 교제 안에서 어떤 활동"108이라고 이를 정의한다. 다른 이들은 훨씬 더 강조해, 침례와 주의 만찬을 "우리가 다른 데서는 경험할 수 없는 방식으로 하나님 임재와 그리스도인 교제를 경험하는 사건이면 은혜의 수단"109으로 서술한다. 하나님께서 주의 만찬에서 당신 백성이 믿음으로 순종할 때 어떻게 축복하시는지를 자세히 말 할 수 있거나 말해야 하는지는 모르겠다. 주의 만찬이 함께 나눌 음식과 음료로 구성한다는 사실은, 대부분 전통이 주의 만찬을 하나님께서 당신 백성을 영적으로 양육하시는 통로의 하나로 여기게 했다.110 고린도전서 10:17; 11:29에서 몸의 연합과 바른 분별 사상은, 하나님께서 한 몸에서 연대해 활동하셔서 그들 연합을 강화하시며 그들 교제를 깊게 하신다고 제시한다. 그러나 하나님께서 믿음으로 순종하는 이를 다른 방법으로도 축복

---

108 Wayne Grudem, *Systematic Theology*, 950 ‖ 『(웨인 그루뎀의) 조직신학 (하)』, 170 ‖ *Systematic Theology*, 2nd ed., 1176에서 내린 정의이다. 그는 주의 만찬을 은혜의 이런 수단의 하나로 특별히 포함한다. Moore, "Baptist View," in *Understanding Four Views on the Lord's Supper*, 35 에서도 주의 만찬을 언급할 때 은혜의 수단이라는 표현을 쓴다.

109 Michael Bird, "Re-Thinking a Sacramental View of Baptism and the Lord's Supper for the Post-Christendom Baptist Church," in *Baptist Sacramentalism* 2, eds. Anthony Cross and Philip Thompson, Studies in Baptist History and Thought, vol. 25 (Milton Keynes, UK/Colorado Springs/Hyderabad, India: Paternoster, 2008), 76.

110 이는「2차 런던 신앙고백서」와 「필라델피아 신앙고백서」가 앞에서 인용한 「웨스트민스터 신앙고백서」에서 가져와, 어떻게 믿는 사람들이 주의 만찬에서 그리스도를 영적으로 먹는지를 서술한다.

하실 수 있다. 그러나 우리가 기대하는 마음으로 올려다보고 있지 않으면, 우리는 하나님께서 우리에게 하시려는 바를 놓칠 수 있다.

참여자: 공개 성찬 대 폐쇄 성찬

침례교인에게 특별히 중요한 한 가지 문제는 누가 주의 만찬에 적합하게 참여할 수 있느냐는 문제이다. 몇 가지 예외가 있어도, 이 논쟁에서 두 편 모두 주의 만찬이 신자에게만 주어진다고 믿는다.111 차이는 추가로 어떤 제한을 두어야 하는가에 있다. 공개 성찬이라 불리는 견해는 주의 만찬이 모든 신자에게 열려있어야 한다고 단언한다. 엄격한 성찬, 닫힌 성찬, 친밀한 성찬, 폐쇄 성찬, 제한된 성찬으로 다양하게 불리는 반대 견해는 추가 제한이 있다고 믿는다. 성찬식은 침례받은 신자만으로 제한해야 한다는 견해이다.112 셋째 견해는 닫힌 성찬의 하위 범주이다. 주의 만찬을 실행하는 한 지역교회에서 좋은 평판을 얻은 회원에게만 주의 만찬에 참여하게 제한한다. 어떤 사람을 이를 '닫힌 성찬(closed communion)'이라 부르고, 앞 견해를 '친밀한 성찬(close communion)'이라고 부른다. 다른 사람들은 '잠긴 성찬(locked communion)'이라고도 부르지만, 가장 잘 서술하는

---

111 교회 역사에는 몇 가지가 있는데, 가장 두드러지게는 솔로몬 스토다드(Solomon Stoddard)와 존 웨슬리(John Wesley)가 주의 만찬을 '전환 의식'으로 주장하고 믿지 않는 이들에게도 제공했으며, 현대 몇몇 교회는 주의 만찬을 모두에게 제공하며 각 개인 양심에 맡긴다. 2012년 조사에서, 남침례교회의 5%가 이 견해를 따랐다. Hammett, *40 Questions about Baptism and the Lord's Supper*, 259~60; Carol Pipes, "LifeWay Surveys Lord's Supper Practices of SBC Churches," 1, http://www.lifeway.com/Article/researchsurvey-lords-supper-practices-sbcchurches(2017년 6월 15일 접속)을 보라.

112 Strong, *Systematic Theology*, 971~73에서는 교회 회원자격과 '바른 행실'의 선행 조건 두 개를 더 추가한다. 하지만 침례는 교회 회원자격과 연결되며 공개 성찬을 옹호하는 사람 대부분은 바른 행실의 요구사항을 지지할 것이기에, 성찬식에 앞서 침례 요구가 중요한 차이로 남는다.

용어는 '지역교회 회원만(local-church-only)'이다. 이 논의에서는 주의 만찬이 침례(침례교인이 이해한 대로 침례)를 받지 않는 그리스도인에게 제한하는 견해에 '닫힌 성찬'이라는 용어를 쓰는데, 역사적으로 가장 일반 용어이며, 참여를 지역교회에서 좋은 평판을 얻은 회원에게 제한하는 견해에는 '지역교회 회원만'이라는 용어를 쓴다.113

대부분 교단은 주의 만찬 참여에 앞서서 침례를 요구하는 성서적-신학적 논리를 살핀다.114 그레그 앨리슨은 침례받은 신자만 참여가 "교회 역사에서 견해"115라고 말한다. 그런데 침례교인은 유아세례를 침례로 여기지 않는다. J. L. 대그(J. L. Dagg)는 열린 성찬과 닫힌 성찬을 옹호하는 사람이 기본원리에 동의해도 그것을 적용하는 방식에 의견이 달리한다고 말한다. "우리는 주의 식탁에 접근이 어떻게 통제되어야 하는지 그 원리에 관해 그들[열린 성찬을 옹호하는 자들]과 다투지 않는다. 집행에서 그들과 생각이 다를 뿐이다. 신앙고백에 따른 침수례 외에 어떤 것도 그리스도인 침례로 간주하지 않기에, 우리는 그들이 받아들이는 많은 사람을 제외한다."116

물론 유아세례론자(paedobaptist)는 유아에게 세례 베풀기 적합성에 관해 침례교인과 생각이 다르며, 주의 만찬에 유아세례 받은 사

---

113 쓰이는 여러 용어 예들은 Allison, *Sojourners and Strangers*, 400~06에 있는데, 그는 '닫힌'과 '친한'이라는 용어를 쓴다. Emir Caner, "Fencing the Table," in *Restoring Integrity in Baptist Churches*, 174에서는 '깨진', '닫힌', '잠긴' 용어를 쓴다. 역사가 그레그 윌스(Greg Wills)는 1900년 이전 침례교인이 그들 관행에 '친한', '엄격한', '제한된' 용어를 썼고, 1900년 이후에는 '닫힌'이 일반 용어가 됐다고 말한다. 낱낱마다, 의미는 성찬이 침례교회의 침례받은 회원에게 제한이었다. Greg Wills, "Sounds from Baptist History," in *The Lord's Supper: Remembering and Proclaiming Christ until He Comes*, 285, n. 1을 보라.

114 루터교회, 장로교회, 가톨릭교회가 이에 관해 진술한 내용은 Hammett, *40 Questions about Baptism and the Lord's Supper*, 261을 보라.

115 Allison, *Sojourners and Strangers*, 400.

116 Dagg, *Manual of Theology*, 214.

람과 신자를 기꺼이 받아들인다. 그들은 유아세례 문제로 성찬에 참여를 제한하지 않지만, 역사적으로 가톨릭교회와 루터교회는 성찬을 그들 교파 회원에게만 제한했는데 그런 사람만이 주의 만찬 의미에 관한 그들 견해를 공유하기 때문이다.117 게다가, 열린 성찬 지지자는 참된 신자를 주의 만찬에서 제외하는 일이 가혹하며 사랑이 없으며 모욕적이라고 생각한다.118 그들은 침례가 부차적 교리라 구원에 요구되지 않으며, 이 문제를 두고 교회 역사 내내 크게 논쟁도 있었다고 지적할 수도 있다. 침례받지 않은 게 주의 만찬 참여에 장벽일 수 없다고 생각한다.

닫힌 성찬을 지지하는 사람은 자기 견해에 세 가지 이유를 제시한다. 첫째, 그것은 교회에 관한 침례교인 견해의 논리적 결과이다.119 주의 만찬이 교회를 위한 것이고, 신자 침례로 교회에 입회하면, 침례받은 신자만이 주의 만찬에 참여해야 한다. 이 삼단논법의 첫째 부분, 곧 주의 만찬이 교회를 위한 것이라는 사실은 널리 지지받는다. 고린도전서 11장은 성도가 자기 집에서 먹는 식사(고전 11:22)와 교회로서 주의 만찬을 지키려고 함께 모이는 특별한 행사(20절)를 나눈다. 본문은 그것을 교회만을 위한 특별한 행사로 여긴

---

117 Hammett, *40 Questions about Baptism and the Lord's Supper*, 262~63.

118 Dagg, *Manual of Theology*, 214~25. 대그는 열린 성찬주의자가 엄격한 성찬에 반대하는 10가지 점을 열거하지만, 이 두 가지가 가장 실질적이다. 더 최근에, Vander Zee, *Christ, Baptism and the Lord's Supper*, 133에서는 침례교인이 분명히 믿는 사람의 유아세례를 인정하지 않는 모습을 "다른 사람의 신앙을 존중하지 않는다"라고 평가했다. 그러나 동료 신자에게 성서 가르침이라고 양심에 따라 믿는 바에 그리고 역사 대부분에서 그 교단의 역사적 견해에 반대하라고 요구하는 사람에게도 같은 말을 할 수 있다.

119 *The Baptist Faith and Message 2000* (VII. Baptism and the Lord's Supper)은 이 관련성을 분명히 제시한다. 침례에 관해, "교회 의식이기에, [신자 침례]가 교회 회원 특권과 주의 만찬에 전제 조건이다"라고 한다. 비슷하게 주의 만찬 "교회 회원"을 위한 의식으로 서술한다.

다. 따라서 그것은 교회 성도들로 제한하는데, 침례교인 절대다수는 이 사람들이 회원이 되려면 신자 침례를 받아야 한다고 생각한다.

둘째, 닫힌 성찬을 지지하는 사람은 주의 만찬 의미의 수평적 국면이 닫힌 성찬을 요구한다고, 곧 우리가 교제로 주위 사람을 돌아보아야 한다고 주장한다. 고린도전서 10:17과 11:17~22이 주의 만찬 기념과 몸의 연합―일반으로 그리스도인들 연합을 물론이고 지역 몸의 연합―을 연결한다고 말했다. 이는 지역교회만 성찬을 가리킨다고 생각하기에, 지역 회중의 회원은 방문자, 심지어 그리스도인인 방문자보다 더 깊게 수평적 국면을 경험한다고 주장한다. 그러나 닫힌 성찬을 실행하는 사람 대부분은 "같은 신앙과 교단"의 교회―신자 침례를 실행하는 교회를 뜻하는―에서 온 방문자가 지역교회 회원이 나눌 수 있는 깊은 교제를 완전히 경험할 수 없어도 그들에게도 성찬을 기꺼이 허락한다. 그러나 유아세례를 실시하는 교회에서 온 방문자는 교제의 수평적 국면을 놓치며, 그들이 주의 만찬에 참여는 닫힌 성찬을 지지하는 셋째 이유로 적절하지 않다.

닫힌 성찬을 지지하는 셋째 이유는, 침례 그리고 그리스도께서 침례받으라고 하신 명령의 중요성을 깎아내리기 때문이다. 마르크 코테츠(Marc Cortez)가 말했듯이, 침례교인이 적법한 침례로 역사적으로 여긴 바가 없어도, "한 사람이 성찬의 지속적 의식에 완전히 참여할 수 있다면, 열린 성찬은 침례 입회 의식이 얼마나 중요한지에 관해 적어도 문제를 제기한다."[120] 대그는 "어찌하려 성찬식으로 가는 길을 열려고 침례를 짓밟아야 하는가?"라고 묻는다.[121] 사실, 마크 데버는 침례받으라는 명령이 너무도 중요해서, 어떤 사람이 교회 회원으로 받아들여졌으나 그리스도의 아주 분명한 명령에 복

---

[120] Marc Cortez, "Who Invited the Baptist?" in *Come, Let Us Eat Together*, eds. George Kalantis and Marc Cortez (Downers Grove, IL: IVP Academic, 2018), 217.

[121] Dagg, *Manual of Theology*, 225.

종하기를 거부했다면, 그런 사람은 곧바로 권징해야 한다고 말한다.122 그러한 권징으로 주의 만찬에 참여하지 못하게 할 수 있는데, 권징받는 회원은 몸과 진정한 하나 됨을 확증할 수 없기 때문이다. 티머시 조지는 침례교 삶에서 열린 성찬을 역사적으로 지지한 많은 이를 논의하면서, 그들은 "침례와 주의 만찬을 비본질 의식 지위로 끌어내리면서까지 그리스도인 연합과 자선을 강조했다"라고 인정한다.123 닫힌 만찬은 신자가 침례받아야 한다는 그리스도 명령을 더 적절히 보존한다고 생각한다.

역사적으로 상당히 최근까지, 침례교인 대부분은 닫힌 성찬을 더 좋아했다. 존 번연(John Bunyan), 로버트 홀(Robert Hall), 찰스 스펄전(C. H. Spurgeon) 등 눈에 띄는 예외가 있었으며,124 역사적으로 자유의지 침례교인(Free Will Baptists)은 항상 열린 성찬을 선호했다.125 하지만 주요 침례교도 대부분은 신앙고백, 특별히 미국 침례교 신앙고백은 J. L. 대그와 A. H. 스트롱과 같은 주요 신학자들이

---

122 Mark Dever, *A Display of God's Glory: Basics of Church Structure*, 2nd ed. (Washington, D.C.: Center for Church Reform/9 Marks Ministries, 2001), 52~53.

123 Timothy George, "Controversy and Communion: The Limits of Baptist Fellowship from Bunyan to Spurgeon," in *The Gospel in the World: International Baptist Studies*, ed. David Bebbington, Studies in Baptist History and Thought, vol. 1 (Carlisle, U.K.; Waynesboro, Ga.: Paternoster, 2002), 54.

124 George, "Controversy and Communion," 38~58.

125 William Lumpkin, *Baptist Confessions of Faith*, rev. ed. (Valley Forge, PA: Judson Press, 1969), 369~76 ‖ 『침례교 신앙고백서』, 김용복 · 김용국 · 남병두 옮김 (대전: 침례교신학연구소, 2008), 433~43에는 그들 원래의 『자유의지 침례교인의 믿음과 실행에 관한 보고서(*A Treatise of the Faith and Practices of the Original Free Will Baptists*)』의 1953년 판이 있다. 그것은 "그리스도 죽음을 기념하는 일은 그분과 영적으로 연합한 모든 사람의 특권과 의무이며, 누구도 이러한 표를 그분 제자 가운데 가장 작은 사람에게도 금지할 권리가 없다."라고 말한다.

그랬던 것처럼 닫힌 성찬을 지지했다. 예를 들어, 샌디크릭협회(Sandy Creek Association)의 「믿음의 원리(Principles of Faith)」는 "교회는 주의 식탁에서 침례받은 정식 교회 회원 외에 누구도 성찬에 허용할 권한이 없다."라고 말한다.126 「뉴햄프셔 신앙고백」 그리고 『침례교 신앙과 메시지(Baptist Faith and Message)』의 세 종류의 판 모두 침례를 "교회 회원자격과 주의 만찬 특권의 선행 조건"으로 여겼다.

20세기에, 닫힌 성찬에서 열린 성찬으로 전환하려는 움직임이 있었다. 1911년에 이르러 북침례교(Northern Baptists)는 기준을 완화했기에, 역사적으로 열린 성찬을 행한 북부 자유의지 침례교도와 합병할 수 있었다. 레온 맥베스(Leon McBeth)에 따르면, 20세기 중반 이후로 "사람들은 닫힌 성찬을 거의 들을 수 없었다."127 그러나 맥베스가 침례교회 추세를 정확하게 반영했겠지만, 닫힌 성찬을 변호하는 사람이 여전히 있다. 스탠리 그렌즈는 "주의 만찬 참여에 앞서서 침례 시행은 당연하다. … 주의 만찬 본래의, 그리스도께 우리 개인적 충성을 재확인하는 일은 침례에서 우리가 하는 최초 충성 선언을 전제로 한다."라고 말한다.128 티머시 조지는 번연, 홀, 스펄전에 반대했던 닫힌 성찬 옹호자들은 "침례교인 교회론의 서약과 권징 측면을 진지하게 받아들인다는 점에서 옳았다."라고 말한다. 주의 만찬도 침례만큼이나 참된 교회 표지이지, 서약 공동체에서 사소한 의식이나 무관심 문제가 절대 아니다. 하지만 그는 또한 "열린 성찬주의자가 예수님 정신과 사랑으로 성찬 참여에 호의적 수락을 확장함은 옳은 일이었다."라고 덧붙인다.129

---

126 Lumpkin, *Baptist Confessions of Faith*, 358‖『침례교 신앙고백서』, 420~21.

127 Leon McBeth, *The Baptist Heritage* (Nashville: Broadman, 1987), 697.

128 Grenz, *Theology for the Community of God*, 702‖『조직신학—하나님의 공동체를 위한 신학』, 767.

무슨 이유로든, 열린 성찬은 남침례교회에서 주요 관행이 됐다. 그레그 윌스는 남침례교회 삶에서 그 전환이 1950년쯤에 시작했다고 여기는데, 그때 열린 성찬이 용인되기 시작했어도 여전히 많은 교회(89%)가 닫힌 성찬을 집행했다. 그러나 1990년에 남침례교총회 목사를 대상으로 한 조사에서는 큰 변화가 나타났다. 곧, 45%는 신자라고 고백하는 모든 사람을 성찬에 참여하게 초대했고, 31%는 주의 만찬은 "초대받았다고 느끼는" 개인에게만 허용했다.130 더 최근 조사에 따르면, 참여하려는 사람 누구에게나 허락하는 교회 수가 아주 많이 떨어졌지만(5%만), 대다수는 전통적인 열린 성찬을 집행해, 신자면 누구나 참여하도록 초대받는다(52%). 삼분의 일 조금 넘게(35%) 여전히 침례받은 신자에게만 성찬에 참여하게 한다.131

나는 이것이 어려운 결정이라고 생각한다. 열린 성찬은 분명 더 호의적 정책일 수 있다. 많은 침례교인은 침례에 관한 차이가 선교 단체—프라미스키퍼스(Promise Keepers), 기독학생회(InterVarsity) 그리고 대학생선교회(Cru)와 같은 대학 단체—모임에서 비침례교인과 교제를 방해하지 않음을 알았다. 그리고 침례교인도 침례가 구원에 핵심적이기보다 부차적이라고 주장한다. 주의 백성이면 누구나 주의 만찬에 환영함이 적합해 보인다. 그리고 몇몇은 열린 성찬이 선교에 효과가 크다고 주장한다.132

하지만 모든 것을 고려하면, 닫힌 성찬 옹호론이 더 강력해 보인다. 여기서, 주의 만찬 의미를 되새기면 지침을 얻을 수 있다. 확실

---

129 George, "Controversy and Communion," 58.

130 Wills, "Sounds from Baptist History," in *The Lord's Supper: Remembering and Proclaiming Christ until He Comes*, 309~11.

131 Carol Pipes, "Lifeway Survey Lord's Supper Practices of SBC Churches," 1.

132 Wills, "Sounds from Baptist History," 312에 따르면, 침례교 교회론에 반하는 사실에도 열린 성찬과 같은 새로운 관행을 채택하는데, "영적 활력과 선교 효과를 높인다고 약속했기" 때문이다.

히, 신자들로 이룬 몸과 연결돼 있지 않아도 그 몸을 새롭게 사랑할 수 있는지를 확신하지 못하지만, 어느 신자라도 되돌아보고 기억할 수 있고, 내다보고 기대할 수 있으며, 자기-검증으로 들여다볼 수도 있다. 그 지역교회와 관계가 전혀 없는 사람, 같은 신앙과 교단에 속한 교회 회원도 아닌 사람이 어떻게 교제로 주위 사람을 의미 있게 살필 수 있을까? 참으로 모든 신자가 그리스도의 우주적 몸의 동료 지체이지만, 그 점은 고린도전서 10:17; 11:17~34에서 가르치는 요점은 아니다. 주의 만찬에 참여하는, 그 지역교회 회원이 가장 완전히 주의 만찬 의미를 경험한다고 생각한다. 같은 신앙과 교단에 속한 교회에서 온 방문자가 주의 만찬 의미를 참으로 경험할 수는 있어도 그 정도는 덜하다. 그리고 신자 침례를 실행하지 않는 교회에서 온 사람은 주의 만찬 의미를 참으로 경험할 수 있어도 그 정도는 훨씬 덜하다. 게다가, 그런 사람은 닫힌 성찬의 둘째이자 전통적 변호, 곧 교회 회원자격, 침례, 주의 만찬 관계성에 맞부딪힌다.

거의 모두는 침례가 교회 입회 의식이며, 주의 만찬이 교회, 곧 주님 백성을 위한 것이라고 받아들인다. 실제로, 모두는 침례가 먼저이고 그다음이 주의 만찬이 바른 순서라고 받아들인다. 침례교인이 열린 성찬주의자와 다른 점은 그들이 유효한 침례로 여기는 것에만 있다. 침례교인이 많은 유아세례주의 형제자매를 보고 박수갈채를 보내는 진정한 신앙을 무시할 어떤 의도가 없지만, 침례를 침례교인이라도 서로 기꺼이 동의하지 않는 천년왕국 문제와 비슷한 것으로 여길 수는 없다. 천년왕국 또는 비슷한 종말론 문제에 관한 특정 견해는 교제 또는 주의 만찬에 참여 조건에 판단 기준이 아니다. 그러나 침례는 예수님 명령이다. 유아세례가 오랜 관행이어도, 그것을 지지할 근거가 부족하며, 오히려 신자 침례를 지지하는 근거는 설득력이 있다. 양심 있는 침례교인이 유아세례의 타당성을 받아들이면, 자기 양심에 배반 행위이다.

이는 닫힌 성찬이 모질고 사랑도 없는 관행이어야 한다는 말이 아니다. 주의 만찬을 신자에게만 제한하는 모든 교회는 어떤 제한을 두어야 한다. 그런 제한 사항은 의식의 특성과 의미로 그 필요성을 설명할 수 있다. 불신자이니 참여하지 말라고 요구받은 사람은, 그리스도인이 무엇을 하고 왜 하는지를 지켜보고 생각하도록 초대될 수 있다. 침례교인이 침례받은 것으로 여기지 않기에 참여하지 말라고 요구받은 사람은, 방문하는 교회의 연합과 강건함을 위해 기도하도록 초대받을 수 있다. 몇몇 교회는 주의 만찬을 공예배에서가 아니라 회원들 모임에서 실행하려고 한다. 이 모두는 모질지 않게 그리고 미워함 없이 해야 한다. 신자가 교단 경계를 넘어 교제를 즐길 상황은 많다. 주의 만찬도 그 하나이어야 하는가, 또는 그 의미가 추가 제한을 요구하는가?

닫힌 성찬을 지지하는 이 근거는, 그러나 침례교회 회원자격이 몸에 진정한 헌신을 포함하지 않는다면 그리고 주의 만찬이 진정한 헌신을 갱신하지 않는다면, 별 의미가 없을 수 있다. 그러므로, 닫힌 성찬을 탄탄한 근거를 기초해 믿음직하게 실행하려면, 뜻깊은 교회 회원자격이 먼저 회복해야 한다.

집행 빈도

교회는 주의 만찬을 얼마나 자주 집행해야 하는가? 성경이 명령하지 않지만, 사도행전 20:7에는 적어도 주마다 주의 만찬을 집행했다는 암시가 있다. 2012년 조사에 따르면, 남침례교회 57%가 주의 만찬을 분기마다, 15%는 조금 더 많이(년 5~10회), 18%는 월마다, 1%는 주마다 집행하나, 놀랍게도 8%는 분기에 한 차례도 안 되게 집행한다(년 0~3회).[133] 내 생각에, 침례교인이 주의 만찬을 더 의미 있는 관행으로 회복함에 따라, 더 자주 참여하려는 어떤 작은 움직임이 있다.[134]

---

[133] Pipes, "LifeWay Surveys Lord's Supper Practices of SBC Churches," 1~2.

침례교인 대부분이 주의 만찬을 분기마다 집행에 만족하는 이유는 두 가지다. 첫째, 너무 잦은 집행은 그 의식을 덜 특별하며 덜 중요하고, 더 판에 박힌 일과 더 의미 없는 행사로 만든다는 두려움 때문이다. 하지만 내가 아는 어떤 침례교 목사도 매주 드리는 헌금과 설교에 반대하지 않는다는 사실은 주목할 가치가 있다. 둘째, 구체적으로 표현하지는 않지만, 말씀을 전하는 데 들일 시간이 줄어들며 말씀을 전하는 일이 최우선이어야 한다는 관심사 때문이다. 아마도 세 번째 이유는 많은 침례교인이 주의 만찬이 매우 의미 있는 일이라고 생각하지 않으며, 그들에게 일 년에 네 번 시행이 충분하다고 여기기 때문이다.

성경에 분명한 명령이 없는 상태에서, 한 패턴만을 주장하기는 어렵지만, 내 생각에 일 년에 네 번 집행은 빈도가 너무 낮은데, 성찬식을 행하는 주일에 아프거나 출타하여서 참여하지 못하면 다음 번까지 여섯 달을 기다려야 하기 때문이다. 성찬식을 매주 집행이 어려울 수 있다는 데 동의한다. 따라서 나는 매달 집행하며, 아침과 저녁 예배를 모두 드리는 교회는 두 예배에 번갈아 집행하라고 추천한다. 하지만 이는 개교회에서 선택할 문제이다.

적합한 떡과 포도주

때때로 오늘날 교회가 주의 만찬에서 떡과 포도주를 원래 것과 얼마나 가깝게 하려고 해야 하는지에 어느 정도 논의가 있다. 예를 들어, 일부 젊은 침례교인은 초대교회가 포도주를 마셨는데 왜 우리는 포도 주스를 마셔야 하는지 묻는다. 그 질문에 대답은 19세기 말에

---

134 주의 만찬이 그리스도를 기억하고 그분 죽음을 선포하려고만 있다면, 아 분기별 집행이면 충분하다. 그러나 하나님께서 주의 만찬을, 그리스도인이 믿음으로 순종함에 따라 그들을 유지하는 수단으로 제정하셨다면, 더 자주 집행해야 한다고 생각한다. 이 주제에 관한 더 자세한 내용은 Hammett, *40 Questions about Baptism and the Lord's Supper*, 289~94를 보라.

침례교인이 금주 운동을 지지함과 관련이 있다. 그 운동에 영감을 얻은 토마스 웰치(Thomas Bramwell Welch)는 발효되지 않은 포도 주스 만드는 공정을 개발했으며, 19세기 말에 이르러 미국 침례교인은 대부분 그것을 받아들였다.135 또한 일부 사람은 공동 잔(common cup) 사용이 교회의 하나 됨을 더 잘 나타내고 예수님께서 원래 성찬식을 제정하셨던 상황과 일치한다는 생각에 옹호했다.136 하지만 건강상 관심으로, 침례교인은 대부분 1893년에 오하이오주에서 한 시골 목사가 개발한 개인 잔과 개인 접시를 사용했다.137

이 모든 질문은 핵심에서 벗어난다. 예수께서는 당시 가장 일반적인 양식과 음료수를 단순히 사용하셨다. 포도가 없고 밀이 자라지 않는 문화에 있는 교회에게 포도 주스와 빵을 강제로 요구할 수 없다. 양육이라는 상징은 성찬 재료에 표현되어야 하는데, 그 이유로 그 단어의 모든 의미에 아무 맛도 없는, 제조한 작은 빵조각(pellet)보다 실제 빵 덩어리를 더 좋아한다. 작은 빵조각이나 과자(wafer)보다 실제 빵 덩어리가 찢긴 몸 상징에 훨씬 더 잘 어울리기 때문이다.

하지만 이 모든 것은 지역교회가 판단할 문제이다. 실제 포도주 사용은 그것이 가진 가치보다 더 많은 문제를 일으킬 수 있다 개인 잔이 공동 잔보다 더 안전하다. 그리고 빵 덩어리가 구운 과자보다 상징적으로 그리고 심미적으로 더 낫다. 하지만 이 모든 것은 교리 문제가 아니고, 기호와 지혜 문제이다.138

---

135 웰치의 발효되지 않은 성찬식 포도주는 웰치 포도 주스로 유명해졌다. G. Thomas Halbrooks, "Communion," in *A Baptist's Theology*, ed. R. Wayne Stacy (Macon, Ga.: Smyth & Helwys, 1999), 184를 보라.

136 Millard Erickson, "The Lord's Supper," in Basden and Dockery, eds., *The People of God*, 57.

137 Moody, *The Word of Truth*, 472.

138 주의 만찬이 실제 식사이어야 한다고 주장하는 사람을 포함해, 떡과 포도주에 관한 더 자세한 논의는 Hammett, *40 Questions about Baptism*

적합한 분위기

내가 이 문제를 제기함은 예배에서 주의 만찬을 집행함으로 예배에 관한 다른 개념과 충돌할 다음 여러 영역이 있기 때문이다. 밀라드 에릭슨(Millard Erickson)은 주의 만찬 예배 분위기가 엄숙해야 하는지 즐거워야 하는지 논하며, 그 질문에 대답이 예배 특성에 관한 근원적 가정에 따라 정해진다고 생각한다. 특별히 그는 예배에 관한 전통적 개념, 곧 그가 보기에 거행되는 바의 객관적 사실에 집중하는 개념을 예배에 관한 더 현대적 개념, 곧 그가 보기에 좀 더 주관적이고 감성 지향적인 개념과 대조한다.139

나는 에릭슨이 현대 예배를 공정하게 다룬다고 확신하지 않지만, 그는 분명 중요한 문제를 제기한다. 많은 사람에게 주의 만찬은 교회 생활에서 가장 엄숙한 일의 하나다. 하지만 에릭슨과 스트롱은 모두 그것이 축제 행사이어야 한다고 말한다. 스트롱이 한 말에서 특별히 흥미로운 점은 그것이 한 세기 이전에, 현대 예배를 상상하기 오래전에 쓰였기 때문이다. "침울함과 슬픔은 주의 만찬 정신과 맞지 않는다. 포도주는 그리스도의 죽음을 상징하지만, 그것은 우리를 살게 하는 죽음이다. 그것은 우리가 즐거운 마음으로 포도주를 마실 수 있도록 그분께서 고난의 잔을 마셨음을 상기하게 한다."140

---

and the Lord's Supper, 297~99를 보라. 이 물음에 지속하는 관심은 내가 부탁받아 복음 연합(The Gospel Coalition) 웹사이트에 기고한 짧은 글에 있다. John S. Hammett, "TGC Asks: Does Scripture Demand Unleavened Bread in the Lord's Supper?", Gospel Coalition, March 14, 2016, https://www.thegospelcoalition.org/article/does-scripture-demand-unleavened- bread-in-the-lords-supper.

139 Erickson, "The Lord's Supper," 59~60.

140 Strong, Systematic Theology, 960; 또한 Erickson, "The Lord's Supper," 59.

실제로 우리가 주의 만찬을 집행하는 분위기는 모든 진정한 기독교 예배의 특징, 곧 경외와 찬양 분위기와 같아야 한다. 영원한 아들이신 그리스도께서 우리를 위해 몸과 피를 드리심은 두렵고 상상하기 힘든 일이며, 단지 우리가 그것에 익숙하므로 그것이 두려운 일임을 알지 못할 뿐이다. 하지만 그것은 우리를 위한 것이었으며, 우리가 이 의식을 시행하며 그분 축복을 새롭게 받을 때 유일하게 적합한 반응은 즐겁게 찬양하는 반응이다.

결론

기독교 역사 전체에서 성찬 또는 주의 만찬은 그리스도인 예배에 중심 의식이었다. 침례, 특별히 유아세례는 주요 가족 행사였다. 침례교인은 이 두 의식 모두 변질했다고 봤으며 중요한 개혁을 제안했는데, (내 생각에는 옳다). 그들은 성례전으로 전달되는 은혜와 성례전이 구원에 필요하다는 생각을 거부했으며, 설교를 예배 중심에 두었다. 하지만 그 과정에서 우리는 지나치게 행했으며, 이 행사들이 예배에 있도록 한 의미의 일부를 잃어버렸을 수 있다.

내가 생각하기에, 우리 지나친 반응에서 회복해 침례교인 삶에서 의식 관행을 더 뜻깊게 회복하는 데 유익한 몇 가지 점을 제안한다. 첫째는 더 깊이 있게 그리고 의도를 가지고 새신자반의 중요하며 핵심 부분으로 그들을 가르친다. 우리가 교회 생활에서 아주 자주 보는 일이라, 설명할 필요가 없다고 생각한다. 그러나 그렇지 않다.

침례에 관해서는, 신자 침례의 성서 근거를 가르치고, 이를 집행하는 절차를 마련해, 가능한 한 침례 후보자가 신뢰할 수 있는 신앙고백을 한 사람임을 확인한다. 특별히 침례와 교회 회원자격 관계성을 설명하고, 교회가 침례받을 사람 추천안을 투표로 승인하고 침례와 주의 만찬을 집행할 권위를 받은 사람 승인하는 일을 교회가 직접 한다.[141] 그다음에, 침례식에서, 침례받을 사람이 단지 예

또는 아니오 질문에 대답하는 게 아니라, 진정한 신앙고백을 하게 한다. 개인적으로 우리 교회가 하는 관행, 곧 침례받는 사람이 물속에서 나올 때 기쁘게 박수갈채를 보내는 관행을 좋아하지만, 이는 개인에 따라 다를 수 있다.

주의 만찬에 관해서는, 주의 만찬 의미의 다섯 가지 국면을 정기적으로 가르쳐야 한다고 생각한다. 그다음에 실제로 집행할 때, 참여해야 할 사람과 참여해서는 안 될 사람에 관한 교회 이해를 친절하며 정중하게 표현하려고 준비한다. 자기-검증 시간을 가져, 참여할 사람이 회개를 새롭게 하고, 그리스도를 믿는 신앙을 새롭게 하고, 몸을 새롭게 사랑하게 한다. 그다음에 모여 준비한 몸이 하나님께서 제정하신 바에 믿음으로 순종할 때, 기대하는 태도를 권고한다. 나는 고린도전서 11:23~26에 있는 제정 말씀 인용을 좋아한다 (항상 참신하지 않아도 좋다). 적절하며 질서 있게 집행한다면, 분배와 참여 방식(빵과 포도주를 전달하든 앞으로 나오든, 함께 먹고 마시든 각 사람이 앞으로 나와서 빵 따로 먹고 포도주 따로 마시든 적셔서 함께 먹든142)은 그리 중요하지 않다. 빵과 관련하여, 나는 영적 영양을 얻을 수 있는 장소로서 주의 만찬 사상을 더 잘 나타내기에 실제 빵을 더 좋아한다.

무엇보다, 하나님께서 이러한 의식을 우리에게 부담으로 주신 게 아니라 축복하시려고 주셨음을 알아야 한다. 하나님께서 우리에게 주신 의식을 바르게 이해하는 시간을 갖고, 믿음으로 순종하는 예배 의식으로 집행하면, 하나님께서 우리 예배에 기뻐하시고, 그분께서 믿음으로 하는 모든 순종에 하시듯이, 축복하신다고 믿는다.

---

141 많은 교회에서, 교회 정관에 따라 목사를 침례와 주의 만찬을 집례할 적합한 대리인으로 권한을 부여하지만, 아버지나 다른 사람이 침례를 집례하려는 경우에는 교회가 승인하도록 요청해, 교회가 침례를 실행하는 책임 기관임을 되새기게 함이 지혜롭다고 생각한다. 침례받으려는 사람의 침례를 교회가 투표로 결정함도 같은 이유이다.

142 적시는 방식(Intinction)은 빵을 포도주에 적셔서 둘 다 같이 먹는다.

=== 4부 연구 질문 ===

1. 10장에 언급한 다섯 가지 사역은 여러분 교회에서 어떤 방식으로 진행하는가? 어떤 사역은 다른 것보다 좀 더 기본적이며 중요한가? 왜 그런가, 또는 왜 그렇지 않은가?

2. 여러분 교회에는 사람들을 방문객에서 회원으로, 그리고 성숙한 신자로 나아가게 도우려고 고안한 절차나 계획이 있는가? 어떤 요소가 그 계획이나 절차에 있어야 하는가?

3. 여러분은 현대 예배에 익숙한가? 현대 예배 방식에 반대하는 점은 무엇인가? 어느 정도까지 유효한 반대인가? 전통적 예배의 어떤 문제점을 지적할 수 있으며, 그것은 어느 정도까지 유효한가?

4. 복음 전도는 건강한 그리스도인 생활에서 자연적 결과인가, 아니면 의도적으로 노력한 결과인가? 무엇이 지역사회를 효과적으로 섬기는 교회를 낳는가?

5. 왜 침례교인 대부분은 침례와 주의 만찬을 성례전(sacrament)이라고 부르지 않고, 의식(ordinance)이라고 부르는가? 차이는 단순히 단어의 의미 이상인가?

6. 침례는 회심으로 일어난 일을 상징만 하는가, 더 많은 의미를 포함하는가? 후자라면 하나님께서 침례에서 무엇을 하시는가?

7. 가능한 한 설득력 있게 유아세례 옹호론을 펴보라. 그리고 침례교인 관점에서 어떻게 그것에 대응할 수 있는지 말하라.

8. 몇 살이 되어야 침례를 받거나 주의 만찬에 참여할 수 있다고 생각하는가? 회심하고 곧바로 가능한가?

9. 교회가 침례와 주의 만찬을 집행하는 영역에서 무엇인가를 개선하려 할 때, 가장 중요한 과정은 무엇이라고 생각하는가?

심화 연구 자료

Allison, Gregg. *Sojourners and Strangers: The Doctrine of the Church*. Foundations of Evangelical Theology. Wheaton, IL: Crossway, 2012. 교회론 종합서로, 이 책과는 조금 다른 방식으로 접근하지만, 교회 의식에 관한 부분이 특히 좋으며, 교회 사역에 관한 부분은 아주 유익하다.

Beasley-Murray, G. R. *Baptism in the New Testament*. Grand Rapids: Eerdmans, 1962. 이 책은 영국 침례교인이 쓴 침례에 관한 권위 있는 책의 하나로, 신약성서에서 침례와 관련한 거의 모든 본문을 자세히 석의한다.

Carson, D. A., ed. *Worship by the Book*. Grand Rapids: Zondervan, 2002 ‖ 『말씀 아래서 드리는 예배—성경적 예배의 본질과 예전의 실제』. 박세혁 옮김. 서울: IVP, 2021. 이 책에는 카슨이 쓴 놀라운 소논문, 그리고 성공회, 자유교회(Free Church), 개혁주의 관점에서 예배를 고찰한 내용이 있다. 셋 모두 현대 예배 전쟁을 포함해 예배에 관한 많은 문헌에 관한 유용한 개관과 함께 예배 순서 실례와 예배 계획을 위한 실제적 제안을 포함한다.

Dagg, J. L. *Manual of Theology; Second Part: A Treatise on Church Order*. Philadelphia: American Baptist Publication Society, 1858; reprint, Harrisonburg: Gano, 1982. 이 책은 19세기에 일어난 의식에 관한 강한 관심과 논쟁을 제시하며, 오늘날에도 여전히 사용하는 유아세례와 열린 성찬을 지지하는 논증에 대답한다.

Hammett, John S. *40 Questions about Baptism and the Lord's Supper*. Grand Rapids: Kregel, 2015. 교회 의식에 관한 장에서 다룬 거의 모든 주제를 더 자세히 다루는데, 추가한 주제가 많으며, 특히 다른 교단 견해도 소개한다. 40개 질문 형식은 독자 친화적이다.

Hellerman, Joseph. *When the Church Was a Family: Recapturing Jesus' Vision for Authentic Christian Community*. Nashville: B &

H Academic, 2009. 기본적으로 가족으로서 교회 의미에 관한 책인 데도 교제 사역을 아주 유익한 방식으로, 곧 신학적으로 실제적으로 다룬다.

Jewett, Paul K. *Infant Baptism and the Covenant of Grace*. Grand Rapids: Eerdmans, 1978. 쥬엣은 이스라엘 유아가 할례라는 언약의 표를 받았듯이 그리스도인 부모의 자녀가 침례라는 언약의 표를 받아야 한다는 유아세례를 지지하는 장로교회의 가장 일반적 논증을 아주 강하게 비판해 손상입힌다. 그는 언약 신학을 바르게 이해하면 신자 침례에 이른다고 주장한다.

Ryken, Philip Graham, Derek W. H. Thomas, and J. Ligen Duncan III, eds. *Give Praise to God: A Vision for Reforming Worship*. Phillipsburg: P & R, 2003 ∥ 『개혁주의 예배학—예배 개혁을 위한 비전』. 필립 그레이엄 라이큰·데릭 토마스·리곤 던컨 3세 엮음. 김병하·김상구 옮김. 서울: 개혁주의신학사, 201). 이 선집은 예배에서 기도와 성경 낭독과 같은 문제에 지침을 제공하며, 예배에 관한 더 전통적 견해를 변호하는 여러 소논문을 포함한다.

Warren, Rick. *The Purpose Driven Church: Growth Without Compromising Your Mission and Message*. Grand Rapids: Zondervan, 1995 ∥ 『목적이 이끄는 교회—새들백교회 이야기』. 김현회·박경범 옮김. 서울: 디모데, 2010. 구도자 친화적 예배를 선도하는 목사가 쓴 책으로 이미 고전이다. 이 책은 목적이라는 제목 아래 교회 나섯 가지 사역을 다루지만, 워렌이 새들백공동체교회를 미국에서 가장 크고 생동감 있는 교회의 하나로 세우면서 사용한 방법들을 광범위하게 의존하면서 설명한다. 매우 실제적이며 가치 있는 책이다.

교회는 어디로 가는가? 5부
WHERE IS THE CHURCH GOING?

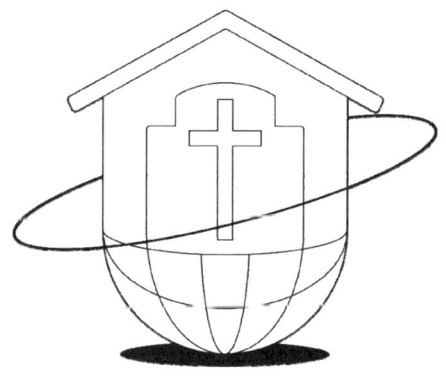

흐름에 맞서서 12장
—바뀐 풍경에 새로운 반응
AGAINST THE GRAIN
New Responses to Changed Landscape

이 책 마지막 부분인 5부는 "교회는 어디로 가는가?", 곧 미래를 내다보는 질문을 한다. 12장은 북아메리카 상황에서 이 질문에 대답한다. 가까운 미래에, 북아메리카 교회는 대부분 경우에 이 책 초판이 출판되고 몇 년 동안 훨씬 더 결정적으로 바뀐 이른바 탈-기독교(post-Christian) 문화 경향에 맞서야 한다. 우리는 교회가 사역해야 하는 상황을 드러내는 두 가지 흐름을 살피겠고, 교회가 그런 문화에 대응할 6가지 방안을 살피겠다. 13장은 초점을 더 넓혀서 전세계교회를 살피겠다. 이 책은 북아메리카, 특히 북아메리카 침례교인에게 가장 적절한 문제를 주로 다루지만, 오늘날 지구촌에서, 그 나머지 세계에서 중요한 흐름과 발전은 침례교인과 침례교회에 영향을 끼치고, 침례교인과 침례교회에게서 영향을 받는다.

바뀐 풍경

이 책 초판에, 북아메리카에서 세속주의 그리고 포스트모던 영향력으로 바뀌는 풍경을 말했다. 1980년대와 1990년대에, 전통 가치를 유지하려는 사람은 변화를 부추기는 영향력에 저항했고, 이른바 문화전쟁(culture war)이 여러 차례나 있었다.1 오늘날, 세계 다른 어느 곳보다 북아메리카에 기독교 영향력이 여전히 훨씬 많으며 문화전쟁에 접전이 여전히 조금 있지만, 이 전쟁은 세속주의와 포스트모더니즘 편에서 추진력 대부분과 함께 시들하다. 러셀 모어(Russell Moore)는 '바이블 벨트(the Bible belt) 붕괴' 그리고 '기독교 소외화 증가'라는 말을 쓴다. 그는 이를 절망한 요인으로 여기지 않고, 오히려 "우리 '가치'를 나누려 하지도 않는 문화에서 증거할 기회"로 삼는다.2 에드 스테처(Ed Stetzer)는 더 분명히 그리고 명확하게 탈-기독교 문화로 전환을 "기독교의 유리한 고지" 상실로 여긴다.3 달리 말하면, 이 바뀐 풍경에서, 교회는 흐름에 맞서 증거해야 한다.

바뀐 풍경에서 성

이 바뀐 풍경에 가장 분명한 증거는 아마 성(sexuality) 영역에서 볼 수 있다. 2017년 갤럽 조사에 따르면, 놀랍게도 "미국인 성인

---

1 문화전쟁에 관해서는 이 두 권, 곧 Robert Wuthnow, *The Struggle for America's Soul: Evangelicals, Liberals & Secularism* (Grand Rapids: Eerdmans, 1989); James Davison Hunter, *Culture Wars: The Struggle to Define America* (New York: BasicBooks, 1991)을 보라.

2 Russell Moore, *Onward: Engaging the Culture without Losing the Gospel* (Nashville: B & H, 2015), 2, 5, 9.

3 Ed Stetzer, "How We Lead in Times of Cultural Shift," Christianity Today, 1, https://www.christianitytoday.com/edstetzer/2017/july/shifting-leadership-trends.html(2017년 8월 7일에 접속).

비율"이 혼외 성행위가 69%이고, 동성 성행위가 63%이며, 혼외 출산이 62%이다. 36% 소수만이 음란물 보는 것을 "도덕적으로 허용할 수 있다"라고 여긴다.4 이 변화는 믿지 않는 미국인에게만 일어나지 않는다. 복음주의자 대다수가 동성 결혼을 여전히 반대하지만, 59%에 지나지 않는다. 또한 (1964년 이후에 태어난) 젊은 백인 복음주의자는 동성 결혼을 2016년 3월에는 29%만 지지했으나, 2017년 6월에는 47%로 올랐다.5

게다가, 동성애가 뉴스 주요 제목을 차지하지만, 혼외 이성 성관계를 바라보는 방식 변화는 훨씬 더 놀랍다. 기독교 전통적 견해, 곧 "성행위는 전적으로 결혼 관계에 속한다"라는 견해는 독신 복음주의자 가운데 소수만이 지지한다. "최근 연구에 따르면, 미혼 젊은 성인의 88%가 성행위를 한다. … 응답자 중에 자기 정체를 복음주의자로 밝힌 이의 80%가 성행위를 한 적이 있다고 말한다."6 전문 연구가 기나 달폰조(Gina Dalfonzo)는 그녀와 많은 독신 그리스도인이 데이트하는 사이트에서 "자기를 그리스도인이라 하지만, 모두가 혼전 성행위에 찬성하는 많은 사람이 많다"라고 보고한다.7

---

4 David Roach, "Gallup Poll Records 'Humbling' Moral Decline," http://www.baptistpress.com/48878/gallup-poll-records-humbling-moral-decline(2017년 5월 16일에 접속).

5 Diana Chandler, "Pew: Gay Marriage Gains Favor of Younger White Evangelicals," http://www.bpnews.net/49151/pew-gay-marriage-gains-favor-of-younger-white- evangelicals(2017년 6월 29일 접속).

6 Gina Dalfanzo, *One By One: Welcoming the Singles In Your Church* (Grand Rapids: Baker, 2017), 50~51. 인용한 연구는 The National Campaign to Prevent Teen and Unplanned Pregnancy가 실시했고, http://www.thenationalcampaign.org/national-data/default.aspx에 있다.

7 Dalfanzo, *One By One*, 51. 조엘 윌릿츠(Joel Willitts, 노스파크대학교 [North Park University] 교수)는 동의한다. 그는 여러 해 동안 기독교인 대학생을 가르치고 그들 보고서를 읽은 바를 근거로, 그리스도인 대학생이 성에 관해 생각하는 바를 알았고, "소수만이 성은 결혼을 위해 보존된다고 생각한다"라고 한다(Joel Willitts, "What Christian College Students Are

이런 상황에서, 교회는 그들 윤리 견해가 분명하며 믿지 않는 사람 (그리고 믿는 사람)에게 의미를 준다고는 더는 생각할 수 없다. 또 다른 연령대에서 가정하는 바도 분명히 표현해야 한다.8 그리고 우리 견해에 관한 이유를 "온유함과 존경심으로"(벧전 3:15) 알려야 한다. 그렇게 하지 않으면, 우리 동기는 오해받으며 우리 사역은 방해받는다. 2016년에, 라이프웨이 리서치(Lifeway Research)는 미국인 1,000명에게, "신실한 그리스도인이 성적 자유를 반대하는 동기가 무엇인가?"라는 질문에 대답하라고 부탁했다. 절반에 조금 밑도는 49%는 신앙을 주요 동기로 생각했다. 20%는 '미움'이 '신실한 그리스도인'의 동기라고 했는데, 이는 성적 자유를 반대하는 별다른 합리적 동기가 없다는 생각이다. 선호하는 종교가 '없음'이라고 대답한 사람들 가운데, 삼분의 일이 조금 넘는 비율인 34%는 그런 그리스도인이 미움에서 동기 부여됐다고 생각했다.9

Saying about Sex … It May Surprise You," Patheos, https://www.patheos.com/blogs/euangelion/2015/04/what-christian-college-students-are-saying-about-sex-it-may-surpriseyou, 2017년 7월 27일 접속).

8 그리스도인이 이 여러 문제에 관해 생각하도록 돕는 다음 자료를 보라. Todd Wilson, *Mere Sexuality: Rediscovering the Christian Vision of Sexuality* (Grand Rapids: Zondervan, 2017); Gerald Hiestand and Todd Wilson, eds., *Beauty, Order, and Mystery: A Christian Vision of Human Sexuality* (Downers Grove, IL: IVP Academic, 2017); R. Albert Mohler, Jr., *We Cannot Be Silent: Speaking Truth to a Culture Redefining Sex, Marriage, and the Very Meaning of Right and Wrong* (Nashville: Thomas Nelson, 2015); Preston Sprinkle, *People to Be Loved: Why Homosexuality Is Not Just an Issue* (Grand Rapids: Zondervan, 2015); Wesley Hill, *Washed and Waiting: Reflections on Christian Faithfulness & Homosexuality*, updated and expanded ed. (Grand Rapids: Zondervan, 2016); Mark Yarhouse, *Understanding Gender Dysphoria: Navigating Transgender Issues in a Changing Culture* (Downers Grove, IL: IVP Academic, 2015); Andrew T. Walker, *God and the Transgender Debate* (Epsom, Surrey, UK.: The Good Book Company, 2017); www.livingout.org에서 샘 앨베리(Sam Allberry)와 다른 이들이 쓴 자료.

성 문제는 그리스도인 신앙과 현대 문화가 충돌하는 많은 문제의 하나에 불과하다. 절대 진리 존재, 구원의 유일한 원천으로서 예수님의 독특성, 인간 타락 실제성 등 흐름은 교회가 맞서야 할 또 다른 영역이다.10 그러나 사실, 이것은 전혀 새롭지 않다. 신약성서 시대 이래, 교회는 그들 세계가 어리석게 여기는 바를 믿어왔다. 그러나 지난 세대보다 지금 흐름에 더 거스르고 있기에, 우리가 흐름을 고려해 우리 사역을 일궈야 함을 아는 게 중요하다.

바뀐 풍경에서 신앙 쇠퇴

요즘 상황에서 또 다른 관련 실제는, 특히 새천년 세대 사람들(1981년에서 1996년에 태어난 사람) 사이에서 신앙 쇠퇴이다. 2015년 종교 현황 조사, 곧 퓨 리서치 센터(The Pew Research Center)가 미국인 25,000명 이상을 대상으로 한 조사는 "미국 인구에서 차지하는 비율과 전체 수 둘 다에서 그리스도인이 감소한다"라는 조사 결과를 우선으로 지적했다. 그 감소가 "신앙이 없는 미국인 비율이 계속 늘어남과 일치한다(신앙 '없음')"라는 조사 결과도 지적했는데, 1990년에 성인의 8%가 2008년에는 16.1%로 늘고, 2015년에는 22.8%로 늘었다.11 슬프게도, 미국인 성인 18%가 그리스도인으로서 또는 어떤 신

---

9 Bob Smietana, "American Views on Sex, Religion Studied," 2, at http://www.bpnews.net/49130/ americans-views-on-sex-religion-studied, 2017년 6월 27일에 접속.

10 2014년에, 리고니어 미니스트리(Ligonier Ministries)의 의뢰로 성인 3,000명 조사에서, 라이프웨이 리서치(Lifeway Research)는 조사 대상 절반 가까이(45%)가 성경은 각 사람이 선택한 대로 해석하게끔 쓰였다고 믿는다는 점을 확인했다. 45%는 천국에 가는 길이 많다고 믿는다. 삼분의 이(67%)는 사람 대부분이 선하다고 믿는다. Bob Smietana, "Americans Believe in Heaven, Hell and a Little Bit of Heresy,"1~7, at http://lifewayresearch.com/2014/10/28/americans-believe-in-heaven-hell-and-a-little-bitof-heresy, 2017년 6월 29일에 접속.

11 Stetzer, "None of the Above," 2.

앙모임 회원으로 자랐지만, 지금은 신앙 '없음'이다. 그리고 신앙 '없음'은 특히 새천년 세대가 눈에 띄게 늘어난다. "2007년 이래 미국인 신앙에서 보인 주요 동향—그리스도인 감소 그리고 신앙 '없음' 증가—는 여러 인구 집단에서 어떤 형태로든 일어났다."12

에드 스테처는 이런 조사 결과에서 너무 지나친 결론을 내리지 말라고 경고한다. 그는 "기독교는 죽어가지 않는다. 명목상 기독교는 있다." 또는 "기독교는 정제되고 있다."라고 말한다. 그는 자료를 주의 깊게 살펴보고서, 그리스도인 감소와 신앙 '없음' 증가는 "명목상으로만 그리스도인인 미국인이 그 이름을 버리고 있기 때문이다. 그들은 그들이 지금껏 실제로 믿지 않음에 지금 공개적으로 일치한다."라고 말한다. 대조적으로, "확신에 찬 기독교는 꾸준하다."13 사실, 신앙 '없음'으로 확인하는 새천년 세대의 비율이 아주 높으며 늘지만(35%), 자기 정체를 복음주의자로 확인하는 새천년 세대 비율은 2007년에 21%였고, 2015년에도 똑같이 21%였다.

그러나 적어도 한 주요 복음주의 교단에서, 감소는 사실이며 10년 넘게 지금까지 감소하고 있으며 심각한 우려 요인이다. 사실, 나는 최근에 내 생애에 처음으로 내가 쇠퇴하는 교단, 곧 남침례교총회 회원이라는 사실에 직시해야 했다. 2006년에 전체 회원이 16,306,246명이었으나, 2016년에는 15,216,978명으로 줄었으니, 남침례교인은 11년이나 쇠퇴를 겪어, 100만 명 이상 잃었으니 그 비율이 전체 회원의 7%가 넘는다.14 적어도, 그 감소 일부는 더는 명

---

12 Michael Lipka, "5 Key Findings about the Changing U.S. Religious Landscape," 1~3, at http://www.pewresearch.org/facat-tanl/2015/05/12.5-key-findings-u-s-religious-landscape/, 2017년 7월 18일에 접속.

13 Ed Stetzer, "Nominals to Nones: 3 Key Takeaways from Pew's Religious Landscape Survey," *Christianity Today*, http://www.christianitytoday.com/edstetzer/2015/may/nominals-to-nones-3-key-findings-from-pews religious-lands.html, 2017년 7월 17일에 접속.

14 이 변화는 남침례교총회가 매년 발행하는 '연례 교회 통계 자료집

목상이 아니고 순전히 명목상 회원 때문일 수 있거나, 교회가 뜻깊은 회원자격에 더 진지하며 많은 순전히 명목상 회원을 교회 권징으로 제외했기 때문일 수 있다. 사실, 나는 처음 몇 년 동안은 회원 감소에 걱정하지 않았는데, 매주 예배 출석 인원 평균이 늘고 있었기 때문이다. 그러나 2009년 이래로, 매주 출석 인원도 2009년에 6,207,488명에서 2016년에 5,200,716으로 줄어, 교회 출석 인원이 100만 명 이상이나 줄었다.

그것도 회원이 과거보다 예배 참석 빈도가 줄었다는 사실로 일부 설명할 수 있다. 톰 레이너(Thom Rainer)는 예배 출석자 200명인 교회를 예로 든다. 예배 출석자 절반이 4주 중 1주를 빠지면, 교회를 떠나는 회원이 없으며 모두가 비교적 활동적이더라도 평균 인원은 175명으로 떨어진다. 레이너는 이것이 교회 출석 회원 감소에 가장 큰 이유라고 생각한다.[15] 그러나 가능한 모든 것을 허용해도 쇠퇴하는 현실은 그대로다.

또한 교파 확신 강한 침례교인과 다른 사람들이 우려하는 또 다른 점은 교회에 계속 소속해 있는 사람들이 점점 더 초교파 성향을 보인다는 점이다. 갤럽 여론 조사에 따르면, 2000년 이전에는 "모든 미국 사람 절반이 개신교 특정 교단에 속했지만" 오늘날은 그 수가 30% 이하이고, "미국에서 자기를 특정 교단에 속한 회원이라고 확인하는 개신교인 비율은" 2000에서 2016년 사이에 두 배가 돼, 오늘날 6명 중 1명은 초교파 그리스도인이다. 이 조사에서 비롯한 결론은 "특정한 그리고 역사적 교단 소속을 고수하는 교회가 오늘날 미국 개신교에서 가장 큰 도전에 맞닥뜨려 있다."[16] 이는 교회

(the Annual Church Profile Statistical Summary)'에서 확인할 수 있다.

15 Thom Rainer, "#1 Reason for the Decline in Church Attendance," at http://thomrainer.com/2013/08/thenumber-one-reason-for-the-decline-in-church-attendance-and-five-ways-toaddress-it, 2017년 7월 17일에 접속.

16 Kate Shellnutt, "The Rise of the Nons: Protestants Keep Ditching

(특히 양심적으로 교단적인 교회)가 맞닥뜨린 '흐름에 맞서는' 상황의 또 다른 국면이며, 그 상황에 반드시 대응해야 한다.

이 여러 변화만이 교회가 다가올 몇 해 동안 헤쳐나가야 할 상황이 아닐 수도 있다. 우리 문화에서 기술 역할이 커짐에 따라 우리 교회에서 기술 역할이 커졌다(태블릿이나 휴대전화로 성경을 읽기에서 DVD나 폐쇄 회로전송으로 목사님 설교 듣기로, 또는 오토드래프트로 완전 온라인 교회에 헌금하기까지). 이런 여러 변화에 무슨 반응을 해야 하는지도 평가해야 한다. 단지 문화를 무턱대고 따르지 않고, 한 발짝 뒤로 물러서서 무엇을 얻고 무엇을 잃는지 분석해야 한다.17 이런 여러 변화는 여전히 과정에 있으며, 그들 영향력이 아직은 분명하지 않을 수 있다고 생각한다. 그러나 기독교 신앙의 여러 측면을 믿을 수 없고, 어리석고, 불쾌하게 만드는 가치와 인식에서 여러 변화 그리고 북아메리카에서 기독교 소속이 감소하는 추세에 따라 사는 여러 변화는, 분명하며 반응해야 할 두 가지 영역이다.

주요 반응

그러면 교회는 지금 우리가 겪는 상황에 어떻게 반응할 수 있으며 반응해야 하는가? 아주 구체적인 여러 반응을 권장한다. 에드 스테처는 감소 추세에 반응이 "복음 나누기, 교회 개척하기, 문화에

Denominations," Christianity Today, 1~2, at http://www.christianitytoday.com/news/2017/july/rise-of-nons-protestantsdenominations-nondenominational.html, 2017년 8월 23일에 접속.

17 미디어 전문가 마셜 매클루언은 미디어 네 가지 법칙을 개발했는데, 처음 두 개는 우리가 고려하는 특정 기술이 무엇을 향상하게 하고, 강화하고, 가능하거나 가속화 하는지, 그리고 새로운 기술이 무엇을 밀어내거나 진부하게 하는지를 숙고하게 한다. 달리 말해, 무엇을 얻고, 무엇을 잃는가? Marshall McLuhan and Eric McLuhan, *Laws of Media: The New Science* (Toronto: University of Toronto Press, 1988), 98~99을 보라.

참여하기, 예수님 사명에 합류하기 등에 더 초점을 두어야 한다"[18]라고 말한다. 톰 레이너는 예배 참석자 감소에 다섯 가지 가능한 접근을 말하는데, 뜻깊은 교회 회원자격 개발에 집중이 특징이다.[19] 그러나 많은 특정 반응을 고려하기보다는, 반응의 여섯 개 주요 범주를 말하고 싶다. 어느 정도는 겹치나, 모두를 반응 주요 범주라 부르겠다.

상황에 대응하기

이 책 초판에서는 구도자교회 운동을 아주 자세히 다뤘는데, 15년 전 또는 그 이전에 변화하는 풍경에 중요한 반응이었다. 구도자 예배 운동이 꼭대기에 이르렀으나, 또한 중요한 유산, 곧 상황화의 결정적 중요성도 남겼다고 생각한다. 그 운동의 지도자들은 우리가 다가가려는 사람들의 마음에 들어가 그들과 소통하는 데 무엇이 필요한지 이해하라고 촉구했다. 메시지가 구도자의 필요와 욕구에 따라 부당하게 형성하게 허용하는 데 너무 지나쳤을 수 있으나,[20] 상황화는 우리 바뀐 상황에서, 곧 많은 이가 우리 메시지를 하찮게 여기는 상황에서 훨씬 더 중요하다.

---

[18] Ed Stetzer, "Baptists: Reflections of the Stats Guy," 3, at http://www.bpnews.net/47015/baptistsreflections-of-the-stats-guy, 2017년 7월 18일에 접속.

[19] Rainer, "#1 Reason for the Decline in Church Attendance," 2~3.

[20] 구도자 예배 운동에 관한 분석은 다음 자료를 보라. Greg Pritchard, *Willow Creek Seeker Services: Evaluating a New Way of Doing Church* (Grand Rapids: Baker, 1996) ∥ 『윌로우크릭 구도자예배』, 강부형 옮김 (서울: 서로사랑, 2001); Kimon Howland Sargeant, *Seeker Churches: Promoting Traditional Religion in a Nontraditional Way* (New Brunswick, NJ and London: Rutgers University Press, 2000); Alan Wolfe, *The Transformation of American Religion: How We Actually Live Out Our Faith* (New York: Free Press, 2003).

팀 켈러(Tim Keller)는 상황화를 아주 유익하게 정의한다.

> 사람들이 자기 특정 때와 장소에서 묻는 **삶에 관한 질문**에 사람들에게 그들이 이해하는 **언어와 양식으로**, 그들이 거절하더라도 그들이 느낄 수 있는 설득력을 수반하는 **호소와 논증으로**, 그들이 듣고 싶어 하지 않더라도 **성서로 대답**한다.21

이 접근방식은 성서의 우선성을 유지하며 대답한다. 그러나 상황에 관심을 두고, 그들이 묻는 말을 알려고 하고, 그들이 이해할 말을 배우려 하고, 설득력 있는 논증을 펼치려 한다. 이는 우리가 말한 첫째 변화, 곧 기독교 메시지를 공격하지는 않으나 어리석다고 여기는 변화에 주요 반응이다.

이는 국제 선교사들이 한 세기는 아니더라도 수십 년 동안 하는 방식이다.22 그런데 그리스도인 (그리고 교회)가 문화에 어떻게 관계해야 하는지에 관한 논쟁 질문을 일으킨다. 켈러는 상황화를 정의할 때, 복음을 상황에 맞게 제시가 "문화에 적응하며 연결하지만, 동시에 문화에 도전하고 대결한다"23라고 말한다. 그리스도-그리고-문화에 관한 대부분 논의는 H. 리처드 니버(H. Richard Niebuhr)가 쓴 고전 『그리스도와 문화』로 시작하는데, 그는 그리스도를 문화에 관계짓는 유명한 다섯 가지 방식, 곧 문화에 대립하시는 그리스도, 문화에 계신 그리스도, 문화 위에 계신 그리스도, 문화와 역설 관계에 계신 그리스도, 문화를 변혁하시는 그리스도 등을 말한다.24 그

---

21 Tim Keller, *Center Church: Doing Balanced, Gospel-Centered Ministry in Your City* (Grand Rapids: Zondervan, 2012), 89 ‖ 『(팀 켈러의) 센터처치』, 오종향 옮김 (서울: 두란노서원, 2016), 189. 본디 지은이가 강조한다.

22 A. Scott Moreau, *Contextualization in World Missions: Mapping and Assessing Evangelical Models* (Grand Rapids: Kregel, 2012)에서는 상황화에 관한 열두 가지 접근방식을 개관한다.

23 Keller, *Center Church*, 89 ‖ 『(팀 켈러의) 센터처치』, 189.

다섯 가지 접근법을 비판하기도 하지만, 그것이 지금 변화된 문화와 어떻게 관련이 있는지에 관한 물음은 교회가 신중하게 생각해야 하며, 그 다섯 가지 모델의 적어도 네 가지는 응답으로 쓰인다.25 실제로, 문화가 획일적이지 않기에, 문화에 대한 우리 반응은 이 모델들의 하나로만 구성해서는 안 된다고 확신한다. 우리가 박수로 칭찬하고 통합할 수 있는 문화의 일부 측면이 있는가 하면, 일부는 참으로 중립적일 수 있으며, 오늘날 단호하게 저항해야 하는 많은 측면도 있다. 단 하나 접근방식만이 모든 상황에 적합하지는 않다. 그러나 오늘날 이미 변한 문화 환경은 교회가 그들 문화를 배우고 상황화에 능숙해야 한다고 요구한다. 팀 켈러가 사역하는 도시 상황이 그의 관점 일부 측면을 독특하게 만들기는 하지만, 그는 문화를 이해하고 그에 따라 상황화하는 방법에 관해 매우 귀중한 목회적 조언을 제공한다고 생각하며,26 케빈 밴후저(Kevin Vanhoozer)는 식료품 가게 계산대에서부터 영화 「글래디에이터」, 「블로고스피어」에 이르기까지 학생들이 다양한 문화 텍스트와 경향을 해석하는 데 자기가 제시한 방법을 어떻게 사용했는지에 관한 예와 함께 문화 텍스트 읽기에 관한 자세한 모델을 제공한다.27 문화에 깊은 생각으

---

24 H. Richard Niebuhr, *Christ and Culture* (New York: Harper & Row, 1951) ‖ 『그리스도와 문화』, 홍병룡 옮김 (서울: 한국기독학생회출판부, 2007).

25 D. A. Carson, *Christ and Culture Revisited* (Grand Rapids and Cambridge, UK: Eerdmans, 2008), 36에서는 '문화에 관한 그리스도' 견해를 날카롭게 비판하고, "다섯 개 구도보다는 네 개로 바꿔야 한다"라고 제안한다.

26 Keller, *Center Church*, 89~134, 181~243 ‖ 『팀 켈러의 센터처치』, 188~289, 386~513는 책의 중심부인데 상황화를 집중해서 다루며, *Center Church*, 231 ‖ 『팀 켈러의 센터처치』, 484에 있는 도표는 주의 깊게 숙고할 가치가 있다.

27 Kevin Vanhoozer, Charles Anderson and Michael Sleasman, eds., *Everyday Theology: How to Read Cultural Texts and Interpret Trends* (Grand Rapids: Baker, 2007) ‖ 『문화신학』, 윤석인 옮김 (서울: 부흥과개혁사,

로 참여함에 기초한 상황화는 교회가 때로는 거스르기도 하는 문화라는 바람 속으로 항해할 때 점점 더 필요하다고 생각한다.

선교적으로 가기

아주 밀접하나 조금은 다른 반응은 '선교적(missional)'이라는 용어로 표현된다. 선교적 교회 진영 사람은 상황화가 필요하다고 동의하지만, '선교적'이라는 용어를 새로운 용어로 그리고 문화 참여에 새로운 전략으로 여긴다. 그러한 교회는 '문화에 대립하시는 그리스도' 또는 '문화를 변혁하시는 그리스도' 또는 문화에 또 다른 접근 방식을 채택하겠으나, 세상에 선교적 접근에 이바지하는 데 쓰인다. '선교적 교회'라는 용어는 1998년에 『선교적 교회―북미 교회의 파송을 위한 비전』 출판으로 처음 도드라졌다.[28] 이 책은 에큐메니컬 진영, 특히 '복음과 우리 문화 연결망(The Gospel and Our Culture Network)'이라 불리는 그룹에서 논의한 결과로 나왔다. 곧바로 이 용어는 교회가 선교적이라는 말이 무엇을 의미하는지를 똑같이 이해하지 않은 채 여러 교회에서 채택했다.[29] 앨런 록스버그(Alan Roxburgh)가 놀리며 말했듯이, '선교적'이라는 용어는 "짧은 8년 동안 모호함에서 진부함으로 바뀌었는데도 사람들은 여전히 그것이 무엇을 의미하는지도 모른다."[30]

2009)를 보라.

[28] Darrell Guder, ed., *Missional Church: A Vision for the Sending of the Church in North America* (Grand Rapids and Cambridge, UK: Eerdmans, 1998) ‖ 『선교적 교회―북미 교회의 파송을 위한 비전』, 정승현 옮김 (인천: 주안대학원대학교출판부, 2013).

[29] 이 용어가 어떻게 발전했는지에 관한 간략한 내용은 Nathan Finn and Keith Whitfield, "The Missional Church and Spiritual Formation," in *Spirituality for the Sent: Casting a New Vision for the Missional Church*, eds. Nathan Finn and Keith Whitfield (Downers Grove, IL: IVP Academic), 14~16을 보라.

이 책에서 '선교적'이라는 용어는 교회 주변 세계와 관계에서 교회 자세를 서술하는 데 쓰인다. 에드 스테처가 서술했듯이, "'선교적'이라는 용어는 선교사 자세를 갖기, 곧 성서적으로 건전한 상태를 유지하면서 주위 문화를 배우고 적응한다는 뜻이다."31 상황화해야 하지만, '선교적'이라는 용어 사용으로 다른 층을 더한다. 우리는 문화를 고려해야 하며 또한 그 문화에서 그리고 그 문화에게 교회 사명도 고려해야 한다.

교회 사명 질문도 끊임없는 논쟁 주제이다.32 케빈 드영(Kevin DeYoung)과 그렉 길버트(Greg Gilbert)는 이 질문에 매우 정확하고 집중력 있는 답변을 제공하려 한다. 그들 말로, 교회 사명은 한 그리스도인이 하는 아주 좋은 일이 아니며 한 그리스도인이 그리스도께 순종해 하는 일도 아니다. 오히려, "**교회 사명은 세상으로 들어가 성령의 능력으로 예수 그리스도의 복음을 선포함으로 제자 삼고 제자들을 교회로 모아, 그들이 주님을 예배하고 그분 명령에 지금 순종해 영원히 하나님의 영광을 드러내는 일이다.**"33 그러나 선교적

---

30 Alan Roxburgh, "The Missional Church," *Theology Matters* 10, no. 4 (September/October 2004): 2.

31 Ed Stetzer, *Planting Missional Churches: Planting a Church That's Biblically Sound and Reaching People in Culture* (Nashville: B & H Academic, 2006), 19. 옮긴이 덧붙임. Ed Stetzer and Daniel Im, *Planting Missional Churches: Your Guide to Starting Churches That Multiply* (B&H Publishing Group, 2016) ‖ 『선교적 교회 개척—새로운 문화에 대응하는 선교적 교회 개척안내서』, 설훈 옮김 (서울: 요단출판사, 2021), 57, 21.

32 더 규모가 큰 선교학 공동체에서 이 논쟁에 관한 논의는 Craig Ott, ed., *The Mission of the Church: Five Views in Conversation* (Grand Rapids: Baker Academic, 2016)를 보라. 복음주의 공동체에서 견해는 Jason Sexton, gen. ed., *Four Views on the Church's Mission* (Grand Rapids: Zondervan, 2017)을 보라.

33 Kevin DeYoung and Greg Gilbert, *What Is the Mission of the Church? Making Sense of Social Justice, Shalom, and the Great Commission* (Wheaton, IL: Crossway, 2011), 62 ‖ 『교회의 선교란 무엇인

교회 운동을 하는 사람들 대부분은 교회 선교를 더 넓은 의미로 하나님의 선교와 연결한다. 크리스토퍼 라이트(Christopher Wright)는 교회 사명을 "**하나님 백성으로서 우리가 하나님의 초대와 명령에, 하나님의 피조물 구속을 위해 하나님의 세계 역사에서 하나님 당신의 선교에 헌신해 참여이다**."34라고 정의한다. 또는 네이선 핀(Nathan Finn)과 케이스 휫필드(Keith Whitfield)가 표현하듯이, "선교적이 됨은 하나님 선교에 따른다는 뜻이다" 그리고 "하나님 선교에 보내진 삶"이다.35

교회 사명의 후자 견해가 피조물 돌봄과 사회정의 같은 문제도 포함하기에 전자 견해보다 더 폭넓으며, 그렇다고 복음 전도 중요성을 지나치게 줄이지도 않는다. '선교적'이 세상에 보내짐을 뜻하면, 교회가 "복음 전도 소명으로"36 세상에 보내졌음을 기억해야 한다. 그것이 교회를 부르신 전부는 아니지만, 영원한 결과를 가져오는 중요한 국면이기에 아마도 가장 중요한 국면이다.

내 생각에, 오늘날 교회의 선교적 반응은 교회가 세상이 교회로 오기를 기다리는 게 아니라, 오히려 교회가 세상으로 보내져야 한다는 느낌이다. 마이클 프로스트(Michael Frost)와 앨런 허쉬(Alan Hirsch)는 선교적 자세를, 교회가 매력적 모델에서, 곧 교회는 이웃에 뿌리를 내리고, 프로그램을 제공하고, 믿지 않는 사람이 오기를 기대하는 모델에서 벗어나, 성육신 접근방식, 곧 교회가 "자기 종교 영역을 떠나서" "소금과 빛처럼 호스트 문화에 스며들고" "침투해

가—사회 정의·샬롬 지상명령 이해하기』, 신윤수 옮김 (서울: 부흥과개혁사, 2019). 본디 지은이가 강조한다.

34 Christopher Wright, *The Mission of God: Unlocking the Bible's Great Narrative* (Downers Grove, IL: IVP Academic, 2006), 23. 본디 지은이가 강조한다.

35 Finn and Whitfield, "The Missional Church and Spiritual Formation," 27~288. 본디 지은이가 강조한다.

36 Finn and Whitfield, "The Missional Church and Spiritual Formation," 26.

변혁하는 공동체가 되려는" 접근방식으로 옮기도록 부르심이라고 여긴다.37 그러나 세상에 보내진 교회는 그런데도 대조적 공동체로서 그 독특성을 유지해야 하는데, 바로 그 차이점으로 믿지 않는 사람을 교회로 끌어들이기 때문이다. 마이클 고힌(Michael Goheen)은 "교회가 주변 문화의 일부로서 우상숭배에 맞서면서 하나님의 나라를 신실하게 구현할 때만 교회의 삶과 말이 예수 그리스도 안에서 새로운 세상이 왔고 또 오고 있다는 기쁜 소식을 설득력 있고 호소력 있게 증거할 수 있다"라고 주장한다.38

요즘 상황에서, 곧 교회가 쇠퇴하는 상황에서, 교회가 등 기대고 앉아서 세상이 오기만을 기다려서는 안 된다. 교회가 자기를 세상에 보내져 세상을 섬기는 기관으로 여기는 선교적 자세는, 교회 독특한 정체성을 잃지 않은 채, 앞으로 점점 더 중요하다. 그리고 에드 스테처가 강조하듯이, 선교적 교회는 문화적으로 적절해야 하며 또한 성서적으로 신실해야 한다.39

커지기

앞에서 말했듯이, 교회에 소속 감소는 북아메리카 풍경에서 최근 주요 변화의 하나이다. 그렇다고 그 감소가 균일하지 않다. 그것은 복음주의자보다는 주류 교회와 가톨릭교회에서 두드러졌다.40 붐 세

---

37 Michael Frost and Alan Hirsch, *The Shaping of Things to Come: Innovation and Mission for the 21st-Century Church* (Peabody, MA: Hendrickson, 2003), 30.

38 Michael Goheen, *A Light to the Nations: The Missional Church and the Biblical Story* (Grand Rapids: Baker Academic: 2011), 5.

39 Stetzer, *Planting Missional Churches*, 20~21. 표지 설명 글, 곧 "성서적으로 건강한 교회를 개척하기 그리고 문화에서 사람들에게 다가가기"를 보라.

40 Lipka, "5 Key Findings about the Changing U.S. Religious Landscape," 2.

대보다는 새천년 세대에게 두드러졌다. 그리고 대형 교회보다는 더 작은 교회에서 두드러졌다. 이제 교회 대부분은 바뀐 풍경에 반응으로 더 크게 되려고 선택할 수가 없다. 할 수 있다면야, 많은 교회가 그리할 것이다. 그러나 교회 대부분이 줄어들 때 대형 교회가 커지는 이유를 아는 게 도움이 된다. 대형 교회 성장에는 작은 교회, 심지어 자원이 많지 않은 교회도 도입할 수 있는 몇 가지 요소가 있을 수 있다.

첫째, 적어도 2014년까지, 대형 교회 상태에 도달한 교회가 계속 성장한다는 연구 결과가 있다는 점에 주목할 가치가 있다. 하트포드 종교 연구소(Hartford Institute for Religion Research)와 리더십 네트워크(Leadership Network)가 실시한 2015년 대형 교회 설문조사에 따르면, 2009년부터 2014년까지 5년 동안 대형 교회(매주 예배에 2천 명 이상 출석하는 교회로 정의)의 성장률 중간값은 26%였다.[41] 대형 교회마다 성장하고 있으며, 또한 대형 교회 전체 수도 증가한다(2000년에 약 600개 대형 교회였는데, 최근 집계 기준 적어도 1,642개 교회이다).[42]

대형 교회가 미국에서 교회 소속 감소라는 흐름을 거스를 수 있었던 비결은 무엇인가? 한 가지 요인을 정확히 찾아내거나 인과관계를 증명하기가 불가능하지만, 2015년 대형 교회 보고서는 대형 교회에서 다른 교회와 크게 다른 여러 영역을 확인했다. 이 여러 영역은 대형 교회의 더 많은 자원에 기대지 않기에, 다른 교회가 고려할 여러 점이 있을 수 있다.

---

[41] Scott Thumma and Warren Bird, "Recent Shifts in America's Largest Protestant Churches: Megachurches 2015 Report," 2, hirr.hartsem.edu/megachurch/2015_Megachurches_Report.pdf, 2017년 7월 22일에 접속.

[42] Aaron Earls, "Where Are All the Megachurches?" https://factsandtrends.net/2017/06/09/whereareall-the-megachurches, 2017년 7월 17일 접속. 얼스는 하트포드 종교 연구소가 낸 대형 교회 데이터베이스를 자기 자료 출처로 제시한다.

12장 흐름에 맞서서—바뀐 풍경에 새로운 반응

"사명과 목적의 명확성"[43]을 중심으로 여러 가지 요소가 뭉쳐있다. 대형 교회 회원과 다른 교회 회원에게 다음 표현이 그들 교회를 서술하는지에 "강하게 동의하는지"를 물었다.

- 사명과 목적이 분명하다 (대형 교회 회원 79% 대 다른 여러 교회 회원 41%)
- 영적으로 활기차며 살아있다 (51% 대 29%)
- 우리 공동체에서 다른 교회와 아주 다르다 (41% 대 21%)
- 새로운 도전에 대응하려고 기꺼이 변화한다 (37% 대 17%)

이 마지막 요소는 더 살펴야 한다. 데이터에 따르면, "혁신과 변화 의지는 성장 및 건강과 밀접한 상관관계가 있다."[44] 그리고 그런 의지가 대형 교회와 다른 여러 교회에 훨씬 더 널리 퍼졌어도, 대형 교회라도 유지하기란 도전이다. 2010년에, 대형 교회 회원 54%가 "새로운 도전에 대응하려고 기꺼이 변화한다"라는 표현에 강하게 동의한다고 보고했으나, 2015년 조사에서는 37%로 떨어졌다.

대형 교회 성장에 관련한 또 다른 요소는 소그룹이다. "대형 교회는 계속해서 소그룹을 의도적으로 높은 비율로 사용한다."[45] 대형 교회가 아주 다양한 소그룹 형태를 더 잘 제공할 수 있듯이(주일학교를 포함해도 그것에만 제한하지 않음), 교회 대부분은 소그룹 체험의 몇 가지 형태라도 제공해야 한다. 그리고 소그룹에 관한 의도성과 대형 교회에서 영적 활력 사이에는 강한 상관관계가 있다.

대형 교회는 다른 여러 교회보다 젊은이를 더 잘 모으는데, 2011년에서 2014년 사이에 청년(18~34세)이 64% 증가했다고 보고한다.

---

[43] 이 부분에 있는 모든 데이터는 Thumma and Bird, "Recent Shifts"에서 가져왔고, 그것은 2015년 대형 교회 보고서에서 비롯했다.

[44] Thumma and Bird, "Recent Shifts," 11.

[45] Thumma and Bird, "Recent Shifts," 11.

당연히, 청년 사역을 최우선으로 생각하는 대형 교회는 교회에 젊은이 비율이 더 높다. 놀라운 점은 젊은이 프로그램이 미혼 성인보다는 혼전 및 기혼 젊은이를 대상으로 함인데, 그래도 18~34세 그룹의 2/3는 미혼이며 결혼을 더 오랫동안 기다린다. 대형 교회와 다른 여러 교회는 미혼 젊은이를 모으는 일을 그리 잘하지 않는다—아마 성 윤리에 관한 복음주의 가르침과 젊은 성인 가운데 성에 관한 변하는 견해 사이에 어떤 갈등 때문이거나, 아마 젊은 가족을 지나치게 강조하고 미혼 성인 사역은 그리 강조하지 않기 때문이다. 미혼 젊은 성인 수가 증가함을 고려해, 교회는 성에 관한 변화하는 견해를 이해하고 교회 견해 더 잘 준비해 제시함으로 사역을 준비해야 하고, 그다음에 미혼 청년 사역을 최우선 순위로 삼아야 한다.46

사이트 늘리기

대형 교회와 멀티사이트 교회 사이에 겹침이 크고 커진다.47 여러 사이트가 존재 자체가 그러한 교회에게 지역사회에 구체적으로 상황화하고 선교적으로 될 기회를 제공하므로, 많은 멀티사이트 교회를 상황화한 그리고 선교적인 교회의 예로 간주할 수 있다. 그러나 상황화, 선교적, 대형 교회와는 구별되는 멀티사이트 교회에는 여러 국면이 있다. 따라서, 멀티사이트 교회는 별도로 고려해야 한다. 그 내용은 오늘날 교회가 운영해야 할 곳인 바뀐 풍경에 대한 넷째 주요 반응으로 여기서 살피겠다.

멀티사이트 교회가 21세기에 폭발적 성장을 경험했다는 주장에 모두가 공감한다. 멀티사이트 교회가 2006년에 1,500개 이상에서

---

46 미혼 젊은 성인 사역에 관한 더 자세한 사상은 Dalfonzo, *One by One*, 특히 149~227을 보라.

47 Thumma and Bird, "Recent Shifts," 4에서는 2015년을 예로 드는데, 대형 교회 63%는 여러 곳에서 모이고, 또 다른 10%는 그렇게 모이는 일을 고려한다. 이 수치가 2010년에는 46%로 올랐다.

2014년에는 8,000개로 성장, 특히 교회에 소속이 전반적으로 감소하는 추세에서 성장은 인상적이며 지금도 이어진다.48 그러나 멀티사이트 교회가 놀라운 인기를 얻었고 기본적으로만 정의—"한 지도력과 예산 아래서 두 곳이나 더 많은 곳에서 모이는 한 교회"49—한다는 사실 말고는, 멀티사이트 교회에 관해 전반적으로 아주 자세히 말하기는 어렵다. 브라이언 프라이(Brian Frye)는 2011년 박사학위 논문에서 멀티사이트 교회를 16가지 다른 형태로 나눴다.50 한 가지에 있는 장점 (또는 약점)이 모두에 적용하지는 않는다. 여기 논의에서는 멀티사이트 교회 전체나 대부분에 적용할 문제를 주로 말하겠다. 멀티사이트 교회 하나에만 적용할 문제를 말할 때는 분명히 밝히겠다.

첫째이자 가장 분명한 질문은, "멀티사이트 교회가 왜 그렇게 인기를 얻는가? 왜 쇠퇴 상황에서도 증가하는가?"이다. 이 두 질문에

---

48 2006년에 수는 Geoff Surratt, Greg Ligon, and Warren Bird, *The Multi-Site Church Revolution* (Grand Rapids: Zondervan, 2006), 9 ‖ 『멀티사이트 교회―여러 곳에서 모이는 교회 이야기』, 박주성 옮김 (서울: 베이스캠프미디어, 2009), 10를 보고, 2014년 수는 Warren Bird, "Now More Than 8,000 Multisite Churches," at http://leadnet.org/now-more-than-8000-multisite-churches/, 2017년 7월 26일에 접속을 보라.

49 이는 Bird, "Now More Than 8,000 Multisite Churches"에서 정의했다. 이는 간략한 정의이고, 더 자세한 정의는 Surratt, Ligon, and Bird, *Multi-Site Church Revolution*, 18에 있다. 곧, "멀티사이트 교회는 여러 곳―같은 캠퍼스에서 다른 강의실, 같은 지역에서 다른 곳, 또는 다른 경우에 다른 도시, 주, 나라―에서 모이는 한 교회이다. 멀티사이트 교회는 공동 비전, 예산, 지도력, 위원회를 공유한다."

50 Brian Frye, "The Multi-Site Phenomenon in North America: 1950~2010" (PhD diss., Southern Baptist Theological Seminary, 2011), 179. 프라이는 세 가지 주요 특징, 곧 사이트의 근접성(네 가지 다양성), 설교 방법론(다섯 가지 선택안), 멀티사이팅하는 과정(일곱 가지 접근방식)에 기초해 서로 다른 모델로 나눈다. 프라이는 인터넷 캠퍼스와 다중 예배를 추가할 다양성으로 나열한다. 멀티사이트와 멀티예배 사이에는 핵심 차이점이 있다고 생각하지만, 인터넷 캠퍼스는 멀티사이트 틀에서 한 선택으로 인식하고 있다.

대답은 다를 수 있다. 둘째 질문에 먼저 대답하겠는데, 멀티사이트 교회가 늘어나는 한 가지 이유는, 자체-선택 과정 진행이라 할 수 있다. 달리 말해, 쇠퇴하는 교회가 멀티사이트 교회로 가려고 고려하지는 않는다고 생각한다. 일반적으로 그것은 쇠퇴를 반전하려는 전략이 아니다. 흔히, 성장할 때 무엇을 해야 하는지에 고군분투하는 교회의 전략, 또는 그들 영향력을 넓히려는 건강한 교회의 전략이다. 따라서, 멀티사이트 교회가 성장함은 아주 자연스럽다. 대체로, 그런 교회의 다수가 멀티사이트 교회로 전환하기도 전에 이미 성장하고 있다고 생각한다. 그러나 멀티사이트 교회가 되면 많은 교회에서 추가로 성장한다는 점을 그리고 몇 경우에 멀티사이트 교회로 전환이 정체한 교회가 다시 성장하는 촉매로 작용했을 수 있다는 점을 부인하지는 않는다.

예를 들어, 멀티사이트 교회에서 가장 눈에 띄는 설교 모델, 곧 동시방송 설교 모델에서, 한 사람이 하는 설교가 모든 사이트로 전달된다.[51] 그런 설교자는 특별한 재능이 있으며 그들 설교는 많은 사람을 끌어들이는 경향이 있다. 게다가, 앞에서 말했듯이, 멀티사이트 교회가 여러 사이트를 허용해 그들이 지역 공동체에 더 깊이 들어가, 복음을 더 잘 상황화하게 한다. 특정 이웃에 한 사이트를 둠으로 교회는 그 이웃이 무엇을 필요로 하는지 더 잘 알고, 그래서 그들 상황에서 선교적 일을 더 잘한다. 따라서, 멀티사이트 교회가 자라는 데는 많은 이유가 있다고 생각한다.

첫째 질문, 곧 멀티사이트 교회가 인기를 얻은 이유에 관한 질문은 조금 다르다. 브라이언 프라이는 멀티사이트 교회 출현을 '세 가지 촉매 요소'와 연결한다. 첫째, 경제 발전으로 선택을 요구하고 프랜차이즈와 브랜드 이름을 평가하는 데 익숙하게 한 소비자 사회

---

[51] 동시방송 설교는 멀티사이트 교회의 거의 50%가 쓴다. Warren Bird, "Leadership Network/Generis Multisite Church Scorecard," Leadership Network (2014), 18을 보라. http://leadnet.org에서 볼 수 있다.

가 발전했다. 둘째, 가속한 이동성으로 멀티사이트 교회는 (그들 회중이 한곳에 절대 모이지 않는데도) 그들 목회 팀을 모았고, 이동 목사 모델을 도입한 멀티사이트 교회에서 목사는 캠퍼스에서 캠퍼스로 이동할 수 있다. 셋째이자 가장 중요한 이유는 직접 만나지 않고도 서로 연결을 경험하게 하는 기술 혁명이다. 동시방송 설교 시스템을 활용하는 많은 교회에게, 기술 혁명은 그런 설교를 가능하게 했으며 사람들이 그 설교를 받아들이는 데 익숙하게 했다.52 그러나 이런 발전이 필요한 전제 조건이었겠으나, 그렇게 큰 인기를 얻은 이유를 모두 다 설명하지 않는다.

지금까지 문헌에서는 "왜 멀티사이트 교회인가?"를 거의 살피지 않는다. 가장 최근 책, 『멀티사이트 교회』는 이유보다 방법을 훨씬 더 많이 다룬다. 주로 실용적 이유를 말한다. 서랫, 리곤, 버드는 "지명도 높은 교회의 멀티사이트 확장은 오늘날 시대와 잘 연결한다"라고 말한다. 멀티사이팅은 교회가 더 큰 건물이나 더 넓은 주차장 확보에 돈을 쓰지 않고 계속 성장한다. 멀티사이트는 교회가 사람이 있는 곳에 더 가까이하고, 사람, 특히 다른 유형 사람을 사랑하는 일을 훨씬 더 잘한다. 멀티사이트 교회는 사람들에게 복음 전하는 일을 잘해, 지상 명령과 큰 계명을 이룬다. 그들은 "멀티사이트 교회가 되기로 선택한 이유는 여러 형태 멀티사이트인 만큼이나 그 이유도 많지만, 멀티사이트 회중의 거의 대다수는 교회로서 그들 사명을 확고히 이루는 경험을 하고 있다."라고 요약한다.53

당연히, 멀티사이트 교회가 인기를 누리며 그 대부분이 성장하는데, 이는 좋은 일인가? 멀티사이트 교회는 성서적 그리고 신학적 근거가 있는가? 이는 칭찬받을 일인가, 성서가 말하는 교회 모델을 왜곡하지는 않는가? 멀티사이트 교회는 많은 이유로 비판받았다.54 어

---

52 Frye, "Multi-Site Church Phenomenon," 63~63.
53 Surratt, Ligon, and Bird, *Multi-Site Church Revolution*, 10, 12, 18, 25.
54 아마 가장 완전한 목록은 Jonathan Leeman, "Twenty-two Problems

떤 사람은 교회가 프랜차이즈하고 브랜딩하는 게 신약성서 교회 비전을 거스른다고 비판한다.55 어떤 사람은 멀티사이트 교회를 이해하면서 교회론을 검토해, "성서 서술이나 전례의 주요 기준에 꼭 들어맞지 않는다", 특별히 침례교인에게 그리고 침례교 회중주의 관행에 문제를 일으킨다고 요약한다.56 타비티 얀야빌리(Thabiti Anyabwile)는 블로그에 「멀티사이트 교회는 마귀에게서」라는 글을 올려 슈퍼스타 목사를 우상처럼 떠받들어 경쟁과 교만을 부추긴다고 비난했다. 멀티사이트 교회가 '지역교회'에서 '지역'을 앗아간다고 주장하며, 기술 영향력에 문제를 제기한다. 실용주의를 지나치게 강조하며 문화에 사로잡히는 위험이 있다고 생각한다.57 아마 가장 흔한 비판은 교회가 특성상 모임이라는 점과 관계가 있다. '모임'은 헬라어 에클레시아(ἐκκλησία)를 잘 옮긴 단어이다. 그러나 어떻게 사람의 한 몸이 같은 시간에 같은 곳에 모이지 않는데도 모임일 수 있는가?58

---

with Multi-site Churches," at https://www.9marks.org/article/twenty-two-problems-with-multi-site-churches, 2017년 8월 14일이다.

55 Thomas White and John M. Yeats, *Franchising McChurch: Feeding Our Obsession with Easy Christianity* (Colorado Springs: David C. Cook, 2009)을 보라.

56 Patrick Willis, "Multi-Site Churches and Their Undergirding Ecclesiology: Questioning Its Baptist Identity and Biblical Validity" (PhD diss., Southwestern Baptist Theological Seminary, 2014), 3을 보라.

57 Thabiti Anyabwile, "Multi-Site Churches Are from the Devil," https://blogs.thegospelcoalition.org/thabitianyabwile/2011/09/27/multi-site-churches-are-from-the-devil, 2017년 6월 29일에 접속. 옮긴이 덧붙임. 타비티 얀야빌리가 쓴 책으로 우리말로 옮긴 책, 곧 『충성된 장로와 집사를 찾아서』, 전의우 옮김 (서울: 국제제자훈련원, 2014); 『건강한 교회 교인의 10가지 특징』, 송용자 옮김 (서울: 부흥과개혁사, 2010)도 참고하라.

58 *The 2009 9Marks eJournal*은 2009년 5~6월호 전체는 멀티사이트 교회를 집중해 다룬다. 그 호에서, 토머스 화이트(Thomas White), 조나단 리만(Jonathan Leeman), 바비 제이미슨(Bobby Jamieson), 그랜트 게인즈(Grant Gaines) 등 모두는 멀티사이트 교회가 결코 모이지 않는다고 비판했다. Grant Gaines, "One Church in One Location: Questioning the

이러한 비판에 무엇이라 대답해야 하는가? 멀티사이트 교회 운동을 하는 사람은 몇 가지로 반박할 수 있을 것이다. 첫째, 멀티사이트 운동에는 아주 많은 모델이 있다. 몇몇 교회는 실제로, 일요일만 아니라 정기적으로 모두가 함께 모인다. 몇몇 교회는 캠퍼스마다 설교 목사를 두어, 한 목사만을 우상처럼 떠받들며 기술을 비판 없이 사용한다는 비난을 누그러뜨린다. 둘째 대답은 멀티사이트 교회에서 볼 수 있는 몇 가지 위험은 인간 마음에 있는 고질병(우상, 교만, 경쟁, 문화에 사로잡힘)이다. 어떤 교회도 그것들로부터 완전히 면역 상태가 아니며, 멀티사이트 교회는 다른 교회 형태보다 더 또는 (덜) 민감하지 않다. 셋째 대답은 더 나은 대안을 찾는다. 오는 사람 모두가 예배당에서 모일 수 없다면, 대안은 무엇인가? 좋은 청지기는 더 큰 건물과 더 넓은 주차장을 건설하지 않는다. 기독교는 사람을 외면하지 않아야 한다. 교회 개척은 또 다른 어려움을 일으킨다. 멀티사이트 교회는 어떤 경우에 가장 나쁜 선택이 아닐 게다. 그러나 넷째 대답은 성서적·신학적 근거로 멀티사이트 교회를 지지하는 좋은 사례를 제시한다. 여기서 그레그 앨리슨 책을 참고할 수 있다. 그는 특히 멀티사이트 교회의 몇몇 형태를 비판하는 많은 점이 타당하다고 인정한다. 그러나 그가 지지하는 멀티사이트 교회 형태에는 성서적 근거와 신학적 이유가 있다고 믿는다.[59]

성서적으로, 앨리슨은 어떤 사람의 "집에서 모이는 교회"를 말하는 신약성서 구절(롬 16:5; 골 4:15; 몬 2)에 주목한다. 한 집에서 모

Biblical, Theological, and Historical Claims of the Multi-Site Church Movement" (PhD diss., Southern Baptist Theological Seminary, 2012)는 같은 비판을 더 자세히 말한다. Mark Dever and Paul Alexander, *The Deliberate Church* (Wheaton, IL: Crossway, 2005), 87는 멀티사이트 교회 예배를 비판하는 데 쓰인다.

59 Allison, *Sojourners and Strangers*, 311~12. 앨리슨이 멀티사이트 교회 운동에 관해 개정한 내용은 Brad House & Gregg Allison, *Multichurch: Exploring the Future of Multisite* (Grand Rapids: Zondervan, 2017)을 보라.

일 수 있는 수, 그리고 고린도와 같은 한 도시에 있는 그리스도인 수를 고려하면, 더 작은 가정 교회 모임은 전체 교회 하위 모임인 듯하다.60 그 패턴은 예루살렘에 있는 교회 규모를 고려하면 거의 확실할 수 있다. 교회는 성전에서 전체로 만났겠으나, 가정 모임(행 2:46)은 일부 모임이었을 게다.

내가 생각하기에, 바울이 한 도시에 있는 교회를 단수형 '교회'로 항상 말한 게 중요하다. 누가는 사도행전에서 그렇게 한다. 그러나 예루살렘에서 한 교회는 한 집에서만 모일 수도 없는 큰 규모였다. 같은 현상은 또 다른 큰 도시 대부분에서도 마찬가지였을 게다. 따라서 예루살렘 (그리고 다른 여러 도시)에서 한 교회가 함께 모였다는 이유로 한 교회로 여겨지지 않았을 거다. 사실, 여러 가정 교회가 연결해 운영했어도, 한 교회로 여겨졌다.61 이 초기 교회들 연합은, 사도행전 2:44이 말하는 대로 관계적 연합으로 여겨야 한다고 생각한다. 믿는 사람 3,000명 모두는, 같은 시간에 같은 장소에 가 아니라, 서로 돌보고 더 작은 모임으로 함께 식사하며 서로 서약한 관계에 따라 살아감으로 "함께했다". 이는 바울이 한 지역에 흩어져 있는 교회를 항상 복수형으로 쓴 이유라고 생각한다. 그들은 지리적 거리 때문에 한 교회로서 관계적 연합을 이루지 못했다. 그래서 복수형 교회다. 멀티사이트 교회와 관련해, 이는 전체 주 그리고 지역에 퍼져 있는 확장 멀티사이트 교회보다는 지역화한 멀티사이트 교회를 더 강력하게 지지한다고 생각한다.62

---

60 Allison, *Sojourners and Strangers*, 312~13. "전체 교회" 언급을 로마서 16:23과 고린도전서 14:23을 보라.

61 이는 Roger Gehring, *House Church and Mission: The Importance of Household Structures in Early Christianity* (Peabody, MA: Hendrickson, 2004)이 내린 결론이다. 그는 "로마에 많은 가정 교회가 있었다" 그리고 "많은 가정 교회가 고린도에 있는 전체 지역교회와 함께 있었다고 확신할 수 있다"라고 생각한다(296쪽).

62 이 논증을 더 자세힌 설명한 내용은 John S. Hammett, "What

또한 앨리슨은 "교회의 선교적 특징과 그 연합"63에서, 멀티사이트 교회를 지지하는 신학적 근거를 말한다. 교회는 여러 곳에서 한 지역사회에 깊이 들어갈 수 있다. 그것은 지역 사람들에게 그들 이웃을 떠나서 교회에 다니라고 요구함으로, 그들 '선교적/관계적 연결망'에서 벗어나게 하지 않는다. 게다가, 멀티사이트 교회에 기대하는 결과의 하나는 성장이며, 멀티사이트 교회가 됨으로써 교회는 새로운 건물을 짓는 데 막대한 부채를 들이지 않고 또한 성숙한 회원과 지도자가 없는 교회를 개척하지 않고도 교회 성장을 수용할 수 있다.64 교회 연합과 관련해, 앨리슨은 멀티사이트 교회가 공유하는 '공통점'—'선교, 비전, 재정, 리더십' 등—으로 상호 협력과 상호 의존과 같은 '성경적 덕목'을 '구체적인 방식으로' 구현할 수 있다고 생각한다.65

내 친구들은 두 진영 모두에서 사역하는데, 그들 두 진영 주장에는 장단점이 있다. 모든 회원이 결코 함께 모이지 않으면 진정한 회중제, 특히 교회 권징을 어떻게 시행할 수 있을지가 궁금하지만, 모든 회원이 주마다 한 곳에서 모이지 않는다 해도 멀티사이트 교회를 자동으로 무효화한다고 생각하지 않는다. 그러나 예루살렘 교회는 어떻게든 회중이 집사를 선출할 정도로 행동할 수 있었지만, 여러 가정 모임에 흩어져 있는 한 교회로서 그렇게 했다. 멀티사이트 교회의 모든 형태는 다른 형태보다 옹호할 수는 있어도, 모든

Makes a Multi-Site Church One Church?" in *Marking the Church: Essays in Ecclesiology*, eds. Greg Peters and Matt Jenson (Eugene, OR: Pickwick, 2016), 3~16을 보라.

63 Allison, *Sojourners and Strangers*, 314.

64 Allison, *Sojourners and Strangers*, 315, n. 50에서는 "전통 방식으로 교회 개척하는 방식은 멀티사이트 교회 성장보다 그 비용이 30%나 더 든다" 그리고 멀티사이트 교회 접근방식은 "사람들이 여러 곳에서 섬길 기회를 더 많이 만든다"라고 주장한다.

65 Allison, *Sojourners and Strangers*, 315.

형태가 성서적으로 또는 신학적으로 타당하지 않다고 나를 설득한 어떤 반대 논증도 보지 못했다.

멀티사이트 교회를 두고 모든 형태의 멀티사이트가 성경적으로나 신학적으로 무효라고 확신하는 논거를 찾지 못했지만, 일부 교회는 다른 교회보다 훨씬 더 옹호할 수 있다. 예를 들어, 여러 주에 걸쳐 확장한 멀티사이트 교회가 사도행전 2:44~45에서 볼 수 있는 관계 연합 유형을 실천하기란 매우 어렵다고 생각하고, 사람들에게 정기적으로 말씀을 선포하지 않는 캠퍼스 목사가 있는 게 그들에게 정말로 좋은지 궁금하다.66 그러나 멀티사이트 교회 지지자는 관계 연합을 실천하는 어려움이 많은 전통적 대형 교회에서도 마찬가지라고 생각하는데, 거기서 회원 대부분은 다른 회원 대부분을 모기에 그들 말에 일리가 있다. 나는 멀티사이트 교회가 한 사이트가 자율적인 지역교회로 따로 서게 할 때를 의식적으로 계속 평가하는 과정에 있기를 더 좋아한다.67 이것은 앨리슨이 언급한 선교적, 연합적 이점을 포기하지 않으면서도 멀티사이트 교회의 잠재적 문제를 모두 해결할 수 있는 가장 현명한 방법이라고 생각하는데, 이는 많은 전통적인 자율적 지역교회도 헌신해 함께 일함으로 이룰 수 있다고 생각한다.

---

66 따라서, 조나단 리먼이 제시하는 22개 모두를 공유하지 않지만, 그가 나열하는 멀티사이트 교회의 여러 형태에 관한 몇 가지 '불안감'은 공유하며, 아마 멀티사이트 교회에 관해 내가 느끼는 불안감은 그가 느끼는 불안감보다 크지 않다. Jonathan Leeman, "Twenty-two Problems with Multi-Site Churches,' at https://www.9marks.org/article/twenty-two-problems-with-multisite-churches, 2017년 8월 14일 접속을 보라.

67 몇몇 멀티사이트 교회는 캠퍼스가 자율적인 지역교회로 서게 하는 추세에 관해 이야기를 나눈다. 달라스 지역 빌리지 교회(The Dallas-area Village Church)는 2015년에 한 캠퍼스를 지역교회로 세웠고, 2022년까지 나머지 5개 캠퍼스를 지역교회로 세우겠다고 계획한다. 네슈빌과 캔자스에 있는 멀티사이트 교회는 비슷한 전략에 따른다. David Roach, "Multisite: TX church's decision sparks talk of trends," 1, http://www.bpnews.net/49679/multisite-tx-churchsdecision-sparkstalk-of-trends, 2017년 10월 10일에 접속을 보라.

되돌아가기

다른 여러 반응과 조금 겹치는 또 다른 반응은 '되돌아가기'라 이름 붙인다. 특히 침례교 삶에서 과거 침례교회를 특징짓는 몇 가지 원칙과 관행으로 돌아가야 교회가 현대 도전에 가장 잘 대응할 수 있다고 생각하는 사람을 대변한다.

이 관행을 지지하는 주요 인물은 9개 표지로 불리는 조직에 연합한 사람들이다. 마크 데버가 쓴 책, 『건강한 교회의 9가지 특징』[68]에서 가져온 이름을 보면, 9가지 특징은 여러 국면이 있는 사역이지만, 교회론에 초점을 맞춘다. 그 웹사이트에서는 다음 말을 한다.

> 9가지 특징에, 책, 논문, 서평을 올린다. 우리는 콘퍼런스를 주최하고, 면담을 녹화하고, 교회 지도자와 면담한다. 간단히 말해, 우리는 목사, 목사 후보자, 교인이 성경적 교회가 어떤 모습인지 깨닫고 교회를 세우는 데 실질적으로 조치하게 도우려고 최선을 다한다.[69]

이는 1998년에 교회 개혁 센터(The Center for Church Reform)로 시작했다. 마크 데비는 캐피털힐침례교회(Capitol Hill Baptist Church) 목사로 섬기고 있었는데, 이 센터 설립 이래로 9가지 특징 사역연구소(9Marks Ministries) 대표직을 맡고 있다. 처음 몇 년 동안은 데버만이 자기 목소리를 크게 냈지만, 지난 10년 동안에 많은 저자가 '9가지 특징(IX 9Marks)'이라는 로고를 단 여러 책을 출판했다:[70]

---

[68] *Nine Marks of a Healthy Church*, 3rd ed. (Wheaton, IL: Crossway, 2013)은 100,000권 이상 팔렸고, 12개 언어로 번역됐으며 3개 언어로 번역되고 있다.

[69] "What Does 9Marks Do?" at https://www.9marks.org/about/what-does-9marks-do/, 2017년 8월 14일에 접속.

[70] 로고 'IX 9Marks'를 단 책 대부분은 일리노이주 휘튼에 있는 크로스

Thabiti Anyabwile, *What Is a Healthy Church Member?*; Jeramie Rinne, *Church Elders: How to Shepherd God's People Like Jesus*‖『교회의 장로』—하나님의 백성을 예수님처럼 인도하기』, 정혜인 옮김 (서울: 부흥과개혁사, 2016); Bobby Jamieson, *Going Public: Why Baptism Is Required for Church Membership*; 특히 조나단 리만은 11권을 쓰거나 엮었는데, 교회 회원자격에 관한 책, 곧 *The Church and the Surprising Offense of God's Love*; *Church Membership: How the World Knows Who Represents Jesus*; and *Don't Fire Your Church Members*도 있으며, 그는 지금 9가지 특징 사역연구소 편집책임자로 섬긴다. 그들은 온라인 서점에서 24개 언어로 출판한 전체 61권을 판매하는데, 몇 권은 무려 100,000권 이상 팔렸다.71 지난해, 8,000명이 그들 콘퍼런스에 참석했고, 수만 명이 *9Marks Journal*을 받았는데, 이는 온라인에 4분기마다 발행하고, 많은 호는 인쇄본도 있다.72

   데버가 말하는 9가지 표지는 교회론 문제 범위는 넘는다. 사실, 처음 5가지 특징, 곧 강해 설교, 성서신학, 복음, 성서적 회심 이해, 복음 전도 성서적 이해 등은 건강한 교회에 꼭 있어야 하지만, (일반적으로 교회론 범주에 (속해야 하지만) 속하지 않는다. 그러나 특징 여섯째, 일곱째, 아홉째는 낱낱 교회 회원자격 성서적 이해, 성

웨이 출판사(Crossway Books)에서 출판했으나, 몇 권은 네슈빌에 있는 B&H출판사에서 출판했다. 모든 책은 표지에 로고 'IX 9Marks'가 있다.

  71 그레그 길버트(Greg Gilbert)가 쓴 3부작, 곧 *What Is the Gospel?*; *Who Is Jesus?*‖『예수님은 누구신가』, 전의우 옮김 (서울: 규장, 2015); *Why Trust the Bible?*‖『왜 성경을 믿는가』, 전의우 옮김 (서울: 규장, 2016)은 초판만 거의 300,000권 팔렸으며, 아랍어, 중국어, 러시아어로 번역됐다. 지난 12년 동안 온라인 서점 판매 금액은 $350,000이다.

  72 지은이가 묻는 말에 9가지 표지 사역연구소에 근무하는 직원이 대답한 덕분에 많은 정보를 앞 단락에 제시했다. 조나단 리만, 알렉스 듀크(Alex Duke), 대니얼 가드너(Daniel Gardner), 메리 벳 프리만(Mary Beth Freeman)에게 감사드린다.

서적 교회 권징, 성서적 교회 지도력인데, 우리는 이것들을 핵심 교회론 문제로 다룬다. 그리고 데버가 형용사 '성서적'이라는 용어를 쓰는데, 이 특징들은 역사적으로 침례교 특징이다. 사실, 교회 개혁 센터가 출판한 첫 번째 책은 마크 데버가 『교회 정치(*polity*)』라는 단순한 이름으로 편집한 책이다.73 세부 제목 두 개, 곧 『역사적 침례교 문헌집(*A Collection of Historic Baptist Documents*)』, 또 『교회 생활하는 방법에 관한 성서적 주장(*Biblical Arguments on How to Conduct Church Life*)』가 그 책을 더 완벽히 설명한다. 이 책은 1697년부터 1874년까지 발간한 '역사적 침례교 문서' 10개 재판본으로 주로 이뤄진다. 그 10개 침례교 문서에서 주요 주제 몇 개는 교회 회원자격에 요구 조건, 교회 권징을 어떻게, 언제, 왜, 무엇을 위해 시행하는지 안내, 교회 지도력 형태와 역할 등이다.74 더 이른 침례교인 (그리고 9가지 표지 사역연구소에서 사역하는 사람들)은 이런 이해와 관행의 궁극적 원천이 성서라고 주장하겠으나, 데버는 우리가 되돌아가서 더 이른 침례교인의 이해와 관행을 회복함으로 오늘날 건강한 교회를 세울 수 있다고 주장한다.

다른 이들도 이 역사적 관행을 되찾는 게 중요하다고 말한다. 교회 회원자격에 관해, 톰 레이너는 "우리 교회가 사도 바울이 고린도전서 12장에서 명령한 헌신한 회원자격으로 돌아가야만 감소 추세를 더는 보지 않는다. 그러나 교회 회원자격이 참으로 뜻깊어야, 우리 교회가 하나님의 나라와 영광을 위한 거침없는 힘으로써 제

---

73 Mark Dever, ed., *Polity: Biblical Arguments on How to Conduct Church Life* (Washington, DC: Center for Church Reform, 2001).

74 10개 문서 가운데, 모두가 교회 권징을 (이따금 '교회 견책' 규정 아래에 두기도 하지만) 폭넓게 언급하며, 9개는 교회 지도력에 관한 논의를 (폭넓게 여러 차례) 포함하며, 8개에는 교회 회원 의무에 관한 주요 자료가 있다. 모두에는 교회 권징과 교회 정치에 관한 가르침에서 교회 지도력에 관한 분명한 가르침이 있다. 교회 회원자격, 권징, 지도력이 이 10개 문서, 그리고 역사적 침례교 교회론 전체에서 핵심 주제라고 말해도 타당하다.

역할을 한다."75라고 말한다. 고린도전서 12장 (그리고 신약성서 나머지)에서 확인할 수 있는 뜻깊은 회원자격 유형으로 되돌아가는 실제 방법 측면에서, 오늘날 교회는 역사적 침례교 이해와 관행에서 큰 도움을 받는다.76

릭 워렌은 (교회 서약서 서명 요구 같은) 뜻깊은 회원자격 관행과 교회 권징 관행을 결합한다. 곧, "새들백교회는 교회 권징—오늘날 듣기도 어려운 일—을 집행한다. 여러분이 회원 서약을 지키지 않으면, 교회 회원자격을 잃는다. 우리는 해마다 회원 명부에서 수백 명 이름을 삭제한다."77 워렌이 오늘날 교회 권징을 듣기도 힘들다고 한 말은 옳다. 그러나 목사는 역사적 침례교 사상으로 되돌아감으로 교회 권징의 상상할 수 있는 거의 모든 국면을 폭넓게 토론하고 성찰할 수 있다.

교회 지도력에 관해, 요즘 논의에서 침례교회 지도자를 '장로'라 부르고 한 지역교회에 장로 여럿을 두는 일은 상당한 화젯거리이다. 필 뉴턴이 『장로—그 신비로운 부르심과 사명』을 쓴 이래,78 그는 자기와 마트 슈무커(Matt Schmucker)는 목사들에서 장로 그리고 복수 장로에 관해 "셀 수도 없는 전화, 이메일, 방문을 받았다." 그는 "세 가지 주요 요소, 곧 성서, 침례교 역사, 교회 생활의 실제 문제 등으로 나는 복수 장로로 향했다"79라고 증언한다.

---

75 Thom Rainer, "#1 Reason for the Decline in Church Attendance," 3, http://thomrainer.com/2013/08/the-number-one-reason-for-the-decline-in-church-attendance-and-fiveways-toaddress-it/, 2017년 7월 17일 접속.

76 이 역사적 침례교 이해와 관행에 관한 더 자세한 내용은 이 책 4장 「거듭난 사람, 교회 회원자격」을 보라, 내가 생각하기에 이는 '교회의 침례교 표지'라 해야 정확하다.

77 Rick Warren, *The Purpose-Driven Church* (Grand Rapids: Zondervan, 1995), 54. ‖『목적이 이끄는 교회—새들백교회 이야기』, 김현회·박경범 옮김 (서울: 디모데, 2010), 68.

78 Phil A. Newton, *Elders in Congregational Life* (Grand Rapids: Kregel, 2005)‖『장로—그 신비로운 부르심과 사명』, 차명호 옮김 (서울: 미션월드라이브러리, 2008).

이것들과 다른 영역에서, 목사와 교회 지도자는 오늘날 바뀐 문화 풍경에서 20세기 침례교회의 많은 방법과 관행이 더는 효과가 없음을 깨닫는다. 수치상으로는 효과가 있어도, 장기적으로 건강하게 교회를 세우는 데 성경적이며 효과적인지는 의문스럽다. 그래도 많은 사람이 오늘날과 같이 침례교인이 소수였던 초기에 침례교를 특징짓고 지탱한 관습으로 되돌아가 오늘날 바뀐 풍경에 적절한 도움을 찾는다.

활력 되찾기

마지막 반응은 교회가 오늘날 맞닥뜨린 바뀐 풍경 일부인 감소하는 현실을 자세히 다룬다. 그러한 감소는 미국에서 해마다 8,000~10,000개 교회가 문 닫는 사실에 반영돼 있다.[80] 살아남은 교회들의 복음주의 교회들 사이에서도 70~80%가 정체 상태이거나 쇠퇴한다는 여러 연구 결과가 있다.[81] 그리고 수적 성장이 교회 건강을 나타내는 유일한 지표는 아니어도, 이전에 견고하고 건강했던 많은 교회가 죽어가는 과정으로 많은 관찰자 눈에 띈다.

한 가지 반응은 새로운 교회 개척이었고 이는 계속한다. 이는 미국에 있는 성장하는 도심에서 앞으로 중요한 반응이다. 그러나 새로운 교회 개척과 함께, 죽어가는 교회를 죽게 버려두는 게 아니라 다시 살리려는 새로운 관심이 커지고 있으며, 그러한 노력을 시도하는 이들을 안내하려는 문헌이 적지만 늘어나고 있다.[82]

---

[79] Phil A. Newton and Matt Schmucker, *Elders in the Life of the Church: Rediscovering the Biblical Model for Church Leadership* (Grand Rapids: Kregel, 2014), 19.

[80] These are the numbers from Thom Rainer, "13 Issues for Churches in 2013," http://www.churchleaders.com/pastors/pastor-articles/164787-thom-rainer- 13-issues-churches-2013.html, 2017년 9월 4일 접속.

[81] Jeff Christopherson, "Foreword," in Mark Clifton, *Reclaiming Glory: Revitalizing Dying Churches* (Nashville: B & H, 2016), xv.

이 장 앞에서 제시한 여러 반응은 서로 많이 겹친다. 예를 들어, 교회가 죽어가는 한 가지 이유는 더는 지역사회 언어를 쓰지 않기 때문이다. 많은 경우, 교회 주변 지역 인구 통계가 변경돼 더는 남은 교회 회원 수 통계와 일치하지 않는다. 또한, 남은 회원의 많은 수가 이사해 더는 교회 주변에 살지 않는다. 활력을 되찾으려면, 교회는 상황화 지역에서 열심히 사역해야 한다. 그들은 지역사회 구성원들을 알고, 그들 상처와 필요를 이해하여 그들 삶에 의미 있게 복음을 전할 수 있어야 한다. 마크 클리프턴은 이 과정을 공동체 읽어내기로 서술한다.83 앤드류 데이비스(Andrew Davis)는 이를 특별히 예배 형태 문제에 적용한다. 곧, "주위 문화와 음악으로 연결하기를 거부하는 교회는 젊은이 신자에게 더는 매력적이지 않고 늙어간다."84 그는 교회가 "교회 생활에서 영원한 것과 … 일시적인 것을 아주 분명히 구분"하라고 한다. 이 일이 바로 상황화이다.

활력을 되찾는 또 다른 국면은 선교적 자세를 갖는 반응이다. 활력을 되찾으려는 교회는 그들 지역사회를 알아야 하며, 또한 그들을 적극적으로 섬겨야 한다. 과거에, 그러한 교회는 그곳에 있으면서 사람들에게 필요한 프로그램을 제공함으로 성장했으며 건강했다. 그러나 오늘날 상황에서, 교회는 그런 매력적 방법으로만 활력을 되찾을 수 없다. 오히려 사람들이 교회 건물에 들어오게 하는 방법에 초점을 맞추기보다는, 교회는 교회 회원이 "계속해서 지역사회

---

82 Mark Clifton, *Reclaiming Glory*; Andrew M. Davis, *Revitalize: Biblical Keys to Helping Your Church Come Alive Again* (Grand Rapids: Baker, 2017); Brian Croft, *Biblical Church Revitalization: Solutions for Dying and Divided* Churches (Christian Focus: Fearns, Scotland, 2016); Thom Rainer, *Autopsy of a Diseased Church: 12 Ways to Keep Yours Alive* (Nashville: B & H, 2014)를 보라. 클리프턴은 다시 심기를 활력 되찾기 동의어로 쓰지만, 둘 다 죽어가는 교회 현실에 반응이며, 둘 다를 이 논의에 포함한다.

83 Clifton, *Reclaiming the Glory*, 63~66.

84 Davis, *Revitalize*, 26.

사람들 삶에 참여하게 하는 데" 집중해야 한다고 클리프턴은 주장한다. 뚜렷이 표현하면, "교회 이름을 바꾸거나, 건물을 새롭게 꾸미거나, 음악을 바꿔서 여러분 교회를 여러분 지역사회에 새롭게 정의하려고 하지 말라. 지역사회를 섬기는 방법으로 여러분 교회를 여러분 지역사회에 새롭게 정의하라." 클리프턴이 경험한 바에 따르면, 교회가 그렇게 했더니, "그제야 사람들이 교회를 눈여겨봤다."85

활력 되찾기에서 또 다른 부분은 앞에서 논의한 주요 반응, 곧 특히 지도력 구조와 회원자격 문제에서 더 이른 관행으로 되돌아가기와 관련이 있다. 브라이언 크로프트(Brian Croft)는 활력 되찾기 프로젝트에서 지도력 구조 문제는 마지막에 자주 다루지만, 교회 성장과 건강에 아주 중요하다고 말한다.86 데이비스는 복수 장로제 관행으로 돌아가는 게 활력 되찾기에서 "올바른 방향으로 가는 길에 헤아릴 수도 없을 만큼 큰 도움이며 중요한 행보"라고 촉구한다.87 교회 회원자격 관점에서, 크로프트는 건강한 교회 회원자격을 유지하는 중요성을 언급함으로 과거 관행이 다시 울려 퍼지게 한다. 회중제 교회 정치 관행과 관계에서, 회원자격이 건강할 때, "회중제는 아름다우며 생기를 주지만, 그것이 건강하지 않으면 '열차 사고'가 난다."88

그러나 앤드류 데이비스가 전하는 '여러 교훈'이나 마크 클리프턴이 강조하는 '여러 명령'은 성서에서 명령한 문제이다. 곧, "쉼 없이 기도하라." 사람을 사랑하라. 하나님 말씀을 선포하라. 제자 삼아

---

85 Clifton, *Reclaiming the Glory*, 65.

86 Andrew Smith(앤드류 스미스)에 보고한 대로, Croft, "Endure Trials in Church Revitalization, Pastors Say," 2, http://www.baptistpress.com/49391/endure-trials-in-church-revitalization-pastors-say, 2017년 8월 22일 접속.

87 Davis, *Revitalize*, 26.

88 Croft, "Endure Trials," 2.

라.[89] 게다가, 디모데전서 3:1~7 그리고 디도서 1:5~9에 따라, 데이비스는 교회 재활성화를 맡을 목사의 성품이 중요하다고 강조한다. 그 사역을 할 목사는 자기가 아니라 하나님을 의지하면서 거룩해야 하고, 겸손하나 용기가 있어야 하며, 참을성이 있으며 분별력이 있어야 한다. 그는 낙담과 영적 공격을 예상하고 극복해야 한다.[90]

이런 여러 어려움에도, 교회 활력을 찾는 데 성공한 이야기가 더러 있다. 데이비스와 클리프턴은 그들이 참여해 경험한 이야기를 하고, 에드 스테처와 마이크 도슨은 훨씬 더 많은 사례를 말한다.[91] 그러나 이 장 전체 메시지는 조금 실망스러울 수 있다. 바뀐 풍경으로 복음의 진보가 더 어렵고, 바뀐 성 윤리와 신앙 쇠퇴 현실이 우리 시대를 정의하는 상황에서, 북아메리카에 있는 교회는 부인할 수 없는 도전에 맞닥뜨린 상태이다. 대조적으로, 전 세계 교회의 전망으로 관심을 돌리면, 훨씬 더 밝고 긍정적인 이야기를 들을 수 있다. 마지막 장에서는 그 이야기를 듣겠다.

---

[89] 데이비스와 클리프턴은 둘 다 기도와 제자 삼기 중요성을 강조한다. 클리프턴은 죽어가는 교회의 남은 회원을 사랑하라고 특별히 강조하며, 데이비스는 하나님 말씀 선포의 중요성을 아주 강조한다. 데이비스가 제시한 '14개 교훈' 전체는 Davis, *Revitalization*, 22~27을 보라. 클리프턴의 '6개 명령'은 Clifton, *Reclaiming the Glory*, 53~76을 보라.

[90] Davis, *Revitalize*, 23~25. Clifton, *Reclaiming the Glory*, 144에서는 교회를 개척할 사람에게, "여러분은 심각한 영적 공격과 깊고 어두운 우울증을 예상할 수 있다"라고 말한다.

[91] Ed Stetzer and Mike Dodson, *Comeback Churches: How 300 Churches Turned Around and Yours Can Too* (Nashville: Broadman & Holman, 2007)‖『(다시 부흥한) 324 교회 성장 리포트』, 김광석 옮김 (서울: 요단출판사, 2010).

온 세상으로 13장
—세계 교회 미래
INTO ALL THE WORLD
The Future of the Global Church

　이 책은 기본적으로 북아메리카에 있는 교회를 주요 대상으로 하지만, 5부에서 다루는 질문("교회는 어디로 가는가?")은 초점을 넓혀 글로벌 관점까지 포함해 대답할 수밖에 없다. 기술이 세상을 좁게 만들고 우리가 점점 더 지구촌이 되어가면서 전 세계 교회 동향과 발전은 미국 교회에 영향을 끼칠 가능성이 크다. 또한 모든 그리스도인은 그리스도의 한 우주적 몸에 속하며 그리하여 서로 교제하기에, 더 큰 몸의 건강과 복지에 관심을 가지는 일은 전적으로 옳다. 나아가, 모든 그리스도인은 모든 민족을 제자 삼으라는 명령(마 28:19~20)을 공유하기에, 연합하여 그 명령에 복종함과 관련해서 자기 진보를 평가함은 아주 적합한 일이다. 마지막으로, 교회는 그리스도께서 악한 세력이 펼치는 모든 반대에도 당신 교회를 세우시겠다고 하신 약속을 받았기에(마 16:18), 전 세계 교회의 진보를 개관하고 그리스도께서 성취하신 일을 찬양함은 아주 유익하다.

놀라운 이야기

일반 역사가는 거의 인식하지 못하지만, 전 세계 교회의 진보, 특별히 지난 250년 동안 교회 발전은 놀라운 이야기이다. 앤드류 월즈(Andrew Walls)는 1789년에 기독교를 보았던 화성에서 온 방문객이 200년 후에 와서 어떻게 다시 그것을 보았을지 비교한다. 1789년에 "그는 기독교를 백인 종교로 생각했겠지만," 200년 후에 "그는 기독교가 세계 종교로서 … 모든 대륙에, 가장 다양하고 완전히 다른 기원과 문화를 가진 사람들 가운데 확고히 세워져" 있는 것과 "오직 백인(200년 전에는 기독교가 그들에게 한정으로 보였지만) 가운데로만 쇠퇴했음을 발견할 것이다."[1] 후스토 곤잘레스(Justo González)는 "기독교 역사 관점에서, 19세기에 가장 중요한 사건은 진정으로 보편적 교회, 거기에 모든 민족과 나라 백성이 참여하는 교회 설립이었다는 사실은 의심할 여지가 없다."라고 단호히 말한다.[2] 피터 젠킨스(Peter Jenkins)는 지난 세기에 일어난 종교적 변화의 중요성을 무시하는 동료 역사가를 꾸짖으면서, 그러한 무관심을 "18세기를 회고하면서 가까스로 프랑스 혁명을 놓치는 일과 마찬가지일 정도로 우스운 근시안 사고"라고 부른다.[3]

---

[1] A. F. Walls, "Outposts of Empire," in *Introduction to the History of Christianity*, ed. Tim Dowley (Minneapolis, Minn.: Fortress Press, 2002), 557.

[2] Justo Gonzalez, *The Story of Christianity* (Peabody, Mass.: Prince Press, 2001), 2:303.

[3] Philip Jenkins, *The Next Christendom: The Growth of Global Christianity* (Oxford, U.K.; New York: Oxford University Press, 2002), 1.

선교 운동의 광범위한 영향력을 알고 정리한 한 인물이 로버트 우드베리(Robert Woodberry)인데, 그는 선교사, 교수, 이슬람 학자 J. 더들리 우드베리(J. Dudley Woodberry)의 아들이다. 사회학자로서 14년 연구하고서, 우드베리는 그 결과를 학술지 『미국 정치학 논단(*American Political Science Review*)』에 기고해, 특별히 "보수적 개신교" 선교사가 "신앙의 자유, 대중 교육, 대량 출판, 신문 발행, 자원봉사 조직, 식민지 개혁 등이 발전하고 확산하는 시작점에서 중요한 촉매 역할을 해, 더 안정적인 민주주의를 낳은 여건을 조성했다"4라고 주장한다. 『크리스채너티 투데이(*Christianity Today*)』에 이어지는 보고서에서, 우드베리는 경제 발전, 건강관리, 유아 사망률, 교육, 특히 여성 교육에 선교사가 끼친 영향력도 더했다.5

이 책은 선교 역사에 관한 책이 아니다. 그러한 임무는 다른 많은 저자가 더 훌륭하게 이뤘다.6 하지만 교회가 어디에서 왔는지 모르면, 교회가 어디로 가는지 분별할 수 없다. 따라서 선교 역사를 간략히 개관하겠다.

교회 역사에서, 처음 천 년 동안 유럽 전역에 기독교를 전파하는 일에 관여한 많은 영웅적 선교사가 분명히 있었으며, 종교개혁 후

---

4 Robert Woodberry, "The Missionary Roots of Liberal Democracy," *American Political Science Review* 106, no. 2 (May 2012): 244~74.

5 Andrea Palpant Dilley, "The World the Missionaries Made," *Christianity Today* (January~February 2014): 34~41.

6 선교 역사에 관한 고전은 Kenneth Scott Latourette, *A History of the Expansion of Christianity* (Grand Rapids: Zondervan, 1937~1945)인데, 7권으로 이뤄졌다. Stephen Neill, *A History of Christian Missions* (Baltimore, Md.: Penguin Books, 1964)는 더 간결한 이야기이다. Ruth Tucker, *From Jerusalem to Irian Jaya: A Biographical History of Christian Missions* (Grand Rapids: Academie Books, 1983)∥『선교사 열전—예루살렘에서 이리안자야까지, 비범하면서도 평범했던 선교사들의 이야기』, 오현미 옮김 (서울: 복있는사람, 2015)는 같은 주제에 관한 놀라운 접근인데, 그녀는 선교 역사를 99개 짧은 전기 형태로 서술한다.

시대에 유럽 나라들이 식민지화한 땅으로 복음을 가져간 다른 사람들이 있었지만, 근대 선교사 운동은 일반적으로 18세기 말에 시작해 19세기에 폭발적으로 성장했다.

그 선교 운동 아버지로 불리는 선교사는 침례교인 윌리엄 캐리(William Carey)이며, 그가 1792년에 쓴 「그리스도인이 이교도 회심에 수단을 써야 할 의무에 관한 연구(An Enquiry into the Obligations of Christians, to use Means for the Conversion of the Heathens)」는 선교 역사에서 획기적 사건이다.7 캐리는 종교개혁 이후로 일반적으로 받아들여진 해석과 대조적으로 모든 민족을 제자 삼으라는 그리스도의 명령(마 28:19~20)이 사도들에게 제한되지 않고 모든 그리스도인에게 구속력이 있다고 주장했다. 그리하여 그리스도인은 그리스도의 명령에 순종하려고 '수단'을 사용해야 할 의무가 있었다. 캐리가 제안한 구체적 수단은 이방인 개종 사역을 할 선교사를 보내는 일을 지원하려는 모든 사람으로 구성한 협회 만들기였다. 캐리가 한 독려에, 1792년에 영국 침례교회의 한 작은 무리가 그러한 협회를 구성하고 캐리를 그들 첫 번째 선교사로 인도로 보냈다. 거의 즉각적으로 영국과 북미 다른 교단이 그 뒤를 따랐다. 최고 선교 역사가 케네스 스캇 라투렛(Kenneth Scott Latourette)이 선교의 '위대한 세기'라고 부르는 19세기에 선교사 수천 명이 사방팔방 모든 대륙으로 나아갔으며, 기독교는 최초로 유일한 진정한 세계 종교가 되었다. 많은 사람이, 특별히 중앙아프리카에서 순교했지만, 한 선교사가 죽으면 다른 선교사가 앞으로 한 걸음 나아갔다. 그것은 진정으로 놀라운 용기와 사랑 이야기이며, 더 잘 알려진 그 시대 정치 지도자들이 이룬 성취보다 훨씬 더 뜻깊은 방식으로 세상 모습을 바꾼 이야기이다.

---

7 캐리의 생애에 관한 전기와 함께 캐리의 글 전문은 Timothy George, *Faithful Witness: The Life and Mission of William Carey* (Birmingham, Ala.: New Hope, 1991)에서 볼 수 있다.

그러한 진보는 20세기에 두 차례 세계대전으로 가로막혔어도 계속했다. 오히려 2차 세계대전 과정에서 세상을 보았던 사람들 일부가 미국으로 돌아와 결국 그들이 고향에 머물 수 없다는 것을 발견하면서, 그것은 더 많은 진보를 자극했다. 그들은 세상의 필요를 직접 봤으며 반응하지 않을 수 없다고 느꼈다. 2차 세계대전 후 시대에 새로운 선교 사역 물결이 주로 북아메리카 복음주의 교회에서 일어났으며, 랠프 윈터(Ralph Winter)가 이 시대에 관해 『25년 동안 믿기 힘든 해, 1945년에서 1969년까지』를 쓰게 했다.8

또한 윈터는 선교 지도자가 선교 임무를 보기 시작하는 방식을 재구성하는 일에 크게 이바지했다. 그는 지상 명령이 모든 민족, 곧 ἔθνη[에드네]를 제자 삼으라고 우리에게 말한다는 점에 주목했다. 그는 그리스도인에게 단순히 복음을 모든 사람에게 전하려고 애쓰지 말고, 특별히 복음을 듣지 못한 사람에게 전하는 일에 초점을 맞추라고 호소한다. 자기 민족 언어학적 집단에 있는 그리스도인은 그 집단을 직접 전도해야 하며, 선교사는 복음을 듣지 못한 사람들 집단, 그들 민족 집단에 그리스도인 또는 그들 언어로 말하는 그리스도인이 없는 사람들에게 진정으로 관심을 집중해야 한다.9 따라서 일부 선교 공동체 사람은 더는 "모든 사람에게 복음을"만이 아니라, "모든 민족에게 교회를"이라는 표어도 채택했는데, 후자는 지속하는 선교 임무에서 교회가 중심이 됨을 나타낸다.

---

8 Ralph D. Winter, *The Twenty-five Unbelievable Years, 1945 to 1969* (Pasadena, Calif.: William Carey Library, 1970).

9 이 주제에 관한 윈터가 한 중요한 연설은 1974년 로잔 세계 복음화 대회(Lausanne Congress on World Evangelization)에서 처음으로 전달됐다. Ralph Winter, "The New Macedonia: A Revolutionary New Era in Mission Begins," in *Perspectives on the World Christian Movement: A Reader*, ed. Ralph Winter and Steven Hawthorne (Pasadena, Calif.: William Carey Library, 1981), 293~311을 보라.

세계 교회 미래

선교 역사 개관은 이 장이 다루는 중심 관심사로 이끈다. 온 세계에서 교회 앞길에 무엇이 놓여있는가?

교회 미래에 관해 말할 수 있는 첫 번째 진술은, 교회가 계속해서 온 세계에, 특별히 복음이 전해지지 않은 지역 사람들 가운데 분명히 세워진다는 동향이다. 참으로, 교회 개척은 많은 선교사가 할 우선 임무이다. 그 사역에, 그들은 여호수아 프로젝트(The Joshua Project)라 불리는 연구자 팀에게 도움을 받는다. 이 팀은 전 세계 자료를 근거로, 미전도 종족 그리고 최소전도 종족을 정리한다.10 이 목록은 그들이 세계 교회에 무료로 보급하는데, 그 목적은 "가장 큰 미전도 종족 가운데 선구적 교회 개척이라는 분명한 목표를 제시하려"11 함이다. 2017년에, 그들 목록에는 세계에 16,282개 종족이 있다. 그들은 '미전도 종족'이 6,996개(종족의 41.5%, 인구의 42.2%)라고 확인하고, 그밖에 '상당한 전도 종족'(19.4%), '부분 전도 종족'(22.5%), '피상적 전도 종족'(10.1%), '최소 전도 종족'(6.5%) 정보도 알린다.12 선교 수행자로서 교회 중요성, 그리고 선교 목표의 하나로 미전도 종족에 교회 개척은 남침례교총회 국제선교회 사명문

---

10 '미전도 종족' 기준은 복음적 그리스도인이 2% 이하이며 종족에 신앙 고백하는 그리스도인이 5% 이하인 종족이다. https://joshuaproject.net/about/details, 2, 2017년 9월 11일에 접속.

11 https://joshuaproject.net/about/details, 2.

12 https://joshuaproject.net/people_groups/statistics, 1, 2017년 9월 11일에 접속을 보라. 그러나 이 수천 개 미전도 종족에서 대략 650개 종족이 선교 활동으로 복음을 듣거나 접한 적이 없는 '상당한 인구'이다. 그는 이를 "전 세계적으로 놀라운 진보!"로 여긴다. "State of the World 2016: A Younger Leaders Gathering Presentation by Operation World," https://www.lausanne.org/content/state-worldjason-mandryk-molly-wallylg2016, 2017년 9월 13일에 접속.

에 있다. 곧, "우리 국제선교회는 하나님을 영화롭게 하려고 교회와 협력해, 미전도 종족과 지역에서 복음을 전하고, 제자 삼고, 건강한 교회를 개척해 늘리고, 지도자를 훈련하는 선교팀을 제한 없이 지원한다."[13]

교회 개척 강조는 하나님의 성령께서 땅에서 그분께서 바라시는 자비로운 목적을 성취하시려고 교회를 통해 일하신다는 신약성서 가르침을 반영한다. 하워드 스나이더(Howard Snyder)는 교회가 "온 세상에 하나님의 치료하시는 능력"이게 유일무이하게 능력을 받았으며, 따라서 "교회 개척은 복음 세계화에 최우선이다."라고 말한다.[14] 하지만 스나이더는 "교회 개척만으로는 충분하지 않다. 어떤 **종류**의 교회가 세워지는가가 세상에서 모든 차이—하나님의 나라를 위한 모든 차이—를 만든다."라고 덧붙인다.[15] 다음 세대에 지구촌에 세워질 개척 교회 종류는 지구촌 교회 세 가지 주요 추세에 영향을 받는데, 모두가 교회론에 영향을 끼칠 가능성이 크다.

오순절/은사주의 교회 성장

과거에 시작해 미래에도 지속할 첫째 추세는 기독교 오순절/은사주의 계열 교회의 놀라운 활력이다. 오순설수의가 19세기 말에 성결교회(holiness churches)에서 시작했다고 일반적으로 안다. 성결교회는 성령 침례를 구원에 이어 일어나는, 은혜의 두 번째 사역으로 여겼고 그리스도인의 더 깊은 삶에 반드시 있어야 한다고 여겼다. 오순절주의는 성령 침례를 받았음을 나타내는 기준으로 방언 말하기를

---

[13] "About the IMB," https://www.imb.org/vision-and-mission, 2, 2017년 9월 11일에 접속을 보라.

[14] Howard Snyder with Daniel V. Runyon, *Decoding the Church: Mapping the DNA of Christ's Body* (Grand Rapids: Baker, 2002), 161 ‖ 『교회 DNA』, 최형근 옮김 (서울: 한국기독학생회출판부, 2006), 245.

[15] Snyder, *Decoding the Church*, 161 ‖ 『교회 DNA』, 245.

강조함으로써 성결교회와 구분되었다. 따라서 모든 그리스도인은 사도행전 2장에 기록된 오순절 사건과 같은 어떤 사건을 경험해야 했다. 이 운동 기원은 1901년 1월에 토페카성서대학(Topeka Bible College)에서 찰스 폭스 파함(Charles Fox Parham)의 제자들에게 있었던 방언 사건과 관련이 있지만, 1906년 로스앤젤레스에서 있었던 아주사 부흥 운동(Azusa Street Revival)에서 대중화했다.[16]

이와 관련이 있어도 별개 형태의 운동이 1960년에 다른 청중 가운데 다른 상황에서 시작했다. 그것은 캘리포니아 성공회 교회 교구 목사 데니스 베넷(Dennis Bennett)이 자기 회중에게 자기가 삶에서 새로운 방식으로 성령을 경험하고 있다는 소식을 나눈 사건이다. 이러한 운동은 미국 전역과 밖으로 재빨리 전파됐다. 그것은 때때로 신오순절주의(neo-Pentecostal) 운동으로, 하지만 좀 더 자주 신은사주의 운동(neo-charismatic movement)으로 불렸다. 그것은 기존 주류 교회의 회원들 가운데 많은 지지자를 얻었으나, 새로운 은사주의 교단을 형성하지 않았다는 점에서 오순절 운동과 달랐다. 이들 은사주의 운동은 자기들이 속한 교회와 교단을 새롭게 하려고 했다. 하지만 그러한 패턴은 계속 변화했으며, 점점 더 독립적인 은사주의 교회가 생기고 있다. 그들은 오순절주의와 공통으로 성령 침례와 은사를 포함해 성령의 사역을 강조했다.

다른 교파 안에서 고전적 오순절 운동과 은사주의 운동과 더불어, 셋째 운동이 이 운동 안에서 최근에 더 크게 일어나는데, 이는 신은사주의 운동 또는 신오순절주의 운동으로 불린다. 때로 오순절 운동의 '세 번째 물결'로 불리는 신은사주의 운동은 포괄적 범주의 어떤 것으로, 아프리카 원주민 교회(African Indigenous Churches, AIC), 중국과 라틴 아메리카에서 거대한 가정 교회 연합, 전체 18,810개 독

---

[16] 오순절주의 기원과 역사 발전에 관한 더 자세한 내용은 Walter J. Hollenweger, *Pentecostalism: Origins and Developments Worldwide* (Peabody, Mass.: Hendrickson, 1998)를 보라.

립 교회, 신은사주의 교단과 연합 등을 포괄한다. 전 세계에 신은사주의 신자는 2억 9천 5백만 명이다. 이에 비해, 오순절 교단은 740개로 신자는 6천 5백만 명이며, 6,530개의 '오순절주의가 아닌 주류 교단으로서 대규모 조직적인 카리스마 운동하는 교단'의 전체 신자는 약 1억 7천 5백만 명이다.17 따라서 이 운동에 참여하는 5억 명 이상의 절반 이상이 신은사주의 교회 또는 신오순절주의 교회 출신이다.18

교회론과 관련하여, 오순절 교리 영역에 관한 기록은 거의 없다. 참으로 매우 다양한 교단에 속한 수많은 은사주의자 그리고 신은사주의자의 다양한 특성으로, 이 운동에서 교회론적으로 모두에게 적용할 무언가를 말하기는 어렵다. 벨리 마티 까르까이넨(Veli-Matti Kärkkäinen)가 관찰했듯이, "오순절주의 교회론 특징은 임시방편적이다. 특성상, 체계적이기보다는 실제적이다. 오순절주의는 교회 구조의 모든 형태, 곧 회중제부터 감독제까지 형태이다."19 대부분 논의는 성령에 관한 그들 독특한 교리에 집중했다. 하지만 그들이 성령을 강조하면서 발전해 그들 교회론을 형성한 듯하다. 교회에 관한 오순절주의 견해를 대표하는 최초 표현 하나는 교회를 성령의 공통된 경험과 상호 교화를 포함하는 교제로 묘사한다. 설교와 성

---

17 이 통계자료와 서술은 Stanley M. Burgess, ed., *The New International Dictionary of Pentecostal and Charismatic Movements*, rev. and expanded ed. (Grand Rapids: Zondervan, 2002), xvii-xx, 284~85에서 인용한다. 버제스는 자기 통계가 David Barrett, et al. ed., *World Christian Encyclopedia*, 2001년 판에 기초한다고 말한다.

18 Burgess, ed., *The New International Dictionary of Pentecostal and Charismatic Movements*, 284~85. 이 통계자료는 2002년 판에서 가져왔는데, 기껏해야 근사치이다. 이 운동이 해마다 900만 명이 늘어날 것으로 추정한다.

19 Veli-Matti Kärkkäinen, "Ecclesiology," in *Global Dictionary of Theology*, eds. William Dyrness and Veli-Matti Kärkkäinen (Downers Grove, IL: IVP Academic/Nottingham, UK: Inter-Varsity, 2008), 256.

례전의 중요성을 제외하지 않으며 교회 회원들의 서로를 위한 사역을 성령의 도구로 보고 그 중요성을 강조하며, 몸의 지체에게 하는 봉사에서 성령께서 주시는 카리스마타(χαρίσματα, 영적 선물)를 사용한다. 어떤 요약 글은 오순절주의 교회론 핵심을 다음 말로 묘사한다. "교제의 역동성은 카리스마타로 구체적으로 실천된다."[20] 일반적으로 은사주의 교회론은 오순절주의 교제 강조에 동의하지만, 기존 교단에서 시작했다는 것과 일치되게 성령의 경험을 그들 교회에서 전수된 믿음과 연결하려고 노력하며, 성령께서 전통과 성례전을 통해 역사하신다고 생각한다.[21]

오순절주의 교회론이 강조하는 여러 요점은 성서에 잘 근거하고 있다. 침례교인은 신약성서가 교회 삶에서 전체 회중 참여의 중요성을 묘사한다고 보는 것 그리고 지역교회의 중요성을 믿는 것에 오순절주의와 동의한다. 여전히 이른바 기적 은사와 관련하여 견해 차이가 있지만, 최근 신자를 가르치는 일에서 카리스마타 중요성에 관한 오순절주의 강조는 많은 침례교회와 복음주의가 대부분 채택했다.[22] 그러한 강조 외에, 교회론적으로 말하면, 오순절-은사주의

---

[20] Veli-Matti Kärkkäinen, *An Introduction to Ecclesiology: Ecumenical, Historical and Global Perspectives* (Downers Grove, IL: InterVarsity, 2002), 75. 까르까이넨은 미발표 소논문인 Peter Kuzmic and Miroslav Volf, "Communio Sanctorum: Toward a Theology of the Church as a Fellowship of Persons" (Riano, Italy: International Roman Catholic-Pentecostal Dialogue, 1985)를 참고한다.

[21] Kärkkäinen, *Introduction to Ecclesiology*, 76~77.

[22] 그들이 강조하는 점에 관한 더 온전한 목록은 Michael Harper, "The Holy Spirit Acts in the Church, Its Structures, Its Sacramentality, Its Worship and Sacraments," *One in Christ* 12 (1976): 323의 오순절주의 교회론의 일곱 '현저한 특징들' 목록을 보라. Kärkkäinen, *Introduction to Ecclesiology*, 77~78, 각주 44에서 이를 인용한다. 기적 은사에 관한 다른 견해로 Wayne Grudem, ed., *Are Miraculous Gifts for Today?* (Grand Rapids: Zondervan, 1999) ‖ 『기적의 은사는 오늘날에도 있는가—은사에 대한 네 가지 관점』, 이용중 옮김 (서울: 부흥과개혁사, 2009)를 보라.

운동의 가장 큰 이바지는 "예배와 예식, 사역 패턴 등 여러 측면에서 기독교 교회의 나머지 교단에 그들 영성과 신학의 만연한 영향력"23이다.

남반구에서 교회 성장

교회의 세계적 미래에 영향을 끼치는 둘째 추세는 교회 중심이 북반구에서 남반구로 계속 이동이다. 이 이동은 필립 젠킨스(Philip Jenkins)가 쓴 『미래 기독교국—지구촌 기독교 도래』에서 주요 주제이다. 그는 서구에서 일부 사람이 세속화 성장을 기독교가 자기 죽음 침상에 있음을 나타내는 것으로 여기지만, 유럽과 북반구 밖에서는 이야기가 아주 다르다고 말한다. "그러나 지난 세기에, 기독교 세계에서 무게 중심은 어쩔 수 없이 남쪽으로, 곧 아프리카, 아시아, 라틴아메리카로 이동했다." 게다가, 그는 "이 추세는 다가오는 여러 해 동안 계속한다. … 기독교는 새로운 세기에 세계적 대유행을 누리겠지만, 믿는 사람 대다수는 백인이 아니고 유럽 사람도 아니고 유럽계 미국 사람도 아니다."24라고 덧붙여 말한다. 이 이동에 관한 자세한 통계자료를 살펴보라. "1960년에, 복음적 그리스도인의 29%는 아프리카, 아시아, 또는 라틴아메리카 출신이었다. 오늘날은 78% 정도이며, 2020년까지는 80%까지 오르리라 예측한다. 이 이동은 복음주의자만이 아니라 모든 주요 기독교 전통과 연합에서 관찰할 수 있다."25

젠킨스는 새로운 교회와 오래된 교회 사이에 일부 중요한 차이가 이미 뚜렷해지기 시작했다는 점에 주목한다. 예를 들어, 새로운 교

---

23 Kärkkäinen, "Ecclesiology," 259~60.

24 Philip Jenkins, *The Next Christendom: The Growth of Global Christianity* (Oxford, U.K.; New York: Oxford University Press, 2002), 2.

25 "State of the World 2016."

회가 오래된 전통적 교단과 연대하더라도, 분명히 도덕적이며 신학적 성향이 놀랍도록 보수적이다. 1998년에 세계 성공회 주교가 모인 람베스 회의(Lambeth Conference)에서 동성애에 관한 자유주의 성명서는 아시아와 아프리카 주교들이 투표에 참여해 무효로 만들었다.26 좀 더 최근에, 동성애자를 감독으로 임명하기로 한 미국 감리교회 결정은 아프리카 성공회 주교들이 탈퇴를 고려하면서 세계 성공회 연합이 분열할 위험에 처했다. 그런데도 그들이 그렇게 한다면, 심각한 결과를 내고 만다. 세계적으로 성공회 교인이 7천만 명인데, 2천만 명이 나이지리아에 살고 있다. 성공회 교인은 2050년까지 세계적으로 1억 5천만 명에 이를 텐데, "아주 소수만이 백인 유럽인일 것이다."27 남반부 그리스도인들이 그들 수에 맞게 영향력을 행사할 수 있다면, 여러 주류 교단의 입장은 분명히 급격하게 변할 텐데, 아프리카에서 선도하는 교회는 가톨릭, 성공회, 감리교회, 그리고 또 다른 전통적 교단들이기 때문이다.28

남반구로 이동의 교회론적 영향력은 남반구에 있는 교회가 "점점 더 전 세계 기독교 가족에 지도력을 제공하고 의제도 정하는"29 모습에서 볼 수 있다. 제이슨 맨드릭(Jason Mandryk)이 관찰했듯이, "교황은 아르헨티나 사람, WEA 대표는 필리핀 사람, IFES 대표는 차드(Chad), OMF 대표는 홍콩 사람, SIM 대표는 나이지리아 사람, Interserve 대표는 인도 사람, Navigators 대표는 케냐 사람, OFM 대표는 싱가포르 사람이다."30 또한, 교회가 취하는 가장 중

---

26 Jenkins, *The Next Christendom*, 7, 121.

27 Jenkins, *The Next Christendom*, 59.

28 Jenkins, *The Next Christendom*, 57~58. 오순절주의와 독립 교회의 성장에 모든 관심을 기울이지만, 젠킨스는 아프리카, 라틴아메리카, 일부 아시아에서 더 많은 로마 가톨릭 신자가 지속해서 존재함에 주목한다.

29 Jenkins, *The Next Christendom*, 57~58.

30 Jenkins, *The Next Christendom*, 57~58. 이 약어들은 과거 미국이나 영국 출신이 이끌었던 저명한 복음주의 단체 및 선교 기관의 약자이다.

요한 새로운 형태 일부는 남반구에서 가장 두드러지게 나타난다. 까르까이넨은 남아메리카의 거점 교회 공동체, 아프리카에서 폭발적으로 성장하고 있는 '고도로 상황적이며 다소 혼합주의적인' 교회들(아프리카 원주민 교회 또는 아프리칸 입회 교회), 중국 가정 교회 운동을 요즘 지구촌 상황에서 볼 수 있는 '교회가 되는 새로운 방식'으로 여긴다.31 모두 남반구 교회이다.

세계 교회에 알맞은 신학 교육

처음 두 가지 추세, 곧 오순절주의와 은사주의 운동 폭발적 성장 그리고 기독교 남반구로 이동은, 세계 교회에게 중요한 기회이자 중요한 도전이다. 이렇게 급성장하는 교회가 끊임없이 필요로 하는 바의 하나는 앞으로 이 새로운 교회를 인도할, 충분한 수의 잘 훈련된 지도자이다. 이것이 셋째 주요 지구촌 추세, 곧 지구촌 신학 교육 진보로 이어진다. 문제는 신학 교육에 접근하는 전통 방식이 서구적이고 "계몽주의에 치우침"이다. 그 결과, 그런 신학 교육은 남반구 교회 상황에 적합하지 않은 질문을 제기하고 답변을 제시했고, 남반구 교회가 맞닥뜨린 "성서적으로 긴요한 질문"에 대답하지 못했다.32 내용은 물론이고 서구에서 신학 교육에 접근하는 방식 전체는 이제 완전히 바꿔야 한다. 곧, "교회의 선교적 특징으로 활성화하지 않은 그리고 이를 지향하지 않은 신학 교육은, 교회를 위험에 빠뜨린다."33

전통 서구 신학 교육 모델이 남반구 교회의 필요를 채워주지 못하자, 상당한 논의를 불러일으켰다. 북반구 복음주의 신학에서 "성

---

31 Kärkkäinen, "Ecclesiology," 257~59.

32 Ralph E. Enlow, "Global Christianity and the Role of Theological Education: Wrapping Up and Going Forward," 2, http://icete-edu.org/pdf/C-06%20Enlow%20Global%20Christianity.pdf., 2017년 9월 15일 접속.

33 Enlow, "Global Christianity and the Role of Theological Education," 6.

경 해석과 신학 공식화에 있는 우리 서구 신학 맹점을 해결하는"34 데 남반구 신학자의 도움이 필요하다는 인식이 커지고 있다. 이런 내용은 다음 책에서 볼 수 있다. 『성경과 편견』, 『세계 기독교 상황에서 신학』인데, 뒤 책은 "지구촌 교회는 우리가 신학을 생각하고 논의하는 방법에 어떻게 영향을 끼치는지"라고 서술한다.35

이런 이동은 이 책 관심사, 곧 교회론에 무엇을 시사하는가? 신학 교육 모델 관점에서, 신학 교육을 신학교와 같은 교육 기관과는 달리 교회에 훨씬 더 가깝게 하려는 제안이 있는가 하면,36 또한 신학 교육을 교회의 선교적 특징에 따라 발전하게 하려는 접근이 있다.37 이것들은 가르치는 사역 범위 관점에서 교회 사명을 이해하는 폭을 넓히고, 새로운 목사 훈련 그리고 목사에게 필요한 새로운 교육 유형 조망 관점(이론이 아니라 상황적이며 실제적 교육)에서 목사 역할을 새롭게 강조한다.

벨리-마티 까르까이넨은 교회론 내용 관점에서 질문한다. "세계화 … 신학 공동체에 비추어 볼 때 교회에 관한 교리에서 결정적인

---

34 Jeffrey Freeman, "Learning and Teaching Global Theologies," in *Global Theology in Evangelical Perspective: Exploring the Contextual Nature of Theology and Mission*, eds. Jeffrey P. Greenman and Gene L. Green (Downers Grove, IL: IVP Academic, 2012), 245.

35 E. Randolph Richards and Brandon J. O'Brien, *Misreading Scripture with Western Eyes: Removing Cultural Blinders to Better Understand the Bible* (Downers Grove, IL: IVP Books, 2012) ‖ 『성경과 편견』, 홍병룡 옮김 (서울: 성서유니온, 2016); Timothy Tennent, *Theology in the Context of World Christianity* (Grand Rapids: Zondervan, 2007).

36 물론, 신학 교육이 신학교 밖에서 진행한 지가 벌써 수십 년인데, 예로 연장 신학 교육(Theological Education by Extension, TEE)이 점차 대중화하고 있다. 그러나 새로운 모델은 더 의도적으로 교회에 기반한다(보라, Jeff Reed, "Church-Based Theological Education: Creating a New Paradigm," http://www.bild.org/philosophy/ParadigmPapers.html, 2017년 9월 15일 접속).

37 Robert Banks, *Reenvisioning Theological Education: Exploring a Missional Alternative to Current Models* (Grand Rapids: Eerdmans, 1999).

신학 문제는 무엇인가?" 그는 무엇이 교회를 교회로 만드는지에 관한 질문을 하나의 근본 논쟁으로 여긴다. 선교적 교회론은 교회를 이해하는 또 다른 중요한 접근이다. 그는 은사 구조 주제 그리고 하나님의 전체 백성의 사역을 요즘 교회론 강조점으로 덧붙이는데, 아마 부분적으로는 오순절주의-은사주의 운동의 영향 때문이다. 마지막으로, 그는 "교회 회원들 사이에 평등과 정의 원칙"에 "새로운 합의"[38]가 있다고 생각한다. 그가 하는 말이 옳지만, 그가 이 여러 주제를 논할 때 인용하는 자료는 내게 여전히 서구 자료로 보인다. 교회의 '오순절주의화' 그리고 남반구로 무게 중심 이동이 신학 교육과 교회론에 끼치는 강한 영향력은 여전히 눈여겨봐야 한다.[39]

또 다른 문화에 있는 교회가 묻는 말

교회 역사를 통틀어, 교회는 동질 문화 배경을 상대적으로 누렸다. 처음에 그러한 배경은 그리스-로마였으며, 그것은 서양 또는 유럽 문화에서 많은 부분의 기초였다. 하지만 온 세계로 나가면서 교회는 다양한 새로운 문화를 만났으며, 이것은 여러 중요한 문제를 일으켰다. 여기서 우리는 다른 문화에서 교회 존재와 교회 개척으로 일어나는 문제를 검토하겠다.

문화에 적절한 적응력은 다른 문화권에서 교회를 개척하는 선교사에게 항상 도전이었다. 어떤 환경에서 교회는 그 문화에 낯선 건물에서 만나고 낯선 노래를 불렀다. 그 결과, 기독교는 낯선 서방 종교로 거부되기도 했다.

---

[38] Kärkkäinen, "Ecclesiology," 260~61.

[39] 기술은 북아메리카 신학 교육에 큰 영향을 끼쳐, 온라인 수업과 원격 교육이 급속도로 증가한다. 머지않아 지구촌 신학 교육에도 비슷한 영향을 끼치리라 예상하지만, 아직은 지구촌 신학 교육 논의에서 주요 추세로 인식하지는 않는다.

덧붙여, 성서는 다른 문화로 전달이 항상 쉽지는 않은 문화에서 기록됐다. 이것은 다양한 도전을 포함한다. 예를 들어, 장로에 관한 신약성서 요구는 그가 한 아내만의 남편이며 자기 가정을 잘 다스리는 사람이어야 함을 포함한다(딤전 3:2, 4~5). 하지만 어떤 문화에서 이 두 가지 요구 사항은 양립하지 않는다. 나이지리아 히기족(Higi)이나 리베리아 크루족(Kru)에게 가정을 잘 다스리는 남자는 적어도 두 아내를 둔 가장이어야 한다. 찰스 크래프트(Charles Kraft)에 따르면, 크루족은 "한 아내만을 둔 남자는 믿을 수 없다."라고 말한다.[40]

이슬람 환경에서 교회는 그리스도 안에서 신자가 자기 모슬렘 정체성을 어디까지 유지할 수 있느냐는 문제와 싸웠다. 신자는 여전히 이슬람교 사원에 참석하거나 모슬렘 기도를 드리는가? 또는 모슬렘 문화에서 시작한 교회가 목요일 저녁에 예배드리기는 허용되는가? 예배 때 여자는 한쪽에 남자는 다른 한쪽에 앉을 수 없는 이유가 있는가? 그리스도인은 일반 기도 자세로 엎드리는 것을 받아들일 수 있는가?[41]

이 모두는 상황화 사례이다. 북아메리카에 있는 교회가 사역하는 문화 상황 변화에 대처하려고 채택해야 할 대응책의 하나로 그것을 언급했지만, 선교사에게는 항상 문제이다. 최근 모슬렘과 힌두교가 밀집한 상황에서 상호 작용이 증가함에 따라 선교사들은 혼합주의(syncretism)로 넘어가지 않고 상황화를 어디까지 할 수 있는지를 질

---

[40] Charles H. Kraft, *Christianity in Culture: A Study in Dynamic Biblical Theologizing in Cross-Cultural Perspective* (Maryknoll, N.Y.: Orbis, 1979), 324~25 ‖ 『기독교와 문화』, 임윤택 · 김석환 옮김 (서울: 기독교문서선교회, 2006), 523.

[41] Don Newman, "Keys to Unlocking Muslim Strongholds," in Winter and Hawthorne, eds., *Perspectives on the World Christian Movement*, D-152. 뉴먼은 예수님을 따르는 사람이 그들 문화를 떠나지 않고 예수님을 예배하면서 계속해서 모슬렘으로 보이려고 "메시아 이슬람 사원"을 만드는 것을 옹호한다. 좀 더 많은 제안에 관해서는 Phil Parshall, *Beyond the Mosque* (Grand Rapids: Baker, 1985)를 보라.

문한다. 상황화 논의에 표준 기준점은 C-1에서 C-6까지 스펙트럼인데, 이는 처음에 모슬렘 상황에서 상황화를 위해 개발했으나 다른 상황에서도 유용하다고 평가받았다.[42] 여기서 C는 '그리스도-중심 공동체'(교회라고도 서술한다)를 나타내고, 숫자는 상황화 정도를 나타낸다. C-1은 대상 집단이 쓰는 언어가 아닌 다른 언어를 쓰는 전통 교회이다. C-2는 조금 더 나아간다. 국어를 쓰지만, 다른 모든 면에서는 전통 (서구) 교회이다.[43] C-3는 "내부 언어와 종교적으로 중립 문화 형태를 쓰는"[44] 교회이다. C-4는 "성서에서 분명히 금지하지 않는 한 문화적, 종교적 형태를 채택할 수 있다"[45]라는 점을 제외하고는 매우 비슷하다. C-5는 가장 심각한 논란을 불러일으켰다. 성서와 모순인 모슬렘 신학 특징을 거부하지만 "이슬람 공동체에 완전히 뿌린 내린"[46] 상태로 예수님을 따르는 이를 말한다. C-6는 그리스도를 믿는다는 고백으로 감옥에 갇히거나 순교로 이어질 상황에서 상황화 수준이다. 이 상황에서 그리스도인은 비밀 지하 모임을 만든다.

선교사 대부분, 특히 이슬람 상황에 있는 선교사는 거의 논쟁하지 않은 채 C-4로 상황화한다. 그러나 C-5는 모슬렘 배경에 있는 신자를 그 문화에 머물게 하기에, 많은 사람에게 지나치게 보였다 따라서, 이는 내부인 논쟁이라 불리는데, 모슬렘 회심자가 (그들 모

---

[42] John Travis, "The C1 to C6 Spectrum," *Evangelical Missions Quarterly* 34, no. 4 (1998): 407~08.
John Travis is a pseudonym.

[43] Travis, "The C1 to C6 Spectrum," 407에서는 이슬람 세계에 있는 교회 대다수가 C-1이나 C-2라고 주장했다. 1998년 이래 숫자가 조금은 바뀌었겠지만 확실한 증거는 없다고 생각한다.

[44] 이 범주 서술은 Tennent, *Theology in the Context of World Christianity*, 196~97에서 가져왔다.

[45] Tennent, *Theology in the Context of World Christianity*, 196.

[46] Tennent, *Theology in the Context of World Christianity*, 197.

슬렘 신앙이 아니라) 그들 모슬렘 문화에 그대로 남아있기 때문이다.47 디모시 텐넌트(Timothy Tennent)는 이 논쟁의 두 진영이 내세우는 주장을 평가한다. 그는 필 파샬(Phil Parshall)이 C-5 모슬렘 배경 신자 가운데서 지도자를 연구한 내용을 인용하는데, 이 연구에 따르면 거의 모두(97%)가 "예수께서 유일한 구원자"이시지만, 대다수(66%)는 여전히 꾸란을 율법서, 예언서, 복음서(구약성서와 신약성서)보다 우위에 두며, 45%는 삼위일체를 믿지 않는다. 파샬은 모슬렘 신자가 모슬렘 정체성을 유지한 채 예수 그리스도의 교회로 자랄 수 있는지를 묻는다.48 그러나 텐넌트는 조슈아 매시(Joshua Massey)의 주장도 인정하는데, 그는 '그레코-로마 이방인 범주의 정통성'이라고 부르는 것을 강요하기보다는 이러한 신자의 개인 신앙 경험을 축하해야 한다고 주장한다.49 텐넌트는 이 논쟁의 양측 주장을 주의 깊게 검토하고서, 내부인 운동을 지지하는 사람들의 문제의 하나는 "구원론과 교회론 교리를 멀리하는" 부적절한 교회론이라고 결론짓는다. 마침내, "모슬렘 신자가 모슬렘으로서 자기 정체성을 유지하게 격려함은 분명히 비기독교적 교회관을 드러낸다."50

---

47 내부인 운동에 관한 철저한 평가는 Doug Coleman, "A Theological Analysis of the Insider Movement Paradigm from Four Perspectives: Theology of Religions, Revelation, Soteriology, and Ecclesiology" (Ph.D. diss., Southeastern Baptist Theological Seminary, 2011)를 보라.

48 텐넌트는 Phil Parshall, "Danger! New Directions in Contextualization," *Evangelical Missions Quarterly*, 34, no. 4 (October 1998): 404~10에 있는 연구를 보고한다.

49 Joshua Massey, "Misunderstanding C-5: His Ways are Not Our Orthodoxy," *Evangelical Missions Quarterly*, 40, no. 3 (July 2004): 296~304. Tennent, *Theology in the Context of World Christianity*, 211, n. 51에서는 매시가 칼케돈 고백보다는 아리우스파 기독론을 더 둔다고 좋아하고 그리스도의 영원한 선재를 부인하며 "기독론에 관한 역사적 기독교 견해"에 거리를 둔다고 우려하며 말한다.

50 Tennent, *Theology in the Context of World Christianity*, 215. 텐넌트는 또한 "C-1에서 C-6까지 척도에서 모든 'C'가 '그리스도 중심 공

따라서 다른 문화에서 교회 존재는 교회론과 관련된 수많은 문제를 제기하며 이 책의 1부에서 고려한 문제들—교회의 특성, 표지, 본질과 관련된 문제들—에 관해 새로 연구하게 한다. 선교학자 대럴 구더(Darrell Guder)는 "이전에 복음이 전파되지 않은 문화에 새로운 교회를 세우는 일이 매우 부적절한 교회론과 함께 시작했다고 널리 인식하고 있다."라고 말한다.51 교회론의 영역에서 이러한 부적절함은 오늘날에도 여전하다. 선교 지도자 C. 더글러스 매코넬(C. Douglas McConnell)은 최근 인터뷰에서 오늘날 세계적 복음주의 선교 운동이 직면한 최대 도전을 말해달라는 요청받았다. 그는 "교회론을 발전시킬 미개척 영역 선교 형태가 절대적으로 필요하다. 우리는 교회 개척자이지만 어떤 경우 신학적으로, 심지어 실행에서도 교회가 무엇인지 잘 모른다."라고 대답했다.52 상황화를 둘러싼 질문의 복잡성은, 선교사에게 문제를 적절하게 분석하고 상황적이지만 성경적 교회론을 발전할 도구를 제공하는 신학적 훈련을 받은 선교사를 파송해야 한다고 강력하게 주장한다.

하지만 교회가 다른 문화에서 존재함으로 일어나는 마지막 하나의 더 긍정적이고 희망적이며 심지어 종말론적인 질문이 있다. 그것은 그리스도께서 마태복음 24:14에서 "이 천국 복음이 모든 민족에게 증거로 온 세상에 전파되리니, 그제야 끝이 오리라"라고 하신 말씀에서 발생한다. 교회가 온 세상에 세워지며 복음이 점점 더 많은

동체'를 의미하지만, 신자가 모슬렘으로서 자기 정체성을 유지하는 한 알라 중심 공동체에 남아있다는 사실에 내재한 모순"을 자세히 지적한다 (Ibid., n. 62).

51 Darrell L. Guder, "The Church as Missional Community," in *The Community of the Word: Toward an Evangelical Ecclesiology*, eds. Mark Husbands and Daniel J. Treier (Downers Grove: InterVarsity and Leicester, U.K.: Apollos, 2005), 123.

52 "Looking Back... Looking Forward," *Mission Frontiers* 22, no. 3 (January 2000): 9~10.

에드네(ἔθνη), 곧 민족에게 전파되면서 그 끝이 가까워져 보인다. 우리는 이 약속이 성취되는 일을 보는 세대일까? 베드로후서 3:11~12는 우리에게 "거룩한 행실과 경건함으로 하나님의 날이 임하기를 바라며 간절히 사모하라."라고 말한다. 그렇다면 거룩하며 경건하게 사는 한 삶은 복음을 모든 민족에게 전파하는 일에서 한 부분을 담당하는 일인데, 그러면 끝이 이르기 때문이다. 우리 마음은 바울이 마라나타[μαράνα θά], "우리 주님, 오시옵소서"(고전 16:22)라고 외치는 소리를 되풀이한다.

5부 연구 질문

1. 지난 20년 동안 미국 문화에 일어난 변화로 교회에 가장 큰 영향을 끼친 일이 무엇이라고 생각하는가? 그러한 변화는 어떻게 여러분이 아는 교회에 영향을 끼쳤는가?

2. 북아메리카에 있는 교회가 요즘 문화 상황에서 '흐름에 맞서' 가야 한다고 동의하는가? 바뀐 문화 풍경에 관한 무슨 증거를 보는가?

3. 여러분 지역사회에서 교회 소속이 감소하는 추세를 보는가? 교회가 어떻게 대처하는지 보는가? 무엇이 최고 반응이라고 생각하는가?

4. 이 책은 일부러 교단, 특히 침례교 성향을 보인다. 아메리카 개신교가 점점 초교파로 바뀐다고 생각하는가? 왜 그런가, 왜 그렇지 않은가? 여러분이 교회를 선택할 때, 교단 소속은 얼마나 중요한가?

5. 12장에서 논의한 6개 주요 반응에서 어느 반응(늘)이 가장 호소력이 있는가? 왜 그런가?

6. 현대 선교 운동의 놀라운 영향력 관점에서, 무엇이 가장 놀랍고 고무적인가? 사람들이 이 놀라운 이야기에 관해 무엇을 더 알기를 바라는가?

7. 13장에서 검토한 세 가지 주요 추세(오순절주의/은사주의 운동, 남반구로 이동, 지구촌 신학 교육 진보)에서, 어느 것이 교회의 미래에 가장 중요하다고 생각하는가?

심화 연구 자료

Davis, Andrew M. *Revitalize: Biblical Keys to Helping Your Church Come Alive Again*. Grand Rapids: Baker, 2017. 재활성화 또는 재배치라고 불리는 새로운 추세에 관한 많은 책 중 가장 최근에 나온 책으로, 정체하거나 쇠퇴하는 교회(80% 이상)를 도와야 한다고 강조한다.

Dever, Mark. *Nine Marks of a Healthy Church*. 3rd ed. Wheaton, IL: Crossway, 2013. 3판까지 출판해, 100,000권 넘게 팔렸고 12개 언어로 번역됐으며 3개 언어로도 번역되고 있다. 또한 9가지 특징 사역연구소(9Marks Ministries) 이름과 강조점을 제시하는데, 이는 데버가 1998년에 시작했으며 그가 여전히 대표이다. 데버가 지지하는 주요 교회론 특징의 몇 가지는 거듭난 사람 회원자격, 회복을 추구하는 교회 권징, 복수 지도력 등이다. 참고. 『건강한 교회의 9가지 특징』. 이용중 옮김. 서울: 부흥과개혁사, 2007.

Jenkins, Philip. *The Next Christendom: The Coming of Global Christianity*. Oxford, U.K.; New York: Oxford University Press, 2002. 젠킨스는 어떻게 세계 기독교 운동의 중심이 남반부로 이동했으며, 그러한 이동이 미래에 무엇을 의미하는지를 대단히 흥미롭게 설명한다.

Keller, Tim. *Center Church: Doing Balanced, Gospel-Centered Ministry in Your City*. Grand Rapids: Zondervan, 2012 ‖ 『(팀 켈러의) 센터처치』. 오종향 옮김. 서울: 두란노서원, 2016. 켈러는 이 책에서 뉴욕시에서 수십 년 동안 목회 사역에서 얻은 풍부한 통찰력을 제시한다. 상황화 설명 부분이 가장 눈에 띈다.

Stetzer, Ed. *Planting Missional Churches: Planting a Church That's Biblically Sound and Reaching People in Culture*. Nashville: B & H Academic, 2006. 스테처가 초기에 쓴 *Planting New Churches in a Postmodern Age*를 개정한 책으로, 포스트모던 시대에 우리가 개척해야 할 교회 유형이 선교적 교회라고 말한다. 스테처는 선교학자로서 연구와 교회 개척 실무자로서 경험이라는 이중 관점에서 문제를 다룬다.

Surratt, Geoff, Warren Bird, and Greg Ligon. *The Multi-Site Church Revolution: Being One Church in Many Locations*. Grand Rapids: Zondervan, 2006. 교회의 가장 중요한 새 모델의 하나인 멀티사이트 교회는 틀림없이 혁명적이라고 할 수 있다. 이 책은 주로 멀티사이트 교회가 무엇인지, 멀티사이트 교회가 되는 방법 (그리고 이를 잘 수행하는 방법)에 관한 질문에 집중한다. 왜 교회가 멀티사이트 교회가 되어야 하는지에 관한 논의는 거의 없으며 멀티사이트 교회 비판에도 거의 관심을 기울이지 않는다.

https://www.9marks.org. 이 웹사이트 홈페이지에는 다음 내용으로 무엇을 하는지 명확히 설명한다. "9가지 표지에, 책, 논문, 서평을 올린다. 우리는 콘퍼런스를 주최하고, 면담을 녹화하고, 교회 지도자와 면담한다. 간단히 말해, 우리는 목사, 목사 후보자, 교인이 성경적 교회가 어떤 모습인지 깨닫고 교회를 세우는 데 실질적으로 조치하게 도우려고 최선을 다한다."

http://www.hirr.hartsem.edu. 이 웹사이트는 하트포드종교연구소(Hartford Institute for Religion Research)에서 운영하며 다른 것들 가운데 초대형 교회에 관한 매우 흥미로운 보고서 두 편을 싣고 있다.

http://www.pewresearch.org. 퓨 리서치 센터(The Pew Research Center)는 정기적으로 발행하는 종교 상황 연구(Religious Landscape Study)에 신앙 견해에 관한 가장 규모가 크고 가장 신뢰받는 본보기의 일부를 제시한다. 2015년에 실시된 실문소사에서는 해당 설문조사에서 드러난 변화를 분석하는 수많은 기사를 실었다.

결론

신실한 교회

A CALL FOR FAITHFUL CHURCHES

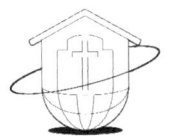

나는 목사를 좋아한다. 내 생각에 목회 사역은 고귀한 부르심인데, 목회 사역에 성공의 유일한 기준이 수적 증가라는 생가이 만연하면서 이 부르심을 감당하기가 점점 더 어려워진다. 그러나 최근 연구에 따르면, 북아메리카 전역에서 종교적 소속감이 감소 추세로, 그 결과는 교회 대다수가 정체 상태이거나 쇠퇴한다. 많은 경우, 그런 지역에 있는 교회 목사는 영적 고뇌를 겪는데, 사람들이 그리스도께로 나아오는 모습을 보기를 열망하기 때문이며, 시간이 지나도 수가 그대로이거나 매우 더디 성장할 때 자기가 실패자라고 느끼기 때문이다. 심지어 성장하는 교회에 사역하는 목사도 계속해서 교회가 성장해야 한다는 압박감을 느낀다. 어떤 목사는 자기가 군중을 모을 수 있다는 것을 알지만 사람들을 끌어들이는 데 사용하는 수단에는 불안한 마음을 가질 수 있다.

의심할 여지 없이 목사는 교회가 성장하지 않아 죄의식을 느껴야 할 때가 많은데, 그들이 충분히 모범이 되거나 전도를 가르치지 못했기 때문이며, 예배와 가르침과 교제가 새로운 회원이 될 가망이 있는 사람들을 끌기보다 오히려 쫓아낼 정도로 활기가 없기 때문이다. 우리는 역사상 가장 풍요로운 사회에서 사는데, 예수님은 부유한 사람이 하늘 왕국에 들어가기가 참으로 어렵다고 말씀하셨다(마 19:23~24). 예수님이 유일한 구원자라는 우리 주장은 다원주의 상황에서 많은 사람에게 편협하고 완고하게 보인다. 그리스도는 여전히 걸림돌로 남아있다. 우리는 오늘날 아메리칸 대부분에게 우스꽝스러워 보이는 성적 도덕성을 지지한다. 우리가 은혜롭고 사랑스러운 정신으로 그것을 지지하더라도 많은 사람에게 불쾌감을 줄 수 있다. 이 모든 것으로 교회의 실패를 변명하지 않는데, 교회는 불완전하기 때문이다. 하지만 교회의 80%가 정체하거나 감소하는 사회에서 모든 잘못이 교회에만 있지는 않다.

이 책을 쓰는 여러 이유의 하나는 목회 사역에서 성공을 물으며 씨름하고 있을 목사들, 특별히 침례교회 목사를 도우려 함이다. 이 책에서 다루는 주제의 하나는 성공적 교회와 성공적 목회 사역이 하나님의 말씀과 교회에 관한 그분 계획을 존중함으로써 그리스도를 기쁘시게 하는 교회와 목회 사역이다. 교회 서약을 채택하고, 교회 권징을 새롭게 하며, 침례를 신중하게 집행하고, 이 책의 다른 모든 제안을 따르더라도 교회가 크게 성장한다고 약속할 수 없다. 그것은 대부분 경우 일부 수적 성장을 낳고 거의 모든 경우 영적 성장을 낳을 것으로 보이지만, 그것이 요점은 아니다. 하나님께서 당신 말씀으로 당신 백성에 관한 지침을 주셨다면, 교회가 그분 지침을 따르는 정도에 따라 그분께서 영화롭게 되시고 교회는 성공한다. 따라서 성공하는 교회는 신실한 교회이다.

심지어 교회에 관한 주요한 은유도 수적 성장이 요점이 아니라고 암시한다. 그것을 열망할 수는 있어도, 어느 곳에서도 교회는 수적으로 성장하라고 명령받지 않으며 최근에 더 많은 회원을 더하지 못했다고 책망받지도 않는다. 예를 들어, 교회는 하나님의 백성이지만, 구약성서 전체에서 하나님의 백성은 항상 소수였고 자주 남은 사람이었다. 그들이 수가 많았기에, 선택된 게 아니다. 오히려 이스라엘은 "모든 민족 중에 가장 적었다"(신 7:7). 마찬가지로 교회는 그리스도의 몸이지만, 그것은 미국인 대부분 패턴에 따라 풍풍해야 할 이유가 없다. 목표는 건강이다. 성령의 전으로서 교회의 중요한 보물은 그 성전 크기가 아니라, 그 안에 거하는 존재이다. 교회가 가족이라는 은유도 이 점을 강조한다. 일곱 자녀가 있는 가족이 네 자녀가 있는 가족보다 반드시 더 건강하거나 더 성공적인가?

모든 목사와 모든 교회 성도는 **신실함**(faithfulness)을 성공을 결정하는 기준으로 삼아야 한다. 교회가 성경이 요구하는 대로 신실하게 되고 행하면—그들의 연합된 삶을 통해 그분 복음을 보여주며 하나님의 백성이 되고, 그들 가운데 계신 성령의 사역으로 움직이는 성전이 되며, 산 돌로 구성된 건물이 되고, 몸의 지체가 경건한 목자의 지도력에 따라 그들 머리의 지시에 따르며 통제되는 사회가 되며, 세상에서 그리스도의 사랑을 공급하는 일과 예배하고 그가 정하신 의식을 지키며 그의 임재를 존중하는 것을 통해 그리스도의 몸이 되면—그러한 교회는 신실한 교회이며 성공적 교회이다. 우리가 수적 성장을 열망함은 사람들이 그리스도께로 오는 것을 보려 하기 때문이지만, 그것은 하나님 축복의 유일한 표시가 아니다.

끝으로, 우리가 교회에서 기쁘게 하려고 힘쓰는 존재는 새천년 세대도 아니고 전통주의자도 아니고 세속주의자도 아니고 회원도 아니고, 교회의 주님이시어야 하며 우리는 교회를 위한 그분 계획을 존중함으로써 그분을 기쁘시게 한다. 이 책은 어떻게 침례교인 대부분이 역사적으로 그러한 계획—교회가 무엇이 되어야 하는지부터 누가 그것을 구성하고, 어떻게 그것이 운영되고, 그것이 무엇을 해야 하며, 그것이 어디로 향하는지에 이르기까지—을 이해했는지 말했다. 이 책에서 말한 많은 부분이 복음주의 그리스도인의 공통 가르침이며, 나는 우리가 공유하는 공통 입장을 기뻐한다. 내 특별한 관심은 이러한 문제에서 침례교인 관점을 제시하는 일이었는데, 침례교인이 절대 무오하다고 믿기 때문이 아니다(그 반대 사실을 보여주는 증거가 명백하다). 그보다 나는 세 가지 이유로 이 관점을 제시한다. 첫째, 오늘날 침례교인은 이러한 문제의 많은 것에서 길을 잃은 듯하며, 더 큰 역사적 관점이 그들에게 큰 도움이 되기 때문이다. 둘째, 비슷한 관점으로 쓴 책이 출판된 적이 없기 때문이다. 셋째, 결국 침례교인이 이러한 교회론 문제를 바르게 했다고 진정으로 생각하기 때문이다. 그렇지 않다면 나는 침례교인이 아니다. 나는 독자가 이 책에서 말한 관점을 성경 관점 옆에 나란히 놓고 직접 비교하도록 초대한다.

우리 교회에서 그날그날 일어나는 사역의 어려움으로 교회의 영광스러운 운명이 더는 눈앞에 보이지 않기가 쉽다. 희망도 보이지 않는다. 하지만 그리스도인의 삶 전체는 믿음으로 사는 그 자체이지, 보이는 게 아니다. 따라서 모든 목사, 그리고 그리스도 몸의 복지에 관심이 있는 모든 사람에게 그리스도의 사랑이 그분 몸을 어떤 것으로 만들지 그 비전을 다시 보기를 간절히 부탁한다. 그분께서 "물로 씻어 말씀으로 깨끗하게 하사 거룩하게 하시고 자기 앞에 영광스러운 교회로 세우셔서 티나 주름 잡힌 것이나 이런 것들이 없이 거룩하고 흠이 없게" 하신다(엡 5:26~27). 우리가 즐거워하는 특권은 그분 교회를 그러한 영광스러운 모습으로 나아가게 하는 일에 우리가 하나님과 동역하는 일꾼이 됨이다. 나는 그러한 신부가 준비되는 모든 지역 모임의 목사와 지도자들에게 요청한다. 신실한 신부를 그리스도께 드리는 그 고귀한 부르심에 여러분을 드러라!

성구 색인
Scripture Index

창세기
2:18 … 294
12:1~3 … 39

출애굽기
18:19~22 … 308
19:5~6 … 75
28~29 … 340
28:41 … 340

레위기
27:30 … 208

민수기
8:5~22 … 340
8:10 … 345
27:18~23 … 340, 341

신명기
4:20 … 75
7:6 … 75
7:7 … 545

역대하
7:15~16 … 94

느헤미야
8~9 … 193
9~10 … 193
9:38 … 193
10:28~29 … 193
10:30~39 … 193
10:39 … 193

시편
19:1 … 51
29:2 … 389
96 … 92
96:9~12 … 51
148 … 92
150:6 … 51

이사야
56:7 … 92

예레미야
7:11 … 92
31:31~34 … 440

호세아
1:10 … 75
2:23 … 75

스가랴
4:6 … 137

마태복음
4:4 … 280
4:19 … 134
5:13~14 … 403
5:48 … 284
6:9 … 70
7:3~5 … 265
9:35 … 260
10:42 … 323
13 … 108
13:24~30 … 107, 154
16:18 … 40, 63, 90, 96, 130, 520
16:19 … 136, 237
18:15~17 … 237, 244
18:15~18 … 76
18:15~20 … 94, 203, 235
18:17 … 63
18:18 … 136
18:20 … 264, 459
19:13~15 … 342, 438
19:21 … 404
19:23 … 183
22:37~39 … 76
24:14 … 537
26:17~30 … 453
26:26~27 … 453
28:19 … 161, 259, 430
28:19~20 … 162, 370, 408, 425, 450, 505
28:20 … 372

마가복음
1:10 … 448
3:14 … 341
3:35 … 35
6:5 … 342
10:13~16 … 438
10:16 … 342
10:41~45 … 226
10:43~45 … 323
10:45 … 369
14:12~26 … 453
14:22~23 … 453
16:16 … 162

누가복음
2:41~50 … 200, 443
4:16~21 … 388
6:12~13 … 341
12:42 … 281
14:23 … 155, 155, 208
18:15~17 … 438
22:7~30 … 453
22:17~19 … 453
22:20 … 454

요한복음

1:12 ⋯ 35, 259
1:14 ⋯ 53
3:5~8 ⋯ 368
4:24 ⋯ 389
6:63 ⋯ 368
7:39 ⋯ 135, 378
10:11 ⋯ 278
10:11~13 ⋯ 280
13:34 ⋯ 194
13:34~35 ⋯ 77
14:6 ⋯ 367
16:13 ⋯ 367
16:14 ⋯ 389
17:20~21 ⋯ 102

사도행전

1 ⋯ 238
1:8 ⋯ 133
1:14 ⋯ 70
1:21~22 ⋯ 114
2 ⋯ 40, 67, 74, 78, 128, 133, 136, 400, 408
2:29 ⋯ 70
2:38 ⋯ 162, 430, 433, 450
2:41 ⋯ 64, 125, 132, 147, 161, 198, 259, 425, 431, 451
2:42 ⋯ 78, 113, 274, 371, 378, 453
2:42, 46 ⋯ 387
2:42~47 ⋯ 46, 262, 361, 370
2:43 ⋯ 400
2:43, 47 ⋯ 400
2:44 ⋯ 79, 508
2:44~47 ⋯ 103, 248
2:45 ⋯ 402
2:46 ⋯ 508
2:47 ⋯ 133, 147, 370, 382, 401, 403, 408
2:48 ⋯ 445
4 ⋯ 74
4:4 ⋯ 64, 132, 147, 198, 198, 445
4:32 ⋯ 103, 128, 248, 262
5:11 ⋯ 67
5:12 ⋯ 248
5:12~14 ⋯ 400
5:14 ⋯ 198, 445
6 ⋯ 274, 320, 321, 323, 325, 326, 328, 330, 341
6:1~2 ⋯ 321
6:1~4 ⋯ 337
6:1~6 ⋯ 238, 341
6:2 ⋯ 324
6:2~4 ⋯ 320
6:2~6 ⋯ 244, 248
6:3 ⋯ 235, 321, 341
6:5 ⋯ 128, 238
6:6 ⋯ 341
6:7 ⋯ 132, 198, 382, 408, 445

8:2~4 … 65
8:3 … 66
8:12 … 162, 198, 425, 445
8:17~18 … 342
8:25 … 198, 445
8:36~38 … 198
8:38 … 448
9 … 132
9:9, 18 … 198, 445
9:12, 17 … 342
9:31 … 64, 133, 382, 408
9:35 … 198, 445
10:42 … 410
10:44~48 … 437
10:47~48 … 198, 445
10:48 … 430
11:18 … 408
11:20~21 … 198, 445
11:21 … 148
11:22 … 67, 128
11:23 … 408
11:24 … 198, 382, 445
11:26 … 78
11:30 … 278, 304
12:1~2 … 275
12:5 … 65, 67
12:17 … 307
13 … 229, 342
13:1~3 … 238, 264, 344

13:2~3 … 65, 235, 244
13:3 … 65, 341
13:12 … 198, 445
13:15~42 … 388
13:48 … 198, 445
13:49 … 408
14:21 … 445
14:21~23 … 148
14:23 … 64, 65, 125, 238, 273, 304, 314, 341
14:25 … 198, 445
14:27 … 238, 408
15 … 229, 229, 231, 235, 238, 274
15:2, 4, 6, 22~23 … 278, 304
15:4, 12 … 238
15:4, 22 … 64
15:13 … 307
15:22 … 67, 128, 235, 238, 248
15:28~29 … 235
16:4 … 278, 304
16:5 … 64, 133, 198, 445
16:14 … 148
16:14~15 … 198, 445
16:15 … 425
16:33 … 198, 445
16:33~34 … 437
17:4 … 198, 445
17:12 … 198, 445
17:34 … 198

18:3~4 ⋯ 301
18:5 ⋯ 301
18:8 ⋯ 198, 437, 445
19:4~5 ⋯ 198, 445
19:6 ⋯ 342
19:20 ⋯ 382
19:32 ⋯ 61
19:32, 39, 41 ⋯ 127
20 ⋯ 278
20:7 ⋯ 453, 473
20:17 ⋯ 278, 304
20:28 ⋯ 64, 76, 278, 278, 280
20:28~31 ⋯ 65, 279
20:29~31 ⋯ 280
20:30 ⋯ 134
20:31 ⋯ 279
21:8 ⋯ 275
21:18 ⋯ 278, 307
22:16 ⋯ 430
28:8 ⋯ 342
28:24 ⋯ 198, 445

로마서

1:6~7 ⋯ 63, 298
1:7 ⋯ 76
1:16 ⋯ 367
2:29 ⋯ 441
4:16 ⋯ 57
4:19 ⋯ 208
6:3 ⋯ 430

6:3~4 ⋯ 448
6:3~10 ⋯ 431
6:4 ⋯ 448
7:9 ⋯ 200, 443
8:9 ⋯ 95
8:29 ⋯ 284
9:3 ⋯ 71
11:29 ⋯ 298
12:1 ⋯ 93, 388
12:4~5 ⋯ 82, 257
12:5 ⋯ 82, 83, 146
12:8 ⋯ 279, 281
12:9~16 ⋯ 262
12:9~21 ⋯ 133, 409
12:13 ⋯ 381
12:16 ⋯ 381
13:8 ⋯ 403
15:7 ⋯ 208, 381
15:26~27 ⋯ 381
16:1 ⋯ 66, 320, 332, 334, 335, 340
16:5 ⋯ 66, 359
16:16 ⋯ 65, 76
16:23 ⋯ 67, 508

고린도전서

1:2 ⋯ 66, 76, 108, 147, 298
1:13 ⋯ 106
1:13~17 ⋯ 199
1:14~17 ⋯ 445

1:16 … 437
3:5 … 323
3:7 … 131, 134
3:9 … 91, 130
3:10~11 … 96
3:11~15 … 91
4:2 … 281
5 … 147
5:1~13 … 203
5:2 … 235
5:4 … 94, 264
5:7 … 454
5:9~12 … 257
5:9~13 … 237, 244
5:11 … 147
5:11~12 … 258
5:12~13 … 125, 145
5:13 … 76
6:11 … 95
6:19 … 91
10:16 … 452
10:16~17 … 174, 175, 460, 462
10:17 … 80, 464
10:21 … 453
10:32 … 76
11:1 … 252
11:3 … 294
11:16 … 76
11:17, 18, 20, 33, 34 … 462

11:17~22 … 468
11:17~34 … 426, 459, 462, 463, 472
11:18 … 65, 67
11:20 … 453, 467
11:20~26 … 235
11:21 … 462
11:22 … 76, 467
11:23~26 … 478
11:24 … 453, 460
11:24~25 … 174, 460
11:26 … 94, 460
11:27 … 461, 463
11:28 … 461
11:29 … 175, 461, 462, 464,
11:30 … 461
12 … 83, 513
12:7 … 258, 265
12:7~21 … 297
12:13 … 81, 431, 451
12:14~20 … 82
12:16~17 … 80
12:18 … 96
12:25~26 … 83, 262
12:26 … 129, 403
12:27 … 79
14:23 … 65, 67
14:24~25 … 400
14:26 … 390, 394
14:33, 40 … 125

14:40 … 345
15:9 … 65, 76
16:1 … 65
16:1~4 … 235
16:1, 19 … 66
16:2 … 208
16:22 … 538

고린도후서
1:1 … 76
2:6 … 235, 237
2:6~8 … 244
6:16 … 91
8:1 … 66
8~9 … 235
9:13 … 381
13:14 … 78, 368

갈라디아서
1:8 … 252
1:8~9 … 135, 237, 244
1:13 … 66, 76
1:19 … 71, 307
2:10 … 403
2:12 … 307
3:26 … 112
3:27 … 430
3:28 … 97, 111
5:13 … 194, 403
6:1 … 203

6:2 … 194
6:10 … 70, 263, 402

에베소서
1:1 … 77, 147
1:15~17 … 86
1:18 … 86
1:20~23 … 86
1:22 … 85
1:22~23 … 86
2:8~9 … 462
2:10 … 86
2:19 … 70
2:20 … 64, 114, 274, 368
2:21 … 91, 95, 96
2:21~22 … 41, 91, 96
2:22 … 136
3:10 … 40
3:10, 21 … 65
3:20~21 … 206
3:21 … 40, 130
4 … 133, 451
4:3 … 368
4:3~6 … 259
4:4 … 102, 106
4:4~5 … 83
4:5 … 81, 83, 450
4:5~6 … 146
4:11 … 64, 65, 88, 274, 278, 304, 367, 372

4:11~12 … 208, 273
4:11~16 … 279, 299
4:12 … 258, 275, 403
4:12, 16 … 85
4:13~16 … 88
4:15 … 85, 133
4:16 … 87, 189, 263
4:29 … 208
5:21~33 … 87
5:22~33 … 291
5:23 … 85
5:23~24 … 295
5:23~27 … 65
5:23, 29~30 … 85
5:23~33 … 86
5:25 … 130
5:25~27 … 40, 110, 190, 271
5:26~27 … 546
5:27 … 33
6:4 … 442

빌립보서
1:1 … 64, 147, 278, 304, 320, 335
1:18 … 135
1:27 … 208
2:1~2 … 103
2:3~4, 7 … 208
3:6 … 66
4:15 … 66

골로새서
1:2 … 77, 147
1:18 … 85
1:18, 24 … 85
1:23, 25 … 323
2:11~12 … 441
2:12 … 448
2:19 … 85, 87, 189
3:13~16 … 262
3:16 … 194, 279, 367, 372, 381
4:15 … 66, 507
4:16 … 65, 67, 114

데살로니가전서
1:1 … 66, 147
1:1~2 … 208
1:8 … 409
2:14 … 76
5:11 … 381
5:11~15 … 262
5:12 … 279, 281, 304
5:12~13 … 258, 345
5:12~22 … 133, 409

데살로니가후서
1:2 … 147
1:4 … 76
3:14 … 114
3:14~15 … 203

디모데전서

2:9~15 ⋯ 291

2:12 ⋯ 332, 334, 335, 336, 339

2:13 ⋯ 294

3 ⋯ 283, 285, 286, 290, 321, 323, 332, 342

3:1 ⋯ 278

3:1~2 ⋯ 304

3:1~7 ⋯ 279, 299, 409, 518

3:2 ⋯ 65, 230, 278, 279, 285, 287, 307, 322, 333, 367, 372

3:2, 4~5 ⋯ 534

3:2, 5 ⋯ 336

3:2~7 ⋯ 284, 321

3:4 ⋯ 288

3:4~5 ⋯ 281

3:5 ⋯ 76, 228, 282, 322

3:5, 12 ⋯ 322

3:6 ⋯ 285, 288, 322

3:8 ⋯ 64, 327, 335

3:8~13 ⋯ 320, 321, 326, 328

3:9 ⋯ 322

3:10 ⋯ 322, 327

3:11 ⋯ 322, 332, 333, 334, 335, 340, 352

3:12 ⋯ 281, 327, 333, 334

3:15 ⋯ 70, 367, 378

4:6 ⋯ 323

4:13 ⋯ 65, 393, 394

4:14 ⋯ 342

5:16 ⋯ 65

5:17 ⋯ 228, 229, 251, 277, 279, 281, 301, 312

5:17, 19 ⋯ 278

5:19 ⋯ 304

5:19~20 ⋯ 203

5:22 ⋯ 342

6:18 ⋯ 381

디모데후서

1:6 ⋯ 208

4:5 ⋯ 275

디도서

1 ⋯ 283, 285, 286, 290, 342

1:5 ⋯ 238, 273, 278, 314, 341

1:5~9 ⋯ 279, 321, 518

1:6 ⋯ 285, 287, 322

1:6~9 ⋯ 284, 299, 409

1:7 ⋯ 278, 280, 304, 307, 322

1:8 ⋯ 285

1:9 ⋯ 135, 279, 288, 322

빌레몬서

2 ⋯ 507

히브리서

5:1 ⋯ 341

7:28 ⋯ 341

8:1 ⋯ 341

10:24 … 381
10:24~25 … 262
10:25 … 39, 208, 258
11:6 … 462
12:15 … 264
12:22~23 … 110
13:7 … 279, 283
13:7, 17 … 279
13:7, 17, 24 … 281, 304
13:15 … 93
13:16 … 92, 381
13:17 … 208, 228, 251, 258, 264, 280, 282, 345
13:20 … 278

야고보서

2:2 … 62
5:14 … 278, 280, 304, 345
5:16 … 194

베드로전서

1:22 … 208
2:2 … 280
2:4 … 96
2:4~5 … 258
2:5 … 70, 92, 96, 130, 257, 368
2:5, 9 … 93
2:9 … 57, 275
2:9~10 … 75, 387
2:25 … 278, 278

3:15 … 488
3:21 … 430, 433
4:8 … 204
4:10 … 208, 275, 299
4:17 … 70
5 … 278
5:1 … 278, 278, 304
5:1~4 … 279
5:2 … 278, 278, 280
5:2~4 … 284
5:3 … 226, 283, 284
5:4 … 278
5:5 … 278

베드로후서

3:11~12 … 538

요한1서

1:3 … 79
1:5~7 … 381
2:9 … 381
2:9~10 … 77
3:1 … 72
3:10, 14 … 77, 381
3:16~18 … 403
3:17 … 369
4:7~8, 11~12, 19~21 … 381
4:7~8, 19~20 … 77

요한2서

1 … 278, 304

요한3서
1 … 278, 304

유다서
1:3 … 114

계시록
1:6 … 93, 275
2~3 … 307, 309
5:9 … 112
5:10 … 93
19:6~9 … 460
21:3 … 40

주제 색인
Subject Index

※ 편집 설명

1. 올림말은 주요 자료, 누리집, 히브리어, 헬라어, 라틴어 등에 이어, 우리말 차례에 따라 나열하며 주제별로 새로 묶기도 한다.
2. 올림말에는 영어 올림말도 괄호 안에 쓴다.
3. 올림말을 드러내려고 꾸미는 말 몇 개는 반점을 친 다음에 쓴다.
4. 백 단위 쪽수 범위는 편집 프로그램 기능대로 백 단위까지 그대로 씁니다(예. 188~190). 쪽수 범위가 같을 수도 있다(예. 88~88).

「1차 런던 신앙고백서」 Second London Confession … 171, 231

「2차 런던 신앙고백서」 Second London Confession … 84, 164, 172, 342, 395, 458, 464

「교회 권징 요약」 Summary of Church Discipline … 165, 176, 184, 190, 232

「뉴햄프셔 신앙고백서」 New Hampshire Confession of Faith … 470

「필라델피아 신앙고백서」 Philadelphia Confession … 84, 164, 165, 343, 395, 464

『성공회 공동 기도서』 Book of Common Prayer … 461

『침례교 신앙과 메시지』 Baptist Faith and Message … 59, 165, 174, 174, 232, 245, 289, 467, 470

www.gracechurch.org/ministries … 201

www.hirr.hartsem.edu … 247, 500, 541

עֵדָה[예다] 태어나 속하다 … 61~62

קָהָל[카할] 부르심에 따르다 … 61~62

ἅγιοι[하기오이] 성도, 거룩한 사람들 … 76, 145

ἀδελφή[아델페] 자매 … 71

ἀδελφός[아델포스]/ἀδελφοί[아델포이] 형제/형제들 … 70~71

ἁρμόζω[하르모조] 어우러지게 한다, 조화를 이루다 … 95

διάκονος[디아코노스] 집사 … 64, 319, 320, 328, 332~335

ἔθνη[에드네] 민족 … 538

ἐκκλησία[에클레시아] 교회, 모임 … 45, 60~69, 85, 101, 126, 127, 136, 138, 236, 262, 298, 367, 506

ἐπίσκοπος[에피스코포스] 감독, 주교 … 64, 222, 225, 227, 276, 278, 280, 323

ἱερόν[히에론] 성소를 포함한 성전 전체 … 91

κεφαλή[케팔레] … 86

κοινωνία[코이노니아] 교제, 참여, 나눔 … 78~79, 128, 378, 381, 453

ναός[나오스] 성소 … 91

οἰκεῖος[오이케이오스] 가정 … 69

οἶκος[오이코스] 가정 … 69

πέτρα[페트라] 반석 … 90

πέτρος[페트로스] 베드로 … 90

ποιμήν[포이멘] 목자, 목사 … 64, 276

πρεσβύτερος[프레스뷔테로스] 장로 … 64, 93, 225, 227, 276, 323

συναγωγή[쉬나고게] 회당, 모임 62

συναρμολογουμένη[시나르모로구메네] 함께 연결되는 … 95

χαρίσματα[카리스마타] 영적 선물, 은사 … 528

corpus permixtum 혼합된 몸 … 107, 108, 152, 154, 167

ex opere operato 그 자체 힘으로 … 420, 428, 435

sola Scriptura 오직 말씀 … 118

ㄱ

가족화 familification … 74, 258, 431

감독 bishop … 101, 113, 153, 277

감독 overseer … 64, 250, 275~282, 304, 307, 322

개인주의 individualism … 75, 186, 203, 232

개혁 신학 Reformation theology … 435

거듭남, 중생 regeneration … 109, 148, 164, 168, 175, 176, 183~189, 195, 201, 252, 256, 366, 430, 441

교단, 교파 denominations … 47, 55, 80, 105, 106, 137, 149, 183, 198, 222, 223, 225, 230, 242, 260, 387, 412, 417, 449, 452, 466, 480, 492, 522, 526, 527, 530

교리 문답 catechism … 150

교화 edification … 264, 359, 360, 373, 390, 393, 399, 527

교황 bishop … 110

교황 pope … 298

교황권 papacy … 64, 90

교회 개척 planting churches …

주제 색인

125, 492, 524

교회 거룩함 holiness of the church
··· 107, 107, 109, 154

교회 권위 authority of the church
··· 191

교회 능력 competence of the
church ··· 136

교회 사역 work of the church 128

교회 성장 church growth ··· 132,
248, 249, 366

교회 은유 metaphors for the
church ··· 544

교회 특성 nature of the church ···
45, 56, 65, 69, 72, 75,
78, 79, 92, 98, 99, 101,
104~112, 119, 120, 123,
124, 139, 143, 156, 220,
231, 232, 361, 367~370,
378, 381, 415, 531, 532

교회 표지/특징/특성 marks of the
church ··· 45, 56, 98, 100,
108, 120, 134, 139, 140,
143, 362, 369, 381

교회 하나 됨 unity of the church
··· 90, 101, 105, 155, 204

교회 회원자격 church membership
··· 31, 45, 75, 84, 108,
109, 144, 158, 168~180,
183, 185~191, 195~205,
212, 212, 217, 237, 240,
246, 253~271, 352, 354,
376, 384, 385, 411, 432,
441, 465~473, 477, 513,
513, 540

교회 회원자격, 거듭난 사람만
regenerate church members
··· 45, 176

교회, 가정; 집에서 모이는 교회
house church ··· 67, 507,
526, 531

교회, 거대/대형 megachurches ···
248, 500, 501, 502, 541

교회, 모인 gathered church ···
144, 156, 459

교회, 보이는; 가시적 교회 visible
church ··· 102, 107, 107,
130, 143, 162, 165, 172, 426

교회, 보이지 않는; 비가시적 교회
invisible church ··· 102,
107, 111, 163, 426, 451

교회, 보편적/우주적 universal
church ··· 65, 68, 81, 85,
101, 103, 110, 115, 117,
127, 129, 146, 148, 520

교회, 이머징; 이머징 처치
emerging church ··· 32

교회, 전통적 traditional church ···
510, 535

교회의 사자 angel of the church
··· 307

교회정치 장로제 presbyterian
polity ··· 227, 249

교회정치 회중제 congregational
polity ··· 170, 230, 231,
236, 239, 243, 248, 281

구원 salvation ··· 49, 74, 80,
101, 108, 112, 116~119,
169, 173, 199, 207, 209,
218, 257~261, 367, 379,
403, 430~436, 449, 456,

463, 467, 471, 477, 489, 525
국제선교회 International Mission Board … 524
권징 discipline … 46, 64, 108, 109, 118, 129, 136, 147, 148, 166, 167, 172, 176, 177, 183, 186~192, 202~212, 217, 218, 237~239, 244, 257, 258, 265, 305, 348, 354, 360, 411, 469, 491, 509, 513, 513, 540, 544
규약, 헌법 constitution … 242, 311, 316, 331
그리스도와 교회 Christ and the church … 86, 89, 295
그리스도의 머리 됨 Christ's headship … 33, 221, 239
그리스도의 몸 body of Christ … 69, 79~46, 88, 89, 105, 106, 119, 129, 136, 146, 155, 233, 257, 259, 296, 367~370, 403, 431, 439, 461, 462, 472, 519, 545
그리스도의 신부 bride of Christ … 51, 69, 190, 271
그리스도의 죽음 death of Christ … 454, 476
기도 prayer … 36, 65, 92, 207, 325, 345, 348, 349, 362, 365, 372, 374, 383, 390, 394, 395, 404, 434, 481, 517, 534
기독교세계국 Christendom 437

기술 technology … 492, 506, 519
기억, 기념 remembrance … 174, 427, 457, 460

ㄴ

남침례교총회 Southern Baptist Convention … 32, 179, 181, 184, 186, 242, 243, 247, 306, 327, 412, 490, 524
노바티우스파 Novatians … 107
노회 synod … 226
능력, 세력, 권세, 권위, 권한 power … 42, 82, 86, 94, 98, 119, 133~136, 164, 172, 176, 207, 222, 231, 237, 237, 305, 316, 327, 328, 341, 351, 367, 370, 432, 440, 451, 456, 497
니케아 신조 Nicene Creed 100, 130

ㄷ

대공황, 미국 Depression, U.S. 405
대체신학 supersessionism … 57
도나투스파 Donatists … 107, 154
동방 정교회 Orthodox Church 422
동성애 homosexuality … 487, 530

ㄹ

랜드마크 침례교인, 지계석주의 침례교인 Landmark Baptists … 119
로마 가톨릭교회 Roman Catholic

Church … 110, 110, 120, 223

ㅁ

멀티사이트 교회 multisite church … 32, 67, 103, 127, 502~510, 541, 541

모리스, 레온 Morris, Leon … 224, 239

목회 관리 pastoral oversight 313

목회 사역, 목양 사역 pastoral ministry … 280, 298~305, 312, 313, 325, 329, 345~351, 540, 543, 544

문화전쟁 culture wars … 486

미사 Mass … 119, 120, 151, 369, 453, 455, 457

민주주의 democracy … 131, 234, 245, 521

ㅂ

박해 persecution … 42, 107, 150~158, 224, 411

방언 말하기 speaking in tongues … 438, 525

보편성 catholicity … 100, 102, 110, 112, 116, 121, 73, 134, 381

복음 전도, 전도 evangelism … 46, 133, 134, 167, 257, 296, 348, 359~366, 370~377, 382, 382, 390, 394, 399, 400, 406~412, 479, 498, 512, 544

복음전도자 evangelist … 274

뵈뵈 Phoebe of Cenchrea … 332, 334, 335, 340

북아메리카 침례교 전통 Northern (American) Baptist tradition … 470, 529

북아메리카 침례교인 North American Baptists … 145, 183, 259

북아메리카선교위원회 North American Mission Board … 41, 201

불러낸 백성 called-out people … 75, 107, 119

ㅅ

사도 apostles … 64, 74, 113~114, 147, 148, 223, 224, 235, 238, 241, 273, 274, 309, 324, 327, 341, 343, 362, 371, 387, 425, 522

사도 권위 apostolic authority 341

사랑 love … 40, 42, 48, 50, 72, 76, 78, 83, 90, 194, 195, 204~209, 258, 263~267, 280, 350, 351, 368~370, 379~383, 401~407, 410, 434, 446, 452, 460~463, 470, 473, 478, 517, 522, 544, 545

사랑, 하나님 love of God … 210, 368, 369, 370

사역으로 부르심 call to ministry … 297, 299, 344, 345

사회 복음 social gospel … 404,

405

삼위일체 Trinity … 77, 230, 261, 379, 536

상보주의 complementarian … 290, 292, 293, 295, 296

새들백공동체교회 Saddleback Community Church … 374, 481

샌디크릭침례교연합회 Sandy Creek Baptist Association … 276

서약 covenant … 84, 159, 161, 164~166, 175, 187, 191~195, 204~207, 209, 262~264, 267, 269, 347, 374, 386, 452, 481, 508, 514, 544

선교 missions … 42, 232, 329, 363, 375, 413, 290, 521~524, 530, 537

설교, 선포, 전파 preaching … 45, 48, 118~121, 134, 135, 143, 148, 161, 177, 198, 204, 250, 275, 277, 279, 303, 312, 312, 348, 362, 366, 369, 371, 373, 390~394, 443, 474, 503~507, 512, 518, 527

성공회 Anglican Church … 158

성도, 그리스도인 saints … 76, 108, 109, 114, 145, 149, 160, 171, 176, 274, 360, 411, 519

성령 Holy Spirit … 37~14, 59~63, 72, 78, 79, 90, 91, 95~97, 107, 128, 135, 136, 146, 198, 207~209, 235, 278, 292, 342, 368, 377~379, 387, 388, 408, 429~432, 445, 526~528

성령 강림 coming of the Holy Spirit … 40, 41, 378, 388

성령 침례 baptism of the Holy Spirit … 59

성령의 사역 ministry of the Holy Spirit … 72, 136, 526

성령의 전 temple of the Holy Spirit … 90, 91, 119, 130, 368, 387

성례전 sacraments … 45, 80, 117~122, 143, 362, 369, 402, 420~428, 435, 477, 479, 527

성막, 회막 tabernacle … 94, 94, 388

성만찬 공재설 consubstantiation … 456

성만찬 화체설, 화체 transubstantiation … 424, 454, 455

성실함, 신실함, 충실함 faithfulness … 36, 114, 164, 265, 281, 295, 349, 545

성전 temple … 41, 62, 69, 90, 91~97, 105, 114, 124, 136~138, 146, 193, 200, 362, 367~369, 387, 388, 443, 508, 545

성찬, 만찬, 성만찬 communion … 173, 174, 187, 211, 271, 418, 459~474, 480

성찬식 eucharist … 468

성행위 Sexuality … 486, 488
세대신학, 세대주의 dispensationalism … 58
세례 sprinkling … 429
세족식 foot-washing … 423
소그룹 small groups … 97, 167, 386, 399, 407, 427, 501
속죄 atonement … 159
순종, 복종 obedience … 77, 111, 131, 133, 162, 164, 169, 251, 288, 300, 307, 394, 408~414, 434, 445~451, 464, 464, 478, 497, 519
신앙의 자유 religious liberty 521
신은사주의 neo-charismatics … 526, 527
신자 제사장 직분 priesthood of believers … 343
신자 침례 believer baptism … 259
실용주의 pragmatism 42, 249, 506

ㅇ

아담 Adam … 274, 294
아메리칸 침례교인 American Baptists … 145, 183, 259
아브라함 Abraham 57, 60, 60, 439
아주사 부흥 운동 Azusa Street Revival … 526
아프리카 교회 African church 38
아홉 가지 특징 시리즈 IX 9marks … 506, 510, 511, 541
안수, 서품식 ordination … 297, 316, 340, 341, 342, 343, 345, 346, 349, 352, 354, 423
앎, 지식 knowledge … 88, 165, 207, 294, 374
양자 입양 adaption … 72~73
언약 covenant … 56~59, 438, 440, 454
언약, 새로운 new covenant … 58, 59, 439, 440, 454
언약신학, 계약신학 covenant theology … 56, 440, 481
언약신학/세대신학 covenantal theology/dispensationalism … 59, 60
연속성/불연속성 continuity/discontinuity … 59, 60, 440~441
연합, 그리스도와 union with Christ … 81, 109, 430, 432, 435, 448, 469
연합, 연대, 참여, 교제, 친교 communion … 101, 101, 104, 139, 166, 166, 386, 390, 452, 519, 530
영국교회 Church of England … 157, 158, 160
영국교회 Episcopal Church 225
영적 선물, 영적 은사 spiritual gifts … 258, 265, 528
영적 성숙 spiritual maturity … 133, 288, 376
영혼 능력 soul competence … 94
예루살렘 교회 Jerusalem church … 229

예루살렘 회의 Jerusalem Council
 … 231
예배 목적 purpose of worship …
 92, 390
예배 방식 styles of worship …
 369, 396
예배 요소 elements of worship …
 390, 394, 395
예배, 진정한 true worship …
 369, 389, 391
예배, 하나님을 worship of God
 … 386, 399
예식, 의식, 예배식 liturgy … 388,
 529
예언자, 선지자 prophet … 274
오순절 Pentecost … 40, 41,
 59~63, 127, 135, 259,
 378
오순절주의 Pentecost … 132,
 147, 525
왕국/천국 열쇠, 하나님 나라 열쇠
 keys of the kingdom …
 136, 237
윌로우크릭연합회 Willow Creek
 Association … 399
유아세례 infant baptism … 135,
 148, 150, 160, 168, 169,
 200, 260, 337, 435~443,
 467, 467, 472, 480, 481
유월절 Passover … 388, 454
은혜 grace … 78, 80, 118, 119,
 136, 173, 209, 261, 297,
 343, 344, 368, 380, 381,
 408, 420, 424~438, 456,
 463, 477, 525
은혜 수단 means of grace … 420,
 424, 428, 433, 464
은혜 언약 grace covenant … 438
의식 ordinances … 31, 46, 80,
 84, 103, 120, 160, 167,
 174, 207, 210, 219, 264,
 325, 366, 402, 420~428,
 440, 477~480, 545
이단 heresy … 377, 489
이스라엘 Israel … 39, 56, 57,
 59, 75, 454, 481, 545
이유 reason … 39, 47, 48, 61,
 96, 105, 127, 127, 132,
 166~169, 188, 222, 232,
 247, 266, 294, 294, 312,
 315, 317, 323, 326, 331,
 334, 338, 346, 370, 382,
 399, 409, 412, 425, 428,
 434, 446, 459, 459, 463,
 468, 471, 474, 475, 491,
 504, 514, 516, 534, 544
인종차별 racism … 48, 112
인터넷 Internet … 37

ㅈ

자비 사역 mercy ministry …
 406, 407
장로 elder … 93, 172, 220,
 223~228, 233, 239, 244,
 250, 251~254, 275~288,
 294~318, 321, 325~336,
 342, 347~354, 534
장로 presbyter … 93, 223, 277

주제 색인

장로 선출 selection of elders … 316, 347

장로 자격 qualifications of elders … 288

장로 책무 responsibilities of elders … 279, 312

장로, 치리 ruling elder … 228, 250, 277, 312

장로와 집사 elder and deacon 322

장로회 session … 226

재침례교인, 재침례교도 Anabaptists … 50, 108, 119, 144, 149, 151, 156, 202, 241, 436, 437, 439

전통, 구전 tradition … 49, 102, 113, 151, 292, 307, 321, 418, 436, 528

젊은이, 청소년 youth … 104, 296, 313, 329, 348, 349, 426

정관 by-laws … 478

제자도 discipleship … 360, 374, 377, 382

종교개혁, 개혁 Reformation … 45, 50, 102, 111, 117~121, 140, 150, 155, 156, 225, 242, 277, 298, 324, 343, 362, 369, 391, 393, 404, 417, 419, 422, 435, 437, 458, 521

종교개혁가, 관료 후원을 받은 magisterial Reformer … 156

종파 sects … 181

죄 용서 forgiveness … 155, 287, 383, 401, 432, 456, 462

주교 bishop … 49, 64, 89, 101, 136, 222~224, 227, 231, 237, 239, 241, 250, 275, 298, 530

주일학교 Sunday school … 291, 374, 377, 386, 501

증거, 증언, 증인 witness … 56, 133, 188, 204, 205, 242, 360, 391, 434, 451, 486

지구촌 신자 공동체 global community of believers 43

지구촌 통찰력 global insight 44

지상 명령 Great Commission … 259, 370, 408, 409, 290, 450, 450, 497, 505, 523

지역교회 local church … 45, 65~35, 79~46, 103~109, 117, 123, 130, 146, 166, 175, 188, 225~236, 246, 257, 261, 270, 274~275, 291, 302, 314, 315, 352, 371, 371, 379, 451, 462, 465, 468, 472, 506~514, 528

지역교회 자치권 local church autonomy … 67

지옥 hell … 489

진리, 진실 truth … 49, 57, 73, 120, 131, 134, 187, 280, 367, 367, 378, 378, 390, 391, 436, 489

집사 deacon … 64, 233, 238, 244, 269, 276, 281, 311, 319~341, 348, 352

집사, 여성; 여집사 deaconess ⋯
    244, 331~339, 352
집사 가정 사역 계획 Deacon
    Family Ministry Plan 328
집사 사역 diaconal ministry 329
집사 자격 qualifications of
    deacons ⋯ 321, 323
집사 책무 responsibilities of
    deacons ⋯ 319, 328
집사와 장로 deacon and elder ⋯
    336

ㅊ

찬송가 hymns ⋯ 392, 396
찰스턴침례교연합회 Charleston
    Baptist Association ⋯ 165
책임 accountability ⋯ 200, 258,
    264, 305, 316, 443, 444
청교도 Puritans 72, 157, 160, 241
청지기 직분 stewardship ⋯ 265,
    410, 414, 507
초교파주의, 탈교단주의
    postdenominationalism ⋯47
칠십인역 Septuagint, LXX 61, 91
침례 방식 mode of baptism ⋯
    135, 429, 446, 448
침례 의미 meaning of baptism ⋯
    259, 419, 427~431, 441,
    448, 449
침례교 독특성 Baptist distinctives
    ⋯ 38, 50, 220
침례교 신앙고백 Baptist
    confessions ⋯ 160, 162,
    168, 169, 174, 183, 211,
    237, 279, 324, 447, 469
침수례 immersion ⋯ 166, 260,
    418, 429, 447~449, 466
칭의 justification ⋯ 72, 108,
    420, 431, 394
칭의 sanctification ⋯ 109

ㅌ

탈-기독교 post-Christian ⋯ 32,
    43, 415, 485, 486
트렌트 공의회 Trent, Council of
    ⋯ 419, 423
페미니즘, 여성주의 feminism ⋯
    290, 292
평등, 동등 equality ⋯ 290, 290,
    293, 533
평등주의 egalitarianism 290, 295
프라미스 키퍼스 Promise Keepers
    ⋯ 48, 365, 471
필라델피아 침례교 연합회
    Philadelphia Baptist
    Association ⋯ 342, 392

ㅎ

하나님 백성 people of God ⋯
    56~31, 69, 69, 75~42,
    105, 112, 119, 135, 145,
    168, 367, 367, 381, 533,
    544
하나님 왕국, 천국, 하나님 나라,
    하나님 다스림 kingdom ⋯
    93, 136, 183, 207, 237,
    275, 499, 525, 537, 544

주제 색인

하나님, 거룩하신 holiness of God
　　… 76
하나님의 형상 image of God 86
하늘(하나님을 에둘러 말함), 천국
　　heaven … 70, 115, 118,
　　136, 183, 189, 377, 437,
　　457, 458, 489, 544
하와 Eve … 294
헌금 offerings … 474
헌신 commitment … 39, 48, 50,
　　72, 74, 84, 85, 129, 145,
　　148, 149, 154, 155, 161,
　　176, 181~184, 186, 187,
　　190~195, 197, 201, 201,
　　205, 244, 246, 250, 251,
　　253, 256, 262~267, 270,
　　298, 310, 317, 347, 367,
　　374, 377, 383~386, 404,
　　405, 417, 426, 426, 434,
　　446, 450~452, 473
혼합주의 syncretism … 534
회개, 회심, 고해성사 repentance
　　… 160, 162, 190, 198,
　　408, 423, 429, 441~445,
　　461, 462, 478
회당 synagogue … 388
회심 conversion … 45, 74, 75,
　　152~154, 185, 198, 200,
　　286, 297, 379, 382, 425,
　　429~436, 445, 479, 479,
　　512, 522
회원자격, 열린 'open' membership
　　… 169

인명 색인
Name Index

※ 편집 설명.
1. 인명 색인을 따로 답니다.
2. 올림말은 로마자 알파벳 순으로 합니다.

A

Akin, Daniel 아킨, 대니얼 … 115, 234, 267

Alexander, Paul 알렉산더, 폴 … 127, 507

Allison, Gregg 앨리슨, 그레그 … 51, 58, 59, 124, 139, 173, 219, 221, 232, 234, 239, 242, 244, 262, 287, 291, 303, 321, 326, 332, 360, 421, 421, 432, 439, 440, 442, 448, 461, 466, 466, 480, 507~510

Anderson, Justice 앤더슨, 저스티스 … 144, 167

Arminius, Jakob 아르미니우스, 야코부스 … 159

Arnold, Clinton 아널드, 클린턴 … 87, 196, 199, 446

Augustine 아우구스티누스 138, 422

B

Banks, Robert 뱅크스, 로버트 … 43, 71, 532

Barrett, David 바렛, 데이비드 … 137, 527

Bartchy, Scott 바취, 스콧 … 71, 73, 236, 275, 295

Beasley-Murray, G. R. 비슬리-머레이, G. R. … 430~432, 438~440, 480

Bennett, Dennis 베넷, 데니스 … 526

Berkhof, Louis 벌코프, 루이스 … 424, 439

Berkouwer, G. C. 벌카우어, G. C. … 115

Bilezikian, Gilbert 빌지키안, 길버트 … 290

Black, David Alan 블랙, 데이빗 앨런 … 200, 444

Boa, Kenneth 보아, 케네스 383

Brand, Chad 브랜드, 채드 … 219, 221, 228, 229, 234, 353

Brown, J. Newton 브라운, J. 뉴턴 … 192

Bunyan, John 번연, 존 469, 470

C

Calvin, John 칼뱅, 장 … 39, 117, 145, 148, 155, 277, 300, 324, 324, 433, 437, 439, 447, 457, 458, 462

Campbell, R. Alastair 캠벨, R. 앨러스테어 … 236

Carey, William 캐리, 윌리엄 … 413, 522

Carroll, B. H. 캐럴, B. H. 338

Carson, D. A. 카슨, D. A. 225, 228, 237, 283, 363, 391, 403, 450, 450, 480, 495

Clark, Stephen 클락, 스티븐 293

Clowney, Edmund 클라우니, 에드먼드 … 56, 57, 139, 360, 360

Cohen, L. 코헨, L. … 62

Constantine 콘스탄티누스 … 45, 101, 152, 152, 155, 211

Cowan, Steven 코완, 스티븐 219, 225, 234, 283, 309, 353

Cowen, Gerald 코웬, 제럴드 … 219, 297, 330

Criswell, W. A. 크리스웰, W. A. … 297

Crosby, David 크로스비, 데이비드 … 249, 249

Culpepper, R. Alan 컬페퍼, R. 앨런 … 341, 345

Cyprian 키프리아누스 … 38, 101, 224

Cyril of Jerusalem 키릴로스, 예루살렘 출신 … 110

D

Dagg, John L. … 203, 218, 220, 260, 297, 326, 449, 467~469, 480

Dargan, E. C. 다건, E. C. … 229, 304

Davies, Horton 데이비스, 호튼 173

Davis, Andrew 데이비스, 앤드류 … 263, 303, 314, 325, 328, 330, 407, 516~517, 540

Dawn, Marva 던, 마르바 … 397

Dever, Mark 데버, 마크 … 51, 57, 100, 103, 108~116, 127, 139, 165, 169, 171, 176, 188~190, 204, 210, 212, 218, 228, 235, 237, 242, 243, 245, 250, 257, 262, 267, 269, 277, 283, 303~306, 310, 339, 339, 352, 353, 373, 410, 442, 446, 468, 469, 507, 511~513, 540

Deweese, Charles 드위즈, 찰스 … 84, 161, 169, 169, 184, 184, 191~192, 196, 212, 250, 338, 446

Duncan, J. Ligon III 던컨 3세, J. 라이곤 373, 393~395, 481

Dunn, James D. G. 던, 제임스 D. G. … 431

Durnbaugh, Donald 던바, 도널드 … 144, 152

E

Erickson, Millard 에릭슨, 밀라드 ⋯ 58, 116, 170, 218, 240, 240, 247, 359, 362, 426, 429, 475, 476

F

Fee, Gordon 피, 고든 ⋯ 80, 91, 175, 286, 461, 463

Freeman, Curtis 프리만, 커티스 459

Freeman, J. D. 프리만, J. D. ⋯ 144, 532

Furman, Richard 퍼만, 리처드 183

G

Garrett, James Leo, Jr. 개럿 2세, 제임스 레오 ⋯ 144, 165, 184, 190, 205, 229, 234, 235, 240, 240, 243, 248, 252, 252, 353, 447

George, Timothy 조지, 티머시 ⋯ 93, 140, 392, 405, 469, 470, 522

Gonzalez, Justo 곤잘레스, 후스토 ⋯ 520

Graham, Billy 그레함, 빌리 275

Graves, J. R. 그레이브즈, J. R. 338

Green, Joel B. 그린, 조엘 B. ⋯ 87

Green, Michael 그린, 마이클 ⋯ 77, 382, 410, 532

Gregory I (the Great) 그레고리 1세 ⋯ 404

Grenz, Stanley 그렌즈, 스탠리 ⋯ 120, 168, 171, 240, 240, 247, 251, 360, 423, 425, 435, 470, 470

Griffith, Benjamin 그리피스, 벤저민 ⋯ 176, 232, 237

Grudem, Wayne 그루뎀, 웨인 ⋯ 86, 233, 290, 303, 380, 418, 420, 433, 442, 464, 528

Guder, Darrell 구더, 대럴 ⋯ 496, 537

H

Haines, Stephen 헤인즈, 스티븐 ⋯ 185

Hammett, John 해밋, 존 ⋯ 4, 32, 103, 175, 188, 212, 257~263, 269, 274, 345, 354, 363, 365, 409, 417, 423, 427, 432, 437~449, 453, 465, 466, 474, 475, 480, 508

Harper, Michael 하퍼, 마이클 528

Hellerman, Joseph 헬레만, 조셉 ⋯ 71~38, 140, 258, 262, 264, 368, 380, 431, 480

Helwys, Thomas 헬위스, 토머스 ⋯ 158~160

Hendricks, William 헨드릭스, 윌리엄 ⋯ 200, 443

Heyrman, Christine Leigh 헤이어만, 크리스틴 리 182

Hinson, E. Glenn 힌슨, E. 글렌 ⋯ 100, 343

Hollenweger, Walter J. 홀렌베거, 발터 J. … 526
Howell, R. B. C. 하월, R. B. C. … 325, 338, 338
Hudson, Winthrop 허드슨, 윈스롭 … 231
Hughes, R. Kent 휴스, R. 켄트 … 393, 395

I

Ignatius of Antioch 이그나티우스, 안디옥 출신 … 223
Irenaeus 이레나이우스 … 113, 136, 224, 321

J

Jamieson, Bobby 제이미슨, 바비 … 262, 432, 506, 512
Jenkins, Philip 젠킨스, 필립 41, 415, 520, 529~530, 540
Jewett, Paul 쥬엣, 폴 … 290, 436~440, 481
Johnson, Terry 존스, 테리 … 393~395
Johnson, W. B. 존슨, W. B. 306

K

Karkkainen, Veli-Matti 까르까이넨, 베리-마티 … 230, 527~532
Keach, Benjamin 키치, 벤저민 … 324, 392
Keller, Tim 켈러, 팀 … 406, 412, 494, 494, 540

Kimball, Dan 킴볼, 댄 … 256
Kraft, Charles 크래프트, 챨스 534
Küng, Hans 큉, 한스 115, 140

L

Latourette, Kenneth Scott 라투렛, 케네스 스캇 … 522
Lee, Deborah Jian 리, 드보라 지안 … 406
Lee, Jason 리, 제이슨 … 158
Leeman, Jonathan 리만, 조나단 … 51, 102, 103, 187, 194, 203, 204, 213, 219, 234, 244, 256, 257, 317, 354, 354, 505, 506, 510, 512
Leonard, Bill 레너드, 빌 251, 345
Littell, Franklin 리텔, 맥베스 149
Longenecker, Richard 론제네커, 리처드 … 72, 120, 236, 275, 342, 361, 408
Lumpkin, William L. 럼킨, 윌리엄 L. … 60, 84, 105, 161~164, 337, 343, 469
Luther, Martin 루터, 마틴 … 93, 117, 138, 145, 146, 150, 151, 155, 157, 298, 298, 420, 424, 435, 437, 456, 456

M

MacArthur, John 맥아더, 존 … 201, 252
Malone, Fred 말론, 프레드 440
Marcellino, Jerry 마르셸리노, 제리

··· 395, 398, 398

Maring, Norman 마링, 노만 231

Marshall, I. Howard 마샬, I. 하워드 ··· 61, 62, 332, 335, 447, 448

McBeth, Leon 맥베스, 레온 ··· 149, 160, 211, 253, 338, 338, 372, 404, 470

McBrien, Richard 맥브라이언, 리처드 ··· 89, 100, 225, 420, 422, 453, 456

McConnell, C. Douglas 맥코넬, C. 더글라스 ··· 537

Merkle, Benjamin L. 머클, 벤저민 L. ··· 32, 188, 212, 219, 257, 260, 263, 269, 279, 284, 287, 291, 303~306, 314, 326~329, 332, 336, 354, 354

Milne, Bruce 밀른, 브루스 ··· 368, 381, 384, 385

Minear, Paul 미니어, 폴 69, 140

Moody, Dale 무디, 데일 ··· 443, 447, 475

N

Neill, Stephen 닐, 스티븐 ··· 153, 521

Newton, Louis Devotie 뉴턴, 루이스 드보티 ··· 49

Newton, Phil 뉴턴, 필 ··· 20, 219, 310, 311, 354, 514

Noll, Mark 놀, 마크 ··· 306, 411

Norman, R. Stanton 노먼, R. 스탠턴 ··· 49, 219, 220, 228~234, 353

O

Origen 오리게네스 ··· 436

P

Parham, Charles Fox 파함, 찰스 폭스 ··· 526

Parshall, Phil 파샬, 필 ··· 534, 536, 536

Patterson, Paige 패터슨, 페이지 ··· 61, 234, 283, 309, 353

Pendleton, J. M. 펜들턴, J. M. ··· 49, 166

Peterson, David 피터슨, 데이비드 ··· 73, 388, 390

Phillips, Richard 필립스, 리처드 ··· 100, 105, 108, 110, 114, 116

Piper, John 파이퍼, 존 ··· 219, 259, 286, 290, 304, 310, 312, 316, 325, 326, 339, 418

Pritchard, G. A. 프리처드, G. A. ··· 402, 493

R

Radbertus, Paschasius 라드베르투스, 파사시우스 455

Rainer, Thom 레이너, 톰 ··· 247, 249, 410, 412, 491, 493, 513~516

Ratramnus 라트람누스 ··· 455

Rauschenbusch, Walter 라우셴부쉬, 발터 … 405
Reymond, Robert 레이먼드, 로버트 … 227, 229, 229
Robinson, George 로빈슨, 조지 74
Robinson, John 로빈슨, 존 131
Ryken, Philip 라이킨, 필립 … 100, 108, 110, 114, 116, 373, 481

S

Sargeant, Kimon 사전트, 키먼 … 397, 399, 400, 493
Saucy, Robert … 58, 321, 342, 387, 387, 423, 433, 445
Schmidt, K. L. 슈미트, K. L. 63
Schreiner, Thomas 슈라이너, 토머스 … 198, 219, 291, 335, 429, 448, 455
Shelley, Bruce 셸리, 브루스 … 132, 253, 384
Smyth, John 스미스, 존 … 158, 159, , 324, 447
Snyder, Howard 스나이더, 하워드 … 116, 382, 525
Sprinkle, Preston 스핑클, 프레스톤 … 488
Spurgeon, C. H. 스펄전, C. H. … 267, 297, 344, 469, 470
Stafford, Tim 스태포드, 팀 39, 41
Stark, Rodney 스타크, 로드니 … 152~155, 182, 383, 387

Stetzer, Ed 스테처, 에드 … 120, 180, 270, 366, 382, 398, 398, 412, 486, 489~493, 497, 499, 518, 540
Stott, John 스토트, 존 … 365
Strauch, Alexander … 284, 287, 291, 303, 355
Strong, A. H. 스트롱, A. H. … 168, 218, 220, 307, 307, 426, 465, 469, 476
Sutton, Jerry 슈튼, 제리 … 242

T

Tertullian 테르툴리아누스 … 77
Thomas, Derek W. H. 토마스, 데렉 W. H. 373, 396, 481
Thumma, Scott 쑤마, 스콧 … 500, 501, 502
Toon, Peter 툰, 피터 … 224, 353
Towns, Elmer 타운즈, 엘머 … 120, 366, 398, 398
Troeltsch, Ernst 트뢸치, 에른스트 … 181
Tucker, Ruth 터커, 루스 … 521
Tyler, John 테일러, 존 … 169

V

Van Gelder, Craig 밴 겔더, 크레이그 … 100, 104, 104, 109, 112, 125, 140
Vander Zee, Leonard … 421, 427, 430, 441, 467
Vaughan, John … 247, 248

인명 색인 577

Volf, Miroslav 볼프, 미로슬라프 ⋯ 120, 230, 403, 403, 528

W

Waldron, Samuel 월드런, 새뮤얼 ⋯ 234, 283, 353

Walls, Andrew 월스, 앤드류 520

Warren, Rick 워렌, 릭 ⋯ 189, 209, 360~364, 372~374, 385, 386, 397~398, 411, 481, 514

Westminster Confession 「웨스트민스터 신앙고백」 ⋯ 458, 464

White, James 화이트, 제임스 305

White, Thomas 화이트, 토머스 ⋯ 51, 127, 187, 506, 506

Wiersbe, Warren 위어스비, 웨렌 ⋯ 286

Wills, Greg 윌스, 그레그 ⋯ 176, 185, 188, 213, 250, 277, 303, 306, 353, 466, 466, 471

Wilson, Benjamin R. 윌슨, 벤저민 R. ⋯ 382, 382

Wilson, G. Todd ⋯ 418, 450

Wilson, Jonathan 윌슨, 조너선 115

Winter, Ralph 윈터, 랠프 523, 534

Wolfe, Alan 볼프, 앨런 ⋯ 132, 493

Wright, Christopher 라이트, 크리스토퍼 ⋯ 498, 498

Wright, David 라이트, 데이비드 ⋯ 198, 437

Wright, N. T. 라이트, N. T. 380

Wright, Shawn 라이트, 숀 ⋯ 198, 429

Y

Yoder, John 요더, 존 ⋯ 152

Z

Zwingli, Ulrich 츠빙글리, 울리히 ⋯ 117, 145, 155, 392, 437, 438, 456